U0934099

女性学概论

叶文振 主编

厦门大学出版社 XIAMEN UNIVERSITY PRESS
国家一级出版社
全国百佳图书出版单位

图书在版编目（CIP）数据

女性学概论 / 叶文振主编. -- 厦门 ：厦门大学出版社，2020.8(2023.8 重印)

ISBN 978-7-5615-7172-9

Ⅰ. ①女… Ⅱ. ①叶… Ⅲ. ①妇女学-教材 Ⅳ. ①C913.68

中国版本图书馆CIP数据核字(2020)第122475号

出 版 人　郑文礼
责任编辑　许红兵　施建岚
美术编辑　李夏凌
技术编辑　朱　楷

出版发行　厦门大学出版社
社　　址　厦门市软件园二期望海路 39 号
邮政编码　361008
总　　机　0592-2181111　0592-2181406(传真)
营销中心　0592-2184458　0592-2181365
网　　址　http://www.xmupress.com
邮　　箱　xmup@xmupress.com
印　　刷　厦门市金凯龙包装科技有限公司

开本　787 mm×1 092 mm　1/16
印张　26.5
插页　1
字数　591 千字
印数　12 201～15 200 册
版次　2020 年 8 月第 1 版
印次　2023 年 8 月第 5 次印刷
定价　58.00 元

本书如有印装质量问题请直接寄承印厂调换

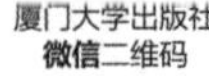

厦门大学出版社
微信二维码

厦门大学出版社
微博二维码

序言

自20世纪80年代初拉开学科建设序幕以来，女性学已经在中国走过了近40年的光辉历程。回望过往，我们心情澎湃，因为这一路走来，既有辛苦和汗水，又有光荣和希望。

从马克思主义妇女理论的基础指导，到中国特色社会主义妇女理论的体系构建，再到习近平总书记关于妇女和妇女工作的重要论述，中国女性学始终拥有一个良好的理论氛围和方向引领；从“政府的承诺”，到“立法的确认”，再到“执政党的意志”对男女平等基本国策的全方位“认证”，中国女性学始终受到强大的政治激励，守护和追求自己的学科立场和目标；从1995年北京世界妇女大会，到“北京＋5”“北京＋10”“北京＋15”“北京＋20”，再到“北京＋25”，中国女性学始终走在与世界交汇的前沿，立志为世界女性学的发展做出应有的贡献……也就是在这样的国内外大好背景下，在理论力量、政治力量和国际力量的共同推动下，中国女性学不负众望，很快就进入良好的学科建设的运行状态，尤其是本世纪第一个10年里的发展态势，令国际女性学界瞩目。比如，全国许多高校陆续建立女性学教研室、女性学系、女性学方向硕士和博士点，一个从本科到博士的女性学人才培养体系基本建成；中国女性学界连续推出15本女性学教材，一个具有中国特色的女性学教材体系初显功用；在全国妇联和中国妇女研究会的积极推动下，成立了中国妇女研究会妇女教育专业委员会，建构起“四位一体”(妇联、高校、党校和社科院)的妇女/性别研究网络体系，还有与高校、党校和科研院所联合建立了35个“妇女/性别研究与培训基地”，一个全方位助力女性学学科发展的学术氛围和研究环境更是独具风采。

当然，我们也看到女性学学科建设中存在着不足，如何保持女性学学科发展与妇女研究繁荣的齐头并进、保持女性学教材体系建设优先于女性学学科的整体发展，也面临着新的挑战，尤其是进入本世纪的第二个10年，女性学教材建设明显滞后于高校人才培养、女性学学科发展、先进性别文化宣传的需求，推出的新教材不仅数量少，而且在知识框架和内容上也更新不足。为了尽快扭转这种局面，山东女子学院组织了一批校内外女性学学者，通过优势互补和协同编著，逐步推出女性学教材和专著。首次推出的《女性学概论》就是其中的一本，它是女性学知识系统的核心著作。

承蒙全国妇联和山东省妇联的重视和关怀，还有女性学界和妇女研究领域各位学者的支持，山东女子学院自 1952 年建校以来，不忘初心，砥砺前行，一直把女性学学科建设、应用型女性人才培养、妇女理论研究和性别平等的社会服务扛在肩上，落实在日常的办学之中。经过多年的努力和积累，我们组建了一个具有先进社会性别意识的教学和科研教师团队，荣聘了一批著名的校外女性学专家学者。我们充分发挥女性学教研室的基础作用，既负责全校的女性学课程教学，又全力推进女性学学科建设，学校开设的“女性学”课程分别被评为“山东省省级精品课程”和“山东省 2020 年线上线下混合式一流课程”。我们把 1993 年成立的妇女问题研究所，逐步办成全国妇联和山东省妇联妇女/性别研究与培训基地、山东省性别平等研究中心。我们主办的《山东女子学院学报》是全国三大妇女/性别研究学术期刊之一，先后被评为“全国高校社科优秀期刊”“全国地方高校精品期刊”“华东地区优秀期刊”“山东省优秀期刊”“山东省高校学报优秀期刊”和“全国地方高校优秀学报一等奖”。我们还把女性学学科建设纳入学校的特色发展战略，通过教材和专著的编写出版，加快女性学学科发展，尽快把女性学办成一个特色鲜明的重点学科，对接社会和市场对女性人才的需求。同时，还推进女性学与各个二级学院的学科专业融合，一方面让各学科专业融入更多的社会性别意识和女性学研究范式，另一方面在各学科专业领域孵化新的女性学增长点。所有这些过往的经历和积淀，以及对教材和专著编写所表达的情怀和所投入的资源，都让我们相信，女性学学科建设将成为山东女子学院亮丽的风景线！

借《女性学概论》推出之际，我谨代表山东女子学院向《女性学概论》的主编叶文振教授表示由衷的感谢。叶文振教授在全国妇女/性别研究领域拥有较大的社会影响，对推动妇女/性别研究和妇女事业发展具有强烈的学术情怀、责任意识和担当精神。自 2010 年以来，叶文振教授数次到学校指导女性学学科建设，进行学术交流。2019 年 5 月受聘学校特聘教授以来，叶文振教授认真履行特聘教授岗位职责，与学校师生并肩奋斗，勤奋工作，在人才培养、科学研究和学科建设等方面积极建言献策，为学校发展做出了重要贡献。叶文振教授主编的这本《女性学概论》必将对学校提升妇女/性别研究水平，推动女性学学科发展产生积极而深远的影响。我还要向所有参加本教材编写的校内外学者表示衷心的感谢，感谢你们所付出的辛勤劳动；向所有关心和帮助本教材编写的校内外同仁送去最真诚的谢意，你们的陪伴给编写过程添加了快

乐。谨向所有一直对山东女子学院寄予厚望,并给予大力支持与爱护的各位领导、高校同仁和各界朋友献上崇高的敬意和感谢,有你们一路同行,是我们莫大的荣幸!

最后,让我们一起祝福中国的女性学!祝福这个世界性别平等和谐、男女美美与共!

山东女子学院党委书记
郭翠芬
2020年初夏

目录

第一章

绪论

作为一个新兴学科，女性学是怀着学科发展和女性发展的两个崇高使命，一路辛苦而光荣地走过来的。尽管到现在依然以男性为中心的学科界还质疑她的科学性和学科存在的合理性，甚至一直为女性学学科兴起和成长而努力的一些妇女研究学者的热情也有一定的回落，但女性学的学科生命力却没有减弱，反而在参与女性研究的过程中，通过与其他学科的同场论道，充分显示出她不仅可以自立于学科之林的学科力量，而且要推进女性研究的健康发展，不能没有她的学科引领。

本章将集中回答四大问题以统领全书：一是女性学是什么？二是女性学是一个学科吗？三是女性学作为一个学科的重要价值体现在哪里？四是女性学都走过了什么样的学科崛起和发展历程？我们还想通过本章内容的铺开，回应当今学科界对女性学学科地位还存留的质疑，进而把所有关心和爱护女性学学科命运的专家学者们的热情重新点燃起来。

第一节

女性学的定义

女性学，源于第二波妇女运动诞生的 women's studies，既是妇女运动的延续，又是一场在知识生产和传播、培养系统中的运动和革命（杜芳琴，2013）。女性学还源于女性主义这股力量，“女性主义思潮是女性学的思想之源”（韩贺南、张健，2005）。作为一门独立的学科，女性学出现于 20 世纪 60 年代末 70 年代初的美国高等院校，历经 40 多年的发展，她不仅成了美国高校中广受学生欢迎、深得学者赞赏的“显学”，而且发展成一个科目种类日臻齐全、学科边界日益扩展的跨学科领域（王卓、王恩铭，2015）。

而在我国，根据社会学家邓伟志教授的回忆，女性学的出现是老一辈妇女理论工作者侯获同志在 20 世纪 80 年代初以“妇女学”的概念提出的，1984 年又被作为一个专题在全国妇女理论研讨会上展开讨论。时至今日，虽然各取书名，我国已经推出 20 本关于女性学的教材（见表 1-1），在 1988 年出版的第一本女性学教材——《女性人类学》（禹燕，1988；叶文振，2019），是由现任《中国妇女报》副总编禹燕在她 25 岁的时候写成的。所以如果单以教材建设作为认定标识的话，我国女性学学科发展已经有 32 年的历史了。

表 1-1　我国学者编著的女性学教材:1980—2020

序号	名　称	编　者	出版社	出版时间
1	女性人类学	禹燕著	东方出版社	1988-06
2	女性学概论	魏国英主编	北京大学出版社	2000-12
3	女性学	啜大鹏主编	中国文联出版社	2001-02
4	性别与发展教程	林志斌主编	中国农业大学出版社	2001-10
5	女性学	罗慧兰著	中国国际广播出版社	2002-07
6	女性学导论	韩贺南、张健编	教育科学出版社	2005-02
7	女性学教程	周乐诗主编	时事出版社	2005-09
8	女性学导论	叶文振主编	厦门大学出版社	2006-11
9	女性社会学	王金玲主编	高等教育出版社	2007-01
10	西方女性学	刘霓著	社会科学文献出版社	2007-03
11	女性学导论	祝平燕等主编	武汉大学出版社	2007-12
12	独立女性:性别与社会	金一虹著	中国劳动社会保障出版社	2008-07
13	女性学	骆晓戈主编	湖南大学出版社	2009-08
14	女性学基础	胡黄卿主编	化学工业出版社	2010-06
15	新编女性学	韩贺南、张健主编	首都经济贸易大学出版社	2010-09
16	社会性别概论	刘建中等主编	复旦大学出版社	2010-12
17	社会性别研究导论(第 2 版)	佟新主编	北京大学出版社	2011-09
18	女性学导论	王宏维主编	广东人民出版社	2012-11
19	女性学	王蕾蕾、李桂燕主编	科学出版社	2013-09
20	女性学(第 3 版)	骆晓戈主编	湖南大学出版社	2018-08

中外学术界对女性学有不少的界定,至今还没有形成一个比较权威的定义。美国学者认为,女性学是“以女性在历史上和制度上一直受歧视这一性别上的不平等为基础,追究产生这种不平等的宗教、哲学和社会思想根源,使它成为女性依靠自己力量消除不平等的手段,并致力于通过妇女力量来进行社会改变和文化革命的科学”(富士谷琦子,1986)。日本女性学会指出:“所谓女性学,是从尊重女性人格的立场出发,跨学科的研究女性及妇女问题,并以女性的观点重新研究已有学问的一门科学”(富士谷琦子,1986)。韩国学者金成南则把女性学界定为:“女性学是以性别平等主义观点为中心,从批判的角度出发,研究与爱情、婚姻、性、家庭、劳动、法律、经济、政治、文化等领域相联系的男女人生的科学。”(中央民族大学中国少数民族妇女研究中心,2001)

中国学者也给出多个关于女性学的定义。《女性人类学》是这样界定的:“女性学是对女性本体的多学科研究,是从女性意识出发对既有学问的全面质疑和重新阐释”(禹燕,1988)。北京大学魏国英(2000)将女性学解释为“有关女性的理论和知识系统”,是“一门关于作为整体的女性的本质、特征、存在形态及其发展规律的科学”。首都师范大学啜大鹏(2001)的定义更为简约:女性学“可以简单地概括为关于女性的学问”。厦门大学叶文振(2006)则强调:“女性学是研究女性本质,以及女性生存发展现象与规律的综合性科学”。山东女子学院王蕾蕾和李桂燕(2013)也持一样的观点:女性学“是将女性置于性别关系之中,跨学科地研究其本质、生存与发展现象及其规律的一门综合性学科”。中华女子学院韩贺南认为,“女性学是研究性别平等的社会、历史文化建构作用与机制的综合性学科”(于光君,2013)。

甚至还有不署名的人士在网上归纳出对女性学的五种定义或解释:(1)女性学是从宏观、综合角度去认识女性,而不是从某一特定角度去探讨女性某一方面的特质和行为特征;女性学的任务是把女性放在人类发展和社会进步的历史进程中发现和揭示她的行为的一般规律,而不是分门别类地去制定某一类行为发展的规则。因此,女性学研究的“女性”是对各学科研究中“女性”概念的综合,是对女性本体认识更集中、更系统、更具高度的抽象和理论概括。(2)女性学以女性为研究对象,但不一定以女性主义的立场来研究问题。以女性的社会性为研究对象的女性学,不同于“体质人类学”,也不同于自然科学中的“妇科学”,它主要研究妇女的社会性。(3)女性学不一定以女性为研究对象,它研究的对象可以是经济、环境和政治等,但必须站在女性的立场看问题,或者是以女性主义的立场或用某种女性主义的方法对现有的知识进行重新审视和梳理后形成的一种新的知识体系。(4)女性学研究的是整体的女性,是对女性整体进行研究的学科,而女性作为一种存在物,有自然属性,也有社会属性等等,女性学的研究就是要揭示女性这个社会存在物的本质和特征,其生存和发展的一般规律。对女性的各种问题都要做出理论回答,这种研究是多角度的,涉及社会科学和自然科学诸多领域,所以女性学是跨学科性的。(5)女性学是为了指导现实妇女运动、解决现实妇女问题而设立的,具有比较强的社会实践性。从这个意义上讲,女性学可以说是人学的一部分,女性学的逻辑起点是“人”,是研究整体的人类女性及其本质的科学。对人的研究不是抽象的,人的本质要放在社会关系中才能揭示出来,研究女性的核心是要研究她的社会属性。由此可以发现,女性面临的诸多问题,其中最重要的就是与男性的不平等,长期受压迫、歧视,不能与男性平等和谐地发展。女性为此进行了长期的抗争,形成了以争取男女平等为目的的妇女运动,女性学的内容是研究这个运动的出发点、轨迹和前景。

综上所述,本书认为,女性学是关于女性的科学,是用尊重和平等的学科立场、理论与方法研究女性的学问,是研究女性作为人的存在本质、生存与发展的性别规律,以及其在两性关系中的地位演进的学科。

作为科学,女性学体现在对科学的知识敬畏和使命担当上。科学(Science)是一个建立在可检验的解释和对客观事物的形式、组织等进行预测的有序知识系统。作为科学的两个重要分支的自然科学和社会科学也都是经验科学,因为它们的知识基于经验观察,并且能够由在相同条件下工作的其他研究人员检验其有效性。历史上,科学一直是男性主导的领域,以男性为中心的过往科学,有意识地把由男女两性构成的客观世界看成只是男性或由男性主宰的单一世界,他们所给出的解释是经不起检验的,存在着极大的性别偏差和歧视。

以心理学为例，在以男性为中心的二元性别文化的影响下，心理学界不仅在20世纪60年代之前把对于个体心理研究对象局限于男性，而且还把传统的男性气质看成是包括女性在内的成年人心理健康的规范和标准，结果一方面影响对女性心理健康的必要关注和研究，另一方面还在一定程度上忽视了女性正常的心理需求，低估了女性心理健康问题的严重性，甚至让女性陷入双重的约束，直接成为女性心理压力产生的成因。因为如果女性打算做个健康、成熟的成年人，就可能被戴上男性化的、不正常的帽子；如果按照传统性别文化对健康成熟女子的要求来约束自己，那么又会感到忧郁、不满足和受到多种精神困扰（叶文振，2010）。

就像西方女性主义者对西方男性主流社会学所批判的那样，传统的社会学也存在着同样的缺陷，都在很大程度上影响了该学科的科学性：（1）其理论是研究男人和服务于男人的；（2）其研究往往以男性样本为基础，由此得出结论后推及整个人类；（3）往往忽视女性领域，轻视女性状况的研究；（4）一旦女性进入社会学的研究视角，对她们的描述往往是歪曲性的，带有性别歧视的；（5）极少以生物性别和社会性别作为解释社会现象、分析社会问题的变量（Abbott & Wallace，1993；王金玲，2005）。

显然，女性学把被以男性为中心的过往科学屏蔽的女性请回到科学所研究的客观世界和人类社会，使原来因为女性缺失而不完整的客观世界和人类社会恢复了本来的双性全貌，使原来由男性代言的半个世界或用男性性别经验推论的女性世界终于能够由女性自己发声、真实地自我呈现，更使原来经不起检验的、更不能用来预测的知识系统回到真正的科学轨道上。从这个意义上来讲，女性学的诞生，是科学发展的一种必然，她不仅推出一个专门的科学来研究被科学有意识遗忘的女性世界，而且还对人类至今所形成的知识系统进行前所未有的大反思和再检验，让科学不负众望、实名而归！

作为学问，女性学首次把尊重和平等引入学科伦理当中，甚至可以说是对以往科学伦理的一次历史性的重建。科学伦理道德，是指人们在从事科学研究活动时对于社会、自然关系的思想与行为准则。从本质上看，科学伦理道德源于对世界的科学认知，体现了一种正确的价值观念，是科学界应该共同承担的社会责任和恪守的行为规范，是科学界继承、发展的文明共识，是科学精神和人文精神的结合。所以科学伦理是科学研究与创新的精神动力、现代文明理念引领，以及不可或缺的一个先进文化氛围（刘建明、王泰玄等，1993；路甬祥，2003）。从以往的科学伦理建设来看，科学界则偏重于自然科学技术的伦理构建，对社会科学伦理要求又更多集中在学术规范，而最为重要的对被研究对象作为有尊严的人的存在的尊重和平等以待，却并没有引入到科学伦理建设的重要议程中来，贯穿到学科应该持有的价值观念导向、理论建构原则和方法应用规范中去，最终出现像早期心理学和传统社会学那样的科学伦理偏差也就不足为奇了。一旦把性别尊重和平等作为科学研究的一个先进的价值观念或现代的文明理念，女性学所倡导的学科伦理就会带来对科学一种里程碑的变革，如心理学家桑德拉·比姆在综合传统的男性与女性特点的基础上，提出适合于男女双方心理健康性格特点的雌雄一体的测试法，即一个协调的雌雄一体的人格是两个性别特质的兼容，既具有女性素质，如同情心、照顾人、温柔敏感及合作精神，又具备男性素质，如进攻性、独创性、领导能力与竞争性等。她认为双性化的个体会优于性格类型化的个体，他（她）能够更灵活、更有效地对各种情境做出反应，较好地发挥个体潜能，因此心理会更健康,满足感会更大(周乐诗,2005);又如中国学者王金玲(2007)联合一批优秀的女性学学者推出《女性社会学》,特别强调:"本学科必须具备妇女的立场、妇女的视角、妇女的意识、妇女的经验、妇女的出发点和妇女的目的,但它不认为妇女是一个有别于男子的阶级,也不与男性相对立,更不视男性为敌。它力图使研究成果有利于国家和社会的运行与发展,反对父权家长制对男女两性的压迫与摧残,力争与男性一起共同获得有利的生存与发展机会。"

作为学科,女性学不仅旗帜鲜明地把女性作为自己直接研究的对象,而且把过去任意被拆解、被碎片化,甚至被生理化的刻板分析全面提升到一个完整的、系统的、社会化的学科研究。既然人的存在是一个完整的金字塔结构,是由自然存在、社会存在和精神存在这三个层面构成的(禹燕,1988),那么不管男性女性,他(她)都是一个包含这三维存在的完整的人。过去片面强调的自然存在(sex)的女性显然只是女性学所研究的女性的一个维度,她还独树一帜地拓展到作为社会存在(gender)和精神存在(spiritual gender)的女性,以突出女性作为人的存在完整性,以及女性学研究女性的学科完整性。在女性学学科视野里,女性存在的本质,其实就是一个创造与被创造、建构与被建构的过程,女性学的研究目标就是加快实现女性与男性之间、女性与社会之间平等地互为建构和升华。关于生存与发展的性别规律,女性学既关注女性的现实生存状况,更重视女性发展的性别规律,不论是新中国成立70年来女性和国家的同步发展、女性和男性的协调发展,还是女性个人的全面发展,都早已纳入她的研究议程里。至于两性关系中的地位演进是女性学的核心议题,和前面两个重大问题都密切相关,甚至互为解释,从过去女性对男性的依附,到女性对男性的对抗和权益诉求,再到相对的性别自立和平等,以至今后更多的以比较优势互补为基础的性别合作与和谐,女性学始终以历史唯物主义、社会性别意识的学科视角跟踪女性性别地位演进的方向、速度、质量和溢出的经济社会和文化效应。很显然,年轻的女性学做了不少古老的学科未曾想过和做过的事,她不仅在改变着科学发展的路径和方向,而且也让自己快速成长和成熟起来。可以预期,有了女性学这支鲜艳的春花,学科之林的春天才有温度和美丽!所以清华大学肖巍的观点还是有道理的,"国外女性主义新发展对女性学学科建设的启示,是在承认女性学科时,得给出合理性论证,得有说服人的东西。合理性实际上是价值的预设,是合理的可接受性。女性学学科论证就是要论证合理的可接受性"(于光君,2013)。

当我们对女性学的定义有了比较明确的把握以后,接下来本章将用三节的篇幅,来更加深入地回答第二和第三个重要问题,即:女性学是一个学科吗?作为一个学科,她的重要价值又体现在哪里?我们再次强调,女性学不仅是一个建构严谨知识完备的新兴学科,而且还会发展成为修正许多传统学科的性别偏差,提升所有学科存在价值和完善现有科学知识系统的引领学科。

第二节 ■ ■ ■

女性学的研究对象

在讨论女性学的研究对象之前，我们先来厘清女性学和妇女研究之间的重要区别，明确作为一个学科的基础性标志。

一、女性学与妇女研究

在西学的语言系统里，学科（discipline）主要是指知识的一个类别或者一个分支（branch of learning），或者是相关联的几个课程（courses），有时候也用领域（field）和专业（subject）来表示。所以准确地来讲，women's studies 还不能直接翻译为女性学，而应该是指妇女研究。其实经过这些年的努力，我们已经弄清楚了女性学和妇女研究是不同的概念，存在着比较明显的区别。

女性研究是一个学术范畴，本质上是一个开放的领域，很多学科都可以介入，带着它们的理论视角，也带着它们的研究范式，对同样一个女性问题也就有了不同学科的探讨，形成不同学科的理论解释和政策应对，所以妇女研究本质上具有非常突出的跨学科或者多学科的学术属性。而女性学是一个学科概念，有自己作为一个独立学科的明确边界，通过这个学科边界，展现和守护本学科的理论体系和研究范式，并应用这些理论架构和研究范式，形成与其他学科不一样的对女性问题的探索和解释，在和其他学科的横向竞争和比较中，显示出本学科在女性研究领域中的学术地位。

从这些年妇女研究发展的现状来看，至少有两个启示不能忽视：一是不把女性研究和女性学区别开来，容易把妇女研究的学术繁荣直接看成是女性学的学科发展，同时也把妇女研究中存在的问题全部归因于女性学学科的责任，结果一方面虚抬了女性学学科发展的业绩，另一方面还影响女性学的学科声誉。实事求是地说，这些年妇女研究发展和女性学学科建设并不是十分同步的，从学者参与的实际规模和主观热情来看，女性学学科建设显得相对比较沉静，重复投入的比较多，新的有质量的学科建设成果相对比较少。用妇女研究现状来替代女性学学科建设进程会掩盖女性学学科发展的实际滞后，不利于直面现实，寻找缘由，以期迎头赶上。我们以为，女性学学科建设优先发展后带来的妇女研究的繁荣才是真正的繁荣。因为只有这样，女性学在妇女研究中的主体学科作用才能全面发挥出来，对其他学科研究投入的引领和纠偏的功能才能充分地释放出来，女性学作为一个新兴的但非常重要的学科地位才能得到真正的确立，并逐步赢得其他学科对它的认可与尊重。二是区别开来后，才有利于去识别女性学学科滞后发展的主要表现或关键领域。把本来作为一个完整人的女性进行碎片化拆解，不是女性学学科所为；对女性本来以人存在变为以性存在的历史过程的曲解，更不是女性学学科的逻辑推论，其主要表现还是没有把学科建设意识贯穿于妇女研究之中，自觉地用女性学学科发展的成果来推动妇女研究。与此同时，顺从自己所熟悉的原来学科路径追求妇女研究更多产出在很大程度上挤压了对女性学学科发展本身的研究，尤其是对支撑学科发展的理论和方法论研究投入不足，还反过来导致女性学在妇女研究中的学科优势不能够更好地凸显出来。

所以从繁荣妇女研究来讲,我们要有多学科的态度,欢迎更多的相关学科参与到这个学术研究的过程中来。与此同时,我们更要有女性学的主流学科意识,这一点也许更为重要,它的意义在于:

一是女性问题和女性发展规律是女性学的研究目标,为女性问题寻找成因和解决路径,为女性发展规律发现影响因素和作用机制是女性学的学科志向,所以女性研究是女性学的学科本职工作,女性研究领域是女性学的主战场。具有主流学科意识,才能主动地去占领这个主战场,立足于它的前沿地带,担当起女性学的学科责任。

二是尽管女性研究具有多学科的特点,但从以往的学术产出来看,一些学科的到来,虽然扩张了研究力量,但也带来必须引起注意和防范的学术风险,它们缺乏社会性别意识的学科努力,要么继续走着本学科的男性化视角老路,要么可能挤占地盘,扩大该学科的传统影响。在这样的学术背景下,主流学科意识有利于在谋求本学科发展的同时,更自觉地肩负起女性学的另一个学科职责,即敏锐地识别多学科女性研究的风险,及时纠正和反驳一些学科依然从固化的男性视角来看待和解释女性问题的做法及其观点,让女性研究的发展保持一个正确的方向和轨迹。

三是女性学还是一个年轻的新兴学科,与其他学科相比,学科的成长和壮大要更为迫切,更为至关重要。树立和强化主流学科意识,才能感知到本学科壮大的迫切感和重要性,才能从女性研究的主力军和引领力量的高度去谋划成长与发展,才能从女性研究和女性学的良性互动和共同发展的角度去把握女性学学科的发展路径和地位确立。

所以,我们一方面要明确区分女性学和女性研究这两个概念的本质区别,认识女性学作为女性研究主打学科的学科地位,非女性学莫属;另一方面还要坚定把主打学科做强做大的学科自信,加大发展的力度。否则女性学不仅很难成为一个主导力量,在引领女性研究上,显得底气不足、力不从心,而且还有可能偏离既定的学科方向,一些学者会习惯性、无意识地又回归到其他传统学科里面去(叶文振,2018、2019)。

二、女性学的学科标识

根据女性学学者畅引婷(2020)的建议,“妇女学学科‘建设’可以借用已经发展了的其他学科的理论资源和物质资源来发展自身,在相互融合中对其他学科中男性中心的知识霸权形成挑战,进而在‘跨学科’的发展过程中确立自己的学科地位”。我们不妨用现有的学科定义,以及其他学科的建设经验来阐明女性学的基础性学科标识。

在百度百科,学科是指相对独立的知识体系。而一个学科的最后兴起或一个知识体系的建成,是源于活动和经验而来的知识不断积累和演进的结果,即“人类的活动产生经验,经验的积累和消化形成认识,认识通过思考、归纳、理解、抽象而上升为知识,知识在经过运用并得到验证后进一步发展到科学层面上形成知识体系,处于不断发展和演进的知识体系根据某些共性特征进行划分而成学科”。其实,女性学也大体上经历了这个过程。从历史上长期被剥夺和不平等对待的境况和体验中产生女权诉求,当越来越多妇女逐渐走出家庭,进入一向被男子所独占的公共领域,表现出了不亚于男子的能力,更促使她们对女性本身所具有的性别潜质和作为人存在的价值进行发掘和反思,进而上升到女性完全可以从自身潜质出发，而不是从男性的尺度出发，充分利用自己的性别潜能和优势去实现人生价值的认识，这些觉悟和认识不断地得到叠加、验证和抽象以至发展成比较完整的女性主义知识体系，最后作为一个独立学科的女性学也就水到渠成了。

但是作为一个学科确立的标识，各学科有着不同的经历和看法，还没有形成比较统一的共识。如心理学的诞生是以实验室建立这一个标志性事件发生作为标识的。1879 年，德国心理学家冯特在莱比锡大学建立世界上第一个心理学实验室，开始对心理现象进行系统的实验研究，使心理学从此成为一门独立的学科，冯特也因此被称为“心理学之父”。又如，“社会学理论”的形成是社会学学科独立的基本标志，“社会学可以理直气壮地宣称自己毫无疑问属于一门学科，原因有两个：其一是它有一个被广泛公认的理论传统，其二是它在方法论上有一种严肃的态度，即以精密的方法来指导研究”（沃特斯，2000）。再如，一些学科是以本学科第一本教材的推出作为学科形成的标志，像教育学作为一门独立的学科萌芽于捷克教育家夸美纽斯的《大教学论》，而成为一门独立学科的标志则是赫尔巴特于 1806 年出版的《普通教育学》。还有的学科兴起是和专业确立或者人才培养体系形成相连接的，如林学学科形成的标志是林业高等院校中水土保持专业的确立（1958）和第一本《水土保持学》教材的诞生（1961），而翻译学从语言学和应用语言学中独立出来成为一门新兴的学科，其重要标志之一就是在高校形成完整的培养体系。结合以上这些学科的经验，女性学也可以理直气壮地宣称自己早已是一门独立的学科了，因为所有这些标志，女性学都全部具备了。

在学科发展日趋成熟，老学科传统学科架构相对庞大，甚至出现一些研究领域的学科垄断的今天，一个新的学科的兴起、独立与发展是非常不容易的。作为一个新兴学科，女性学也有着一样的经历。回首过往，它的建设是一个三步曲的过程，即划出学科边界、搭建学科架构和建造学科实体，其中划出学科边界也就是亮出女性学作为一个独立学科的标志，而其后两步曲是让女性学的知识体系更丰满和科学，也让其学科标识变得更加富有价值和意义（叶文振，2018）。

划出女性学有别于现存的其他学科的边界，也就是要在哪里打桩和建造自己的学科架构和实体。很显然，我们不能在社会学的界别里播种，也不能在经济学的地上种植，否则那长出来的只能是社会学或经济学的庄稼。女性学的学科边界至少拥有三大标记：

一是女性研究的域界，也就是学科的关注和研究的对象是女性，是从女性衍生出来的各种问题，如女性内部的阶层差异，女性外部的男女关系，还有女性生存与发展规律等等，这个领域是女性学的初始和永久居所、重大的作为空间和力图称王的主战场，不同于其他学科可能随时撤走或放弃，女性学则与这个阵地同在，把学科的旗帜高高举起，其他学科如社会学和经济学，即使没有这个领域也不影响社会学、经济学的学科存活，相反，女性学一旦失去女性研究这个领域，自己也就不复存在了。

二是理论与方法的疆界。这是涉及女性学有别于其他学科的地标问题。如果其他学科还是在女性研究领域插上世袭的或习惯性的男性中心视角标记，那么女性学就应该通过本学科的理论和方法的发展来亮起不一样的学科旗帜，并在女性研究领域形成更科学的学术高地，让其他学科相形见绌，让本学科的边界不断外延。所以本学科的理论建设与方法创新变成一个首要的任务，它不仅关系到能不能守住自己的学科阵地，而且还波及是否进一步强化本学科的拓疆能力，或者让其他学科知趣而退，或者主动地引进女性学的关键要素，进行学科内部的理论与方法的变革。从这个意义上来说，我们相当一段时间推进的女性主义、社会性别意识，特别是马克思主义妇女观和新时代中国特色社会主义妇女思想的理论体系建设，是非常必要的，而且要全力以赴做好做强。女性学理论和方法建设滞后于女性研究、女性学方法创新又滞后于理论建设的现存格局不能再继续下去，是时候要予以全面调整，以重现女性学理论与方法优先发展、女性学理论建设与女性研究之间良性互动的女性学学科发展的新格局。

三是研究范式的边界。相对来说，这方面既模糊不清，又没有得到学界足够的重视。其实，对于一个新兴学科来讲，更要在研究范式上弄清楚自己的特征和风格，否则就有很大的可能在不知不觉中被老学科淹没或同化了。这个问题将放在第四节集中论述。

女性学要唱好的第二步曲是勾画本学科的主体结构，进而搭建女性学的学科架构。在这方面倒是可以借鉴一些老学科的搭建经验与教训，在突出本学科的价值追求和时代特色的基础上，形成女性学学科的主体结构。我们认为，它应该是一个女性学概论、女性学理论、女性学方法论和女性学史论一加三的组合，女性学概论是学科的主楼，是对其他三个部分的引领和统筹，或者反过来说，女性学理论、女性学方法论和女性学史论是女性学概论延伸扩展出来的三大副楼。在女性学概论里，要分篇设章简约地介绍女性学的研究对象和学科宗旨，女性学的学科发展历史，女性学理论的基本逻辑和主要派别，女性学方法的科学精神和技术知识，最后集中于女性学理论与方法在重要女性研究领域里的具体应用，显示女性学研究范式的特色。而女性学理论、女性学方法论和女性学史论就是把女性学概论中提及的这三个部分进行扩充和细化，成为一个个既体现女性学概论的总体构架，又各有侧重各司其功的分楼设立。遗憾的是，女性学架构搭建的学科意义还没有得到学界足够的认识，其设计的思想基础和学科原则也自然没有得到广泛重视和组织讨论，所以这一步曲基本上是被置空了或者被跳过去了，或者也可以说，我们女性学的学科建设，是一个没有设计蓝图的施工。

女性学的学科独立和壮大还在于唱实第三步曲，即通过踏踏实实的建造，把学科架构蓝图变成学科实体。从女性学发展现状来看，很明显存在着三大问题：一是女性学概论编了不少，而女性学理论、方法和历史倒是比较稀少，使得主楼有点孤单，学科实体的整体性缺乏；二是学界对学科主楼结构布局至今还没有形成共识，甚至各行其是，看似著述繁多，其实重复交叉多见，结构的实际布局很难出现收敛与集聚；三是学科实体的打造开放度不够，还处于一种自我欣赏、自得其乐的小农经济的状态，较少通过介入社会学、经济学、人口学、教育学等学科领地，一方面借鉴这些老学科学科建设的成功经验，加快一加三的学科主体成长，另一方面推动本学科理论和方法的外部应用和本学科研究范式的对外推广，建立女性学学科分支，如社会女性学、经济女性学、人口女性学和教育女性学等等，形成一加三、再加 N 个学科分支的学科发展态势。由此看来，我们不仅要补上一个学科发展的蓝图，还必须在实体打造方面，注意学科主楼和副楼的并行建设，兼顾学科建设的内外布局。也只有这样，女性学才能尽快地立足于广阔的学科天地里，去引领众多学科都要经历的性别意识的转换与进步。

总之，精准划定女性学的学科边界，才能明确我们需要严守的学科阵地和努力作为的学科空间，才不会淡化女性学的学科意识，还可以防范学科开放发展对女性学学科独立性的冲击；科学设计和勾画女性学的主体架构，才能明确女性学这座学科楼群的全貌，了解主楼与副楼的关系以及各自的职责和功能，才不会造成学科知识的碎片化和逻辑上的脱节；高度重视女性学的实体建设，坚持力量的统筹与建设的开放性，才能准确体现蓝图设计的意图，提高学科建设的效率和质量，才不会让学科建设规划放空，防止女性学的学科意识和地位不升反降。

三、女性学关注和研究的对象

既然宣称自己是关于女性的科学，那么女性学所全力关注和研究的对象自然就是占世界人口一半的女性。纵观学科史，似乎还没有一个学科能如此倾力而为把女性直接作为自己的研究对象，这既是女性学学科的独特风采，又是她能够引领其他学科的力量所在。

第一，女性学扭转了学科发展路径。以男性为中心的学科发展史历来没有把女性作为直接的研究对象，即使偶尔被拉到研究场域，也基本上是满足男性的性别需要，女性作为人的存在的尊严得不到尊重，女性的价值被严重遮掩和贬低，其目的都在于强化父权制和男权文化的合理性和稳定性。女性学不仅把女性作为被尊重的研究对象，请回到科学的知识领域，而且还力图让女性用自己的眼光看待自我、看待世界和看待两性关系，这种从性别缺失到性别上场，从被代言被推论被曲解到自己发声、讲述和解说，从根本上改变了女性在学科中的性别地位，阻止了学科不科学甚至沦为利益工具的知识腐败。从这个意义上来说，女性学的兴起是学科发展史上一个里程碑的变革。

第二，女性学把历史还给了女性。由于男权意识科学的边缘化、扭曲和屏蔽，女性是没有历史的，或者只有被任意建构的历史。不论是父权制下女性经受的卑微和艰难的岁月，还是忍辱负重的女性仍不失家国情怀挺身于危难之际，都被掩藏和沉没在主要抒写男性的人类历史里。女性学不仅批判了历史上女性没有被抒写或者任意抒写的性别不尊重和不平等，揭开了不抒写或者不如实抒写女性的历史真相，还呼吁历史是可以重写的，而且女性自己才是历史的真正主人，才是抒写历史的最好作者。不少女性学学者把科学精神与人文情怀融合起来，借用改进后的口述史研究方法，让许多古稀妇女回望自己的过往、诉说父权制生活的悲凉和分享女性人生的感悟，就是一个向女性返还历史的女性学学科举动。

第三，女性学还和女性共担光荣使命。女性学努力揭示过往科学和历史的社会建构所造成的对女性的性别危害，呼吁女性一起来解构所有对女性的不尊重、不平等和不真实的性别塑造，完全不是为了性别复仇和对抗，也不是重拾男性的过往做法，宣扬和建构以女性为中心的思想，而是面向两性关系的未来，着眼于和男性一起重构性别新秩序，共同建设男女平等以待、和谐相处，两性同体共生、合作发展的性别新世界！所以女性学不在意任何对本学科的污名化言行，坦然面对因为还缺乏了解而出现的质疑和担忧，并始终相信随着自己的不断发展和壮大，女性学会得到学界的敬重和推崇。

在女性学的学科运行中，作为直接研究对象的女性，具有几个传统学科不可能关注到的集体属性：

一是完整性。女性学关注和研究处于不同年龄段的全部女性，甚至包括还在母亲身体里孕育的女性胎儿，有研究表明，传统生育文化对女性的歧视在还没出生的时候就已发生，男孩子妊娠分娩费用要比女孩高出 60%以上，这高出部分主要体现在额外营养费、雇工照顾费和婴儿用品预购费上的男孩女孩差别（叶文振，1998）。鉴于妇女的习惯用法和传统含义，用女性学要比妇女学更能体现本学科研究对象的完整性。与此同时，女性学还关注和研究女性作为人的存在的所有维度，包括前面提到过的自然或生理维度、社会维度和精神维度，尊重和研究女性作为人的完整性，是女性学一贯的学科主张和坚持，也是对传统学科片面强调女性的自然和生理特征，进而固化父权制下性别关系的错误做法的彻底纠偏。

二是动态性。作为整体，女性的动态性表现在她的性别历史的演进及其规律、阶段性的特征，以及女性在这个历史过程中的地位和作用的变化上。作为个体，女性的动态性体现在每一个女性都有自己的生命周期或历程，她的生命周期不同阶段是依次推进的，但是在父权制情境下基本上又是同构的，对生命的未来不可能有个人的预期。女性学突出研究对象的动态性在于关注女性的过往遭遇，追究女性性别命运的历史责任，赋予女性应该拥有的历史地位和发挥作用的权益，实现从被历史遗忘到被历史记住、从历史的边缘人到历史的主人的动态变化；在于不仅仅关注女性的某一个生命时点，而是研究她的生命周期的全过程，进而能够为女性生命周期的节节推进、实现最完美的人生价值提供友好型的文化和制度支持。

三是差异性。它包括女性和男性之间的外部差异，女性和女性之间的内部差异，以及多个分类的复合或者交叉差异性。是否存在不合理的男女之间性别差异是女性学研究首先关注的话题，这种外部差异分析既有从人的存在完整性出发，观察三个维度的性别差异，又有从动态性视角切入，描述男女性别差异的历史演变和两性生命周期的阶段表现，还有从差异的性质入手，论述男女之间的结果差异、过程差异和获得等量结果的付出或者成本差异等等。女性学也关注女性性别内部的差异，如当代女性和传统女性的差异、东西方女性的差异、城乡女性的差异、高学历和低学历女性的差异等等，其研究目的在于共享性别发展的成功经验，形成性别联盟或共同体，帮助和扶持相对弱势和发展滞后的姐妹。女性学还重视多重分组后的复合差异分析，观察在性别不平等的文化和制度下，每叠加一个分组标识都可能扩大男女之间的性别差异，如离婚女性在再婚市场的行情就会因为拥有婚生孩子、又人到中年而大幅度降落，与同样背景离婚男性之间的再婚机会差异就会明显扩大。

四是贡献性。在女性学的学科版图里，女性与贡献的关系一直是很突出的，充分估计女性对人类社会发展与进步的性别贡献始终摆在非常重要的研究议程里。在历史上，即使受到传统性别文化与制度的不平等对待，女性也依然在默默地为家庭幸福和社会稳定做出不可磨灭的性别贡献。到了今天，女性的性别贡献更是超越了男性的想象，他们甚至发出感叹，以女性现在的发展势头，“男孩危机”将可能扩散成“男人危机”。有学者在第 100 个“三八”妇女节的时候撰文指出，中国女性对中国当代发展的性别贡献主要体现在四个方面：第一，中国女性自觉地承担了改革开放的许多责任甚至代价，在一定程度上为中国当代发展铺平了道路；第二，中国女性社会与家庭的“双肩挑”，既直接参与经济财富的创造，又为中国当代发展提供相对稳定的家庭与社会环境；第三，中国女性对社会的参与还潜移默化地改变着中国当代发展的思路和模式，提高中国当代发展的效率和质量；第四，中国女性对中国当代发展的贡献还体现在她们对中国男性的性别带动上，这种带动是来自正确对待“性别挤压”或“性别自我反省”而产生的一种男性群体的自我完善与提升（叶文振，2010）。女性学对女性性别贡献的关注和估计将会彻底改变社会对女性的刻板印象，扩大当代女性在公共领域的作为空间。

第三节 ■ ■ ■

女性学的理论基础

女性学成为一个独立的学科离不开一套理论体系的支撑，甚至可以说正是因为有了包括马克思主义妇女观、女性主义思想在内的这些理论基础，才使女性学真正体现出这一学科非同寻常的科学意义和有别于其他传统学科的特殊价值。本节先从对理论定义的理解开始，再介绍女性学的核心概念，最后集中讨论女性学的理论基础。

一、理论的定义

学界对理论(theory)的理解和界定丰富多彩、各有说法。百度百科认为，理论是一个用概念组织起来的信息体系，是人们关于事物知识的理解和论述，或者更详细一点，“理论是系统化的科学知识，是关于客观事物的本质及其规律性的相对正确的认识，是经过逻辑论证和实践检验并由一系列概念、判断和推理表达出来的知识体系”。

美国著名社会学家艾尔·巴比(Earl Babble)(2002)在他具有世界声誉的经典之作——《社会研究方法》一书中这样定义理论，是对研究的问题“如对青少年犯罪或社会阶层及政治革命等生活特定维度所作的系统性解释”。

我国学者风笑天(2018)认为，理论是以一种系统化的方式将经验世界中某些被挑选的方面概念化，并组织起来的理论构成要素。这些构成要素包括概念、变量、命题和假设，其中概念是建构理论的“砖石”和“基本材料”，理论就是在逻辑地联系起来的概念中产生的。而且理论还具有层次性，分别有宏观理论或一般性理论、中观理论或中层理论和微观理论，其中宏观理论往往以全部社会现象或各种社会行为为对象，提供一种高度概括的解释框架，一般来讲，它的体系十分庞大，结构十分复杂，概念十分抽象；中层理论只就某一方面的社会现象或某一类型的社会行为为对象，提供一种相对具体的分析架构；而微观理论更简化为若干概念之间关系的逻辑陈述，并可以通过经验来加以检验。

归纳以上几种界定，我们认为，理论就是一种对社会现象、社会行为或者社会问题的概念化、逻辑性和系统性的解释，比较常见的就是对存在于几个概念之间的关系具有逻辑性而且经得起经验检验的解释，它既可以用理论框架图来表示，也能够具体化为几个理论假设来陈述。

举个例子，图1-1是用来解释女大学生就业歧视的社会性别意识理论的框架图，其中社会性别意识、就业歧视、人力资本、社会资本等都是概念，社会性别意识理论就是对存在于它们之间的关系或者对女大学毕业生就业歧视的社会问题提出系统性解释，认为就业歧视源于社会性别意识的落后或偏差。在这里，社会性别意识是作为解释变量或影响因素，就业歧视是被解释变量或因变量（叶文振、王慧等，2020）。

作为最重要的解释变量的社会性别意识，是建立在性别差异是一种文化建构认识基础上的对“男强女弱”和“男主外女主内”等传统性别观念的不认同程度，而且这种先进的社会性别意识涉及用人单位的招聘人员、女大学生本人和父母、在读的高校。具有社会性别意识的用人单位和招聘人员就会抛弃性别偏见，对男女大学生一视同仁，以综合素质和专业能力为标准来公平地录用大学生，自觉地维护就业市场的性别公平，杜绝对女大学生的就业歧视；具有社会性别意识的女大学生就会对抗传统性别文化的不平等性别建构，维护自己的平等就业权益，进而直接减少就业市场对女大学生的歧视；具有社会性别意识的女大学生父母不仅给与女儿同等的人力资本投资甚至形成规模更大结构水平更高的人力资本存量，而且还鼓励女儿抵制就业市场性别歧视，帮助女儿减少家庭事务对生产力水平和职业发展的拖累，最后也会在一定程度上防止就业市场性别歧视的发生；具有社会性别意识的高校就会有意识地把先进性别文化和制度融入对大学生的人才培养中，贯穿到对大学生的就业指导中，有计划地培育女大学生的自尊、自信、自立、自强的“四自”精神，有针对性地指导她们识别和抵制就业市场的性别歧视，甚至通过对专场招聘会入会用人单位的严格筛选，确保整个招聘过程不出现性别歧视行为。所有这些都会有力地提高就业市场的性别平等。除此之外，社会性别意识还会降低人力资本、社会资本的性别差异，以及统计性的性别推论对女大学生就业歧视的解释力，甚至从原来的重要作用转化为没有统计显著性的影响，用人单位就不再从人力资本和社会资本的性别差异，从统计性推论当中为自己的性别歧视行为辩护，寻找合理性的实证支持。

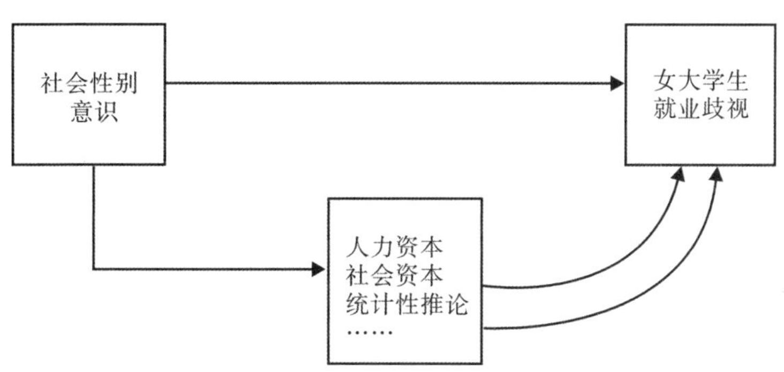

图 1-1 女大学生就业歧视的社会性别意识理论

二、女性学的核心概念

作为理论的基础要素，概念（idea，concept）是人类在认识过程中，把所感知的事物或所反映的对象的本质属性抽象出来、加以概括的思维形式和知识单元。它是人类所认知的思维体系中最基本的构筑单位。毛泽东（1966）在《实践论》中指出：“社会实践的继续，使人们在实践中引起感觉和印象的东西反复了多次，于是在人们的脑子里生起了一个认识过程的突变(即飞跃),产生了概念。"所以概念来源于社会实践,并随着社会实践和人类认识的发展而变化。

概念有内涵和外延之分,即它的含义和适用范围。前者是概念所反映的事物对象所特有的属性,后者是指概念所反映的事物对象的范围,或者具有概念所反映的属性的所有事物或对象。如性别歧视这个概念,它反映性别上存在的偏见,是一种性别成员对另一种性别成员的不平等对待,那么前面提到的就业歧视就在性别歧视这个概念范围之内,它的外延还包括在其他经济、社会和政治等方面所表现出来的性别歧视。

有了以上对概念的基本理解,我们现在来熟悉和掌握女性学知识体系中的几个核心概念,来了解它们各自的含义和外延,它们之间可能存在的逻辑关系,这些概念在建构女性学基础理论、支撑女性学学科架构中的地位和作用。

1.男女平等(gender equality)

中华人民共和国《宪法》第 48 条第 1 款就男女平等概念明确指出:"中华人民共和国男女在政治的、经济的、文化的、社会的和家庭的生活等各方面享有平等的权利。"所以男女平等是指男女两性享有的平等权利和担负的同等义务。

男女平等一词首次出现在被誉为"《颜氏家训》之亚"的南宋袁采《袁氏世范》第一卷的《睦亲》里:"男女本应平等对待。"后来还被秋瑾写入她的《勉女权歌》里:"男女平权天赋就,岂甘居牛后?"

新中国成立后的 1954 年,国家就把男女平等写入宪法。后来从 1995 年江泽民同志在第四次世界妇女大会开幕式上作为基本国策明确提出,到 2005 年修订妇女权益保障法条例时作为法律条款庄严收入,再到 2012 年首次作为党的思想原则写入党的十八大报告,男女平等这个核心概念完成了从"政府的承诺"到"立法的确认"再到"执政党的意志"的全方位"认证"。从男女平等概念的内涵、外延和地位来看,它都是女性学的最核心概念之一,不仅拥有相当高的政治地位和意义,集中体现了社会主义核心价值观,而且还是女性学长期坚持和追求的学科宗旨和目标,它对于阐明女性学的学术志向、理论视野和性别关怀都具有引领式的重大作用。

在女性学学科里,男女平等还延伸出来概念的意识化和操作化。前者强调个人与集体是否具有男女平等意识和觉悟,决定了是否能够在现实中平等地面对两性世界和处理性别关系;后者则是对男女平等这个核心概念的统计操作,包括全面理解它的维度或者外延,再通过对应的指标测度和数据收集,来计算男女平等的维度指数和复合指数,进而了解男女平等基本国策实施的效果、实现的程度和产生的影响(叶文振,2004)。全国妇联与国家统计局联手每十年举行一次的《中国妇女社会地位调查》为男女平等概念的操作化提供了非常重要的数据支持。

2.性别歧视(gender discrimination)

性别歧视是男女平等的反义概念。根据"科普中国"科学百科,性别歧视是基于性别而存在的偏见或歧视,是一种性别成员对另一种性别成员的不平等对待,尤其是男性对女性的不平等对待。1981 年 9 月起生效的《消除对妇女一切形式歧视公约》是联合国为消除对妇女的歧视、争取性别平等制定的一份非常重要的国际人权文书。公约的第一条就开宗明义地给"对妇女的歧视"下了定义:它是"基于性别而作的任何区别、排斥或限制,其影响或其目的均是以妨碍或否认妇女(不论已婚未婚)在男女平等的基础上认识、享有或行使在政治、经济、社会、文化、公民或任何其他方面的人权和基本自由。”

在美国,性别歧视(原先是 sexism)是自 20 世纪 60 年代开始才被普遍使用的词语,由于性别意识的逐渐提升,70 年代之后社会大众逐渐注意到政治、经济、宗教、历史和文艺创作中所隐含的性别歧视,到了 80 年代的初期,sexism 一词就被gender discrimination 的性别歧视取而代之(黄淑玲、游美惠,2007)。

女性学旗帜鲜明地表示,反对和消除性别歧视,特别是对妇女性别歧视的学科态度,而且一直致力于对性别歧视的现象识别和统计测度、原因分析和理论建构、后果估计和政策应对,活跃在宣传、研究和落实《消除对妇女一切形式歧视公约》的第一线。可以说没有一个学科能像女性学这样,以学科的全部之力担负起消除性别歧视的时代使命。女性学关于性别刻板印象(gender stereotypes)、传统或者落后的性别文化与制度、父权制、男权主义、男性中心意识等等概念的延伸,都在建构一个又一个学科理论来分析和解释对妇女的性别歧视的产生根源、影响路径和作用程度。

3.自然性别(sex)和社会性别(gender)

女性学在抽象与概括学科概念方面的一大贡献,其实也是一个重要的学术示范,就是把传统学科司空见惯的性别进行自然剥离和社会注入,分野出人的自然性别和社会性别两个重要的属性,从而揭露了传统学科把现实的两性差别统归为自然性别差异的历史真相和文化成因,其目的就是维护男权制的合理性存在,而且还冠冕堂皇地宣称,既然“男强女弱”“男主外女主内”是源自男女两性的自然差异,那么男权制是无法更改的。

在女性学知识体系里,自然性别或生理性别是指普遍存在的、自然形成的、一般不可改变的男性和女性的先天性性别,它通常包括基因性别、染色体性别、性腺性别、生殖器性别以及与基因调控相关和受遗传因素影响的心理性别;社会性别是指出生后受生存和发展环境影响,由一定的社会文化和制度建构出来的后天性性别,它还包括受成长环境、家庭教育和角色认定影响的心理性别。社会性别的最大特点是社会习得的、文化建构的和可以改变的,它打破了性别不可改变的宿命观,对传统的性别观念提出了严正挑战。就像波伏娃在她的《第二性》一书所指出的,“一个人并不是生而为女性而是变成女性的”,其中“生而为女性”是指女性的生理性别,而“变成女性”则是女性的社会性别(李银河,2005),所以“女人天生就是弱者”的说法分明就是男权文化对女性的后天建构,许多自强不息的精英女性的故事已经证实了,这种带有明显性别偏见的社会性别的后天建构就是一种文化上的对女性的性别歧视。社会性别是美国人类学家盖尔·鲁宾(Gayle Rubin)最早提出的。这是学者千叶(2018)的一段读后感:“很难想象盖尔·鲁宾写作《女人交易:性的‘政治经济学’初探》时只有 25 岁,这篇文章也只是她在密歇根大学读研时一个荣誉项目的结题论文。而今,当时的研究生论文不仅成了鲁宾学术生涯中最重要的代表作之一,也已经成为一系列性别理论读本的必选篇目。在上世纪 70 年代‘第二波女权运动’风起云涌之时,《女人交易》为女权运动家和‘妇女学’研究者打开了全新的视野,也由此展开了一个绵延至今的学术领域:社会性别研究。”从中可以看出,社会性别这个概念在女性学学科当中的地位和功用。

4.社会性别意识(gender consciousness)

社会性别意识或观念或态度是人们对男女两性关系及其存在方式的一种基本认识和看法,具有落后与先进、传统与现代之分。一定的性别观念反映了一定时期和一定地域妇女地位的高低程度,同时也折射出传统的性别分工模式和性别角色定位在当代的延续或改变状况;同时这种看法也会直接影响到人们对家庭和社会中两性关系的处理方式及行为结果(畅引婷等,2013)。社会性别意识状况既是衡量女性社会地位的一个重要维度,也是反映社会文明进步程度的一项基本标志(李静雅,2012)。正是因为社会性别意识与许多重要概念存在解释和被解释的逻辑关系,所以它也从社会性别延伸到意识形态(社会性别意识、观念和态度)、制度形式(社会性别制度)和行动纲领(社会性别意识主流化),成为女性学学科极其重要的核心概念和理论构建要素。

在女性学学科发展中,学者们花了大量学术时间和精力,对历史上所构建出来的社会性别意识进行梳理,并通过第一手资料的收集和统计方法的处理,把社会性别意识更具体也更系统地呈现出来。如畅引婷(2013)是这样详尽地描述社会性别意识的:“在人类社会漫长的发展过程中,人们对两性及其相互关系的认识不仅形成了各种各样的观念,如男尊女卑、男强女弱、男优女劣、男高女低、男婚女嫁、郎才女貌、男外女内、男主女从、重男轻女、夫唱妇随、夫贵妻荣、贤夫良父、妇唱夫随、贤妻良母、相夫教子,以及‘唯女子与小人难养也’、‘女子无才便是德’、‘嫁汉嫁汉穿衣吃饭’、‘女比男强好景不长’、‘女人不是月亮’、‘妇女能顶半边天’、‘比翼双飞’等等,而且经过历史的积淀,有的已经定型乃至固化,有的已经改变或正在改变,有些新的性别观念也正在生成。”李静雅(2012)则通过因子分析抽取社会性别意识的主构成,包括“传统态度”(为了丈夫的事业妻子可以做出牺牲,女人最大的幸福就是找个好丈夫,夫贵妻荣,男人应以事业为重、女人应以家庭为重,女人干得好不如嫁得好,主持家务照顾老人照顾家庭和孩子是女性义不容辞的责任,丈夫收入应比妻子高)、“压制态度”(女性应避免在社会地位上超过她的丈夫,当官是男人的事,女性不适合当领导,丈夫挣的钱如果够花女人就不必在外工作,有事业追求并取得成功的女人缺乏女人味,男女有别所以不可能平等)、“倾斜态度”(选拔干部时应适度向女性倾斜,现行的法律和政策缺乏对女性的有效保护,为了妻子的事业丈夫可以做出牺牲,家务劳动应该计入经济劳动)和“发展态度”(女性应该按照自身需求寻求多元化发展,女人需要更多的照顾,社会经济发展了女性地位自然提高)等四个重新命名的公因子,显示落后与先进、传统与现代之分的社会性别意识,把通常作为“影子”存在的社会性别意识变成可以触摸得到、并和其他概念建立量化关系的可以操作的重要变量。其中,“传统态度”因子表示对待女性的传统态度,因子中变量的分值越低,则表示越认同女性的家庭责任,或较主张女性回归家庭,分值越高则表示越不赞同传统态度。“压制态度”因子中的变量分值越低,则表示越贬低女性的能力和压制女性的发展,甚至赞同女性的个人牺牲,分值越高则表示越不赞同对女性的压制。“倾斜态度”因子中的变量分值越低,则表示越同意为女性提供倾斜性政策和保护,分值越高则表示越不赞成对女性的倾斜政策。“发展态度”因子中的变量分值越低则表示越支持女性的多元发展和地位提升,分值越高则表示越不支持女性的发展。

在社会性别意识概念的操作化基础上,女性学就可以进一步寻找影响或者建构传统或现代的社会性别意识的主要因素及其作用路径,同时还能在社会性别意识与男女平等、性别歧视等概念之间建立因果关系，观察传统社会性别意识如何导致对女性的性别歧视，造成男女不平等的现实世界。

5.妇女运动(feminism movement)

既然女性学学科的兴起是源于妇女运动，并在与妇女运动发展的互动中经历学科成长，妇女运动自然也成为女性学的核心概念之一，而且逐步发展成为非常重要的学科研究方向和领域。妇女运动是指反对歧视女性，使女性获得应有的社会地位和权利，实现两性权利完全平等的社会运动(何自然，1979；中国网，2007)。

妇女运动的源头一般被认为来自法国大革命自由平等思潮的影响。18 世纪 90 年代，巴黎出现了一些女性的俱乐部，她们要求教育权和就业权。1791 年 9 月，奥兰普·德古热发表了《女权与女公民权宣言》，或称《女权宣言》，提出了 17 条要求，它是世界上也是法国历史上第一份要求妇女权利的宣言，表现了一种独特的、完整的女权思想(孙晓梅，1993)。接着西方世界出现了妇女运动的三次浪潮。第一次浪潮发生在 1840 年到 1925 年间，运动的最重要目标是争取与男性平等的公民权与政治权利，一般被称作“女权运动”。第二次浪潮始于 20 世纪 60 年代，延续至 70 年代，其主要任务是批判性别歧视和男性权力，认为当时虽然女性有了选举权、工作权和受教育权，但是表面的性别平等掩盖了实际上的性别不平等，其预期目标是要消除两性差别，并把这种差别视为造成女性对男性从属地位的基础(李银河，2005；田心，2010)。值得一提的是，第二次浪潮还催生了女性研究，成为一个正式的、重要的研究领域，对女性学这一学科的建立留下了根本性的影响。从 20 世纪 70 年代末开始，妇女运动迎来了第三次浪潮。这一方面得益于前次浪潮中孕育的女性学学科的发展，它为女性主义运动提供了较为系统的独立的学科指导；另一方面，联合国广泛地介入世界妇女运动也在很大程度上推进了妇女运动的国际化进程(叶文振，2006)。

中国的妇女运动是从兴女学开始的，经元善于 1898 年在上海创办的经正女学是近代中国第一所国人自办的女校。女子受教育无疑是中国女性觉醒、摆脱传统女性生活方式的第一步。接着在 20 世纪初成立的“中华民国女子参政同盟会”提出 9 项政纲，发起女子参政运动，争取参政平等权利。尤其是早在 1922 年，中国共产党的第二次代表大会就制定了关于女性问题的第一个文件——《关于女性运动的决议》，认为“女性解放是要伴着劳动解放进行的，只有无产阶级获得了政权，女性才能得到真正的解放”，从此在党的领导下，妇女运动成为新民主主义革命的一个重要的组成部分，女性也成为夺取新民主主义革命最后胜利的一支重要力量。

把妇女运动作为核心概念，既让女性学记住当年孕育的地方和场景，不忘学科建立的初心，又能够比较完整地再现妇女运动的全过程和全景式的历史，并在这个基础上探索新时代妇女运动的目标、内涵和形式，融入和服务于强大起来的中国的发展，实现妇女和国家的同步发展。当然，对妇女运动的继续关注和研究，还在于完善和丰富女性学学科发展史的建设，进而和女性学理论、女性学方法论的进步协同起来，共同推进女性学学科的发展与壮大，同时还能更好地把学科发展的成果转化为对妇女运动实践的指导和支持，实现女性学学科进步和妇女运动发展的良性互动和彼此促进。

除了以上以及没有列出来的其他核心概念以外，实际上还有一个类别的女性学概念也值得引起重视，那就是用女性学的学科意识和知识对其他学科的一些重要概念进行改造或修正而推出的、为我所用的概念新解。如姜云飞(2007)对哲学人的概念的女性主义新解，认为“在人类科技高速发展的21世纪，曾经标志性别角色分野的体力因素下降到可以忽略的低值时，在全世界女性不断爆发和攀升的现实经验面前，那一整套男强女弱、男尊女卑的二分性别观念，显然是不再合适宜了，修正改革‘人’的概念标准已经迫在眉睫”。“放弃单一的传统性别观念，承认男女两性气质共存一身的事实，最重要的是，运用荣格说的两极相合原则，努力将异性气质特征与自己的生理性别气质成功地融合在一起，这才是‘双性化’真正指向的最具创造力的‘人’可能实现的心理健康的完整模式。”

又如肖巍(2010)对伦理学的道德自主性概念提出女性主义的批评，认为“道德自主性关乎一个人作为道德主体的能力与权利，父权制伦理传统由于贬低了女性的理性能力，使其无法成为充分的道德行为者，这一传统看似仅仅说明了女性的道德推理能力低下，实则却直接决定对于女性的公民资格以及进入社会公共领域能力的承认”。“女性主义关怀伦理学提出‘关系中的道德自主性’概念，主张联系人们的社会关系、经验现实以及认识论观念和个体身份来说明道德自主性概念，突出关怀、情感、关系和能力以及情境的意义，就是从新的方向探讨道德自主性问题，为女性进行道德赋权，进而使其获得应有的公民权利和参与社会公共生活资格的一种尝试。”“这一概念已经显示出自身的积极意义，并得到广泛的应用和认可。首先，它打破了伦理领域的父权制统治，摒弃了二元论的形而上学思维，还关怀、情感、关系和情境等因素在道德决定中的地位，承认并鼓励女性的道德声音，力图培养女性的道德决策能力。其次，它可以直接成为女性公民资格以及在社会上获得与男性平等的各种权利的道德基础和证明，使女性拥有更为广阔的社会生活空间，在各个领域里获得前所未有的承认和发展。再次，在一些特有的应用伦理学领域，如生命/医学伦理学领域，女性主义的道德自主性概念也可以直接为各种实践提供指导。”

姜云飞和肖巍的研究实践告诉我们，女性学的发展还非常需要对本学科外部的其他学科领域的关注和拓展，这既是一个独立学科发展的战略之一，也就是不断延伸自己的学科分支，如哲学女性学、伦理女性学、社会女性学等，又是以改造传统知识系统为学科使命的一种担当，主动地用女性学的理论与方法去研究、改造和修正传统学科的核心概念，甚至提出新的概念取而代之，进而解构该学科原来的以男性为中心或者带有性别歧视的理论构架和知识体系，使之也逐步变成具有先进社会性别意识的学科。从这个意义来讲，先进社会性别意识的主流化，不仅局限于进入公共的行政和市场领域，还应该重视对传统学科知识体系的介入。

三、女性学的基础理论

一个门类的知识之所以可以成为一个独立的学科，是因为它拥有一个被广泛公认的理论传统(沃特斯，2000)。现在让我们集中讨论女性学的理论传统或者支撑女性学这个新兴学科的基础理论。

我们认为，女性学的理论基础是建立在马克思主义妇女理论、西方女性主义理论、社会性别理论和中国特色社会主义妇女理论四大理论体系之上。其中马克思主义妇女理论为女性学奠定了源于马克思主义知识体系的政治传统，西方女性主义理论为女性学灌输了来自西方妇女运动及其女性研究的思想源流，社会性别理论为女性学确立了从自然生成到后天建构的文化路径，而中国特色社会主义妇女理论则为女性学连接了中国这块古老土地上产出的东方智慧。

1.马克思主义妇女理论

作为马克思主义理论体系的重要组成部分，马克思主义妇女理论为全球妇女的解放和发展提供了理论基础和行动指南。马克思主义妇女理论认为，妇女受压迫是人类社会历史发展到一定阶段的社会现象，私有制是男女不平等的根源，妇女解放的根本途径是消灭私有制，妇女的性别前途在于实现社会主义。马克思主义妇女理论还强调，妇女解放是无产阶级和全人类解放的重要组成部分，而广大劳动妇女还是争取自身解放与全人类解放的伟大力量，妇女和男子一样都是人类历史前进的推动者（彭珮云，2013）。尤其是中国化的马克思主义妇女理论主张妇女解放和发展与国家民族同呼吸共命运，把坚持中国共产党的领导作为根本保障，把国家制度和机制的建立和完善作为使命，把中国特色社会主义道路作为途径，坚持广大妇女的主体地位，注重发挥妇女在两种生产中的能动作用（杜洁，2020），使得整个理论更有中国政治张力和性别主体意识。

马克思主义妇女理论显著地提高了女性学的学科立意和政治站位。女性学追求女性解放和男女平等不仅仅局限于女性的性别利益，而是着眼于整个人类的解放和性别平等；女性学致力于女性的性别赋权和消除性别歧视，不仅仅局限于让女性获得同等尊严和机会，而是更好利用这些机会和男性一起为人类发展和社会进步贡献力量。所以有马克思主义妇女理论作为基础理论，女性学不会陷入以女性为中心取代以男性为中心的狭隘女性主义，而是多了一份政治抱负，把学科发展与全人类的平等与福祉紧密地联系在一起。

2.西方女性主义理论

如果马克思主义妇女理论让女性学充满光荣感的话，那么丰富的女性主义理论则给女性学带来一份骄傲，因为源于妇女运动实践经验的女性主义理论传统不仅和妇女现实密切相接，而且自己的理论建设与外部的理论介入携手并进、相得益彰，显示出很强的理论意识和学科生命力。

就像李银河（2005）指出的那样，“所有的女性主义理论都有一个基本的前提，那就是：女性在全世界范围内都是一个受压迫、受歧视的等级，即女性主义思想泰斗波伏瓦所说的‘第二性’”。而充满着激情和自信的女性主义理论的理想，“归根结底就是一句话：在全人类实现男女平等”。

女性主义理论是和妇女运动共生互长的，所以在李银河（2005）的分析里，直接把妇女运动叫着女性主义运动。女性主义理论萌芽于妇女运动的第一次浪潮，其代表人物和思想包括沃斯通克拉夫特和她的《为女权辩护》、泰勒和她的《女性选举权》以及当时最著名的女性主义男性学者穆勒和他的《女性的屈从地位》等。在西方妇女运动的第二次浪潮中，还形成了一个女性研究热潮，不仅呈现妇女运动向学术领域的延伸，而且还活跃了女性主义理论发展，给女性学的学科建立奠定了一个根本性的理论基础，在这期间，波伏娃和她的《第二性》、费尔斯通和她的《性的辩证法》、费里丹和她的《女性的神话》、伊丽加莱和她的《差异文化论》都具有非常重要的理论影响，其中波伏娃还被称为女性主义思想的泰斗，她的《第二性》在妇女运动和女性主义思潮中都拥有经典的地位。到了妇女运动的第三次浪潮，女性主义理论，特别是由此发展出来的社会性别理论更是对妇女运动起到非常重要的指导作用。也就是这样，坦诚执着、流派纷呈的女性主义理论在批评被批评、创新被创新的过程中不断地往前推进，顽强地渗透到社会生活的各个方面，介入到其他学科的各个领域，逐步进入了主流意识形态，同时也在很多方面塑造着女性学的学科性格和范式。

3.社会性别理论

如前所述，在20世纪70年代“第二波女权运动”风起云涌之时，美国人类学家盖尔·鲁宾在《女人交易》中提出社会性别概念，为女权运动家和“妇女学”研究者打开了全新的视野，也由此展开了一个绵延至今的学术领域：社会性别研究（千叶，2018）。与生俱来和后天建构的分野一下子给女性学添加了一个理论利器，也给女性学对以往涉及性别关系的知识系统的解构和重建提供了十分有力的理论依据。

而今，在社会性别研究中不断建构和完善起来的社会性别理论既是女性学的一个极其重要的思想传统，又是女性学能够站立起来的理论基础之一，它给女性学学科带来的影响至少在这几个方面是不能低估的：

（1）从经验式转向概念化的现象分析。对于女性来讲，来自性别不平等的日常生活的体验，来自参加反对性别歧视、争取平等对待的妇女运动的经历，都是活生生的、原始的、第一手的，而且是非常丰富的性别图景，但如何把这些进行概念抽象和归纳，以突破以男性为中心的概念建构或者概念推论，确实是性别研究面临的一大任务。社会性别理论不仅让我们感悟到这项工作的学科重要性，而且还让我们认识到女性学在这方面已经形成的能力。鉴于概念是理论的构成要素，是建构理论，其实也是建设学科的“砖石”和“基本材料”，任何对传统概念的批评、新解和修正，或者提出全新的概念，都会暴露其他传统学科的理论缺陷，建立和展示女性学学科的理论优势。

（2）从概念化转向操作化的统计处理。社会性别的概念提出后，并没有只限于对女性性别经验的抽象认识，后续就有不少学者通过各种操作，把概念又还原为可以观测和量化的指标或变量，使概念发生从影子到实体的转化，也使社会性别概念和其他概念之间存在的关系得到再检验，大大提高了本学科概念化的科学性和由此构建的学科理论的可靠性。虽然社会性别概念也受到个别学者的批评（孙明哲，2018），但不可否认的是，对性别进行自然和社会的区分，通过社会性别的后天建构性质探索历史上女性不平等性别遭遇的制度和文化原因，真的是一次颠覆式的概念抽象及其理论建构的学科举动。我们以为，女性学的学科发展和壮大还需要更多的这种学术创新及其所体现出来的学科魄力。

（3）从单一链条转向多元铺开的理论建构。在不少情况下，学者只在意对一个社会现象或问题的解释，只限于在一个概念与另外一个概念之间建立联系。而女性学学者则在社会性别概念的基础上，至少向三个方向进行多元延伸：一是从概念提升到关于概念的意识、观念或态度，扩展为意识形态层面的社会性别意识研究；二是从概念上升到关于概念的制度对应和联系，开辟出法律与政策层面的社会性别制度分析；三是从概念跃升为关于概念的主流化进程及其意义，延伸为社会生活和公共领域各个方面的社会性别意识主流化思考。这三方面的延伸，成功地完成了从一个概念的创新，到诸多领域的拓展，再到一个理论体系确立的女性学研究进程，全面展示了女性学一个非常重要的学科风格，那就是所有的研究成果都要转化为对现实制度和文化的审视，批评和解构参与女性不平等社会性别建构的传统文化与制度，而且还要介入现时的立法和政策设计过程，以确保不再出台缺乏先进社会性别意识的法律条例和公共政策。从这个意义上来讲，女性学是一个公共服务意识非常强的学科，她的学科发展是和女性的性别发展、全社会的制度和文化进步与发展密切相连的。

4.中国特色社会主义妇女理论

中国是一个古老的国度，她既有绵延千年的传统性别文化和制度，又有仅仅70年就经历的在消除性别歧视、实现男女平等方面的巨大进步。总结中国的成功经验，并上升为女性学的重要理论基础，确实是女性学学科建设的一大分内事，也是推动女性学学科发展的一个内动力。

中国特色社会主义妇女理论是中国共产党重视占人口一半的妇女的历史作用，用党和国家革命与建设事业统领妇女解放与发展事业，以及始终加强党对妇联工作和妇女发展事业的领导的诸多实践经验和理论思考的结晶。不论是把中国共产党男女平等的政治传统在不长时间的跨度里，完成了从“政府的承诺”到“立法的确认”再到“执政党的意志”的全方位“认证”，还是从毛泽东到习近平党和国家主要领导人一脉相承的先进妇女思想论述和倡导，甚至走向世界政治舞台中心向国际社会做出的关于男女平等的理论分享和国家承诺，都说明女性学的学科发展与壮大离不开中国特色社会主义妇女理论的基础性支持，中国特色社会主义妇女理论的生命力和发展前景也就是女性学学科的理论实力和未来希望（习近平，2015；彭珮云，2013；乔虹，2019）。

第四节

女性学的研究范式

每一个学科都有区别于其他学科的研究范式，它不仅体现学科的学术共识，而且还在具体实践中维护学科的集体意志和风格。就像中华女子学院石彤所指出的，缺乏共同范式的学科不能算是严格意义上的学科，具有统一范式的学科才是具有科学意义的学科（于光君，2013）。本节将在简单界定范式的基础上，展开对女性学的研究范式和学科价值的讨论。

一、范式的界定

范式（paradigm）是美国科学史学家库恩（T.S.Kuhn）于1962年在其重要著作《科学革命的结构》中提出的核心概念。库恩（2012）认为：“范式就是共有的范例”，“‘范式’一词有两种意义不同的使用方式。一方面，它代表着一个特定共同体的成员所共有的信念、价值、技术等等构成的整体。另一方面，它指谓着那个整体的一种元素，即具体的谜题解答；把它们当作模型和范例，可以取代明确的规则以作为常规科学中其他谜题解答的基础。”

暨南大学赵静蓉（2013）对库恩的范式做了一个简单的解说：“范式既是一种世界观，也是一种方法论，是制约和规范特定的科学家共同体，对其观点、信念和行为方式发挥协调和整合作用的理论体系。对于某一学科而言，范式是框架和视角，是看问题的出发点；而理论则是认识和陈述，是对问题的解释。”社会学家文军(2020)也认为：“范式是一种世界观，是最高层次的方法论，它包括三个方面的内容：一是共同的基本理论、观点和方法；二是共有的信念；三是某种自然观(包括形而上学假定)。‘范式’的基本原则可以在本体论、认识论和方法论三个层面表现出来，分别回答的是事物存在的真实性问题、知者与被知者之间的关系问题，以及研究方法的理论体系问题。这些理论和原则对特定的科学家共同体起规范的作用，协调他们对世界的看法以及他们的行为方式。”而根据百度百科，学科范式还有理论范式和研究范式之分：研究范式(research paradigm)是通过研究方法、论述方法、学术评价标准体现出来的学科范式；学科范式是学科内容和方法的统一，研究范式就是学科范式中的方法部分。如美国社会学家里尔茨就区分了社会学三种不同的研究范式——社会事实范式、社会定义范式和社会行为范式，这种划分主要是表明社会学家看待社会现象的不同方式或不同的观察角度(袁方，2004)。

本书认为，一个学科的研究范式是其学科范式最重要的内涵，甚至在很大程度上影响着学科范式的理论范式，它主要包括三个内容：一是某一特定学科的专家学者所共有的基本世界观、价值取向和信念；二是一套互为坚持和共享的方法论，即看待和解释世界的基本方式，包括观察角度、概念体系、基本假设和检验方式等；三是对学科内部整合、学科外部互动进行必要的协同和规制的操作方式，其中最为重要的还是共有的价值与信念，它们决定一个学科的学术境界和伦理操守。

其实研究范式也不是一成不变的，如华为云计算与大数据平台产品线市场总监席明贤认为，人类科学研究范式经历了从实验科学到理论科学、再到计算科学的发展，目前已经进入数据科学阶段。数据科学是一种新的科研范式，它以算法、模型为基础，以高效率、应用广泛为特征，发展前景非常广阔，从这个意义上来讲，大数据不仅仅是数据，它还是新的技术，更是一种思维方式(高莹，2019)。而且按照库恩的理解，科学革命最重要的表征和实质就是范式的转换。一方面，这意味着范式的核心价值不容置疑；另一方面，这也揭示出范式的有限性。也就是说，范式不是一个终极概念，并不具有绝对普适性。像人类生命过程一样，范式也要经历从无到有、从有效到失效、从安全到危机的发展过程(赵静蓉。2013)。社会学学科范式现在就面临着一个危机，也就是它的每一种理论范式都无法从整体上解释快速变化的社会现实，也就是说社会学无法从一种理论范式中找到对现实社会的满意解释(文军，2020)。

二、女性学的范式

可以说女性学研究范式是在许多传统学科面临学科范式危机中崛起的，论述女性学的研究范式不仅是让所有女性学学者重温和明确需要共同尊崇和维护的研究范式，而且还要让所有学科都看到并分享女性学研究范式的优越性，因为传统学科都不同程度地存在着不能解释甚至曲解现实两性社会的研究范式危机。

首先，女性学研究范式扬起尊重女性和男女平等的价值旗帜，把被传统学科视而不见的占世界人口一半的女性请回到学科的舞台，把过去以父权为中心、以男性为代表的研究对象第一次扩展到两性都到场的完整的现实世界，而且坚决反对男性对女性的性别代言，反对以男性经验推论女性经历,鼓励被研究对象的女性自己发声,鼓励被研究对象的女性自我解释。所以女性学的价值定位是所有女性的学科,也是和女性组成一个完整世界的男性的学科,女性学的学科信念是获得同等尊重和机会的女性一定是和男性一样优秀的推动人类社会发展的重要力量,女性学的奋斗目标是消除一切形式的性别歧视,实现全人类的男女平等。从这个意义上来说,许多传统学科实际上还没有真正意识到它们的研究范式所面临的危机到底是什么。

其次,女性学研究范式坚持女性既是最直接的被研究对象,又是最有发言权的研究者的方法论原则。它观察现实社会的角度就是用女性的眼睛看世界,从制度和文化的性别结构看世界。它的概念体系主要由社会性别、社会性别意识和制度、性别歧视和男女平等等核心概念组成;它的基本假设是:(1)一直到今天女性还面临着得不到尊重和平等的性别对待,经历着显现和隐性的性别歧视;(2)这种性别现实是传统的性别制度和文化建构出来并力图保持下去的,是和女性天然的性别结构无关的,也不是女性能够忍受和屈从的;(3)不论是女性还是男性都是传统性别制度和文化社会性别建构的受害者,男女两性互相理解、携手合作才是强化先进的社会性别意识,消除性别歧视和实现男女平等的必由之路。它的检验方式是来自真实反映女性现实处境的第一手资料,来自用这些资料支持的性别之间比较和概念质化与量化的处理,来自女性也包括男性的自我解释,也来自更先进的统计技术的模型分析。

第三,女性学还注重价值分析与评价,因此也离不开较为鲜明的比较性和批判性。其他学科强调价值中立,实际上是有了明显的价值取向之后的标榜,并没有在学科发展中放弃男性中心视角的习惯。女性学则光明正大地倡导性别平等,去实事求是地测度性别平等思想实现的程度,去认真地发现还存在的性别差异及其造成的社会福利的损失和躲在背后的主要成因,去大张旗鼓地宣传性别平等价值观念和设计建立在性别平等价值基础上的公共政策。所以女性学离不开性别之间的社会经济指标的比较,不仅比较男女双方权益保护的状况和获得的结果,还一样重视比较性别权益实现的过程以及与结果相联系的投入和付出;离不开批判性地审视其他学科在过往研究中对性别差异给出的理论解释,在和女性学建构起来的理论分析框架的比较中,来说明所有现存的性别差异或者违背性别平等价值的女性歧视现象都是来源于起着历史建构作用的传统性别文化和制度。

第四,女性学也强调问题意识和政策效应,强调直面不平等问题的学科责任,强调本学科理论成果和研究发现的价值感化、政策转化与女性生存发展状况的改善。当然,这种的问题意识和政策效应还体现在它和其他学科的关系中,以及它在整个科学知识体系中所处的地位上,不论是所谓的学科革命还是知识颠覆,都意味着女性学已经敏锐地发现其他学科存在的价值问题和过往积淀下来的知识体系的内在弊端,也都希望在女性学和女性研究发展中,能够为克服这些问题和弊端做出应有的贡献。所以女性学还关心学科政策的平等问题,努力为本学科的发展争取到更多政策内部提供的资源和机会。

第五,如前所述,女性学研究范式认为,女性学不同于女性研究,不应该把跨学科、交叉学科取向当作本学科研究范式的本质特征,女性学研究是一种有自己学科独立支撑、彰显自己学科理想和特质的学术努力。所有跨学科、交叉学科学的意义都在于女性学的理论旗帜要跨越传统学科的疆界,去告知每一个学科,男性中心的学科和学术习惯不是一个学科的真正出路，它所产生的性别偏差甚至歧视，只会导致两性关系的紧张，减少整个社会的净福利；在于女性学的知识体系和研究范式要外溢，要产生外部经济，女性学与其他学科的交叉，一定是有自己的学科主见和坚持的对其他学科的友好渗透，一定是肩负让其他学科接受女性学、去除男性中心思维的学科使命的学科之间的交流与合作。

三、女性学的学科价值

有了以上叙述，女性学研究范式的意义或者女性学的学科价值也就显而易见了。女性学对自己研究范式的选择和确立，既突出地显示出女性学在人文情怀与科学精神结合中的学科温度和魅力，又充分地说明了她作为一个独立的新兴学科建立的必要性、存在的合理性和发展的可能性，更为重要的是女性学还通过对以往研究范式的成功转换，引发了一场科学革命，这场革命对于传统学科化解当今所面临的研究范式危机，以至重新走上正确的学科发展道路无疑是一盏及时点亮的导航灯。

女性学研究范式的意义还在于整合和凝聚本学科的所有力量，用关爱女性、追求性别平等的人文价值赋予女性学这个年轻共同体的学科使命感和崇高信念，用被研究对象就是研究力量的科学精神拉近女性学与现实性别世界的距离，提高本学科研究的真实性和科学性，用学科反哺社会的服务意识强化女性学研究成果的多方位转化，包括社会性别意识主流化的推动、先进社会性别意识的宣传，以及具有社会性别意识的制度建设等。可以说女性学正在进入研究范式转换与整个学科发展，以及在学科界地位提升的良性联动之中。

还值得一提的是，女性学研究范式的价值还体现在有利于在开放格局当中追求学科的发展与壮大，扩大一个新兴学科成长的溢出效应和外拓能力。亮出研究范式的旗帜，在对比中彰显女性学的学科素质和优越性，会在很大程度上减少其他学科因为不了解而产生的偏见，逐渐从不承认的排斥和抵触，向能接受的包容与合作，再向常示好的欢迎与借鉴的态度转变，为女性学发展营造更好的外部知识环境。亮出研究范式的旗帜，还让走出去的女性学学者时刻记住本学科的初心和使命，维护本学科的疆界和风格，所以尽管在介入其他学科之初，我们可能致力于的是女性主义伦理学、女性主义文学、女性主义社会学、女性主义经济学等，也就是依然在其他学科的学科框架里唱起女性主义的旋律，但最后一定会走向伦理女性学、文学女性学、社会女性学、经济女性学等属于女性学重要分支的学科外延的必要开拓。因为我们都知道，一棵女性学大树的长成一定是主干的粗壮和分支的伸延同生共植的。

第五节 ■ ■ ■

女性学的学科历史

虽然女性学还是一个新兴学科，但她的学科历史却是比较漫长的，贯穿期间的成长经历也是丰富多彩的。本节将简要地梳理女性学的学科历史，探讨学科崛起和发展的主要动因，最后一起关注女性学在中国的诞生与成长。

一、女性学的学科源起与发展

据西方学者考证，先于大规模的妇女运动出现，西方社会就活跃着一些零星的女性主义思想及其代表人物，其中就有被认为是全世界第一位女性主义者的法国彼森，她的生卒年份为 1364—1430 年，所以可以说女性学这颗种子播撒于 15 世纪初（李银河，2005 年）。

那么一直到今天的女性学学科过往就可以分成从那时到 1949 年波伏娃出版《第二性》之前是女性学的学科孕育阶段，而 1949 年是女性学的萌芽之日，再从那时一直到妇女运动第二次浪潮后期的 1975 年美国女权主义人类学家盖尔·鲁宾发表《女人交易：性的"政治经济学"初探》是女性学学科长成阶段（麦克拉肯，2007），接着 20 世纪的后 20 年是女性学理论流派纷呈、研究范式转换的成长岁月，而进入 21 世纪则是女性学借助改革开放的中国再创辉煌的新时期。

回望女性学的一路征程，至少可以用"一个加速、三个融合"来总结这个学科发展的特点。从发展态势来看，基本上是一个加速度的过程，也就是随着时间的推移，女性学发育与成长的速度越来越快，尤其是进入 21 世纪后，女性学在人口最多的中国的快速发展更是令世界瞩目。女性学发展的"三个融合"就是她一直近距离地关注不平等的现实两性世界，拥抱着辛苦地生活其中的女性人口，把她们的正当诉求不断地融合到学科的发展之中；她一直和妇女运动携手共进，既把妇女运动的成功经验和认识收获融入女性学的理论建设之中，又用学科发展的成果服务于运动实践，起着推波助澜，甚至指导和引领的作用；女性学还一直和活跃在妇女运动第一线的女性主义思想家并肩而行，一边源源不断地把这些思想家的观点、主张，以及关于女性观察和思考的范式融合女性学的学科建设与发展之中，一边又通过女性学这样的学科平台和力量助推妇女运动领袖、女性主义社会活动家与女性主义学院派的融合，把她们对妇女现实处境的观察和思考、对妇女运动的精神指导、经验总结和思想认识上升到学科层面，加以概念化、范式化和科学知识化的建构与发展。从这个意义上来说，女性学真的是全世界女性的学科，是她们用自己的亲身性别经历和信念、投身妇女运动的直接体验和思考共同创造的。

二、女性学发展的主要动因

纵观女性学至今的学科历程，其动力因素及其功用还是比较明显的，而且与其他传统学科相比，正是因为这些比较独特的推动力量，才有女性学比较崇高的学科理想和先进的研究范式。

1.妇女改变不平等性别处境的历史诉求和现实需要是女性学学科发展的情怀动力

长年深受男女不平等、性别歧视和排斥之苦必然会转化为对现实境况的基本态度和改变现状的强烈愿望，这些现状得不到改变，只会让女性的基本态度更鲜明、强烈愿望更坚决，甚至遇到一些社会变动，还会加重不平等、不合理性别秩序对女性的伤害，变成不得已为之的性别抗争。如 17 世纪的英国正处于资本主义发展的初级阶段，因为对劳动力需求增加，工厂里出现了女工，传统的社会性别劳动分工发生了变化，女性受轻视、遭压迫和被奴役的情况反而加剧了，所以也发生了被誉为英国第一次稍具规模的女性主义抗争的艾斯泰尔行动（李银河，2005）。

源于对女性现实处境及其改变诉求感同身受的女性学，自然就有了自己的学科立场和性别站位，有了用研究范式表达出来的价值取向和集体信念。所以从处境、诉求，到同情、站位，再到价值、信念，都有一个既温暖又坚定的性别情怀在流动，成为其他学科很难拥有的，而女性学却始终相伴的前进动力。

2.连续三个浪潮的妇女运动是女性学学科发展的经验动力

以社会运动作为一个学科发展的推动是女性学独特的学科经历。一浪高过一浪的三次浪潮的妇女运动对女性学学科发展的功用是不可或缺的，更是不能低估的。我们认为，妇女运动的推动作用至少表现在这几个方面：

(1)源自女性的现实处境、反映被不平等对待而产生的女性集体诉求的妇女运动，其起因、目标、任务和形式是和女性学拥有的情怀动力彼此一致的，妇女运动带来的对女性性别地位改善的显著作用以及对整个人类发展和社会变革造成的积极影响，是和女性学的学科目标相互对接了，所以女性学从妇女运动那里强烈地感受到女性的性别力量和主宰自己、影响社会的性别能力，得到的是对学科确立的必要性和重要性认识的深化。更为重要的是，妇女运动还给女性学带来巨大的精神上的鼓舞，女性不仅要有自己的学科，而且还能把女性学学科办成能够超越甚至引领其他学科的主流学科。

(2)妇女运动再次拉近了女性学与被研究对象及其现实处境的距离，拉近了与组织起来的女性的集体智慧以及表达与思考方式的距离，使女性学不仅特别接地气，拥有最真实最丰富也最完整的学科第一手资料，而且还融进妇女运动领袖、妇女界别活动家甚至最底层女性的生活经验和思考智慧，让女性用自己的眼睛观察世界、从制度和文化的性别结构分析社会的学科观察与研究视角得以坚持，也让概念化和理论化的解释能得到高质量的质性和量化资料的科学检验。妇女运动是女性学学术研究和学科建设最好的实验室之一。

(3)妇女运动还直接激起联系妇女运动实际进行妇女研究的热情，并对妇女研究成果产生越发系统和更具指导价值的需求，以致在第二次浪潮中促成了女性研究的热潮，也在很大程度上间接地给女性学学科发展带来极其难得的推动和支持。

3.不断激起浪花的女性主义思想汇聚是女性学学科发展的知识动力

不论是源于英国进入资本主义初级阶段引发的对女性处境更深层次的思考，或者来自法国大革命自由平等思潮的影响，还是直接从妇女运动组织和实施的实践中得到的思想启迪和升华，女性主义思想这一星星之火，一旦点燃之后，就以燎原之势一直燃烧着，它不仅给女性学学科发展带来温度和能量，更为难得的是转化为一个非常重要的知识动力。源源不断推出的女性主义思想和理论成果滋养着女性学这块学科芳草地，在构造学科的理论基础、养成学科的研究范式、丰富学科的知识系统等方面都做出了巨大的贡献。从这个意义上来说，没有女性主义长期的知识准备，在几个关键发展节点的重要突破，如波伏娃《第二性》的推出、鲁宾在《女人交易》中关于社会性别概念体系的建构、鲁宾以后的女性主义流派纷呈与开放性的四面出击，也就没有女性学学科这么快就能站立起来，而且还站出自己的学科风采与魅力。

4.基于制度优越性的中国国家行动是女性学学科发展的时代动力

从1988年第一本女性学专论《女性人类学》推出到今天，尤其是进入新世纪的第一个10年，女性学在中国从无到有，再到进入花季，确实惊艳了全世界，也让女性学似乎再次迎来学科的芳华年代。改革开放让古老中国可以提出妇女学这个全新的概念，一个刚从大学毕业的女生可以跨学科写出女性学学科专论，紧接着一个开放的中国借第四次世界妇女大会在北京召开之际，开始了在消除对妇女性别歧视、男女平等发展领域的国际接轨和合作，一气呵成了男女平等从“政府的承诺”到“立法的确认”再到“执政党的意志”的全方位“认证”。在党和国家重视和指导下，全国妇联成立了中国妇女研究会，并在和全国各地高校的合作当中共同推动女性学教材的编写和出版、女性学学科专业知识体系和人才培养体系的建构与设立、女性学学术力量在妇女研究领域的集结和引领，以及35个全国妇联授牌的妇女研究与培训基地的成立与运行等等，可以说全方位地实现了女性学在中国的学科发展。

女性学在中国的发展说明了女性学不仅是学科发展的需要，她还是一个国家当代发展、融入国际化进程的需要；中国女性学发展的经验还表明，用先进社会性别意识和性别平等发展思想引领的国家行动，是女性学学科建设非常重要的时代动力，它将以更好的效率实现两个转化，一是转化为女性学学科的长足发展，二是转化为源于男女平等的社会和谐的增进和公共福利的增加。女性学学科建设的中国实践再次显示出女性学旺盛的学科生命力，只要给予合适的文化土壤和社会氛围，她的独特树姿和花香一定会给学科界带来令人欣喜的满园春色。

三、中国女性学的发展

我国古代两性关系的表现形式——男女有别，是具有稳定性、齐一性的一种文化现象，如《国语・鲁语上》所云：“男女之别，国之大节也，不可无也。”这在相当长的一段时期内没有发生根本性的变化，即使是到了今天，我们仍可感受到传统性别结构以改头换面的形式对两性关系的影响（王小健，2008）。也正是这样漫长的性别关系史，并以各种形式在现代生活中留下余波，我们才会感觉到，在总体上男女两性越发平等的趋势中，总会有一些逆流出现，如女大学毕业生遭遇就业歧视，二孩生育政策出台衍生出女性职业发展的再生障碍，还有女博士是第三种人的性别调侃，以及重提女人回归家庭的说法等。所有这些都说明，和其他国家一样，中国也需要女性学，女性学的学科使命里当然也包括浩大的中国版图。

和漫长的不平等性别关系史一样，女性学在中国的发展当然不仅仅始于20世纪的80年代，也有一个很长的孕育过程，其间也活跃着女性学的思想火花和一些代表人物。如南宋袁采（1178）在《袁氏世范》睦亲篇里就提出“男女本应平等对待”。明代李贽（1527—1602）是扬名古时的反对歧视妇女、宣扬男女平等的思想家，在《焚书・答以女人学道为短见书》中，他批判了男子之见尽长、女子之见尽短的说法，他说：“不可止以妇人之见为见短也。故谓人有男女则可，谓见有男女岂可乎？谓见有长短则可，谓男子之见尽长，女子之见尽短，又岂可乎？设使女人其身而男子其见，乐闻正论而知俗语之不足听，乐学出世而知浮世之不足恋，则恐当世男子视之，皆当羞愧流汗，不敢出声矣。”到了清代，秋瑾在她的《勉女权歌》中，也强调过男女平等：“男女平权天赋就，岂甘居牛后？”她还提出了在当时看来最完备的妇女解放思想：“第一，要求实现男女平等；第二，要求婚姻自由；第三，反对女子缠足；第四，提倡女学和主张女性经济自主；第五，主张女性走向社会，参与国事”(沈智,1991)。尤其是“五四”新文化运动所传播的新女性思想则更加丰富,它一方面从批判封建礼教对女性的压制入手,另一方面援引欧美女权运动的思想资源,介绍和传播了西方女性自由独立的社会生活。作为启蒙运动重要阵地的《新青年》,从 1916 年第 2 卷第 6 号起开辟了“女子问题”专栏,陈独秀、胡适、鲁迅、吴虞等人纷纷撰文,抨击“夫为妻纲”“三从四德”“从一而终”等封建旧道德造成了女性的依附地位。吴虞的《女权平议》一文,从欧洲启蒙思想家提倡的女权,到以美国女性具体享有的教育平等权、法律、行政权等为例,向国人展示了欧美女权的发达,说明中国应该进行“女权革命”(张文灿,2013)。

1921 年 12 月 10 日,刚成立不久的中国共产党以中华女界联合会的名义,在上海法租界创办了《妇女声》半月刊,这是我党创办的第一份妇女刊物。《妇女声》是党成立初期结合当时妇女运动的实际向妇女进行宣传教育的一个强大阵地,在提高妇女觉悟和促进妇女谋求自身解放的斗争中起了相当大的作用,也为女性学提供了早期马克思主义者对妇女解放运动所进行的较为深入的理论探讨(王慧青,2004)。特别是从 1922 年中国共产党的第二次代表大会制定关于女性问题的第一个文件——《关于女性运动的决议》开始,党和党的领袖关于妇女和妇女工作的决议和论述是女性学在中国继续孕育的非常重要的思想来源,尤其是从中华人民共和国诞生到今天的 70 年间,特别是在改革开放的 40 余年里,马克思主义妇女解放理论和中国特色社会主义妇女理论又成为女性学非常重要的理论基础,所以就出现了前面提到的女性学在当代中国的光荣诞生和飞速发展:

1988 年第一本女性学专论——《女性人类学》问世;1992 年《妇女研究论丛》创刊,它是中国国内外公开发行的国家级学术刊物;1998 年第一个女性学方向硕士点在北京大学社会学系开始招生;1999 年中国妇女研究会宣告成立;2001 年第一个女性学系在中华女子学院组建,并于 2006 年招收第一届女性学本科生;2003 年中国妇女研究妇女教育专业委员会成立,并多次召开年会或者专题研讨会,讨论与推进女性学教育与学科的发展;2006 年经教育部批准,女性学成为北京大学社会学一级学科下的一个二级学科,第一个女性学方向博士点在厦门大学公共事务学院开始招生;2012 年《中国妇女报》推出新女学周刊,并在 1 月 10 日的发刊词中进行这样的推介:“‘新女学’既携带着女性解放的理想基因,也秉承着女性主义的学术气质,还夹带着中国文化的悠远乡音。它不是对西方女性主义的简单传导,也不仅是少数学者的冥思独白;它致力于女性/性别研究的中国化,它不但要推动性别平等进入决策主流,也要推进两性和谐融入公众生活。”

中国女性学能有值得骄傲的今天,我们以为,大概可归因于这么几个动力要素:一是历史上传统性别文化与制度长期规约和男女平等思想火花长年燃烧并存,使女性学在中国的崛起既有必要也有可能;二是中国共产党把妇女解放纳入新民主主义革命进程,把妇女发展融入社会主义建设和整个国家发展之中的伟大实践和理论思考,为女性学在中国的发展奠定了正确方向和理论基础;三是第四次世界妇女大会在北京召开和改革开放后对大量的西方女性主义思想和女性学理论的引进,为女性学在中国的成长营造了更好接触和借鉴西方知识体系和学科建设经验的国际氛围;四是全国妇联和中国妇女研究会长期以来的不懈努力和积极作为,为女性学在中国的繁荣一直提供有力的资源保障和学术激励。正如习近平 2015 年在全球妇女峰会上的讲话所指出的:“妇女是物质文明和精神文明的创造者,是推动社会发展和进步的重要力量。没有妇女,就没有人类,就没有社会。”没有妇女，就没有女性学；没有党和国家高度评价、尊重与爱护的中国妇女，也就没有女性学在中国的繁荣与发展。

当然，中国女性学进一步发展也面临一些新的挑战，如国家学科政策大幅调整，高校“双一流”建设方略稳步推进和学科评估刚性实施，以及其他传统学科知识融合等，我们还需要在强化学科意识的同时，开辟一些应对和突破的路径。如王俊和郭云卿(2020)就提出两个思路：一是中国妇女研究需要“学科化”的女性学作为其制度性依托，这是知识时代学科化的命名需要和制度安排，同时也是一种求生存谋发展的话语策略；二是还要从女性学的学科知识建设和学科组织建设两个维度寻求出路和发展。我们有理由相信，强起来的中国一定是世界女性学最有希望长成参天大树的地方！

我们一起祝福中国女性学！

思考题

1.你倾向于哪一种女性学的定义？为什么？

2.什么是研究范式？请你谈谈对研究范式意义的认识。

3.简述女性学与女性研究的区别及其必要性。

4.你认为，什么是最重要的学科标识？请说明你的理由。

5.请简述学好女性学对一个女大学生成长成才的重要意义。

6.请介绍你的社会性别意识，并分析是谁对你的社会性别意识形成产生最重要的影响。

参考文献

[1]杜芳琴：《性别平等、女性学与女性主义人才的培养——以课程为中心的本土研究与实践》，《山东女子学院学报》，2013年第1期

[2]韩贺南、张健：《女性学导论》，教育科学出版社，2005年版，第2页

[3]王卓、王恩铭：《美国女性学的历史沿革》，《中国社会科学报》，2015年8月24日

[4]禹燕：《女性人类学》，东方出版社，1988年版

[5]叶文振：《一朵早放的女学之花——读〈女性人类学〉有感》，《山东女子学院学报》，2019年第6期

[6][7][日]富士谷琦子：《女性学入门》，中国妇女出版社，1986年版，第1页

[8]中央民族大学中国少数民族妇女研究中心编：《21世纪妇女发展国际研讨会论文集》，中央民族大学出版社，2001年版，第125页

[9]禹燕：《女性人类学》，东方出版社，1988年版，第4页

[10]魏国英：《女性学概论》，北京大学出版社，2000年版，第8页

[11]啜大鹏：《女性学》，中国文联出版社，2001年版，第1页

[12]叶文振：《女性学导论》，厦门大学出版社，2006年版，第2页

[13]王蕾蕾、李桂燕：《女性学》，科学出版社，2013年版，第4页

[14]于光君：《女性学学科范式与学科地位研讨会综述》，《妇女研究论丛》，2013年第1期

[15]叶文振：《中国女性心理健康：现状、原因与对策》，《马克思主义与现实》，2010年第5期

[16]Abbott P. & Wallace C., *An Introduction to Sociology: Feminist Perspectives*. New York: Routledge, 1993

[17]王金玲：《女性社会学》，高等教育出版社，2005年版，第3页

[18]刘建明、王泰玄等：《宣传舆论学大辞典》，经济日报出版社，1993年版

[19]路甬祥:《关于科学伦理道德的思考》,中国网,2003 年 3 月 3 日

[20]周诗乐:《女性学教程》,时事出版社,2005 年版,第 227 页

[21]王金玲:《女性社会学》,高等教育出版社,2005 年版,第 6 页

[22]禹燕:《女性人类学》,东方出版社,1988 年版,第 21 页

[23]于光君:《女性学学科范式与学科地位研讨会综述》,《妇女研究论丛》,2013 年第 1 期

[24]叶文振:《女性学学科意识与女性学开放发展——中国女性学学科建设 40 年》,《中华女子学院学报》,2018 年第 6 期

[25]叶文振:《一朵早放的女学之花——读〈女性人类学〉有感》,《山东女子学院学报》,2019 年第 6 期

[26]畅引婷:《命名与建构:妇女学学科建设新思考》,中国妇女报,2020 年 2 月 18 日

[27][澳]马尔科姆·沃特斯:《现代社会学理论》,杨善华等译,华夏出版社,2000 年版,第 1 页

[28]叶文振:《女性学学科意识与女性学开放发展——中国女性学学科建设 40 年》,《中华女子学院学报》,2018 年第 6 期

[29]叶文振:《孩子需求论——中国孩子的成本和效用》,复旦大学出版社,1998 年版,第 194 页

[30]叶文振:《中国妇女百年发展与贡献》,中国社会科学报,2010 年 3 月 4 日

[31]艾尔·巴比:《社会研究方法基础》,邱泽奇译,华夏出版社,2002 年版

[32]风笑天:《社会研究方法》,中国人民大学出版社,2018 年版

[33]叶文振、王慧等:《女大学生就业问题研究》,厦门大学出版社,2020 年版

[34]毛泽东:《毛泽东选集》(第一卷),人民出版社,1966 年版

[35]叶文振:《男女平等:一个多维的理论建构》,《东南学术》,2004 年第 4 期

[36]黄淑玲、游美惠:《性别向度与台湾社会》,巨流出版社,2007 年版

[37]李银河:《女性主义》,山东人民出版社,2005 年版,第 3 页

[38]千叶:《寻找父权制的出口:盖尔·鲁宾〈女人交易〉读后》,豆瓣读书,2018 年 3 月 9 日

[39]畅引婷等:《社会性别观念与妇女地位的关系探讨》,《太原理工大学学报(社会科学版)》,2013 年第 1 期

[40]李静雅:《社会性别意识的构成及影响因素分析——以福建省厦门市的调查为例》,《人口与经济》,2012 年第 3 期

[41]畅引婷等:《社会性别观念与妇女地位的关系探讨》,《太原理工大学学报(社会科学版)》,2013 年第 1 期

[42]李静雅:《社会性别意识的构成及影响因素分析——以福建省厦门市的调查为例》,《人口与经济》,2012 年第 3 期

[43]何自然:《从西方的妇女解放运动谈到英语句子的一致关系问题》,《外语教学与研究》,1979 年第 3 期

[44]中国网:《现代的女权运动》,2007 年 9 月 11 日

[45]孙晓梅:《“二战”前的世界妇女运动》,《中国妇女管理干部学院学报》,1993 年第 2 期

[46]李银河:《女性主义》,山东人民出版社,2005 年版,第 26 页

[47]田心:《国际妇运风云二百年》,《中国妇运》,2010 年第 1 期

[48]叶文振:《女性学导论》,厦门大学出版社,2006 年版,第 27 页

[49]姜云飞:《人的概念:来自女性主义的新解》,上海市社会科学界第五届学术年会文集,2007 年

[50]肖巍:《女性主义的道德自主性概念》,《马克思主义与现实》,2010 年第 5 期

[51][澳]马尔科姆·沃特斯:《现代社会学理论》,杨善华等译,华夏出版社,2000 年版,第 1 页

[52]彭珮云:《中国特色社会主义妇女理论与实践》,人民出版社,2013 年版

[53]杜洁:《在中国妇女事业发展的伟大实践中深化和发展马克思主义妇女理论——写在马克思诞

辰202周年之际》,《中国妇女报》,2020年5月12日

[54]李银河:《女性主义》,山东人民出版社,2005年版,第1页

[55]李银河:《女性主义》,山东人民出版社,2005年版,第15页

[56]千叶:《寻找父权制的出口:盖尔·鲁宾〈女人交易〉读后》,豆瓣读书,2018年3月9日

[57]孙明哲:《西方性别理论变迁及其对性别定义的影响——当代性别理论的两极:两性平等与性别建构》,《学习与实践》,2018年第6期

[58]习近平:《促进妇女全面发展、共建共享美好世界——在全球妇女峰会上的讲话》,新华网,2015年9月28日

[59]彭珮云:《中国特色社会主义妇女理论与实践》,人民出版社,2013年版

[60]乔虹:《"妇女能顶半边天"起源于这里——贵州省息烽县堡子村半个多世纪前的"男女同工同酬"实践》,《中国妇女报》,2019年5月29日

[61]于光君:《女性学学科范式与学科地位研讨会综述》,《妇女研究论丛》,2013年第1期

[62][美]托马斯·库恩:《科学革命的结构》(第四版),金吾伦、胡新和译,北京大学出版社,2012年版

[63]赵静蓉:《当代中国文学理论研究的范式反思——以记忆、空间和文化政治范式为例》,《学术月刊》,2013年第11期

[64]文军:《论社会学理论范式的危机及其整合》,《社会观察》,2020年2月5日

[65]袁方:《社会研究方法教程》,北京大学出版社,2004年版

[66]高莹:《数据科学创新研究范式》,《社科院专刊》,总第481期,2019年6月10日

[67]赵静蓉:《当代中国文学理论研究的范式反思——以记忆、空间和文化政治范式为例》,《学术月刊》,2013年第11期

[68]文军:《论社会学理论范式的危机及其整合》,《社会观察》,2020年2月5日

[69]李银河:《女性主义》,山东人民出版社,2005年版,第15页。

[70][美]佩吉·麦克拉肯:《女权主义理论读本》,广西师范大学出版社,2007年版

[71]李银河:《女性主义》,山东人民出版社,2005年版,第15页

[72]王小健:《中国古代性别结构的文化学分析》,社会科学文献出版社,2008年版

[73]沈智:《辛亥革命时期的女知识分子》,《上海社会科学院学术季刊》,1991年第4期

[74]张文灿:《社会性别视阈下的启蒙困境——以五四新文化运动之塑造新女性为例》,《中华女子学院学报》,2013年第2期

[75]王慧青:《中共第一份妇女刊物与第一所女校的创办》,《档案与史学》,2004年第2期

[76]王俊、郭云卿:《中国妇女/性别研究需要"学科化"的女性学吗?》,《妇女研究论丛》,2020年第4期

第二章 ◆ ◆

女性学的理论体系

女性学作为一门新兴学科，其发展离不开理论体系的支撑。本章首先介绍女性学理论的主要概念、建构基础和特点，接着推介女性学理论的四大主要理论流派（马克思主义妇女理论、社会性别理论、女性主义理论、中国特色社会主义妇女理论），评述它们之间的异同，并把重点放在对西方女性主义理论八大流派的主要代表人物和观点的讨论上，最后展望全球女性学理论发展的未来，即男女平等和妇女全面发展是其思想根基，性别和谐理论是最终的知识归属，同时从理论和实践两个方面预示中国女性学的未来发展。

第一节 ■ ■ ■

女性学理论的建构

女性学重视与社会变革相关的学术研究，鼓励人们发掘自己在社会中的位置，要求人们熟悉一系列质疑学科假设的跨学科性话语和观点，突出被传统学科忽视的内容（余宁平、杜芳琴，2003），因而女性学理论建设是一个相当艰巨的过程，它有别于以往的认识论、知识论、方法论、价值论和研究视角，是对以往片面的、男性化的认识论、知识论、价值论、方法论和研究视角的批判、修正和完善，并在这个基础上构建具有本学科特色的理论体系。

一、主要概念

1.女性学和妇女学

“女性”与“妇女”两词在内涵上没有本质的区分，但是在外延上存在一些细微的差别。“妇女”更多用来指称那些有一定年龄和经历的女人，或有婚史的女人；而“女性”涵盖的范围要大些，它既可指称已婚的女人，也可以指称未婚的女子，还可包括未成年的少女、女童等。因此，“女性学”要比“妇女学”更科学、更准确（魏国英，2000）。

2.生理性别和社会性别

性别问题是女性学研究的重要问题。什么是性别？人们对于性别的理解往往是指生理性别，从解剖学、生物学的角度区分男女两性，如染色体、荷尔蒙以及两性在生理构造上的不同。很长一段时间以来，国内外许多学者从生理性别的角度研究女性，认为女人天生不如男人，所以，男强女弱、男尊女卑、男主外女主内是天经地义的事情。近 30 年来，西方学者推翻了这个理论，认为男女两性的差异，并不是生理原因造成的，而是由于社会文化所造成的，称为“社会性别(gender)”，并逐渐把社会性别分析作为妇女发展研究中的一个锐利武器(罗慧兰,2002)。社会性别分析发源于20世纪70年代的西方社会,进入20世纪80年代后,该理论和视角已作为性别问题的重要分析范畴,并不断主流化。1995年北京第四次世界妇女大会之后,"社会性别"这一理论和视角开始在中国传播,也成为妇女问题研究的重要概念和分析视角。

3.女性主义和女权主义

"女性主义"一词是由英文单词"feminism"翻译而来。1837年,法国空想社会主义者夏尔·傅立叶创造出了英文单词"feminism"(女性主义)。1872年,"feminism"(女性主义)和"feminist"(女性主义者)两个单词分别出现于法国和荷兰,19世纪末进入英国,1910年开始流行于美国。《牛津英文词典》分别于1894年和1895年收录"feminist"(女性主义者)和"feminism"(女性主义)。直到20世纪,随着妇女解放运动的蓬勃发展和逐渐普及,该词的使用才开始推广开来。作为一个舶来的概念,中国早期知识分子在翻译英文时直译为女权主义。自从1995年第四次世界妇女大会召开后,研究者们渐渐意识到原来的女权主义的翻译已经远远不能涵盖当代西方妇女运动及妇女理论的发展变化,由此"女性主义"的翻译便应运而生(李楠,2018)。在《中国妇女大百科全书》中,女权主义被认为是"以资产阶级自由、平等思想为基础,要求结束妇女从属地位,主张男女两性平等的男女平权主义,也是资产阶级妇女运动的主要理论基础"。女性主义是指"西方19世纪到20世纪60年代之前流行的妇女运动理论和基本妇女观"(中国妇女大百科全书编委会:1995)。从女性解放运动的发展轨迹来看,"女性主义"显然比"女权主义"的研究范围更加宽广,更适合于反映当代西方女性解放运动的发展动态和历史全貌。

二、女性学理论的建构方式

一门学科的理论与其他学科的区别往往体现在理论的知识基础、思想来源、价值取向及研究方法上。女性学理论具有独特的学科构建方式,表现在创建了以女性为中心的认识论,汲取了马克思主义妇女理论和中西方女性解放运动的实践成果,通过性别公正这一价值取向来消除性别歧视,以及采用问题意识和政策导向的研究方法,从而推动妇女解放和全面发展,创建性别和谐社会。

1.知识基础

改变原有的知识基础,创建以女性为中心的认识论是女性学理论建构的重要手段之一。客观、真理、历史和主体一直是现代性理论知识的重要构成部分,占据着统治地位和具有不可挑战的合法性权威。女性学者把矛头直指被公认的一元论知识体系,对占据统治地位的弗洛伊德的性学一元论、心理实验的"男性中心论"、现代化片面强调经济发展的线性思维都一一进行批判。女性学者指出,这个世界并不存在一元论,并不存在单方面关系,而是一个复杂、更多关联的共同体和统一体。以往的人类文化偏重于男性权力中心制度及男性主流文化,强调男性文化的合理性和有效性,却忽略了女性在人类文化中应有的地位和价值。女性学理论正是为了修正人类文化的这种男性性别倾向,对男性权力中心制度、以男性为中心的主流文化和价值建构进行批判,肯定女性合法的文化地位和价值性,创建以女性为中心的认识论。

女性主义认识论包括几种非女性主义的传统,如意识形态理论、现象学和常人方法学。其中,最具影响力的是史密斯的“妇女立场理论”和科林斯的“美国黑人妇女的立场理论”。她们的观点建立在这样的思想基础上:所有关于社会的知识都反映了认识者的社会地位,因此,无论如何都会对这个世界得出一个带有偏见的理解,不可能有超越个人社会立场的全面理解。所以,史密斯认为“由男性创造的话语”和男性化的“客观化”思维导致了妇女的主体经验与妇女社会学家对这些主体经验描写的“两分意识”。她们倡导女性主义社会学家应避免使用标准的“男性”的概念工具,而应进入妇女日常生活经验当中,构造一种全新的以女性为中心的认识论。

2.理论来源

女性学理论的思想来源有两个方面,一是马克思主义妇女理论,二是各国的妇女运动和实践。从本质上讲,马克思主义妇女理论具有人学视角,是关于女性作为人的存在、发展和解放的理论,是从全人类的视角去探讨人学的问题。马克思主义妇女解放理论是西方女性主义重要的思想来源,它的异化理论、阶级分析理论和剥削理论都被西方女性主义流派所借鉴,各国女性主义运动和女性主义理论亦进一步丰富和发展了马克思主义妇女理论。比如,西方女性主义者对家务劳动的私人性进行批判;对再生产理论进行补充,认为女性的生育能力也是一种剩余价值;从更多因素着手探讨女性受压迫的原因。马克思主义妇女理论也是中国特色社会主义理论的指导思想,用于指导中国女性解放的实践。“中国特色社会主义妇女理论也不例外,它是关于社会主义历史阶段妇女求解放的学说,是对现阶段妇女运动与男女平等的规律性认识”(丁娟,2011)。

3.价值取向

女性学的价值导向是消除性别间的歧视,追求性别公正。从女性解放运动和实践来看,它存在着一个价值取向不断重塑的过程。第一阶段,是以追求绝对平等进行性别平等的诉求。通过对历史上和当代的主流政治思想中的性别歧视和性别缺失进行批判,反对普遍性的男性偏见,要求获得和男性一样的平等对待。第二阶段,主张对女性进行差异化对待。女性主义者对性别关系和性别差异进行更为明确的讨论,认为绝对平等无法达到真正的性别平等,而是提倡接受有差异性的立场和身份。差异性并不仅仅存在于女性和男性之间,由于在社会中所处的阶级关系、民族关系、种族关系以及宗教信仰等的差异,差异性也存在于女性内部。更有甚者,向传统的性别关系和性别规范提出挑战,进一步解构女性身份,解构女性主体性,甚至解构女性概念本身。第三阶段,寻求兼顾差异的平等,即以性别公正的诉求确认女性的身份和发展。单纯地探讨“平等”和“差异”的两类说法,或将陷入性别本质论的泥潭,或将沦为后现代主义无穷解构下的虚无。前者,将女性和男性置于一种平面的两极对立之中,似乎女性的解放就意味着变得“和男人一样”,忽视了女性的独特特征和特殊保护。后者则是抹杀和无视男女差异,消解男女生理不同的事实,解构主义和后现代主义的做法走向了另一个极端,消解了女性身份,模糊了女性的主体性。因此,在分析妇女问题时,既要看到和承认男女两性间的自然差异,避免将男女平等视为抽象的绝对平等,也应给予女性差异化的关怀和对待,体现结果上的性别公正。

4.研究方法

女性学理论在研究过程中具备两个明显的特征:一是具有问题意识,二是政策跟进。女性学理论虽然属于理论研究,但它不是学院派的单纯为了研究而研究,它热心于解决妇女的实际问题，具有广泛的社会性。为了切实维护女性的利益，心理实验、个案访谈、口述史分析方法都得到应用。有关女性的社会问题，比如家务压迫、社会角色紧张、身心健康、流产、未婚妈妈、家庭暴力、同性恋等社会问题也都得到关注，成为女性学理论研究的热点问题。女性学理论研究就是通过这种方式和广大的妇女群众站在一起，为不少妇女解决问题和取得合法地位提供理论帮助。同时，女性主义理论研究不但揭露女性受压迫的根源，对现存的社会文化和制度进行深刻的批判，而且还主动融入社会实践中，通过积极参政、建立各式各样的社团和组织，对政府实施的女性发展计划和政策进行干预和监测，呼吁政治机构以社会性别视角实施发展战略，不但要从长远利益，也要从短中期发展项目中改善女性的生存和发展状况。将问题意识上升到政策层面，通过实践推进理论的发展，是女性学理论发展的两个重要特征。

三、女性学理论的主要特点

1.建构了以女性经验和女性范式为基础的研究方法

20 世纪 70 年代到 80 年代末，女性主义者对以往的研究方法提出了质疑，认为现在的女性研究方法受限于实证主义方法，没有逃离男性研究范式的影响。一些女性理论学家，如哈丁、凯勒等，认为具有基础性作用的认识论和方法论在男性经验中被赋予主流权利，女性理论家无法进一步改变目前盛行的男性理论模式。无独有偶，后现代主义与女性主义的结合则创造了建立女性主义方法论的可能性。后现代女性主义强调个体，注重多元结构，它对以往的真理、历史、客观性、方法论进行史无前例的颠覆，致使以男性范式为主导的方法论失去了存在的客观基础。所以，女性主义方法论标榜价值介入，进一步创新研究方法，建构了以女性体验和女性范式为基础的方法论。

2.女性学理论基础扎实、视角新颖

女性学理论在其建构过程中集思广益，挖掘和借鉴人类优秀文化理论，不但深入分析一些较为悠久的理论，如马克思主义理论、精神分析理论、结构主义、存在主义，而且还善于把握新的理论思维，如后结构主义理论、人本主义思潮，在此基础上构建学科独有的理论，如社会性别理论、父权制理论、性别与发展理论、女性主义理论、中国特色社会主义妇女理论等。因此，与传统的男性理论相比，它的理论渊源比较深远和广博，分析视野也比较开阔与新鲜。

3.女性学理论流派众多、观点纷繁

女性学理论的思想源泉是马克思主义妇女理论，主要支脉是女性主义理论，另有社会性别理论和中国特色社会主义妇女理论。由于女性主义理论流派众多，有自由主义女性主义、激进主义女性主义、马克思主义女性主义、社会主义女性主义、后现代主义女性主义、生态女性主义、心理女性主义、第三世界女性主义等，各流派在女性受压迫根源上的观点各异，有的注重经济因素，有的注重生理因素，有的注重文化因素，有的注重心理因素。各个流派的学术论争及其不同观点使女性学理论呈现出一种多元化的发展态势，这在很大程度上深化了女性学对许多重要理论问题和现实问题的认识和解释。

4.以社会性别作为分析视角之一

女性学理论为我们提供了研究的新视角——性别视角。社会性别分析框架不仅对传统学科的男性单性别理论建构产生巨大的冲击，而且在一定程度上促进各个学科去修正和完善自己的理论体系。比如，社会性别视角使史学意识到人类社会的发展也有女性另一半的存在，从而挖掘了被淹没的妇女史；使经济学看到了家庭劳动所创造的社会价值；使社会学认识到女性所具有的特殊能力和关注生育的社会价值；以及让心理学在研究方法和实验研究中加入了女性的声音，等等。因此，社会性别分析法的出现和发展，不但为社会科学理论者带来了新视角，也为社会实践者提供了推动两性发展的新思路，不但有助于女性学学科的发展，也有助于实践过程中催生女性的独立和解放。

5.女性学理论具有革命性和政治性

女性学理论研究担负着指导女性解放运动的重任，其目标直指男女平等。首先，它具有强烈的革命性。女性学理论研究不同于以往的学科发展研究，它是基于为解放女性而进行的研究，所以它带有浓重的革命色彩。马克思主义妇女理论在德国革命中应运而生，社会性别理论和女性主义理论在妇女运动浪潮中孕育并诞生，三次妇女运动不但促使女性主义理论的兴起和发展，而且还培养和催生更多的女性主义革命家。其次，它具有鲜明的政治性。女性学理论研究的重点在于挖掘女性受压迫的真正根源，它先是从批判单纯的经济一元论着手，继而提出了社会性别理论和父权制理论，揭露了女性受压迫的文化和制度根源，对披着合法性外衣且运行了几千年的男权文化结构和社会制度进行无情的批判和揭露，使女性学理论从一开始就具有鲜明的性别政治倾向。

第二节 ■ ■ ■

女性学主要理论派别及其评价

女性学理论的发展有一个逐渐明朗的过程，大概可以分为四个阶段，但并非截然分开，而是前一个阶段特征还没消失，后一个阶段就出现了，处于并存状态。这四个阶段分别创立了四大理论，即马克思主义妇女理论、西方女性主义理论、社会性别理论和中国特色社会主义妇女理论。马克思主义妇女理论散布于马克思主义理论中，产生于19世纪40年代的德国，它是马克思主义理论体系的重要组成部分，是最早关注女性问题的学说之一。女性主义理论正是在借鉴马克思主义理论的基础上发展和完善起来的，如著名的女性主义者朱丽叶·米切尔有一句名言："我们应当提出女性问题，但要试图给出马克思主义的回答。"女性主义理论以法国女性运动为开端，在一系列争论和运动过程中，把女性问题推上了社会关注的层面。由于所关注的问题和侧重的角度不同，女性主义在分流出众多理论流派的同时，也催生了另一文化视角的社会性别理论，它孕育于第二次妇女运动浪潮中，是女性主义理论的主要分析视角和核心内容之一。它的出现不但推进女性主义理论的发展，加快女性学学科的建设，也为女性主义实践提供了有力的理论视角支持。中国特色社会主义理论则是以马克思主义妇女理论为指导，在借鉴了西方女性主义和社会性别理论的基础上，与中国的革命和实践紧密结合在一起，关于中国妇女解放运动规律的学说。

一、马克思主义妇女理论

马克思主义妇女理论主要是通过马克思和恩格斯的重要著作《1844 年经济学哲学手稿》《神圣家庭》《德意志意识形态》《共产党宣言》《家庭、私有制和国家的起源》体现出来，马克思和恩格斯并没有专门论述妇女问题的专著，他们的妇女观分散在这些著作及其他论文、信件中，形成了以辩证唯物主义和历史唯物主义为基础的马克思主义妇女理论（叶文振，2006；石红梅，2017）。在后期，倍倍尔、列宁、斯大林等马克思主义者对马克思恩格斯的理论进行继承和发展，完善了马克思主义妇女理论。

（一）马克思主义妇女理论的形成过程

马克思恩格斯妇女理论的形成不是一步到位的。马克思在 1844 年 3 月 8 号写成的《1844 年经济学哲学手稿》中，开始关注女性社会问题，特别是无产阶级女性的社会处境。他分析了女工就业和家务间的矛盾、妇女卖淫、共产主义"公妻制"等问题，认为男人对女人的关系是兽性的关系。1844 年 8 月，马克思恩格斯首次联合创作了《神圣家族》一书，他们揭露了资产阶级上流社会的婚姻悲剧，剖析了资本主义制度下女性的不同价值选择，很多女性在金钱、财富、地位及虚荣心的驱使下寻求婚姻，有些女性却勇敢不屈地站起来反抗，但无论如何，二者都无法摆脱悲惨的命运。马克思恩格斯无情鞭打资本主义和父权制，揭露了女性解放的最大阻碍正是父权制的社会结构，"侮辱女性既是文明的本质特征，也是野蛮的本质特征，区别只在于：野蛮以简单的形式所犯下的罪恶，文明都赋之以复杂的、暧昧的、两面性的、伪善的存在形式……对于使妇女陷于奴隶状态这件事，男人自己比任何人都更应该受到惩罚"（马克思、恩格斯，1957）。1846 年马克思与恩格斯的第二部著作《德意志意识形态》发表，他们对于女性问题的观点散见于各个章节之中，继续对家庭和父权制进行分析，提出了著名的"两种生产"理论，即物质生活资料的生产和人口的生产繁殖。1848 年 2 月 24 日《共产党宣言》发表，它是马克思恩格斯关于女性解放理论论述的重要著作，代表着马克思恩格斯妇女理论的逐步完善，他们提出了以下几个主要观点：(1)在资本主义制度下女性的地位具有工具性实质，"资产者是把自己的妻子看作单纯的生产工具的。他们听说生产工具将要公共使用，自然就不能不想到妇女也会遭到同样的命运"（马克思、恩格斯，2009）。(2)将异化这一现象推广至两性关系。由于在资本主义社会中人类劳动的异化现象，使得原来平等的两性关系也变成了支配与从属的关系。(3)将人的自由而全面发展定位于人类解放的终极目标，也成为衡量女性解放的天然标准，"每个人的自由发展是一切人的自由发展的条件"（马克思、恩格斯，2009），并将女性解放的目标纳入人类解放的目标中。1884 年恩格斯写作了《家庭、私有制和国家的起源》一书，它标志着马克思恩格斯妇女解放理论的系统化和成熟化。在该书中，恩格斯从阶级、分工和私有制起源对两性关系变迁作一次历史性的回顾，指出女性受压迫的根源，并对资本主义两性关系进行深刻的揭露和批判，指明了在社会主义制度下女性解放的途径。

（二）马克思主义妇女理论的主要内容

1.从人类社会发展的历史进程探索妇女受压迫的根源

(1)生产资料私有制的出现是妇女受压迫的根本原因。马克思主义认为阶级压迫是妇女受压迫的根源，男女不平等是从阶级不平等派生出来的。"在历史上出现的最早的阶级对立,是同个体婚制下的夫妻间的对抗的发展同时发生的而最早的阶级压迫是同男性对女性的奴役同时发生的”(恩格斯,1999)。在恩格斯看来,在私有制产生之前,男性和女性的劳动都具有同样的价值,但随着母系氏族的没落,农业和畜牧业的分工以及手工业的出现,财产就逐渐私有化了,性别分工也就开始出现并定型了。私有制使男性可以合法永久地拥有财产权,包括女性和后代都成了他们的私有财产,因此,女性作为妻子就这样丧失了她们的财产和合法地位。

(2)一夫一妻制家庭制度的出现是妇女受压迫的另一根源。恩格斯吸收摩尔根的《古代社会》一书提供的成果,提出在历史上从群婚到对偶婚制后出现的个体婚制是女性沦落的因素之一。恩格斯说:“在一切蒙昧人中,在一切处于野蛮时代低级阶段、中级阶段、部分地也处于高级阶段的野蛮人中,妇女不仅居于自由的地位,而且居于受到高度尊敬的地位”(马克思、恩格斯,1995)。但“随着财富的增加,它便一方面使丈夫在家庭中占据比妻子更重要的地位;另一方面,又产生了利用这个增强了的地位来改变传统的继承制度使之有利于子女的意图”(马克思、恩格斯,1995)。于是,个体婚制适应了男性的需要而出现了。实际上,个体婚制是针对妇女而言的,对男子却没有束缚力。

(3)女性生理上的体弱是其受压迫的又一个根源。恩格斯指出:在原始社会的早期,特别是蒙昧时代,社会处于旧石器时期,生产极不发达,劳动产品没有剩余,大家平均分配。妇女从事的原始农业劳动收入可靠,是主要劳动,而男人的狩猎因工具落后而极不稳定。随着原始社会生产力的发展,原始人在使用新石器的同时,开始制作和使用铜器,畜牧业、手工业发展起来,畜牧业与农业开始分离,社会大分工出现了。身强力壮的男子在农业、畜牧业和手工业生产领域占主要地位,而妇女所从事的农业生产和家务劳动则降到了第二位。父系氏族公社后期,第一种生产的发展使人类社会进入铁器时代,手工业进一步发展起来并与农业分离,又一次大分工出现了,大量剩余产品和交换随之发生,家庭私有财产增加,逐步冲击了氏族公有制。显然,在两次社会分工过程中,女性由于生理上的体弱以及生育、抚育活动,被逐渐挤出经济活动领域。

2.指出妇女解放的三条基本途径

(1)妇女解放的基本前提是消灭私有制。马克思主义认为私有制出现后,男性不但成为土地的拥有者,也成为女人的拥有者,这是“女性的具有世界历史意义的失败”(恩格斯,1999)。在分析私有制的出现和消亡过程中,马克思主义提出了两个观点。首先,指出私有制将在原始社会、奴隶社会、封建社会、资本主义社会等社会形态中存在,只有进入社会主义社会,那时生产资料归属全社会共有,才能消灭私有制,从而消除女性从属于男性的经济基础。其次,认为妇女受压迫是阶级压迫的一种,是与阶级压迫同时产生的,因此,随着阶级压迫的消失,无产阶级当家作主,妇女也随之获得解放。

(2)妇女解放的另一条件是“个体家庭”不再成为社会的经济单位。马克思和恩格斯指出公共劳动和私人劳动的社会分工是妇女受压迫的重要根源,由于“妇女家庭劳动现在同男子谋取生活资料的劳动比较起来已经失掉了意义,男子的劳动就是一切,妇女的劳动是无足轻重的附属品”,所以妇女不可能摆脱其受压迫的地位。进而,马克思、恩格斯指出,“只要妇女仍然被排除于社会生产劳动之外,而只限于从事家庭私人劳动,那么妇女的解放,妇女同男子的平等,现在和将来都是不可能的。只有在妇女可以大量地、社会规模地参加生产，而家务劳动只占她们极少的工夫的时候，妇女的解放才有可能”（全国妇联，1978），所以，“妇女解放的先决条件是回到公共的劳动中去”。

（3）针对女性生理较弱的特点，提出只有现代工业才能解决妇女在公共劳动上的不利地位的主张。“只有依靠现代大工业才能办到，现代大工业不仅容许大量的妇女劳动，而且是真正要求这样的劳动，并且它还越来越要求把私人的家务劳动溶化在公共事业中”（全国妇联，1978）。虽然，马克思主义妇女理论肯定了大工业生产，它会促使大批妇女走出家庭领域，但实际上，资本家在劳动力市场上对妇女实行性别歧视政策，在就业的行业职业、就业形式和工资报酬等方面都阻碍妇女平等发展。

3.阐明了妇女解放的必然性、艰苦性和长期性

（1）肯定了妇女在人类历史上的作用，其解放具有必然性。马克思主义妇女理论高度重视被压迫的妇女在创造历史和推动人类历史进程中的作用。比如，马克思主义理论家列宁曾经说过：“从一切解放运动的经验来看，革命的成败取决于妇女参加运动的程度”（全国妇联，1978）。不但如此，马克思还提出了两种生产理论，一种是指生活资料的生产，另一种生产是人类自身的生产。马克思主义妇女观认为妇女对社会生产和人类种族的繁衍都起着重要作用，她们不但在延续人类方面起着重要作用，而且还对社会生产做出了不可磨灭的贡献。

（2）妇女解放具有一定的艰巨性。女性解放的终极目标不仅仅是解放女性自身，而是要解放包括男性和女性共同在内的全人类，即全人类的解放。马克思主义认为，为了解放妇女，必须先让妇女能平等进入公共产业，就应同时解决一系列家庭和生育的相关问题。他们提出孩子由国家来进行抚养，国家提供幼托中心、公共食堂等措施，由国家来承担原来由妇女承担的家庭职能，从而实现家庭的经济职能转换等看法。这些科学设想部分其实已转化为社会实践，实践的推进效果与妇女解放进程息息相关。

（3）从人类历史发展的角度论述妇女解放进程是一个长期的历史过程。妇女受压迫是人类历史发展一定阶段的社会现象；妇女解放的程度是衡量普遍解放的天然尺度；妇女解放是一个长期的历史过程，不仅受生产关系制约，也受生产力水平制约；不仅受物质生产水平的影响，也受精神文明程度的影响（江泽民，1990；李楠，2018）。显然，马克思主义妇女观以辩证唯物主义和历史唯物主义为根本指导原则，客观地论述了妇女解放的进程、妇女的历史作用以及妇女解放与生产力和生产关系这一对范畴的相互作用。

二、女性主义理论

西方女性主义又称女性运动，是资本主义国家妇女在经济、社会、文化和政治等各个领域内争取男女平等、争取改变女性受压迫社会地位的一种理论和运动。

（一）女性主义理论流派形成过程

在18世纪末期，女性主义运动首先在法国爆发，然后从法国扩展到英国和美国。法国女性运动的兴起不是偶然的，是有其深刻的思想条件、物质条件和政治背景。这一时期的资产阶级思想和启蒙学说，如天赋人权论，自由、平等和博爱等学说，为女性运动奠定了思想理论基础；工业革命的兴起为女性走出家门创造了物质条件；各国掀起的资产阶级政治革命，也间接地促使女性争取权利运动的发起。在法国大革命中，《人权和公民权利宣

言》是女性运动的纲领性文件，于1789年由制宪会议正式通过，其核心内容是人权和法治。1791年，法国妇女领袖奥伦比·德·古日针对《人权宣言》发表了著名的《女性宣言》，强调指出“妇女生来就是自由人，和男人有平等的权利。社会的差异只能建立在共同利益的基础之上”，妇女的这种天赋的权利应包括“自由、产业、安全，尤其是反抗压迫”（闵冬潮，1991）。古日关于自由平等权利不能只局限于男性的主张，引起了男权的恐慌，最后不仅她本人被杀害，她所组建的妇女俱乐部也被解散了。

但是，女性主义运动并没有因此而熄灭。从19世纪初期至二次世界大战期间，第二次女性运动兴起，女性解放阵营逐渐转向了美国。1848年，在美国首届妇女权利大会上通过了伊莉莎白·斯坦顿起草的《观点宣言》。这份宣言以美国《独立宣言》为蓝本，宣称：“我们认为以下真理是不证自明的：男人和女人生来平等，他们具有不可剥夺的天赋权利，这些权利是：生命、自由和对幸福的追求。人类历史是一部充满了男人对女人的非正义和侵占的历史，是以建立对女性的绝对专制为目标的”（王政，1995）。第二次妇女运动兴起有其特定的社会历史原因，资本主义社会产生了两次科技革命和产业革命，给妇女带来了新的不平等。在两次女性运动浪潮中，形成了四个传统的女性主义流派：自由主义女性主义、激进女性主义、马克思主义女性主义和社会主义女性主义。第三次妇女运动浪潮是从20世纪90年代早期掀起的。这一时期，女性运动争取的权利更为具体，涉及生育自由、择业平等、心理健康、维护和平等方面。在20世纪70年代初至90年代中期，联合国主持召开了四次世界妇女大会，加强了女性主义理论的研究。这一时期，西方资本主义进入后工业化社会，女性主义与后现代主义、生态主义、心理分析主义等现代思想相结合，形成了新的流派，主要有后现代女性主义、心理分析女性主义、第三世界女性主义和生态女性主义。

（二）女性主义理论的主要论争

女性主义理论在发展过程中，形成了众多流派，虽然各个流派理论观点不一，但各个流派之间或各个流派内部的争论主要集中在三个方面，即关于普遍性和差异性、平等与公正、本质主义和社会构造论的争论，这些争论有助于女性学理论的发展。

1.普遍性和差异性的争论

女性主义者在对父权制进行批判的过程中，引发了对另一个重大理论问题，即对妇女从属地位的普遍程度的思考，表现在两个维度展开：一是纵向思考，妇女是不是在所有社会中都只拥有比男性低得多的权力；二是横向思考，是不是所有群体、所有类别的女性，相比于男性，都处于从属地位。早期，女性主义者比较强调普遍论的观点，论证所有制度、所有文化背景下的女性所拥有的权力都比男性来得少。后期，受后结构主义影响以及随着第三世界女性主义的兴起，女性主义者更加关注不同社会制度和文化背景下的女性群体，或同一社会制度和文化背景下不同类别的女性群体，重视妇女从属地位所表现出来的差异性。比如，家庭主妇从属地位与职业女性从属地位具有不同的表现；与白人女性群体相比，黑人女性群体的受压迫地位还带上了种族色彩……虽然女性主义关于女性差异性的争论，打乱了自己的阵脚，但为了实现女性的真正解放，女性主义者需在坚持共同性和普遍性的前提下，关注和接受特殊性和差异性，只有这样才能有效地汇聚女性群体的力量为统一的目标而奋斗。

2.平等与公正的争论

自由主义女性主义根据自由平等的思想，构建了一个完全平等的理论。它不主张对女性实行保护性立法，或给予妇女特别的保护性待遇，因为这样就等于承认妇女的弱势地位，有损公正的原则；而是主张每个人都同其他人进行着不断的竞争，国家的职能是增大“平等机会”来使竞争公平合理。马克思主义女性主义认为，要改变妇女的弱势地位，不应该仅仅诉诸个人的努力，更应该为妇女争取特殊的保护性立法，自上而下改变女性的弱势地位。激进女性主义者走得更远，认为要取得与男性平等的地位，就必须摆脱生育的限制，自由选择恋爱的模式，倡导同性恋。关于平等的倡议一直是女性主义者的关注点之一，穆勒曾经如此描述过：“代之以完全平等的原则，不承认一方享有特权也不承认另一方无资格”(穆勒，1995)。女性主义者发现，由于受生理限制以及在教育上的欠缺，在现实中若不对女性实行特殊保护，则无法实现女性与男性的真正平等，只有对女性实行保护前提下的平等，才能达到公正。后现代女性主义者提出了在差异基础上的平等，强调赋予女性与男性同等的公民资格。20世纪后期出现了很多关于差异与平等的研究成果，如《超越平等和差异：公民资格、女性政治和女性的主体性》《女性主义与公民资格》，这些专著基本上都倡导一种理论，即建立一种包容不同身份差异，包括性别差异的公民制度，以实现差异基础上的平等，即公正。所以，女性解放是在不进行特殊保护的平等基础上，还是在实行特殊保护的公正基础上展开，成为现代社会拥护和敌视女性主义理论研究的分歧点和争论点之一。

3.本质主义和社会构造论的争论

本质主义和社会构造论不但是各流派之间，也是各个流派内部争论的另一焦点。本质主义求助于生物学或遗传基因的作用，认为女性的角色定位是一种先天的东西。社会构造论认为造成女性从属的原因在于社会文化的塑造作用。在早期阶段，本质主义占据统治地位。激进女性主义者认为女性受压迫的根源在于生理上的原因；马克思主义女性主义认为，生理上的弱势是女性逐渐沦为家庭奴隶的原因之一；心理分析女性主义构造了“子宫崇拜”；生态女性主义认为女性天生就与自然界具有相似性……所有这些，都犯了本质主义错误，是以生物学的理论来支撑女性主义理论，是不牢靠的。社会构造论则批判了本质主义的片面性，比如，社会主义女性主义提出“资本主义与父权制共同作用是女性受压迫的根源”的观点；心理分析女性主义提出了社会学习理论和认知发展理论，修正了“子宫崇拜”的本质主义错误；生态女性主义则从批判父权制意识和现代化发展模式入手，把女性与自然联系的观点提升到了另一个理论高度。

三、社会性别理论

目前各方对社会性别的定义和理解并不完全相同，但实质上都在强调性别的社会性，即由社会建构起来的不同性别角色、行为和观念，是一种近乎唯物主义的理解。《联合国计划开发署社会性别与发展培训手册》中给社会性别下的定义是：“泛指社会对两性及两性关系的期待、要求和评价。社会性别常常在社会制度(如文化、资源分配、经济体制等)中以及个人社会化的过程中得到传递、巩固。”

(一)社会性别概念的演变

社会性别产生于20世纪50年代即第二次女性主义浪潮初期。在20世纪50—60年代,弗里丹在《女性的奥秘》一书中揭示了美国社会占统治地位的女性形象,仍然是被称为"幸福的家庭主妇"(即贤妻良母)的形象。当时,社会上流行一种看法,即女性最大的幸福是当贤妻良母。"最大的奢望就是生五个孩子并拥有一幢漂亮的住宅,她们唯一的奋斗目标就是找到中意的丈夫并保持稳定的夫妻关系"(弗里丹,1999),弗里丹指出,这种观念是社会造成的。20世纪60年代末,西蒙·波伏娃在《第二性》一书中探讨妇女受压迫的根源,对"生物决定论"进行批判,指出:女人不是天生的,而是后天被造成的。受波伏娃的影响,一批追随者认识并宣扬妇女受压迫的主要原因不是生物因素,而是社会制度造成的这样一种思想(波伏娃,1988)。1970年,凯特·米利特在《性政治》一书中分析了性别角色与父权制的关系,提出"父权制"的概念和理论。她指出,男女两性的关系实际上是一种政治关系,父权制比阶级分层更具有普遍性和恒久性,男性或是用权力直接镇压,或是通过风俗、习惯、语言、传统、教育等来确定女性的地位(凯特·米利特,2000)。总之,社会通过"性别政治"支配女性,男女角色的定位不是先天赋予的,而是由后天的文化构成的。在这里,米利特实际上开始用性别角色来指称社会性别。

在第一代女性主义者性别观念的基础上,安·奥克利对性别和社会性别做出明确划分,她是最早将二者进行划分的学者之一。将社会性别区别于性别并不是奥克利的发明,她是从心理学家罗伯特·斯托勒那里受到启发的。斯托勒是一个研究两性人的心理学家,他发现两性人在生物学意义上的性别与出生时被认定的性别,或与他们自己定位的那个性别并不相符,因此他认为在描述两性人的处境时,进行性别和社会性别的区分是很有必要的。受斯托勒启发,奥克利着力于揭示性别和社会性别的不同,指出性别是表现生物学意义上的男性和女性在解剖学和心理学上的特点,而社会性别是通过社会建构的男性气质和女性气质。男性气质和女性气质不是由生物学性别决定的,而是通过社会文化和心理的影响形成的,这种影响在一个人成长为男人或女人的过程中无所不在。

1975年,女研究生盖尔·鲁宾在她的论文《妇女交易:性"政治经济学"笔记》中,分析了马克思主义对人的社会关系的阐述、恩格斯的人类社会构成学说、人类学家列维·斯特劳斯对家庭制度的研究以及弗洛伊德的"恋母情结"理论,首次提出了社会性别制度。她认为这一制度同人类的其他社会组织形式一起构成人类社会,这些理论虽然没有以社会性别作为研究对象,但从不同的角度启发了我们,女性从出生之时便生活在特定的社会关系中,这不单是一种阶级关系,更是一个具有普遍性的社会性别制度,它对人的生物性这些原材料进行干预,在女性身上套上了习俗规范。

20世纪80年代末,后现代女性主义者J.W.斯科特(Joan W.Scot)对"社会性别"概念的分析颇有影响。她指出,社会性别由两大核心组成:首先,它是以性别差异为基础的社会关系的成分;其次,它是区分权力关系的基本方式。社会关系组织的变化总是与权力关系的变化同步进行,只是变化的方向不尽相同。社会性别作为社会关系的一个成分,具有四个相关的因素:第一,具有多种表现形式的文化象征;第二,对象征意义做出解释的规范概念,比如在宗教、教育、法律、科学和政治中的概念;第三,社会性别与亲属制度、经济制度和政治制度相关;第四,主体的认同,意指在社会历史文化环境中形成对社会性别的认同。斯科特认为,这四个因素是紧密联系的,它为我们分析复杂的社会关系和权力结构提供了途径(王政、杜芳琴,1998)。

20 世纪 90 年代中期,舒拉米斯·费尔斯通和其他女性主义者将有关社会性别的思考推进了一步。费尔斯通在她的著作《性别的辩证法》中指出,"社会性别的差别影响着我们生活的每一个方面,这些差别是在男性占支配地位的社会中一个精心组织的体系,女性主义的理论任务就是认识这一体系,而其政治任务便是终结这一体系"(Humm,1995)。

以上几位主要人物关于社会性别观念的研究,揭示和推进了社会性别的发展过程。20 世纪 90 年代之后,随着黑人女性主义、第三世界女性主义、同性恋女性主义的出现,社会性别概念已同其他诸如阶级、种族、性等概念相结合,从多元化的角度审视男性和女性的生存状况。应该明确的是,社会性别概念已成为女性主义理论的核心概念,社会性别理论是女性学理论的核心内容之一。

(二)社会性别理论的内容

社会性别理论的内容是不断发展、变化的,社会性别概念演变过程展现了社会性别理论不断发展、完善的过程。

(1)社会性别与生物性别的属性有本质上的不同。首先,社会性别理论从挑战原有的生物性别入手,揭示了人在社会化过程中所赋予角色的社会性,它勇敢颠覆了以生物性别来定义两性在社会和家庭中的角色和期望的观念,具有革命性和反叛性。其次,社会性别理论表明,不同民族、不同地区、不同时代,社会性别的期待和角色是不一样的。在特定文化中形成的性别规范以及两性行为方式和社会角色,具有各自特点。随着民主进程的加快和人性的解放,社会性别理论将不断完善。再次,社会性别理论具有能动性。我们知道,社会性别是不断变化的,同样,社会性别通过社会文化会对两性施加影响,从而使社会成员在这一过程中学习和接受他们的社会角色和社会期待。因此,社会性别理论的正确与否将深刻地影响两性发展。

(2)社会性别理论突显了人的主体性。与阶级视角和种族视角相似,社会性别理论强调从社会性别视角出发,力求打破人为限制个人发展的文化陋习。社会习俗强有力地禁锢了人的发展,人的自主性和主体性缺失,不利于人的自由发展和价值实现。正如李慧英指出的,"社会性别意识的思想基础是人的主体性,它将主体意识引人性别范畴,确立了女性的主体地位。强调女性主体性,不仅要改变女性对于男性的从属关系,而且要改变女性对于国家的从属关系"(闵冬潮,2003)。社会性别理论旨在改变女性对于男性甚至国家的从属性,是为了解放被禁锢了几千年的另一半——女性,目标是要实现人的自由全面发展。

(3)社会性别理论拓宽了女性发展理论,女性发展的各个领域都是其研究对象。早期社会性别理论主要关注理论发展,20 世纪 80 年代之后,它与发展理论相结合,有效地促进了女性发展。1985 年卡罗琳·摩塞发表了《妇女与住房政策:走向性别意识》,提出了性别计划的概念。1989 年,她继而提出了战略性性别需求与现实性别需求的理论观点。1992 年,思特加德、摩塞、杨和怀特赫德等共同撰写了《性别与发展——实践指南》一书,从性别、统计、农业、就业、住房、交通、健康、家庭资源管理及实践操作等九个方面对性别与发展理论进行了全面的阐述。1993 年摩塞出版了《性别计划与发展——理论、实践与培训》一书,书中有关性别计划的理论与方法成为 90 年代后性别与发展理论的奠基之作。

可以说，女性研究者们在这个时期已逐渐形成了一种新的妇女参与发展的方式即社会性别方式。因而，社会性别理论不但对女性运动产生重大影响，为女性主义学术研究开辟了新的视野，为女性学的存在奠定了理论基础，同时也极大地促进了有关女性发展的政策和实践。

(三)社会性别理论的意义

社会性别理论的意义也是多方面的，它挑战了世俗观念，助推女性学理论和实践的发展。

(1)社会性别理论打破二元结构的禁锢，为女性研究提供了新视角。社会性别理论认为，建立在生物性别基础上的人的社会角色和期望是一种二元思维，两性的角色和期望不应该以生物性别为标准进行塑造。这种理论挑战了一直以来根据生物性别进行划分的二元隔裂。比如，外表上的男性高大女子瘦小、男性强壮女性柔弱、男性阳刚女性阴柔等；心理上的男性刚强女性脆弱、男性冲动女性克制；文学上的男性是太阳女性是月亮、男性是天女性是地；智力上的男性较女性聪明、男性理性女性感性；角色期待上的男主外女主内，等等。这种基于生物性别上的社会角色和期待总是引导着两性朝着"标准"看齐，禁锢了女性的发展。社会性别理论的创建，冲破二元格局的限制，冲破了思想的禁锢，为男性和女性的发展提供了新的思维方式和视角。

(2)推进女性主义理论发展和女性学学科的建设。一直以来，男女不平等的根源是女性主义理论关注的焦点之一。马克思主义政治经济学、弗洛伊德的精神分析学都在探索女性处于从属地位的根源，但一直无法圆满地解决这个问题。社会性别理论的建立，揭示了隐藏在经济制度和生产关系背后的性别制度，使人们看到了两性之间的真实状况和不平等关系。如此，在阶级视角的基础上引入性别制度，使两性关系显得更加清晰化和明朗化。在社会性别理论发展进程中，女性不但致力于理论研究，也积极参与社会决策，把社会性别理论运用于社会公共政策中。而且，女性学者还在社会统计和其他学科积极引进社会性别理论观点和视角，为学科之间的交流建构一个以社会性别分析为支撑的平台，进而在加快女性学本身的学科建设的同时，又推动女性学向其他学科渗透和延伸。

(3)为女性主义实践提供有力支持。在几千年人类历史长河中，基于生物性别基础上的性别角色和期待，已深深渗透到社会各个领域，无所不在的性别歧视观念，再加上政治、经济、文化、教育、卫生、科学等一整套社会机制，严重限制了女性的发展和两性的和谐。由于缺乏社会性别理论学习和从性别视角看问题，公共部门在公共政策制定过程中，往往无意或有意地忽视女性的利益和发展。比如，在进行土地分配时，实行"增人不增地少人不少地"的政策，这种政策显然忽视了女性出嫁后从夫居这种普遍存在的社会习俗，不利于维护女性的利益，把女性禁锢在依附男性的困境中。社会性别视角让理论者和决策者认识到决策时必须从两性而不是仅仅从男性的需要出发，才能维护和促进女性的利益和发展。

四、中国特色社会主义妇女理论

经过几代领导人的努力和推动，中国特色社会主义妇女理论从确立、发展到完善，体现了我国社会主义初级阶段妇女解放和运动的特色，形成了具有中国特色和社会主义特征的妇女理论。

(一)中国特色社会主义妇女理论的发展过程

毛泽东是推动马克思主义妇女理论中国化发展的集大成者。在新民主主义革命时期,毛泽东就已经运用马克思主义妇女理论的基本立场、观点和方法与中国妇女运动相结合,创造性地发展了马克思主义妇女理论,主要观点体现在1927年3月发表的《湖南农民运动考察报告》、1929年通过的《中国共产党红军第四军第九次代表大会决议案》、1943年审改的《关于各抗日根据地目前妇女工作的方针的决定》、1945年发表的《论联合政府》和不同历史时期的讲话中,都对中国妇女问题提出了确实可行的建议。新中国成立之后,毛泽东进一步丰富和发展妇女解放理论,提出以下几点看法:第一,只有阶级解放,才有妇女解放;第二,妇女是决定革命胜败的一个力量;第三,妇女参加社会生产,实现经济独立是妇女解放的根本条件;第四,建立健全妇女组织,培养一批"能干而专职"的妇女干部,是实现妇女解放的必要条件(钟瑞添、乌尼日,2010)。

改革开放之后,邓小平理论的产生又一次推动了马克思主义妇女理论中国化的发展。邓小平提出了"解放思想、实事求是的思想路线,指明了中国妇女运动的发展必须立足于我国的基本国情;关于社会主义初级阶段的科学论断,揭示了中国妇女运动必须与中国特色社会主义事业同呼吸、共命运的实践模式;关于社会主义本质的理论,明确了中国妇女运动必须把团结动员妇女参与经济建设摆在首位"(钟瑞添、乌尼日,2010)。

江泽民进一步推进马克思主义妇女理论的中国化,是中国特色社会主义妇女理论的先导。1990年在庆祝"三八"国际劳动妇女节80周年纪念大会上,江泽民作了题为《全党全社会都要树立马克思主义妇女观》的重要讲话,指出"中国共产党用以指导妇女运动的理论是马克思主义基本原理及其妇女观"(江泽民,1990)。这是党领导人对中国妇女解放问题的首次系统阐述,标志着马克思主义妇女理论中国化有了重大的理论突破。在1995年第四次世界妇女大会的欢迎仪式上,江泽民作为总书记明确宣布,"把男女平等作为促进我国社会发展的一项基本国策"。

胡锦涛继承和发展了前几代中央领导集体关于中国特色社会主义妇女解放的思想和理论。他指出,中国特色社会主义妇女理论就是当代马克思主义与中国社会主义妇女运动相结合的最新成果。中国特色社会主义"这一理论体系坚持发展了马列主义、毛泽东思想,凝结了几代共产党人带领人民不懈探索实践的智慧和心血,是马克思主义中国化的最新成果。在当代中国,坚持中国特色社会主义理论体系,就是真正坚持马克思主义"(中共中央文献研究室,2008)。在中国妇女九大闭幕之际,胡锦涛同志要求各级党委和政府一定要"牢固树立马克思主义妇女观,坚决贯彻男女平等的基本国策。"在纪念"三八"国际劳动妇女节100周年大会上,胡锦涛提出了"四个坚持",即我国妇女运动发展必须坚持广大妇女的主体地位,必须坚持与国家和民族同呼吸、共命运,必须坚持走中国特色社会主义道路,必须坚持中国共产党领导。

进入新时代以来,习近平总书记强调男女平等和妇女发展要在实处中落实,提出妇女是人类命运共同体的主体力量这一伟大命题。2013年10月习近平总书记首次明确提出,"要坚持男女平等基本国策,在出台法律、制定政策、编制规划、部署工作时充分考虑两性的现实差异和妇女的特殊利益",将男女平等基本国策从政治宣言和战略规划的治国理政最高层次细化为有目标、有步骤、有内容的具有可操作性的政策措施和工作部署(刘亚

玫等,2018)。同年,习近平总书记同全国妇联新一届领导班子集体谈话时提出了妇女发展的"三个平等"观:"中国特色社会主义妇女发展道路是实现妇女平等依法行使民主权利、平等参与经济社会发展、平等享有改革发展成果的正确道路"(中共中央文献研究室,2017)。在2005年全球妇女峰会上,习近平同志指出妇女不仅是构建人类命运共同体的主体力量,还将是人类命运共同体的受益者。他提出促进妇女全面发展的"四点主张":推动妇女和经济社会同步发展;把保障妇女权益系统纳入法律法规,采取措施确保所有女童上得起学和安全上学,发展面向妇女的职业教育和终身教育;努力构建和谐包容的社会文化,努力消除一切形式针对妇女的暴力,打破有碍妇女发展的落后观念和陈规旧俗;创造有利于妇女发展的国际环境;共建共享一个对所有妇女、对所有人更加美好的世界(宋伊銤,2018)。

(二)中国特色社会主义妇女理论的主要内容

中国特色社会主义妇女理论有三个关键词汇,分别为中国特色、社会主义和妇女理论。我们必须厘清这三个词汇所代表的内涵,才有助于对中国特色社会主义妇女理论的总体把握,认识妇女理论与其他理论之间的区别和联系。

1.中国特色

中国特色是强调中国妇女理论与国外妇女理论的区别,表现在以下几个方面:第一,坚持走中国特色社会主义妇女发展道路。这条道路的实质是发挥中国特色社会主义制度,如社会主义公有制、按劳分配、人民民主专政等制度的优越性,根本保障妇女发展的政治和经济合法权益与平等权利。第二,坚持中国共产党对妇女事业的领导。习近平认为,坚持党的领导是妇联组织发挥作用的根本遵循,是做好党的妇女工作的根本保证。中国共产党坚持把妇女事业发展纳入国家发展总体布局,制定实施妇女发展纲要,切实推进了妇女发展进程。第三,坚持妇联组织的改革创新。习近平强调妇联组织要增强政治性、先进性和群众性,当好党妇女工作的得力"助手"(李玲,2019)。全国妇联主席沈跃跃在《学习贯彻习近平总书记在全球妇女峰会上的重要讲话精神,推进妇女事业创新发展》的讲话中指出,各级妇联应进一步提高做好妇女工作的责任感、使命感和紧迫感,着力解决当前妇女群众最关心最直接最现实的利益问题和最困难最操心最忧虑的实际问题,推动中国妇女事业不断创新发展。

2.社会主义

社会主义则是强调中国特色社会主义妇女理论与资本主义或者与传统妇女理论的区别。首先,体现社会主义特征的实践性。中国特色社会主义妇女理论是通过与社会主义建设有关的系列实践摸索出来的特有的妇女理论。实践性是马克思主义妇女理论的特征,也是中国特色社会主义妇女理论的显著特征。中国特色社会主义妇女理论就是以马克思主义妇女观为指导,在全面参与中国特色社会主义各项建设中、争取男女平等过程中形成和完善的。其次,具有长期性的特征。邓小平曾明确地指出,我国目前尚处于社会主义初级阶段,这就决定了现阶段的妇女解放只能处在社会解放的初级阶段,实现妇女的社会解放不可能一步到位,更不能急于求成,它必须同整个社会主义时期相适应。这一思想为我国社会主义初级阶段妇女工作的开展做出了科学的理论定位(李金莲、王锡林,2017)。

3.妇女理论

首先,强调男女平等。男女平等是我国的基本国策,体现在从政治、经济、教育、健康、文化观念、社会保障、生态等各个领域保障广大妇女的切身利益和权利。习近平(2013)强调“要坚持男女平等基本国策,在出台法律、制定政策、编制规划、部署工作时充分考虑两性的现实差异和妇女的特殊利益”。新时代男女平等体现为“三个平等”,即在依法行使民主权利、参与经济社会发展和享有改革发展成果上体现平等,这是从赋权、机会和结果上对男女平等基本国策在实践过程中的践行,为贯彻男女平等基本国策提供了行动指南。其次,强调妇女全面发展。过去我们强调妇女解放的目标是男女平等,随着男女平等程度的不断提升,要“努力促进妇女事业与经济社会协调发展、妇女与男性平等发展和妇女自身全面发展”(习近平,2011),促进妇女全面发展是男女平等进一步发展的必然要求和根本保证。为促进妇女全面发展,习近平提出了一系列重要的新论断:“为促进男女平等和妇女全面发展加速行动。”“发展离不开妇女,发展要惠及包括妇女在内的全体人民。”“在中国人民追求美好生活的过程中,每一位妇女都有人生出彩和梦想成真的机会”(习近平,2015)。

五、四大妇女理论的关系评述

马克思主义妇女理论、西方女性主义理论、社会性别理论和中国特色社会主义妇女理论这四大理论之间存在着不同程度的异同。它们的共同点是在特定的历史条件下,探索女性从属性的根源,提出女性解放和全面发展的途径。不同点在于理论地位、研究方法和研究视角的差别。马克思主义妇女理论具有指导的地位,是女性学理论的基础性理论,其关于妇女解放的观点是马克思主义女性主义或社会主义女性主义理论的发源地,同时也为西方女性主义其他流派、社会性别理论以及中国特色社会主义妇女理论的发展提供重要理论借鉴。马克思主义妇女理论主要强调阶级分析法和经济是基础的观点,在一定历史时期仍然发挥着作用;西方女性主义理论则是西方女性运动的产物;社会性别理论从文化的视角对马克思主义妇女理论进行补充;中国特色社会主义妇女理论则是中国特定社会主义初级阶段的产物。四大理论的终极目标都是促进女性解放和全面发展,建设性别平等的和谐社会。

(一)理论地位

“马克思主义妇女观,是运用辩证唯物主义和历史唯物主义的世界观、方法论,对妇女社会地位的演变、妇女的社会作用、妇女的社会权利和妇女争取解放的途径等基本问题作出的科学分析和概括”(江泽民,2006)。马克思主义妇女理论是其他三大理论的基础,具有不可动摇的指导性地位。西方女性主义理论、社会性别理论和中国特色社会主义妇女理论是在马克思主义理论指导下的妇女理论,它是特定的历史条件和生产力发展阶段的产物,具有多元化特点和逐步拓展的空间。

马克思主义妇女理论不但为社会性别理论提供思想资源,也为女性主义理论提供理论借鉴。社会性别理论与马克思主义理论虽然在探讨男女不平等的根源上持不同看法,前者强调社会性别是关键原因,后者强调经济的作用。马克思主义及其妇女观为社会性别理论提供了一个不可或缺的视角,特别是为马克思主义女性主义流派和社会主义女性主义流派提供理论借鉴。

马克思主义作为社会主义国家的指导思想，在思想领域和发展实践中一直起指导作用。在西方女性主义理论和思潮风起云涌的时代里，中国作为发展中国家，更加重视男女平等和妇女发展。第四次世界妇女大会在北京召开，把男女平等作为国策加以认真推行，全方位研究和宣传马克思主义妇女观，都说明了中国政府要改变男女不平等状况的决心和马克思主义妇女理论对中国解决性别问题的指导意义。马克思主义将妇女解放融入无产阶级解放的论述，与中国特色社会主义妇女解放实践具有一致性。所以，厘清马克思主义妇女观并丰富其内容，是马克思主义者责无旁贷的责任，也是新时代开展妇女工作所必需的。只有理论不断地发展和完善，才能更好地指导现实中的妇女工作，有效地解决不同层次妇女的生存和发展问题。

（二）研究视角

马克思主义妇女理论的研究方法和研究视角具有以下特点，也需要其他理论视角的补充和发展。首先，马克思主义妇女理论比较强调经济因素，对其他社会因素的作用还估计不足。在妇女受压迫的根源分析上，马克思主义妇女理论强调经济的作用，认为妇女在经济上没有地位决定了其受压迫的状态。而实际上，经济地位并不是决定妇女地位的唯一因素，在某些时候，其他因素比经济因素更起决定性作用。其次，马克思、恩格斯对妇女命运的关注，对妇女受压迫的根源以及妇女解放的论述，是站在消灭资本主义、建立社会主义和实现共产主义的高度上的。但是，它忽视了这样一个事实，那就是人类的解放未必带来女性的解放，人类的解放只是女性解放的必要条件，而不是充分条件。因此，妇女的解放不但需要阶级分析、经济分析的视角，也需要社会性别和其他理论的分析视角。再次，马克思主义妇女理论指出解放妇女的途径之一是妇女走出家庭私人领域，进入公共领域，具有一定的现实意义，但也陷入自己构造的理论矛盾中。马克思主义妇女理论承认公共领域所创造的价值，否认家庭私人领域的价值，忽视了生育和养育所创造的社会价值。最后，马克思主义妇女理论认为，在社会主义阶段当由国家承担了家庭的经济职能和社会职能后，家庭的概念就会消失，这样在家庭内部“丈夫是资产者、妻子则相当于无产阶级”的局面就结束了。实际上，废除家庭并不一定能解放妇女，因为生育仍然要由女性来承担，女性永远无法摆脱生育带来的负面影响。除非人类医学能卸下妇女繁衍种类的重任，摆脱生理束缚。

正如著名的女权主义者朱丽叶·米切尔所说：“我们应当提出女权问题，但要试图给出马克思主义的回答。”西方女性主义两个多世纪以来形成了多种流派，事实上也受到马克思主义妇女理论的深刻影响，不同程度地吸收了马克思主义理论的研究方法，除了从经济和物质的视角之外，还从政治、文化、生理、心理、后现代主义、第三世界的视角，阐述了对女性生存现状及解放途径的认知。特别是马克思主义女性主义和社会主义女性主义，在借鉴马克思主义妇女理论的基础上发展和完善起来，并与之有所区别。比如，马克思主义妇女理论看到了物质生产劳动的决定性作用，忽视了人口再生产劳动的决定性作用。女性主义者却认为人口生产与物质生产一样，对人类社会发展起着不可替代的作用。再比如，对于女性从属性的根源，西方马克思主义女权主义除了批判资本主义制度和父权制对妇女的压迫之外，还从文化、意识形态、种族等方面进行多元化的分析，无疑是对马克思主义妇女理论的发展。

社会性别理论也存在一定不足,仅仅以这一研究方法和视角分析妇女问题还不够全面。社会性别理论发展毕竟只经历了短短的几十年,由于研究队伍还不够强大,其理论架构还不是非常完善。首先,社会性别理论内容还无法统一。目前,关于社会性别理论的研究还很薄弱,其内容显得相当庞杂,不利于理论体系的构建。如前所述,对社会性别概念的解释多种多样,没有统一的概念,要形成完整的社会性别理论体系就更难了,显然不利于女性学理论纳入主流知识体系。其次,社会性别理论过分强调性别对立,不利于两性之间建立一种伙伴式关系。激进女性主义认为,女性受压迫的根源是生育和抚养孩子,要摆脱受压迫的地位就必须进行生育革命,甚至倡导同性恋。费尔斯通认为,性别冲突是人类冲突最基本的形式,是其他所有冲突的根源。显然,把性别对立看成是女性处于从属地位的唯一根源,忽视其他诸如阶级对立等根源的理论取向,不仅在学理上是片面的,而且还在认识和实践上引起或者强化性别冲突。只有在关注性别压迫的同时,又注意阶级压迫、种族压迫等其他形式的社会对立,才能真正实现人的全面解放和自由发展。最后,面临社会性别建构和解构的矛盾。20世纪六七十年代,随着解构主义的兴起,后现代主义也在女性主义理论界引起了极大反响。不少女性主义者借用后现代主义的理论,解构一切不利于女性发展的科学理论和思维,解构主体和客观,提倡多元化和主观性。在此过程中,社会性别理论作为女性主义理论的核心部分,也面临着解构的问题。是否存在主体?是否存在女性群体?是否存在客观真理?是否存在宏大的理论体系?所有这些怀疑都给社会性别理论发展带来迷惘。解决解构和建构的矛盾不但是女性主义者的难题,也成为社会性别理论发展的难题。

中国特色社会主义妇女理论是在马克思主义妇女理论指导下,与中国具体实践相结合的妇女解放理论,它是马克思主义妇女理论中国化的理论收获,是对马克思主义妇女理论的坚持和发展。恩格斯说道:“我们的理论是发展着的理论,而不是必须背得烂熟并机械地加以重复的教条”(马克思、恩格斯,1995)。因此,构建中国特色社会主义妇女理论就是对马克思主义妇女理论的坚持和发展,它不仅要坚持马克思主义妇女理论的基本原理,同时要根据实践需要进行创新和发展,在坚持中发现问题,在解决问题中更好地坚持。

第三节

女性主义理论主要代表人物及观点

分析两个世纪以来女性主义流派的发展脉络及分歧,理清各个流派主要的理论基础、解释女性从属性的观点、提出妇女解放的观点,将为21世纪西方女性运动找到更为清晰的方向提供总思路,也为中国女性解放运动提供借鉴。本节将通过对女性主义理论主要代表人物及观点的介绍和梳理,认识女性主义理论的发展特点和思想贡献,理解它在女性学理论体系和学科建设中的地位和作用。

一、自由主义女性主义

自由主义女性主义发端于18世纪的英国和法国,它直接受欧洲启蒙思想浸润,在卢梭的《社会契约论》、法国的《人权宣言》以及富兰克林的《独立宣言》熏陶下成长起来，其基本概念是自由、平等和理性，主要代表人物是 M.沃斯通克拉夫特(Mary Wollstonecraft)、J.S.穆勒(John Stuart Mill)和 B.弗里丹(Betty Friedan)。其主要理论观点如下：

(1)主张女性和男性一样具有理性。早期自由主义女性主义从自由主义的“自由”“平等”“天赋人权”观点出发，论证男人和女人的理智和灵魂是相同的；每个人都是独立的个体，是一位理智、独立的行动者；人的尊严取决于这种独立性；自由平等是天赋的人权，任何人不能剥夺。在《女性辩护》(*A Vindication of the Rights of Woman*，1792 年)一书中，沃斯通克拉夫特指责资产阶级的“天赋人权”实际上是“天赋男权”，呼吁赋予女性以权利。女性主义学者米契尔就对“女性不如男性”的传统观点进行反驳：“如果女性的能力果真不如男性，那么不胜任的女性就会在竞争过程中被淘汰，不需一开始就排除女性竞争的机会。而如果女性的能力不输给男性，那么开放机会给女性，会给社会带来更多优秀人才，使社会运作更有效率”(鲍晓兰，1995)。事实上，女性与男性一样拥有理性能力，应该与男性一样拥有平等的法律政治权利。

(2)主张社会公正。自由主义女性主义者认为，在公平的社会里每个人都能发挥自己的潜能，男女两性都拥有同等的竞争机会。早期的自由主义女性主义者斯坦顿就根据自由主义的原则，模仿《独立宣言》中“人生而平等”的说法，主张“所有的男人和女人都是生而平等的”，反对道德上的双重标准。因此，自由主义女性主义提倡在教育、法律、就业、参政等方面为两性创造平等的机会。

(3)法律、教育或就业的不公平是女性处于受压迫地位的根源。早在 1792 年，沃斯通克拉夫特就指出，“我曾经阅读各种讨论教育问题的书籍，耐心地观察过父母的行为和学校的管理情况，我深信忽视对于我的同胞们的教育乃是造成我为之悲叹的那种不幸状况的重大原因”(约翰·穆勒，1962)。1869 年，穆勒在《妇女的屈从》一书中指出，妇女受奴役的主要原因在于法律、教育等各种原因。首先，两性在法律上不平等是妇女处于屈从地位的根源。其次，与对妇女进行奴性教育有关。“妇女从最年轻的岁月起就被灌输一种信念，即她们最理想的性格是与男人截然相反：没有自己的意志，靠自我克制来管束，只有服从和顺从于旁人的控制。一切道德都告诉她们，女人的责任以及公认的多愁善感的天性都是为旁人活着，要完全克制自己”(约翰·穆勒，1962)。再次，社会拒绝妇女进入公共领域，把她们排斥在政治等崇高的职业之外。由于妇女受困于家庭，没有时间、精力和自由的空间去从事生产和创造性活动，大部分妇女没有获得特别技能，一些在社会领域从事生产性活动的妇女也只能长期在低技术行业就业。在 19 世纪妇女争取选举权运动中，泰勒等女性主义者从妇女的生活体验出发，认为妇女没有参政权，以及不平等的就业权正是她们处于屈从地位的原因。因此，要改变女性的不利地位，就必须使女性获得与男性同等的受教育机会，为女性提供与男性一样的法律、政治、社会等各项权益。

(4)对家庭角色的反叛。在 20 世纪的妇女运动浪潮中，自由主义女性主义理论得到进一步发展，弗里丹所著的《女性的奥秘》(*The Feminine Mystique*，1963 年)一书在美国思想界掀起狂潮。弗里丹对 20 世纪 50 年代美国普遍存在的，认为女子只有待在家里才是幸福的社会现象进行批判，“由厨房、卧室、孩子、家组成的，使妇女感到心满意足的世界是妇女舒适的集中营，是对妇女最有效的压迫方式，妇女们构成了这种集中营的牺牲品”。

她提倡反叛传统上贬抑女性社会作用的这一价值观，提倡将女性从只限于家庭和私人生活范围内解放出来，从阻碍她们与男性公平竞争的生育和抚育的任务中解脱出来。正如D.霍洛维茨所认为的，“自由女性主义具有激进的起源”(Horowitz，1996)，《女性的奥秘》一书“强调重新思考20世纪60年代早期争取妇女权利，与该年代晚期，特别是社会主义女性主义者所倡议的妇女自由之间存在着天然鸿沟”(Horowitz，1996)。弗里丹于1981年出版了《第二个舞台》(*The Second Stage*，1981年)，强调男女平等是两性差异上的平等，使平等更具公正性和现实性，即“一种以妇女在追求平等的过程中对男人及家庭的接纳为基础的改良的女性主义观点”(费尔德，2006)。自由主义女性主义提倡反叛传统的贬抑女性的社会作用的价值观，只有走向社会才能实现女性与男性在社会领域内的平等。

自由主义女性主义提倡理性公正，提倡从教育、就业和法律等各方面为女性赋权，使女性与男性一样享有平等权利，这在理论上和实践上都具有积极的意义。在早期自由主义女性主义的基础上，当代女性主义又有了不小的进展，比如，她们还提出男性与女性共同承担家庭责任的主张，为女性走出家庭进入公共领域创造条件；提倡女性拥有自由选择生育的权利，进一步实现自由和公正。但是，正如D.谢弗(Denise Schaeffer)(2001)所言，“一般而言，自由主义与女性主义使用了两种不同的社会分析单位，以至于在他们之间产生了基本的鸿沟，即自由主义是个人主义的，女性主义是集体主义的”。

无论如何，自由主义女性主义的主张仍存在如下不足之处：

(1)自由主义女性主义的人性观认为，男人和女人都是理性的、独立的、竞争的，一方面否认了感性和女性特质存在的意义，另一方面忽视了人类社会抚育的合作和互助性质，显然对人性的理解是片面的，不深刻的。

(2)自由主义女性主义实际上代表的是生活条件优越的白人中产阶级女性的利益，而绝非其他阶层女性的诉求。自由主义女性主义的理论是以人(包括女性在内)的存在的孤立化和抽象化为基础的，无视妇女是生活在一由民族、阶级、种族等各种纵横交错的社会关系中这一事实。

(3)自由主义不承认女性与男性的差异，忽视了女性在生理上的特殊性和弱势，不利于女性保护。比如，在女性生命历程中的月经期、怀孕期、分娩期、哺乳期、更年期，将会给工作和生活带来诸多影响，特别是随着市场经济体制改革的推进，女性的生育成本造成了劳动力市场对女性就业的歧视，这要求社会基于公平的视角，对女性进行“五期”的特殊保护，保障女性的健康和劳动权益。

二、激进女性主义

激进女性主义产生于英国、法国和美国，是女性主义理论流派中发端较早的一支，到20世纪60年代才发展成为较系统的理论。激进女性主义强调自己的理论是彻底为女性创造出来的理论，是“完全没有父权制痕迹”的理论。其重要代表人物有K.米丽特(Kate Millett)、G.格里尔(Germaine Greer)和S.费尔斯通(Shulamith Firestone)。其主要理论观点可以概括如下：

1.父权制是妇女受压迫的根源

社会主义女性主义认为，妇女受压迫具有以下几个基本特征：(1)从历史上看，妇女是最早受压迫的群体;(2)妇女受压迫是最普遍的现象;(3)妇女受压迫最深,这种压迫形式最难根除。该流派认为,妇女受压迫的根源在于资本主义和父权制,而且性别压迫是所有其他种族、政治、经济压迫的根源,只有根除性别压迫,才能根除在其基础上长出的各种枝丫。激进女性主义不赞同社会主义女性主义的观点,认为资本主义不是妇女受压迫的根源,只有父权制才是妇女受压迫的真正根源。父权制是性别压迫的合理借口,在无所不在的父权制的统治下,社会通过社会性别角色刻板化的过程,把性别意识强加于女性身上,从而完成了女性必须"被动""顺从"的塑化过程。激进女性主义者进一步指出,性别结构是通过父权制的社会结构和家庭结构来实现的,因而要实现妇女解放,必须解构带着父权制烙印的社会结构和家庭结构。

2.父权制度的主要支柱是"性政治"

激进女性主义者提出了"个人即是政治的"口号,即两性关系如政治关系一样存在压迫。性政治是指一套借个别男人支配个别女人之方式存在的人际权力制度,这种人际权力制度通过家庭、学校、教育等场所将男性支配女性的意识形态合理化,驯服女人又将其内化为自己的心理,用于指导女性的日常行为,从而继承传统文化所规定的代代相传的气质、角色和特性。"性政治"揭示了父权文化如何通过规范性别角色和行为,最终使妇女处于被支配地位的过程,这有助于认清女性气质被父权文化建构的人为性。

3.关于生育和抚育的观点

激进的女性主义者认为,男女不平等是由性别和生理差异造成的,妇女的身体是自然界的畸形创造,这种生理结构导致女性去从事那些屈从于男性的事情,诸如性交、生育、带孩子等。1970 年,美国学者费尔斯通在《性的辩证法》(*Dialectic of Sex*,1970 年)一书中断然指出,妇女的从属地位在于人类生物学的某些永存的事实。由于生育,女性的体质变弱;婴儿的成熟期很长,有一段时间需要母乳喂养和成人的照顾,生育和哺育是妇女必须依赖男人生存的根源。米利特在《性政治》(*Sexual Politics*,1970 年)一书中持同样观点,"总的说来,她几乎只能作为一个性动物存在,因为历史上的大多数妇女都被局限在动物生活的文化层面上,为男性提供性发泄渠道,发挥繁衍和抚养后代的动物性功能"(凯特·米利特,2000)。所以,想把女性从这一生理压迫中解放出来,就必须进行现代技术革命和生物革命,"我们不应低估增长了的生理知识和改进了的性技术的影响。一种尚可忍受的以男性为中心的性技术的出现,至少在西方是如此,也降低了男权制状况强加在妇女的生物性性器官上的文化压抑和曲解的程度"(凯特·米利特,2000)。现代技术使妇女切断性别与生育之间的联系,摆脱"生育和养育孩子的最根本的不平等"(王政,1995);这意味着生物家庭的终结,同时促使男女在家庭中扮演确定角色的"性交机制"的消失,"人性最终将回复到它自然的'多形反常'的性关系"(顾燕翎,1996)。

4.肯定女性生理和气质

激进女性主义在探讨男性生理和女性生理的过程中,先是主张消除两性之间的生理差异,从而来消除性别歧视;继而谴责男性的生理特征,主张排挤和脱离男性;最后认为女性的生理和心理是妇女解放的力量与源泉,大力赞美女性的生理特征,主张女性的生理和心理都优越于男性。露丝·伊丽加莱就提出"什么时候我们才能变成女人"的问题,呼唤女性气质的回归,强调女性不能以牺牲自我性别为代价,忽略两性差异不利于女性解放。

激进女性主义者认为女人的思维方式高于男人:女性的直觉和富于同情心,比起男性的精算慎思追求理性更能提高人的能力;女性性欲的宽泛性质,使她们更容易接受“非线性”的理解方式,这就突破了男性逻辑的局限性。如此,激进女性主义者提倡女性认识自身的优越性和合理性,建立有别于以男性为标准的而以女性为标准的本位观。

5.关于恋爱婚姻模式

激进女性主义认为,主流的异性恋理论是以男性为标准的,不利于女性彻底摆脱男性本位观的统治。有激进女权主义首先提出了以“阴阳同体”(即“中性”)取代两极化的两性,这包括两个取向:一是排除性别区别,建构阴阳同体文化;二是不与男性发生关系,即拒绝或改变异性恋制度,采取性别分离主义,女同性恋就是最彻底的方法。其次,建立女性本位观。由于男性本位观无法认识到妇女受压迫的根源,只会从妇女身上寻找妇女受压迫的原因,将妇女的生理或心理视为问题来源,无形加重社会轻视或怨恨女人的文化观念,所以,激进女性主义者反对这种男性本位观,提倡女性认识自身的优越性和合理性,建立以女性为标准的本位观。

激进女性主义强调生理对女性造成束缚的观点,具有一定的历史意义,但它忽略了女性受压迫的其他社会原因,忽略了政治、经济、教育、文化、观念对女性的综合性作用;它回避了阶级斗争和资本主义制度造成的影响,无法全面揭露女性受压迫的真正根源;它倾向于从男性身上寻找出问题,甚至把男性当作女性处于压迫地位的对立面,不能充分利用男性的力量来解放妇女,削弱了妇女解放的力度。激进女性主义的观点虽能为实践提供了一定的帮助,但其出发点是女性本质主义,对女性从属地位的根源和两性关系的认识偏激,不可能从根本上改变女性受压迫的处境。

三、马克思主义女性主义

马克思主义女性主义是在审视马克思主义的基础上产生的,包括古典的马克思主义女性主义和非古典的马克思主义女性主义。古典的马克思主义女性主义以马克思主义的经济决定论和阶级压迫为唯一标准来分析女性受压迫的根源,而且把马克思主义关于经济决定论、异化理论、两种再生产理论运用于家务劳动和劳动市场中,从而建构了家务劳动的价值理论和劳动力市场的性别分工体系理论。非古典的马克思主义女性主义更加关注非经济领域和家庭领域对女性的作用,比如,“生育权以及生育权的被剥夺,不付报酬的家务劳动,充分的儿童看护以及可比较的价值”等问题,已成为非古典马克思主义女性主义者理论分析和政治斗争的对象。主要代表人物有S.波伏娃(Simone de Beauvoir)、G.卢宾(Gayle Rubin)、M.本斯通(Margaret Benstone)等。

(一)古典马克思主义女性主义

古典的马克思主义女性主义的主要代表人物之一波伏娃,于1949年在法国出版《第二性》(*The Second Sex*)一书,成为该流派的重要代表作,被誉为“有史以来讨论女人最健全、最理智、最有智慧的一本书”。她首先从生物学的角度探讨了雌雄两性的性生活,驳斥了将女性等同于子宫或卵巢的本质主义观;接着,介绍了精神分析学的妇女观,质疑了弗洛伊德(Sigmund Freud)的恋父情结,批判其观点是以男性为中心的“性一元”论;而后,她考察了恩格斯在《家庭、私有制与国家的起源》中关于妇女的论述,肯定了马克思主义对妇女发展理论发展做出的贡献，同时指出马克思主义妇女观也有局限性，是“经济一元论”，看不到妇女的“生殖功能和生产功能一样重要”；最后，她提出“身体、性生活以及技术资源，只有从人的生存的全方位去认识，对他才是具体存在的”（波伏娃，1998）的观点，构建了不但是经济人，而且是社会人的女性形象。

1975年，卢宾在《女人交易——性的“政治经济学”初探》（“The Traffic in Women: Notes on the‘Political Economy’ of Sex”）一文中，对马克思主义政治经济学、弗洛伊德精神分析学和列维·施特劳斯的结构人类学进行审视，在借鉴这三大理论的基础上，提出了“性/性别制度”理论。她指出，性/性别制度不是隶属于经济制度，而是与经济政治制度密切相关的、有自身运作机制的一种人类社会制度。在这种“性别制度”中，男人通过交换女人进行联姻，扩大家庭势力。“经济和政治的分析如果不考虑妇女、婚姻和性文化，那是不全面的”，而且还“必须修改人类学和社会科学传统的课题：母系表亲婚姻的含义、从女儿身上榨取剩余价值、从女性劳动力到男性财富的转换、从女性生命到婚姻联盟的转换、婚姻对政治权力的贡献”（王政、杜芳琴，1998）。所以，欲解放妇女，必须用文化革命的方式改造人类的性别制度，解决社会再生产和再生产领域中的性别分工，让男女双方共同承担社会责任和养育儿女的工作。

古典马克思主义女性主义承认除经济因素之外其他因素对女性受压迫的影响，但并没有进一步深挖，忽视妇女在家庭劳动中所产生的剩余价值和资本主义劳动市场的性别分工。

(二)非古典马克思主义女性主义

非古典马克思主义女性主义是在古典马克思主义女性主义理论基础上，更加关注非经济领域和家庭领域对女性的影响。

(1)在家务劳动方面。1969年，玛格丽特·本斯通在《妇女解放的政治经济学》一文中应用马克思的经济概念，借用马克思主义生产与再生产等理论，把家务劳动定义为生产的一种形式，在马克思主义女性主义者内部激起了一场长达10年的“家务劳动”争论。主要集中在以下几个问题：家务劳动是否创造剩余价值？家务劳动是生产性的还是非生产性的？家务劳动的性质是什么？家务劳动能否工资化？争论的结果表明，家务劳动不但创造使用价值，而且还创造剩余价值；无偿的家务劳动构成妇女受压迫的物质基础；劳动力再生产是妇女受压迫的根源；家庭是性别压迫的主要场所。具体而言，在马克思论述的价值公式C＝c(不变资本)＋v(可变资本)＋s(剩余价值)中，可变资本应考虑出生率、婴儿死亡率和工人的生理、心理健康等与人口再生产相关的因素。1985年，美国经济学家贝克尔(Berk)指出，家务劳动与工资收入的劳动相比是一种无形的、没有报酬的劳动，是性别化的劳动，正是家务劳动女性化这一过程，使家庭内部出现了不平等。这场把矛头直指家务劳动的论战，揭示了被忽视的家务劳动的经济价值，揭露了妇女在经济上处于弱势地位的关键，以及把妇女作为劳动力后备军的特殊意义。马克思主义女性主义者查尼·盖泰尔(Charnie Guettel)认为，妇女的从属地位是剥削制度的结果，一旦家务劳动及照料孩子的工作社会化，两性不平等的物质基础便会消失。

(2)在社会劳动方面。非古典马克思主义女性主义者认为，女性不但在家庭方面做出了贡献，而且在社会劳动方面也做出特殊贡献。比如，路易斯·蒂利和乔恩·斯科特

(Lousise A Tilly & Joan WScott)在《妇女、工作与家庭》一书中分析了前工业社会中妇女对于工作和家庭的贡献。C.布茨(Christion Bose)通过人口统计资料进行追踪研究,提出在1940年前美国统计资料没有把家庭内的各种工作列入统计之列,掩盖了妇女家庭劳动对于资本主义的贡献,而且指出在城市工作的已婚妇女,其收入是其伙伴收入的43%(佟新,2001),这都表明一个事实,女性,特别是已婚女性受到资本主义的剥削,为资本主义经济做出了隐性贡献。

(3)在劳动力市场方面的论述。1976年,芭瑞恩和诺瑞斯(Barron & Norris)指出,由于资本主义的劳动市场分为初级劳动力市场和次级劳动力市场,女性劳动力服从于资本主义劳动市场调节,结果导致了劳动中的性别不平等(佟新,2001)。也就是说,由于女性没能像男性一样接受高等教育,不具有一定的技术专长,只有在次级劳动力市场中就业,而男性接受一定的高等教育和具备一定的技术专长,顺利进入初级劳动力市场。这两种市场之间存在性别隔离,具体表现在行业、职业、就业模式、收入等方面的差异。那么,是什么导致劳动力市场的性别隔离呢?爱森斯坦认为,妇女在劳动力市场中遭受的性别歧视与妇女从事无报酬的家务劳动之间,具有现实的和意识形态上的联系。实际上,由于资本主义发展把妇女视为一种廉价的劳动力资源,使妇女在家庭和在劳动力市场中遭受双重剥削,为资本家生产出了更多的剩余价值。

总而言之,在马克思和恩格斯的历史唯物主义基础上产生的早期马克思主义女性主义,不但重新审视马克思主义的理论,并提出了根本的挑战:"劳动分工、阶级关系的再生产以及社会关系的商品化等传统马克思主义关注的问题全部被女性主义理论'性别化'。"它不但把马克思主义的生产领域扩展到家庭领域,而且对家庭领域的生育、抚育和家务活动进行重新认定,并初步建构了性别体系。如此,通过不断地借鉴、批判及自我批判,马克思主义女性主义在丰富了马克思主义妇女解放理论的同时,也促进了自身的成熟。面对后现代主义思潮的迅速扩展,马克思主义与女性主义被斥为"不幸婚姻"的结合,其家务劳动理论也被斥为经济决定化。当代美国马克思主义女性主义者N.哈索克(Nancy Hartsock)对此有诸多诘难,提出了马克思主义的辩证女性主义,她认为在后代现语境中对主体的解构非常不利于女性的解放运动,提出应捍卫主体性的积极主张:"为什么一直沉默的我们刚开始作为历史的主体(而不是客体)去争取我们权力的时候,主体性这个概念就在面临被解构的命运呢?"(Hartsock,1990)同时,还提出了女性主义立场论的主张,认为其"在历史上承担着人类解放的重任"(Hartsock,1998),从而推动了女性主义的历史唯物主义探索,促进了马克思主义辩证法与女性主义的结合。

四、社会主义女性主义

社会主义女性主义是在马克思主义女性主义基础上,并受激进女性主义的影响下发展起来的,它认为马克思主义还存在性别盲点,父权制和资本主义的双重压迫才是女性处于从属地位的根源。其主要代表人物有J.米切尔(Juliet Mitchell)、H.哈特曼(Heidi Hartmann)、A.扬(Iris Marion Young)等。

1966年,米切尔在《妇女:最漫长的革命》(*Women:the Longest Revolution*)一书中,首次对论述妇女问题的马克思主义经典著作进行了批评,提出了被誉为最早的社会主义女性主义综合性理论，即四大结构理论。她把妇女的劳动分为四个部分，包括生产、生育（再生产）、性生活和儿童的社会化，并仔细探讨了在这四种结构中女性是如何不断沉沦和受压迫的。她指出，要解除妇女的压迫就必须同时对这四种结构进行革命。在生产结构中，她探讨了体力与妇女受压迫的关系，“社会压迫与基于生理能力的劳动分工之间互相作用，这一点比人们的认识要广泛得多”（李银河，1997），并指出，“并不是她体力的弱势将其排除在生产活动之外，而是她的社会劣势使其沦为社会的奴隶”（李银河，1997）；在生育结构中，她探讨了避孕及生育与生产关系，呼吁女性若“误解了自己的生育模式”就是“否认本身的人身自由”；在性爱机制中，她特别对婚姻模式进行了批判，“不受限制的合法婚姻——无论伴随着它的文明是什么样子的特征——显然完全毁了妇女的人身自由，并造成一种极端的压迫形式”（李银河，1997）；在儿童社会化机制中，她探讨了幼儿期和家庭模式问题，认为随着家庭变小，“实际生育所占的时间越来越少，而相应地，抚养和教育过程却显著地增加”（李银河 1997），这种重任最终落到母亲身上，从而成为压迫妇女的工具。

1973 年，在《妇女的地位》（*Women's Estate*）一书中，米切尔主张用精神分析科学解释妇女的思想意识，确立了从思想意识入手来分析女性地位的一个决定性的开端：“马克思主义的理论解释了历史和经济状况，而精神分析学与用辩证唯物主义所已获得的意识形态概念相结合，是理解思想意识和性的手段”（罗伯特·戈尔曼，1989）。米切尔重新运用精神分析学，是对把家庭和思想意识解释为物质基础之反映的传统马克思主义观点的挑战。

1976 年，哈特曼在《资本主义、男权制和性别分工》（“Capitalism，Patriarchy，and Job Segregation by Sex”）一文中发展了米切尔的观点，明确提出了男权制和资本主义二者之间的相互关系和作用，分析了妇女受资本主义和父权制双重压迫现象，得出女性受压迫地位是“资本主义和家长制两种连锁制度长期影响的结果。主要内容包括以下几个方面：男权制在资本主义之前就已经存在；性别分工是男权制的物质基础和基本机制；在维护性别分工与男权制时，男劳工们起到了决定性的作用，男劳工们垄断技术、机会、行会和工会，排斥、控制妇女”。可见，“性别分工是资本主义社会的基本机制，它维护男人对妇女的优势”（李银河，1997）。男权制与资本主义相互适应给妇女造成恶性循环：“不仅资本家从妇女对劳动市场的奉献中获利，而且那些身为丈夫和父亲的男人，他们在家庭中也得到了私人性质的服务”（约瑟芬·多诺万，2003）。因此，她得出了女性受压迫地位是“资本主义和家长制两种连锁制度长期影响的结果。家长制远没有被资本主义征服，它仍然是强有力的，它具备了现代资本主义采用的形式，正如资本主义的发展改变了家长制一样”（Hardman，1976）。在《马克思主义与女性主义不幸的婚姻》（“The Unhappy Marriage of Marxism and Feminism”，1979 年）一文中，哈特曼继续深入对性别与阶级之间矛盾的剖析，指出似乎并非资本主义自身愿意实行性别分工和性别歧视，而是由于男权制的阻挠和坚持，她敏锐地发现了性别与阶级之间的矛盾和性别分工的作用。A.扎嗄（Alison Jagger）在《女性主义政治学与人性》（*Feminist Politics and Human Nature*，1988 年）一书中指出，妇女所受的压迫并未随着她们进入劳动力市场而被推翻，应该把阶级和性别放入一个理论框架来考察妇女所受的压迫。

1981 年，艾里斯·扬则对二元制（父权制和资本主义二者相结合）理论提出了批评。

她指出，二元制理论倾向于把妇女受压迫的问题看成是对马克思主义的主要问题的一种单纯补充，这种“婚姻”也不可能是幸福的，“二元制理论不能修补马克思主义和女性主义的不幸婚姻”，“相反，社会主义女性主义应该出于最好地洞悉马克思主义和激进女性主义的目的而发展一种单一的、可以把资本主义家长制理解成一种制度的理论。在这种制度下，压迫妇女是一种基本属性”（Young，1981）。C.德尔菲（Christine Delphy）在《主要的敌人：女性压迫的唯物主义分析》（“The Main Enemy：A Materialist Analysis of Women' Oppression”，1977）一文中指出，家庭的生活方式是妇女受压迫的物质基础，我们不该以家务劳动的性质来解释生产关系，而以生产关系来解释女性劳动被排斥于价值领域之外。如此，只有从总体上摧毁父权制系统，才能使女性获得解放。

显然，社会主义女性主义综合和扬弃了马克思主义女权主义和激进女权主义的观点，不但批判了经济一元论的片面性，而且提出了女性受压迫的根源在于资本主义和父权制，使女性处于从属地位的原因逐渐明朗化。

五、后现代女性主义

20 世纪 60 年代之后，后现代主义思潮的出现，打破了自启蒙时代以来人类所信奉的“客观”“真理”和“公正”等概念。它对现代的文明和理性进行了批判，对现代思想文化进行了解构，指出现存的思维习惯、习俗和道德等被人们当成“人之常情”的东西并不具有“真理性”意义。作为后现代主义的代表人物如德里达、福柯、拉康等人，都提出了对现代主义的一些见解。德里达全方位运用“差异”的论点，打破了以往关于人与动物，人与机器，头脑与身体，唯物主义与唯心主义之间的界线。他从批判“两极思维系统”入手，利用语言学的要义，从语言结构中找到了批判这种“两极思维系统”的理论依据。他认为，语言中有多元的表达方式，如好、更好、最好，意义并非在静止、两维、对立和封闭的系统中形成的，而是多元、变化的。福柯从身体、权利、话语等方面着手，对现存的一切秩序和体制的确定性和稳固性进行质疑，揭示现存制度的人为性质。受后现代主义思潮的影响，在传统的女性主义者内部分化出了一部分后现代女性主义者，她们放弃对女性解放具体目标的追求，而是极力去解构社会意识、思维习惯以及男权思想对女性主义的影响。主要代表人物有 N.费雷泽（Nancy Ferreze）和 L.尼科尔森（Linda Nicholson）、J.巴特勒（Judith Butler）等人。其理论观点主要有以下几个方面：

（1）对二元思维及人的主体性的解构。后现代主义的宗旨之一就是打破“逻各斯中心主义”和“消解语言中心主义”。“逻各斯”即语言的内在理性，也是人类和自然的理性，语言和文字的二元对立关系在西方哲学传统中被演化为精神和物质、主体和客体、心灵和身体、本质和现象、自为和自在、意义和文本、男性和女性等对子的二元对立。在这些关系中，前者居于中心地位，后者则处于边缘地位。如在男性与女性这一对对子中，“女人是对立项，是男人的‘他者’。她是非男人，有缺陷的男人，她对于男性第一原则基本上只有反面价值。但是同样，男人之成为男人只是由于不断排除这个‘他者’或对立项，他是相对于她来规定自己的”（特雷·伊格尔顿，1987）。因此，“女性主义者反对男性/女性等级对立的划分，提出必须通过对男性/女性这一二元对立的解构来瓦解父权制建立的一整套象征秩序。当然，‘分解’并不是要建立另一个二元对立的等级制选择，而是包括对‘女性’这个术语本身的分解,这是因为分解'女性'一词的策略,可以显示把所有女性都归结到一个虚假统一的'女性'的做法,是如何掩护了表面上是团结而实际上是分裂女性利益的权力效用"(张京媛,1992)。因此,后现代女性主义者不但解构了男人/女人这一二元对立划分,而且也解构了女性群体,从而打破了人的主体性,消解了人与人之间的各种关系以及由这种关系确立起来的主体性。

(2)对男性话语即权力的解构。后现代主义大师福柯对权力和话语进行解析,指出话语的本质便是赋予它有产生意义的权力及获得进入特定秩序的权力,影响和控制话语运动的最根本因素就是权力,而真正具有特殊效应的权力,也是通过话语来执行的。在几千年的人类历史长河中,女性总是作为男权制度神话中的一个消逝者和缺席者,长期以来成为父权制度的陪衬品,女性在历史中丧失了自我和自我的话语权。后现代女性主义者指出,在父权制社会里男性具有文化符号体系的操作权、话语理论的创作权和语言意义的解释权,处于边缘地位的女性要获得这种话语权,就必须丧失自己作为女性的主体,丢弃作为女性特有的生存方式、体验方式和言语方式,而不得不用男性社会已经僵化的、制度化的、理性化的口吻、词汇、意向和符号去说话,以便进入准男性的话语机制。后现代女性主义旨在改变以抛弃女性特有身份而以男性身份为标准的局面,发明女性自己的话语:"这个世界用的是男人的话语,男人就是这个世界的话语""我们所要求的一切可以一言以蔽之,那就是我们自己的声音""男人以男人的名义讲话;女人以女人的名义讲话""迄今为止所有的女性主义文字一直是在用男人的语言对女人耳语""我们必须去发明,否则我们将毁灭"(Kourang,1992)。女作家艾琳·希苏(Helene Cixous)认为,语言是控制着文化和主体思维方式的力量,要推翻父权制控制,就要从语言的批判开始,为此她成立了阴性书写中心。当然,后现代女性主义力图发明女性话语的目的并不是为了与男性争夺统治话语权,而是希望从矛盾冲突进入对话互补,达成共识,抹杀以男性为单一标准的中心化语言,形成一种多元的性别话语场。

(3)对普遍主义的解构,建立一种差异和多元理论。后现代主义大师反对宏大的理论体系,更加关注差异,关注文化、历史的特殊性与多元性。比如,李奥塔主张用"细小述事"代替"宏大述事";福柯用对精神病、惩罚、性等专题研究代替对理性、社会和人的一般研究;德里达用写作过程代替意义的分析,用作者与读者的关系代替主观与客观的关系。受后现代主义大师的影响,后现代女性主义认为对种族、民族、阶级与性别等做宏观分析过于概括,甚至认为连"女人""父权制"这类概念都大有问题,因为实际上每一个类别的内部都是千差万别的。比如,在对待父权制制度方面,后现代女性主义者马特勒就认为世界上并不存在普遍的父权制度,"女人皆受压迫"的传统女性主义观点是隐蔽了传统女性主义过分自我中心主义的倾向,它导致一部分女性经验被夸大成为全球妇女的普遍经验。首先,后现代女性主义强调差异性。该学派指出传统的女性主义者存在忽视妇女由于阶级、阶层、种族、地区、文化背景不同所造成的差异,以及把自己的认识和行为模式全盘推广到第三世界,成为发达国家中产阶级妇女的特权。后现代女性主义认为,传统女性主义所持的所有女人都被禁锢在"私人领域"内的假设,是不切实际的。事实,并非所有女性都被禁锢在私人领域,她们有的早就进入公共领域从事劳动。对黑人女性来说,她们生存的第一个条件就是参加劳动。关于异性恋的看法,后现代女性主义认为异性恋主义存在着偏差,同性恋也有存在的理由。差异的观点使贫穷的劳动女性、有色人种女性以及同性恋女性得到关注，并得到一定的地位。其次，后现代女性主义强调多元化。南西·费雷泽和琳达·尼科尔森就指出应该“用多元的，具有复杂内含的社会属性概念来代替那种简单笼统的女人或女性性征的概念，把性征视而不见为多种属性中的一种，与阶级、民族、族类、年龄、性取向等因素结合在一起考虑”(盛宁，1997)。后现代女性主义关注差异和多元化，把两性关系推广到国家民族层面，包含了对殖民主义和帝国主义的认识和批判，把女性主义提到了政治高度。后现代女性主义强调多元性、差异性、边缘性、异质性，强调个体经验和个体存在的主观性，在此基础上提出了整合的思维模式，如多元的模式、差异政治的模式(包括种族、民族、阶级、性别和性倾向的差异)、重视他人的模式、为女性赋予价值的模式。

(4)对传统女性主义和社会性别理论进行解构。在传统女性主义理论基础上发展起来的社会性别理论，其最关键之处在于生物性别和社会性别的区分。后现代女性主义不但对父权制和男女平等宏大理论观点进行了解构，也对最具核心地位的性别与社会性别的区别进行了解构。1990 年，J. 马特勒在《性别麻烦：女性主义与身份颠覆》(*Gender Trouble: Feminism and the Subversion of Identity*)一书中，就对性、社会性别和性态进行解构：“身体虽然是一种生物学意义上的存在物，但却不能被理解为超越文化约束的前推论的现实，从这个意义上看，身体不是一种客观的‘存在’，而只是一个变化着的分界线，是‘强加在一级不连续特征之上的人工性质的单位’”(何佩群，1999)。她认为，生物学上的性别是不存在的，只存在社会性别，强调了“‘性’范畴本身就是一个社会性别化了的范畴，带有很强烈的政治色彩，并被政治性地自然化了，但它本身却并不自然”(何佩群，1999)。以生育为例，很多持不同意见的人认为女性孕育的能力是与男性有着区别的生物学特征。但马特勒指出，女人身体总体上讲具有孕育生命的能力，但事实是，还有不能怀孕的女孩、老年妇女及不能怀孕的各种妇女，所以，概念上的妇女能怀孕的能力并不能成为女性身体的显著特征。她否认了生物学性别存在的必要性，认为不能以身体来界定女性或男性，而是强调身体是社会的身体，具有社会性别。此后，马特勒在《至关重要的身体》(*Bodies That Matter: On the Discursive Limits of “Sex”*，1993 年)一书中延伸她在性和性别领域的探讨，在她的第三部著作《消解性别》(*Undoing Gender*，2004 年)中则将关注点从妇女地位、酷儿理论转移到跨性、变性及双者的权益运动上来。

(5)关于身体和惩戒凝视的观点。后现代思想大师福柯针对西方思想界重精神轻肉体的传统，大谈身体的重要性及肉体的各种体验。福柯认为身体是社会的真正基础，这并不是因为它统摄一切，而是因为一切都来源于它；不是因为它处于中心，而是因为它处于边缘和底层。后现代女性主义针对父权制社会只关注男性对身体的感受，忽视女性对身体的占有和享受的现实，提倡女性发掘和赞美自己的身体，实实在在地感受身体和拥有身体，让真实的生理和心理体验紧密联系在一起。后现代女权主义者安妮·莱克勒克就十分细腻地阐述女性身体快乐和女性话语之间的关系：“我身体的快乐，既不是灵魂和德行的快乐，也不是我作为一个女性这种感觉的快乐。它就是我女性的肚子、我女性的阴道、我女性的乳房的快乐。那丰富繁盛令人沉醉的快乐，是你完全不可想象的”，“我一定要提到这件事，因为只有说到它，新的话语才能诞生，那就是女性的话语”(考伦尼，1992)，前面提到过的提倡阴性书写的法国女作家艾琳·希苏甚至直接强调“是生活用我的身体造就文本。我即文本。历史、爱情、暴力、时间、工作、欲望,把文本记入了我的身体。女性写作就是要消解语言中的男性成分,让女性的身体发言”(吉庆莲,1999)。

福柯的另一个重要思想是关于惩戒凝视的思想,他认为整个社会就是一个大监狱,举凡军营、工厂、机关、学校、医院等,无不充斥着监督与惩罚,人人都处于社会的凝视之下,不可越轨。社会通过纪律管束着人的身体,通过话语来定义何为正常、何为反常,通过标准化或正常化过程来要求人人自觉遵从规范。后现代女性主义借用福柯的上述思想,指出女性就是生活在这样两种压力之下,一种是来自社会的压力,另一种是来自自我的压力。女性的身体变成了男性凝视的对象,在这一凝视过程中,女性不仅要服从由男性观看的父权制文化的约束,而且还要自觉遵从其规范并进行一系列内化,从而自己制造出自己驯服、使人悦目的身体。英国艺术评论家约翰·柏格曾说过一句著名的话:男人看着女人,女人看着男人眼中的自己。针对这一束缚女性的凝视现象,后现代女性主义一针见血地指出了这种凝视的父权制统治本质,为了摆脱女性的被观看地位,只有创造女性自身的标准和权力。

后现代女性主义的理论观点解构了男权统治的意识形态,为女性确立自身主体性和权力创造条件。但其运用后结构主义的解构观,不但消解男女两性的二元格局,而且对女性的一些理论体系进行解构,势必在强调个体差异与强调女性群体利益之间制造矛盾。许多女性主义者仍然对主体的去中心化持怀疑态度,因为这可能被用来否认女性身份和女性组织(Isenberg,1992)。后现代女性主义的解构观还存在以下困境:

(1)强调个体差异与强调女性群体利益之间的矛盾。女性主义者不但消解男女两性的二元格局,而且对女权的一些理论体系进行解构,这使得解放父权制这一目标变得越来越困难,苏珊·波尔多在《女性主义,后现代主义以及性别怀疑主义》一文中对此提出了批评:“女权主义者不能忽视女性受歧视的社会现实,不应该消解主体,相反,应更加强对现实的斗争策略的研究。”(拉玛扎诺鲁,1993)另外,南希·哈特萨克针对后现代女性主义轻视女性主义的政治作用和过于理论化的倾向,在《福柯论权利,为女人服务的理论?》中说:“只有将女性视为一个社会群体,女性主义才有其存在的意义。过分强调女性内部的差异将导致女性主义自身的毁灭。解构‘女性’观,无异于颠覆女性主义政治”(苏珊·波尔多,1990)。

(2)陷入解构和建构理论的矛盾中。有人批判后现代主义的解构理论是不能自圆其说的。如后现代大师利奥塔德在批判哲学不能成为社会批判的前提下,得出批判本身也当作局部的、非合理的结论,有人批判他把玄学话语倒掉时,把大型历史叙事也倒掉了;把马克思主义阶级理论剔除时,把大规模的不平等社会理论分析也倒掉了。后现代女性主义在解构现存的一些被视为合法的理论之后,面临着与后现代主义相似的处境。比如,后现代女性主义思想怀疑性别在社会与个人存在中是否具有真实的基础,它强调人的多重身份以及这些身份从话语的多重性中所表露出来的方式,这就否定了将性别作为有意义的和共有的社会政治类别的观念,对女性主义和女性研究的存在本身及合法性提出质疑。因此,后现代女性主义在解构女性研究的理论基础后,面临最大的问题是能否再建构一套自己的理论体系。无奈之际,后现代女性主义者只得在最低限度上重新拾起有关社会组织和意识形态的大型话语,有关的实证分析和理论分析,有关历史和文化特殊性的性别理论……这一切，使后现代女性主义面临更大的挑战。

六、心理分析女性主义

心理分析女性主义理论是从弗洛伊德和拉康的精神分析学衍生而来的，可以说是从霍尔奈开始，心理分析学就出现了女性主义转向，她摒弃以往心理学以男性视角说明女性、以男性标准度量女性心理发展的做法，强调以女性的角度理解她们的生理构造和成长方式，并且不应当以男性的差异为借口把女性置于劣于男性的地位。接着，M.克莱因(Melanie Klein)创立对象关系理论，认为人类行为的动力源自人类关系，而非弗洛伊德的“快乐”驱动模式，对儿童心理结构和精神病学的研究产生了深远的影响，也对 20 世纪 80 年代以后的女性主义心理学发展产生了积极影响，比如，C.吉利根的“关怀伦理学”理论。L.艾瑞格瑞(Luce Irigaray)则是对两性之间的性别差异进行了语言学和符号学的探讨，她试图把性别的特殊性渗透到精神分析学中，破解男性中心主义和摆脱父权制传统，突出母亲的社会秩序，以女性为体验的主体论述女性的欲望，来说明女性解放和两性之间理想的伦理关系。该流派的主要代表人物有 M.克莱因(Melanie Klein)、C.吉利根(Carol Gilligan)、L.艾瑞格瑞(Luce Irigaray)等，主要有如下研究发现：

(1)对父权制的心理分析。社会学家 H.哈特曼和 Z.艾森斯坦等人提出资本主义与父权制互相勾结，对妇女进行压迫。C.菲尔德则认为有一个独立的父权制控制体系，限定妇女在社会中的地位。她认为存在两种生产方式，一种是工业的生产方式：属资本主义剥削的范畴；另一种是家庭生产方式，妇女为男性提供各种不要报酬的家务服务和照顾，男人正是通过这种方式实现对妇女的压迫，这种父权制的压迫是妇女所受的共同的和主要的压迫。S.沃尔比指出父权制是一种社会结构，包括就业、家庭生产、国家、性生活、暴力和文化。心理分析女性主义对“父权制”进行分析，提出不要对心理分析一概否决，而是要重新评估心理分析，不应把父权制看作一系列压迫妇女的社会结构或制度，而是应该从心理和社会的层次上来分析它。比如，在探讨个人身份形成亲属关系中，即社会中男人之间交换女人的父权制影响，不但是一种通过社会化而接受的自觉过程，也是通过心理不断复制，以一种无意识或有意识的过程内化的认同过程。因此，心理分析女权主义在对待女性主义最重要的概念“父权制”时，强调了心理过程的重要性，奠定了心理分析的地位。

(2)对女性角色的心理研究。社会心理学家 D.C.迈克兰德(David Clarence McClelland)认为“性别角色成为人类行为中最重要的决定因素；心理学家在经验研究伊始便发现了性别差异”(McClelland，1975)。不少女性主义心理学家和社会学家对于两性角色差异形成的原因进行分析，形成了两种理论：一种是社会学习理论，一种是认知发展理论。社会学习理论认为性别角色就是通过大量观察、模仿以及强化，在这一学习过程中形成并巩固下来，并内化为自己的心理准则和行为准则。

(3)对女性道德观的心理研究。美国心理学家吉利根在《不同的声音——心理学理论与妇女发展》(*In a Different Voice：Psychological Theory and Women's Development*，1990 年)一书中，从三种经验研究(大学生研究、流产决定研究以及权利和责任研究)来描述两性对男女关系和亲子关系思考方式的差异。作者通过访谈的方式考察人们的自我概念和道德概念，考察他们对道德冲突和道德选择的体验，说明两性在思考方式上存在巨大的差别，作者倡导让女性发出自己的声音。同时，她建构了关于女性道德发展的理论：女性在道德发展上的不同并不等于发展上的失败；女性道德发展不足的观点是以男性为标准得出的结论；与女性经验联系在一起的“关系”和“联系”在道德发展中拥有特别重要的意义。

(4)对性别差异的研究。伊丽格瑞作为拉康(Lacan)的学生，她的精神分析主要体现为性别差异的特点。她先是批评弗洛伊德(Freud)和拉康式精神分析理论的父权制性质，认为它们把菲勒斯的偏见当成普遍真理，没有看见镜像中的女性，不承认母亲的社会秩序。而后，她结合精神分析和语言学，从心理语言学角度研究性别差异。最后，在《性别差异伦理学》(*An Ethics of Sexual Difference*，1993 年)一书中，从哲学和伦理学角度考察性别差异，阐述女性解放和两性之间理想的伦理关系。在伊丽格瑞看来，现有的哲学、心理学和政治学都无法为性别差异提供基础，如此，她认为“为了性别差异工作能够开展起来，需要有一场思想和伦理学上的革命。我们需要重新解释围绕着主体与话语、主体与世界、主体与宇宙、微观世界和宏观世界之间的关系而产生的一切”(Irigaray，1993)。

(5)女性认识论的创建和发展。女性主义心理学家 N.威斯坦(N.Wsisstein)抛出重型炮弹，对心理学实验室与诊室中的男性中心主义进行了强有力的抨击。她指出，心理学对于女性究竟是什么样，她们需要什么以及她们想要什么一无所知(Wsisstein，1971)。女性主义心理学在批判这种做法的过程中，建立了以女性为中心并关注差异性的女性心理学：一种称为经验主义的女性主义心理学，另一种称为立场认识论的女性主义心理学。前者认为需要在现有的心理学研究中加入性别因素，将女性经验作为重要的研究内容，揭示女性的感受和内在价值。而后者“已经成了当代女性主义思想对知识论的最突出而又最有争议的贡献之一“(Longino，1993)，提出了“情景化”理念，认为女性的认知模式与男性是不同的，应该从不同群体特征出发进行研究，而不是以男性为中心来对女性群体进行研究。

作为女性主义流派的心理分析女性主义，它修补了以男性为中心的传统心理学的不足，弥补了心理学中缺乏女性角色的不足，突显了女性的主体性，构建了女性独特的认识论，丰富了心理学理论和女性主义理论。

七、第三世界女性主义

从 20 世纪 70 年代开始，发达资本主义国家不断向外实施其政治压迫、军事扩张、经济剥削和文化渗透，第三世界国家深刻地感受到发达国家对本国进行的政治、经济以及文化侵略，掀起了反抗运动。在特定的时代背景下，女性主义内部争论和分歧日益激烈，第三世界女性主义应运而生。主要代表人物有印度学者 C.T.莫汉蒂(Chandra T.Monhanty)，所关注的理论问题主要有以下几个方面：

(1)关于女性受压迫的根源。传统的女性主义认为，父权制是女性受压迫最深层次的根源，只要推翻父权制，女性就能摆脱压迫，实现男女平等。第三世界女性主义者激烈批判了这种观点，认为这仅仅代表了这些国家中白人中产阶级女性反对性别歧视、争取男女平等的愿望，实质上是资产阶级的自由主义和改良主义思潮，其主要缺陷是只局限于反对性别不平等的问题，而对于维护甚至引发父权制的种族主义、殖民主义和帝国主义无所触动。莫汉蒂呐喊道：“在姐妹情之外，仍然存在种族主义、殖民主义和帝国主义。”(Mohanty，et al.，1991)所以，第三世界女性主义指出，发达资本主义国家与第三世界国家在政治、经济和文化上的统治与被统治关系，以及第三世界国家中不平等的权力结构，才是女性受压迫和歧视的根源。

(2)关于女性身份和主体缺失问题。第三世界女性主义认为，一个女人的身份不仅仅是女性，还来自某个民族或国家，隶属于某个阶级、阶层，并有她自己独特的生活经验。由于西方女性主义不仅把"妇女"作为与男人对立的均质的分析范畴，而且又制造出与西方妇女相对立的普遍的均质的"第三世界妇女"的单一范畴；与此相对应，白人中产阶级妇女成为妇女运动的领袖和标准，她的一整套话语和认识成为解析第三世界妇女生活状况的标本，第三世界妇女丧失了话语、生产和历史作用。正如莫汉蒂所揭示的，把妇女是同类范畴的概念应用于第三世界妇女，就是把各种不同妇女群体同时局限在社会阶级和种族框架内加以殖民化，并且利用这种局限性，最终剥夺了她们的历史和政治作用。

(3)关于解放途径问题。在当今资本主义世界体系的控制和影响下，第三世界的女性不仅要遭受本民族父权制的压迫，而且要遭受种族主义、殖民主义和跨国资本主义的歧视和剥削。第三世界女性主义认为，社会性别作为一种不平等的、分化人群的权力结构，应与其他的社会权力分配结构，如阶级、民族、种族等相互联系在一起。比如，黑人女性主义学者认为，目前的政治理论和女性主义理论不适合用来解释黑人妇女的处境，只有突破女性的统一范畴，认识到不同女性所处的特殊境况，才能使得黑人女性获得解放。

(4)关于生育和性风俗等具体问题。西方世界推崇靠技术来解决人口和生育问题，但第三世界认为，控制人口和解决社会问题并不能仅靠技术手段，妇女的受教育程度、就业的改善、政治权力的参与都会影响妇女的生育态度。比如，国家片面追求开发生育药品和生育技术，把一系列与之相关的措施运用到第三世界国家中，第三世界国家妇女往往成为跨国公司试验药品的对象甚至牺牲品，危害了妇女的身体健康和自身发展。同时，第三世界女性主义者指出，西方白人女性对于第三世界的性风俗和性文化表现出特殊的兴趣，比如纠缠于中国妇女的裹小脚习俗、非洲妇女中流行的外阴和阴核切除术以及中东妇女蒙面纱的风俗，这种关注超越了对特定经济政治环境和现实状况的关注，是避重就轻的错误做法。

莫汉蒂在《重新审视"在西方世界的注视下"：反资本主义战斗中的女性主义联盟》一文中，面对21世纪人文、政治和制度重构的背景，再次审视了西方世界与第三世界的关系，重新阐述女性主义理论中关于普遍与特殊的关系，对于反全球化的斗争及跨国女性主义的出现提出了自己的理论和方法见解(Mohanty，2003)。显然，跨国女性主义和全球女性主义的出现，促使女性主义者思考如何使女性主义成为"一项帮助妇女建立起跨越种族、阶级、国家、民族、宗教、身体能力和性取向差异的团结事业"(Mohanty，2003)。

第三世界女性主义理论的出现，推进了西方女性主义理论的进一步发展，主要表现在：

(1)推进反本质主义的进程。后现代女性主义对传统的二元论，对女性特征和男性特征的二元区分进行了解构，甚至解构了性别与社会性别二者的区分，表现出对本质主义和普遍主义的反叛。第三世界女性主义受反本质主义的启示，积极思索白人妇女的女性主义理论与第三世界特定立场的关系，提出了白人妇女构建的妇女理论脱离第三世界妇女的特定立场和经验，忽略了第三世界妇女所受的种族压迫和殖民压迫，是一种"白人唯我论"和"种族中心论"，重蹈了本质主义错误。

(2)推进关注差异和关注特殊性的进程。后现代女性主义解构了单一主体和普遍主义,建立起了差异和多元论的典范。但这种差异变成了毫无凝聚力的个体,分散了作为不同群体女性的力量。第三世界女性主义建立了一种与后现代女性主义不同的差异观,从更多层面、不同视角切入来分析女性问题,创建关注特殊女性群体的做法,深化了在普遍前提下的差异性和多元理论。

(3)创建了适合第三世界女性问题的理论范式。作为第三世界女性主义的一支劲旅——后殖民女性主义,毫无保留地揭露父权制和殖民主义的话语使第三世界女性受到双重压迫。因此,它坚持差异性的原则,就资本主义对当今世界造成的同质化,包括西方女性主义表现出的同质倾向进行批判;它把种族和性别两种视角结合起来,提出了第三世界女性作为一个群体的特殊性问题,并对建立一种适合第三世界女性问题的理论范式和阐释策略做出积极探讨。

(4)关注实践问题,有利于解决妇女实际问题。第三世界女性主义学者认为抽象空洞的知识建构是不够的,仅仅停留于探寻性别主义的根源和性质,以及对性别偏见、种族偏见、民族偏见和阶级偏见的揭露无助于问题的解决,因此,更多关注实践,探讨各国在社会发展中如何对女性赋权,改善她们的生存状况才是重要的,"女性与社会发展"的问题已成为她们关注的焦点。

当然,第三世界女性主义学者的研究也受到了不同流派学者的批评。有批评者指出第三世界女性主义太关注女性的现实状况,政治色彩太浓,缺乏理论构建;有批评者认为第三世界女性主义反"白人妇女中心论",将不利于妇女群体的团结,不利于解放女人的总目标的实现;甚至有批评者忧心忡忡地指出过分强调女性内部的差异与对抗,将导致女性主义的毁灭。但是,第三世界女性主义的出现,在一定程度上有助于女性主义理论的丰富和发展,不仅为第三世界女性的发展提供了实践性的指导,而且还对建立一种适合第三世界女性问题的理论范式和阐释策略具有借鉴意义,有利于从多层次多角度研究女性的生存状态。

八、生态女性主义

20 世纪 60 年代,西方刮起了生态绿色之风,绿党政治、商业生态学、生态政治等概念应运而生,在此生态大合唱中,少不了女性的声音。美国女科学家 R.卡逊夫人(Rachel Carson)的报告文学《寂静的春天》(*Silent Spring*,1962 年)诞生了,它对人类为了求得经济快速发展,盲目使用化学品引起生态链失衡、人类受到危害的景象进行揭露,敲响了环保的警钟,从此"美国和世界掀起了一个永不消退的环境意识浪潮"。F.德奥博纳(Francois d'Eaubonne)在《女性主义或死亡》(*La Feminisme ou la Mort*,1974 年)一书中首创了生态女性主义一词,并表达了这样一种观点:"对妇女的压迫与对自然的压迫有着直接的联系"(罗斯玛丽・帕特南・童,2002),R.卢瑟(Rosemary Ruether) 则是第一个涉及生态问题的女性主义思想家,她将"女性运动与生态运动联合起来,以展望一个崭新的根本的社会经济关系及相应的价值观"(Reuther,1975)。Y.金(Ynestra King)于 1980 年与一批有识之士合办第一次生态女性主义会议——"女性和地球生命大会:20 世纪 80 年代的生态女性主义",正式标志着生态女性主义的诞生。其重要代表人物有 C.麦茜特(Caroly

Merchant)、A.萨勒(Ariel Kay Salleh)、V.希瓦(Vandana Shiva)、J.普兰特(Judith Plant)、R.卢瑟(Rosemary R.Reuther)、Y.金(Ynestra King)、K.J.沃伦(Karen J.Warren)等。其主要观点如下:

(1)强调女性与自然界的联系。生态女性主义认为女性和自然界之间存在着关联性,如麦钱特指出:“古人把自然看作孕育的母性,而使得女性的历史与环境的历史和生态的变迁联系起来。早期的自然没有遭到破坏正是因为那时的人们具有这一认同感”(C.麦钱特,1980)。S.B.奥特纳(Sherry B.Ortner)断言:“男女之别与自然和文化之间的基本区别是存在着联系的”(S.B.奥特纳,1980)。生态女性主义认为女性与自然有着明显的相似性,比如都具有消极被动、逆来顺受等特点;在创造生命方面也存在内在的联系,女性孕育生命、哺育后代的性别角色使她们与养育万物的大自然有特殊的亲近性。在弱联系中,女人和自然是父权制统治的两个对象。因此,不应脱离掠夺自然来看待对妇女的剥削,生态女性主义争取妇女解放的斗争,也是为争取自然解放的斗争,反自然的文化就是反女性的文化。在强联系中,父权制将相似的特征赋予自然和妇女,并系统地贬低它们,将二者看成是非理性的。在西方文化传统中,男人将妇女概念化为比他们“更亲近自然”的群体,妇女被男人认为是非人化和非理性的,为他们对妇女进行统治辩护。总之,女性与自然界的这些特性使男权统治者在压迫“自然化的女人”的同时,也在压迫“女人化的自然界”。显然,生态女性主义肯定女性自身的价值,倡导创造新型的女性文化以弘扬女性独特的天性,并认为对女性的蔑视是文明与自然对立的根源,解救了女性,也就解救了自然。

(2)肯定女性在自然界中的独特立场。生态女性主义认为,女性与自然在创造生命方面也存在内在的联系,女性孕育生命、哺育后代的性别角色使她们与养育万物的大自然有特殊的亲近性。麦茜特指出:“古人把自然看作孕育的母性,而使得女性的历史与环境的历史和生态的变迁联系起来。早期的自然没有遭到破坏正是因为那时的人们具有这一认同感”(Reuther,1975)。由于自然与妇女在生态学时代共同具备的特性,妇女对自然界的开发利用持有独特的立场。生态女性主义认为,父权制忽视自然和女性,缺乏女性原则,干扰了男性与女性的合作关系,也破坏了人类与自然界的和谐与统一。

(3)批判男性的统治伦理观,肯定女性的价值观。卢瑟认为,存在于西方社会的统治者与被统治者等级森严的社会结构,使得人类对自然界的摧毁和对女人的压迫合法化、永久化。这种等级强调不同性别与阶层之间的分化和对抗,造成人类与非人类之间的两极分裂。在这种等级秩序下,男人、白人、上层阶级、人类就比相应的女人、有色人种、下层阶级和自然来得优越。沃伦在《生态女性主义:女性、文化和自然》(*Ecofeminism*:*Women*, *Culture*, *Nature*, 1997年)一书中,构建了女性对环境的关怀伦理,她认为女性在对待人类以及自然界时,更注重尊重和亲近,更懂得关心、爱护、感激、友谊、责任和同情等一些伦理道德。这种人际道德观强化了女性群体之间、女性与自然界之间以及女性与男性之间的和谐关系。

(4)颠覆压迫自然与女性的父权制意识。生态女性主义认为,生态危机和性别压迫一样都源于人类意识中的父权制世界观。生态女性主义者首先对二元论展开了猛烈的批评,比如麦茜特在《自然之死》(*The Death of Nature*:*Woman*, *Ecology and the Scientific Revolution*, 1990年)一书中,对自然和女性在价值二元论的确立过程中如何被父权制贬抑和控制作了一番历史的考察，说明自然和妇女的概念是历史和社会的构造物，正是父权制的存在使得男性滥用统治权力压迫女性和自然界，造成自然界在遭受破坏的同时，女性也受到了奴役。要改变这种局面，须建立无等级的合作关系，建立互相尊重的意识观。

（5）对西方现代化过程中出现的殖民主义和家长制的资本主义进行反思及批判。著名的生态女性主义研究者和活动家V.希瓦，从20世纪的80年代末至今发表了一系列著作，她的研究从阐述生态女性主义与自然的原发性思想，“对大自然的暴力同时伴随着妇女的暴力，因为妇女依赖大自然来获得其自身、其家庭以及其社区的生存”（Shiva，1989），到通过知识产权和认识论的论证，认为“对生活再生的再生资源进行殖民化导致了全面的生态危机”（Mies & Shiva，1993），以及提出“地球民主”取代资本主义的经济和政治体系，“地球民主是建立在生活经济学和经济民主基础之上的生活民主，能将和平、关爱和同情全球化”（Shiva，2006），再到最后关注保护环境与女性发展，深刻地揭露了女性解放与全球化、资本主义和环境恶化的内在矛盾，指明女性解放的道路在于解构资本主义的父权制和宗教的父权制。

生态女性主义本身就是和平运动的产物，它不但反对殖民主义，更为反对帝国主义和军国主义。1980年11月，女性主义团体在美国五角大楼组织了静坐和示威活动，发表了被美国视为第一个的“生态女性主义宣言”。宣言明确指出，军国主义是毁灭地球上生命的力量，它不把社会财富运用于改善下层人们的生活，而是用于军事目的；部署可以毁灭一个国家的核工业武器；制造有毒废物并储存在最无力反抗的人们生活的附近；助长以暴力和统治为特征的人际关系和国际关系。显然，军国主义也是男权制的一种表现，它不但危害自然，而且危害各国人民，特别是危害爱好和平的妇女。所以，生态女性主义呼吁必须结束所有形式的男性暴力，结束压迫，结束战争，结束帝国主义和军国主义。

作为20世纪60年代以来的一支流派，生态女性主义把自然生态与性别进行联系的观点正日益渗透到哲学、宗教、哲学、文学、经济等领域，成为绿色浪潮和生态学术中不可缺少的一支劲旅。

（1）大多数生态女性主义者亦是行动主义者。在社会改革中，她们着手从教育入手，从儿童抓起。在课程的设置上，提出将充满人类中心论、男性中心论、欧洲中心论、经济决定论的教科书来一番彻底的改造，将生态意识诸如“相互依存”“可持续性”“伙伴关系”“灵活性”“多样性”等观念贯彻其中。她们又是绿色政治运动的积极分子，主张建立社团经济理想，即将财富和所有权尽可能广泛分布。这与日益集中在大公司手中的权力和控制力形成鲜明对比，资本密集型、能源密集型的工业不仅有损本地区的自力更生和生态完整，而且会陷入环境危机、灭绝生态、耗尽资源的恶性经济体系中。

（2）在世界观上，生态女性主义摒弃人类中心主义，宣扬自然界的整体利益。生态女性主义从整体立场出发，把整个世界称为“宇宙之链”，一切事物都是相互联系、相互作用的，人类只是“宇宙之链”的部分，人既不在自然之上，也不在自然之外，而在自然之中。

当然，生态女性主义毕竟是环境运动与女性主义思想结合的新思潮，其队伍中存在着诸多分歧，观点各异。其面临的主要矛盾及困难如下：

（1）把女性特征与自然界联系起来，认为女性的天性更亲近自然、女性的非理性与自然相似等观点，显然犯了本质主义错误。“差异”生态女性主义指出，如果妇女与自然联系的这类方式构成妇女从属于男人的理由，那么只会使妇女的地位越来越糟。相信妇女会“为了环境牺牲她们自己”。女性被赋予更亲近自然界的特性，只是传统父权制统治的残留，是社会文化建构的过程。但是，生态女性主义在批判现代化发展方式，解构父权制的统治观、解构二元制意识形态方面，对于社会发展以及生态环境的保护是有益的。

(2)对肯定和否定女性特质的矛盾。一些解构生态女性主义者不同意在对父权制的批判基础上建立女性特质，它否定存在着女性特质和男性特质，对在解构二元论的同时又不知不觉建构起来的二元观进行攻击。比如，亨德森的再分配观认为，差异生态女性主义坚持父权制的价值观和经济学，极力贬低作为社会最高生产劳动的母亲身份、孩子培育和双亲责任，贬低维持舒适生活环境和所依附的共同体的价值。那么，女性特质是否值得肯定？是否与男性气质一样有其特定地位？或者女性气质与男性气质根本就不存在？为了解决女性气质存在与不存在的这一悖论，布仑伍德提出了称之为人类的“去性别”的模式，即：妇女必须像男人一样作为完整的人，作为完整的人类文化的组成部分受到公正对待。为了取代男性气质或女性气质的合理性，布仑伍德提倡一种生态合理性，即要人类认识到自身对地球上可持续的他物所欠的债。虽然如此，超越二元主义的空间仍然充满不确定性和困难。

第四节

女性学理论的未来展望

女性学理论的最终结局并不是为了彰显女性，而是同时发展男性学，理论根基是倡导男女平等和促进妇女全面发展，终极目标是建立性别和谐理论。这不仅有助于女性学学科在实践中朝着既定目标发展、壮大，也便于指导中国女性学理论的建设和完善。

一、男女平等和妇女全面发展是女性学理论发展的根基

男女平等问题一直是世界范围内妇女解放运动最关切的问题，也是妇女基本理论的核心主题。1975年第一次世界妇女大会通过的《墨西哥宣言》对男女平等的内涵做出了一个与会各国代表一致认同的解释：“男女平等是指男女的尊严和价值的平等，以及男女权利、机会和责任的平等”(全国妇联，1995)。男女平等是实现妇女解放的阶段性目标，它的内涵是：对基于社会性别而形成的社会角色，男女拥有同等权利、同等机会、同等地位、同等责任、同等义务；对基于自然性别而形成的社会角色，不存在性别歧视(张一兵、辛湲，2004)。今日，男女平等虽然被写进中国的宪法，但真正意义上的妇女解放并不是争取男权意义上的男女平等，因为在一个男权传统下的社会中，将已经确立的男性标准作为女性检验自身发展或个人价值的尺度，任何形式的男女平等都体现了本质的不平等，所谓男女平等“不过是历史所造就的最便当的权宜之计”。默尔桑顿在《性平等是不够的》这篇文章中建议，我们必须“探索新的社会形式，它建立在两性不同的性特征基础之上”，“我们必须寻求超越平等的解放”(张宗蓝，2004)。新时期，不少女性主义者积极倡导追求超越早期的“双性同体”式的男女平等。女性主义者斯坦顿在《妇女的圣经》中宣称：《圣经》以及它

所推断的关于女人是低劣的理论是导致压迫妇女思想观念存在的原因,“相互补充、相互均衡的男性特征和女性特征对保持宇宙的平衡而言是必不可少的”,“科学家们告诉我们,人在最初形成时都共有男女两性的特征,而且将来可能会永远地再次统于人体”。开创了文化女性主义传统的富勒在《十九世纪的妇女》一书中也提出了类似阴阳合一的对立双方辩证互补的有机和谐理想,她说:“人类的成长是双重的,即男性化和女性化过程。就这两种方式的分类而言,它们是能量或力量与美丽、智能与爱情的划分”,“如果这两方面都能得到圆满和谐的发展,那么它们会像地球的两个半球一样,相互呼应,相互完善”,那么“一个令人欣喜的和谐状况将随后产生”。

早在马克思恩格斯时期,他们就已经把人的全面发展确定为共产主义终极目标的一个部分,比如在他们早期到晚期的重要著作中,如《1844年经济学哲学手稿》《神至家庭》《德意志意识形态》《资本论》《社会主义从空想到科学的发展》等著作中都论及作为共产主义奋斗目标的人的全面发展。他们指出,人的自由而全面发展是一个逐渐的过程,首先是人们从为生计而劳动中解放出来,接着从阶级剥削、阶级压迫中解放出来,最后才从各种错误观念、偏见、成见中解放出来,使自己的才能、价值、兴趣、爱好得以充分的实现。显然,妇女解放运动正是使女性不断摆脱压迫,逐步迈向自由而全面发展阶段,这一过程使我们消除性别偏见,发挥女性“半边天”的能力,这将是人类的福音,也是全人类为之奋斗的目标。

男女平等和妇女全面发展的性别观念将摈弃以男性标准来衡量女性发展的片面做法,倡导根据不同性别特征的发展模式,建立更为新型的男女平等关系:“就生理差异的历史所造就的社会差异而言,男女两性在社会生存结构中是互存互补的,其利弊长短对于人自身的需求是一个不计正负的等值常量”,“人的理想不是在差异的基石上强造一个平等的世界,而应在两性和谐共处的基础上争取人的最大限度的自由”(张宗蓝,2004)。对无视性别差异的平等的批判,引发更多学者对两性关系的思考和探讨,新时代需要新的性别理论来发展“双性同体”观。

二、性别和谐理论是女性学理论发展的目标

长期以来,我们一直把马克思主义妇女观作为研究妇女问题的重要理论武器。改革开放以后,又引进了西方的社会性别理论和女性主义理论。这些理论对于正确分析和认识妇女解放和男女平等问题无疑是不可或缺的,但是在运用这些理论来解释女性和性别关系问题时,往往忽略了各种理论的基础,即对解决问题具有认识论和价值观意义的哲学。辩证唯物主义承认事物之间都是相互依存并存在差异的,两性关系也不例外。因此,在坚持消除男性话语影响的新哲学观念指导下,女性学的各个理论派别趋同于创建一个在承认差异基础上的平等理论,性别和谐理论正是这种共同努力的结果之一。性别和谐理论涉及两性在家庭、社会、生活各个方面的性别关系,它提倡在重视差异的基础上协调两性的发展。应处理好以下几个问题:

(1)承认自然差异,并平等待之。男女两性生理上的差异并没有孰优孰劣的问题,只是由于受劣根文化的影响,才产生女性在生理方面劣于男性,而后在心理社会方面劣于男性的错误观念。性别和谐理论旨在承认两性生理差异的合理化和平等化前提下,提倡对

女性因生理上异于男性的特殊性进行必要保护。

(2)建立新型家庭关系。在父权制时代里,男性在家庭中一般享有较高权威,家庭两性关系是一种不平等的格局,而性别和谐理论旨在倡导新型的夫妻关系,是一种平权的和谐模式。在这一模式下,男性和女性不仅共同承担社会和家庭责任,而且享有共同商定家事国事天下事的决策权。

(3)创造新型工作关系。在和谐的社会中,不但男性寻求向更高层次的发展,女性也渴望事业的成功。在健全的就业结构中,女性能与男性一起分享创业的快乐,也能拥有平等职业升迁的机会。

(4)建立新型的两性文化观。正确的文化观念是一种更高层次的需求,观念是行为的指南针,只有建立真正平等对待两性的性别观念,才能创造一个和谐的两性世界,建构一个可持续发展的和谐社会。

性别和谐理论是对男女实现真正意义上平等的新的性别观,它给予我们的启发是:

(1)谋求差别的平等。我们所要追求的是事实上的平等而非形式上的平等,所以应该在考虑性别差异的基础上求平等。如何实现真正意义上的平等,关键在于弥补妇女因其不利地位而失去的平等,使发展条件不平等的妇女得到了与男人平等的发展机会。为了达此目的,应给予妇女特殊照顾、特殊保护,生育保险势必实行社会统筹。

(2)把女性问题与男性问题结合起来研究,视女性与男性为共同发展的伙伴关系。性别和谐理论指出研究女性问题时,要将其置于男女两性共同的伙伴关系之中。就是说,要把女性与男性、女性问题与男性问题联结在一起来认识、分析,推动男女两性共同反思传统性别观念和规范及其对两性的危害,以消除不合理的性别歧视,寻求两性共同发展,构建和谐社会。

(3)进一步意识到解决男女不平等问题的重要性。性别和谐理论使我们看到了女性在可持续发展中的重要作用,也看到了男性参与性别和谐相处和发展的重要性。因此,关于女性问题的理论研究要落实到如何让两性一起发现对女性的不平等不仅限制女性的发展,而且也影响男性的福利和发展,一起正视、思考和解决女性所面临的不平等问题,只有这样才能促进性别之间更好的合作,促进和谐社会更快地到来。

三、马克思主义妇女观指导下的中国女性学理论的发展路径

20 世纪 70 年代,不少妇女研究中心和研究机构在美国成立,女性学作为一个新型的学科诞生了。80 年代以后,女性学学科从发源地美国逐步走向世界,并进一步发展壮大和形成多个分支学科,显示了女性学强大的生命力。中国女性学理论是在以马克思主义妇女理论为指导,借鉴西方女性学理论的过程中,从兴起到初具规模,形成具有中国特色的独立理论体系。中国女性学理论的发展过程大概分成三个阶段:

(1)开始阶段。20 世纪 70 年代末至 80 年代初,中国社会学复兴,西方社会性别理论和女性主义理论也被引入中国。

(2)传播和消化阶段。从 20 世纪 90 年代到 20 世纪末期,是社会性别理论和女性主义理论在中国的传播和消化阶段。这个阶段,在大量西方社会性别理论的著述被翻译为中文的同时,不少中国女性学者也亲自著述,介绍、评论和宣传西方的女性学理论,并应用

这些理论思考中国女性的生存和发展问题，也就是这些理论逐步与中国实际联系起来的过程中，女性学理论开始在中国的学术界初露自己的锋芒。

(3)发展阶段。1997年之后，从事妇女理论研究的学者们纷纷成立女性研究中心、女性研究所，并在这些机构的支撑下，积极组织和开展各种全国性和区域性的女性问题的课题研究。1999年，全国妇联主席彭珮云在中国妇女50年理论研讨会上提出，要研究中国特色社会主义妇女解放理论，之后十几年一直致力于推动中国特色社会主义妇女解放理论体系的建设。

今后，要建设具有中国特色社会主义妇女理论，必须做好三个方面：一是厘清理论基础，二是关注研究方法，三是推动实践落实。从理论上来讲，首先，坚持以马克思主义妇女理论为指导，借鉴西方女性主义理论和社会性别理论，并根据中国特有国情构建妇女理论内容体系。其次，注意学科建设的系统性。如今，妇女问题研究延伸出诸多女性学学科分支，如社会女性学、经济女性学、政治女性学、心理女性学、生育女性学等，应在这些分支学科基础上构建和充实女性学的学科体系；最后，将妇女理论研究与其他学科进行跨学科合作，用马克思主义的妇女观，以女性主义或社会性别的视角，影响、改造其他学科对女性问题的研究，使这些学科在女性领域的延伸不再走传统的、男性化的老路，让女性哲学、女性政治学、女性经济学、女性社会学、女性文学、女性史学、女性美学等学科的分支，都能自觉地从社会性别、从两性的视野展开分析和研究。这些理论和学科上的扩展都会进一步体现出女性学理论的重要意义，也会增强女性学学科内部的统一和合作。

从方法上来讲，本土化建设是保持妇女理论中国特色和社会主义两大特征的重要举措。所以，在发展中国女性学理论过程中，切忌生搬硬套，注意西方女性主义理论与中国妇女具体实际的关系。西方女性主义理论以社会性别作为基本分析范畴和考察视角，但强调不忽视其他分析范畴如阶级(阶层)、民族、地域、年龄、教育等因素。注重差异性和多元化是当今时代的特征，当西方女性学理论被引进中国关注妇女所面临的具体问题时，也必须注意差异性和多元性。例如，中国虽然没有美国那样的种族差异和矛盾，也没有加拿大式的移民多元文化，但城乡、地域及几千年由于民族交往关系而形成的民族差异与融通又是中国女性学需要做出解释的。彭珮云在提及中国妇女研究的主要任务时，指出了“创建有中国特色的社会主义妇女解放理论”的建议，即倡议“西学东用”，进行本土化建设。所以，中国面临着如何把西方理论与中国实际结合起来的任务，面临西方女性主义理论如何本土化的问题。

从实践角度来讲，要真正解决妇女解放问题，必须落地生根和开花结果。首先，重视妇女理论研究，在国家各类研究基金项目立项中要有所倾斜，在政府各部委中要强调妇女问题研究的重要性，将妇女研究的成果转化为政府决策，通过政策的倾斜和落实，确实保障广大女性的利益和权益。陈慕华指出，“只有在党和政府的支持下，把多年来行之有效的保护妇女儿童权益的政策上升为国家法律，变成国家的意志、人民的意志，使之具有权威性和稳定性，才能对全社会具有约束力和强制力，才能有效地保护妇女儿童的切身利益”(陈慕华，1999)。其次，应把妇女发展纳入国家发展的总体规划中，监测和评估妇女发展状况，推动妇女发展规划上升为国家战略。改革开放以来，党和政府高度重视妇女各项权利的实现，先后制定并实施了《中华人民共和国妇女权益保障法》《中国妇女发展纲要》

等一系列有关妇女的法规政策，从国家发展战略上提出了“男女平等基本国策，保障妇女儿童合法权益”(胡锦涛，2012)。但是，单单靠妇女发展的单列性发展纲要是远远不够的，必须在当前国家和地方的“五年规划”中扩大对妇女问题的容量，列出各种目标、要求和具体途径。最后，确保妇女共享社会发展的一切成果。在城镇化过程中、城市管理和农村规划与实施中，应让女性真实、有效、充分地参与发展进程和分享发展成果，体现三个方面的要求：一是在规划图景中，要带入性别视角，特别注意解决妇女问题；二是在实际设计中，要特别关注为妇女提供平等参与的机会，确保妇女充分和有效地参与所有领域和各级决策，并享有平等权利，促进妇女充分就业，提供劳动保障、生育保障及各类社会保护；三是在执行和落实中，应提供具有建设性的实现方式，提供妇女参与城市和农村发展的渠道，同时采取促进妇女能力发展的举措，加强她们自身发展和社会参与的双重意识和能力。

思考题

1.你觉得 feminism 翻译成女性主义或女权主义哪个更合适？

2.女性学理论的建构基础包括哪些方面？谈谈你的看法。

3.四大妇女理论的主要内容是什么？它们在女性学理论中的地位和作用有何不同？

4.简述西方女性主义八大理论流派在女性从属性根源和解决路径上的异同点？

5.为了协调女性在就业和家庭之间的冲突，你认为国家应该采取哪些扶持政策？

6.你个人觉得女性应该如何规划自己的人生，才能做到自立、自强、自尊、自爱？

参考文献

[1]余宁平、杜芳琴：《不守规矩的知识》，天津人民出版社，2003 年版，第 53 页

[2]魏国英：《女性学概论》，北京大学出版社，2000 年版

[3]罗慧兰：《女性学》，中国国际广播出版社，2002 年版，第 62 页

[4]李楠：《马克思恩格斯女性解放理论研究》，经济日报出版社，2018 年版，第 142 页

[5]中国妇女大百科全书编委会：《中国妇女大百科全书》，北方妇女儿童出版社，1995 年版，第 79-80 页

[6]丁娟：《关于中国特色社会主义妇女理论维度与构建的思考》，《山东女子学院学报》2011 年第 3 期

[7]叶文振：《女性学导论》，厦门大学出版社，2006 年版，第 47 页

[8]石红梅：《马克思主义妇女观和中国特色女权主义实践》，中国社会科学出版社，2017 年版，第 57 页

[9][10][11]马克思、恩格斯：《马克思恩格斯全集》(第二卷)，人民出版社，1957 年版，第 250、49、53 页

[12]恩格斯：《家庭、私有制和国家的起源》，人民出版社，1999 年版，第 66 页

[13][14]马克思、恩格斯：《马克思恩格斯选集》(第 4 卷)，人民出版社，1995 年版，第 45 页、第 162 页

[15]恩格斯：《家庭、私有制和国家的起源》，人民出版社，1999 年版，第 57 页

[16][17][18]全国妇女联合会：《马克思恩格斯列宁斯大林论妇女》，人民出版社，1978 年版

[19]江泽民：《全党全社会都要树立马克思主义妇女观》，《人民日报》，1990 年 3 月 8 日

[20]李楠：《马克思恩格斯女性解放理论研究》，经济日报出版社，2018 年版，第 93 页

[21]闵冬潮：《国际妇女运动 1789—1989》，河南人民出版社，1991 年版，第 33 页

[22]王政：《女性的崛起——当代美国的女性运动》，当代中国出版社，1995 年版，第 5 页

[23]穆勒：《妇女的屈从地位》，商务印书馆，1995 年版，第 225 页

[24]弗里丹：《女性的奥秘》，哈尔滨：北方文艺出版社，1999 年版，第 4 页

[25]波伏娃:《第二性》,中国书籍出版社,1998年版,第66页

[26]凯特·米利特:《性政治》,宋文伟译,江苏人民出版社,2000年版

[27]王政、杜芳琴:《社会性别研究选译》,三联书店,1998年版

[28]Maggie Humm,*The Dictionary of Feminist Theory*,Ohio State University Press,1995

[29]闵冬潮:《Gender(社会性别)在中国的旅行片段》,《妇女研究论丛》,2003年第5期

[30][31]钟瑞添、乌尼日:《论马克思主义妇女理论的中国化》,《理论学刊》,2010年第8期

[32]江泽民:《全党全社会都要树立马克思主义妇女观》,《人民日报》,1990年3月8日

[33]中共中央文献研究室:《深入学习实践科学发展观活动领导干部学习文件选编》,中央文献出版社/党建读物出版社,2008年版

[34]刘亚玫、张永英、杨玉静、石鑫:《论习近平总书记关于新时代妇女发展和妇女工作重要论述的科学内涵》,《妇女研究论丛》,2018年第5期

[35]中共中央文献研究室:《习近平关于社会主义政治建设论述摘编》,中央文献出版社,2017年版,第182页

[36]宋伊銇:《构建性别平等的人类命运共同体——学习习近平总书记关于妇女事业和妇女工作的重要论述》,《学习月刊》,2018年第8期

[37]李玲:《试论习近平对马克思主义妇女观中国化的新贡献》,《中华女子学院学报》,2019年第3期

[38]李金莲、王锡林:《邓小平论中国特色社会主义妇女理论的要旨分析》,《楚雄师范学院学报》,2017年第4期

[39]习近平:《坚持男女平等基本国策,发挥我国妇女伟大作用》,《人民日报》,2013-11-01

[40]习近平:《在妇女与可持续发展国际论坛开幕式上的致辞》,《人民日报》,2011-11-10

[41]习近平:《促进妇女全面发展,共建共享美好世界—— 在全球妇女峰会上的讲话》,《中国妇运》,2015年第11期

[42]江泽民:《江泽民文选》(第1卷),人民出版社,2006年版,第106页

[43]马克思、恩格斯:《马克思恩格斯选集》(第4卷),人民出版社,1995年版

[44]鲍晓兰:《西方女性主义研究评价》,生活·读书·新知三联书店,1995年版

[45][46]约翰·穆勒:《论自由》,商务印书馆,1962年版,第2页、第268页

[47]Daniel Horowitz,"Rethinking Betty Friedan and the Feminine Mystique: Labor Union Radicalism and Feminism in Cold War America",*American Quarterly*,1996,48(1).

[48]德博拉·G.费尔德:《女人的一个世纪:从选举权到避孕药》,姚燕瑾、徐欣译,新星出版社,2006年版,第234页

[49]Denise Schaeffer,"Feminism and Liberalism Reconsidered: The Case of Catharine MacKinnon",*The American Political Science Review*,2001,95(3)

[50]凯特·米利特:《性政治》,宋文伟译,江苏人民出版社,2000年版,第147页

[51]王政:《女性的崛起——当代美国的女权运动》,当代中国出版社,1995年版

[52]顾燕翎:《女性主义理论与流派》,(台)女书出版社,1996年版

[53]波伏娃:《第二性》,中国书籍出版社,1998年版,第66页

[54]王政、杜芳琴:《社会性别研究选译》,三联书店,1998年版,第71页

[55][56]佟新:《妇女劳动的理论建构》,《国外社会学》,2001年第2期

[57]Nancy Hartsock,"Foucault on Power: A Theory for Women?",in:Linda Nicholsom ed.,Feminism/postmodernism,New York: Routledge,1990,p.163

[58]Nancy Hartsock,"The Feminist Standpoint: Developing the Ground for a Specifically Historical Feminist Materialism",Feminst Standpoint Revisited and Other Essays,Nancy Hartsonk,Boulder,CO:

Westview Press,1998,p.107

[59][60][61][62]李银河:《妇女:最漫长的革命》,三联书店,1997 年版,第 17、18、24、30 页

[63][美]罗伯特·戈尔曼:《新马克思主义研究辞典》,社会科学文献出版社,1989 年版,第 299 页

[64]李银河:《妇女:最漫长的革命》,三联书店,1997 年版,第 49 页

[65]约瑟芬·多诺万:《女权主义的知识分子传统》,江苏:江苏人民出版社,2003 年版,第 115 页

[66]Herdi hardman,"Capitalism, Patriarchy,and Job Segregation by Sex", *Signs*, 1976,1(3).

[67]Iris Young,"Beyond the Unhappy Marriage",in:Lydia Sargent ed.,Women and Revolution: A discussion of the Unhappy Marriage of Marxism and Feminism,Boston:South End Press,1981,pp.43-33

[68]特雷·伊格尔顿:《二十世纪西方文学理论》,陕西师范大学出版社,1987 年版,第 146 页

[69]张京媛:《当代女性主义文学批评》,北京大学出版社,1992 年版,第 333-334 页

[70]J.A.Kourany et al.,*Feminist Philosophies*,New Jersey: Prentice Hall,1992,pp.362-363

[71]盛宁:《人文困惑与反思——西方后现代主义思潮批判》,生活.读书.新知三联书店,1997 年版,第 144 页

[72]何佩群、朱迪思·巴特勒:《后现代女性主义政治学理论初探》,《学术月刊》,1999 年第 6 期

[73]J.A.Kourany et al.,*Feminist Philosophies*,New Jersey: Prentice Hall,1992,p.303

[74]吉庆莲:《法国当代女性小说创作扫描》,当代外国文学,1999 年第 3 期

[75]Nancy Isenberg,"The Personal is Political: Gender, Feminism, and the Politics of Discourse Theory", *American Quarterly*,1992,44(3)

[76]C.Ramazanoglu,*Up Against Foucault*:*Explorationsof Some Tensions Between Foucault and Feminism*,Routledge,1993,p.191

[77]Susan Bordo,Feminism, Postmodernism and Gender－Skepticism),in:Linda Nicholsoned, Feminism/Postmodernism,New York:Routledge,1990

[78]David McClelland,*Power*: *The Inner Experience*,New York: Irvington,1975

[79]Luce Irigaray,*An Ethics of Sexual Difference*,Cornell University Press,1993,p.6

[80]N.Wsisstein,"Psychology construsts the female, or the fantasy life of the male psychologist", *Social Education*,1971

[81]Helen E.Longino,"Feminist Standpoint Theory and the Problems of Knowledge",*Signs*,1993, 19(1)

[82]Chandra T.Mohanty,Ann Russo,Lourdes Torres edS.Third World Women and the Politics of FeminisM.Bloomington and Indianapolis:Indiana University Press,1991,p.92

[83]Chandra Talpade Mohanty,"Under Western Eyes" Revisited: Feminist Solidarity through Anti-capitalist Struggles,*Sign*,2003,28(2): 499-535

[84][美]罗斯玛丽·帕特南·童:《女性主义思潮导论》,艾晓明等译,华中师范大学出版社,2002 年版,第 370 页

[85]Carolyn Merchant,The Death of Nature: Woman,Ecology and the Scientific Revolution,San Francisco: Harper and Row,1980

[86]Ortner,Sherry B.Sexual meanings: the culture construction of gender and sexuality,The Cambridge Press,1981.

[87]Rosermary Radford Reuther,*New Women*,*New Earth*,New York: the Seabury Press,1975.

[88]Vandana Shiva,*Staying Alive*: *Women*,*Ecology*,*and Survival*,London: Zed Books,1989, p.218

[89]Marla Mies,Vandana Shiva,*Ecofeminism*,Fernwood Publications,1993

[90]Vandana Shiva,*Earth Democracy*,*Justice*,*Sustainability and Peace*,London: Zed Books,2006

[91]全国妇女联合会:《马克思恩格斯列宁斯大林论妇女》,人民出版社,1978年版

[92]张一兵、辛湲:《论男女平等内涵与目标的哲学基础及社会学定位》,《妇女研究论丛》,2004年第2期

[93]张宗蓝:《从女性地位的变迁中探寻两性的和谐共处》,《枣庄师范专科学校学报》,2004年第10期

[94]陈慕华:《陈慕华妇女儿童工作文集》,中国妇女出版社,1999年版,第39页

[95]胡锦涛:《坚定不移沿着中国特色社会主义道路前进》,为全面建成小康社会而奋斗,人民出版社,2012年版,第37页

第三章

女性学的研究方法

作为一个独立学科，方法论和具体研究法是一个不可或缺的知识支撑。女性学在发展中也特别重视本学科的方法论建设和研究方法创造，并取得了重要的收获。本章将集中论述女性学认识论与方法论的学科立场与知识结构，详细介绍女性学的资料收集方法、理论建构方法和统计分析方法等研究方法。

第一节

女性学的认识论

认识论是关系到谁可以成为知者、可以获知什么知识以及如何认识事物的哲学理论，是研究者进行研究设计的基本假设。为了保证学术研究的可靠性，社会科学研究长期以来一直近乎不离不弃、亦步亦趋地追随着自然科学的种种模式，对实证主义认识论推崇有加，以尽量满足自然科学的标准为出发点，赞同研究应该是科学的，或者至少应该是客观的、可控的和可检验的。而女性学的认识论正是建立在对这种实证主义科学知识及其知识建构的批判之上。

一、认识论的挑战

女性学的认识论从三个方面对实证主义认识论提出了挑战：谁可以拥有知识？什么可以称为知识？知识又是什么？

(一)谁可以拥有知识：男性中心主义

女性学学者指出，实证主义的认识论假设一直深受范围广泛的等级文化塑造和渗透，并努力维持那些嵌入日常生活的等级制的长期存在，比如父权制、精英主义、异性恋主义以及西方社会特有的社会权力的种族化等等。因此，实证主义实际上反映并扩展着一种支配性的世界观，旨在维护不平等的权力关系。这种权力关系以男性为中心，从研究的主体和客体两方面同时排斥女性的涉入(陈雪飞，2008)。

自 20 世纪 60 年代第二次女性主义思潮以来，女性学学者逐渐把女性的经验、关切点以及女性本身置于学术工作的中心位置，并质疑知识建构排斥女性的理由，立足女性的现实生活开展研究，力证自然科学和社会科学以男性为中心的偏见，以及这种偏见在研究问题及其相应“答案”中是如何遗漏女性的。

实证主义科学所强调的男性中心主义植根于西方文化，并与二元的性别定型观念和文化社会化相连。客观的科学是“硬”的，处理的是事实；较为主观的科学是“软”的，处理的是情感和诠释。不难发现这种区分背后的性别隐喻:男人是硬的、有逻辑的,女人是软的、重情感的。这种性别定型观念应用在科学研究中,产生了男性偏见的、男性中心的科学发现。

男性中心主义的科学家不但排斥而且贬低一切异己者,正如历史上白人、中上阶层、异性恋的男性贬低所有其他类型的人,其逻辑很简单:这些人因为异己,所以低等。这种逻辑正是科学被视为维持父权制社会基础力量的部分原因。许多女性主义者批判这种以男性为中心的偏见排斥女性,并把男性的观念视为人的标准,男性的真理就是女性的真理(肖巍,2013)。女性学学者力图以不同主流的方式重新定义真理,坚称女性和其他边缘群体都可以获得知识,因为收集知识的方式很多,而没有哪一种方式本质上优于或者差于另一种方式。

(二)什么可以称为知识——浮出历史表面的女性经验

女性学研究者认为,应该根据女性的经验重新思考一直以来与男性中心主义保持一致的各种论题,并强调将政治、社会、心理和经济等现象嵌入某种权力关系当中进行考察。许多研究还提出了新的议题,彰显那些从未有人研究的不可见的人和事,阐明这些人和事如何被人忽略,她们的声音如何被打了折扣,以及她们的历史地位如何不被承认,从而把女性经验拉到聚光灯下,展现女性的权力主体身份,而不再作为相对于男性的他者(佟新,2002)。

女性学研究者把"经验"作为重要范畴,并旗帜鲜明地将女性纳入研究议程,这是在"什么值得研究""什么是有价值的知识源泉"上的一次重要转变。她们认为,女性学建构知识的方法是认识到"考察女性经验极为重要"(吴小英,1998)。

(三)知识是什么——一种普遍的绝对真理,还是某种部分的相对认知?

人们的视角总是被设定的,而且从特殊立场出发所创造的知识只是"部分真理"。这种承认"部分性"的知识比那些本来是部分的却要冒充普遍真理的知识更为可信。这是因为等级社会根本不存在一般真理,只有与研究参与者共同获得的部分的、情境性的真理。在这个意义上,女性学研究者也只是致力于发现部分真理,而无意追求自身知识的普遍化,从而避免扭曲他人的经验。女性学研究者尤其强调真理可能有多个版本,实证主义所创造的二元对立是不成立的,将研究者和研究对象以及知者和可知者对立起来,只会使研究过程充满偏见,导致处于这种等级结构上端的研究者对处于下端的研究对象的压迫。因此,女性学学者将研究者和被研究者置于同一平面。

实证主义总是以一种狭隘、自足的方式寻求知识,而女性学则与研究对象一起发现和创造知识,研究对象会把自己的经验知识、关注点以及对研究计划的情感带给研究者。实证主义努力创造一种"无处不在的观点",而女性学研究者则要创造一种"来自于某处的观点",女性学研究者关注的是获得多种声音(陈雪飞,2008)。

二、女性学认识论的主要观点

(一)女性是平等或合格的认知主体吗?

女性学认识论所展现的第一个问题是:妇女是平等或合格的认知主体吗?此后,这个问题又演变为:谁有资格或权力在知识创建及知识评价中担任主体?如果知识主体涉及性别，女性在作为知识主体的资格上还须另外附加条件吗？

这一问题的提出是与女性学认识论的特有历史直接相关的。美国女性主义哲学家桑德拉·哈丁认为，于20世纪70年代兴起的女性学认识论是一个非常独特的发展，即它被看作是某种困境的产物。社会科学家和生物学家试图将妇女与性别议题纳入他们既有的知识体系结构时遇到了困难，社会科学与生物学领域中的概念图式以及客观性、合理性、科学方法等处于支配地位的观念体系，在分析性别议题时往往显得软弱无力，或者说，在某些方面过分扭曲，乃至它无法辨别性别歧视的现象和男性中心主义的臆断与信念，更谈不上去清除它们。更严重的是，这种情况在各学科领域中还占据着统治地位。可以认为，现代西方社会那些享有合法地位的知识，实际上是在性别等级制度中被构建成的，它们几乎从来就与女性的生存感受和对世界的看法无关。女性学认识论的探讨正是为了说明和改善这一状况，即从性别平等视域对现有的知识体系和知识论进行审察。否则，不仅现存的性别歧视无法清除，而且某些知识体系和科学理论将继续被错误观念所引导（桑德拉.哈丁，2002）。

在20世纪的下半叶，世界范围的认识论研究已达到了这样的共识：所谓"知识"其实是随着人们的创造性参与而形成和变化的东西；因此它并非既定的、一成不变的，更非在任何时间、任何场合下都有效的。同时，人们也认识到，构成知识主体的既非单一个体，更不是什么普遍的人类性，而是处于特定时间和特定场合之中的，与一定条件有连带关系的具体人的共同体。在解释学、语用学的背景上，知识主体性更被理解为是一种主体间性。多元文化研究、特别是后殖民文化批评则进一步从性别、阶级、种族、地域的关联性上来探讨知识生产及其主体性问题，认为，所有寻求知识的努力均定位于社会环境中。这就是说，所有知识生产者、包括各学科的科学家共同体在内，其实无一不是镶嵌在一定语言、文化、信仰、种族、民族及地域之中的，他们不可能彻底摆脱由这些构成的具体语境而成为价值中立、纯粹理性的代表。但现代科学之中的一些方面，必定是普遍有效的，因为它首先来自这种文化上各不相同的人，然后又不断得到世界上越来越多的文化上不同的人们的支持（许艳丽、谭琳，2000）。

以上所述表明，女性学并非唯一对英美传统认识论提出质疑和批判的思潮。那么，从社会性别视域开展的批判，为什么就与从其他方面展开的批判有所不同呢？桑德拉·哈丁曾谈及，有些证据被用来支持非女性学的主张时并没有引起任何争议，而当它们被用来支持女性学主张时，就惹来争议了。批评者们常常会质疑事实根据的合理性，并期待有更客观的观察者来进行考察。也就是说，一旦涉及性别和妇女，对认识论的评价和要求就改变了。其原因是认为女性在严密观察及推理方面的能力较差，而更糟糕的是女性主义是一种政治运动。自然科学和社会科学所呈现的不受个人情感影响的、客观的、冷静的、价值自由的事实，妇女和政治运动又怎么能够提出对上述事实构成严肃挑战的事实（桑德拉.哈丁，2002）？

以上两种原因不论是以政治为理由还是以科学为借口，在根本上都无法摆脱性别歧视色彩。这一情况表明，在知识的创建、评价及批判领域中确实存在着性别与权力的关系。若不正视、不清除建立在这一关系上的性别歧视及其与之相关联的种族歧视、地域歧视、文化歧视，那么渗透在各学科及其知识体系中的偏见是无法清除的。因此，女性学认识论即使是发轫于对知识创造领域中男女不平等状况的不满和反对,无可避免地裹挟着不满,也不意味着其批判权的降低。这实际上与反对种族歧视的情况一样:绝不能因为黑人或其他有色人种对种族主义有不满情绪而剥夺其批判权利。所以,企图将知识、科学、认识论与政治作截然划分的意图是缺乏根据的,传统欧美认识论自身也显现出其政治性:一旦涉及在知识领域的平等话语权问题,知识与权力的密切关联必定遁形。同样,当指责"情绪化"的女性学批判并企图削弱或剥夺其主体资格时,这一认识论本身也陷入了一种情绪化。无疑,和其他批判思潮相比较,女性学认识论确实遭到了更多阻碍,但这也促使它作了更多的反思和洞察,所进行的审视及运用的方法也具有更强的贯穿性,特别是它在与后殖民文化批评等思潮的结合中得到了拓展,使知识、科学与政治的关系更清晰起来。著名的女性主义生物学家唐娜·哈拉威曾坚决否认对性别的理解可以独立于种族、阶级和政治,即使是在自然科学领域中。她指出的一个事实是,20世纪生物学在对灵长类动物的研究中对"自然"的建构和对性别的建构一样,都深受当时种族政治和殖民主义政治的影响。在其所著《灵长类的看法》一书中,哈拉威提出科学及其研究其实也是"叙事",即作为一种科学的"叙事",它依赖于作者在"科学、种族和性别的特殊认知结构和政治结构中的位置"。女性学认识论在此显现了它的一个核心观点,即科学知识及认识论研究都与权力密切相关,且是政治的,或与政治有复杂多样的关联。显然,"叙事"的发现不仅打破了科学的神话,也打破了认知主体的神话。正是在这两个神话破灭的基础上,妇女作为平等的知识构建主体和批判主体的身份才可能得到确立(陈雪飞,2008)。女性学认识论在此批判和探讨中不仅获得了认知与政治、权力及性别关系的经验,并探寻到了认知主体确立的路径:要获取批判传统认识论的合法性,女性作为认知主体就应进行"自我赋权",即女性应充分意识、承认和实施自己的认知权利,其中包括清除对这一权利获取的阻碍。也就是说,女性学认识论探究的合法性正是在对传统认识论的批判之中实现的,这同时也显示了女性认知主体性的确立。如同其他发起批判的任何主体一样,这里并不因其与性别或妇女有关,而须另外附加条件(魏开琼,2008)。

目前,相对于主流学术界,女性学认识论在总体上仍然还处于学术的边缘,甚至是处于多学科的间隙之中。但正是这种边缘化的"他者"位置或相对于传统学术的"陌生人"身份,使女性学认识论可能成为一种颠覆性的批判力量,或可从边缘对学术产生其独特的影响并做出贡献。

(二)妇女有认知的优势吗?

女性学认识论在其演进中展现的第二个问题是:有认知优势主体存在吗?或对于批判及消除知识领域中的不平等现象而言,妇女是优势主体吗?

在世界范围内,女性主义发展尽管已拥有足够完整的历史,但它从来就不是一个统一体,而且其本身也一直在抵制被简单划分和归类,女性学的认识论亦是如此。这意味着,女性学认识论从其产生起就一直存在着多种不同的观点和派别,与之相关联的思想和理论更是多种多样。其中,马克思主义、后现代主义和后殖民主义在不同阶段上对女性学认识论的影响尤为突出,由此也形成了女性学认识论的三个主要派别,即女性学立场理论、女性学经验论和后现代女性学认识论。

女性学认识论在理论上主要借鉴的是马克思主义,其中以女性主义立场理论为突出代表。为女性学立场理论命名的是美国马克思主义女性主义哲学家南希·哈萨克。哈萨克认为，马克思是从对工人的劳动及其劳动组织研究中提出无产阶级立场概念的，其依据是工人从事劳动特有的环境和方式，正是这些决定了工人具有与其他群体不同的立场。马克思论及当中间阶级转入到无产阶级队伍中来时，就是“离开自己原来的立场，而站到无产阶级的立场上来”。因此，将女性主义认识论特别是女性主义立场理论称之为“马克思主义认识论”，是有一定根据的。女性主义立场理论认为，在传统马克思主义理论体系中虽无明确的性别视角，但还是有将性别解放归结为阶级解放的不足，亦称“性别盲”(陈雪飞，2008)。尽管如此，马克思主义的“立场理论”仍被女性主义所借鉴，成为女性学立场理论的直接思想资源。无产阶级“立场”转换为女性的“立场”——无产阶级因从事雇佣劳动、遭受压迫而具有推进革命、争取阶级解放的立场，妇女因从事无酬的“关怀”劳动、遭受压迫而具有反对性别歧视、争取性别解放的立场。“关怀”劳动主要指“照料”性质的劳动，包括生殖、哺育、日常家务等等；这些劳动长期以来一直由女性承担，然而却既无劳酬、也不纳入社会劳动范围，并被忽视、被贬低。基于妇女从事的这些劳动，她们也就形成与男性有所区别的“立场”。这决定了她们在批判传统知识论、争取平等知识创造权方面，亦具有某些优势，并可做出特殊贡献 ——相对于缺乏这些经验与感受的群体而言。

之后，随着后殖民批判和非西方女性主义研究视角的引入，性别和种族、阶级、文化、地域等进一步联系了起来，优势认知群体问题扩展演进为“弱者”或“边缘群体”可否成为知识创造的“优势主体”及提供特殊贡献的问题。传统认识论是欧洲男性白人精英的认识论，它根本否定“弱者”的平等参与及可为知识增长提供有益的资源。“弱者”包括妇女群体、草根阶层、有色人种、殖民地或第三世界居民等。“弱者”长期处于知识创建之外，成为“局外人”“陌生人”，但这并不意味着他们的经验对知识的创造无用。目前的主流知识体系是单向度、有缺憾的(佩吉.麦克拉肯，1990)。因此，建立在“弱者”特定经验上的知识尤为宝贵，其在认知内容和方式上都是无可取代、不可缺少的。如女性学立场理论认为，要对制度化权力失衡的问题进行反思与批判，就必须从边缘的、弱者的立场出发，这是处于主流地位的人根本无法感受的。这些边缘或弱者的“立场”不只是对传统认识论做出批判及提出自身的诉求，同时也意味着一种从“他者”的角度创建知识的新模式，与传统上以欧美白人男性精英为中心的知识主体创建模式形成了很大反差(尚塔尔·墨菲，2005)。

(三)妇女的特殊经验对于知识构建有怎样的意义?

女性学认识论演进中显现的第三个问题是：妇女的特殊经验对于知识构建有怎样的意义？或者说，广泛吸收来自妇女的、非欧美的、非白人男性精英的经验是否可使认识达到更强的客观性？

前已论及的两个问题都与认知主体有关，探讨了妇女作为平等认知主体的理由，但在统一的女性优势认知主体是否存在的问题上人们看法不一。在此过程中，除了对传统知识论的批判外，也显示了女性学认识论的某些目标追求，如设想在知识领域的不平等被清除后，就有可能获得更客观、更纯真的知识。依照这一思路，桑德拉·哈丁和南希·哈萨克等女性主义哲学家都对客观性问题做了较集中的探讨，由此也形成了女性学认识论演进中的第三个问题。

在西方认识论史上，知识客观性问题从来就与对真理的追求紧密联系。自近代科学建立以来，确保知识客观性的方式不外是充分发挥理性、理智、科学方法、逻辑论证等的作用。为使知识不受主观臆想的干扰，还须保持中立态度，以致客观性被理解为就是中立性的最大化。在传统知识论的二元框架下，与客观性对应的是男性，男性气质也与理性、客观性、中立性相联系；女性和女性气质则被描绘为是感性的，或是感情用事、情绪化的，缺乏中立态度和逻辑能力等等，女性因而被认为是与客观性相悖的。传统认识论中包含的种种偏见和歧视，引发了女性学对客观性、中立性的集中批判(哈贝马斯，2004)。

女性学认识论对客观性的探讨十分专注，并在批判中始终抓住知识与权力的关系这一关键，因为男权中心主义通过知识、真理的名义，成了理解世界的方式，并且被强加给了世界本身。不难看出，这是一条“有权就有理”的路线，与客观性、中立性的主旨背道而驰。所以，清除客观性、中立性方面的谬误，绝非只是使女性获得平等的知识话语权，还是对客观性、中立性本身的厘清，直接关系到知识创造和科学的提升。

但其后三十多年间，从“妇女生活”出发提出认识论问题，成为女性学认识论重要而具实效的命题。在与后殖民主义的结合中，女性主义认识论更是举一反三，揭示了“两个差异”对知识生产的重要性：一是由社会等级秩序造成的阶级、种族、性别等社会地位的差异；另一是由多元背景造成的不同文化地位的差异。“两种差异”提供了知识资源的多样化，与仅仅依据社会主流、男权至上、白人精英、欧洲中心主义的资源进行知识创造完全不同。受父权制及其文化限制，与妇女经验相关的生殖、哺育、无酬家务劳动、照料等工作长期都处于边缘，甚至根本不被看作是一定文化和历史的组成部分。对此，女性学立场理论研究者多萝西·史密斯提出：女性的实际经验应当是女性主义认识论的“基础”；女性的生活不仅能提出有关她们自己的关键性问题，也能够提出男性及社会制度方面的问题；因此要对女性生活及其经验的认知价值作充分的肯定。而桑德拉·哈丁对此的评价更值得注意，她说，从奴隶主的生活开始思考，并不与从奴隶的生活出发一样根据充分。对于解释资本主义经济关系的运作而言，从资产阶级生活出发的观点也不会像依据工人的生活得出的观点一样正确。在某些情况下，受剥削的社会地位有可能提供一种批判主流的机构体系和概念框架的视角。为此，她特别提出了要肯定美国黑人血统史和劳工史的研究，认为应当感谢黑人提供的资源，因为这些资源使今天的人们能掌握有关奴隶制度和阶级社会的更多知识(章梅芳，1995)。以此类推，妇女的经验无疑也是社会和历史认知不可缺少的资源，若缺少这些经验，人类的知识生产也将是片面的。

诸如科学哲学、知识哲学、知识社会学等，其实都在自己的探讨中包含了某种关于知识的本质和条件的认识论假定，关于最成功的知识生产方式的历史学假定，以及以往关于生产最好知识的社群组织模式的假定等等；并且，不同文化及不同的社群会推崇不同的思维模式，所以恐怕并没有一种知识模式可以解决多元文化背景下的知识生产的所有问题。为此，哈丁认为值得推荐的认识论是：“在理解我们自身以及人类周围的物质世界和社会领域的问题时，这些不同的地方性知识体系各有其独特的资源和局限性。”(桑德拉.哈丁，2002)这就是说，既要充分吸取多种知识资源，又要看到每一种资源都有其局限性，虽然它是不可或缺的；在尽可能扩大知识生产资源的同时，还要通过多种资源间的互补，才有可能减少局限性，提高客观性。所以，将女性经验纳入作为知识的资源，不仅有益于女性在知识生产领域实行其平等话语权，也有益于知识客观性的提升。

但客观性问题并未就此解决。受库恩“范式”理论的刺激及“后库恩”时代的影响，且与后现代、后殖民研究的交融，女性学认识论展示了客观性探讨的新局面——“客观性”本身成为一个必须探讨的问题，即不再像传统认识论那样问“怎样达到客观性”，而是先问“什么是客观性”；客观性本身成了一个尚未解决的问题。与客观性相关的方面很多，其中决定客观性及其最大化的应是价值中立，问题的关键是能否尽量减少价值偏向以到客观性的最大化。但后现代主义、后殖民女性主义认识论研究发现，标榜“价值中立”的科学及其知识体系，其实并非“价值中立”的。它既与一定的历史文化相关，也与某些科学家组成的“科学共同体”相关。科学家们虽受过严格的科学训练，但作为个体仍受到社会、文化及利益关系的制约，必定表现出一定的价值取向，同时还受相应制度、规范的影响。因此，价值中立和客观性最大化是难以真正实现的，充其量能达到的只是一种“弱客观性”（王宏维，2009）。从这一意义上讲，女性学认识论对客观性的探索，更可能推进的是实现平等的知识话语权和科学话语权，客观性最大化则主要还是一种认识论的理想目标。

第二节

女性学的方法论

一、女性学方法论的独特性

女性学缔造了对女性及其生活世界的全新认知，并对实证主义方法论发起了挑战。

女性学方法论是女性学研究方法的总和。而女性学研究方法并非全新的发明，很大程度上，它只是对原有社会科学研究方法的修正和改造，令其更具包容性；然而，女性学研究者却创造了关于研究实践和认识论写作的特殊主体，这是它们被称为女性学研究方法的主要原因所在。

女性学方法论的独特性表现在：第一，力求建立进行“挖掘工作”的方法论，转变聚焦于男性关注点的一般做法，以揭示女性的地位和视角，从而使一直受忽视的女性经验和存在可见化。其关键在于涵盖每个女性的个人证言。不过，这种挖掘工作需要剔除代表某一特殊利益群体的女性主义者所创造的虚假普遍性，从而尽可能地关注多种多样的女性经验。第二，建立在研究过程中将对被研究者的伤害和控制最小化的方法论。第三，建立以实践为导向的方法论，支持对女性有价值的研究，导向有益于女性的社会变革或者行动，许多女性学研究成果都有明确的政策建议。基于这种实践导向，女性学研究者可以充分挖掘社会变革中的性别盲区，争取改变政策，变革只利于男性的现状。这种以实践为导向的研究方法，同时将研究过程本身也视为实践过程，通过让被研究者参与研究实践，提高她们对生活世界的认知，进一步改变她们的生活，而参与其中的研究者也同样会发生某种认知上的转变。国际女性主义共同体一直关注社会研究对女性福利以及知识的贡献，这也是女性学研究者的双重责任。而对大多数女性学研究者而言，应该力争自己的研究借助意识的提升和特定的政策建议来促进社会变革。因此，“女性主义社会研究不仅需要建构关于性别的抽象分析……还要努力改变我们生活在其中的性别关系和社会”（郑丹丹，2011）。

二、女性学方法论对实证主义方法论的批判

女性学方法论亦建立在对实证主义方法论的挑战和质疑基础之上，主要涉及下述三个论题。

（一）主观性与客观性

实证主义强调与研究对象的疏离，强调研究者的超脱、客观性和价值中立，因为个人经验只会侵蚀客观性，不可能成为研究的主流。女性学研究者一直致力于批判这种虚假的客观性。实证主义把设问（所阐述的研究问题是什么）和验证（研究如何开展、方法如何应用）作为科学研究的两个阶段；而研究什么问题本身就牵涉研究者的个人偏好和背景知识，并在研究者的文献回顾中得以反映和印证。因此，客观性只适用于验证问题的证明阶段。也就是说"研究者揭示的是她们如何进行研究，而不是她们为什么进行研究"（曹建波，2004）。

女性学研究者更加强调主观性。首先，她们强调在研究过程中研究者本身的介入。女性学研究者总是用自己的声音展示自己的研究，与主流强调第三人称书写不同，她们多采用第一人称写作。许多女性学研究者的研究源于自身生活，研究就是其生活的一个部分。

其次，女性学研究者强调被研究对象在研究过程中的卷入。女性学研究者基于观察和访谈的研究，往往会包括研究者和研究对象之间的有力联系，这种联系在研究过程中形成发展，并在研究结束后继续存在。一些研究者研究自己的朋友，一些研究者还直接为被研究者提供支援。

需要指出的是，虽然女性学研究者推崇主观性，但她们无意把主观与客观对立起来，而是认为客观性和主观性之间的关系不是相互争战，而是彼此服务。当然，女性学研究者所倡导的客观性与实证主义的那种绝对超然的客观性不同。在女性学研究者看来，客观性不过是一种简单的情境性的知识，这改变了主观与客观之间强烈的二元对立。知识的本质和真理都变成部分的、情境性的、主观的，并且渗透着权力与关系。女性学所主张的客观性，使传统上完全不受社会影响和个人信仰干扰的客观研究不再可能了（恩斯特·拉克劳，2008）。

（二）局内人与局外人

局内人和局外人与主观性和客观性相对应。一种观点认为，如果某个领域的研究者具备广博的知识，加上其自身经验，这种局内人的位置将比局外人有更大的优势获取信任、分享知识和表达情感。另一种观点则认为，在研究自己熟悉的文化时，研究者要创造一种熟悉的陌生，也即塑造一种距离感，从而使研究者本人觉得这一文化环境值得分析，而非将其作为理所当然的社会生活本质不加反思地接受；因此，一个局内人将面临如下困境：研究者是要与自己的研究对象毫无间隙，还是要努力创造一种距离？而局外人也有一个困境：在研究过程中，她们与研究对象从陌生走向熟悉，逐渐成为一个相对的局内人，但同时也削弱了敏锐的感知力。因此，研究者应该持局内人立场还是局外人立场，一直存在激烈争议；而女性学研究者倾向于认为，作为局内人，女性是自身生活的最佳描述者（范伟达，2001）。

（三）质性研究与量化研究

受科学主义的影响，量化研究方法在学术研究领域一直以来都"很受器重"。科学主义强调知识的可信性、客观性和有效性。如果研究不按照这些原则开展，就会招致批判，被指存在方法论缺陷，因此不是"真理"，无法揭示事实。不过，量化研究也受到越来越多的质疑。

量化研究多是采用抽样问卷调查获得资料,通过统计分析得到相关结果,主要目的在于以样本特征推论总体。目前对量化方法的最大批判是认为它过于简单,不能表现社会议题的复杂性。在社会调查中,性别因素往往会作为独立变量,检验某些因素在性别方面是否存在差异,如果有差异就是性别所致,如果无差异并不解释为什么如此;而且,性别总是被假定为二元的男人和女人,而忽略了在性别社会化过程中有差别的性别认同,种族、民族、信仰或者阶级差异,以及女性和男性社会定位的多样性。简言之,当性或者性别用于全球性的二分法时,它们在运用上通常会被视为一种本质主义的方法。另外,问卷调查也过于强调被研究对象的共同特征,按照女性主义的说法,就是无法体现根深蒂固的父权体制的等级特性(郑丹丹,2011)。

当然,亦有很多人支持量化研究,全国性的社会普查数据就需要大型调查问卷的支持,而且量化研究的数据结果可以对政府的政策制定形成一定压力,因为个体问题不足以引起国家的重视,而大量统计数据所显示的结果则会迫使国家考虑相关问题。

女性学研究当然没有必要彻底排斥量化方法,但需要进行不同的设计,避免单纯以性别划线考察两性之间的差异,而尽可能囊括更多因素。女性主义者倾向于以怀疑的眼光来看待态度和行为,依据多个变量探讨多种模式,然后尽量全面地探究社会现象背后的原因,比如教育水平、家族渊源、社会阶级、婚姻状况、孩子的数量和年龄、夫妻的职业等等。女性学研究者要多方面、多维度地进行研究设计并分析统计结果(郑丹丹,2011)。

女性学研究大量采用半结构和无结构式访谈。女性学研究者认为,质性研究不仅可以发掘事物表面以下那些需要改变的东西,而且还可以挖掘到促成变革的途径。

不同的女性学议题需要不同的研究方法,只要在应用它们时能够采纳女性学视角,没有我们和你们以及量化和质性的二元分化。没有哪种方法是硬的或者软的,它们只是方法,它们的成功依赖于研究者如何应用它们。女性学研究者需要广泛的知识,也需要女性的个体经验。

上述分析表明,女性学理论和方法并不是要与一直处于学术主流地位的实证主义对立,女性学倡导的不是某种单一模式,某个绝对样板,而是希望瓦解二元分化,在二元之间建立桥梁,创造一种续谱状态。她们主张不同学科的融会贯通。

第三节 ■ ■ ■

女性学的资料收集方法

收集资料是研究过程的一个重要步骤,资料收集不仅丰富和具体我们对所要研究问题的了解,而且还让我们借助或利用资料之间的关系去解释我们感兴趣的问题。在收集资料的方法方面,男性知识体系已积累了相当多的资源,只要能够从社会性别意识出发对这些男性的资料收集方法进行必要的改造,那么我们都可以把它们看成是女性学的资料收集方法(叶文振,2006)。

女性学资料收集方法大体分为两类:一是相对自由和富有弹性的定性方法,如实地观察、口述采集以及性别访谈;二是比较规范,有时间、形式和内容限制的定量方法,如经常性的性别报表制度、性别抽查和妇女普查等性别统计。

一、实地观察

女性学实地观察法是女性学者或女性主义学者作为观察员，甚至女性研究人员和当地的 被研究女性同为观察者，对所要研究的女性生存状态和性别问题进行实地考察。这种观察一般是有选择的，目的性和针对性都是比较强的，而且是相当深入与细致的。在观察中，女性学者或者与所观察的女性群体及其经历产生性别共鸣，或者尽可能地保持对人、事、物的原样了解，让所观察的一切自然地裸露和展示。根据学者刘霓(2001)的分析，女性学的实地观察至少在三个方面不同于人类学家使用的传统的田野调查。第一，参与性观察者将妇女作为她们社会经济活动中、政治世界中正式成员来看待，无偏见地而且是纪实性地描述妇女的生活和活动，以及她们在所处的社会环境中所起的重要作用。第二，不是从男性的立场出发，而是从妇女自身的角度来观察和理解她们，让女性自身来解释和估计自己存在的意义和发挥的作用。第三，将妇女行为和性别经历视为社会背景和结构的使然来加以描述，而不是孤立地或脱离社会实际地观察她们。

因此，通过女性学实地观察得到的资料，要么是经过社会性别视角梳理过的、可以直接用来支持女性学理论的素材，要么是被复原过来的、可以用来批判男性有意识的性别曲解的材料。香港学者周华山(2001)在他的《无父无夫的国度》的研究中就成功地使用了女性学的性别观察方法。李银河(1993) 在对生育与中国村落文化关系的研究中，有不少素材也是使用女性学观察的方法获得的。

二、口述采集

我们把通过女性口头自述获取研究素材称为女性学的口述采集法。这种方法在参与人数上既可以单人口述，也可以一个女性群体的众口叙述；在口述内容上既可以回顾一个女性从出生到目前的生活经历，也可以全方位地描述一个特殊女性群体的生活片段或在某个时代的生存方式；在口述方式上既可以方言口说，也可以诗歌诵唱。对于女性研究来说，口述采集是一种适用性比较强的获取女性人口第一手资料的办法。首先，女性人口中还有相当高的比例是文盲，对于没有文字书写能力的女性群体，口述为她们展示和表现自己提供了最合适的工具，也为女性学者了解、关心和帮助她们创造了沟通的条件。其次，“有关男人生活的记录更易于形成书写的文献，男人自然成为使用档案资料的历史学家分析的主体。与文字历史相反，口述史对于了解未经文字记载的人们生活，特别是妇女的生活尤为重要”(刘霓，2001)。最后，口述还发挥批判和修正的功用。如在美国南方，口述史曾作为一种批判方法出现，它使人们对妇女生活的方方面面有所了解，改变了美国社会普遍存在的对南方妇女的刻板印象。通过口述，还使女性经历成为文字记载历史的一部分，并对传统意义上的历史英雄提出质疑，对女性的历史作用予以重新评价，进而修正了此前公认的男权化的标准历史(刘霓，2001)。所以，“女性口述历史有助于促进妇女研究的跨学科发展”(杨祥银，2004)。

三、性别访谈

性别访谈也是一种定性的数据收集方法。它是集约式的，不需要人类学研究者那种对被访者生活的长期参与；它是非结构式的和开放式的，不仅收集第一手女性资料，而且还通过探索被研究人员对于现实的看法而形成自己的理论，弥补了偏重定量、试图检验预先假设的社会学封闭式访谈的不足；它还是互动式的，使研究者与被访对象处于相互作用的自由平等的状态，进而创造了经常被调查研究式访谈排除掉的讨论和解释的机会。

实际上，与传统学科应用的访谈相比，女性学性别访谈最大的区别，也是自己的最大特点，就是这种访谈是发生在女性与女性之间，是在女性主义框架下的妇女对妇女的访谈。它主要表现在三个方面：(1)它有意识地防范和消除男性的访谈方法规范或形式对女性资料收集的限制和影响，力求根据研究的需要创造性地使用甚至变更访谈方法，让访谈形式服务于既定的研究目的。如访谈对象联系方式的选择，是由工作单位或居住社区帮助通知，还是由访问者直接联络；访谈时间的选定，是安排在工作时候、午饭时间，还是等到下班以后或周末；访谈地点的设想，是在研究者的家中或者办公室、被访者的住处和工作场所，还是在第三地如农贸市场、美容健美中心、公园或酒吧；访谈方式的挑选，是面对面交谈、还是电话或微信交流，是一一对应的个人访谈，还是小组形式的集体座谈；访谈产生的信息和资料记录手段的确定，是访问者传统的笔记，还是使用比较现代化的电脑录入、录音或摄像方法；还有研究者与被访问者之间合作形式的设计，是作为一个合作者参与研究的整个过程，还是作为资料提供者只介入信息收集的阶段，都是在女性学分析框架下加以考虑的，并且和研究目的以及分析的需要保持一致。

(2)强调和利用性别趋同功能。同是女性可以排除男女之间的性别差异所带来的访谈障碍，大家都能够在女性的领域里用自己性别特有的语言和方式谈论共同关心的话题，进而把男性的公共活动、知识范畴和学术话语对访谈的影响降到最小的程度。如女性研究者的耐心与细致的倾听，对被访谈姐妹的理解和同情，甚至因为同样的经历而感同身受都会解除对方的戒备和紧张，减少顾虑和担忧，最后在一种轻松自在的气氛中完成既定的访谈任务，有时甚至还会得到许多意外的、更加符合被访姐妹生活实际的信息。

(3)淡化访谈的市场功利，突出访谈的性别责任。男性的传统访谈具有很强的工具性，在研究者获取资料和被访者提供资料的互动中形成的是一种市场关系，访谈的报酬或价格高低决定了被访问者是否提供资料、提供多少资料以及是否提供真实资料，在这个交易过程中，由于研究者掌握着访谈资源，被访谈对象在伦理层面上基本上不能做到人格独立，或者被严重诱导和异化了，或者没有得到应有的尊重。显然，通过这样访谈方式产出的资料要不带有十分明显的经过有意识的男性化处理的痕迹，要不被价格影响而不能真实地反映实际情况，都不能很好地服务于女性学的研究目的。相反，在女性学的性别访谈中，由于女性研究者是带着对被访谈姐妹的性别关怀，为她们能用自己的方式讲述她们的生活故事、能根据自己的理解注释她们的社会命运创造机会，再加上同是女性的性别背景，以及女性学者还重视在访谈前与被访姐妹建立起信任关系，使她们很容易成为相见恨晚的好朋友，成为一起为改变女性生存和发展环境的合作者，达到成果共享的良好效果。所以，从本质上来说，女性学者和被访姐妹之间的关系不是市场交换，而是出于同样的社会目的和责任的性别内部的社会合作，建立在这样基础上的访谈不仅能够保证过程的和谐和顺利，而且还能提供高质量的、满足社会性别分析要求的资料。

四、性别统计

性别统计是一种定量的性别资料收集方法，主要包括经常性的女性统计报表制度、性别抽样调查和普查等。这些方法的主要特点是标准化和格式化，有比较严格的技术要求，所产出的资料也具有比较强的客观性、可比性和科学性。性别统计是政府进行性别管理和性别决策的一个重要的数据来源，它往往是通过一定的行政机构如专门的国家统计部门或妇联所属的工作机构来实现对性别数据的记录、整理和报送。但是，这个制度的正常运行更需要一个具有社会性别意识的文化支持。没有性别文化环境的建构，也就没有性别统计。

至今我们国家的统计局和妇联都还没有专门的性别统计机构负责实施性别资料和数据的经常性统计和阶段性调查，全国最具权威性的由国家统计局编辑出版的《中国统计年鉴》还没有设立专门的一个章节来系统地提供性别统计资料，有关性别普查也还没有组织过。但是，在全国妇联和国家统计局的通力合作下，我国已经成功地举行了三次全国性的专题性别抽样调查，这就是分别在 1990 年、2000 年和 2010 年组织实施了三期中国妇女社会地位抽样调查(全国妇联、国家统计局，2011)。从这三次全国性的大型性别调查结果来看，定量的性别统计至少具有以下几个重要的作用：

首先，性别统计容量很大，可以通过一次调查满足许多女性问题研究对资料的需要。如第二期中国妇女社会地位抽样调查所包含的调查指标体系就有八个方面，即经济、政治、教育、婚姻家庭、健康、生活方式、法律和社会性别观念等，它所提供的资料可以用来描述和反映 20 世纪 90 年代以来中国妇女社会地位状况及变化，分析并研究社会资源分配中的性别结构；对妇女社会地位进行历史比较、地区比较和群际比较，反映妇女社会地位的变迁和差异；分析和解释形成男女两性地位差异、影响妇女地位变化的因素，探究社会结构变化与妇女地位变化的关系；以及尝试建立妇女地位的综合评价指标体系，为妇女社会地位的定期监测和国家妇女发展纲要的实施与监测评估服务。

其次，性别统计可以在总体调查基础上，兼顾专项调查研究。如第二期调查还选定国有企业女工、有过流动经历的农村女性、女企业主与女企业高层管理者、少数民族妇女为典型女性群体，进行专项调查研究。甚至还分个人和城乡社区两个层面展开调查，以便从个人家庭因素和社会背景两个方面了解和分析女性的社会地位及其变迁。

再次，性别统计具有较强的客观性和科学性，提升了女性研究的学术权威性。这些量化数据不仅更有说服力地把过去潜在的社会地位性别差异显现化，而且还为后续对社会性别理论假设的检验提供必要的实证支持。就像心理学家 T.Jayaratne (1983)评估数量方法论对女性主义研究的价值时所得出的论断一样，我们一定要有适当的数量依据来抗衡社会科学中不断出现的广泛而流行的性别歧视的数量研究。所以，性别统计既是很重要的关于性别平等的社会宣传和决策参与的工具，又是反驳、批判和修正男性对女性问题偏见式研究的武器。

最后，性别统计还可以加强女性的量化意识，锻炼她们使用性别统计工具的能力。像这两次的女性社会地位调查都培养了大量的性别统计人员，使不少女性学者提高了定量收集资料的策划、设计和组织实施水平。甚至一些女性学者还发现，她们还具有比男性更多的性别优势如更细致和更强的责任心来实施性别统计。例如，为了保证调查质量，第二期妇女社会地位调查组织者对调查员培训、调查实施、问卷编码、数据录入、清理等各个环节都加强了质量控制。在调查实施中，还采用了调查员自查、调查指导员复查、省级调查督导员和全国妇联课题组分别核查的四级质量控制方法。全部调查结束后，她们还通过重点地区入户、电话回访复核、信函复核和数据校验等多种途径，对问卷和数据质量进行检验。这在许多男性组织的调查中都是比较少见的。

关于性别统计的具体方法和过程，林志斌(2001) 在他主编的《性别与发展教程》中都做了比较详细的介绍，本书就不再重复叙述。但必须指出的是，前面的定性收集方法和性别统计是一种互补关系，可以彼此合作以提供更为完好的女性研究资料，从定性收集方法使用中获取的经验甚至还反过来进一步改善量化的性别统计。如第二期中国妇女社会地位抽样调查除定量研究外，还通过研究人员深入访谈、小组讨论等定性研究方法以及文献研究方法，对定量收集的资料进行补充和丰富。

第四节 ■ ■ ■

女性学的理论建构方法

伴随着女性主义运动的掀起和深入，女性学也在不断发展中，推出不少理论学说，虽然不同流派各有自己的理论观点，但它们都有一个共同的研究功能，就是解构父权制，建立性别平等新文化的重要思想工具。在这个过程中，很多理论表现出较为相似的构建方法，主要有以下几个。

一、马克思主义历史唯物主义方法

社会主义女性主义二元论理论的创始人首推朱丽叶·米切尔。她的二元论是由资本主义的经济模式和父权制的意识形态模式组成的。在这个体系中，资本主义是物质的，即经济的，父权制是精神的，即意识形态的、心理的。她认为，马克思、恩格斯、倍倍尔、列宁对妇女所受压迫的论述都“突出地强调了经济的因素，强调了她对私有制的依附”，而妇女运动理论奠基人波伏瓦的论述则是进化论的，没能超越社会主义理论的局限。因此，要想走出理论的死胡同就应创建一个新的结构。生产、人口再生产、儿童的社会化及性是这个特定结构的四大要素(韦德、何成洲，2014)。米切尔认为“不能将妇女地位的四大因素分开来考虑，它们形成一种特殊的相互关联的结构。只有改变密切结合在一起的上述四大结构，妇女才能真正获得解放。如果改变其中一个结构，则会被另一个结构的加强抵消掉，结果只是改变了剥削的形式”(曹建波、陈英涛，2004)。米切尔分析了仅仅解决一个方面的问题，如工业化、就业、参政、婚姻自主等，并不能在真正意义上解放妇女。恩格斯曾经说过，妇女解放的第一个先决条件就是一切女性重新回到公共的劳动中去；而要达到这一点，又要求个体家庭不再成为社会的经济单位。妇女的解放，只有在妇女可以大量地、社会规模地参加生产，而家务劳动只占她们极少的工夫的时候，才有可能。而这只有依靠现代化大工业才能办到。现代化大工业不仅容许大量的妇女劳动，而且是真正要求这样的劳动，并且它还越来越要把私人的家务劳动融化在公共的事业中(鲍晓兰，1995)。米切尔认为这是一种“盲目的乐观情绪”，事实上，如果不在再生产和儿童社会化等问题上有所突破，妇女参加社会劳动不但没有获得真正解放，而且还忍受着双重负担的压力。另一方面，“工业化和自动化技术为妇女的解放提供了前提——但仅仅是前提而已。工业化的出现在西方或东方都远远没有解放妇女，这一点再清楚不过的了”。因为自动化可能导致不断增加的结构上的失业，而妇女最容易被作为牺牲品被排除于生产以外。米切尔确信父权制是一种深深根植于人类心理的歧视妇女的社会意识形态（丁娟，1997）。

米切尔的二元论思想拓宽了社会主义女性主义对妇女受压迫根源的认识，把性、再生产、社会化摆在与生产同等重要的位置，并从心理上分析了父权制结构，在把激进女性主义与马克思主义的理论相结合上做了大胆尝试。但是，她的父权制精神与资本主义物质的二元对立却在某种程度上违背了她所坚持的历史唯物主义原则（李银河，2008）。

二、性别分析、阶层分析和社会性别制度分析方法

对男女性别二元对立的批判一直是女性学理论建构的主要内容之一，而和阶层结合分析也是女性学理论建构的方法之一。

（一）性别分工和阶层分析方法

艾里斯·扬认为，以社会主义女性主义对马克思主义及激进女性主义理论所做的二元论融合并不成功。她在代表作《超越不幸的婚姻——对二元制理论的批判》中对二元论作了批判，认为“二元制理论不能修补马克思主义和女权主义的不幸婚姻”，表述了创建新的一元化女性主义理论的设想。为了建构这种核心理论，艾里斯·扬把分工作为与传统马克思主义的阶级分析相对应的理论范畴，以分析妇女受到的特殊压迫。她建议：“我们可以通过把分工范畴提高到与阶级范畴同样重要（如果不是更重要的话）的地位而仍然停留在唯物主义构架内。这一范畴能够在性别范围内为我们提高分析劳动活动的社会关系的手段。”这种手段便是对特定社会形态中“性别分工”的分析。她认为对性别分工的分析可以克服二元论的缺陷，使妇女的特殊状况进入马克思主义理论的核心和焦点（杜洁，2001）。

通过对性别分工的分析，既可以看到阶级统治、生产和分配关系，又能看到妇女受压迫的现象。妇女状况和她们所受的压迫便可成为马克思主义社会分析方法的组成部分。艾里斯·扬把性别分工与阶级分析做了比较，认为性别分工比阶级分析更具体、更详细，更注重参加社会生产的个人；相比之下，阶级分析比较抽象，它把生产系统看作一个整体，从一般的术语上探讨生产方式和生产关系。阶级分析只对资产阶级和无产阶级作抽象的分析，而性别分工则提供了十分详尽的讨论，它说明了男女对生产资料的不同接近和控制，说明了男性的统治机构是怎样产生、维持和变化的。

最重要的是，阶级分析不能显示资本主义的性别特征即父权制的特性，而性别分工则揭示了资本主义在本质上是父权制的。对资本主义性别分工的分析在于探索制度本身怎样依性别原则确立，这种分析能提供一种说明，即资本主义制度下妇女的处境是资本主义本身的结构和动因起作用的结果。艾里斯·扬指出，资本主义一开始就建立在规定男人重要、女人次要的性别等级之上的，并利用这种将妇女边缘化的性别等级制度形成以妇女为主的劳动后备军。妇女被定为次要劳动力，充当了工人库，作为廉价劳动储备之用。因而，反对资本主义和反对家长制是统一的，两者不能分离。“现实的斗争已经是并且应该是反对我们生活

在其中的一体化的、有毒的资本主义家长制”(胡涤菲,2002)。

(二)性/社会性别制度的理论

盖尔·卢宾从历史唯物主义出发,把马克思的政治经济学、弗洛伊德的精神分析学和列维·施特劳斯的人类学中的有关内容有机地结合起来,创建了社会性别制度学说。

首先,卢宾从马克思主义学说出发,认为妇女的压迫是一种社会关系。马克思说:“……一个黑人就是一个黑人,他只有在某些关系中才变成奴隶。一台棉纺机就是一台纺棉花的机器,只有在某些关系中才变成资本。脱离了这些关系,它就不是资本,就像金子本身不是钱,糖也不是糖的价格。”

卢宾从此推出:“……一个女人就是一个女人。她只有在某些关系中才变成仆人、妻子、奴婢、色情女招待、妓女、或打字秘书。脱离了这些关系,女人就不是男人的助手,就像金子本身并不是钱……”她认为,女人是社会关系的产物,是社会性别制度驯化、造就了女人。

那么,社会性别制度是什么呢?卢宾认为:“作为初步的定义,一个社会的性/社会性别制度是该社会将生物的性转化为人类活动的产品的一整套组织安排。这些转变的性需求在这套组织安排中得到满足。”卢宾揭示了社会性别是外在的、强制性的,“社会性别是社会强加的两性区分。它是性的社会关系的产物”。另一方面,生物性别是相对固定的,而社会性别是可以改变的,它由社会关系所决定,并与一定的社会关系相适应(王政,杜芳琴,1998)。

卢宾认为马克思社会生活的理论对性别问题论述较少,对资本及再生产的分析不能充分解释对妇女的压迫;恩格斯虽然将性欲关系和生产关系区分开来,但是,“物质生活的各方面的概念总是趋向于消失在幕后,或是被合并在惯常的物质生活概念里。”总之,马克思主义理论不能充分和精确地分析妇女在社会性别机制中的地位以及社会性别对男女气质强化的心理过程。因此,她用弗洛伊德和列维·施特劳斯有关论述进一步阐发社会性别的理论。

卢宾从列维·施特劳斯亲属结构的理论,特别是有关“女人的交换”论述中揭示了妇女在性别机制中的从属地位。她认为,亲属结构是广为流行的压迫妇女的社会性别体系。在亲属结构中,男人通过交换妇女而联姻,形成族外婚来扩大家族的势力,缔造并加强家族之间的联合。在这种交易中,男人因交换女人受益;女人则被交换,丧失了自身的权利,沦为性的半客体——礼品。为了强化这种交换制度,亲属制度又强制男女分别有不同的性别气质,“每一方都成了不完整的一半,只有同另一方结合才能找到完整”,从而形成生物性别之外的社会性别。在这种社会性别组织中,社会性别、强制性的异性恋以及对女性性欲的限制进一步被强化。卢宾认为,“女人的交换”的理论意义在于,它能填补激进女性主义生物论及马克思主义经济论的缺陷:“女人的交换’是个诱人而又有力的概念。它具有吸引力是因为它将妇女压迫置于社会制度而不是生物中。此外,它建议我们从对女人的交易中寻找妇女压迫的最终场所,而不是从商品交易中找”(王政,杜芳琴,1998)。

但是,亲属制度并不能完全解释性别制度对男女性别气质强化的心理过程。因此,卢宾求助于弗洛伊德的精神分析学以完成这个任务,并着重阐释了这种性制度对女性的塑造和影响。她认为,妇女的心理并不是由生物因素决定的,而是以男性为中心的社会性别制度造就的,可以通过改变社会性别制度加以改变。“……假如没有社会性别,那么整个俄狄浦斯戏剧就会成为遗俗。简言之,女权主义必须号召一场亲属关系的革命。”在卢宾看来,借用列维·施特劳斯和弗洛伊德阐释妇女的从属地位和受压迫原因的意义在于,它们“建议我们的目标不应是消灭男人，而应消灭创造了性别歧视和社会性别的社会制度”。

卢宾的社会性别制度理论涵盖了妇女受压迫的方方面面，展现了社会性别的庞大的错综复杂的机制，揭示了妇女受压迫的本质，从而极大地发展了女性主义理论，产生了深远的影响。但是，社会性别机制虽然内涵丰富，可以说是包罗万象，但由于没有对概念本身作深层的归纳和分析，使社会性别机制的理论比较庞杂和笼统。第二，社会性别机制对性别方面比较强调，相形之下，对种族、民族、阶级、年龄、文化等差异的分析比较缺乏；最后，社会性别机制的庞大和严密容易使人产生悲观失望的情绪，特别是没有附以较为可行的详尽战略，更易使人对改变社会性别制度感到束手无策（王政，杜芳琴，1998）。

三、一元论和二元论夹杂方法

在批判资本主义和父权制关系上，女性学的理论建构方法的一个争论之一是坚持二元论和一元论的论证。海迪·哈特曼与米切尔一样是一位二元论的社会主义女性主义理论家。但她认为米切尔将父权制理解为意识形态是错误的，父权制是在物质王国中而不是在意识形态中运转。父权制有各种具体形态，它的物质基础是性别分工。她在《马克思主义与女性主义的不幸婚姻》中将父权制定义为“一系列具有物质基础的男人之间的社会关系，这种社会关系通过等级制在男人中造成相互依赖和团结，使他们对妇女的统治成为可能”。男人通过父权制妇女获得重要的经济资源并控制妇女的生育劳动。父权统治具有各种具体的形态，例如，它可以表现为妇女取悦于丈夫或情人，以使他不离开她和她的孩子；或表现为女职员怕被解雇而忍受老板的性骚扰等（戴雪红，2018）。

海迪在其代表作《资本主义、家长制与性别分工》中，特别从人类学及历史学角度考察了性别分工。她指出：性别分工是以男性为主宰的压迫妇女的等级制度，是家长制即父权制的基础。“在我们的社会里，按性别分工是等级制的，男人在上面，妇女在底层。”“性别分工和男性的支配地位这样长久地存在至今，是很难根除的……这两者是如此紧密地交织在一起，以至为了结束男性的支配地位，就必须消灭性别分工本身。”

海迪从资本主义和家长制的产生和相互作用上揭示两者的密切关系。她指出：“在资本主义出现以前，家长制就已建立。”在这种制度中，传统的性别分工使男女分别集中在两个不同的领域——男人在公共领域，女人在私人领域，男人维持对妇女劳动力的控制。在资本主义社会，按性别分工并没有减弱。“按性别分工是资本主义社会的基本机制，它维护男人对妇女的优势，因为它坚持在劳动市场中对妇女实行较低的工资。低工资使妇女依赖男人……这么一来，等级制家庭分工被劳动力市场永久化，反之也一样。”海迪列举了西方的社会现状，说明父权制通过性别分工维持着妇女在家庭和工作场所的从属地位：在工作场所，妇女的地位及工资总的低于男性，男性工作薪金高、地位高，女性工作薪金低、地位低；在家庭，是工作的妇女而不是男人经历着双工作日的压力（王政，杜芳琴，1998）。

海迪用历史唯物主义方法分析父权制，克服了米切尔理论中的不足。对马克思主义和激进女性主义理论在更深的层面上进行综合，创造性地发展了社会主义女性主义理论。但同时，由于她把资本主义限定在家庭外部、把父权制限定在家庭内部，造成机械的二元对立，掩盖了资本主义和父权制在各个领域中的交互作用。

将资本主义与父权制视为一元论体系的理论是在批判二元论体系基础上发展起来的，

重要代表人物有艾里斯·扬、盖尔·卢宾等。她们认为就像物质和意识不能分开一样，资本主义和父权制不能截然分开。只有用一体化的概念范畴分析才能认清资本主义和父权制的本质，揭示妇女受压迫的真正根源。那么，应当用什么样的概念范畴统一分析资本主义和父权制的本质呢？艾里斯·扬主张用性别分工作为分析工具；盖尔·卢宾等则提出了对现代具有重大影响的社会性别制度理论（吴小英，1998）。

第五节

女性学的统计分析方法

一般而言，女性学研究者更强调，正是其独特的统计方法规则或研究视角构成了女性学研究区别于非女性学研究的基础。她们并不认为自己在具体的研究方法上有什么特别之处，而是倡导方法的多样性与包容性。一些女性学学者虽然致力于所谓“女性学统计方法”的探讨，但他们所指称的实际上是方法论。比如哈丁认为，收集资料和证据的方法不外乎三种类型：一是访问被调查人并倾听他们的心声；二是观察他们的行为；三是考察其历史的踪迹和记录。女性学研究者可以运用这些传统意义上的任何一种研究方法，只不过其运用的具体方式可以有所不同，这些对熟悉的研究技巧的不同运用依赖于新的方法论和认识论。在这个意义上来理解，她认为不存在独特的女性学统计方法。坚持女性学统计方法的多元性和开放性，也就是承认不存在什么独特的女性学统计方法。在使用统计分析方法的时候，要做到以下几个原则：

一、强调“批判性重构”的研究模式

女性学研究者揭示了男性主导的社会科学及其研究行为对女性和女性经验的排斥以及对社会现实的歪曲理解，他们希望建立自己的社会科学和社会研究模式。这种新的研究模式将以女性为焦点，由女性学研究者来研究，并以造福于女性为特征。它将以消除男性中心主义和一切等级压迫形式为目标，对传统的社会研究议题和框架进行重新诠释，并试图创建新的议题和表达方式。

女性学社会研究的模式总体上说可概括为三种基本取向：整合、分离与重构。主张整合的女性学研究者认为，主流社会科学的主要缺陷在其性别歧视意味，其原因在于以男性为主体的研究者对女性排斥和歧视。因此需要在现有的社会研究中加入性别因素、纳入女性及与女性相关的议题，将女性经验作为重要的研究内容，以驱除性别偏见，更全面、真实地揭示现实世界的全貌。这种取向只对现有理论和研究做一些修正和补充，未能触及社会科学研究的根基，也未能建立女性主义自己的知识判断标准，因其过于温和而遭到激进派的责难。

主张分离的女性学研究者强调男性与女性、男性经验与女性经验、男性方法与女性方法之间的根本差异，将性别视为社会中的人首要的区分标准，认为有必要开发“关于女性及由女性自己来研究的”社会科学。女性学社会研究是基于女性经验和女性的生活世界，因而它是与男性化社会科学相对立、相分离的，其认识论依据就是前面所说的“分离主义”。由于这种女性化的社会科学以两性分离为前提，在男性占据主流阵地的现状下，其结果不但难以确

立女性主义研究的主体地位，而且可能因难以使用现有的男性研究成果而导致学科地位的边缘化(郑丹丹，2011)。

主张重构的女性主义者强调，女性学社会研究不只是关于女性的研究，也不只是由女性来进行的研究，而是为女性说话的研究。这种研究所需的不只是对现存社会研究和理论的修正和补充，而是对主流研究范式的整体变革。因为主流社会科学光靠修补已无济于事，必须挑战其整个基础、假定和通则，建构女性学自己的研究范式和知识理论，才能真正消除主流社会科学中的男性霸权，使女性和女性经验在社会科学的图景中得以呈现，也才能真正服务于边缘群体的利益。

因为"整合"型的研究模式只能对主流社会科学做皮毛性的修缮整治工作，而"分离"型的研究模式又可能导致自我孤立，如此，女性学研究还未能对主流研究的庞大传统造成实质性威胁，反而会令自己更加远离主流，使研究陷入尴尬境地。随着女性学研究日渐成熟，越来越多的人选择对现有社会科学进行批判性重构这一模式。

二、立足具体情境与经验立场

多萝西·史密斯认为，了解一个社会的唯一方式就是从内部着手，因为我们永远无法外在于一个世界而了解它。她提出，社会学的研究不是构筑独立于具体情境的客观知识，而是必须以具体情境和经验立场作为研究的起点。如果社会学无法避开情境化，那么社会学就应该将情境化作为其研究的开端，并将它纳入社会学的方法策略和理论策略之中。

在社会学研究中，观察者与观察对象、社会学家与研究主题之间构成了一种专门化的社会关系，这种关系在男性模式中是一种分离和控制的关系。女性学不能将这种传统模式当作权威被动地接受，必须重构社会学中研究者与研究对象的关系，改变提问的方式，使研究对象作为同类主体的声音得以显现出来。这种重构包括两个方面：首先是将女性学家置于她所在的具体情境之中，也就是置于她所了解或将要了解的行动的开端；其次是让女性学家来自日常生活世界的直接经验成为构成她的知识的主要基础(郑丹丹，2011)。

三、关注制度的关联

女性学学者大多关注制度的关联，关注各种活动场所之间的关系以及这些场所通过统治制度和文本而达成的合作。比如传统的社会学观点将家庭视为私人场所，而多萝西·史密斯主张的制度民族志研究方法则提出家庭生活与外在的多种制度相联系，与工作、教育、健康保护、闲暇活动以及产品的生产与分配等制度有关，这些制度体系和话语被看成是家庭成员在家庭之外必须执行的东西，必须在制度的关联中加以研究。史密斯认为这种制度民族志的研究类似于提高觉悟小组的组织方式，在研究者与被研究者之间形成了一种平等的关系，双方都从研究中学到了许多。

另外，女权主义者的经典口号"个人的即政治的"也是这种关注制度关联的最佳阐释：看上去自由自在、独立的个体，实际上产生于并始终存在于各种制度关联中，而且必须在这种制度联结中方能得到准确理解(杨永忠，2019)。

四、改造传统量化研究方法

受科学主义的影响，量化研究方法在学术研究领域一直都很受器重。量化研究多是采用抽样问卷调查得到资料，通过统计分析得到相关结果，主要目的在于以样本特征推论总体。目前对量化方法的最大批判是认为它过于简单，不能表现社会议题的复杂性。比如在社会调查中，性别因素往往会作为独立变量检验；某些因素在性别方面是否存在差异，如果有差异就是性别所致，如果无差异并不解释为什么如此。

另外，问卷调查也过于强调被研究对象的共同特征，按照女性学的说法，就是无法体现根深蒂固的父权体制的等级特性。

五、强调研究过程的情境性与互动

女性学对实证主义的客观性和量化研究方法进行质疑和批判的同时，也对质性研究方法的应用进行反思。质性研究方法，常常指参与式观察或者深度访谈。女性学研究大量采用半结构和无结构式访谈。女性学研究者认为，质性研究不仅可以发掘事物表面以下那些需要改变的东西，而且还可以挖掘到促成变革的途径。

最初，为了尽量将质性研究纳入“科学范畴”，质性方法推崇者强调，访谈者要精心设计具有一致性的访谈问卷（通常指结构式访谈），从而增进研究结果的可比性；而且，在整个访谈过程中，研究者不要有任何情感的卷入，保持中立身份，围绕问卷所设计的题目，对被访者的回答不抑不扬。如果被访者的回答距离问卷题目越来越远，要适时打断，并将被访者拉回原来设计的访谈框架（足立真理子，2019）。

但这种一致性原则在实践过程中有时候会很难贯彻。比如在口述访谈方法中，技术和口述史的诸多方面都会由于访谈对象的类型不同而不同。在访谈中建立的访谈者与被访者的关系，本身就是嵌入某种特定文化实践之中的。比如，在有些文化中你可以问各种问题，但在另一些文化中是忌讳问及某些问题的；西方发展起来的技术是否适用于非西方国家；男人发展出来的语言是否适用于女性被访者……这些问题都说明在访谈中不可能有唯一正确的方式。

因此，自 20 世纪 70 年代以来，许多女性学研究者都指出，访谈应该更像是人们的日常聊天，这一点特别适用于女性受访者，有时甚至需要访谈者与访谈对象分享情感和经验。质性研究方法强调研究者与被研究者的互动，研究过程对二者都会产生影响：研究者要把自己放入研究对象的“鞋子”中，而研究对象则通过意识提升和自我觉醒方式受到影响。

六、强调方法综合——跨学科特质

女性学研究者一直致力于寻找合适的研究方法，他们在批判传统量化研究方法的同时，也认识到质性方法存在的问题，比如局内人和局外人在身份置换上的冲突；研究者面对被研究者时所涉及的伦理上的信任和背叛；还有研究者以何种方式展现被研究者的信息，可以展现哪些信息，展现多少以及被研究者在研究成果中分享什么利益等。有人甚至指出，小范围的质性研究可能比量化方法更有偏见，因为它只能涵盖研究者方便获得的研究对象，而这些研究对象又很可能与研究者在本质上存在共同之处。特别是女性研究者经常用到的深入访谈这一质性研究方法，样本量往往都比较小，同质性也很高，会阻碍研究者发掘经验的多样性，这也就是所谓样本不平衡问题。要解决这个问题，需要在界定理论时尽量涵盖不平等的所有维度，进行更为复杂的研究设计，并针对问题采用多样化的女性群体合作策略(郑丹丹，2011)。

因此，尽管女性学认为质性研究方法特别适合女性，依然有许多人反对这种人为的二元主义，反对质性/量化的对立性划分。现在，很多女性学研究者主张融合量化和质性研究，也就是说，在实际的研究工作中，女性主义者大多秉持这样一种理念：与其说是因为她们所采用的研究方法，不如说是因为如何运用该方法，以及用于什么目的。不同的女性主义议题需要不同的研究方法，只要在应用它们时能够采纳女性主义视角，没有“我们和你们”以及“量化和质性”的二元分化。没有哪种方法是“硬的”或者“软的”，它们只是方法，它们的成功依赖于研究者如何应用它们。女性主义者需要广泛的知识，也需要女性的个体经验——这正是女性学方法论的实质所在。

思考题

1.什么是女性的认知优势？

2.女性学的认识论从哪些方面对实证主义认识论提出了挑战？

3.简述女性学方法论对实证主义方法论批判的主要观点。

4.在女性学的素材收集方法中，你喜欢哪一种？为什么？

5.请结合一个女性学理论，谈谈这个理论是怎么建构的。

6.请用你学习的女性学统计分析方法，来分析一个你感兴趣的女性问题。

参考文献

[1]陈雪飞：《女性主义对实证主义的挑战》，《中国农业大学学报(社会科学版)》，2008年第6期

[2]肖巍：《女性主义自然化认识论的兴起》，《妇女研究论丛》，2013年第9期

[3]佟新：《女性的生活经验与女权主义认识论》，《云南民族学院学报(哲学社会科学)版》，2002年第2期

[4]吴小英：《女性主义认识论与公共政策》，《妇女研究论丛》，1998年第1期

[5]陈雪飞：《女性主义对实证主义的挑战》，《中国农业大学学报(社会科学版)》，2008年第6期

[6][美]桑德拉·哈丁：《科学文化多元性：后殖民主义、女性主义和认识论》，夏侯炳、谭兆民译，江西教育出版社，2002年版，第23-34页

[7]许艳丽、谭琳：《女性主义方法论：向男女不平等挑战的方法论》，《浙江学刊》2000年第5期

[8][美]桑德拉·哈丁：《科学文化多元性：后殖民主义、女性主义和认识论》，夏侯炳、谭兆民译，江西教育出版，2002年版，第58页

[9]陈雪飞：《女性主义对实证主义的挑战》，《中国农业大学学报(社会科学版)》，2008年第6期

[10]魏开琼：《女性主义方法论能否讲述更好的故事?》，《浙江学刊》，2008年第6期

[11]陈雪飞：《女性主义对实证主义的挑战》，《中国农业大学学报(社会科学版)》，2008年第6期

[12][美]佩吉·麦克拉肯：《女权主义理论读本》，广西师范大学出版社，1990年版，第41-43页

[13][英]尚塔尔·墨菲：《政治的回归》，王恒、臧佩洪译，江苏人民出版社，2005年版，第26-28页

[14][德]哈贝马斯：《现代性的哲学话语》，曹卫东等译，学林出版社，2004年版，第56-60页

[15]章梅芳、刘兵：《性别与科学读本》，上海交通大学出版社，2008年版，第73-75页

[16][美]桑德拉·哈丁:《科学文化多元性:后殖民主义、女性主义和认识论》,夏侯炳、谭兆民译,江西教育出版,2002年版,第79-90页

[17]王宏维:《论女性主义认识论演进中的三个基本问题》,《哲学研究》,2009年第7期

[18]郑丹丹:《女性主义研究方法解析》,社会科学文献出版社,2011年版,第48-80页

[19]曹建波、陈英涛:《女性主义知识论》,《哲学动态》,2004年第11期

[20][英]恩斯特·拉克劳:《我们时代革命的新反思》,孔明安、刘振怡译,黑龙江人民出版社,2008年版,第98-100页

[21]范伟达:《现代社会研究方法》,复旦大学出版社,2001年版,第33页

[22]郑丹丹:《女性主义研究方法解析》,社会科学文献出版社,2011年版,第83-90页

[23]郑丹丹:《女性主义研究方法解析》,社会科学文献出版社,2011年版,第98-110页

[24]曹建波、陈英涛:《女性主义知识论》,《哲学动态》,2004年第11期

[25]韦德、何成洲:《当代美国女性主义经典理论选读》,南京大学出版社,2014年版,第110-130页

[26]曹建波、陈英涛:《女性主义知识论》,《哲学动态》,2004年第11期

[27]鲍晓兰:《西方女性主义研究评介》,生活·读书·新知三联书店,1995年版,第35-46页

[28]丁娟:《妇女理论研究的发展及其特点》,载于《中国妇女研究年鉴》(1991—1995),中国妇女出版社,1997年版,第44页

[29]李银河:《妇女最漫长的革命》,社会科学文献出版社,1997年版,第32-120页

[30]杜洁:《论西方社会主义女性主义理论建构》,《信阳师范学院学报(哲学社会科学版)》,2001年第1期

[31]胡涤菲:《西方女性主义认识论与科学批判》,《浙江学刊》,2002年第6期

[32]王政、杜芳琴:《社会性别研究选译》,生活·读书·新知三联书店,1998年版,第150-160页

[33]王政、杜芳琴:《社会性别研究选译》,生活·读书·新知三联书店,1998年版,第120-145页

[34]王政、杜芳琴:《社会性别研究选译》,生活·读书·新知三联书店,1998年版,第89-112页

[35]戴雪红:《科学、技术与性别的博弈》,《科学技术哲学研究》,2018,年第4期

[36]王政、杜芳琴:《社会性别研究选译》,生活·读书·新知三联书店,1998年版,第34-49页

[37]吴小英:《女性主义认识论与公共政策》,《妇女研究论丛》,1998年第1期

[38]郑丹丹:《女性主义研究方法解析》,社会科学文献出版社,2011年版,第23-40页

[39]郑丹丹:《女性主义研究方法解析》,社会科学文献出版社,2011年版,第18-26页

[40]杨永忠、周庆:《女性主义认识论对科学方法论的贡献》,《山东女子学院学报》,2019年第4期

[41]足立真理子:《女性主义经济学最前沿》,《妇女研究论丛》,2019年第4期

[42]郑丹丹:《女性主义研究方法解析》,社会科学文献出版社,2011年版,第130-145页

第四章

女性教育

传播人类文明成果、科学知识和社会生活经验并培养人的社会活动都可以称之为教育。教育通常有广义和狭义两种概念。广义泛指影响人们知识、能力、身心健康、思想品德的形成和发展的各种活动,其产生于人类社会初始阶段,存在于人类社会生活的各种活动过程中。狭义主要指学校教育,即根据一定的社会要求和受教育者的发展需要,有目的、有计划、有组织地对受教育者施加影响,以培养一定社会(或阶级)所需要的人才的活动。

女性教育是培养造就女性的过程。这个过程是一种社会的、家庭的、制度的、传统的、心理的、多方面的复杂交织发展的混合体。它要通过有目的的、有意识的、有组织的、有计划的各种途径和手段去完成。广义上的女性教育泛指一切与女性(包括女童)有关的教育;狭义上的女性教育是以女性为主体的教育,承认性别差异和女性(包括女童)在教育过程中所处的劣势地位,注重女性的个体经验和感受,针对女性在教育领域的不利状况和差异,采取教育手段改善或提高女性的教育水平,改变性别不平等和性别歧视的观念与现象。女性教育按照主客体的不同,还可以分为两个方面:一方面是女性作为主体,培养和影响别人;另一方面女性作为客体,接受别人的影响。这里的客体是有主体能动性的客体,不是被动的客体。本章中的女性教育指狭义的女性作为客体的教育。本章讨论的教育分为家庭教育、学校教育和社会教育三个方面。

第一节

女性家庭教育

一、家庭教育的内含

学校教育、社会教育和家庭教育并称人类学习生涯的三大教育,家庭教育是其中非常根基的组成部分。蔡元培认为,家庭是人生幼小最初的校舍。不得不承认,家庭教育直接或者间接地影响着一个人的人生目标的实现及价值追寻,它是影响人一生的最初始、最深刻、最久远的一种教育。

在美国,研究者一般把家庭教育称之为家庭生活的教育。夸美纽斯称家庭教育为母亲膝前的教育,他把家庭看作是儿童的开端学堂,家庭的教诲是学校教育的第一个阶段,父亲和母亲是儿童们的启蒙教员,特别是母亲对孩子成长的教诲负有特别的责任,承担特殊的教导任务(杨春鼎,2000)。

卢梭对家庭教育的重视程度亦不低，在《爱弥儿》中他也多次阐述了家庭教育对养育孩童的深远影响；他还认为，作为母亲亲自喂养孩子是她的根本职能和属性特质，也即母亲的生理性本职工作。而且他还认为孩子六七岁之前的教育及日常生活，最好是由孩子的首位母亲亲自照料、看管。

关于家庭教育的含义，我国家庭教育工作者在多年的研究中也提出诸多不同的理解。顾明远在《教育大辞典》中认为，家庭教育即为家庭成员之间的互通互惠的教诲，大多数情况下则指父母或其他年长者对儿女辈进行的教育。赵忠心在《家庭教育学》中对家庭教育进行了广义（家庭成员之间的彼此实施的教诲）和狭义（主要是父母对子女及其年幼者进行的教育和施加的影响）两个层面的界定（杨宝忠，2003）。台湾学者林淑玲将家庭教育的概念解释为，为促进个人生理和心理的一致发展，创设和睦家庭，促进和谐社会发展，而借助不同途径教育方式以丰富人们提升家庭稳定的储备知识的一种态度与能力的教育活动（侯杰、常春波，2018）。

基于以上各位学者的观点，本书使用一般意义上家庭教育的概念，即家庭教育是在家庭环境中父母及其成年人对未成年人所实施的影响和教育，是学校教育和社会教育的基础。家庭教育是以孩子为视角，着手于孩子问题行为的辨识和矫正，以孩子的成长和品格为导向，为孩子的成长经历赋予正向感知与信念的父母的教育，并对提升孩子的各项能力与素质尤为重视，最终达到父母与孩子携手进步的教育目标和美好愿景。女性家庭教育指在家庭中以女性为视角，着眼于女孩问题行为的辨识和矫正，以女孩子的成长和品格为导向，为女孩的成长和经历赋予正能量的教育，最终到达父母和孩子共同成长的目标和愿景。

二、传统家庭教育中的性别教育

家庭对儿童的意义不仅在于物质供养，更在于对其思想的塑造和人格的养成。在性别认同方面，家庭对儿童的影响经历着其身体和思维成熟等一系列重要过程。家庭作为一个集体，由不同个体组成，这些个体有相异的认知标准和处事准则，其中影响幼儿性别角色发展的因素更是多元。但是传统家庭教育中有很多不和谐的因素，导致男女孩在家庭中受到刻板的性别教育，主要表现在以下几个方面：

（一）在家庭教育方面，父母参与严重不均

传统的性别分工认为“男主外，女主内”，因为身体素质的差异，女性更适合抚育孩子。在幼儿未出生时，与母亲形成以脐带联结的共生关系，这种关系比直系血缘关系更为亲近。在婴儿时期，母亲乳汁通常是孩子的主要食物。由于幼儿早期少食多餐的能量补给规律，孩子和母亲之间的联系更多，对母亲产生信任感。在往后的相处过程中，女性角色的温柔、细心、体贴会帮助幼儿建立初步的认知，满足幼儿最初的情感需求，得到幼儿更多的依赖。由于母子间这种隐秘又伟大的联系，很多家庭沿袭了传统家庭分工模式，主要由母亲抚育孩子，父亲则担负给家庭带来更好物质条件的责任，在幼儿的生活中经常缺席。例如，父亲很少去幼儿园参观、接送孩子、和老师交流；在家庭中，他们很少给孩子讲睡前故事、带领孩子游戏、教他们为人处世（杨宝忠，2003）。

（二）女性家庭教育的方式定式化

由传统的社会分工所形成的刻板印象认为，男性应该理性、勇敢、刚强，女性应该温

柔、善良、美丽。这种刻板印象会让父母在家庭教育中根据子女的性别采用不同的教育方式。在家庭教育中,大多父母认为“男孩要放养,女孩要静养”,对女孩的限制要比男孩多。比如,男孩要和伙伴出去玩,家长往往会给予更多自由,而女孩通常没有这种待遇。在评价上,家长的评价标准则偏向女性化,大多希望自己的孩子是安静、懂礼貌、顺从的,但男孩天性中就带有好动因子,喜欢以拆玩具的方式表现自己的好奇,以跑来跑去释放自己的精力。教育家蒙台梭利曾说过,幼儿非常在意大人的一些举动,也很乐意听从成人的指令,家长绝对无法想象,孩子的内心其实已经做好了服从的准备。当家长用与幼儿心理需求相反的方式来要求幼儿时,为了配合家长需要,男孩会选择压抑自己天性,向女性化方向发展。在未来期望上,家长的天平通常向男孩倾斜,会给予男孩更多的爱和关怀,把更多资源留给男孩,造成家庭中子女拥有资源的不均衡。

(三)女性家庭教育玩具选择的机械化

对幼儿来说,游戏是他们的基本活动。家长对幼儿玩具的选择以及由此带来的幼儿对游戏伙伴的选择,会影响最初性别角色的形成和性别认知的建立。在家庭教育中,家长会偏向为幼儿选择符合他们性别特征的玩具。有研究表明,父母给男孩买的玩具占比较高的依次是汽车、枪、变形金刚、智力玩具和图书;给女孩买的玩具占比较高的依次是布娃娃、智力玩具、电动动物、汽车和图书。

这些玩具有很明显的性别导向,男孩的玩具多和英雄、机械有关,他们在玩的时候,活动性更强,能发展爱动、拼搏、勇敢等男性特征;而女孩的玩具和家庭生活有更大联系,女孩在玩玩具的过程中气氛安静平和,会培养耐心、细致、温柔等女性特征。由于家长给幼儿选取的玩具具有性别倾向性,幼儿在选择玩伴的时候,也会带有很强的性别倾向性。有手枪的男孩会选择有手枪的男孩一起玩情景游戏,或是和有变形金刚的男孩交换玩,他们很少去找女生一起玩洋娃娃,因为这类玩具他们不熟悉。个体经验的熟悉程度是影响个体产生兴趣的因素之一,当玩具具有单一性时,幼儿玩伴的性别也将具有单一性。在帮助幼儿分配情景化游戏的角色时,家长倾向按照性别来分配角色。比如护士、教师等职业让女生来扮演,警察、侦探等角色让男孩来扮演。当幼儿接触到的大部分是同类角色的时候,他们也会形成自己的性别认知,这种性别认知一旦建立,就会被幼儿自觉维护。例如当小女孩想加入警察游戏中去,首先站出来反对的通常是男孩团队,女生团队也会加以劝阻,因为他们会认为女生行为是对他们所坚守的性别文化的一种“背叛”。如果玩具和玩伴都具有单一的性别特征,会使双性化教育大大受阻,男生更为男性化,女生更为女性化,二者的性别角色优势难以得到互补。

(四)女性家庭教育中社会角色的“典型化”

幼儿受社会角色的影响很大,报刊书籍是幼儿认识社会角色的重要途径。但在当前的报刊书籍中,为了追求角色形象的典型性,在社会角色身上赋予了很多性别固化观念。这些观念会影响幼儿对社会角色的认知,使他们对男女的性别特征形成固化观念。

在童话故事书中,最受欢迎的如《白雪公主》《灰姑娘》《睡美人》《海的女儿》等,女主人往往是纤巧、善良、柔弱的,等着高大威武的王子去拯救或垂青。这些描述会使孩子在耳濡目染之中形成女性就是脆弱需要保护,而男性一定要有力量的固化概念。而在《小红帽》《小兔儿乖乖》《小蝌蚪找妈妈》等故事中,与孩子相伴的大多是母亲,母亲是孩子最亲近的家人，潜移默化中使幼儿忽视了父亲角色的存在。

在新闻报道中，领袖人物、成功人士大多是男性，女性往往出现在报刊的娱乐和情感版面。家长为了给幼儿树立榜样，经常会从新闻报道中选择成功人物来教育孩子，但其中隐含的男性倾向会误导幼儿的性别认知，认为男性相对聪明、果断，更能成大事。

在幼儿教育教材中同样存在很多性别固化观念。幼儿教育教材所呈现出来的男女的优缺点，受到了传统性别观念的影响。如：男孩的优点是聪明能干、责任心重、独立自主，缺点是不遵守纪律、调皮、好动、霸道；女孩的优点是勤劳、温顺、心地善良，缺点是贪心、凶狠、爱哭。这些性别优缺点会无形之中被幼儿所吸纳，从而造成性别角色极端化（周顺文，2015）。

（五）女性家庭教育环境布置的单一化

认知心理学家皮亚杰认为，幼儿是在与环境的交互作用之中提高认知水平的。家庭环境的布置往往也会潜移默化地影响着幼儿性别角色形成。在房间色彩选择上，家长会遵循传统的性别认知。例如，通常情况下，女孩的房间是粉色的，会有蕾丝、丝带；男孩的房间较多用蓝色，装饰相对硬朗。有研究表明，婴儿出生时是没有颜色偏好的，在其成长过程中，由于受到各方面（特别是环境）的影响，女孩会慢慢开始喜欢粉色，如粉蓝、粉黄等柔和的颜色；男孩渐渐地更倾向于喜欢深色，如深蓝、深灰等炫酷的颜色。

以上的性别化教育不是天生形成的，而是后天被社会建构的。女孩和男孩从小在家庭、社会和学校被给予不同的性别角色期待，而这种被期待和被分性别的教育，不光对女孩造成不利的影响，对男孩也是。

第二节　■ ■ ■

女性学校教育

一、学校教育的内含

学校教育专指受教育者在各类学校内所接受的各种教育活动，是教育制度的重要组成部分。一般来说，学校教育包括学前教育、初等教育、中等教育、高等教育、职业教育和特殊教育等等。从学前教育到大学教育，大致要用去近 20 年的时间，即一个人一生 1/4 左右的时间是在学校度过的，这个时期既是学生接受科学文化知识的过程，学生的生理和心理发育、发展、成熟的过程，也是学生的情感态度、价值观念形成的至关重要的过程，是影响人的一生的关键阶段。学校是对学生进行教育的主阵地、主课堂、主渠道。女性学校教育指女性作为主体，按照社会发展的需要，在学校由专门老师组织，有目的、有目标、有组织地由教师对自己施加一定的影响，从而让女性变成社会所需要的人才的活动。

二、新中国女性教育所取得的成就

新中国成立以来，特别是第四次世界妇女大会以来，中国通过制定实施法律法规赋予妇女同男子平等的受教育权利。中国政府还根据科教兴国的发展战略，确立了教育的优先发展战略地位，全面落实教育规划纲要，推进教育改革发展，政府和各类组织积极推进妇女教育。在坚持优先发展教育、持续实施教育惠民政策、缩小城乡教育差距、积极推进教育公平的历史进程中，妇女接受各级各类教育的比例不断扩大，受教育水平大幅提升，妇女整体文化素质得到改善。

国务院新闻办公室 2019 年 9 月 19 日发表《平等、发展、共享：新中国 70 年妇女事业的发展与进步》白皮书，用大量数据显示，中国妇女受教育水平得到显著的提升：

（一）扫除妇女文盲成果斐然

新中国成立之初，妇女文盲率远远高于男性。1949 年第一次全国教育工作会议提出，要在全国范围内进行识字教育、扫除文盲。1956 年中国发布《关于扫除文盲的决定》，再次明确扫盲工作目标。20 世纪 50 年代开展的三次扫盲运动，帮助 1600 万名妇女脱盲。改革开放后，中国持续开展扫盲工作，到 1993 年累计扫除妇女文盲 1.1 亿。1995 年以来，中国政府颁布实施三个周期的中国妇女发展纲要，始终把扫除妇女文盲、提高妇女识字率作为主要目标，把扫除农村妇女文盲作为重点。全国 15 岁及以上女性人口文盲率由新中国成立前的 90%降至 2017 年的 7.3%，实现历史巨变。

（二）女童平等接受学前教育取得成效

新中国成立初期，在机关单位、工矿企业、街道、公社建立幼儿园。1992 年国务院颁布实施《九十年代中国儿童发展规划纲要》，提出 3～6 岁幼儿入园率达到 35%。从 2011 年开始，中国连续实施三期学前教育三年行动计划，解决入园难问题。《中国妇女发展纲要（2011—2020 年）》提出，学前教育毛入学率达到 70%，女童平等接受学前教育。2018 年，中共中央、国务院印发《关于学前教育深化改革规范发展的若干意见》，要求推进学前教育普及普惠安全优质发展。2017 年，3～6 岁儿童毛入园率为 79.6%，全国接受学前教育的幼儿达 4600 万，其中女童占比 46.7%。

（三）九年义务教育基本消除性别差距

在大力扫除妇女文盲的基础上，中国高度重视保障女童接受基础教育的权利和机会。制定出台《中华人民共和国义务教育法》等法律和政策，不断加大义务教育投入，重点向农村地区倾斜，通过设立中小学助学金、制定女童专项扶助政策、实施“春蕾计划”和“希望工程”等助学项目，大大增加了农村女童受教育的机会。党的十八大以来，大力推进城乡义务教育一体化发展，补齐农村义务教育短板，农村女童接受教育的机会更多。2017 年，女童小学净入学率达到 99.9%，与男童完全相同；普通小学和普通初中在校生中女生比例分别达到 46.5%和 46.4%，比 1951 年分别提高 18.5 和 20.8 个百分点。义务教育阶段基本实现男女平等。

（四）妇女接受高中阶段和高等教育水平实现历史新高

中国高度重视教育发展，女性接受高中阶段和高等教育的机会不断增加。改革开放 40 多年来，大力普及高中阶段教育，加大中西部贫困地区扶持力度，实行家庭经济困难学生资助政策，女性接受高中阶段教育的机会显著增多。2017 年，高中阶段教育毛入学率达到 88.3%，高中阶段教育在校女生占在校生总数的 47.7%，其中普通高中在校生中女生比例已达 50.9%。1998 年颁布《中华人民共和国高等教育法》，不断扩大高等教育规模，推行助学贷款制度，设立助学奖学金，为更多女性接受高等教育创造了条件。2017 年，普通高等学校本专科在校女生占在校生总数的比例已达52.5%,比1978年提高28.4个百分点,比1949年提高32.7个百分点;女研究生占研究生总数的比例已达48.4%,比1985年提高29.8个百分点。

(五)妇女接受职业教育和继续教育人数大幅增加

中国不断完善职业教育法律政策,逐步建立健全职业教育体系,妇女接受职业教育的机会不断增加。1996年《中华人民共和国职业教育法》颁布,提出国家采取措施帮助妇女接受职业教育。党的十八大以来,中国更加重视职业教育发展。2019年颁布《国家职业教育改革实施方案》和《高职扩招专项工作实施方案》,扩大高等职业教育招生规模,提升职业教育现代化水平,为妇女接受职业教育提供了新机遇。2017年,中等职业教育在校女生占在校生总数的42.9%。改革开放40多年来,继续教育得到长足发展,成为妇女获得知识、增长技能、提高素质的重要渠道,妇女参加高等学历继续教育的人数和比例逐年上升。2017年,全国成人本专科在校女生占在校生总数的58.8%,比1988年提高27.3个百分点;网络本专科在校女生占在校生总数的47.3%。此外,妇女还广泛参与各级各类非学历继续教育。

三、学校教育中的性别不平等现象

但在学校教育中仍然存在着不少性别不平等现象,严重影响着女性正确社会性别意识的形成,制约着她们成长为日后能够发挥社会与家庭两大特殊作用的优秀女性,主要有以下几个表现:

(一)课程教材中的性别偏见

课程是指在学校教育环境中,旨在使学生获得促进其身心全面发展的教育性经验体系。它的主要目的是让所有的学生了解自我、了解世界。现实中,显性课程所传递的方方面面的信息和知识,可以增强也可能减弱学生努力学习、寻求个人发展的动力。学生每天在课堂上花费的时间超过他/她们在校园中的其他任何活动。学生当前主修的课程虽然在名称上有些变化,但其课程内容基本相同。学生在这些科目中的成绩决定着他/她们是否有能力进一步深造、是否适合某种工作,其所占分量大于任何其他正式考察的内容。但既存的课程内容中存有大量性别偏见,正是通过这种存有性别偏见的课程内容,性别才成为影响学生学业成败的重要因素(熊贤君,2016)。

理科课程尤其具有性别偏见。以前人们认为,数理化属于男性学科,比较适合男性的思维方式。但最近的研究表明,数理化等理工类学科属于男性学科的说法没有足够的理论和事实根据。许多女生没能学好数学,并不是因为她们不聪明,而是社会的舆论和偏见对她们造成的压力,使她们在没有学习数学之前便对自己的数学学习能力产生怀疑,对数学产生了恐惧感。理科教科书与女性的日常经历脱节,而且并未对女科学家给予肯定。另外,现行的教学过程多是按照男生的思维方式进行的。研究认为,这样的做法有可能在一定程度上对女孩学数学造成不利影响。由于社会上一直以来都认为男生适合学习理工科,而女生适合学习文科。这种观念在很大程度上也挫败了女性在受教育过程中选择学习理工科的动力和信心,还加剧了女性学文秘、财务等服务方面的性别内部的竞争。

教材是学校传递知识的主要渠道,是学生感受知识的主要来源。通过教材,学生可以

了解自我，了解世界。在现实中，教材所传递的信息，在一定程度上，可以增强或减弱学生努力学习，寻求个人发展的动力。可见，教材是否提供了全面而准确的信息，将直接影响学生的发展。美国学者艾米莉·斯泰尔在《课程：窗口和镜子》一文中比喻道："如果把教材比作学校建立在学生周围的建筑物，那么在理想的情况下，教材应为每一个学生提供了解他人经历的窗口和反映自身价值的镜子。"只有在这些窗口和镜子中向男女生都提供科学的信息和丰富的形象才能同时满足男女生发展的需要。

教材中的性别文化集中体现社会对两性角色的定位。带有性别歧视的课程与教材往往成为复制性别偏见以及制造性别隔离的催化剂。以教材为主的教学内容往往隐含某种价值取向，潜移默化地影响着学生的价值观建立。教材中的性别观念和性别文化常常影响儿童性别社会化。

一般来说，教材总是在编写时不自主的宣传着教材编写者所倾向的性别观念，这些价值取向通常隐藏在一些不引人注意的细节中。学校中不利于女性教育的教材因素包括现行的从小学到大学的各科教材，其中历史、语文、文学、艺术类教材尤为严重。那些浸透着男尊女卑思想的传统文化，那些束缚女性才智、物化女性人格的历史，那些只把女性人体作为赏心悦目工具的美术，那些只树立男性英模人物的范例充满了各科的教材。在编写教材和审校教材的人们头脑中缺乏社会性别、女性教育的意识，而使用教材的教师同样也很少从女性教育的立场加以选择性或批判地使用，使这些不利女性教育的文化糟粕长期保留并产生影响。虽然 1949 年以后，我国从法律和制度上保证了男女平等，但是中国儒家文化中男尊女卑的思想沉淀到社会文化的深层次中，一代又一代继续传递着。男尊女卑的观念也不可避免地隐含在课本中。教材中角色的性别构成反映出社会对男尊女卑及两性形象的刻板的、片面的看法。社会的变迁对教材文化的改革颇具影响，在某种程度上改变了教材文化的内涵，逐步消除了种族、民族、宗教、风俗等方面的歧视，也在一定程度上对性别歧视表面上有所抑制，但隐性的性别偏见依然如故，继续传播传统的社会性别角色观念，这样既落伍于失真于现代社会文化，又造成新生代的刻板片面性别角色观念。

我国语文教科书，还有社科类作品，反映社会历史文化现象比较多，其中的性别偏见问题也最为突出。语文教材中一共两次展示邓颖超的形象，作为中国伟大的无产阶级革命家邓颖超，却是分别以灯下为周恩来缝补睡衣和给雨中站岗的士兵送伞这两个贤妻良母的形象出现的。学生在读教材的过程中，不自觉地内化了教材中的性别形象，一个女革命家的形象俨然不存在，学生心中只有贤妻良母的形象。

（二）教师态度行为的性别差异化

儿童心理学家荣格在论及儿童的发展与教育时，非常重视教师的作用。荣格认为，儿童在上学之前，他们仅仅是父母精神的产物。而随着个体在为自我争取自由而进行的战斗中，学校起着重要的作用。学校里的伙伴代替了家中的兄弟姐妹，而男教师代替了父亲，女教师代替了母亲，因此教师的角色非常重要。教师不能仅满足于把全部书本知识灌输给儿童，还必须以自己的人格去影响和感化儿童。所以学校教育的成功不仅是把书本知识灌输到儿童的大脑中，而是把他们培养成真正的男人和女人。正如荣格所说，男教师和女教师代替了父亲和母亲的角色，儿童想象的男性和女性的形象就是学校中的男教师和女教师的形象。教师的言行成了儿童学习的榜样，特别是教师对待不同性别儿童时所采取的不同互动方式，对儿童的性别社会化有重要的影响(杨春华，2012)。

教师往往认为男生更聪明、更有发展潜力。教师以不同的态度对待男女生所取得的成绩。当女生成绩好时，会被认为是死记硬背、认真刻苦的结果，而男生成绩好则被认为是因为聪明、能力强。在理科课程学习上，男生成绩差，教师批评他们不用功；女生成绩不好，教师觉得她们笨。许多教师都认为“男生学习有后劲，女生到了中学就学不动了”。教师经常会接着男生的话说或者鼓励男生发表评论。教师的性别偏见挫伤了女生的自信心。当女生的成绩随着年级的上升、年龄的增长在逐步下降时，许多教师不是反省自己在教学方式和教育观念上的性别偏差，从客观的角度去分析这种现象，而是用世俗的刻板印象来鄙视女生的发展，致使不少女生不仅学习吃力，而且心理负担加重，自卑感增强，成就动机减弱。教师对女生的贡献更容易忽视或者不屑一顾。在学科学习上，有些教师观念陈旧，认为女生能学好英语，但学不好数学。这种不正确的看法导致部分女生产生畏难的心理障碍，极大地影响了她们学习数学和其他理科课程的积极性和自信心。

教师通常会给予男生更多的关注。教师在提问时，男生回答问题发言的时间比女生长，而且更愿意花时间与男生讨论问题。在和男生谈话时，教师有更多的眼神接触和关注的表情。教师还向男生提出更加有挑战性的问题。教师对男生的名字也比对女生的名字记得更清楚。女生在课堂上的被忽视严重影响了她们的发展。这种教学过程的性别偏差在很多时候会使女生产生“习得性无助”，即缺乏信心，极度失去自信。习得性无助揭示了为什么男生能够坚持不懈地面对学习上的挑战，而能力相等的女生却时常放弃努力。有的老师认为女生没有创造性很正常，男生没有创造性就有问题了。此外，女生在教学过程中被忽视，使女生很难从中学会客观的自我评价，进一步影响了女生的自信，阻碍了将来的进一步发展。

在师生互动中，教师还会给予男女生不同的性别反馈。对女生的表扬可能多是集中在听话、条理整洁等方面，对男孩的表扬多是集中在大胆、创造性强等方面，教师也往往经常要求男女生要具有符合各自性别的所谓规范的举止。有的教师在回答女生提问时会说：“讲了那么多，你怎么还是不理解?”对男生则说：“你怎么这样没有出息？人家女生都会了，你还没有做出来?”这样的反馈扩大了男女生的心理和行为差异，而这些差异对女生的成长和以后的成功都会带来很大的不利。

另外，教师还会对男女生的学习做出不同的选择和安排。在幼儿园里，老师让女孩玩布娃娃、毛茸茸的玩具，让男孩玩火车、变形金刚。做游戏也是这样，教师让孩子做老鹰捉小鸡的游戏，在这个游戏中，凶狠的老鹰的扮演者多数是老师认为的有攻击力的男孩，而无助的小鸡扮演者多数是内向的女孩。这无形中就让孩子觉得男孩就是应该有攻击行为，女孩应该从小就受到保护的。不仅在幼儿园，在小学中学阶段也有类似的现象，在小学每一个班级中的学习委员基本上女孩，因为在很多老师的眼中，女孩乖巧，听话，很容易做学习的榜样。在高中阶段班长则多是男生，因为老师们认为男生有威力，能够镇住学生，女生比较胆小。在大学阶段，导师在分配课题任务的时候，总是把他们认为男女生能够适应的部分分给他们。

(三)同学之间的性别群体压力

进入学校学习以后，儿童和伙伴的关系越来越密切，性别角色在形成过程受伙伴的影响也越来越大。儿童早期参与的伙伴群体是一些非正式团伙。这种团伙并不稳定，成员进出自由，十岁以后，儿童的群体组织相对就稳定了一些。这时伙伴群体的形成有按性别划分的明显倾向。从儿童心态上看，能被自己的伙伴接受是儿童在童年期最强烈的需求之一。一旦儿童行为不符合其性别特征，不符合社会文化对性别定型的看法，就会遭到同学的讥笑甚至是强烈的排斥。儿童越是按社会对性别的定型看法行事，就越会被同伴所接受，反之则会被孤立。由于害怕在伙伴团体中被轻视、被孤立，儿童寻求与同伴一致的行为倾向十分明显，为了能为同伴所接纳，儿童有时会附和同伴错误的判断。如男孩喜欢足球、篮球、下棋，而女孩喜欢体操、唱歌、跳舞，由此而形成以活动为连接纽带的伙伴群体。

与此同时，教师或家长也鼓励男女分别活动和分建团组，对儿童的性别认同起到了一定的促进作用。一旦有的孩子玩错了游戏，就会遭到其他同伴的嘲笑。同龄孩子的负面评价有一种无形的压力，为了得到同伴的赞赏，孩子们往往会调整自己的行为，使之更加符合“规范”。在青春期，由于身心发育的不平衡，青少年一方面常常渴望独立，表现叛逆，不愿遵从父母和老师的教育，另一方面又有强烈的渴望得到认可，希望获得社会的支持与承认，因此，同辈群体的影响就更加突出，有时候这种影响会一直延续到他们的成年以后的生活。

研究还发现，女孩做男孩的事情比男孩做女孩的事情更容易让人接受，很多小女孩喜欢玩那种很激烈的运动，如打球赛跑，但是小男孩一般很少玩抱娃娃的游戏，玩这种游戏可能会招来另类的眼光，大家敬而远之。同样是挑战自身的性别角色，“疯女孩”或者是“假小子”比起“婆婆妈妈”或者“娘娘腔”大家还是更能接受前者的。可见我们的社会还是看中的是男孩的规范，还是以男孩为主的(史习江，2018)。

(四)心理咨询和辅导中的性别定位

学校咨询和辅导是学校工作中的一个重要环节，其主要目的是帮助不同性别的学生更好地成长。然而，在现实的咨询和辅导工作中往往会由于工作者自身的某些特点而出现一些偏差，尤其在性别平等教育方面，这个问题表现得尤为突出。

在身体和发育的咨询方面。一般来说，目前我国在这些方面的咨询工作是比较被动的，当学生迈进青春期的门槛时，不能及时有效地指导他们去正确认识和面对身体发育中遇到的问题，例如，女孩子厌恶自己的女儿身和月经周期，过分关注身体和相貌，为瘦身、青春痘苦恼，因为身体发育而拒绝体育活动。同时，学校咨询和辅导工作者在对青春期生理和心理进行辅导的过程中表现出明显的性别偏差，例如，告诉女孩子要自尊、自重，不能疯疯癫癫了，不能和男孩子打打闹闹了，这加深了已有的性别隔离，强化了女孩子的胆小、怯懦以及被保护心理。而对男生，对于青春期的到来，教师更多的是强化“该懂事了”“学习该开窍了”“该光宗耀祖了”“该像个男子汉了”，通过咨询和辅导赋予了男生更多的“理性”“责任”“成功”的性别含义，而女生则被强化了要淑女，不能嘻嘻哈哈，要文静，要有“女性气质”，更加固化了做一个贤妻良母的信念。

在情感和早恋的咨询方面。早恋是教师指导和规训学生的内容之一。我们常常发现，教师劝阻男孩的理由是“先立业、后成家”，“不要分心学习”，“不要被干扰”；而对女生的规劝，常常把“要自尊、自重”放在首位，因为在教师看来，“立业”更多是男生的本分，“名声”才是女生的本分。一些女大学生回忆道，在中学时代，教师在批评早恋的女生时，即使对方是高年级的男生，也会认为是女生在“勾引”男生，因为在老师的观念里，女生“这方面用心思”，而男生是不懂事的，“红颜祸水”，或者“苍蝇不叮没缝的蛋”（石燕君，2018）。

在性别养成的咨询方面。青春期使男女学生的心理差异明显扩大，女生的劣势越来越明显。例如，男生的学习成绩开始超过女生，女生的竞争力和竞争愿望逐渐下降，早进入青春期的女孩变得害羞，缺乏自信，感到孤独，对自己的身体发育形态表示不满，学习成绩差等。面对这些问题，学校咨询工作者往往也只是在原有的带有性别偏见的观念下对男生女生进行辅导，他们甚至在一定程度上强化了女生害羞、孤独、自卑的感觉。我们常常遇到一些这样的案例，有些教师或咨询工作者告诉所谓“娇滴滴”的男生说，“娇滴滴”是女孩的特性，而男孩的特点应该是阳刚，并暗示他们如果不变得阳刚就会变得像女孩子一样没用。而有些青春期的女孩往往被家长、老师告知，女孩到了这个时期学习成绩就必然下降，使女生陷入一种消极的情境预设中。这些观念以及这种辅导无疑只会强化社会上的性别偏见，影响孩子形成先进的性别观念和意识（刘恒，2017）。

（五）学校教育权力分配的性别差异

学校组织的影响主要表现为学校权力构成上的性别不平等。在影响男女生性别观念的因素中，我们不能忽视学校里权力构成的性别差异，在很多学校的学校组织结构中存在着“男将女兵”现象。

首先，在教育系统中，年级越高，男教师所占的比重越高。级别越高，女教师所占的比重越低。也就是说，社会地位较低的幼儿园和小学教师中女教师占多数，而社会地位较高的普通中学中男教师多于女教师，普通高校教师中男教师人数占绝对优势。

其次，各级学校中虽然女教师很多，但领导职务多由男性担任。可以推论，处于校长、副校长职位上的女性就更少了。也就是说男性的校长们掌管学校运转的权力，女教师们只是从属，只能在教室里通过影响学生来行使权力。

再次，在普通高校中，虽然女教师的数量呈上升趋势，但高学历者更多的是男性。女教师硕士学位拥有者增长迅速，但博士学位拥有者依然增长缓慢。这就必然造成高级职称由男性独霸的局面。各级学校中的这种权力结构表明男性是权力的拥有者。高等院校的职称排序中，层次越高，女教师所占的比例越低。

还有校园内教职员的角色分工常常成为学生观察模仿与角色认同的对象，然而学校人事职位阶层出现“男高女低”的现象，即由男性担当校长领导，女性教职员从属配合的现象，容易使学生产生男性处于优越地位的典型印象，而且误将男女社会地位不平等视为理所当然，可能还会影响到学生的角色期望和学习成就。

学校教育的使命是使每一个孩子都获得最好的发展。但我们的学校教育在许多方面是不能令人满意的。其中主要问题之一，就是未能重视两性智力与非智力因素的差异以及教育所应扮演的角色。教师头脑中固有的性别刻板印象，直接影响教师对不同性别学生的教育教学行为，通过教师与学生之间言语和非言语的互动，同时也受来自教科书和学校隐性课程的影响，使学生对性别刻板印象逐渐认同而形成自我概念。在教育过程中人们很少考虑针对性别差异进行施教，教学原则和教学方法也没有涉及性别差异问题，课程和教材也带有很大程度的性别偏见，加之不少的教育工作者对男女学生性别差异形成的原因和表现又缺乏科学的认识，其结果就造成和加剧了男女的性别差异。

第三节 ■ ■ ■

女性社会教育

在中国近代教育领域，社会教育是一项颇为值得关注的教育活动。社会教育兴起自清末，民国初年取得教育行政上的地位，发展曾盛极一时。近代社会教育的理论体系源自异域。据考证，“社会教育”一词最早出现在中国是由日文翻译而来的。1902 年 7 月，我国近代最早的教育刊物《教育世界》刊登了日本学者利根川作的《家庭教育法》，其中首次提到了“社会教育”。此后，作为一种全新的教育形态，国外社会教育理论在国内得到进一步引介。1902 年 8 月，《教育世界》刊登了日本学者佐藤善治郎著的《社会教育法》，这是中国近代最早的译自国外的社会教育著述。社会教育是一种以全民为对象，通过提升全民进而影响社会的一种教育。社会教育面向全民，因此其实施，当以全民为对象，其范围不仅局限于失学之成人与儿童。社会教育的主要目的就是提升全民的道德水平，社会教育的内容也不能仅仅局限于扫除文盲、文字补习方面(赵敦华，2013)。还有的学者认为，社会教育是学校教育的一种补充，属于非正式教育，以弥补学校教育的不足。总体来说，对于社会教育说法虽然不一，但是很多学者对于社会教育有这样一种认同，即社会教育首先是面向全民的，其目的是扫除文盲，但更重要的是为了全民的道德培养和提升，进而影响社会；其次，社会教育是学制系统之外的教育，作为学校教育和家庭教育的补充而存在(杜时忠，1998)。社会教育还有广义和狭义之分，广义的社会教育指一切社会生活影响个人身心发展的教育；狭义的则指学校教育以外的一切文化教育设施对青少年、儿童和成人进行的各种教育活动。社会教育是对社会大众的教育，教育对象广泛，实施机构众多，实施形式灵活多样。社会教育对一个在情感、态度、价值观形成时期的学生来说，具有重要的影响，因而社会教育对一个人的发展具有极其重要的作用(余寄，1917)。女性社会教育是指除学校教育之外的一切文化教育设施对各个年龄的女性进行的各种教育活动。近代以来女性社会教育的性别差异主要有以下表现。

一、救亡图存与女性国民意识话语的建构

在绵延数千年的封建社会里，女性观是与男尊女卑、三纲五常、三从四德等封建礼教联系在一起的，许多女性因为没有自己独立的社会地位而不得不依附男人生活，接受所谓的在家从父、既嫁从夫、夫死从子的观念，她们根本不可能将自己个人的价值与国家、社会联系在一起，这种情形直到近代才发生变化。近代以来，随着社会的变迁，女性逐渐走出传统的生活，并且自觉地意识到自己作为拥有一个国家的国籍的自然人，享有合法权利和义务。这一国民意识的崛起和女性生活的变化是与戊戌以来近代女性国民观的提出联系在一起的。

(一)贤妻良母

甲午战后，在强烈的民族危机和救亡图存的历史使命下，西方天赋人权、自由、平等、个性解放等政治观念，迅速与国家的富国强种联系在一起，开始冲击旧的男尊女卑、三纲

五常、三从四德等封建纲常礼教。梁启超从善种强国的理论出发给予女性社会角色的定位。他在《倡设女学堂启》中指出，女子“上可相夫，下可教子，近可宜家，远可善种”，对女性的贤妻良母做了社会的解释。把女性从为家庭而生存，提高到善种强国的高度，这就给新女性提出了新的标准：女性不是简单的屈从于丈夫家庭，谨守三从四德的家庭附属品，而是承担社会重任的主体，女性要树立超越家庭的人生观（赵冕，1938）。

（二）“国民之母”

与梁启超不同的是，20世纪初，女性的解放赋予了国民之母新的内涵。金天翮为发起人的《女子世界》杂志在首期上即宣称：“欲新中国，必新女子；欲强中国，必强女子；欲文明中国，必先文明我女子；欲普救中国，必先普救我女子，无可疑也。”对女性角色的定位有了更崇高的使命，那就是把女子培养成为国民之母。金天翮以家庭是“国之雏形”，提出女子的理想形象是“国民之母”。生儿育女被视作女子为国家承担的公共职责，不仅如此，他还认为“天下兴亡，匹夫有责，匹妇亦与有责焉！”作为国民，匹妇和匹夫一样对国家负有救亡的责任，这就在戊戌维新的基础上迈出了更远的步伐。“尽与男子一样的任务”，从男女平权的角度，资产阶级革命派在女子解放上走得更远（张至澄，1929）。

一些人开始抨击当时流行的贤妻良母口号“仍是男尊女卑的产物”，呼吁女学界“勿以贤妻良母为主义，当以英雄豪杰为目的”。面对国家、民族巨大生存危机，在启蒙话语的激励下，激进的女性迈出了更高远的步伐。她们认为女性和男人一样，在投身国家的救亡运动中，可以参军参战，在革命的前线冲锋上阵，英勇献身，可以“以血荐轩辕”。辛亥革命时期及其以后出现了一批女留学生，她们除了出国留学外，还关心国家民族的富强，致力于妇女解放的政治运动，代表人物如秋瑾。秋瑾认为，女性也该尽与男子一样的角色，“尽与男子一样的任务”。在秋瑾等女性革命者所主办的报刊里，妇女寻求自身解放的途径是从家庭革命开始的，走出家庭，做一个和男人一样的革命者，是女革命家心目中理想的形象。秋瑾给自己取名为“鉴湖女侠”“强汉”“铁肝生”“竞雄”等，正反映了那个时代女性革命者心中的愿望（仲靖澜，1931）。

总而言之，妇女国民观经历了从“贤妻良母”到“国民之母”再到“尽与男子一样的义务”的发展历程。女性的国民观从强调女性明白自己在家庭里承担贤妻良母角色的社会意义，到辛亥革命时主张男女平等，已经逐渐摆脱以男人为中心的旧观念，女性获得与男子一样的国民身份和地位，其国民的义务与权利得到同样的强调，不仅如此，在这一变迁中，女性革命者更是发出了高昂的呼声——要和男人一样去尽国家的义务。

二、从半边天到发挥妇女两个独特作用

1955年，贵州民主妇女联合会刊物发表了《在合作社内实行男女同酬》的文章，毛泽东看到文章后亲批：“建议各乡各社普遍照办。”之后，毛泽东提出“妇女能顶半边天”的口号，迅速响彻大江南北。主要意义是在社会主义建设中妇女和男同志一样都能发挥主力军的作用，隐含男女平等的意思。

近年来，习近平反复强调男女平等是我国的基本国策，反复强调家风建设的作用，明确做好家庭工作，发挥妇女在社会生活和家庭生活中的独特作用，是妇联组织服务大局、服务妇女的重要着力点。2018年11月2日，习近平总书记在同全国妇联新一届领导班

子成员集体谈话时发表重要讲话，再一次强调了做好家庭工作的重要性，并对妇联组织如何做好家庭工作提出明确要求，体现了对妇联组织的充分信任，表达了对广大女性的殷切期望，为各级妇联进一步做好家庭工作提供了方向指引和行动指南。

“要坚持以社会主义核心价值观为统领，引导妇女既要爱小家，也要爱国家，带领家庭成员共同升华爱国爱家的家国情怀、建设相亲相爱的家庭关系、弘扬向上向善的家庭美德、体现共建共享的家庭追求，在促进家庭和睦、亲人相爱、下一代健康成长、老年人老有所养等方面发挥优势、担起责任。”习近平总书记的讲话既强调了妇联组织对女性的“引导”作用，也强调了女性在家庭中的“带领”作用。推动广大家庭践行社会主义核心价值观，妇联组织责无旁贷；让社会主义核心价值观在广大家庭中落细落小落实，广大女性肩负重任。各级妇联组织要进一步拓展工作载体，创新工作方式，激发广大女性践行社会主义核心价值观的内生动力，使她们自觉担责，带动家庭成员增强“家是最小国，国是千万家”的家国情怀，在关爱家人中融洽家庭亲情，在崇德向善中涵养家庭美德，在共同追梦中分享家庭幸福。家庭作为人生的第一课堂，也担负着“为国教子”的责任，妇联组织要围绕“培养担当民族复兴大任的时代新人”这一重大课题，在家庭工作中找准立德树人切入点，帮助孩子扣好人生第一粒扣子，引导孩子从小听党话、永远跟党走。

做好家庭工作，弘扬优良家风是要义。“要引导妇女带动家庭成员，发扬尊老爱幼、男女平等、夫妻和睦、勤俭持家、邻里团结等中华民族传统美德，抵制歪风邪气，弘扬清风正气，以好的家风支撑起好的社会风气。”习近平总书记特别重视女性在家庭美德建设中的“带动”作用，各级妇联组织要充分认识新时代赋予女性家庭角色的新内涵，注重发挥妇女在弘扬中华民族家庭美德、树立良好家风方面的独特作用，要以创建“五好家庭”和寻找“最美家庭”为抓手，引导广大女性积极参与好家风好家训宣传宣讲活动，带动家庭成员以美德滋育孝老真情、夫妻感情、代际亲情、邻里友情。让更多家庭学习“最美”、争当“最美”，推动形成社会主义家庭文明新风尚。

三、从家风建设到实现中华民族伟大复兴的中国梦

做好家庭工作，注重问题导向是关键。习近平总书记指出，“要注重家庭、注重家教、注重家风，认真研究家庭领域出现的新情况新问题，把推进家庭工作作为一项长期任务抓实抓好。”各级妇联组织应切实直面新情况，着力解决新问题，针对家庭发展的不平衡、不充分，积极回应人民群众对家庭建设的新需求新期盼，推动家庭相关公共政策研究，促进完善家庭保护政策法律体系。要进一步明确妇联开展家庭教育工作的定位和任务，同教育部门一起，统筹协调社会资源支持服务家庭教育，积极推进家庭教育立法进程，完善支持服务体系。要积极推动在贫困地区普及科学育儿、健康养护等知识，注重研究互联网条件下儿童教育等问题。要帮助妇女处理好家庭和工作的关系，“做对社会有责任、对家庭有贡献的新时代女性”。

“以行动建功新时代，以奋斗创造美好生活”，让我们爱国爱家、相亲相爱、向上向善、共建共享，在实现中华民族伟大复兴中国梦的历史进程中，实现家庭幸福梦和个人发展梦。

第四节

女性教育问题的女性学解释

回顾我国几十年来的教育实践,家庭教育、学校教育和社会教育三位一体的教育表面上实施的是消除男性与女性之间的性别差异,为男生和女生提供没有任何区别的教育,在提高女性的社会地位方面发挥了一定的作用,但是其中隐含的对于女性及其性别特质的偏见和排斥所造成的消极影响也是不容忽视的。女性与男性一样进入学校,接受系统正规的教育,是近代以后社会和教育发展的重要成果。但是,这并不意味着男、女在后天发展资源的获取和分配上真正实现了平等。这种无视甚至制造男女性别差异的教育正从多方面对学生的发展造成各种显性的或者隐性的伤害。教育领域内之所以存在这么显著的性别差异,女性学的解释主要有以下几个方面。

一、教育女性学的独特视角

进入现代社会以来,探讨妇女教育这一社会现象历来有两个不同的视角。一是所谓客观的中性的视角,也被一些女性主义者称为男性中心或父权主义的视角。持这一视角者主张探讨妇女教育的特殊性,教育如何更好地完成女性社会角色性别化或性别角色社会化。另一视角为女性学视角,它公开声称妇女教育研究的目的是寻求全体女性更为平等和充分的发展及教育参与,声称站在女性学的立场上,用女性特有的感知、思维和逻辑解释和表达妇女在参与教育中特殊的感受和体验,以及女性的感性世界和理性世界。女性学视角的妇女教育研究是带有明显的性别立场和行动性的。这一视角也就是女性教育的女性学视角。

女性、妇女、性别作为研究的客体,在许多学科中,都被涉及和关注,如社会学、生理学、心理学等,尤其是近年来生理学、心理学和生物科学的发展,许多学科都试图用“客观的”“科学的”“中性的”立场和方法解释性别形成的生物学和社会因素。而 20 世纪 70 年代初出现的妇女研究(women studies)以及女性主义教育学一开始就认为,以往关于女性、妇女的研究,至多是将妇女、女性作为客体的研究(study of women),没有从妇女和女性主义的立场和角度,即以女性作为研究的主体来进行研究。因此,妇女研究的一个根本视角和方法是妇女的视角或女性主义的视角(women's perspective or feminism perspective),即站在妇女或女性主义的立场上,以教育和社会中的性别歧视为敏感点,探讨这种性别歧视的原因和消除教育中性别歧视的途径与方法。

对教育女性学和妇女教育研究的学科性质,学界存在不同的看法。一些学者认为,所谓性别视角就是以性别作为基本分析手段,强调研究的客观性和学术性,认为这样才能使妇女研究在学术领域中占据应有的地位,整合到现存的学术及课程中去,即“进入主流”(main-streaming);而大多数女性学者则认为,作为一门学科,妇女研究及妇女教育研究,首先是对现存的知识,尤其是对关于女性和性别的知识的一种怀疑、疏远以致决裂。妇女,作为妇女研究的主体,并不追求这一学科的学术化和体系化,因为它是妇女基于现存的性别歧视和两性之间的权力关系而兴起的，旨在消除这种歧视和不平等的权力关系的研究和运动。它不可能保持其中立性和纯学术性。相反，它要批判基于男性中心的视角建立的学术规范，这种男性中心的规范性、客观性、中立性，不可能成为妇女研究的视角和立场，它也倡导"进入主流"，但不是迎合父权制的知识体系，而是把挑战父权制的新知识融入制度化或体制化的知识生产和传播系统（周小李，2018）。

坚持女性学立场的女性主义教育学，对"进入主流"也有不同的看法。有的学者认为，进入主流实际暗含着妇女的生活和研究本身便在主流之外；也有学者认为，进入主流就是要在所有的学术领域和教育领域中全面渗透女性主义的视角，包含妇女研究的内容和成果。与进入主流相关的行动是传播和沟通，使妇女研究和妇女教育研究跨越学科和学术的界线，通过传播在公共领域扩大影响，通过沟通，使女性主义教育学与妇女的生活和运动联系起来（李家成，2006）。

就教育女性学和妇女教育研究而言，在西方社会，许多学者都不同程度地以马克思主义的立场观点为武器，尤其是借鉴马克思主义的分析方法进行社会性别研究。基于女性和被压迫阶级在父权—私有制—阶级社会中的共性，妇女教育研究重视多角度、多层面看待女性在教育方面的不利处境。一些西方妇女教育研究者，将马克思主义的阶级分析法扩大到更广的社会分类领域，例如研究特殊妇女群体，如移民妇女、难民妇女、残疾妇女、女艾滋病患者、土著或原住民妇女、女同性恋等社会边缘群体的教育问题。当然其中也有不少曲解和片面理解马克思主义理论的方面（刘铁芳，2006）。

二、教育女性学的知识观和课程观

在教育女性学的知识系统里，关于课程和知识的认识是以她们对男权制度下的学术批判为出发点的，也是基于女性学在哲学认识论上的基本观点进行的。女性学的认识论是要回答：知识的本质是什么？谁是认识的主体？谁在建构已有的知识（包括教育制度中的课程）？知识（课程）是怎样传递和复制的？

女性学认为，长期以来，人类的知识系统是一种社会建制，是一个高度分层的社会体制和结构。西方男性白人精英的经验与观点常被视为全人类的经验，其他族群（包括女性、有色人种、工人阶级等）的历史与经验，常被视为是次一等的，甚至是偏离正轨的。女性主义还认为，性别和科学都是社会文化建构的产物。女性主义考察了近代科学出现的历史背景，指出，科学理念的产生反映了欧洲中世纪以来西方自由资产阶级男性群体对新的社会秩序的要求，这其中科学和理论的价值中立和客观性特性是父权制文化从封建教会时期转向资本主义发展时期的一种观念上的人文建构，只不过是历史上特殊的社会群体的利益和愿望作为自然秩序的宇宙中的投射。按照哲学家哈丁的划分，女性主义的认识论的不同派别在不同的程度上都在批判男权中心的知识观。女性主义的经验论（feminism empiricism）认为，人类知识和科学研究中存在大量的性别歧视和男权中心的偏见，这些偏见可以出现在认识和科学研究的每个环节中；激进的女性主义立场理论（feminism standpoint）则认为，传统的认识论所倡导的客观的、普遍的和价值中立的知识是不存在的，主流的人类知识是建立在西方中产阶级白人男子的经验和利益基础上的，它是延续男权统治的一种自助性工具；后现代女性主义（feminism postmodernism）则否定任何形式的普遍话语，认为科学知识的合理性存在于“具体化的实践”（localized practices）当中，主张一种多元主体的认识论（郑新蓉，2005）。

女性学还认为，任何知识都是在社会情境中产生的，是建立在具体的、历史的、特殊的人类生活经验之上的，人类的认识都是不同个人或不同群体的实践和经验的产物，这种经验和实践是与每个人在社会生产和再生产中所处的地位、拥有的利益和机会相联系的。作为被压迫人群和边缘人群（基于阶级、性别和种族等原因）与压迫者和社会精英集团相比，在人类知识的建构上，一方面具有被排除、被剥夺的处境，另一方面也具有认识上的优越性。

在人类现有的知识系统及现有的教育教学内容中，反映被压迫女性的实践和经验是不够的，女性的声音，如同其他被压迫阶层和群体的一样，是被忽略了的。女性学强调，知识是个性化的，同时又是有局限的，没有一种公允的、纯客观的知识可以替代个体的和个性化的人的知识，所以教育女性学的功能不是传播公认的、权威的、既定的和正统的人类知识，而是要批判建筑在这种以男权为中心的认识论上的关于学科、学理和课程的观念。在学科或科学的建设上，女性学的一个比较主要的观点就是以女性以及其他边缘人群的生活经验为背景和来源，建立消除包括性别歧视在内的一切压迫性和不平等的新知识（郑新蓉，2005）。

三、教育女性学的教学主张和特点

在教育和教学领域里，女性学认为，所谓“教育学”（pedagogy），就是课程的选择，就是探讨教与学的过程，即涉及“教什么”“什么是知识和学科”“怎么教”“怎么学”“师生教学中发生什么样的关系”等范畴。当然，教育女性学只是一种统称，这其中包含着不同的女性主义流派的不同的教育教学主张，也包含着不同的学者对“教育学”的不同理解。尽管女性学研究者在很多观点上还存在分歧，但她们对教育女性学主要的教学理念和原则还是有以下共识。

1.赋权（empowerment）

权力以及赋权是教育女性学的核心理念，它包括对传统学校教育中权力内涵，以及体现着控制关系的权力传统含义的局限的重新认识和批判。女性学在“赋权”过程中所讲的“权”，是使学生特别是女生发挥能量、能力和潜能，而不是教师控制权力。赋权把权力视为具有创新性的发挥群体能量，通过赋权发展能消除不公正的权力结构的策略。

在女性学的课堂观中，权力是获得自主性和选择性以及实现目的的途径。人是需要权力的，权力可以用来提高自主和成熟。赋权能使我们认识到我们有能力创造更加人本化的、公正的社会秩序。赋权能够使学生参与到更加有意义的学习中去，赋权也就能以某种成熟而有效的方式与他人联系。

为使所有的人，特别是女学生能够通过教学赋权，教育女性学采用了下面的课堂策略（郑新蓉，2005）：

（1）提高学生的自主和合作学习能力；

（2）发展学生作为学习者的独立性（相对于正式的教师而言）；

（3）提高每个人对课堂成功与否的作用，并且明确班级中的所有成员对所有人的学习都要负责任；

(4) 发展谋划、协商、评估与决策的技巧；

(5) 通过使班级成员间接地意识到其有足够的资格在课程发展中发挥作用，并且能成为使之产生转变的人来提高或强化他/她们的自尊心。

赋权策略允许学生找寻自己的声音，并且发现权力的真谛。赋权的课堂是实践女性主义前瞻的空间，它包容那些能使我们整体更为丰富多彩的差异性，而不是去蔑视某些人的差异。赋权教育学并没有消除教师的威信或权力，但它的确使教师把权力当成控制机制转变为赋权。在这样的机制下，教师的知识和经验被学生认识、运用以提升所有人的合法权利(郑新蓉，2005)。

2.经验分享(sharing experience)

教育女性学强调，教学是平等分享和交流个体化和个性化的知识和经验的过程，特别重视在传统的教学中被忽略了的群体和阶层的声音和经验。长期以来，传统教学内容的所谓真理性、权威性和客观性，忽略和挫伤了许多类群(包括个体)的知识和经验。这些经验和知识可能是民间的、感性的、具体的、个别的(即被认为是主观的)。历史上的女性群体在人类的再生产领域、在非国民生产的劳动领域、在人的关怀和情感领域的知识和经验是被忽略和歧视的。女性主义教育学的任务就是使被压迫的女性发出不同声音来，谈出女性独特的视角、经验、感受和体会，即使是零星的、只言片语的，因为被压抑了经验和认识的表达也是需要勇气和鼓励的。女性主义的课堂是为无言者立言的场所，因此，在学校和课堂上，女性主义教育学特别重视女性学生和教师的经验和感受(胡彩娟，2017)。

教育女性学认为，在传统教育教学中，师生关系也纳入了社会上制度化的权力关系和压迫关系，教师凭借知识和学科的权威性、真理性和理论性，获得了特殊的权力。最通常的表现就是忽略学生个性，压抑和歧视处境不利学生的经验和感受。女性主义教育学的主张是，在尊重每一个学生的经验和知识的基础上，建立平等和民主的师生关系。

3.参与式学习(participatory learning)

参与式学习指学生主动积极参与学习过程并积极发挥自身的作用。教育女性学都强调课堂是作为一个学生可以将个人经历和看法带入其中并相互讨论和分析的场所。参与式学习假定课堂能够也应该是一种允许学生的观点、知识进行充分、开放讨论的支持性共同体。女性主义认为，打破学术等级和传统教学中教师的权威性，就是为了赋予不同学生的不同经验以合法性的知识地位，而参与就是最重要的途径。在一个相互尊重、相互支持的氛围中鼓励学生去思考现实，将正式课程内容与现实相联系，从而实现个体经验的合法和信心的培养。这种努力的潜层是一种信仰，即相信个体经历和学术探究均为知识的合法来源，二者相辅相成。在具体的教学方法方面，女性主义比较重视日志和小组讨论，作业(如日志)和班级讨论常常会刺激两种知识源的融合。学生经验作为一种证据和权威的合法形式的价值能提高学生自尊、自信，而且使学生摆脱预设的性别刻板化了的自我界定对自己的束缚。在女性主义看来，当知识是共享、由所有参与者主动建构而不是灌输时，教师的主要作用就不是教导，而是合作与协调(施燕红，2018)。

4.批判性思考和开放思想(critical thinking and open-mindedness)

批判性思考和开放思想一方面指对现有范式持批判立场，同时也指对不同观点持开放态度。教育女性学认为，脱离了价值判断的学术成就，一味追求知识的客观性或中立性，其结果是强化现成的不平等的权力关系和续构。女性学所从事的知识建构和教学都是一种社会运动，应该有助于社会变革的进程。教育女性学强调学生的独立性思维训练以及对现有理论框架和思想流派的质疑态度，它希望学生能够权衡多方信息，以获得对复杂社会、文化、政治问题的全面理解力，这一过程需要对多元的宽容。多视角的准备以及将获取的信息整合到个人观念、知识基础之中。

此外，女性学在课堂教学中还非常重视培养学生的社会理解力和行动积极性，提出让学生理解课程内容以及所包含的社会背景，要求师生都反思自己的“位置”，即了解自己和他人如何在一个社会结构中（包括在教育场所中）被定位，反思自己在建构知识过程中如何受到社会与政治力量的影响，其目的是使学生通过对社会的了解和洞察，成为推动社会变革的力量（郑新蓉，2005）。

学习者的主体性、非阶层化的教室关系和教师对本身的社会与权力位置的自觉、经验知识、主动参与、发声、性别意识的发展、对社会文化差异的敏感与尊重，都是女性学极为重要的原则。总之，教育女性学并不是要建立另一个与男权对立的知识权力结构，而是要赋予那些被传统权力结构所排除的群体以发言权和影响力。因此，教育女性学的基本要义就是：赋予父权制结构下的女性以发言权；赋予非客观性、非等级和非权威性的知识形态以合法性；关注课程与课堂教学的实践性、行动性和批判性特点。（史习江，2018）

四、教育女性学对我国现代教育改革的启示与反思

教育女性学在当代教育思潮中，与西方早期的进步主义教育、西方马克思主义教育以及后来的建构主义教育、批判教育理论都有许多异曲同工之处，充分吸收了这些理论的精华。教育女性学不仅是一种思想，更是一种行动，它不是就教育论教育，而是关注妇女本身的发展，赋予妇女行动的能力。它的目标直接指向社会规范，是妇女争取平等的一项重要措施。同时，它是对传统的课堂教学方式的一种改革，这些教学方法最初只是在女性主义的课堂或研究项目中被应用，之后便被广泛传播、渗透和应用到各门学科中。

教育女性学不仅仅在整个妇女学学科建设中占据重要地位，而且对传统的教育方式的冲击也是巨大的。教育女性学是一种批判的、激进主义的教育理论和实践运动。尽管在众多的教育理论派别中，教育女性学的声音是激进甚至偏激的，但是，在今天我国的教育改革中，它仍然是非常有借鉴价值的，主要体现在以下几个方面：

1.教育女性学关注弱势人群的声音

随着我国经济的快速发展，社会分层所引起的教育发展不均衡和教育权利实现不平等的问题也凸显出来，一方面是应试教育所带来的大量所谓的“差生”群体，他/她们在课堂的声音和需要被忽略了；另一方面是教育资源分配的不公平和可获得性（accessibility）的问题，例如，城市和农村、沿海和西部地区、重点学校和一般学校的差距，贫困地区女童教育、打工子弟和下岗职工子女教育等问题。这些教育权利受损的人群是被排除在主流优质教育之外的。这些都需要我们重新认识在市场经济中，在男性中心等各种权力等级文化中，教育的功能和价值，特别关注弱势人群的声音和教育需要。教育女性学的赋权特点对实现教育的社会公平是非常有积极意义的（郑新蓉，2005）。

此外，在多元的文化形态中，近代科学发展形成的学科知识所衍生的标准化课程也受到了后现代主义等思潮的挑战，人们重新辨析知识的价值，特别是学科知识和课程的价值。女性学对知识、课程以及教学的批判和理解对于我们重新解释今天的教育现实和教育变革是有启迪的。

2.教育女性学有助于我国以教育公平为目标的改革

尽管我国目前没有西方女性主义发端的社会政治经济背景，但是教育女性学在解释和分析我国的教育现实方面仍然有一定的普适意义。这种普适意义表现为，教育女性学是西方 20 世纪 70 年代教育民主化和现代化进程的必然产物，也可以说是教育普及特别是高等教育大众化条件下，一些被压迫的边缘群体(例如女性、有色人种、少数民族、残疾人、移民等)对教育平等的诉求，教育女性学只不过是教育平等诉求中的一种声音。教育女性学的普适性可以理解为，只要知识的社会建构中包含着不平等的权力关系，只要教育仍然具有复制不平等的社会结构、传播歧视性文化的功能，教育女性学就是分析和解释它的有效工具之一。

我国在教育普及的进程中，也必然面临普及与提高、公平与效益的选择。同时，课程知识的选择和安排还存在一定程度的权力关系，例如重城市生活轻农村生活，重升学的精英知识轻普通人所需要的生计知识。20 世纪 90 年代中期开始的素质教育以及新课程改革，已经使我们关注到了义务教育的公平性和基础性，开始提出学生是学习的主体和中心，关注到了课程的建构特点。在这一特殊的教育变革时代，女性主义教育理论和实践，作为性别平等的教育诉求的反映以及丰富的理论和实践探索，对解决今天我国所面临的教育公平问题是有积极的借鉴价值的(郑新蓉，2005)。

3.教育女性学是消除性别歧视、促进男女儿童平等发展的有效工具

这些年来，在中小学教育追求分数和升学的过程中，人们发现有相当数量的女孩子对科学类课程不感兴趣，而且与男生相比，仿佛成绩和潜力也不理想，于是主张女生读文科，女校、女生班、“因性施教”成为帮助女生学习成功的主要药方。而教育女性学试图从社会性别形成的根源上解释男女学生在学习能力和成就上的差异，在课堂主张方面倡导积极的、赋权的教育策略，例如编写反映性别平等内容的教材，营造无性别歧视的学校和课堂氛围，提倡双性化的人格发展，为女生学习科学和数理化学科开设更为合适的课程，使女学生在传统男性占优势的学科的学习上更有信心和毅力，建立课堂性别平等的监测指标等。所有这些主张在我国的教育改革中都是有积极意义的(刘炎炎，2019)。

面对急剧的社会变革，教育也必须采取相应的措施来适应。21 世纪的成功者是那些具备批判性、创造性思维和学习意识的人，而直接指向这些批判性、创造性思维和学习意识的教育女性学正是现在的教育所需要的，因此它正逐渐渗透到各个学科的教学中去，而不仅仅只局限于女性学，我们有信心看到它将越来越走向成熟。

第五节

教育政策与立法的女性学思考

新中国成立之初，全国人民面临的任务是恢复和发展国民经济，与此同时必须对旧有教育事业进行改革。中共中央和中国政府为改革与发展教育事业，采取了一系列措施。

一、新中国成立后我国的教育法律法规

1950 年 6 月，毛泽东在中共七届三中全会上强调要有步骤地谨慎地进行旧有学校教育事业和旧有社会文化事业的改革工作，争取一切爱国的知识分子为人民服务。对旧教育进行改革的主旨是按照 1949 年 9 月 12 日中国人民政治协商会议通过的《共同纲领》的要求，肃清封建的、买办的、法西斯主义的思想，发展为人民服务的思想，建立民族的、科学的、大众的文化教育。当时中国教育工作的任务，是在共产党的领导下，以马克思列宁主义、毛泽东思想为指导，以老解放区的教育经验为基础，吸收旧教育有用的经验，借助苏联的教育经验，建设新民主主义的教育。

从 1950 年末开始，结合抗美援朝、土地改革和镇压反革命的斗争，对师生进行了爱国主义和无产阶级国际主义教育，肃清封建的、买办的法西斯主义流毒，清理以亲美、恐美、崇美为主要内容的帝国主义奴化思想，并开展了马克思列宁主义的学习运动。另外，当时还实行了“向工农开门”的方针，政务院颁布了《关于改革学制的决定》，这对于改造旧教育都起了重要作用。

改革开放后，我国颁布和实施了很多教育政策法规，主要有以下七部法律和一个发展战略：

1.《中华人民共和国学位条例》

1980 年 2 月 12 日第五届全国人民代表大会常务委员会第十三次会议通过，根据 2004 年 8 月 28 日第十届全国人民代表大会常务委员会第十一次会议《关于修改〈中华人民共和国学位条例〉的决定》修正。

2.《中华人民共和国义务教育法》

1986 年 4 月 12 日由第六届全国人民代表大会第四次会议通过，1986 年 7 月 1 日起实施，2015 年 4 月 24 日第十二届全国人民代表大会常务委员会第十四次会议修正。

3.《中华人民共和国教师法》

第八届全国人民代表大会常务委员会第四次会议于 1993 年 10 月 31 日通过，自 1994 年 1 月 1 日起实施。

4.《中华人民共和国教育法》

1995 年 3 月 18 日，第八届全国人民代表大会第三次会议通过；2009 年 8 月 27 日，根据第十一届全国人民代表大会常务委员会第十次会议《关于修改部分法律的决定》第一次修正；2015 年 12 月 27 日，根据第十二届全国人民代表大会常务委员会第十八次会议《关于修改〈中华人民共和国教育法〉的决定》第二次修正。

5.《中华人民共和国职业教育法》

为了实施科教兴国战略,发展职业教育,提高劳动者素质,促进社会主义现代化建设,根据教育法和劳动法制定的教育法规,由中华人民共和国第八届全国人民代表大会常务委员会第十九次会议于1996年5月15日修订通过,自1996年9月1日起实施。

2019年12月5日—2020年1月5日,职业教育法修订草案公开征求意见,拟建立职业教育国家学分银行。

6.《中华人民共和国高等教育法》

为了发展高等教育事业,实施科教兴国战略,促进社会主义物质文明和精神文明建设,根据宪法和教育法制定的教育法规,由中华人民共和国第九届全国人民代表大会常务委员会第四次会议于1998年8月29日通过,自1999年1月1日起施行。

7.《中华人民共和国民办教育促进法》

为实施科教兴国战略,促进民办教育事业的健康发展,维护民办学校和受教育者的合法权益,根据宪法和教育法制定的教育法规。2002年12月28日第九届全国人民代表大会常务委员会第三十一次会议通过,根据2013年6月29日第十二届全国人民代表大会常务委员会第三次会议《关于修改〈中华人民共和国文物保护法〉等十二部法律的决定》第一次修正,根据2016年11月7日第十二届全国人民代表大会常务委员会第二十四次会议《关于修改〈中华人民共和国民办教育促进法〉的决定》第二次修正。

8.《中国教育现代化:2035》

2019年2月,中共中央、国务院印发了《中国教育现代化:2035》,并发出通知,要求各地区各部门结合实际认真贯彻落实。

二、社会性别平等的教育目标

在经历了新中国成立以来相当一段缺乏性别反思的时期后,中国当代教育开始了在性别应对上的多元化探索,将男女两性优秀的品质与能力融为一体,将那些与女性相关的经验、品质、能力和价值观纳入教育领域,并使其成为男女两性共享的教育目标和教育内容。为了男女两性成长为完整的人,教育应当是在社会性别意义上平等的教育,教育还应当是在社会性别意义上完整的教育。国务院颁布的《中国妇女发展纲要(2010—2020年)》"妇女与教育"这一条款就这样规定:在课程、教育内容和教学方法改革中,把社会性别意识纳入教师培训课程,在高等教育相关专业中开设妇女学、马克思主义妇女观、社会性别与发展等课程,增强教育者和被教育者的社会性别意识。国务院颁布的《中国儿童发展纲要(2010—2020年)》"儿童与教育"这一条目也规定,中小学教育应将性别平等意识纳入教育内容。两大纲要在性别与教育的关系上,均规定应将社会性别纳入教育,这在一定意义上宣告我国教育也进入强调和追求社会性别平等的新时代。

三、教育性别公正的监测指标

(一)入学率、辍学率的监测

男女适龄儿童的入学率和辍学率是性别公平监测中的最基本的监测内容。这是实现男女儿童平等受教育的最基本的前提条件。主要通过数据调查获取信息,检查入学和招生中是否存在性别偏见，有没有对所有学生实行同一标准。目前，众多的数据都表明，在这两项内容上，男女儿童还存在着一定的性别差距。

(二)学校教育教学活动的监测

这是监测的主要领域。可以通过现场观察、成绩查阅、问卷抽查、访谈等方式收集数据。它需要了解教师和学校职工是否有如下表现(郑新蓉,2005)。

1.在教育环境上

(1) 对男女学生施以同样的安全标准和措施；

(2) 使用的图书都是没有性别歧视的；

(3) 是否有检查、替换或修改有性别偏见的教材；

(4) 依据兴趣、技能分配班级任务，而不是根据性别；

(5) 避免男女学生隔离活动，例如安排座位、排队和分组等；

(6) 教师的安排有利于不同性别的学生之间的互动、交流；

(7) 创造机会让男女学生一起参加活动和游戏；

(8) 鼓励学生有各种不同生活和角色的体验。

2.在教学技巧方面

(1) 对男女学生的说话语调、音量、语气尽可能一致；

(2) 使用无性别歧视的语言、词汇和职业名称；

(3) 向男女学生一视同仁地介绍课程内容；

(4) 避免使用“家庭破碎”“单亲家庭儿童”等说法；

(5) 向男女学生提供同样的学习活动和任务；

(6) 对男女学生提出同样的期待和要求；

(7) 同样地关注课堂中的男女儿童活动和表现；

(8) 在提问、反馈学生回答问题时对男女学生一视同仁。

3.在与学生互动方面

(1) 鼓励男女学生扩大事业、职业和爱好的范围；

(2) 鼓励男女学生在班级里尽可能地运用工具、器械、设施和玩具。

(3) 避免“男(女)生应该怎样”“不应该怎样”的提法：

(4) 避免用男女学生来分类比较学生的态度、行为、发展和成绩，

(5) 同样接受男女学生情感的表达；

(6) 支持学生突破传统性别角色框架的挑战性行为，例如女孩子穿街裤，男孩子织毛衣；

(7) 在着装和身心健康方面对男女学生要求尽可能一致；

(8) 赞许和鼓励所有的学生参加体育运动以及所取得的成绩；

(9) 用健康的方式帮助学生分享情感和减轻压力；

(10) 询问学生对待男女学生是否有差别；

(11) 帮助学生理解性别认同和性别角色的概念。

(三)学习成绩的监测

学习成绩是男女学生实际受教育结果的反映，主要是通过数据分析了解相关的信息。通过对学习成绩的监测，可以了解男女学生在实际的学校教育过程中，所获得的知识水平

和能力的差异，为进一步寻找差异的原因和解决的办法提供依据和参考。

(1)男女生是否对数学和科学课程有同样的兴趣？

(2)男女生是否在数学和科学课程上有相似的成就？

(3)男女生是否有同样的参与科技活动的意愿和机会？

(4)课堂上是否提供了足够的成功的女科学家的角色榜样？在监测过程中，尤其要注意对数学和科学学科的学习成绩的监测，发现其变化规律，努力寻找更好地促进女生学好数学和科学学科的方法。

(四)考试和评价的监测

目前，学校教育在很大程度上还是以考试为中心的。在许多考试、测验中存在着非常重要的性别差异。虽然男孩经常在数学和科学学科上得高分，女孩通常是在阅读和写作上得高分，但这些研究还缺少对较为重要的考试的关注。在重要的考试关头，男孩在表达和数学上都得高分，这些差异一方面反映出了历史、社会和文化的性别歧视的结果，同时还表明考试和评价制度本身也存在着一定的性别偏见。例如，重点中学在评价学生时，偏重于数理化学科成绩的加权。在命题方面和评价试卷时，也存在一些性别偏见。例如，数学试卷上的女生普遍成绩好于男生，试卷的质量就被人们质疑，如果是相反，就认为是常态。

(五)学校文化性别倾向的监测

1.同龄人文化

同龄人群体对于儿童性别角色形成发挥着非常重要的影响作用。我们要分析的是特定的同龄人文化包括其性别文化，判定其性别价值倾向，因为不同的文化内容对于男女儿童所产生的影响及效度也是不一样的，尤其要关注是否存在着不利于男女儿童健康发展的因素。

2.校园环境、学校布局装饰、校服、各类学校活动

这些方面很容易被忽视，会不同程度地存在着性别不公平或以男性为标准的状况。比如，学校的活动主要面向男孩子，少有适合女孩子的活动和社团组织，或者排斥女孩子参加等等。

(六)学校资源配置性别结构的监测

学校资源分配的监测，包括课堂上教师注意力和时间对于男女学生的分配情况；教材内容、课程设置、修课(包括活动课)中的性别倾向性；指导就业、心理辅导、管教活动(例如对待早恋问题的分别批评)中教师对于男女学生的不同态度、策略和方法；学校体育、科技设施(运动馆、球场、航模设备、计算机室、体育器械等)的利用情况等。比如说，户外运动是怎样组织的？运动队是否有性别歧视和性别隔离？是不是男生控制了运动场的中心，而女生则被挡在运动场的外围？体育器材的分配是不是和生源性别比例对应？教师是不是平等地指导男女学生？(郑新蓉，2005)

(七)咨询、辅导工作的监测

通过观察、访谈教师、学生，了解学校咨询辅导工作的性别倾向，明确告诉每个学生，充分展示自己的才能和个性，不必拘泥于性别角色的局限；在咨询中能否明确指出教材、教科书以及大众传媒中的性别偏见和歧视；和男女学生分享有关家庭与失业、感情和理智方面的意见和观点；向学生提供非传统性别角色的图书、展览和讲座；同学生分享有关现

代家庭结构和角色模式变化的信息；建立学生角色榜样和志愿者的档案。

(八)学校管理体系性别结构的监测

包括该校男女教师比例，男女管理人员的比例，以及男性管理人员在男性教师中的比例和女性管理人员在女性教师中的比例；在部分农村地区或少数民族地区，要注意女教师的比例。

(九)学校制度和规则性别意识的监测

学校的规章制度是否有性别歧视，或者是否存在性别盲点，忽视男女生的性别差异？学校是否有专门的或者独特的措施帮助男女孩子克服性别刻板印象的不良影响。比如，有专门的安排来帮助男孩子打破传统的男性刻板印象，或者帮助女孩提高她们在计算机、科学、工程领域的成绩？

(十)学校性别公平培训的监测

学校的师生最后一次性别公平培训是在什么时候？都有谁参加？你自己和你的同事都熟悉关于性别平等的法律和政策吗？这样的培训是否涉及怎样在课堂上、在学校里确保性别公平的教学策略，建立公平的课程、平等的体育运动和锻炼？

(十一)家长与社区沟通性别平等的监测

性别平等还通过与社区、家长的互动和交流来体现和落实，因此应该了解学生是否在这些方面有所作为。例如，与学生家长交流合作中是否有性别角色的成规，如学生身体方面的问题找母亲，升学和就业的问题找父亲；是否同样地邀请孩子的父母参与学校活动；是否做到不让单亲家庭的孩子认为单亲是个问题；帮助社区群众和家长了解关于性别平等的议题。

四、性别平等教育发展的促进策略

性别平等是教育民主化和现代化的重要标志，加快改变当下教育体制中性别不均等和忽视女性教育的现象，可以从以下几个方面入手：

1.加大法律法规的保障力度

要加大依法治教的力度，利用各种新闻媒介和宣传形式，宣传女性教育的意义和有关法律法规，特别要进一步加强《宪法》《义务教育法》《未成年人保护法》《妇女权益保障法》《教育法》《中国儿童发展规划纲要》等法律法规的宣传，提升整个社会对女性受教育的价值定位，建立女性教育的政策法规保障机制，把女童入学情况作为普及义务教育的重要内容来检查，列为政府工作和教育发展的硬件目标。同时政府可以制定特殊、优惠政策，如升学、就业政策向女性适当倾斜，给予女童适当教育补助和减免费用等以鼓励和支持女童入学。另外，还要进一步完善教育法律法规，充实有利于女性教育的相应条款；加大教育执法力度，保障女童受教育的基本权益。

2.把社会性别意识纳入教育政策主流

具体到教育领域，要将社会性别意识纳入政策主流，不仅要保证教育决策者拥有一定的性别意识，懂得相关的社会性别知识，更要对以往的教育政策、法规进行清理，确保在实践中实现教育的社会性别公平。

(1)审视、清理和修订现行教育政策和法规。首先是对各项教育法规和政策进行性别分析，即审视、清理和修订现行教育政策和法规中的性别歧视和性别盲点方面的内容。在我国，现行的各项教育法规和政策，一部分是过去以计划经济为背景的，它在计划经济时代能够保证妇女和女童的教育权利。例如中小学教师在退休年龄上的差异，女教师提前5年退休，当初这项政策的制定确实是对妇女的照顾，考虑到女性家庭负担比较重，提前退休可以更好地休息或者更好地照顾家庭。但是这个规定直接影响着女教师对教育资源的占有和自己职业的发展。未来的十年，一方面是高等教育大发展的十年，这种发展，会给女生进入高校提供更多的机会。但是，高等教育的发展机制将不再是计划经济条件下的运行模式，它必须在社会中生存，它将面向劳动力市场，满足社会的用人需求。劳动力市场的"用人需要"是有专业、户口、年龄和性别等方面的取向的，因此，在目前的劳动分工的性别隔离和高等教育中专业和学科方面性别隔离可能还将伴随着高等教育规模的扩大而加深，这样看来，制定一系列保证女性平等参与高等教育的可操作政策和法规细则是非常必要的。将社会性别纳入教育政策还包括各级各类的具体教育政策都应该包含性别平等的价值分析和指向，还要确保这些政策是切实可行的，同时要鼓励决策者、管理者和广大教职员工把社会性别公平化贯彻到教育的各个方面。例如，"用人单位不得拒绝招收女性"的政策，在实施中，要有实施细则，要有落实和监督执行的机构(郑新蓉，2005)。

(2)建立特别扶持政策。在政策制定过程中，政策的价值取向要公平，而不仅仅是效益和速度等。目前，女性参与教育发展，仍然是弱势群体，若要实现男女平等的目标，就必须在现阶段制定一些特殊扶持政策，就像我国的少数民族教育政策一样。例如，为鼓励女生参与传统上男性为主的学科学习，在同等条件下，应该女生优先；在女性参与教育管理和进入学术机构方面，都应该规定一定的比例和机制。性别平等方面特别扶持政策不但学校要制定具体的做法，更重要的是政府要制定相关鼓励政策，在学校自主性增强的过程中，政府要特别制定一些导向性或激励性的政策，对学校在社会公平方面的行为予以评估并对做得好的学校予以更多的投入和补助，提升女性的教育回报效应，改变传统性别文化观念(叶文振，2007)。

(3)让更多的妇女参与教育决策。在现代社会，教育已经是女性从业人数占50%以上的行业，尤其在基础教育领域。但是在各类教育政策的制定、实施以及收益方面，却还没有做到妇女的充分参与。妇女要参与教育决策，必须有如下保障条件：第一，在各级教育决策机构，都应该有相当的女性比例，而且应该在决策中发挥举足轻重的作用；第二，参与教育政策制定的女性应该是代表妇女利益的，而不应该仅仅是一种摆设和无性别立场的决策者；第三，在教育决策过程中，妇女的发展和利益是否得到保证应该成为教育公平的基本标准。将社会性别纳入教育政策，就是在制定教育政策的过程中，要有妇女的声音，在教育政策的决策机构中，要有女性的比例。

(4)国家强力推行性别公平的教育政策。将社会性别纳入教育政策，是要借助政府的特殊支持，对教育中处于弱势的性别人群予以特殊的支持政策，以保证这一群体能够和其他群体一样在教育上有比较平等的发展机会和成就。无论如何，强调政府在教育政策中，尤其是关系到社会公平的教育政策中，发挥政策的指导作用是十分必要的。在我国现阶段，各级政府应该大力扶持妇女和女童教育。

(5)转变教育模式,加强课程教材改革

在课程教材方面,要求教材的编写和审定者具有鲜明的社会性别公平的观念,从而使教育内容能反映出女性的形象和历史,反映妇女的社会活动、家庭劳动、生育行为的重要性和价值。同时要求教材和教科书的编审者应有一定的妇女比例,增加一些杰出妇女的课文。课程要解释和探讨男尊女卑的成因,探讨历史上两性关系的演变。例如,历史学家探讨公共领域和私人领域的性别分工,科学家探讨所谓的科学素养与女性特质的关系。突出女性在传统文化、历史、价值方面的观点和贡献,建构包含女性经验的知识结构。还有重视让学生了解性别发展的多样性和差异性,了解自己的成长与生涯规划,都可以突破两性的社会期待与限制,以及探究两性发展与互动的相关议题。另外,还要发展正确的两性观念与价值评价,表现积极的自我观念,追求个人的兴趣与长处;珍惜自我,并能尊重他人;消除性别歧视与偏见,尊重社会多元化现象(吴海红,2019)。

3.提高教师性别平等意识和整体素养

在培养和训练教师的师范教育方面,要使教师和未来的教师了解和认同社会性别公平的理念,了解男女学生差异和差别形成的原因,了解课堂一般常见的性别角色活动和角色固定模式,使教师能自觉地控制传统性别观念对男女学生的影响。

在教师的教育教学态度和行为方面,教师的教育教学要淡化学生性别陈规。例如,在语言的使用上,对女学生的见面问候语避免一味用“今天真漂亮”“你这裙子真好看”之类的语言;在组织教育教学活动,尽可能不以性别为分组标准;在指导和批评学生时,也尽量避免“女孩应该怎样”“男孩应该怎样”的性别模式;在指导学生选择课程、专业和职业时,尽可能根据学生的实际能力和兴趣加以具体的指导,而不要以学生的性别为主要指导的依据。同时要鼓励男女学生去尝试传统认为是异性占优势的专业和职业。例如,鼓励女生选修机械、数学等学科,鼓励男生从事家政、幼儿教育、保健等方面的职业;课堂教学应使感性与理性、情感与逻辑相统一,课堂可以成为男女学生表达自己感情、分享自己的经验、讨论个人生活感受的场所。

倡导平等的交流关系,男女学生在交往过程中一般是奉行“男强女弱”“男主导女辅助”的规则。比如男女生一起旅游,通常是男生负责开路,女生负责饮食;又比如教材中小学生一起种树,总是女生扶树、男生浇水,这些都是社会中男女分工模式的投射。只要这种关系不变,两性的权力关系就不会动摇,女生也无法改变自己的依赖性。因此,教师在男女的互动交往过程中,应该有意识地减少男生的支配权,而倡导平等交流和互动。例如女孩子可以支帐篷,男生可以负责野炊。同时对能够突破常规男女行为模式的学生予以肯定和鼓励。

教师在组织教学的过程中,可以按性别进行分组。如果能够按照性别进行分组,将有助于女生抛弃依赖心理,独立思考和操作,进而激发起她们主动学习的兴趣。而在这个过程中的成功体验,也有助于她们逐渐建立自信。教师要及时给予女生准确的反馈和指导。如果教师能够根据女生的学习特点布置合适的任务,并在完成任务过程中不断指出她们的优势和不足,这样不仅有利于女生任务的完成,而且还能够帮助她们了解自己的能力特征,帮助女生进行积极的归因。由于女生常常对行动结果进行消极归因,把自己的成功都归结于运气,而把失败归结于能力上的缺陷,因此对是否有能力完成任务往往缺乏信心。

教师应该抓住女生的这个特点，积极对女生进行归因培训，改变她们消极的归因方式（叶澜，2019）。

在调整学校教师的性别构成和发挥女教师作用方面，要在改革中充分发挥女教师的影响力和作用，鼓励和支持女教师担任行政职务和竞选高级行政官员，这样女教师可以把课堂上获得的第一线体验和思考用于教育政策和方针的制定上。还要重视提高教师素质，改善教学质量，农村尤其是贫困地区农村教师未达到规定学历的比例依然比较高，科学的教育理念和运用现代教育理论指导教育实践的能力都相对比较缺乏，所以要加大对教师的培训力度。当然，教师本身也要树立终身学习的理念，充实专业知识，扩大理论视野，学习先进的教育技术，提高教学质量，尤其要抓住学生的性别特征和认识水平、接受能力，深入浅出、启发诱导、因材施教，因性施教。

思考题

1.请列示家庭教育中存在的性别差异。

2.从女性学的学科视角观察，学校教育中存在哪些性别差异？

3.在理科学习方面，男女真的有差别吗？为什么？

4.请简述女性教育问题女性学解释的意义。

5.请指出一个性别不平等的教育现象，并提出你的原因解释。

6.什么是教育性别意识主流化？你认为，最重要的举措是什么？

参考文献

[1]杨春鼎:《教育方法论》，人民教育出版社，2000 年版，第 154 页

[2]杨宝忠:《大教育视野中的家庭教育》，社会科学文献出版社，2003 年版，第 86 页

[3]侯杰、常春波:《近代家庭教育与儿童性别认同探析》，《天津大学学报（社会科学版）》，2018 年第 5 期

[4]杨宝忠:《大教育视野中的家庭教育》，社会科学文献出版社，2003 年版，第 136 页

[5]周顺文:《当代大学生家庭和学校德育内容的比较研究》，《重庆工商大学学报》，2015 年第 6 期

[6]熊贤君:《中国女子教育史》，山西教育出版社，2016 年版，第 78-79 页

[7]杨春华:《农村家庭教育策略中的性别差异:“保男顾女”的资源分配原则》，《教育教学论坛》，2012 年第 1 期

[8]史习江:《性别平等与新一轮课程教材改革》，《妇女研究论丛》，2018 年第 12 期

[9]石燕君:《城市小学教育中的隐性不平等问题研究》，天津师范大学硕士学位论文，2018

[10]刘恒:《青少年儿童性别刻板印象的结构及其发展》，华中师范大学硕士学位论文，2017

[11]赵敦华:《人性和伦理的跨文化研究》，黑龙江人民出版社，2013 年版，第 46-38 页

[12]杜时忠:《科学教育与人文教育》，华中师范大学出版社，1998 年版，第 65-68 页

[13]余寄:《社会教育》，上海中华书局印行，1917 年版，第 35-48 页

[14]赵冕:《社会教育行政》，商务印书馆，1938 年版，第 130-139 页

[15]张至澄:《社会教育通论》，启智书局印行，1929 年版，第 89-94 页

[16]仲靖澜、胡赞平、马谦:《社会教育指导》，世界书局出版社，1931 年版，第 21 页

[17]周小李:《社会性别视角下的教育传统及其超越》，华中师范大学博士学位论文，2018

[18]李家成:《关怀生命:当代中国学校教育价值取向探》，教育科学出版社，2006 年版，第 87 页

[19]刘铁芳:《回到原点:时代冲突中的教育理念》,华东师范大学出版社,2006 年版,第 123-129 页
[20]郑新蓉:《性别与教育》,教育科学出版社,2005 年版,第 63 页
[21]郑新蓉:《性别与教育》,教育科学出版社,2005 年版,第 65 页
[22]郑新蓉:《性别与教育》,教育科学出版社,2005 年版,第 69 页
[23]郑新蓉:《性别与教育》,教育科学出版社,2005 年版,第 73 页
[24]胡彩娟,《高中历史教科书中的性别问题研究》,浙江师范大学硕士学位论文,2017
[25]施燕红:《小学家政教育的探索》,《中国教育学刊》,2018 年第 12 期
[26]郑新蓉:《性别与教育》,教育科学出版社,2005 年版,第 121 页
[27]史习江:《性别平等与新一轮课程教材改革》,《妇女研究论丛》,2018 年第 12 期
[28]郑新蓉:《性别与教育》,教育科学出版社,2005 年版,第 123 页
[29]郑新蓉:《性别与教育》,教育科学出版社,2005 年版,第 124-125 页
[30]刘炎炎:《女大学生成才的性别文化背景及教育应对》,《思想理论教育》,2019 年第 8 期
[31]郑新蓉:《性别与教育》,教育科学出版社,2005 年版,第 127-128 页
[32]郑新蓉:《性别与教育》,教育科学出版社,2005 年版,第 130-134 页
[33]郑新蓉:《性别与教育》,教育科学出版社,2005 年版,第 140-143 页
[34]叶文振:《中国女性教育:一个性别文化与制度的分析》,《福建论坛(人文社会科学版)》,2007 年第 5 期
[35]吴海红:《教育中的性别研究》,华东师范大学硕士学位论文,2019
[36]叶澜:《试论当代中国学校文化建设》,《教育发展研究》,2019 年第 3 期

第五章

女性就业

就业是女性经济参与的主要形式，是女性承担社会功能、实现社会价值、得到社会认可的重要途径，也是体现个体社会地位的重要指标。本章将聚焦女性就业问题，通过文献梳理和数据分析完整地描述女性就业的全过程，揭示女性就业过程与职业发展的性别差异以及所表现出来的对女性的性别歧视，提出女性学的学科解释及其解决思路。

第一节

女性就业意愿

在展开对女性就业意愿分析之前，我们先简约地了解就业的概念、测量及其对女性的性别意义，为整章的讨论奠定一个基本的知识背景。

一、就业概念的界定与测度

就业作为一个关键性经济指标，它的有效性和有用性直接影响到对经济健康发展和国民福利的衡量。其概念最早是在经济学领域提出的，1820 年，美国用“有收入的职业”来指“那些有职业可以谋生的人们”(格林沃尔德，1992)。在这里“有收入的职业”可以作为一切认识和判断就业与否的最后准则，所有认识和价值体系都依据“有收入的职业”这个基础建立起来。社会学者从人与工作相互关系的角度对就业概念提出本学科的理解，认为就业的本质含义是人对社会的关系，就业的本质规定，既要考虑人的工作属性，也要反映人的社会属性、社会关系。所以就业是处于劳动年龄、在一定时间期限内获得职业或参加有报酬或收入的工作的过程，它反映的是劳动者群体从属于劳动力市场的持续程度(陈小云，2007)。法学家则认为就业不仅涉及劳动者职业地位的变化，还关系到劳动供求双方的契约关系带来的一切变化，如劳动保护、失业保险、职业介绍、集体合同等，为此，就业的含义被赋予社会分工与法律的属性(林嘉，2005)。在就业的各种概念中，国际劳工组织对就业的国际定义运用最为广泛，即凡在特定的年龄以上，在规定的时间里，正在从事有报酬或有收入的职业，称为“就业”。并且要求“就业”定义要与家务劳动、军队服役、在校学习、无报酬、无收入的义务劳动、生产自救和以工代赈的劳动相区别。2013 年国际劳工组织通过了《关于工作、就业和不充分就业统计的决议》，对劳动统计所涉及的有关工作、就业、失业和不充分就业等概念和统计措施进行了重新界定和规范，指出就业人员是指那些在某一短期参照期内，为获取工资或利润而从事任何生产产品或提供服务活动的工作年龄段的人员(国际劳工组织，2013)。

就业既是一定年龄阶段内的人所从事的为获取报酬或为赚取利润所进行的活动，也是具有待满足的劳动需要、劳动能力和劳动愿望的人所做出的选择。收入、年龄、时间等经济要素和职业—工作特征、人际特征等社会要素，以及动机、态度、情感、决策能力等主观心理因素共同构成了就业内涵的特质要素。因此，女性学认为，女性就业是女性的一项基本权利，是女性参与社会生活的一种基本活动方式，指的是达到劳动年龄具有劳动能力和劳动愿望的女性能够同男性一样获得平等的就业机会和职业发展，女性合法的劳动权益能够得到保障，女性能够凭自身的能力和素质自由地选择职业，平等地参与社会的经济发展，不因性别遭受任何形式的就业区别、排斥或限制（叶文振，2006）。就业包括正规就业和非正规就业两种形式，主要由就业意愿、就业水平、就业结构、就业质量、职业发展和职业退出六个维度构成。

在学界，就业的测量存在较大的分歧，一般集中在就业率、起薪水平、岗位和单位类型、专业对口性、社会保障、职业发展前景、就业满意度等主要反映岗位特点、报酬情况的主客观因素（秦建国，2007；石彤，2009；谭诤，2011）。女性学认为女性就业的测度既包含就业的一般属性，还应包括就业的性别差异，一般属性用于描述女性就业的一般状况，而就业的性别属性主要用于反映就业的性别不平等和性别歧视。

经济领域的性别平等与妇女发展是提高妇女地位、实现社会全面而持久的性别平等的基础和核心。从某种意义上讲，就业平等是最重要的平等，是一切平等的基础和保障。就业的性别平等不仅对于妇女生活需求的满足和家庭的福祉至关重要，而且还是妇女独立做出各种生活选择——结婚、离婚、生育模式、家庭职责和家务劳动的分配的基础和前提，也是妇女更广泛参与国家和社会事务管理、分享权力的起点和保证（宋秀岩，2013）。详细来说，女性就业的性别意义在于：

一是经济资源分享与经济受益分配的性别公正是女性生存与发展的重要条件。女性参与劳动力市场并且就业不仅意味着可以和男人一样获取收入，而且意味着她们可以通过与就业和工作相关的网络获得无法通过婚姻关系转移和获得的社会资本，这些社会资本不仅可以证明女性作为一个人的独立性和社会价值，而且可以为她们的生存和发展提供机会。

二是良好的职业发展不仅让女性实现自身的社会价值，而且还带来更多有利于代际与婚姻发展的家庭效用（王慧，2019）。女性职业发展越好，从家庭外部获取的资源越多，夫妻双方越可以在一个相对平等的家庭地位上沟通协商，营造更加温暖积极、向上向善的家庭氛围。

三是女性就业是推动社会进步的重要力量。新中国 70 年的发展历程呈现出妇女与经济社会携手并行的历史轨迹，越来越多的女性走进重大科技领域，走向决策管理，成为最强中国的代表。2017 年女性的就业率高达 73%，全国女性就业人员占全社会就业人员的比重为 43.5%；公有制企事业单位中女性高级专业技术人员为 178.9 万人，所占比重为 39.3%，更有屠呦呦获得 2015 年诺贝尔生理学或医学奖；2018 年，企业董事会中女职工董事占职工董事的比重为 39.9%。

四是女性就业是社会性别主流化进程持续稳健推进的折射。一个与能力相称的职位带给女性的，不只是收入、地位、本领等可见的好处，还包括职业荣誉感、经济独立的底气、眼界拓宽的自信、实现自我价值的成就感等无形的精神力量，这不仅是她们自己不断进取的动力源泉，也是先进性别文化传播的有效示范。

二、女性就业意愿的现状及性别特征

女性的经济参与首先表现在就业意愿上，就业意愿决定就业行为，并影响人生的职业生涯。女性对就业有什么样的认识？是否愿意就业？对未来职业有什么样的期待？都和女性经济参与的水平和质量密切相关。就业意愿是指个体对就业方向和职业选择的基本观点和判断，是个体在一定的世界观、人生观和价值观的指导下，对自己未来所从事职业和发展目标的基本认识、态度和期待。主要体现在女性在面对当前就业形势，综合考虑就业困难的原因和影响就业的因素，对未来是否就业、就业方式、就业地点、就业单位、就业岗位、工资福利、个人发展、职业稳定性、个人兴趣爱好、职业前景、职业热门程度等的认知、态度及期待上。

关于就业意愿的测量，在理论与实践的讨论中也经历了一个过程。传统的就业意愿倾向于一些具体的恒定的指标，如就业单位类型、就业具体岗位、就业工资收入、地点等。但当前就业意愿的测量越来越注重求职者的主观意愿，对于就业后工作的意义及价值的考虑。还有些学者将就业意愿简单操作化为是否就业。女性学认为就业意愿包括就业认知(对自我的认知与对就业环境、政策的认知)、就业态度(是否愿意就业以及对就业的看法)、就业期望(对地区、待遇、环境和发展空间等的期望)三个维度的内容。目前女性就业意愿存在三个特点：

1.女性就业认知的模糊化、笼统化

“认知”活动是人类最基本的心理活动过程。女性就业认知是女性对于就业或者在就业过程当中对自身的角色定位、现实评价和行动意愿认识的心理活动过程。班杜拉指出，个人的就业认知从认知过程、动机过程、情感过程等方面，影响到个体的职业选择、工作绩效、工作态度等问题，认为就业认知是预测个人具体工作绩效、相关工作态度和职业紧张的最佳指标之一，较高的就业认知水平会带来更广的职业选择范围，更为积极的求职行为，更加容易做出职业决策并成功就业(班杜拉，1997)。女性的就业认知具体表现为自我能力认知、就业形势认知、就业准备认知等方面。

但目前女性的就业认知并不十分清晰，在职业决策时目标较为模糊，对职业认知不明确，求职过程中悲观、焦虑情绪明显，自卑心理和依赖心理普遍，易导致入职后，角色转换困难，产生自我否定的倾向。对福建省五所高校女大学生就业资料的分析表明，只有47.3％的女大学生对自我能力有比较清晰的认知，而超过半数的女大学生不清楚自己的个性、兴趣爱好和能力适合干什么样的工作，个人定位不明确常常导致对就业的自信心不足。由于兴趣和自信不足，部分参加就业招聘的学生在应聘之前中往往无法积极、主动、充分地做好就业前的准备工作，导致面试临场表现不佳，错过本应该把握住的就业机会。加上女性对就业政策的不甚了解，更使原本困难的就业雪上加霜。调查数据显示，只有9.9％的女大学生比较了解就业促进政策(见表5-1)。合理的就业认知有利于女性实现自我价值，形成一种有别于男性的就业竞争力，不切实际的就业期望容易使自身陷入沮丧、失望的困境和徒劳无益的矛盾冲突之中。对此，俄国文学批评家别林斯基的一段话是颇具启发意义的:“每个人不要做他想做的或应该做的,而要做他可能做的。拿不到元帅杖,就拿枪,没有枪就拿铁铲。”

表 5-1　男女大学生的自我认知与工作匹配

性别	您是否清楚自己的个性、兴趣爱好和能力适合干什么样的工作				
	不清楚	不太清楚	一般	比较清楚	非常清楚
女	3.4%	15.6%	33.7%	40.0%	7.3%
男	5.4%	15.8%	32.4%	36.2%	10.2%
	您对政府促进大学生就业政策了解吗				
	完全不了解	不太了解	一般	比较了解	非常了解
女	9.7%	45.6%	34.8%	8.4%	1.5%
男	11.5%	35.9%	36.8%	13.0%	2.8%

*:$p<0.05$,**:$p<0.01$

注:数据来源于国家社科项目(11BRK020)“女大学生就业问题专题调研”。

2.女性就业态度的主体化、多元化

就业态度指一个人在一定的环境影响下对于就业问题的反应方式。就业态度有着明显的指导性和动力性,可以推动人们的行为。就业态度通常包括积极、消极和漠然三种类型。

随着市场就业机制的逐渐确立,女性就业已从主要由政府安置转向政府安置、求职应聘、自我创业等多种途径。2000 年,城镇女性在业者由劳动人事组织部门安排的比例为 43.3%,比 1990 年降低了 15.1 个百分点;通过求职、应聘录取考取的比例为 14.3%,比男性高近 3 个百分点;自己创业的比例比 1990 年提高了 17.1 个百分点,达 21.4%,接近男性的水平。就业前对就业动机的合理把握是女性成功就业的重要条件,对职业意义的理解是否准确,直接影响到女性日后的职业质量(王麒凯等,2014;刘轩,2016)。城镇在业妇女中,就业动机主要是为了“维持家庭和自己的生活”的占比 73.8%,比 1990 年高 20.1 个百分点;为“在经济上自立”和“获得更高收入”而工作的共有 52.6%,比 1990 年高 11.6 个百分点;“希望充实自己的生活”的有 29.2%,比 1990 年提高了 10.4 个百分点;“因为大家都工作”而就业的比例仅有 4.7%,比 1990 年降低了 6.1 个百分点。这表明城镇女性就业的从众性减少,自主自立性提高(第二期中国妇女社会地位调查课题组,2001)。

总体而言,无论是在择业倾向还是在就业动机上,女性都越来越与市场需求联结起来,使自己的择业观念合理化、市场化、多样化,以更好地应对和解决多元化的就业问题。同时,为了避免工作和家庭的两难,越来越多的女性选择突破家庭局限,将自己的就业定位在社会层面上。

3.女性就业期望的传统化、现实化

就业期望是个人对就业的态度倾向,包括个人对能否就业、就业的职业类型以及工作发展成就的自我希望与期待,是个人对自己职业的基本规划与态度,它在很大程度上影响着个人对职业成就的追求(曾向昌,2007;潘子豪,2007)。它既是个人内在职业价值观的外在表现,又是决定个人职业选择的内在动力源,是职业选择的动机(王玲、沈娇,2007)。

尽管不同学者对就业期望的认识存在一定差异，但以上界定都强调三个方面的内容：第一，态度倾向，都强调对某种职业的评价；第二，动态性，就业期望是伴随就业的动态过程产生和发展的，对职业评价、选择和获得职业结果都存在预期，强调就业结果；第三，动力性，强调就业期望是职业选择的动力源，对能否就业产生影响。

关于就业期望的测量，也并未形成学界比较认可的统一的指标体系。冉昆玉（2009）认为，就业期望的内容主要分三类：其一是包括单位与个人的发展前景、工作岗位能否发挥个人才干、是否有学习和培训的机会、工作条件如何、用人机制是否灵活等发展类就业期望；其二是包括工资水平、福利标准、工作的自由与舒适度等待遇类就业期望；其三是包括工作的地点、单位的规模、工作的稳定性、单位的性质等声誉类就业期望。国外学者米林顿（Millington）以工作能力为内容编制的就业期望问卷包括五个维度，即工作知识/生产技能、社会化和情感应对技能、接受培训/任务的技能、可靠性、动机/满意度（高耀、刘志民，2012）。女性学者主要从女性对就业的价值理解、单位、岗位、薪资等的期待上进行考量。

女性在就业期望取向上存在两个层面的特点：一是在感性层面上重视自我价值的实现。谋求一份称心如意的职业，最大限度地实现自己的人生价值，几乎是每个女性的愿望，这种心理需求是正当的、合理的，也是无可厚非的。二是在理性层面上就业期望目标现实化，女性对高层次的职业期望值在合理范围内。比如，在期望起薪水平的界定上，绝大多数的女大学生将起薪水平定位在社会平均工资水平附近。但是女性就业期望的传统化色彩依然比较严重，党政机关的稳定性和社会声望相对更有吸引力，多数女大学生将这些单位当作就业首选。

三、就业意愿的性别差异

新中国建立70年来，政府在倡导男女平等上取得了举世瞩目的成就。无论持何种标准，中国保障和促进性别平等就业的法律与政策都可以成为许多国家的参照。但同时，我们要意识到，真正构建两性被同等对待的社会关系必须依靠认知的提升。对于性别平等就业的认知，两性存在显著的差异。就业形势不够乐观已成求职者的普遍共识，而女性求职者所表现出来的就业压力更大。数据显示，接近一半（48%）的大学生面对当前就业形势选择了“较有压力，但有一些自信”，14.5%表示“很有压力，感到焦虑”，13.2%表示“时常感到困惑”，13.03%的“希望得到帮助”，仅有11.72%的受访者表示“踌躇满志”，女性大学生比男性大学生感受到的就业压力更大，对就业形势的认知也比男性大学生更悲观（姜荧荧，2011）。

两性在就业期望上也存在较大不同，女性的就业期望要低于男性。男性比女性更能坚持科学和工程师的职业期望（Mau W.C.，2003），男性在就业的第一年有较高收入上的期望显著高于女性，女性平均比男性选择更低收入的职业（Johanson M.A.，2007）。女性的就业期望呈现出自卑、依赖、盲从、求实惠等心理问题，更偏好服务、科教文卫等行业（陈莹，2005）。较低的就业期望并没有带来女性的顺利就业，反而带来了女性较低的就业质量。女性职业期望同时受个人心理因素和社会环境因素的影响。女性个人的实践经验、学业成绩及外界的支持会直接影响其对自己的看法和对就业的态度，继而影响其职业期望的现实性。传统僵化的社会性别角色是导致女性就业期望存在水平较低问题的根本原因，较低就业期望是女性对劳动力市场性别歧视的一种让步和妥协。

女性谋求经济独立和实现个人价值的愿望并不逊于男性，但女性的就业期望较低，就业认知不清晰，就业意愿有待提高，这会带来女性经济参与不足和劳动力市场优质人力资源的减少，同时也会带来女性社会责任感的降低和家庭不和谐的负面效应。提高女性的就业期望和就业意愿是关系到妇女经济社会参与的基础性工作。

第二节

女性就业水平

女性就业难既表现在就业过程的各个环节，更集中堆积到择业产出的两个重要指标即就业水平和就业质量上。在全球范围内，自 20 世纪 90 年代以来，随着经济进一步繁荣，生育率下降，女性受教育程度显著提升，主张性别平等文化发展，这些都为扩展女性自主选择职业发展空间，进入劳动力市场提供了现实基础，在 2016 年 9 月 4—5 日召开的 G20 峰会上，女性就业问题再一次得到关注，提高女性就业率也被写入《2016 年 G20 政策建议报告》，显示出包容性发展下，对女性就业权益的重视。但不容忽视的是，劳动力市场上的性别歧视依然是一个全球性问题，中国劳动力市场上的性别偏见和性别歧视也依然存在，女性较高就业率的背后仍存在不少问题和风险，亟待更为积极的政策回应。

一、就业水平的概念与测量

就业水平是雇员总体受雇的水平状态。一般用就业率表示：某一时期内的就业总人数占该时期该就业总人数的百分数。目前学界对就业水平的认识比较统一，在测量上主要选择就业率。女性学认为就业水平是一个多元概念，既包含是否雇佣，还包括雇佣的形式及未雇佣的原因，如果非自愿性失业较多，那么就业水平也会偏低。因此，对就业水平的测量应围绕就业率、就业形式和失业情况三个方面。

二、女性就业水平的现状及性别差异

（一）新中国成立 70 年来女性就业率持续提升

从 1949 年新中国成立到 1978 年改革开放这 29 年的时间里，主要表现为女性开始走出家庭，进入劳动力市场，从事更多的社会生产和服务。新中国成立初期，女性就业率较低，1949 年的统计数据显示，全民所有制单位中，女性的就业人数为 60 万人，占全部职工的 7.5%；而到 1952 年，女性的就业人口增加到 184 万人，占职工总数的 11.2%；在 1958—1960 年“大跃进”期间，大多数无业妇女被计划性地安置到国营单位和街道集体企业，导致女性就业人数迅增，1957 年，女性职工人数达到 328.6 万人，在 1960 年，女性就业人数突破 1000 万人；1977 年，女性就业人数增长幅度才有所放缓，在全部职工中的比例为 33.57%。随着改革开放“对内搞活”和“对外开放”等市场经济政策的实施，市场竞争机制形成了新的劳动力分配制度，失去了政府保障的劳动者在劳动力市场中表现出新的特征。从劳动参与率来看，女性的劳动参与率大幅提高，1979 年女性的劳动参与率为 34%

左右,在 1980 年年初增长率最高,从 1982 年开始增长速度加快,1990 年虽人数有所增长,但增长率呈下降趋势。在这一阶段,女性已经逐渐意识到劳动力市场的竞争性,开始在劳动力市场中寻找自己的定位。1981—1996 年这 15 年间城镇单位女职工人数从 3935 万增加到 5883 万,涨幅为 49.5%。从 1997 年起,受国企改革及亚洲金融危机的影响,城镇单位女职工数量呈逐年下降趋势,到 2003 年年底女职工绝对数量减少了 1732 万人,但女职工所占比例仍然保持在 38%左右的高位上。2004—2015 年是女性就业的第二个增长期,城镇单位女职工人数从 4227 万增加到 6527 万,涨幅达 54.4%(董一心,2017)。

(二)女性就业率趋于稳定,但性别差距扩大

我国女性一直保持较高的劳动参与率,2013 年中国女性的劳动参与率为 63.8%,居世界第一,超过世界平均水平 13 个百分点,经济参与水平高出多数国家的男性劳动者(国家统计局人口和就业统计司,2014)。相对于包含未就业劳动人口的劳动参与率,就业率更能反映劳动者经济参与的机会和水平,2017 年女性的就业率高达 73%(智联招聘,2017),全国女性就业人员占全社会就业人员的 43.5%,城镇单位女性就业人员 6545 万人,比 2010 年增加了 1684 万人,占城镇单位就业人员的 37.1%(国家统计局人口和就业统计司,2018)。

第三期中国妇女社会地位调查数据显示,18~64 岁女性的在业率为 70.9%,城镇为 60.8%,农村为 82.0%;男性的在业率为 87.2%,城乡分别为 80.5%和 93.6%。与 2000 年相比,女性在业率的下降幅度大于男性,在业率的性别差距由此增加了近 10 个百分点(见表 5-2)。

表 5-2 中国男女就业率、性别差距的变化趋势:1990—2010

年份	男性就业率(%)	女性就业率(%)	性别差距(%)
1990	96.1	90.5	5.6
2000	93.5	87	6.5
2010	87.2	70.9	16.3

经济参与度的性别差异经历了倒 U 形变化趋势。1990—2010 年男女经济参与度指数先提高后降低,性别差距经历了先缩小后扩大的动态变化过程。1990—2000 年,男女经济参与度指数由 75.36 提高到 79.82,性别差距缩小了 4.46 个百分点,该差距的缩小与市场化发展及政府干预密不可分。2010 年该指数下降到 76.26,性别差距比 2000 年扩大了 3.56 个百分点(蒋永萍、杨慧,2016)。该趋势在大大减缓中国消除经济领域性别差距步伐的同时,也给中国政府落实男女平等基本国策带来了巨大挑战。中国政府为了应对市场化对妇女参与经济发展带来的不利影响,在推进经济结构战略性调整和经济发展方式转变的改革创新中,颁布并实施了一系列法律法规、政策措施,为促进经济领域性别平等做出了不懈努力。在市场化与政府干预的双重作用下,20 年来中国经济领域性别差距缩小了 0.90 个百分点,年均缩小 0.045 个百分点。

(三)非正规就业的女性居多,加剧了女性就业的脆弱性

非正规就业形式在我国从无到有,不断增加,而今成为劳动力市场的重要组成部分,

在吸纳劳动力就业方面发挥着重大作用。在非正规就业兴起和发展的过程中，女性非正规化就业的趋势较为明显。在发展中国家非正规就业是女性就业的基本源泉。ILO研究结果表明，全世界52%的女性从事非正规就业，在亚洲，73%的女性从事非正规就业（ILO,2011）。在10个拉丁美洲和4个东亚国家中，半数以上的非农就业女性从事非正规就业（Chen，Martha,2008）。

中国劳动统计年鉴数据显示，女性就业人员中，非正规就业的比例始终较高并呈现上升趋势，1996年这一比例是33.91%，1998年为49.66%，2010年该比例最高，达到68.57%，2010年有所下降，但仍然处于较高水平，为67.37%。三期妇女社会地位调查的数据得到了相同结论：(1)城镇女性非正规就业正以较快速度演进。2010年城镇女性就业者中，非正规就业的比例为51.6%，比同类男性高5.0个百分点。与2000年相比，城镇女性非正规就业比例提高了10.6个百分点。(2)非正规就业对女性收入的负面影响大于男性。2010年非正规就业女性的年均劳动收入仅相当于同类男性的49.1%，而在正规就业中，女性劳动收入达到同类男性的87.3%（杨慧，2016）。从事非正规就业的女性比例要远高于从事正规就业的女性，这表明中国女性存在明显的就业非正规化趋势，由于非正规就业本身是一种次级劳动力市场，女性就业非正规化趋势很大程度上是女性被劳动力市场排斥的一种表现。

（四）女性不在业比例明显高于男性

第六次全国人口普查和第三期妇女社会地位调查数据显示，近年来城乡不在业女性的比例均不断提高。2010年全国有29.1%的18～64岁女性处于不在业状态，比同类男性高16.3个百分点。2017年，城镇登记失业人员中女性所占比重为43.1%，比上年降低1.2个百分点（国家统计局人口与就业统计司，2018）。男女不在业原因差异明显，女性不在业的原因更多与家庭照料责任有关，其中有58.7%的目前不在业女性曾经因为结婚生育和家庭照料而中断工作，不在业妇女中，料理家务者占69.3%，失业者占13.3%，在校学习者占6.4%（第三期中国妇女社会地位调查课题组，2011）。而男性不在业原因更多与家庭照料责任以外的退休或内退，或丧失劳动能力等原因有关。

（五）农村青年妇女的非农就业比重有待提高

截至2017年年底，中国农民工总量达到2.86亿人，虽然与2016年相比增长1.7%，但增速呈现多年持续下降趋势，支撑中国经济高速发展的“人口红利”正在逐渐消减（马俊龙、宁光杰，2017）。农村妇女是农村剩余劳动力最主要的构成部分，2000年以来农村女性外出务工人数仅有男性外出务工人数的1/2左右（国家统计局，2009—2017），这意味着中国农村地区存在大幅释放女性劳动力从事非农就业以推迟“刘易斯拐点”到来的可能性。第二期中国妇女社会地位调查的数据表明，40岁以下的农村妇女在非农产业就业的占13.3%，比40岁以上农村妇女高7.5个百分点；40岁以下农村妇女从事过非农性生产经营活动的有25.8%，比40岁以上农村妇女高12.2个百分点。在曾外出务工的40岁以下农村妇女中，目前从事非农经营活动的达28%，比40岁以下农村妇女总体的非农经营活动参与率14.2%高出近一倍（第二期中国妇女社会地位调查课题组，2001）。照顾老人和儿童等家庭责任可能导致妇女在面临家庭和就业角色冲突时不得不放弃非农工作，农村已婚妇女面临的角色冲突可能更为严重。2000—2015年CHNS调查数据显示，现阶段已婚女性承担家庭老年照料责任是其非农就业参与率远落后于已婚男性的重要原因，照料老人的农村已婚妇女平均非农就业率(19.25%)不足已婚男性非农就业率(39.80%)的一半，且两者的差异具有统计显著性。

(六)女大学生就业水平提高，性别差异缩小

我国政府一直非常重视女大学生的就业问题，出台了一系列的就业促进政策，特别是在意识形态领域一直倡导男女平等，积极鼓励妇女走出家庭，参与公共活动和市场劳动，女性对自身性别的认识和自身价值的实现越来越重视。这不仅为中国经济增长带来了丰富的劳动力资源，也大大提高了女性参与就业的机会，尤其是高校女大学生整体的就业水平在逐渐上升。接受高等教育并成功就业不仅改变了女大学生的生活方式和思想观念，而且拓宽了她们的活动范围，提高了她们的社会地位，更提升了女性的性别职业自信心。

2016 年全面两孩政策实施以来，女大学生的初次就业率出现了下降。从 2016 年 7 月 12 所高校毕业生初次就业率来看，女大学生就业率明显低于往届水平，也低于同届男大学生。其中，理工类、地方普通高校女大学生就业率下降幅度更大。例如，华东地区某理工类大学(TUE)的 2016 届女大学生初次就业率只有 37.17 %，与 2015 届的 90.57%相去甚远。华东地区某地方普通高校(LUE) 2016 届女本科毕业生初次签约率为15.7%，比男生低 13.2 个百分点，比 2015 届下降了 8.4 个百分点(女大学生就业状况与问题调研课题组，2018)。在经济下行、生育政策调整的社会背景下，女大学生的就业将遭遇更大的挑战。

第三节

女性就业结构

女性作为重要的人力资源，能否和男性一样平等就业，已成为反映社会公平公正的重要指标。除了关注总量的变化，就业结构也是重要的参考指标，它侧重反映了劳动力依照不同的划分标准在不同领域的分布状况。女性作为一国人口中的“半边天”，其就业结构的特点及演变呈现着丰富的含义。

一、就业结构的定义及测量

就业结构又称社会劳动力分配结构，一般指国民经济各部门所占用的劳动力数量、比例及其相互关系。在外延上一般包括就业的产业结构、行业结构、所有制结构、职业结构、学历结构等。对某一就业总量的内部结构可以从多方面入手分析，这就产生了各种意义不同的就业结构，如就业的行业结构或部门结构，就业的职业结构、就业的地区结构和就业的所有制结构等。经常需要考察并对妇女就业具有重要意义的就业结构主要是就业的行业结构和就业的职业结构。就业的行业结构主要考察的是就业人口在各部门、行业的分布。就业的职业结构主要指就业人口在不同职业之间的分布。随着社会分工的发展，职业类别不断增多且越来越复杂，目前我国的职业按大类分为 7 大类，63 个中类，300 个小类(格林沃尔德，1992)。

二、女性就业结构及其性别差异现状

(一)产业结构:就业的非农化趋势及产业转移的性别差异显著

产业部门是就业的物质载体,产业结构在一定程度上决定了就业的构成,国家经济政策、生产要素资源禀赋、技术状况等的变化引起产业结构的变迁,随着产业结构的动态调整,就业结构不可避免地做出相应的转变和调整。随着改革开放程度的不断加深和范围的逐步扩大,中国的产业结构不断趋向合理化和高级化,与此同时就业结构也在不断进行适应性的调整变动。我国三次产业的产值比重由 1978 年的 28.1∶47.9∶23.9 变化到 2014 年的 9.2∶42.7∶48.1(朱琳,2017)。就业结构变化方向虽然与产业结构基本保持一致,但两者在变动程度和速度上却存在一定程度的偏差,最突出地表现为产业就业的性别差异。

男女两性就业者都呈现了明显的非农化趋势。从 1990 年到 2010 年的 20 年间,男性在第一产业的就业比例从 70.14%下降至 44.39%,而女性则从 77.16%下降至 53.22%。与此同时,第二、第三产业的就业比例大幅度提升,尤其是进入第三产业的女性就业者增加的比例高达 18.3 个百分点(马慧琼,2015)(见表 5-3)。但是两性就业者在产业间的转移并非同步均衡进行的,而是表现出一定的性别差异。首先,从绝对比例来看,女性在第一产业的就业比例一直比男性高,说明农业女性化的特点一直存在。其次,从相对数值变化来看,女性就业的产业转移渠道主要是从第一产业向第三产业流动,而男性向第二和第三产业的转移则表现得较为平均。再次,就业女性在三大产业间的分布比例相较于男性而言均衡性较差,即未来优化的空间还很大。

表 5-3 中国就业人口产业结构的变化:1990-2010

单位:%

产业	1990		1995		2000		2005		2010	
	男	女	男	女	男	女	男	女	男	女
第一产业	70.1	77.16	66.18	73.71	60.67	68.81	54.26	61.38	44.39	53.22
第二产业	16.71	13.61	16.93	12.82	19.31	14.09	21.81	15.00	28.12	19.25
第三产业	13.15	9.23	16.89	13.44	20.02	17.07	23.91	20.62	27.19	27.53

数据来源:1990 年和 2000 年人口普查,2005 年中国 1%人口抽样调查及 2010 年人普查。

(二)行业结构:行业间的不均衡变化及关联职业的性别优势显现

行业作为反映国民经济和社会发展的重要内容,其内部性别构成对于反映女性经济参与和性别平等至关重要。自 1978 年至今,伴随社会经济发展,我国行业门类由 12 个增加到 20 个,分行业职工人数由 1978 年的 9499 万人增加到 2017 年的 42467 万人(国家统计局人口和就业统计司,2018)。行业性别隔离分为水平隔离和垂直隔离两种形式,水平隔离指男女在某一行业中的比例与在全部劳动者中的比例不一致,表明某些行业存在对某一性别的进入门槛;垂直隔离指男女在同一行业中的职位和薪资水平不同,表明行业内部存在对男性和女性的区别对待(魏兰真,2015)。在行业分类方面,国内学者根据不同的研究需要和分类方法,将行业分为 2～13 类不等,详见表 5-4。

表 5-4　行业分类标准、类别与资料来源

分类标准	具体方法	资料来源
按照行业资本来源分为 2 类	垄断行业和非垄断行业	吕康银等（2010）
按照农民工小时工资和等距分组方法分为 3 类	第一类包括建筑业、批发零售业和交通运输业；第二类包括制造业、居民服务业和其他行业；第三类包括住宿餐饮业和商务服务业。	杨鹏、张广胜（2012）
按照收入水平分为 3 类	第一类包括农林牧渔业，文化体育教育和娱乐业，医疗、维修及个人服务，旅游旅馆餐饮票务业，公共行政群众团体；第二类包括建筑业、制造业、零售业；第三类为金融、保险、房地产业；其余行业归为第三类。	王美艳（2005）；柴国俊和邓国营（2013）；王湘红等（2016）
按分行业女性比例分为 5 类	女性聚集行业（女性占 60%以上）、偏女性聚集行业（女性占 50.0%～59.9%）、性别均衡行业（女性占 40.0%～49.9%）、偏男性聚集行业（女性占 30.0%～39.9%）和男性聚集行业（女性低于 30%）。男性行业（女性比例低于 30%），男性高度集中行业（女性比例低于 10%）；男女混合行业（女性比例占 30%～60%）；女性行业（女性比例在 60%以上），女性高度集中行业（女性比例在 90%上）。	蒋永萍（2006）蒋永萍、杨慧（2013）；魏真兰（2015）
按照农民工就业行业分布、受教育程度及工资水平，将农民工就业行业分为 7 类	第一类农林牧渔业；第二类制造业；第三类采掘、建筑、水电 煤供应行业；第四类批发零售、住宿餐饮、社会服务；第五类 金融、保险、房地产、交通运输、通信、科研技术；第六类教育文化及广播电影电视、卫生体育、社会福利、党政机关和社会团体；第七类其他不便分类行业	罗俊峰（2017）
按照中国城镇住户调查数据中 1992～1996 年标准，将行业分为 13 类	第一类为农林牧渔；第二类为普通工业；第三类为地质勘探和普查业；第四类为建筑业；第五类为交通运输、邮电通信业；第六类为商业、公共饮食业、物资供销和仓储；第七类为房地 产管理、公共事业、居民服务和咨询服务业；第八类为卫生体育和社会福利事业；第九类为教育、文化艺术和广播电视事业；第十类为科研、综合技术服务事业；第十一类为金融保险业；第十二类为国家机关、党政机关和社会团体；第十三类为其他。	葛玉好（2007）
《中国劳动统计年鉴》中分行业在岗职工平均工资将行业分为 3 类	高收入行业：金融（保险）业、信息传输、计算机服务和软件业、科学研究、技术服务和地质勘查业。低收入行业：农林牧渔业、住宿和餐饮业、居民服务和其他服务业。性别均衡（中收入）行业制造业、批发和零售业、水利、环境和公共设施管理业、文化体育和娱乐业。	杨慧、张子扬(2019)

绝大部分学者认为行业性别差距明显。兰道（Rendall）认为美国就业结构的转变，促使很多女性从事服务业工作。艾琳（Irene）等发现瑞士女性多被限制在教育、医疗保健和餐饮住宿等少数行业就业。国内学者基于 1990 年“四普”行业性别构成分析认为，农林牧渔水利业女性比重高于男性，建筑业和国家机关、政党机关和社会团体中男性比重高于女性。在“四普”的 13 个行业中，女性比例低于 25%的有 4 个行业。第三期中国妇女社会地位调查数据显示，女性主要集中在收入水平和社会保障程度较低的女性聚集行业和

偏女性聚集行业，男性大多集中在中高收入行业。

从行业构成看：(1)女性集中在收入和保障差的行业。根据第六次人口普查资料，除农、林、牧、副、渔业外，女性就业人口规模在40万人以上的行业由高到低分别为制造业，批发和零售业，住宿和餐饮业，教育，居民服务和其他服务业，公共管理和社会组织，卫生、社会保障和社会福利业，以及交通运输业。均属于劳动收入偏低、社会保障差的行业。(2)女性行业集中程度大于男性。2010年的人口普查数据显示，我国有53.2%的就业女性集中在农、林、牧、渔、水利业，制造业吸纳了16.6%的女性，处在第三位的批发和零售业吸纳了11.0%的女性，而在其他17个行业中就业的女性比例合计仅为19.2%。(3)农村女性行业集中程度大于城镇。在城镇女性就业比例最高的批发和零售业、公共管理和社会组织、制造业中，集中了52.0%的城镇女性；而在农村女性就业比例最高的农林牧渔水利业、制造业、批发和零售业，吸纳了90.8%的农村在业女性。

就行业性别隔离的变化趋势而言：(1)高收入行业女性比例总体增加约13.4个百分点。从行业内部差异看，女性比例"两增一减"。1978—2015年，女性在金融(保险)业的比例不断攀升，由24.62%攀升到51.69%，提高27.07个百分点。从2008年起金融业由性别均衡行业转变为偏女性聚集行业，这种势头一直持续至今。信息传输、计算机服务和软件业女性比例由2003年36.04%提高到2015年的39.18%。科学研究和技术服务业女性比例在改革开放40年来，经历4次波动并下降了1.05个百分点。特别是2007年女性比例跌破28%，其他年份女性比例徘徊在30%～36%之间，总体呈现出波动中下降的趋势(杨慧、张子扬，2019)。

(2)低收入行业女性比例总体增加10.56个百分点。在农林牧渔业、住宿和餐饮业、居民服务和其他服务业三个低收入行业中，女性就业人员所占比例由1978年的34.69%增加到45.24%，共增加10.56个百分点，增加趋势持续、稳定。1978—2002年以农林牧渔业为代表的低收入行业女性比例增加2.43个百分点。2003—2015年，伴随住宿和餐饮业、居民服务和其他服务业单独统计，女性在低收入行业中所占比例增加了3.90个百分点。低收入行业内部女性比例"两减一增"。2003—2015年，农林牧渔业中女性比例分别增加了1.41个百分点，住宿和餐饮业、居民服务和其他服务业中女性比例分别减少了0.03和0.42个百分点(杨慧、张子扬，2019)。

(3)行业总体性别隔离程度增加1倍。1978—2016年，城镇单位女性就业人员规模从3128万人增加到6527万人，所占比例由32.93%提高到36.14%。性别均衡行业由1978年的2个行业增加到2015年的3个行业，甚至部分行业由以男性或偏男性聚集行业转变为性别均衡行业后，进一步转变为偏女性聚集行业。其中，制造业由1978年的偏男性聚集行业，到1982年转变为性别均衡行业；批发和零售业由1978年的偏男性聚集行业，到1981年转变为性别均衡行业后，从2013起进一步转变为偏女性聚集行业。结合高收入行业女性比例总体增加等研究发现，如果仅从表面上看，容易得出改革开放40年来中国行业性别平等程度具有不断提高的假象。然而，运用邓肯指数并考虑行业内部性别构成的变化趋势后，就会发现D指数从1978年的12.49提高到2015年的24.94，在不到40年的时间里整整提高了1倍(杨慧、张子扬，2019)。当然，这种提高趋势既有行业数量增加后，由于行业细分程度提高带来的影响，更有部分行业内部性别不平等加剧带来的影响。

(三)职业结构:职业性别隔离日趋明显及女性职业层次逐渐提升

在劳动力市场上,当某一个人口群体内部的职业分布与另外一个人口群体内部的职业分布差异较大时,我们就可以说这两个人口群体之间存在着职业隔离。当人口群体的划分主要是依据性别做出的,即不同职业中某一职业的男性和女性所占比例和另一个职业男性和女性所占比例相差悬殊,就认为存在着职业性别隔离现象。格罗斯(Gross)最早将性别隔离这一概念介绍到学术领域来概括男性和女性集中于不同职业的现象。职业性别隔离包含两种形式:水平隔离和垂直隔离。安克尔(Anker)将水平隔离定义为男性和女性在不同职业间的分布,如女性成为保姆或秘书,男性成为卡车司机或医生。垂直隔离是指相同职业中男女分布可能是某个性别总是处于较高级别或水平,例如,男性更可能是生产监督人员,而女性更可能是生产工人。水平隔离和垂直隔离共同作用形成一般总体隔离。

职业性别隔离的测度一直是困扰研究者的主要方法问题。经济学家和社会学家运用不同理论从多角度解释职业性别隔离现象,与之相伴的则是隔离测度方法的层出不穷。最常用的一是统计描述的方法,二是总和指数的方法。统计描述主要包括:职业结构、女性在各职业中的比率等,其主要目的是反映劳动力市场的性别构成、不同职业的性别构成和规模。可以通过各职业中男性和女性主导作用程度的不同来划分不同"性别"的职业。Goodman(1981)、Breige(1981)和 Jacobs(1989)通过经验检验确认了划分职业"性别"的边界:女性占 0～29.9%的职业为男性职业;占 70%～100%的为女性职业;其余的为中性职业或混合职业。Tak(1999)对 Jacobs 的方法进行了扩展,将女性 0～30%定为男性职业;30%～60%为混合职业;60%～90%为女性职业;90%～100%为高度女性职业。统计描述的另一个重要作用是描述垂直隔离的变化。具体方法是比较女性在专业类和管理类的参与率与在操作类和服务类的参与率(前两者一般被认为是男性主导的职业,后两者一般被认为是女性主导的职业);或者是计算女性在各个职业类别中最高级的职业中的参与率,并与男性的参与率进行比较。

1.女性职业层次有所提高

经济的转型、产业结构的调整以及女性整体素质的提升,为女性的向上流动提供了更多的发展机遇,女性的职业层次不断提高。《中国妇女发展纲要》监测报告显示,2017 年,公有制企事业单位中女性专业技术人员为 1529.7 万人,比 2010 年增加 260.3 万人,所占比重为 48.6%,提高 3.5 个百分点;其中女性高级专业技术人员为 178.9 万人,比 2010 年增加 77.3 万人,所占比重为 39.3%,提高 4 个百分点。第三期中国妇女社会地位调查数据显示,"白领"职业女性从业人员占 21.4%,比 2000 年提高了近 13 个百分点,城乡分别提高了 3.8 个和 2.6 个百分点。2000 年城镇在业女性中,各类负责人占 6.1 %,比 1990 年增加了 3.2 个百分点;各类专业技术人员占 22.8 %,比 1990 年增加了 5.4 个百分点。城镇在业男性中各类专业技术人员占 16.7%,比 1990 年增加了 1.5 个百分点,与男性相比,女性专业技术人员的增长较为显著。《全球性别差距报告》也显示,自 2006 年开始,女性专业技术人员的占比逐年增长,并在 2008 年超过男性,为 52%,此后一直保持该比例水平详见图 5-1。

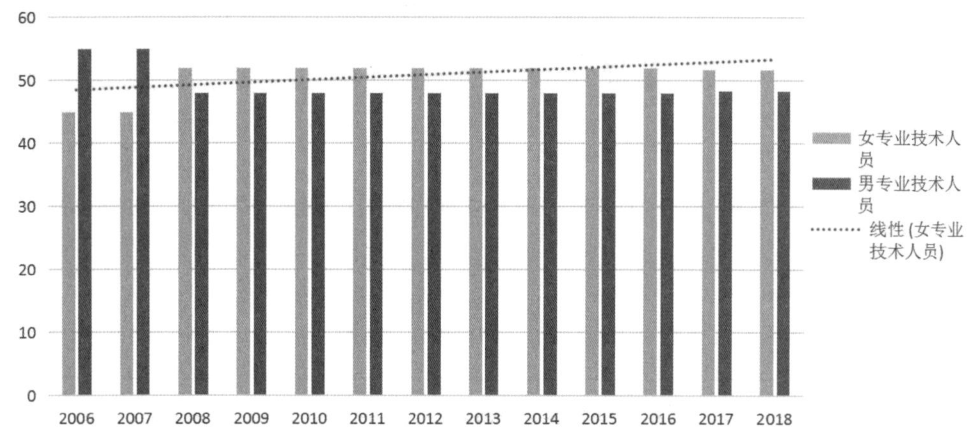

图 5-1　专业技术人员中的男女比例:2006—2018

数据来源:《全球性别差距报告》(2006—2018)。

2.性别均衡与性别隔离并存

根据第四次人口普查数据发现,在市场经济的调节下,男性与女性的职业选择出现不同的倾向性。女性就业分布最高的前五类职业除了女性擅长的纺织、缝纫、印刷和检验等职业外,牧业劳动者中女性比重也较大;女性虽然在这些行业中占比较大,但最多仅占70%左右,而男性在占比最多的五类职业中占有绝对优势,比重均超过了90%,除了男性适合的体力和技术性工作之外,社会地位较高的国家机关及其工作机构负责人,占总体职工人数的比重为92.11%。可以看出,随着计划经济完全被替代,市场经济下的企业更加重视经济效益,社会对女性劳动者的认知仍然受到传统观念的束缚,认为女性在家庭和生育等方面的劳动成本高,性别职业隔离现象开始体现出来。

在农业生产人员、专业技术人员和商业服务业人员中,性别结构基本均衡;在办事人员和负责人中,女性所占比例分别低于男性15.6个和41.8个百分点,即女性在管理和决策岗位所占比例明显偏低,性别隔离依然存在。由表5-5可知,男女的职业分布呈现出特有的集中趋势。如男性就业者更多地向生产运输类职业流动,2012年比1990年增加了11.48%,同一指标比女性高出6.81个百分点;而女性就业者更多地向商业服务类职业流动,增加的比例为15.82%,同一指标比男性高出3.15个百分点。还有,女性作为单位负责人和办事员的职业比例一直低于男性。同时,尽管两性就业者都有非农化趋势,但女性就业者从事农林牧渔类职业的比例一直高于男性,且20年来男性减少的比例比女性减少的比例高出1.9个百分点,说明在就业职业构成的演变过程中,女性依然被更多地滞留在第一产业的职业类别中(马慧琼,2015)(见表5-5)。女性职业发展"去性别化"仍任重道远,招聘会上专为女性打造的"契合女性特点"的工作岗位宣传屡见不鲜。

表 5-5　全国男女职业构成及变化:1990—2012

单位:%

产业	1990		2000		2006		2012	
	男	女	男	女	男	女	男	女
单位负责人	2.81	0.45	2.61	0.64	1.83	0.56	2.8	1
专业技术人员	5.29	5.35	5.16	6.69	5.38	6.02	9	10.9
办事人员	2.35	0.99	4.06	2.12	4.27	2.47	6.2	4.4
商业服务人员	5.03	5.88	8.6	10.41	10.72	12.1	17.7	21.7
生产运输人员	17.72	12.03	19.66	11.91	19.02	11.35	29.2	16.7
农林牧渔劳动者	66.76	75.26	59.84	68.18	58.41	67.24	34.7	45.1
其他	0.05	0.05	0.08	0.05	0.37	0.27	0.3	0.2

数据来源:《中国人口与就业统计年鉴》(1991—2013)中国统计出版社出版。

3.职业级别分布的性别不均衡问题严重,“玻璃天花板”现象突出

作为社会发展的重要力量,女性参与公共事务的质量显著提升。越来越多的女性成为政界、商界、学界、文体界等领域的领军人物,比如获得诺贝尔医学奖的女科学家屠呦呦,中国第一个女航天员刘洋,不畏强手、顽强拼搏的中国女排姑娘等。而且女性优质人力资源储备越来越丰富,2016 年女博士占比 38.63%,女硕士占比 53.14%,普通本科在校女生占比 53.44%。但是女性的职业发展依然面临着不可逾越的职业性别隔离的藩篱,女性在职业等级当中被隔离在职业底部的情况仍然存在,《中国妇女发展纲要(2011—2020年)》2017 年实施情况的统计监测显示,企业董事会与监事会中女性比例分别为 39.7%和41.6%;公有制企事业单位中女性专业技术人员所占比重为 48.6%,其中女性高级专业技术人员为 39.3%(国家统计局人口与就业统计司,2018)。

从 2006 年至 2018 年全球性别差距报告中女立法者、高级官员和高层管理者指数和指标得分来看,虽然其指数值 2018 年(指数值 0.20)比 2006 年(指数值 0.14)提高了 0.06,但是其 2018 年排名(排名 122 位)比 2006 年(排名 86 位)下降了 36 位。我国女性管理者的比例一直较低,2006 年我国男性立法者、高级官员和高层管理者占比 88%,而女性仅有12%,虽然 2008 年上升至 17%,但一直保持这一比例至今(见图 5.2)。职业流动有助于提升职业层次,第三期妇女社会地位调查数据显示,虽然男女换工作比例相差无几,但女性职业向上流动的比例低于男性 6.6 个百分点,高层女性的占比依然没有本质性的突破,女男比维持在 0.2 左右,存在非常大的职业性别隔离,女性职业发展的玻璃天花板突出(见图 5-3)。

女性就业结构的优化和升级会全面带动就业总量、就业率、就业质量的提高,为我国经济发展提供切实的保障。当前女性就业结构呈现出以下特点:产业结构方面,就业的非农化趋势及产业转移的性别差异显著;行业结构方面,行业间的不均衡变化及关联职业的性别优势显现;职业结构方面,女性职业层次不断提升,但玻璃天花板效应依然突出,需要给予相应的社会和政策支持。

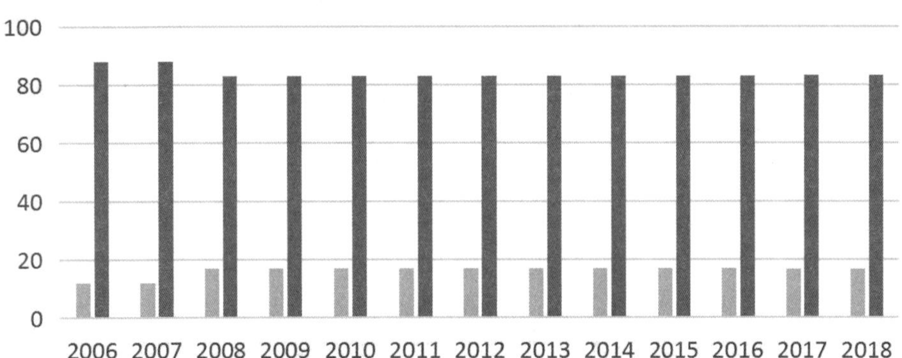

图 5-2　我国立法者、高级官员和高层管理者男女占比

数据来源:《全球性别差距报告》(2006—2018)。

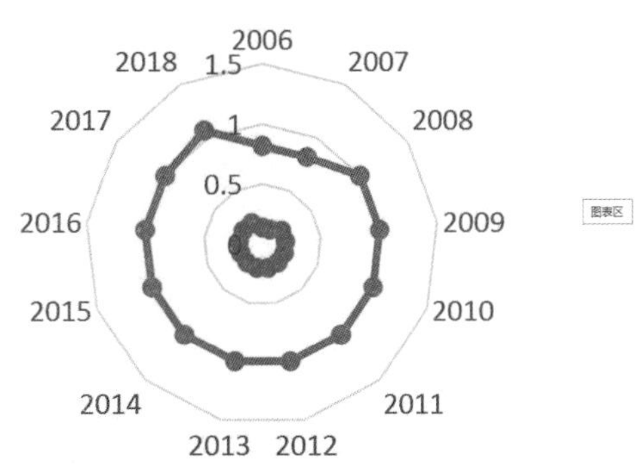

图 5-3　我国职业性别的垂直隔离

数据来源:《全球性别差距报告》(2006—2018 年)。

第四节

女性就业质量

虽然最近几年我国劳动年龄人口不断减少,但劳动力对高质量工作的需求和高质量工作的供给不平衡不充分之间的矛盾依然突出。加之"男强女弱""男主外女主内"的传统性别观念,致使就业的整体压力不断地转嫁或叠加到女性这一群体上来,造成更加明显更为严重的就业市场对女性的性别排斥和歧视,工作供给不平衡问题最终演变为就业质量的性别问题。

一、就业质量的概念界定

就业质量概念的提出，既是针对就业/失业二分法的局限性，也是对一味坚持充分就业反思的必然结果，或者说是对只有数量意义的“就业率”指标的重要补充。对就业质量的关注，意味着采用廉价劳动力成本获取充分就业繁荣假象的经济运转模式的转型，并通过“高能—高薪”(high-skill-high wage)的良性经济发展方式为劳动者带来更大的就业福利(丁煜、王玲智，2018)。

关于就业质量，目前学界尚没有统一的名称和界定。西方学者形成了微观、中观、宏观三层释义：微观方面表现为工作效率、职位匹配、工作环境、薪酬激励等；中观方面主要涵盖劳动力市场的运行状况和资源配置效率；宏观层面则主要指国际劳工组织提出的体面劳动概念。国内学者的研究一般称之为就业质量，但不同学者对就业质量的概念认识和表述不同，概括来看，主要可以归纳为两类：一类是从综合层面，反映整个就业过程中劳动者与生产资料结合并取得报酬或收入的具体状况之优劣程度的综合性范畴，它包括一切与劳动者个人工作状况相关的因素，比如说收入、工作时间、工作环境、社会保障等；也包括劳动者群体整体工作状况的各要素，比如社会参保率、劳动合同签约率、平均工资等。另一类是侧重于个体层面的主观评价，认为就业质量是对个体就业状况的综合认识，既包括客观的就业状况指标，也包括个体的主观感受和心理状态指标。虽然各概念界定与表述不一致，但从具体内容看，都涵盖了劳动质量、员工工作生活质量相关内容。就业质量内涵的这一趋同理解，为我们对就业质量的影响因素进行深入分析及不同群体的就业质量比较提供了可能。

二、就业质量的测度

如何衡量就业质量，国内外学者做出了诸多努力，并获得了一定的共识。概括起来主要有以下几个方面：一是工作的稳定性。这里的稳定性不仅意味着在一个单位内部工作的稳定性，也意味着连续工作的状态，即单位可能变了，但工作一直存在，即工作在不同单位之间的转换是快速而低成本的。二是工作待遇和工作环境。有比较高的待遇，包括工资收入和社会保障等，以及有比较安全舒适的工作环境，是高质量就业最重要的指标之一。三是提升和发展机会。包括学习和培训的机会、职位晋升和职业发展的机会等。四是工作和生活的平衡度。对多数人来说，工作是为了更好地生活，如果工作时间太长，工作压力太大，就会与工作目的相向而行，就谈不上就业质量。五是意见表达和对话机制。即高质量就业一般都有比较畅通而有效的意见表达渠道，有健全的对话机制，即劳动关系比较和谐(赖德胜，2017)。

但不同学者在对待各个变项的再处理技术以及就业质量指标体系的构建上还存在不少争议。概括而言，对就业质量的测量和评价主要存在以下几种模式：(1)就业率说，即认为就业质量应包括就业率、签约率、基层就业率、重点用人单位就业率、毕业生对就业工作满意率、改派率与毕业生成才率。(2)劳动报酬说，高质量就业就是指个人通过在其认为具有挑战性和感到满意的环境中工作获得谋生所需的报酬。(3)满意度说，即通过测量个体、学校、用人单位相互的满意度，满意度高的就业质量就高，反之就业质量就低。(4)多元综合评价说，有的将工作环境、就业能力、劳动者报酬、社会保护和劳动关系作为就业质量的主要内容。有的将学校评价、市场评价、个体意愿和素质评价、家庭评价、政策评价和社会评价作为就业质量测量的一级指标，而将学校的硬软件、师资结构、图书数量等120个指标作为二级指标(张抗私、盈帅，2012)。相比国内的研究，国外对就业质量的测量更注重工作与个体的适应度及工作与生活的和谐度。比如欧洲基金会确定了与就业质量和工作有关的四个关键维度：(1)职业和就业安全；(2)健康和福利；(3)技术发展；(4)非工作和工作生活的和谐。欧盟理事会还加入了性别平等、非歧视性、多样性和安全性等指标。

三、女性就业质量及其性别差异

(一)工资收入的性别差异

在追求性别平等的背景下，对于劳动力市场资源优化配置的研究，一方面要关注过程的平等，即男女劳动者就业机会平等；另一方面要关注结果的平等，也就是男女劳动者工资收入平等。工资收入作为就业质量的最为重要的测量指标，更能直观地反映出就业的性别差异。厉以宁提出中国劳动力市场的职业有“好”“坏”之分，这种“二元”结构造成劳动力市场结构不均衡。这种不均衡不仅存在于城乡劳动力中，男性与女性劳动者在获得就业机会和收入状况也表现出“二元”特征，即男性在高收入职业的就业可能性大于女性，女性由于受到就业分布的职业隔离，难以提高自身的社会经济地位。

1949—1979年的30年间，同一个企业单位中，岗位职责相同的职工工资水平基本相同，男性与女性工资待遇也没有多少差距。但是，在职位晋升中却表现出男性比女性机会更多的现象，强制性的“平等”并不能掩盖必然存在的性别差异。这一阶段，女性的社会和经济地位获得空前提高，男女就业结构和工资水平的差距较小，女性在劳动力市场中获得了前所未有的解放和独立。然而，过分追求男女平等，导致的结果就是弱化了女性特征，不仅使部分女性非自愿地承担超出自身强度的工作，而且使用行政手段干预劳动力市场，形成了劳动者对政府过度依赖的固化思想。1990—2000年大量下岗女工失业成为焦点问题，女性职工收入水平与男性之间有了更大的差距。1999年，城镇在业女性的人均年收入为7409.7元，男性为10570.19元，二者之间的差距比1990年扩大了7.4%。

进入21世纪以来，性别差异悬殊不断扩大。2010年中国妇女社会地位调查时，城乡女性劳动收入分别占同类男性的67.3%和56.0%，比十年前分别扩大了2.8个和3.6个百分点，农村劳动收入的性别差异及其扩大幅度均大于城镇。城乡女性在最低收入组中所占比例偏大。在最低劳动收入组中，城乡女性所占比例分别高达60.8%和67.3%，分别是同类男性的1.6倍和2.1倍(杨慧，2016)。2010年以来对就业质量的强调，可以明显看出，女性工资收入随着经济增长不断提高，但与男性的工资差异也在增加，CGSS(中国综合社会调查)2003—2012年的数据显示，2012年，女性在高收入工作中的分布减少，在低收入行业中的集聚越来越突出。对比各年份的工资收入性别差异，2005年，女性与男性收入差距相对较小；2008年差距拉大，女性收入分布过于集中；2010年，女性收入分布两极化现象明显，中高收入的男性分布远高于女性；2012年，男性与女性在中等收入的分布较均衡，收入差距有所减小，但男性在低收入工作中的分布明显低于女性。

党的十八大以来，工资收入的性别差距进一步扩大。从对城镇从业人员进行收入的分组比较描述中，可以发现2015年男性与女性间的收入差异大于2006年。体制外单位的性别差异大于体制内单位，2006年体制内单位女性年均收入占男性的79.1%，2015年这一比例为83.5%，；2006年体制外女性年均收入为男性的75.6%，而2015年下降为65.1%（第三期中国妇女社会地位调查课题组，2011）。体制内收入性别差异消失，而体制外的收入性别差异不断扩大，从影响因素看，体制内人力资本能在其中发挥越来越大的作用，这也促使了越来越多的女性，尤其是高学历的女性倾向于进入体制内工作以规避性别歧视并获取更高的收入回报。而在体制外，人力资本的作用下降，其中就业女性的人力资本并不能得到充分的发挥，并且企业对于女性的性别歧视愈发严重，导致收入性别差异的扩大。

（二）工作稳定性的性别差异

离职、失业问题一直为国家管理层及理论界重点关注，如果劳动者随时都面临离职、失业的问题，就意味着很难获得稳定性较强的工作，这不仅会影响到劳动者自身人力资本投资及职业良性发展，也会影响到其工作单位竞争优势的发挥。那么，作为离职、失业问题的对应面———工作稳定性，就显得十分重要。在市场经济比较发达的国家，很多学者对本国劳动者工作稳定性进行了大量实证研究，其研究视角集中于工作本身客观属性，其对工作稳定性评价采用定量指标，比如，德赫尔德（Diehold）曾用工作任期长短来测量劳动者工作稳定性；皮·奥特克浩克（P.Uottschalk）用某时段内的劳动者工作小时数来测量其工作稳定性，只有工作任期超过5年才能称为稳定就业。我国学者对工作稳定性的研究与国外研究是一脉相承的，不少研究者是在借鉴国外比较通用的定量研究成果的基础上，进行了一系列本土化研究，用劳动合同期限、工作保留率及工作经历数三个指标来测量工作稳定性。学者赖德胜认为（2017），工作稳定性不仅包括工作内部的稳定性，还包括连续工作的状态。

1.女性更倾向于稳定性高的就业单位

长期以来，我国女性对就业单位的偏好极为相似，求职的理想单位首先是党政机关，其次是事业单位，这些单位薪资福利待遇好，工作环境稳定，工作压力也相对较小。近年来由于中央政策对公务员工资福利待遇方面的限制和调整，公务员的申报有一度遇冷的趋势，不过并没有极大地打消高校毕业生考取公务员的积极性。国有企业也以相对较好的福利待遇和稳定的工作环境吸引着高校毕业生，企业单位因其工作环境和福利待遇的不确定性成为很多大学生不得已的选择。相比于男大学生，无论是女大学生个体还是其父母都更倾向于党政机关、事业单位和国有企业等相对稳定的体制内单位。《女大学生就业问题》调查数据显示，38.6%的女大学生希望进入到党政机关或事业单位工作，29.1%的男大学生理想单位类型为党政机关或事业单位；国有企业和外资合资企业中男女大学生所占比例相似，没有明显的性别偏好；私营企业中女大学生的比例最少，占比仅有11.2%。女性因其性别的弱势地位在就业时十分倾向于求安稳，偏爱工作相对稳定、竞争压力较轻、失业风险较小的单位及大企业。

2.女性的就业权保障水平有较大提升

新中国成立70年来，我国已经基本形成了一整套保障妇女平等就业、促进妇女职业发展的法律政策体系。该体系既有关于确认妇女平等就业权的规定，又有对平等就业权受侵害妇女的救济;对于侵犯妇女平等就业权的用人单位,既有事前预防性规定,又有事后惩罚性规定,能够较为全面地为妇女就业与职业发展保驾护航。如2005年修订的《妇女权益保障法》专门设置了“劳动和社会保障权益”章节,进一步要求用人单位在录用、签订劳动(聘用)合同或者服务协议时不得歧视妇女。该法第22条规定“国家保障妇女享有与男子平等的劳动权利和社会保障权利”,第23条第二款进一步规定“各单位在录用女职工时,应当依法与其签订劳动(聘用)合同或者服务协议,劳动(聘用)合同或者服务协议中不得规定限制女职工结婚、生育的内容”。2016年《国民经济和社会发展第十三个五年规划纲要》《关于实施全面两孩政策改革完善计划生育服务管理的决定》均要求消除对妇女的歧视和偏见,依法保障女性就业、休假等合法权益,支持女性生育后重返工作岗位。

3.女性易发生职业中断,再就业困难

作为生育行为的承担者,在生育阶段,由于生育投入与孩子照料的负荷,女性职业发展可能会被迫中断,选择主动或被动地退出劳动力市场。生育孩子数量越多,女性退出劳动力市场的风险就越高,还有一些女性不得不改变工作性质、工作地点和时间。第三期中国妇女社会地位调查数据显示,2010年从事非农劳动的18～64岁已生育女性中,有20.2%的人因为生育或者照顾孩子而有过半年以上的职业中断经历,最长中断工作时间平均为2.8年。1971—1980年因生育中断职业的占5.9%,1981—1990年、1991—2000年、2001—2010年因生育而职业中断的比例分别为10.3%、21.2%和35.0%,随着时间推移,因生育而中断职业的女性比例大幅升高(第三期中国妇女社会地位调查课题组,2011)。2016年《中国劳动统计年鉴》显示,在城镇失业人员未工作原因统计中,由于料理家务未工作的男性占比为2.8%,而女性的占比为33.9%,高出男性31.1个百分点;更有经验研究证明,城镇女性每周提供超过20小时的家庭照料会难以兼顾家庭和工作,产生职业中断(张樨樨、王利华,2017)。

职业中断会带来女性在劳动力市场中的劣势累计,具有很多显性成本,如收入中断、职业发展受阻、技能贬值、难以重振事业。鉴于人力资本具有时效性,特别是在科技突飞猛进的知识经济社会背景下,人们所拥有的知识、技能和经验会随着经济发展和社会变迁而变得陈旧,甚至是失去价值(孔德丰、刘凤存,2015),即便有足够的人力资本和工作经验积累,长时间脱离劳动力市场,依然会导致原有职业技能的停滞或下降,使因生育而中断就业的女性在回归职场时处于不利地位。女性职业中断时间越长,再就业的职业地位越可能下滑。甚至有研究指出,因生育而中断就业的经历,会显著降低女性再就业的可能性(宋健、周宇香,2015)。

(三)女性职场安全存在较多隐患

随着社会的发展进步,劳动者的安全与健康状况已成为衡量一国人权保障水平、社会管理水平和文明程度的基本指标。国际劳工组织《职业安全和卫生及工作环境公约》(第155号公约)第三条提出:“与工作有关的‘健康’一词,不仅指没有疾病或并非体弱,也包括对于工作安全和卫生直接有关的影响健康的身心因素。”21世纪以来,职业安全权的物质方面获得了各国政府的足够关注,全球职业安全事故的发生率与死亡人数持续下降,劳动环境有了较大改善，与之相对，由于不良工作软环境[①]造成的慢性疾病（如疲惫、头痛、消化不良、肩颈病、静脉曲张等）和劳动者心理问题（如抑郁症、焦虑症、失眠、易怒、人际障碍等）却长期未能进入研究视野。

职场压力（work related stress）是影响劳动者精神健康的首要因素。工作场所压力普遍存在，但由于其具有无形性和潜在性特质，往往容易受到忽略。其根本原因是个体的内在需求与外在需求存在不一致，导致了感知上的失衡。学者霍团英在对H市市直机关74个部门的1231名女性公务员的心理状况做的调查显示，42.1%的机关女性公务员心理健康状况处于较差或差水平，其中社会环境、赡养与子女教育、工作压力是排在前三位的压力源。

合理的工作时间规则是保障劳动者职业安全权的前提和基础，我国劳动力市场普遍过长的工作时间现状给劳动者职业安全权的实现造成了巨大阻碍。北京师范大学劳动力市场研究中心主持编写的《2014中国劳动力市场报告》显示，当前我国企业普遍存在严重加班现象，九成行业的周工时超过40小时，过半数行业每周加班4小时以上，超过50%的行业平均周工时超过劳动基准法规定的44小时最高工时限制。我国劳动基准法对工作时间的规制标准不可谓不高，然而实践中法律的执行效果却不尽如人意，过长的工作时间直接导致劳动者的"过劳"状态，严重威胁着劳动者的职业健康与安全。除在职场上的工作时间外，中国女性还是家务劳动和家庭照料的主要承担者。根据第三期中国妇女社会地位调查，女性承担家庭中"大部分"和"全部"家务，做饭、洗碗、洗衣服、做卫生、照料孩子生活等方面家务劳动的比例均高于72%，而男性均低于16%（吴帆，2016）。家务劳动的性别分工在全球范围内也普遍存在。在劳动力市场和家庭领域中"双高"参与率不仅给女性带来了巨大的家庭—工作冲突压力，也给女性的生理和心理健康带来更大风险。

随着越来越多的女性劳动者进入原本由男性主导的工作领域，职场性骚扰成为女性劳动者普遍面临的问题。"性骚扰"一词由美国女权主义法学家、斯坦福大学法学院的凯瑟琳·麦金农（Catherine Mackinnon）教授于20世纪70年代正式提出。为了更好地规制性骚扰问题，2005年我国对妇女权益保障法作出了修订，首次将"性骚扰"写入法律。《中华人民共和国妇女权益保障法》（以下简称《妇女权益保障法》）第40条规定："禁止对妇女实施性骚扰。受害妇女有权向单位和有关机关投诉。"然而，法律的规定仅是原则性的，实践中极其欠缺可操作性。我国目前尚无关于性骚扰的统一概念，关于"性骚扰"究竟是不是一个法律概念，始终存在争议。

职场性骚扰即发生在工作场所中的性骚扰，是性骚扰最常见的类型，也是性骚扰研究的起点。早期研究性骚扰的学者大多赞同职场性骚扰是一种典型的性别歧视现象。康奈尔大学的林·法利教授认为职场性骚扰是"不请自来的、一厢情愿的男性行为"，"职场性骚扰令女性的性别角色更加鲜明，女性的劳动者角色黯淡下来"（Lin Farley，1978）。美国平等就业机会委员会（Equal Employment Opportunity Commission）1980年出版的《性别歧视指南》为职场性骚扰下了一个较为精准的定义："不受欢迎的性冒犯、性挑逗以及其

① 工作软环境是与工作硬环境相对应的概念，主要指工作场所物质条件以外的非物质条件之总和，包括工作方式、工作氛围、职场人际关系、升迁规则等。

他语言上或身体上的性暗示出现在下列情形中构成性骚扰”；美国女性劳动者组织(Working Women's Institute)将职场性骚扰界定为“职场生活中一切带有性特质的意图，会让女性在工作中感觉不舒服，妨碍其工作，影响女性的就业机会……”由于性骚扰发生在职场环境中，因此其往往带有强迫性，不仅影响女性的职业满意程度，也会威胁女性的职业安全。

(四)女性晋升空间狭窄

晋升空间狭窄始终是困扰女性职业发展的主要瓶颈，这并非少数女性的个别现象，而是整个女性群体普遍面临的障碍。随着女性主义的兴起，妇权运动的高涨，女性的晋升空间得到了进一步的拓展。社会趋势预测专家约翰·奈斯比和派翠西雅·奥伯丁曾预测：女性将以极大的优势晋升新管理阶层。女性在被男性主导垄断的政治领域和经济领域逐渐崛起，职场上的升迁限制逐渐被打破。但是领导职务依然是男性领域，康宛竹(2007)在对278个上市公司的分析表明，在董事长中女性仅占5.78%，副董事长中女性比例有所增加为9.09%，董事中女性比例为9.29%。在中层男女差距有所缩小，但是男性的职位依然比女性高，例如，上海地区的公司经理中男性占57.9%，女性为42.1%，女性仍然略低于男性。不管被调查者是男性还是女性，都认为男性更有可能拥有成功管理者所需的特质。即使女性能够晋升到较高层级，也会遭遇职务类别的性别歧视，女性往往被放在不太重要的位置上，参与单位决策的机会少，享有和行使的权力相对有限，更重要的是，她们无法获得继续升迁所需要的能力和经验。

(五)女性工作和生活的冲突加剧

尽管传统中国素以“男主外、女主内”的分工模式而著称，但在过去60多年中，这种内外有别的分工模式因女性普遍的社会劳动参与而得以重构，两性社会劳动参与的“外—外”格局业已形成。然而，在这种宏观和家庭背景下，“女主内”的传统依然顽固地存续着，并从过去主要承担家内劳动转变为肩负家庭劳动和社会劳动的双重责任。这种“内—外”双肩的劳作模式可能对女性平衡工作和家庭责任带来巨大挑战，并进而制约她们的经济活动、政治参与和终身发展。杨菊华(2014)利用1990年、2000年和2010年三次妇女地位调查数据分析发现，全部的家务劳动时间为169.02分钟，而男性和女性分别为94.91和231.31分钟，女性的家务时间几乎是男性的三倍。无论在哪个时点，女性的家务劳动时间都大大超过男性。随着时间的推移，两性家务劳动时间的差距仅有微弱缩小，没有本质改变。尽管2010年，越来越多的家庭拥有私车或私房（故而男性家务时间可能增多），但家务分工模式依然如故。

工作和家庭的冲突是指劳动者因无法同时满足正式工作的需要和家庭事务的需要而产生的一种角色冲突。在当代，工作和家庭的冲突已成为一种非常普遍的社会现象，并对劳动者个人、家庭和工作组织造成了重要影响。工作和家庭的关系问题是用来描述个人工作和私人生活的平衡状况的，并不限定于女性或男性，然而和传统的“男主外、女主内”的劳动性别分工意识交织在一起，工作和家庭的关系就被赋予了女性属性，需要女性来平衡，而男性则不必面对这样的困境。在社会变迁过程中，女性承担了诸多新的角色，但传统的性别文化规制仍十分稳定且疏于变化，加上家庭内外结构的变迁和现代化进程的演进，强化了家庭对女性工作的挤压效应。

的确,女性的社会劳动参与会在一定程度上减少女性在家庭中的精力投入,提高家庭照料的机会成本。然而有研究表明,工作—家庭基本在必要时可彼此渗入而又不对另一方产生挤压效应时,便可能实现二者关系的平衡。这就需要公共制度的介入,家庭友好政策可在推动工作—家庭关系趋向平衡方面起到积极的作用。许多低生育国家都推行了家庭友好政策,在儿童早期照料与教育、带薪和无薪家庭照顾休假、家庭福利津贴与税收减免政策、家庭友好型工作安排等方面做了具体规定,保证员工能协调家庭责任和社会工作。这些政策增加了家庭照料社会支持的可及性和可得性,消减了家庭照料对女性职业发展的束缚,缓解了工作对家庭的制约。现代科学技术的进步和互联网的普及,使得工作时间和工作场所的弹性更大,从而给工作—家庭关系的平衡带来更大的可能。

第五节 ■ ■ ■

女性创业状况

女性创业已被世界各国认为是摆脱妇女贫困、提高妇女地位、缓解就业压力、取得经济发展与社会进步的重要途径。20 世纪 80 年代以后,尤其是 90 年代以来,中国女企业家作为一个特殊群体迅速崛起,是中国妇女参与经济和社会发展的重要体现,是中国妇女发展成长的突出标志。1989—2012 年女性企业主调查报告显示,女性创业已经成为经济增长最快的领域之一,女性创办和拥有企业数量的增长速度是男性的两倍(邓子鹃,2013)。占世界半壁江山的女性的创业潜力应该受到重视。

一、创业的概念界定

创业(entrepreneurship)最早是由法国 Richard Cantillon 提出的,指的是 15 世纪中欧军队四处探险图利的将官,强调其承担风险的特质。学界直到 20 世纪 70 年代才开始研究创业。在我国《新华词典》中显示:“创业为创办企业”,“创”字是形声字,指建立和开办;业是古代的一种乐器,后被引申为从事的学业、事业、职业、工作等。创业的行为即自我雇佣行为是理性的,行为会通过内因外化为一种行动从而促使创业者创业。

20 世纪 70 年代中期是女性创业的萌芽时期。1973 年斯科瑞(Schrie)在《女性创业家:一个超前研究》的文章中试图阐明女性创业家的“基本面貌”,文章指出两性在行业选择上有一定的差异且女性创业者受到性别的歧视,但两性在其他方面差别不大。1976 年舒瓦茨(Schwartz)在《创业:一个新的女性前沿》文章中也得到了和前者类似的结论。20 世纪 80 年代是女性创业研究的基础时期,这一时期的研究着眼于女性创业家的特质和动机。20 世纪 90 年代到 21 世纪初是研究的发展初期,这段时期研究的主要关注点在于:性别是不是影响企业发展绩效的因素、社会角色对女性创业的影响和企业创办期间资金问题;具有女性特质的管理方式,家庭对于女性创业者的重大意义:一方面创业资本一般源于家庭积蓄或是亲戚、朋友借贷;另一方面女性创业动机是为获得自由的生活方式来平衡自身双重角色属性的一种行为方式。21 世纪至今是女性创业研究的不断深化阶段,以“女性主义”这一视角分析创业行为,不再是浅显的描述,转而向学术理论不断深入,赋予了创业研究的新领域和新视角。需要将女性作为特殊群体进行研究，注重女性主义理论的分析框架，女性本身的社会角色和文化角色都是应该重点关注的领域，构建“个人层次方面的性别成熟”和“企业层次方面的性别平衡”(许艳丽、郭达，2015)。

21世纪初，创业这个话题开始引起国内学术界的关注。武汉大学关培兰教授是较早研究中国女企业家的学者之一。她于2003年主编了《中外女企业家发展研究》，揭开了国内女性创业研究的序幕。童亮(2004)在借鉴国外关于女性创业定义后将女性创业者定义为：(1)参与企业的创建过程；(2)拥有企业的部分产权(国外是50%以上)；(3)参与企业管理。关于创业的测度，学术界并未形成比较一致的看法，更多是参照就业的测量指标进行测量和评价。一般来说包含创业动机、创业意愿、创业率、创业领域、创业规模和绩效等五个维度。

二、女性创业的动机及其性别差异

创业动机是引起和维持个体从事创业活动，并朝向创业目标前进的内部驱动力，它是鼓励和引导个体为实现创业成功而行动的内在力量。国内外心理学界普遍认为两性的动机存在差异，但是在创业研究领域关于创业者创业动机性别差异的研究却没有统一结论。Gupta V.K.等人指出，创业者具有显著的男性特质，那些认为自身具有男性特质的女性创业动机更加强烈(Gupta V.K.，Turban D.，2009)。Shane S.在对英国、新西兰和挪威的创业者进行调查研究后发现，男性的创业动机更多是希望提高自身和家庭的社会地位，而女性更多是希望获得成就和认可(Shane S.，2000)。Johan Maes等人认为，女性的创业动机通常是获得独立和有效平衡工作与家庭之间的关系，而男性的创业动机则是为了获得财富和寻求有挑战性的工作。国外学者普遍认为，创业动机性别差异存在的主要原因是两性具有不同的生理结构并经历了不同的社会化过程(Johan Maes，Hannes Lerov，2014)。对于女性创业的动机研究主要有两种视角——“推动型”与“拉动型”。收入不足、失业、未充分就业、不满意的工作条件和前景、希望更灵活的时间表以取得家庭和工作责任之间的平衡以及其他促使女性辞去原有工作的家庭原因，“推动”了一些女性进入创业行列，这是中国改革开放以后女性创业的主要动机模式。原有的工作无法满足自我实现的强烈需要、将预期的机会转为市场行为的渴望、自己当老板以及社会使命“拉动”职业女性选择自我创业的道路。如果说“推动”创业多是被动的，那么“拉动”创业则多是积极主动的。

尽管以上研究认为两性创业动机存在明显性别差异，但越来越多的研究却表明，即使两性创业者之间存在心理差异，这些差异也并不显著，两性创业者的创业动机在心理学和人口统计学上的特征相似性多于差异性。Cohoon J.M.等人在2008—2009年，从随机选取的高科技公司中对549名创业者的背景和经历进行数据分析后发现，成功的两性创业者几乎在每一个方面都很相似，他们对创业感兴趣较早，具有相同的教育水平、积累财富的强烈愿望和相似的创业动机，并且对创业者将会面临哪些挑战的看法也很一致(Cohoon J.M.，Wadhwa V.，2010)。从以上研究中可以发现，两性创业者共有的、最普遍的创业动机是获得独立，其中女性希望获得独立的比例高于男性，认为创业是为了增加经济收入的女性比男性少。

二、女性创业的现状及性别差异

(一)女性的创业意愿较男性低

Enhai H.对3021个私有企业的调查表明,女性创办的企业在数量和收益上均小于男性,无论是发展中国家还是发达国家,女性创业者的工作时间均要长于男性(Enhai H.,2011)。女性创办企业的绩效也普遍低于男性创办企业的绩效,Ngrid Verheul根据25个欧盟成员国以及美国、挪威、冰岛和列支敦士登29个国家的8000多名创业者的相关数据进行研究后发现,女性由于缺少相关行业创业经验、承担更多的家庭责任以及缺少创业相关的知识技能,导致女性创业意愿和实际创业比率均低于男性(Ngrid Verheul等,2012)。

(二)女性创业率不断提升

20世纪八九十年代我国女性开始以独立的个体登上经济舞台进行创业,90年代以后妇女创业群体开始深入国民经济的各个领域。《全球创业观察2005中国及全球报告》中显示中国创业活动指数为11.16%,比参与调研的35个国家女性创业活动指数6.9%高出了整整4个多百分点,位于世界第六位。2006年我国女性创业中机会型和生存型的比例为0.71,2007年上升到1.11。《全球创业观察中国报告(2007)——创业转型与就业效应》显示,在全部42个国家和地区中,我国女性创业者比例位于第六位(20.47%),其中女性初生创业者的比例排在第五位(19.27%)。《2009年中国女企业家发展报告》显示,中国女企业家人数约为25%,东部沿海地区女企业家接近40%。据波士顿咨询公司2014年的资料显示,中国妇女创业的比例为11%,比欧洲国家女性创业意愿更加强烈,和美国女性创业比例较为接近。根据2017年上半年淘宝大数据分析,女性创业者和男性创业者比例达到了1∶1,中国女性在创业方面较之其他国家女性有着更加突出的表现。这些数据无一不表明我国女性创业意识较强,创业活动较为活跃。

(三)创业行业领域存在显著性别差异

早在20世纪70年代,Schrier J.W.在其开创性研究中发现,两性创业者通常在不同行业领域中创业,女性倾向进入零售业和服务业等行业领域创业。美国女性创业最多的行业是医疗保健和社会救助,占女性创业的53%(Helene Ahl,等,2015)。Nielsen K.和Kjeldsen J.的研究明确指出,两性创业者对创业领域的选择存在显著差异,女性通常在传统行业,如零售服务、维修服务、商业服务、公共及个人服务和酒店及餐饮服务等行业创业(Nielsen K.,Kjeldsen J.,2000)。Spilling O.R.在对挪威创业者进行研究后得出类似的结论,约2/3的女性创业者初始创业在咨询、零售、医疗保健、社会服务、娱乐、文化、体育、酒店和餐厅服务等服务行业领域,而男性创业者创业的行业领域范围更加广泛(Spilling O.R.,2004)。根据阿里平台的数据来看,美妆、服饰等六大行业是女性在淘宝平台上创业所集中的行业,女性卖家总数达到了五成甚至六成之多。

总体来看,由于男性创业者通常在制造业、金融业和技术行业领域有丰富的工作经验,而女性通常只具有在中层或低层的行政管理经验以及诸如教育或零售业领域内的相关服务经验,因此女性更有可能在服务领域创业,进行公关、销售或教育服务,而男性更有可能进入制造业或高科技领域创业,这与两性工作经验的性别差异问题密切相关。这在一定程度上说明女性倾向于选择层次较低的行业上创业,是女性家务劳动特质在创业市场的延伸，带有极强的性别特色。随着互联网进程的不断深入，女性创业领域正从具有显著女性性别特征的领域逐步转向数码、家具等传统行业渗透。首届全球女性创业者发布的《互联网＋她》报告中指出，全球67个经济体中，传统领域的女性创业者只有3.6%，这说明女性向传统领域虽在渗入但过程依旧较难。

(四)女性创业的规模和效益较男性低

从企业规模看，根据《"互联网＋"她》报告指出，中国妇女创业群体有90%是中小企业。智联招聘调查显示，2016年第四季度微型企业(企业规模20人以下)的就业景气指数为2.10，是不同企业规模中就业指数最高的企业类型。关于公司绩效的调查显示，女性经营企业的绩效不低于男性经营企业，从2004年妇联对女企业家的盈利能力调查统计结果来看，在150万家中由女性创办的企业亏损较少，只有1.5%。但是值得注意的是，形成这样的情况有可能是因为企业本身规模较小、营运较慢引起的，而女性创办的企业绩效是否真的高于男性还未有权威的调查或数据显示。小微企业的低门槛以及低风险的特点，是女性集中于此创业的一个重要原因。Cliftt和Carter & Allen的研究表明，女性渴望家庭与事业能够和谐平衡，在这样的观念导向下，她们倾向于经营小微企业而不会向更高的企业目标迈进(Cliftt J.E.，1998；Naney M.Carter，2002)。

创业是一种复杂行为，不仅是经济现象，而且是社会现象。创业性别差异的产生受多重因素的影响，既有心理因素、管理因素，也有经济因素和社会因素，并且各因素之间相互影响。中国经济新常态下出现的一些趋势性变化使创业机会属性、创业者认知以及新企业运作方式等发生剧烈变化，经济新常态是现阶段甚至是在未来较长一个时期内导致中国情境具有独特性的关键因素。

第六节

女性职业退出

职业女性是指在较长的时间周期内参与社会大生产、从事一定的社会劳动并能够获得一定经济来源的女性。在职业生涯发展中，相对于男性而言，职业女性面临更多的问题与矛盾。

一、职业发展与职业退出

萨柏(Donald E.Super)把人的职业生涯发展划分为五个主要阶段：成长阶段、探索阶段、确立阶段、维持阶段和衰退阶段。女性本身的特点和中国传统的意识形态决定了女性员工兼顾工作与家庭的现实，女性在不同的阶段中会面临各种工作与生活的问题和选择，这使得她们的职业发展和职业退出呈现出阶段性差异。对于不同国家的女性而言，其职业发展模式往往不同。有研究者将女性职业发展模式归为以下四种：一阶段模式(倒L形模式)，即女性从参加工作一直持续到退休，如中国女性；二阶段模式(倒U形模式)，女性结婚前职业参与率高，结婚后特别是生育后参与率迅速下降，男性挣钱养家，女性做家庭主妇，如新加坡、墨西哥的女性；三阶段模式(M形模式)，女性婚前或生育前普遍就业，婚后暂时性中断工作，待孩子长大后又重新回到职场，如美国、日本、法国、德国等国的女性；多阶段模式（波浪形模式），即多次阶段性就业，女性根据自身的状况多次进行职场，如北欧国家的女性（韦怡，2019）。女性的职业生涯通常呈现出“两个高峰和一个低谷”的特点。“两个高峰”中的一个“高峰”是指在女性就业后的6～8年，即女性就业而未生育前；另一个“高峰”是在36岁以后的十余年间，此时孩子基本长大或可托人代管，女性自身精力仍充沛、阅历渐丰富，女性事业辉煌通常在此时期。“一个低谷”是指在这两个高峰之间，通常是生育和抚养孩子的8年时间，女性的职业生涯发展处于停滞甚至下跌阶段。

职业退出作为与职业发展相对的一个概念，指的是劳动力在职业发展过程中暂时和长期退出劳动力市场的行为。按照不同的分类标准可划分为不同的类型，按照退出意愿分为主动退出和被动退出，按照退出的时长包含暂时退出（职业中断）和永久性退出（退休）。

二、全面二孩政策出台后女性职业退出率显著提升

全面二孩政策实施后，女性的就业意愿发生变动并在宏观上影响女性的就业规模。2016年全面二孩政策覆盖的育龄女性约为9242.3万人，假设60%的女性拥有二孩生育意愿，那么生育二孩的育龄女性约5545.4万人。以育龄女性的劳动参与率为65%（2015年全国1%人口抽样调查）进行推算，生育二孩的育龄女性中经济活动人口规模约为3604.5万人。根据微观调查结果，全面二孩政策时期生育二孩的女性中约8%不再有就业意愿，也就是说约有288.4万的女性可能在生育二孩后离开劳动力市场（盛亦男、童玉芬，2019）。全面二孩政策还将导致女性生育峰值延长，因此生育期与就业期的高度重合将进一步增强生育对女性就业意愿的影响。

三、女性被动退出劳动力市场

结婚和生育是个人生命历程的重大事件，使得兼有生物性与社会建构性的丈夫（妻子）和父母身份随之产生。然而，男性所承担的多个角色并没有本质差异，丈夫和父亲身份只会强化养家糊口的工作角色投入。相反，社会对妻子和母亲相夫教子的角色期待，使得女性的家庭角色在婚育之后进一步凸显，承担更多的家庭责任而弱化工作角色（卿石松，2017）。孩子在6岁以下，特别是0～3岁时，母亲承担着主要的照顾责任，而在职母亲会面临更大的压力。在中国，虽然家庭更多得到了来自祖辈的协助，但多项调查数据表明，家庭内部对婴幼儿的照料责任主要由母亲来承担，或者说母亲在照料孩子方面扮演着第一照料人的角色。职业女性在生育之后，想要维系就业状态，往往只有两个途径：第一，不得不承受巨大的“家庭—工作”冲突压力；第二，通过改变工作性质、工作地点和时间实现较为弹性的工作状态，以保障对孩子照顾的时间投入。结果职业发展空间受到极大挤压，女性职业发展的向上流动受阻，导致女性职业发展的效益递减，工作满意度和主观幸福感不断下降。工作与家庭的冲突促使女性不断地在二者之间做权衡和选择，导致女性要么失了业，要么失了家。

四、家庭经济状况越好的女性退出劳动力市场的概率越大

改革以来城镇地区性别角色观念（非正式制度）以及收入分配、福利保障、法律规范等

正式制度的体制差异，是影响女性就业状态和主观幸福感的重要因素。吴愈晓教授提出家庭庇护、体制庇护和工作家庭冲突三个概念，将它们视作解释当前中国城镇女性就业状态和主观幸福感的三个机制（吴愈晓等，2015）。

改革以来城镇劳动力市场的性别歧视和性别不平等程度增加，女性的就业风险加大，这可能会抑制一部分女性的就业意愿。与此同时，传统性别角色观念的回潮使女性回归家庭获得了非正式制度的“合法性”，因此，退出劳动力市场可能成为女性的自主选择。但是，女性是否可以不参与（或退出）劳动力市场取决于家庭是否能够提供足够的保障，毕竟就业是最主要的经济来源。因此，女性所在的家庭能否提供足够的资源以满足她们退出劳动力市场后的经济需要就成为影响女性就业决策的关键因素。对于女性而言，结婚一方面意味着可以从丈夫那里获得经济支持，即使本人退出劳动力市场也能满足基本的经济需要；另一方面意味着需要承担更多的家务劳动，从而为退出劳动力市场提供替代的心理满足功能和身份认同基础。家庭的经济状况更是影响女性就业决策和幸福感的直接因素，因为家庭的经济条件越差，女性越需要参与劳动赚取收入补贴家用，其退出劳动力市场的概率就越小。

五、女性退休及其性别差异

根据《中华人民共和国劳动保险条例》《关于工人、职工退休处理的暂行规定》和《国务院关于工人退休、退职的暂行办法》，我国男性退休年龄为年满 60 周岁，女职工退休年龄为年满 50 周岁，女干部退休年龄为年满 55 周岁；矿井下、高温、高空、高危和重体力劳动者，退休年龄为男性满 55 周岁，女性年满 45 周岁。因此，现行退休年龄女性比男性早 5～10 岁。2012 年 7 月，人力资源和社会保障部社会保障研究所所长何平提出，我国应逐步延龄退休，建议到 2045 年不论男女，退休年龄均为 65 岁。按照退休年龄改革方案：从 2018 年开始，女性退休年龄每 3 年延迟一岁，男性退休年龄每 6 年延迟 1 岁，直到 2045 年同时达到 65 岁，需要经过相当长时间才能达到新拟定的男女相同的法定退休年龄。有关退休年龄的立法是出于照顾和保护妇女的目的，主要考虑到妇女的生理特点和抚养孩子的需要。但是随着就业环境、薪资待遇、社会保障制度的改革，提早退休使得女性职业生涯相对缩短，女性在精力富余的阶段被迫进入养老期，对于女性的早退休的保护性制度反而成为性别歧视，不但使女性遭受了巨大的经济损失，也导致人力资源的浪费，特别是对一些高学历女性，由于本身接受教育、职业培训和专业化投资相对于其他人来说，就具有时间长、投资多、进入就业岗位的时间晚等特点，如果再让她们提前退休，势必造成女性教育资源和人力资本的浪费。如今女性受教育程度普遍提高，有实现自我劳动价值的需要，然而工作和家庭的冲突迫使女性不得已中断或暂时退出劳动力市场，而较早的退休年龄也阻隔了女性职业发展的可能性。

第七节

女性就业问题的女性学解释

女性就业受到政治、经济、文化、社会等多因素的影响，成为一个综合性、复杂性的问题。在政治方面，女性平等就业具有浓厚的政治色彩。这一特征在新中国成立初期体现得最为充分。新中国第一部宪法就明确规定“中华人民共和国妇女在政治的、经济的、文化的、社会的和家庭的生活各方面享有同男子同等的权利”。而且，毋庸置疑，这一期间女性就业率的不断增长也是党和政府动员和保护女性参加社会生产劳动政策的必然结果。

在经济方面，女性平等就业属于女性经济参与的范畴，直接受经济发展及经济体制变迁的影响。我国由计划经济向市场经济转型后，女性由于生育特征所构成的自然成本使得女性很快成为劳动力市场的弱势群体。女性开始面临市场日益残酷的性别选择和歧视，并在就业市场中呈现出典型的“机动性”特征（兰庆庆，2018）。

在文化方面，女性就业问题受到新老文化的碰撞和冲突。一方面，受封建传统社会“男尊女卑”“男主外，女主内”等“性别不平等”文化的浸染，很长一段时期社会认同的女性主要社会身份是“贤内助”，价值使命也主要是内化的“相夫教子”以及“勤俭持家”等；另一方面，当下社会及女性自身也日益认可女性应该在事业上有一定追求，整个社会形成了对女性职场与家庭的双重角色期待，既希望她们在市场中创造价值，又希望她们照顾好家庭。这种现代理念一方面推动女性不断走向市场就业，另一方面也造成了女性就业与家庭的社会角色困境。

在社会方面，女性就业还与劳动力就业政策和人口政策等社会政策密切相关，特别是计划生育政策，这是研究女性平等就业问题一个不可回避的重要因素。二孩政策放开后，由于用人单位认为女性两次生育及照顾家庭会极大分散对工作的投入，导致生产效率降低，加上女性生育期企业要承担一定的时间和经济成本，出于自我利益考虑，用人单位会通过在招录、岗位设置甚至晋升方面对女性设限的方式规避这些成本，从而使得女性求职难、发展差、待遇低等就业不平等问题显露。

多元因素的交织，注定了女性就业历程的曲折和就业问题的复杂，也为女性就业问题的分析和解决增加了难度。

一、女性就业问题

（一）女性性别平等就业认知处于传统与现代的混沌状态

性别平等就业认知是一种主观判断，是女性对就业权利和就业状况的一种现实评价。目前中国男女两性的性别角色观念总体上处于传统与现代的混沌状态。中国综合社会调查（CGSS）调查问卷关于性别角色观念的测量问题包括“男人以事业为重，女人以家庭为重”“男性能力天生比女性强”“干得好不如嫁得好”和“在经济不景气时，应该先解雇女性员工”等。这几个问题分别反映了性别角色定位、女子不如男、女性依附于男性和就业机会男性优先等传统观念。数据显示，中国男女两性的性别角色观念总体上处于传统与现代的混沌状态，其总体平均得分为2.806，接近量表的平均值，表明中国社会尤其是男性的传统性别角色观念并没有伴随现代化发展而发生实质改变，与女性相比，男性的性别角色观念更倾向于传统(指标值更高)(卿石松，2019)。这一结果与国内其他样本大小不一的研究发现是一致的。叶文振的研究表明，“男强女弱”“男主外，女主内”的性别能力认知和性别分工意识依然还有比较明显的表现，甚至比过去还有继续走高的趋势(叶文振，2019)。2010年第三期中国妇女社会地位调查数据分析结果显示，至少还有20%的被调查者不认同“女人的能力不比男人差”，男性的不认同率高于女性；但是，分别有61.6%的男性和54.8%的女性却对“男人应该以社会为主，女人应该以家庭为主”的观点表示认同，与10年前的2000年相比，居然分别提高了7.7个和4.4个百分点(宋秀岩，2013)。女性在社会劳动参与方面的性别弱势、在就业市场所遭遇的性别歧视，就是在这样的文化和制度的反复建构中，被合理化和固化了，一旦面临两性劳动资源的市场选择，“男强女弱”意识就成了主要决策力量；一旦就业机会减少、劳动资源供给超过需求，首先想到的就是“男主外，女主内”观念支配下的女性回家的安排(叶文振，2019)。虽然女性在劳动力市场遭遇了各种不友好的界面，但女性平等就业已然成为社会发展的主流趋势，女性该不该回家、能不能回家，说到底完全是她们个人的选择自由，社会和家庭都不可能替代和包办，这是个体化进程中女性个人的选择。新中国建立60年来，政府在倡导男女平等上取得了举世瞩目的成就。无论持何种标准，中国保障和促进性别平等就业的法律与政策都可以成为许多国家的参照。但同时，我们要意识到，真正构建两性被同等对待的社会关系必须依靠性别平等就业认知的提升。

(二)婚姻家庭对女性就业的挤压效应递增

个体在生命历程中相继经历角色或身份变换的节点性事件，如结婚和生育。在特定阶段，需要同时承担配偶、父母等非工作的家庭角色。尽管“身兼数职”理论上有益于心理、生理健康和人际关系发展，但女性的其他角色，如家庭照料者、监护人和情感照顾者，可能与工作角色存在冲突。当家庭角色需求增加，受传统观念和社会期望的影响，女性不得不增加家庭角色投入，这在传统性别分工模式占主流的社会更加明显。相反，丈夫和父亲角色能够强化男性作为家庭经济支柱的工作角色，相比女性更容易协调多重角色之间的压力。已有研究表明，母亲身份会明显增加中国城镇女性的家务劳动量，但父亲身份和子女年龄结构对男性家务劳动时间没有显著影响(刘爱玉等，2015)。同时，尽管平等的性别角色观念促使男性更多地参与家务劳动，但中国城镇女性仍肩负着家庭劳动和社会工作的双重压力，使得女性在时间、行为和角色方面都表现出工作与家庭冲突，家庭劳动与就业、市场工作时间负相关。二孩政策和人口老龄化趋势更加剧了家庭对女性就业的挤压。全面二孩政策放宽了家庭生育子女的限制，使政策覆盖下的一部分女性产生再生育的意愿，并形成再生育行为，增加家庭的生育成本，而在家庭分工中生育孩子所增加的时间成本等机会成本主要由女性承担，使女性工作与家庭的冲突增强。老年人口比重加大，增加了家庭的照料负担，女性作为家务劳动的主要承担者，“理所当然”地承担起了老人照料的责任。照料老人作为一种劳动和时间密集型活动，提高了照料者时间的稀缺性，使其在时间约束条件下无法平衡工作和照料双重负担，从而减少工作时间甚至退出劳动力市场。数据显示，34.42%的农村妇女照料老人，且周平均照料时间为14.86小时，未从事老年照料活动的农村妇女非农就业率为28.04%，照料老人的农村妇女非农就业率降为19.21%，比非照料者低了8.83百分点(范红丽、辛宝英，2019)。在传统的性别规范回潮、女性在就业市场中的境遇下降、性别歧视和性别不平等加剧，以及社会保障体系不够完善的背景下，女性回归家庭不仅是非正式制度环境下的"合法"选择，也是许多女性抵御风险和解决性别身份认同危机的出路。近年来，"主妇化"在中国已成为一种不可忽视的社会现象(吴小英，2014)。

(三)二孩生育对女性就业带来了新挑战

生育与就业既是广泛而持久的话题，又是女性生命历程中的重要事件。在缺乏必要的社会支持条件下，女性生育和就业难以协调兼顾，生育与就业具有负相关关系。国外研究表明，很多女性生育后需要在全职妈妈与职业妈妈之间进行身份选择。国内学者指出，二孩政策可能会使女性职业发展机会受限、劳动权益受损，从而给女性就业蒙上阴影。2015年11月10日，国家卫计委王培安主任在新闻发布会上表示，实施"全面二孩"政策或将给女性就业带来更大挑战。"全面二孩"政策实施以来，在绝大部分省份延长产假的同时，由于这些省份没有明确规定产假延长期间的津贴是否由生育保险支付，导致部分用人单位担心女职工生二孩会增加产假工资等用人成本，不愿意招录女性，进而使女性就业雪上加霜。部分职业女性在公共托幼服务和社会支持不足的情况下，无法协调工作和家庭平衡，最终只能放弃工作、中断就业。数据显示：有3岁以下子女的女性就业率为62%，比没有3岁以下子女的女性就业率低将近12个百分点。另有数据表明，有6岁以下子女的女性就业率由1990年的90.3%下降到2005年的77%，有3岁以下子女的女性就业率更是从1990年的89.2%大幅下滑至2005年的56.6%(吴帆，2016)。

实际上，生育问题带来的女性就业劣势早已成为一个全球性问题。根据欧盟的统计数据，2015年欧盟28国有1个或2个未成年子女的母亲劳动参与率分别为65.5%和63.5%，而有3个及以上未成年子女的母亲劳动参与率只有46%。在生育与就业的冲突中，一方面职业女性由于在一孩生育过程对就业各指标产生的种种不利影响仍然心有余悸，为了避免再生育给就业带来二次"伤害"，只能降低二孩生育意愿，延迟二孩生育时间；另一方面男性的主导地位以及"男主外女主内"的传统观念和社会实践还没有实质改变，女性生育的责任不断被强调，只能回归家庭，发挥传宗接代的功能。考虑到女性的家庭责任及工作一家庭之间的潜在冲突，需要进一步完善"全面二孩政策"背景下的就业政策和配套服务，包括提供充足的高质量托儿服务和灵活的工时制度，平衡女性生育和职业发展，在不以降低生育水平为代价的基础上促进妇女在内的全体劳动力资源的开发利用是值得努力的目标取向。

(四)非正规就业女性的社会保障失灵

当下，社会、家庭、女性自身都逐渐将事业发展融入对女性的角色期望；优生优育也成为现代社会的育儿理念，每个家庭都想尽力给新生子女最好的抚养环境和教育资源。但是在当前发展不完善的市场环境下，女性永远是生育和生育负担最直接的承担者。越来越职业化却依然要承担主要家庭照料和家务劳动的女性，成为个人发展、家庭负担和生育责任之间冲突最为集中的群体。在这种困难局面下，在非正规部门就业也就成了越来越多女性的理性选择。从女性非正规就业的特点来看，她们往往不具有现行政策中体现的非正规就业（灵活就业）的特征，因而难以被现行福利或扶持性政策措施所涵盖。根据第二期中国妇女社会地位调查数据显示，非正规就业者享受的社会保障水平远低于正规就业者，而在非正规就业市场内部，女性享受的社会保障又低于男性。例如，在覆盖面最大的养老保险中，男性非正规劳动者参与的比例为 20.5%，而女性只有 16.1%；而在公费医疗和医疗保险方面，非正规就业女性 96%以上的医药费是由自己负担；还有将近 80%的女非正规就业者不能享受产假和孕期保健工资（王红芳，2006）。因此，非正规就业的女性，普遍有较强的“正规化”意愿。虽然她们中大部分认为自己有能力再次实现正规就业，但在福利保障商品化、扶持政策不到位、组织资源近乎缺失的情况下，实际重返正规就业的女性比例并不大。因为在经历孕育期后，重新进入正规就业需要的不仅仅是充足的心理准备。而且随着“全面二孩”政策的实施，生育二胎的城市女性将越来越多，也意味着更多的女性将有更长的孕育期。对她们来说，重返或二次重返正规就业市场并实现职业向上发展并非易事，因此，非正规就业仍然是女性非常重要的就业形式（丁煜、石红梅，2016）。

尽管非正规就业一直处于劳动力市场中的边缘化地位，但是它仍然是促进女性自由发展的途径之一，不仅促进了女性就业、提升了女性价值，而且还增加了女性收入、提升了人力资本累积。提高非正规就业女性的各项权利，不仅有利于提高她们的幸福感，也有利于维护家庭和社会的稳定。

（五）“同工同酬”与男女收入差距扩大并行

男女同工同酬不仅是男女平等原则在分配领域的显性体现，更隐含着对男女两性能力与价值进行公正评判的价值导向。男女同工同酬是国际社会长期以来追求的目标。1919 年国际劳工组织成立之初就在其章程中写进了关于男女同工同酬的条款：“男子与女子应对同值的工作领取同等的报酬。”1951 年，国际劳工组织为进一步强调男女同工同酬原则，发布了《男女工人同工同酬公约》（第 10 号公约）和《男女工人同工同酬建议书》（第 90 号建议书）。中国也于 1990 年 9 月 7 日批准了《男女工人同工同酬公约》。为了到 2030 年实现男女同工同酬的可持续发展目标，国际劳工组织、联合国妇女署及经合组织也于 2017 年 9 月在联合国纽约总部宣布，一致同意成立“同酬国际联盟”。然而，“男女同工同酬”在世界范围内仍然是一个有待实现的目标。根据国际劳工组织发布的《工作中的女性：2016 年趋势》报告，就业方面的两性差距在 1995—2015 年的 20 年间只缩小了 0.6%，还需要至少 70 年的时间才能实现男女同工同酬。根据世界经济论坛（WEF）2017 年的报告，男女在职场上要完全平等至少还要再等 217 年，造成这种现象的原因之一就是男女同工不同酬。在 2010 年进行的第三期中国妇女社会地位调查中，76.9%的受访者认为“男女同工不同酬”属于性别歧视，5.5%的受访者明确表示自己有过“男女同工不同酬”经历。

与此同时，收入的性别差距还有扩大的趋势。李春玲和李实（2008）利用城镇居民户抽样调查数据（1988、1995、2002）的分析发现，在对教育水平、工作年限、职业、单位类型、单位规模、党员身份以及地区等变量进行控制的情况下，女性占男性平均收入的比率由 1988 年的 90%，下降到 1995 的 89%，再下降到 2002 年的 87%。黄苏雯（2019）利用 CGSS 数据显示，2015 年女性年收入是男性的 71.5%，比 2006 年（78.17%）下降了 6.59 个百分点。尽管数据来源不同，时间不同，但都反映了男女收入差异扩大的现实。

同工同酬是社会主义按劳分配原则的体现，也是男女平等原则的体现。在建设新时代中国特色社会主义的当下，应进一步推动将男女平等基本原则在收入分配领域的贯彻落实，提高社会对同工同酬深刻含义的正确理解，提高企业落实男女同工同酬原则的积极性及用人单位推进同工同酬的能力，真正消除收入的性别不平等。

(六)职场性骚扰现象频发，取证困难

据益索普(Ipsos)公司的2010年覆盖全球24个国家的调查显示，所有国家都不同程度地存在职场性骚扰问题。美国2011年的一项全民调查显示，约25%的美国女性表示曾遭受职场性骚扰，有9%的男性表示曾遭受职场性骚扰(中新网，2011)。德国杜伊斯堡社会学调查中心2015年的调查报告显示，每五个女性中就有一个遭遇过来自同事不必要的身体接触，在调查对象中清楚知道工作场所性骚扰概念的男性只有7%，女性为17%(环球时报，2015)。我国的职场性骚扰问题同样不容忽视，北京众泽妇女法律咨询服务中心“妇女观察”在北京、广东等四地发放的调查问卷显示，19.8%的被调查者承认自己遭受过性骚扰，23.9%的被调查者报告自己曾目睹或听说本单位其他职工遭受过性骚扰。职场性骚扰并非单纯是针对个体的行为，而是劳动者这一特殊群体所面临的集体性问题(雷杰淇，2016)。职场性骚扰不仅侵害劳动者的人格权利和劳动权利，也会给经济和社会带来一系列的负面效应。作为一种就业歧视，职场性骚扰会给女性劳动者群体带来严重的经济损害，虽然此种损害的具体数值难以精确测量，但目前可观察到的后果包括失业率和缺勤率的增加、职位晋升障碍、经济收入的减少、劳动生产率的普遍降低、职业选择的限制。职场性骚扰加强了女性的经济弱者地位，传统的就业模式限制了女性的就业机会和上升空间，最终将女性牢牢禁锢在低报酬和“死胡同(dead-end)”的工作岗位上，不利于女性社会实力的增强。

不论职场性骚扰的动机究竟为何，其给劳动者带来的伤害主要是精神方面的，与此同时，长期的不良精神状态又会导致生理上的各种不适。职场性骚扰会令受害劳动者感觉到屈辱、愤怒、痛苦、不甘等负面情绪，承受着巨大的心理压力，可能会导致受害劳动者患失眠、头痛、焦虑症、抑郁症、职业倦怠等疾病，严重威胁劳动者的身心健康福祉。正如美国学者形象描述的一样：“焦虑与紧张，不安与疲惫，如影随形，给女性劳动者带来了沉重的负担……这些痛苦和疾病正是这一难题所引发的恶果，然而为了生存，成千上万的女性不得不忍受这不堪的压力所造成的难以避免的不良反应”。(Suzanne E.Andrews，1983)

治理职场性骚扰必须依靠法律手段。但是，从司法实践来看，法律对职场性骚扰的干预并不充分，职场性骚扰法律规制体系仍然存在着立案难、取证难、赔偿难等较为明显的短板，以至于有学者认为中国预防和惩治性骚扰几乎只流于喊口号(朱宁宁，2018)。相关调查表明，中国发生职场性骚扰的频率并不低，但进入司法程序的职场性骚扰案件数量十分稀少，在这些少量的职场性骚扰案件中，原告因证据问题遭遇败诉较为普遍。因为职场性骚扰行为存在隐蔽性、模糊性和突发性等特点，相比积极事实而言更难获得证明。职场性骚扰案件“证明难”是遭受了职场性骚扰的受害者不愿通过法律手段维护自身合法权益的重要原因之一。因此，有必要通过完善职场性骚扰的证明机制，切实维护职场性骚扰受害者的合法权益(卢杰锋，2019)。

(七)隐性性别歧视如影相随，认定困难

劳动力市场中的就业歧视问题历来是经济学、社会学等学科研究和关注的焦点。但它并不是随着市场经济而出现的新事物，而是一个古老的问题，几乎是随着劳动力市场的出现而出现的。1958 年国际劳工大会上通过的《就业和职业歧视公约》第 1 条就对歧视给予这样的界定："基于种族、肤色、性别、宗教、政治见解、民族血统或社会出身等原因，具有取消或损害就业或职业机会均等或待遇平等作用的任何区别、排斥或优惠"为就业歧视。女性学认为"就业歧视"专指存在于就业领域中的歧视现象，在就业者自身所拥有的与工作有关的个人能力没有显著区别的情况下，却因为自身所具备的某些特质而受到来自家庭、学校、用人单位、政府等主体在就业过程中的不公正对待。就业歧视包括显性歧视和隐性歧视。显性歧视是公开的，明目张胆的歧视。如在相同条件下，某用人单位规定只招收男生，或在同一岗位上女性的工资明显低于男性。隐性歧视，指在话语、文字上毫无歧视的表现，却在结果中明显显现出歧视，并且试图用其他手段进行掩饰的歧视行为。一般体现在，发布招聘或者招考信息时，用人单位不明确说明性别的要求和限制，但是实际的意图是不想录用女生而故意隐瞒。

随着《劳动法》《就业促进法》的出台，特别是国家九部委联合发布的《关于进一步规范招聘行为促进妇女就业的通知》，将相关法律规范加以细化，并且补充了多种可操作性措施，在一定程度上，推动妇女更加广泛深入地参与社会和经济活动，实现妇女平等就业。然而对女性的性别歧视并没有消失，特别是全面二孩政策实施以后，劳动力市场的性别歧视以一种更为隐蔽的进行着。具体表现为：不少用人单位在发布用人招聘信息时，精心设计和谨慎措辞，将较为明显的歧视条款表述、文字信息表达等隐藏起来；在招聘现场也不区分性别地收集简历，并热情地答复审阅简历后通知应聘结果，伪装成为一种性别平等的假象；有的用人单位进行筛选简历时，招聘工作人员会把女性的简历过滤舍弃，不再通知女性求职者进行面试；还有的用人单位表面通知女性一起参加面试等各环节，但在面试等后续环节中以各种理由拒绝录用女性。这类型歧视不易察觉，认定困难，维权难度较大。

二、女性就业问题的经济学解释

西方经济学者主要从人力资本、人的生产效率和企业成本负担等角度分析就业性别差异，分别提出人力资本理论、劳动市场歧视理论和统计性歧视理论。贝克尔首先构造一个解释歧视的经济学模型。他认为，歧视女性是雇主效用最大化而非利益最大化的体现，因为性别歧视会使雇主进而雇员同时受损，但是雇主更多的是对雇用女性完全成本的注视，不但包括女性的工资，还包括因满足个人的性别偏好所付出的歧视系数。如果加大对这种行为的处罚力度，使雇主为自己的歧视付出更多的成本，歧视就会减少或者消除即市场会驱逐歧视。Oaxaca 以贝克尔的理论为基础建立了性别歧视模型，将就业的性别差异进行分解，从而考察性别歧视因素在收入性别差异中所起的作用，之后的学者加入了行业因素使歧视模型更为完善。贝克尔的就业歧视理论是从经济学成本和收益的角度来分析劳动市场中的歧视的，事实上他忽略了雇主与工人间、雇主与雇主之间是相互依存的，不遵守社会规则就会被排斥在共同利益群体之外，在普遍存在歧视的世界里，不实行歧视是有成本的，对具有垄断地位的雇主来说，不实行歧视的利润不会比实行歧视多，所以职业性别隔离和工资性别差别会持续存在下去。

尽管后来的经济学家在歧视产生的原因以及歧视的影响因素问题上延续了贝克尔的

理论思路，但是越来越注重劳动市场的“社会因素”。其中美国经济学家迈克尔·J.庇奥尔（Michael J.Piore）1970年提出来的“二元劳动市场”（Dual Labor Market）理论应用较为普遍，该理论兼有集体主义和主观主义两大特征，这与以个人主义和客观主义为基础的新古典学派理论差异显著。他认为职业特征和劳动力品质特征是两个不同质的范畴，并在此基础上提出了四个假设：（1）劳动市场分为主流市场和次流市场；（2）每个市场有不同特点和运行方式；（3）两层次市场之间的流动受到严格的限制；（4）大多数女性难以负担专业技能培训的高额成本，被限制在次流劳动力市场，形成“职业歧视”（job discrimination）。即使次流市场的劳动力所有者有机会进入主流市场，但是在与主流市场劳动者具有相同生产力的情况下，也会被支付较低的劳动报酬。二元劳动力市场理论把雇员看作是由特定市场分割确定的一个新队列，将个人品质特征划分为优等（superior）和劣等（inferior）。法国学者莱拉特曾列举出区分劳动供给者“优等—劣等”品质的一些参照标准，如年龄、性别、教育程度、能力倾向、移民来源及所在区域等等。二元劳动力市场理论在20世纪70年代曾引起一场争议，形成了一个新的“排队理论”（queue theory），里斯金和鲁斯运用“劳工排队”和“职业排队”两个概念将微观层面上的求职者的选择与宏观层面上的职业性别构成联系起来，由于男性职工比女性职工更有价值，所以“劳工排队”转变为“性别排队”。女性更多地从事一些低报酬低技术的职业，而高技术含量的职业成为男性的专利。明塞尔还通过比较优势理论将这种职业性别区隔进一步合理化，在他看来，人们总要在市场工作、非市场工作和闲暇这三个方面进行决策，男人有市场性工作或挣钱的优势，妇女有负担非市场生产的义务和优势，所以女性负责家务劳动的同时从事替代效应高于收入效应的工作是最贴近现实的经济学假设。比较优势原理将男女两性在生理上的差别与人力资本投资方向性别化相互加强的恶性循环不断加深，即使控制了人力资本因素和劳动力供需因素，还是存在非直接性的男女收入差，因为长期的市场职业性别区隔，使雇主对男性化职业和女性化职业的区分更为细致和清晰，即使这些职业在工作内容上相类似，对女性较为集中的职业的评价和价值估计也降低。

经济学研究的是劳动力市场的价格规律，而作为这个市场的主体，买卖双方率先发生的却是“人际关系”，两者均不能回避约定俗成的个性以及由各种思想支配的主观能动性。秉持性别偏好的就业歧视理论，并不会完全遵循经济学成本和收益的权衡，而是会在顽固的社会性别角色偏见的影响下在一段时期内持续存在，所以从其他角度研究和解决性别歧视问题是十分必要的。

三、女性就业问题的社会学解释

性别歧视有着浓重的社会特征，一直是社会学、人类学关心的问题。与经济学家相反，西方社会学者则从传统文化和社会制度等方面研究就业的性别不平等，其中互动理论和制度理论尤其具有社会学的学科特色。性别歧视作为一个痼疾有着深刻的历史文化渊源，女性历史与现实的被歧视的直接原因并不是生理特征而是父权文化长期干预的结果。“女人并不是生就的，而宁可说是逐渐形成的……决定女人气质的是整个文明。”而决定整个文明的正是生产的发展和性别分工的变迁。性别分工是人类最早的社会分工，男女为人类延续而自发的分工，从一开始就“以缩影的形式包含了一切后来社会及国家中广泛发展起来的两性对立”。这种性别分工在男性的统治下趋于稳固，即使工业化使女性的就业机会大幅度增加，但仍然不能避免两性之间从事工作种类和所得报酬之间的显著差异，男性的工作多数被看作是高贵的。为什么两性劳动会产生价值的分化？为什么社会劳动会比家务劳动更有价值？为什么女性总是处于“辅助性”角色？

马克思和恩格斯将女性受歧视的根源归结为由分工推动而同时产生的父权制和私有制，后来他们的思想被曲解，人们片面地强调私有制这一单一因素对性别关系的影响，忽略了父权制意识的影响。20世纪70年代末，美国经济学家海迪·哈特曼提出了“二元制理论”，该理论认为资本主义制度和父权制是相辅相生的，资本主义制度利用父权制使资本剥削少受挑战，而父权制也借助于资本主义制度得到延续，并使劳动分工得以产生不平等的两性关系，父权制作为一种独立的、先于资本主义存在的支配体系，持续影响着家庭内外劳动中的性别分工。一方面，父权制意识形态强调女性在人口生育上的功能，以此迫使女性“自愿”从事无报酬的家务劳动；另一方面，对女性家庭责任的强化又进一步导致了劳动力市场的不平等。家庭事务和公共事务的分离和妇女被局限于家庭的分工模式是妇女经济边缘化和社会依附化的根源。在这种男女阶级属性决定因素的争论中，女性的从属地位不但没有削弱，性别分层却不断再生产。

通过社会学者对女性从属地位形成过程研究的可以看出，家庭是女性从属地位的核心领域。而家庭劳动也往往被作为用人单位拒绝女性的主要原因，所以有些学者展开了家务劳动的争论，“妇女的解放只有在妇女可以大量地、社会规模地参加生产，而家务劳动只占她们极少功夫的时候才有可能”(中共中央马克思、恩格斯、列宁、斯大林著作编译局，1992)。然而，随着女性越来越多地参与社会劳动，获得劳动报酬，与男性的资源优势和交换关系也发生了变化，但是女性作为服务者的社会角色没有本质变化，越来越多的学者开始从改变女性社会角色的刻板化印象上寻求解决就业性别歧视办法。

四、女性就业问题的女性学解释

法国启蒙思想家狄德罗说：“女人和男人一样属于共同的人类。”这么一句看似很普通的话，实则是对积淀已久的陈腐观念石破天惊的呐喊。女权主义者朱丽叶·米切尔也说过一句令人回味的话：“提出女性主义的问题，给予马克思主义的回答”。(鲍晓兰主编，1995)由此看来，性别平等有着较为沉重的历史包袱。当然，这一历史包袱不仅仅只有中国才有，可以说“第二性”的历史问题与不幸是全人类女性所面临的共同遭遇，古今中外，概莫能外。关于就业的性别差异，经典叙事方法强调人力资本和性别歧视的基础性解释。随着后现代女权主义的兴起，人们越来越意识到就业的性别差异主要源于社会因素，特别是社会文化对两性性别意识的建构决定了女性次等的“女人”身份。受女性主义学者的启发，西方学者开始探究社会性别制度和环境对女性就业的影响。

(一)女性主义视角下的父权文化决定论

女性主义理论认为性别不平等不是先赋的，女性的屈从地位是早期历史野蛮时代的产物。女性的能力看上去低于男性，并非女性自身的原因，而是长期的社会压迫、错误教育以及人性缺失的结果，是以压抑女性发展而激励男性进步的结果。父权制夸大了男女两性的生理差异，正是基于生理上的性别差异，男女在人类自身生产过程中扮演着非常不同的角色，导致了性别压迫的产生，同时通过家庭这种特殊的组织，对女性进行的男性文化的塑造，使得妇女接受她们的次等地位并形成概念逐渐内化，从此形成了基于生理特征的等级歧视制度范式，提出用父权制文化决定论来解释就业的性别差异问题。劳动的性别分工源于家庭劳动的性别分工，因为家庭中的等级化性别关系是先于劳动力市场存在的，劳动力市场的建构和发展利用了传统的劳动性别分工中等级化的特点。当父亲和丈夫的权力走出家庭，利用国家来控制法律，决定劳动的性别分工，控制资源以及在公共领域中塑造社会性别意识形态和价值观的时候，现代社会的劳动性别分工都带有家庭性别分工的痕迹，将照顾性工作视为女性的责任。女性成为劳动力市场的蓄水池，当劳动力市场供给不足时，便鼓励女性就业，填补劳动力市场的缺口；当劳动力市场需求不足时，便强调女性的家庭属性，呼吁女性回到家务劳动中去，女性成为下岗、失业的第一人选，就业的性别差异正是男权体制下的一种社会建构。女权主义经历了从起初的要求与男人完全平等，到后来的要求与男人差异性平等，再到后现代的要求在动态之中寻求差异平等的过程。就业应该是多元个体的自由选择，不以性别为标准，男女两性都可以依据自身的差异而自主地决定是否就业、如何就业。

（二）社会性别视角下的性别文化根源

目前社会性别理论已经是国际上分析性别不平等现状，寻找性别不平等深层次原因，解决两性平等和谐发展问题的最重要视角之一。社会性别意识也被纳入联合国的人类发展统计指标和国际社会发展计划，成为衡量各国社会发展程度的依据之一。

社会性别理论认为，性别有生理性别和社会性别之分。生理性别是先天的、不可更改的、由生物遗传因素决定的，由于生理性别在本质上并无优劣之分，因此生理性别在理论上不应导致就业的性别差序格局，而这种格局的形成正是社会性别文化建构的。社会性别理论以社会性别差异、社会性别角色塑造和社会性别制度为主要内容，矛头直指长期存在的男尊女卑的性别误区和无视社会性别的性别盲点，并由此深入揭示了这种差异和不平等的政治、经济、文化和社会制度根源。

性别不平等深深根植于传统文化和性别规范之中。阿莱西纳和汉森等人的最新研究发现，由古代犁耕农业生产方式所孕育的性别角色观念即使在几千年后仍然存在，并且对当前劳动领域的性别不平等状况具有显著影响。这一结论充分表明，传统性别角色观念在演化过程中具有毋庸置疑的延续性和持续影响力。作为一个具有几千年农业文明和儒学传统的国家，父权制文化对中国性别不平等的深远影响理应受到重视。尽管自“五四”新文化运动以来，尤其是在20世纪50年代，新中国通过自上而下的多层次和工具性的妇女解放运动对传统性别文化进行了前所未有的改造，但是在强调男女“社会义务或贡献平等”的同时，却以“去性别化”的方式模糊或掩盖了性别差异，甚至造成了新的事实上的性别不平等，特别是家庭内部仍然保留了传统性别分工和父权文化特征。而且，自从市场转型和制度变迁以来，中国社会的性别话语发生了明显转型。“男女都一样”以及“妇女能顶半边天”等官方话语渐渐失去体制土壤，在市场扩张和媒体渲染之下，性别角色观念和两性分工出现了“传统回归”（杨菊华，2017）。

性别化的文化规范形塑了两性行为模式的差异，并通过不同的行为而导致就业不平等的结果。而且，性别文化规范是一种典型的双重标准，不管是规范的遵守还是触犯规范之后的惩罚，它对女性的要求都更为严厉。可以说，在个体—家庭—社会的互动中，性别文化规范主要规定和约束女性的日常行为与社会活动领域，以此迫使女性过多地承担无报酬的家庭劳动，而且这一性别分工模式并不会因为女性资源或相对地位的上升而逆转变化。有研究发现，当妻子收入超过丈夫时，她们甚至会多做一些家务劳动以弥补其在劳动力市场上对传统性别文化的偏离（佟新、刘爱玉，2015）。为了腾出时间和精力承担家庭责任，信奉传统性别角色观念的女性即便进入了劳动力市场，往往也会减少市场工作的时间，甚至为专司家庭角色而退出劳动力市场。由此可见，传统文化观念同时影响私域的权力关系、公域的资源分配，并迫使女性主动或被动地接受不平等的现状。

经济社会的发展和家庭结构的变迁，“男主外女主内”的文化观念和社会实践还没有实质改变。女性自主选择的空间还很小，社会期待依然具有强烈的约束作用。因此，如果现代平等的性别文化还没有显现并发挥实质影响，即使女性的受教育程度赶上甚至超过男性，女性的就业劣势也可能依然持续存在。只有深刻认识“男主外女主内”等传统性别文化所依赖并得到人们认同的社会经济和心理基础，采取针对性措施，提高全社会的性别平等意识，才能推动女性积极参与经济社会发展的共建共享。

（三）马克思主义就业观的解释

马克思主义妇女观，是运用辩证唯物主义和历史唯物主义的世界观、方法论，对妇女社会地位的演变、妇女的社会作用、妇女的社会权利和妇女争取解放的途径等基本问题做出的科学分析和概括。马克思和恩格斯将女性受歧视的根源归结为由分工推动而同时产生的父权制和私有制，私有制的出现和阶级的产生，使妇女丧失了参与社会劳动取得经济独立的权利，而一夫一妻制的出现，则使女性成为男性的私有物品，家务劳动的私有性质，更进一步把妇女排斥在社会生产之外，使妇女束缚于家庭之中。后来他们的思想被曲解，人们片面地强调私有制这一单一因素对性别关系的影响，忽略了父权家长制意识的影响。

马克思主义妇女观充分肯定妇女在历史进程中的重要作用。妇女在人类历史进程中，有着不可忽视的作用，她与人类的另一半共同创造了人类文明并且推动了社会的发展。正如马克思所说，“没有妇女的酵素，就不可能有伟大的社会变革，社会进步可以用女性（丑的也包括在内）的社会地位来精准的衡量”（马克思恩格斯全集，1974）。妇女应该得到社会的尊重与认可，并且无论在社会生活中的任何领域，都应该与男性享有平等的地位和权利。

马克思主义妇女观还指出参与社会劳动是妇女解放的先决条件。恩格斯指出：“只要妇女仍然被排除于社会的生产劳动之外而只限于从事家庭的私人劳动，那么妇女的解放，妇女同男子的平等，现在和将来都是不可能的”（马克思恩格斯全集，1995）。因此，要想让妇女获得真正的解放，就必须让妇女参加到社会劳动中去；而妇女参加社会劳动，实现妇女就业便是一个重要途径，实现妇女就业，让妇女有相应的经济收入，获得经济上的独立，使其不再束缚于家庭，不再成为男性的附属品，从而在家庭中获得更高的地位。家务劳动社会化，是实现妇女解放的另一个方法。恩格斯在研究妇女问题时指出，要想让所有的妇女都实现真正的解放，根本方法就在于如何使家务劳动社会化，消灭妇女家务劳动的私人化，使家务劳动成为社会分工的一种形式，妇女解放才能真正实现。

(四)习近平新时代妇女观的论述

党的十八以来,以习近平同志为核心的党中央在继承和发展马克思主义妇女就业观的过程中,形成有关妇女解放与妇女就业工作的新理念新思想新战略。正如习近平总书记所说的那样,“在中国人民追求美好生活的过程中,每一位妇女都有人生出彩和梦想成真的机会。”(习近平,2013)为此,习近平强调:“党和国家要实施积极的就业政策,创造更多就业岗位,改善就业环境,提高就业质量,不断增加劳动者特别是一线劳动者劳动报酬”。(习近平,2015)

习近平强调指出:“妇女是物质文明和精神文明的创造者,是推动社会发展进步的重要力量。没有妇女,就没有人类,就没有社会。”“没有妇女解放和进步,就没有人类解放和进步。”(习近平,2015)并提出了四点基本主张:第一,推动妇女和经济社会的同步发展。发展离不开妇女,发展要惠及包括妇女在内的全体人民。我们要制定更加科学合理的发展战略,既要考虑各国国情、性别差异、妇女特殊需求,确保妇女平等分享发展成果,又要创新政策手段,激发妇女潜力,推动广大妇女参与经济社会发展。第二,积极保障妇女权益。妇女权益是基本人权。我们要把保障妇女权益系统应纳入法律法规,上升为国家意志,内化为社会行为规范。要增强妇女参与政治经济活动能力,提高妇女参与决策管理水平,使妇女成为政界、商界、学界的领军人物。发展面向妇女的职业教育和终身教育,帮助他们适应社会和就业市场的变化。第三,努力构建和谐包容的社会文化。男女共有一个世界,消除对妇女的歧视和偏见,将使社会更加包容和更有活力。我们要努力消除一切形式针对妇女的暴力,包括家庭暴力。我们要以男女平等为核心,打破有碍妇女发展的落后观念和陈规旧俗……第四,创造有利于妇女发展的国际环境。妇女和儿童是一切不和平不安宁因素的最大受害者(习近平,2015)。

马克思主义妇女观一面肯定了妇女在社会发展中的作用,另一方面又为男女的平等就业提出了解决路径。习近平新时代的妇女观将妇女的发展上升到了人类社会发展的高度,充分肯定了妇女在人口再生产和经济生产中的独特作用,对中国女性就业提出了新的要求:“中国将更加积极贯彻男女平等基本国策,发挥妇女‘半边天’作用,支持妇女建功立业、实现人生理想和梦想。中国妇女也将通过自身发展不断促进世界妇女运动发展。为全球男女平等事业做出更大贡献。”这昭示着中国妇女就业发展必然呈现出新的发展态势。而从另一个角度来说,中国化的马克思主义妇女观将成为新形势下指导并实现妇女就业发展的重要指南,让社会更为清晰准确地认识女性就业、工作和家庭、生育和人类发展,对提升女性的自我认知和先进社会性别意识有着十分重要的意义。

第八节 ■ ■ ■

就业政策与立法的女性学思考

实现妇女平等就业是一个系统工程,需要各个方面的保护力量和保护方式的紧密结合。新中国成立70年来,我国已经基本形成了一整套保障妇女平等就业、促进妇女职业发展的法律政策体系。但传统社会性别文化、宏大的全球化和市场化背景对女性就业带来了新的挑战。本节就就业政策与立法的发展，从女性学的角度对其进行分析，并提出关于女性就业政策与立法的相关对策。

一、中国的就业政策与立法

(一)就业政策中性别平等实施的法律保障体系

《中华人民共和国宪法》确立的法律面前人人平等，以及公民享有劳动权利和义务的条款，是制定两性平等就业和禁止就业歧视法律法规的根本依据。

1.保障女性平等就业的相关法律。《中华人民共和国劳动法》(简称《劳动法》)是中国政府首次以法律的形式对劳动者合法权益保护进行明确规定的法律，是保护劳动者权益和禁止性别歧视基本的、专门的法律。《劳动法》对妇女参加就业的各项权利给予了明确规定，包括劳动者享有平等就业和选择职业的权利、取得劳动报酬的权利、休息休假的权利，同时还包括接受职业技能培训的权利、享受社会保险和福利的权利以及提请劳动争议处理的权利等等。《中华人民共和国妇女权益保障法》(1992 年)(简称《妇女权益保障法》)是中国政府首次以妇女为主体，以保护妇女合法劳动权益为主要内容的法律。该法对保护妇女在劳动中获得平等的、合法合理的权利给予了明确规定。体现在妇女就业方面的规定；男女同工同酬方面的规定；还有对女职工特殊劳动保护方面的规定。2005 年修订的《妇女权益保障法》专门设置了“劳动和社会保障权益”章节，进一步要求用人单位在录用、签订劳动(聘用)合同或者服务协议时不得歧视妇女。该法第 22 条规定“国家保障妇女享有与男子平等的劳动权利和社会保障权利”，第 23 条第二款进一步规定“各单位在录用女职工时，应当依法与其签订劳动(聘用)合同或者服务协议，劳动(聘用)合同或者服务协议中不得规定限制女职工结婚、生育的内容”。《中华人民共和国就业促进法》(2007 年)(简称《就业促进法》)，共九章，每章都与促进平等就业有关。如第一章总则中的第 3 条规定：“劳动者依法享有平等就业和自主择业的权利。劳动者就业，不因民族、种族、性别、宗教信仰等不同而受歧视”；第三章第 25 条中规定“用人单位招用人员、职业中介机构从事职业中介活动，应向劳动者提供平等的就业机会和公平的就业条件，不得实施就业歧视”。《就业促进法》作为促进就业的专门法律，对促进妇女公平就业，反对就业中的性别歧视起到了巨大的推动作用。

2.保障妇女平等就业的相关行政法规。主要包括 1988 年颁布的《中华人民共和国女职工劳动保护规定》第 3 条规定“凡适合妇女从事劳动的单位，不得拒绝招收女职工”等，国务院制定并颁布实施的《中国妇女发展纲要 1991—2000》《中国妇女发展纲要 2001—2010》《中国妇女发展纲要 2011—2020》。《纲要》作为中国政府颁布的首部关于妇女发展总体纲要，对有效保障中国妇女权益起到了重要作用，特别是提出了现阶段及未来保障中国妇女平等就业的发展目标。这三部《纲要》中，中国政府根据世界妇女发展的情况和中国妇女发展的不同阶段，从两个角度对妇女劳动权利保护进行了说明。其一在总体目标中写道：“保障妇女获得平等的就业机会和分享经济的权利，提高妇女的经济地位”。在“妇女与经济”具体部分中，从五个方面具体规定妇女就业的权利，即：“保障妇女获得经济资源的平等权利和机会；消除就业性别歧视，实现男女平等就业，保障妇女劳动权利，妇女从业人员占从业人员总数的比例保持在 40%以上；妇女享有与男子平等的社会保障权利，城镇职工生育保险覆盖面达到90%以上；保障女职工享有特殊劳动保护；缓解妇女贫困程度，减少贫困妇女数量。”

3.保障妇女平等就业的相关部门法规。新中国成立以后，国务院各部委下发有关妇女就业权利和权益保护的法规和文件主要有：《劳动部关于印发〈女职工劳动保护规定问题解答〉的通知》(1989年)、《劳动部关于颁发〈女职工禁忌劳动范围的规定〉》(1990年)、《劳动部、全国总工会关于切实保障企业职工合法权益的通知》(1993年)、《关于切实做好国有企业下岗职工基本生活保障和再就业工作的通知》(1998年)、《人才市场管理规定》(2005年修正)以及《就业服务与就业管理规定》(2008年)。《中共中央关于全面深化改革若干重大问题的决定》(2013年)要求“规范招人用人制度，消除城乡、行业、身份、性别等一切影响平等就业的制度障碍和就业歧视”。2013—2014年国务院办公厅连续两次下发关于做好全国普通高等学校毕业生就业工作的通知，要求用人单位不得对求职者设置性别等歧视性条件，2016年《国民经济和社会发展第十三个五年规划纲要》和《关于实施全面两孩政策改革完善计划生育服务管理的决定》，要求消除对妇女的歧视和偏见，依法保障女性就业、休假等合法权益，支持女性生育后重返工作岗位。2017年《“十三五”促进就业规划》要求规范招人用人制度，消除影响平等就业的制度障碍。

(二)实现妇女平等就业权的法律保障

所谓妇女就业权，又称“职业保障权”，主要是指具有劳动能力和就业愿望的女性公民，依法享有请求提供工作或使其可以得到工作的权利(周敏，2011)。第一，关于男女平等就业权保障方面的规定。除了《中华人民共和国宪法》规定外，主要体现在一些具体法规上。如1988年，国务院颁布的《女职工劳动保护规定》，指出：凡适合妇女从事劳动的单位，不得拒绝招收女工。1994年颁布的《劳动法》的第13条规定：“妇女享有与男子平等的就业权利，在录用职工时，除国家规定不适合妇女的工种或劳动岗位外，不得以性别为由拒绝录用妇女或提高对妇女的录用标准。”《中国妇女权益保障法》中第23条不仅重申了这一规定，而且进一步提出，各单位在录用女职工所签订劳动(聘用)合同内容时“不得规定限制女职工结婚、生育的内容”。2007年8月颁布的《就业促进法》中明确提出了公平就业，反对就业歧视。为落实党中央、国务院保障妇女平等就业权益的相关要求，人社部、教育部等多次下发通知促进妇女平等就业。人社部《关于实施离校未就业高校毕业生就业促进计划的通知》(2013年)、教育部2013年及2016—2019年《关于加强高校毕业生就业信息服务工作的通知》，均明确要求各地、各高校坚决反对就业性别歧视。2019年人社部、教育部等九部门针对招聘性别歧视屡禁不止问题，联合发布《关于进一步规范招聘行为促进妇女就业的通知》，要求“各类用人单位、人力资源服务机构在拟定招聘计划、发布招聘信息、招用人员过程中……不得以性别为由限制妇女求职就业、拒绝录用妇女”。该通知在健全司法救济机制中规定，积极为遭受就业性别歧视的妇女提供法律咨询等法律帮助，为符合条件的妇女提供法律援助。积极为符合条件的遭受就业性别歧视的妇女提供司法救助(杨慧，2019)。

第二，有关职业发展的法律政策。为保障妇女享有与男性平等的职业发展权利，《妇女权益保障法》第24条、25条、27条明确规定，各单位在支付劳动报酬、晋职晋级和职称评定时，确保男女平等。《劳动合同法》第52条规定“企业职工一方与用人单位可以订立劳动安全卫生、女职工权益保护等专项集体合同”。《宪法》第 48 条规定“国家保护妇女的权利和利益，实行男女同工同酬，培养和选拔妇女干部”。

(三)有关劳动保护的法律政策

新中国成立以后，为了更好地保障妇女劳动权利和权益，国家在所颁布的法律法规中对妇女就业做出了一些特殊规定。

在女性生理需要的特殊劳动保护方面。《女职工劳动保护规定》第 4 条、《劳动合同法》第 42 条做出了规定，《女职工劳动保护特别规定》第 5 条明确“用人单位不得因女职工怀孕、生育、哺乳降低其工资、予以辞退、与其解除劳动或者聘用合同”。《妇女权益保障法》第 26、27 条及《劳动法》第 7 章规定，用人单位不得安排经期、孕期、哺乳期女职工从事有损健康的劳动。《职业病防治法》第 75 条规定，安排“孕期、哺乳期女职工从事接触职业病危害的作业或者禁忌作业的”，“由卫生行政部门责令限期治理，并处 5 万元以上 30 万元以下的罚款”。此外，《女职工劳动保护特别规定》第 6 条、第 9 条分别规定了女职工孕期、哺乳期的劳动与哺乳时间。

在工作安排方面。《女职工劳动保护规定》中的第 5 条规定：禁止安排女职工从事矿山井下、国家规定的第四级体力劳动强度的劳动和其他女职工禁忌从事的劳动。《中华人民共和国劳动法》中的第 5 条再次重申了这一规定。《女职工禁忌劳动范围的规定》中的第 3 条规定女职工禁忌从事劳动范围如下：①矿山井下作业；②森林业伐木、归类及流放作业；③《体力劳动强度分级》标准中第四级体力劳动强度的作业；④建筑业脚手架的组装和拆除作业，以及电力、电信行业的高架线作业；⑤连续负重(指每小时负重次数在六次以上)每次负重超过 20 公斤，间断负重超过 25 公斤的作业。

在生育保障待遇与资金来源方面，《劳动保险条例》《女职工劳动保护规定》《劳动法》《女职工劳动保护特别规定》不但明确规定女职工产假天数，而且随着社会发展，产假天数由 1951 年的 56 天延长到 1988 年的 90 天后，2012 年进一步延长到 98 天，为女职工产后更好地休息与恢复劳动能力提供了法律保障。《社会保险法》(2010 年)第 56 条和《女职工劳动保护特别规定》第 7 条、第 8 条明确了产假、流产假的休假标准和待遇标准。《劳动保险条例》《企业职工生育保险试行办法》《社会保险法》规定了职工生育保险待遇的经费来源。《关于全面推进生育保险和职工基本医疗保险合并实施的意见》(2019 年)在扩大原有生育保险覆盖范围、降低部分单位生育成本、保障职工生育期间相关待遇方面做出了明确规定。

在工作环境方面，《女职工劳动保护规定》第 11 条、《女职工劳动保护特别规定》第 10 条规定，女职工比较多的用人单位应当妥善解决女职工在生理卫生、哺乳方面的困难。《女职工劳动保护规定》第 11 条还规定，用人单位应逐步建立托儿所、幼儿园等设施，妥善解决女职工照料婴儿方面的困难。《关于促进 3 岁以下婴幼儿照护服务发展的指导意见》(2019 年)明确提出“在就业人群密集的产业聚集区域和用人单位完善婴幼儿照护服务设施”，“支持脱产照护婴幼儿的父母重返工作岗位”。这些规定有助于减轻女性的照料负担，促进女性就业。此外，《女职工劳动保护特别规定》第 11 条规定“在劳动场所，用人单位应当预防和制止对女职工的性骚扰”。该规定在以往仅关注女职工身体和生理劳动保护基础上，体现了对女职工心理和精神的保护，对用人单位保障女职工职场安全提出了明确要求，填补了国家性骚扰立法的空白(杨慧，2019)。

(四)职业退出与养老保障

1.有关退休年龄的法律政策

《劳动保险条例》第15条规定，“女工人与女职员年满50岁，一般工龄满20年，本企业工龄满5年者，得享受本条甲款规定的养老补助费待遇”。1978年《国务院关于工人退休、退职的暂行办法》和《国务院关于安置老弱病残干部的暂行办法》明确规定了不同岗位女工人、女干部的退休年龄。《妇女权益保障法》第27条规定“各单位在执行国家退休制度时，不得以性别为由歧视妇女”。《关于机关事业单位县处级女干部和具有高级职称的女性专业技术人员退休年龄问题的通知》(2015年)规定，党政机关、人民团体中的正、副县处级及相应职务层次的女干部，事业单位中担任党务、行政管理工作的相当于正、副处级的女干部和具有高级职称的女性专业技术人员，年满60周岁退休。这些规定保障了女职工的劳动权和休息权。

2.有关退休保障的法律政策

《劳动保险条例》第15条甲款规定职工退职后，退休金按其工龄长短，占本人工资的50%～70%，该条例首次明确了女性享受基本社会保障的待遇标准。《国务院关于工人退休、退职的暂行办法》和《国务院关于安置老弱病残干部的暂行办法》分别规定了女工人、女干部退休金占本人标准工资的60%～80%、60%～75%的相应条件。此外，参加革命工作年限满10年的满55岁女干部或经过医院证明完全丧失工作能力的满45岁的女干部，按本人标准工资的90%发给；抗日战争时期参加革命工作，年满50周岁、连续工龄满10年的女工人，按本人标准工资的90%发给。这些规定均为女职工退休后的基本生活提供了法律保障。

(五)实现妇女就业权利保护的政府责任相关法律规定

2008年1月生效的《就业促进法》，最为突出的是提出了解决就业问题的主要责任者是政府。第三章第25条中规定“各级人民政府创造公平就业环境，消除就业歧视，制定政策并采取措施对就业困难人员给予扶持和援助”；第七章中第58条进一步提出了“各级人民政府有关部门应当建立促进就业的目标责任制”。该法同过去其他法律法规相比，最大进步是提出了法律责任的问题。即第八章第68条中规定了“违反本法规定，侵害劳动者合法权益，造成财产损失或者其他损害的，依法承担民事责任；构成犯罪，依法追究刑事责任”等。

新中国成立70年来，我国已经基本形成了以《宪法》为基础，以《妇女权益保障法》为主体，包括《就业促进法》《女职工劳动保护特别规定》等国家法律政策和各部委行政规章在内的一整套保障妇女平等就业、促进妇女职业发展的法律政策体系。该体系既有关于确认妇女平等就业权的规定，又有对平等就业权受侵害妇女的救济；对于侵犯妇女平等就业权的用人单位，既有事前预防性规定，又有事后惩罚性规定，能够较为全面地为妇女就业与职业发展保驾护航。

二、女性就业政策与立法的女性学思考

(一)社会性别意识与女性就业政策

社会性别是女性主义理论的核心概念之一,社会性别概念的提出是人类社会长期追求性别平等,不断丰富性别平等内涵的结果。作为一种策略方法,它使男女双方的关注和经验成为设计、实施、监督和评判政治、经济和社会领域所有政策方案的有机组成部分,从而使男女双方受益均等,不再有不平等发生。

1.女性就业政策过于笼统,难以产生积极效力

从对中国现行有关就业法律、法规和政策的梳理来看,关于妇女劳动权利保护的就业政策,主要体现在两个方面:一是对两性劳动就业权平等保护;二是对妇女劳动权的特殊保护。如果以性别平等为视角审视目前妇女劳动权利保护的就业政策就会发现,目前中国现有法律法规和政策中,对于两性劳动就业权平等保护方面的规定多以原则性和倡导性为主。如中国《宪法》中规定,妇女在政治的、经济的、文化的、社会的和家庭的生活等方面享有同男子平等的权利。在《妇女权益保障法》中同样写道:“国家保障妇女享有与男子平等的劳动权利和社会保障权利。”这种笼统的规定,很难在实践中进行操作。也就是说这些原则性规定,很难回答和解决实践中出现的问题。如妇女与男性的同等就业机制和标准如何确定?如何判定?另外,由于具体的、程序性配套法规的缺失,使得这些法律法规和政策在实践中很难落实,犹如空中楼阁,说起来容易做起来难,使本应该具有极强权威性的法律在实践中显得苍白无力,使得妇女就业中歧视的现状很难改变。比如目前中国就业领域中热议的话题“性骚扰”问题,也是由于中国法律中没有相应的惩罚配套措施,且将“性骚扰”划归民事案件,遵循“谁主张,谁举证”的证明规则,使得“性骚扰”举证困难,很难在实践中诉讼成功(卢杰锋,2019)。又如《女职工禁忌劳动范围的规定》可以说是对女职工劳动保护规定的具体化,规定中对女性的特殊时期工作范围进行了列举,对不适合女性工作的范围也进行了列举。这些列举范围无疑是以保护女妇女作为出发点的,本应对妇女就业带来积极效力。但由于只是对妇女从事工作范围进行了具体的细化,而在其他环节,比如如何使女性不会因为在“四期”,即经期、孕期、产期和哺乳期的生理问题,在就业机会选择上、同工同酬上受到歧视等一系列具体配套措施,并没有做到细化,也很难贯彻实施。特别是在全面二孩政策实施以来,妇女就业受到了极大的挑战,妇女就业的机会相对于男性来说本身就很少,如果再针对妇女的生理现象做过多的限制,就会进一步造成妇女的就业机会减少。

2.妇女劳动权益保护的立法滞后,前瞻性不足

关于妇女劳动权益方面的立法,相对于其他法律法规是较晚的。如1994年7月5日中华人民共和国第八届全国人民代表大会常务委员会第八次会议通过的《中华人民共和国劳动法》、1992年4月第七届全国人民代表大会第五次会议通过的《中华人民共和国妇女权益保障法》。最为明显的就是男女不同年龄的退休政策问题,男女不同年龄退休政策,所确定的男性60岁退休,女工人为50岁退休,女职员为55岁退休,自1951年实施以来,迄今未有实质变化,这就严重脱离了当今妇女的实际。当今妇女无论在生理上还是社会方面,都发生了很大变化。如妇女健康状况有了很大改变,从平均寿命来看,女性的平

均寿命已经由新中国成立初期的35岁，提高到今天的74岁，同时女性的生育负担相对于新中国成立初期也有了很大的变化，特别是女性的知识水平有了大幅度的提高。从一定意义上讲，现行的退休政策已经表现出明显的滞后性。这种滞后性的法律法规在一定程度上只能起到形式上男女平等的效果，而不能达到实质的平等，使得很多女性在面临退休的时候缺少了自主性和可选择性。

3.女性政策和立法还存在隐性性别歧视

所谓隐性歧视是指某一个法律或法规的条款，无论从标准上还是做法上表面看是中立的，但实际上却导致对某人或某一群人不成比例的不利影响。某一法律是否构成隐性，依据的不是条件而是结果。如一直沿用至今的1978年颁布的《暂行办法》中规定的：男年满60周岁、女年满50岁、女干部年满55周岁。又如人事部、公安部2001年7月3日发布的《公安机关录用人民警察体检项目和标准》第45条规定，妊娠期内不能录用；《司法行政机关录用监狱劳教人民警察体检项目和标准》中也有相同的规定。上述规定显然是对怀孕妇女的一种隐性歧视，将生育看成女性个人的事，将社会责任转化为女性承担的就业成本。这些规定立法的初衷是保护女性的权益，但在实践中带来的效果是对妇女经济利益和社会利益的侵害。

4.女性就业政策缺乏系统性，执行力不足

女性就业是一个系统工程，涉及公共领域和私人领域的资源博弈，传统的女性群体"主内"的社会角色定位认知有所改变，但女性大量参与市场劳动，家务劳动却仍无人分担，在现实中形成了女性职场与家庭的双重困境。生育政策给予女性生育和就业的公共服务保障却严重不足，把本来夫妻都要共同承担责任和一起参与的人口再生产基本上都推给女性，把本来夫妻双方都要分担的因为生育带来的劳动生产率的下降和对工作的影响也都添加到女性身上，不合理地抬高了雇佣女性职员的劳动成本，成为用人单位排斥和歧视女性劳动资源的看似可以理解的理由。而现行的就业政策缺少家庭领域相关权利义务关系的划分，使就业政策的执行不足。

(二)男性话语体系下的女性就业政策与立法

著名学者雅格曾经指出："当今世界的女性问题与男性问题并非截然分开。因为在大多数情况下，男性的生活与女性的生活是密切联系在一起的，不论在公共生活还是私人生活中，男性与女性各自在道德上的选择或影响对方。"(谭琳、姜秀花，2007)在中国对于男女平等问题的讨论从20世纪80年代开始，一直持续到今天。围绕的主题大体可以归纳为：一是男女都一样，另一方面是男女不同，男女应该各司其职。中国政府在两性平等问题上，提出了男女平等是中国的基本国策，体现在1992年的《妇女权益保障法》和1995年颁布的《中国妇女发展纲要》中。在《妇女权益保障法》总则的第2条中规定："妇女在政治的、经济的、文化的、社会的和家庭的生活等各方面享有同男子平等的权利。"虽然中国在法律上对妇女权利的保障给予了明确规定，但在市场经济改革的逐步深入，特别是伴随着中国劳动力市场的放开，就业中的两性不平等日显突出。面对就业压力，很多男性提出了"让女性回家"的口号。这一口号的背后隐喻着"男女不一样"，以此呼唤女性重新回到家庭，这种以男性为准则的妇女解放使女性们感到压力重重。她们不仅背负着传统妇女的家庭角色，承担着家庭责任，同时还在男权文化的氛围中苦苦寻求机会。中国的性别不平等虽然来源于传统社会中的两性分工，却深深地扎根于男性文化之中，形成了以男性为标准的法律法规，而法律法规的最大化发挥又形成了隐性歧视的制度。因此，以男性为标准的平等在某种意义上说，是妇女不可能实现的平等，能够实现的平等也只能是形式的平等，不是实质的结果平等。

（三）关于妇女就业政策与立法的建议

1.坚持社会性别主流化的导向。完善中国性别平等就业政策必须坚持社会性别主流化的政策导向，这主要是因为社会性别主流化作为联合国促进妇女发展与推动性别平等的战略，力图把性别平等纳入国家和各级政府所有政策的主流中，从而改变目前存在的两性不平等的政策环境和机制。用社会性别意识观点评估所有政策对男女两性的不同影响，把社会性别观点纳入政策的设计、发展、执行、监察和评估等的全过程，从而建构和完善以社会性别意识为主流化的各项政策。

2.明确政府在推进社会性别主流化进程中的重要责任。要把社会性别主流化的理论真正付诸公共政策实践中，政府的责任作用至关重要。这是因为政府作为国家主要的社会公共权力机构，它对社会成员承担着责任和义务。政府的责任要求它应当对所有社会成员的基本要求有所增益。李慧英教授对此进行了归纳：一是政府要担负起促进妇女与社会协调发展的责任；二是政府和其他行动者应该推行一种积极醒目的公共政策，把性别意识纳入所有政策和方案的主流；三是设立国家及地方一级的性别平等机制，保证政策方案的切实实施和有效监督。

3.还要建立严格的、程序规范的法律和政策出台前的社会性别评估机制。现在不少省区市一级已建立起这样的机制，实施效果还不错，可以提升到中央一级来考虑设立的。要给予评估人员必要的立法和决策地位，并从立法和决策初期就进入，推行全过程的评估实践。评估人员的组合，不仅要有领域对口的、富有相关知识和研究的女性学专家、各级妇联干部，而且还要邀请直接间接会受到影响的女性目标群体代表参加，这样才能在最接地气的层面去防范在立法和决策过程上对社会性别意识和男女平等观念的无视和忽视，去强化立法和决策对培育社会性别意识树立男女平等观念的积极作用。

4.要男女平等基本国策进入女性的精神世界，尤其是培育和强化社会性别意识。从个人方面去做一个“四自”新女性，并把这方面的努力和收获转化为女性在就业市场里的更好行情，更让用人单位感受到对女性的性别歧视其实是企业对内的生产力损失和对外的公共形象的损伤。在社会方面，要积极宣传女性职业发展的积极效应，特别是职业发展对女性个体、家庭和社会的促进作用，努力构建和谐包容的社会性别文化，消除一切不利于女性发展的社会文化因素。政府要加快建立和尽快完善家庭支持体系以及婴幼儿托育服务体系，缓解家庭照料压力。与此同时，必须致力营造良好的职业环境，培养女性自尊、自信、自立、自强的观念，降低过度的家庭角色要求，推动工作—家庭关系趋于平衡。

思考题

1.简述女性就业的概念内涵及其测量维度。

2.请谈谈你对女性就业意义的认识。

3.你认为当前女性就业的主要问题是什么？

4.什么是就业的性别歧视？如何测量？

5.你认为针对就业性别差异，女性学的解释与其他学科的解释的区别是什么？您更认同哪一种解释？为什么？

6.你认为应如何将社会性别意识纳入就业政策全过程？

参考文献

[1][美]道格拉斯·格林沃尔德:《经济学百科全书》,中国社会科学出版社,1992 年版,第 233 页

[2]陈小云:《就业概念的后现代认识论诠释——兼论政府与市场在促进就业中的职责与分工》,《西北师大学报(社会科学版)》,2007 年第 4 期

[3]林嘉:《劳动就业法律问题研究》, 中国劳动社会保障出版社,2005 年版,第 120 页

[4]国际劳工组织:《关于工作、就业和不充分就业统计的决议》,2013 年 10 月

[5]叶文振:《女性学导论》,厦门大学出版社,2006 年版,第 201-202 页

[6]秦建国:《就业质量评价体系探析》,《中国青年研究》,2007 年第 3 期

[7]石彤、王献蜜:《 大学生就业质量的性别差异》,《中华女子学院学报》,2009 第 12 期

[8]谭诤:《人力资本、社会资本对大学生就业的作用和影响研究》,厦门大学博士论文,2011 年

[9]宋秀岩:《中国妇女发展纲要(2011—2020)指导读本》,中国妇女出版社,2013 年版,第 88 页

[10]王慧:《二孩呼唤女性回家?》,《福建日报求是版》,2019 年 3 月 7 日

[11][美]班杜拉:《思想和行动的社会基础: 社会认知论》, 华东师范大学出版社,2000 年版,第 626-627 页

[12]王麒凯等:《大学生就业准备特点及对策的研究》,《 中国大学生就业》,2014 年第 22 期

[13]刘轩:《就业准备对高职学生初次就业质量的影响分析——基于 489 个追踪调查数据》,《职业技术教育》,2016 年第 27 期

[14]第二期中国妇女社会地位调查课题组:《第二期中国妇女社会地位抽样调查主要数据报告》,《妇女研究论丛》,2001 年第 5 期

[15]曾向昌:《大学生就业期望与实际就业关联性分析研究》,《高教探索》,2007 年第 2 期

[16]潘子豪、康中和、朱筱玉:《农科毕业生就业期望值分析》,《中国集体经济月刊》,2007 年第 12 期

[17]王玲、沈娇:《华东师大学前教育专业女生就业期望及其影响因素研究》,《幼儿教育(教育科学版)》,2007 年第 6 期

[18]冉昆玉:《大学生就业期望内涵解析及实践应用》,《中国大学生就业》,2009 年第 15 期

[19]高耀、刘志民:《人力资本、家庭资本与大学生就业认知——基于江苏省 20 所高校的经验研究》,《中国人民大学教育学刊》,2012 第 6 期

[20]姜荧荧:《大学生完美主义心理与就业期望的关系》,沈阳师范大学,2011 年

[21]Mau W.C.,"Factors that influence persistence in science and engineering career aspirations", *Meeting of the American-Educational-Research-Association*,2003,pp.234-243

[22]Johanson M.A.,"Sex differences in career expectations of physical therapist students",*Physical Therapy*, 2007(9)

[23]陈莹:《从社会性别视角看女大学生的就业期望》,《中华女子学院山东分院学报》,2005 年第 1 期

[24]董一心:《就业机会与工资收入的性别差异研究》,东北师范大学博士论文,2017 年

[25]国家统计局人口和就业统计司:《中国劳动统计年鉴(2013)》,中国统计出版社,2014 年

[26]智联招聘网:《2017 中国职场女性调查》,2017 年

[27]国家统计局人口和就业统计司:《2017 年〈中国妇女发展纲要(2011—2020 年)〉统计监测报告》,2018 年

[28]蒋永萍、杨慧:《市场化对经济领域性别差距的影响研究 (1990—2010 年)》,《社会发展研究》,2016 年第 1 期

[29]ILO,*Statistical up date on employment in the informal economy*,Geneva: International Labor office,2011

[30]Chen Martha,"Informality and Social Protection:Theories and Realities",*IDS Bulletin*,2008(2)

[31]第三期中国妇女社会地位调查课题组:《第三期中国妇女社会地位调查全国主要数据报告》,《妇女研究论丛》,2011 年第 6 期

[32]国家统计局编:《全国农民工监测调查报告(2009—2017)》,历年,http://www.stats.goV.cn/

[33]"女大学生就业状况与问题调研"课题组:《新形势下女大学生就业的状况、问题与对策》,《妇女研究论丛》,2018 年第 2 期

[34]朱琳:《中国产业结构与就业结构关系研究》,中央财经大学博士论文,2017 年

[35]马慧琼:《我国女性就业结构的演变》,《北京劳动保障职业学院学报》,2015 年第 2 期

[36]国家统计局人口和就业统计司:《中国劳动统计年鉴 2018》,中国统计出版社,2018 年

[37]魏兰真:《我国行业性别隔离对性别工资差异的影响研究》,湖南大学硕士学位论文,2015 年

[38]吕康银、王文静、张丽:《行业工资的性别差异研究》,《山东社会科学》,2010 年第 6 期

[39]杨鹏、张广胜:《农民工性别工资差异的实证分析——基于改进的 Brown 分解方法》,《广东商学院学报》,2012 年第 4 期

[40]王美艳:《中国城市劳动力市场上的性别工资差异》,《经济研究》,2005 年第 12 期

[41]柴国俊、邓国营:《大学毕业生性别工资差异与行业隔离》,《妇女研究论丛》,2013 年第 1 期

[42]王湘红、曾耀、孙文凯:《行业分割对性别工资差异的影响——基于 CGSS 数据的实证析》,《经济学动态》,2016 年第 1 期

[43]蒋永萍:《妇女的社会经济单位》,载于全国妇联妇女研究所课题组:《社会转型中的中国妇女社会地位》,中国妇女出版社,2006 年版,第 161 页

[44]蒋永萍、杨慧:《妇女的经济地位》,载于宋秀岩:《新时期中国妇女社会地位调查研究》,中国妇女出版社,2013 年版,第 180-181 页

[45]罗俊峰:《农民工行业分布对性别工资差异的影响》,《人口与经济》,2017 第 6 期

[46]葛玉好:《部门选择对工资性别差距的影响:1988—2001 年》,《经济学》(季刊),2007 年第 1 期

[47]杨慧、张子扬:《40 年来中国行业性别构成变化趋势——平等还是隔离》,《人口与经济》,2019 年第 4 期

[48]Goodman,"Criteria for Determining Whether Certain Categories in a Cross-Classification Table Should Be Combined with Special Reference to Occupational Categories in an Occupational Mobility Table",*American Journal of Sociology*, 1981(87)

[49]Breiger R.L.,The Social Class Structure of Occupational Mobility,*American Journal of Sociology*,1981(3)

[50]Jacobs,*Revolving Doors: Sex Segregation and Women's Careers*,Stanford University Press,1989

[51]Tak,"Revolving Doors Reexamined: Occupational Sex Segregation Over the Life Course",*American Sociological Review*,1999(1)

[52]丁煜、王玲智:《就业质量的概念内涵与政策启示》,《中国劳动关系学院学报》,2018 年第 4 期

[53]赖德胜:《高质量就业的逻辑》,《劳动经济研究》,2017 年第 6 期

[54]张抗私、盈帅:《性别如何影响就业质量?——基于女大学生就业评价指标体系的经验研究》,《财经问题研究》,2012 年第 3 期

[55]张樨樨、王利华:《"全面二孩"政策对城镇女性就业质量的影响》,《上海大学学报(社会科学版)》,2017 年第 5 期

[56]孔德丰、刘凤存:《人力资本:概念和特征》,《河北大学成人教育学院学报》,2015 年第 12 期

[57]宋健、周宇香:《中国已婚妇女生育状况对就业的影响—兼论经济支持和照料支持的调节作用》,《妇女研究论丛》,2015 年第 7 期

[58]吴帆.:《女性职业发展风险亟待积极政策回应》,《中国妇女报》,2016 年 9 月 13 日

[59]Farley L, *Sexual shakedown: The sexual harassment of women on the job*, McGraw-Hill, 1978, p.14

[60]康宛竹:《中国上市公司女性高层任职状况调查研究》,《妇女研究论丛》,2007 年第 4 期

[61]杨菊华:《传续与策略:1990—2010 年中国家务分工的性别差异》,《学术研究》,2014 年第 2 期

[62]邓子鹃:《国内近 10 年女性创业研究述评》,《妇女研究论丛》,2013 年第 1 期

[63]许艳丽、郭达:《近 20 年国外创业性别差异研究综述》,《妇女研究论丛》,2015 年第 6 期

[64]童亮、陈劲:《女企业家的创业动机研究》,《中国地质大学学报(社会科学版)》,2004 年第 4 期

[65]Gupta V.K. & Turban D., "The Role of Gender Stereotypes in Perceptions of Entrepreneurs and Intentions to Become an Entrepreneur", *Entrepreneurship Theory and Active*, 2009(2)

[66]Shane S., "Prior Knowledge and the Discover of Entrepreneurial Opportunitie", *Organization Science*, 2000(4)

[67]Johan Maes & Hannes Lerov, "Gender Differences in Entrepreneurial Intentions: A TPB Multi-purpose Analysis at Factor and Indicator Level", *European Management Journal*, 2014(32)

[68]Cohoon J. McGrath, Wadhwa Vivek, Mitchell Lesa, "The Anatomy of an Entrepreneur: Are Successful Women Entrepreneurs Different from Men? ", *Ssrn Electronic Journal*, 2010(5)

[69]Enhai Y., "Are Women Entrepreneurs More Likely to Share Power Than Men Entrepreneurs in Decision-Making?", International Jouralof Business and Management, 2011(6)

[70]Ngrid Verheul, Roy Thurik, Isabel Grilo, Peter van der Zwan, "Explaining Preferences and Actual Involvement in Self-employment: Gender and the Entrepreneurial Personality", *Journal of Economic Psychology*, 2012(2)

[71]Helene Ahl, & Teresa Nelson, "How Policy Positions Women Entrepreneurs: A Comparative Analysis of State Discourse in Sweden and the United States", *Journal of Business Venturing*, 2015(2)

[72] Nielsen K., Kjeldsen J., *Woman Entrepreneurs Now and in the Future*, Rapport fra Erhvervsministeriet Danmark, 2000

[73]Spilling O.R., "*Women Entrepreneurship, Management and Ownership in Norway 2004: A Statistical Update*, Oslo: NIFU STEP, 2004

[74]Naney M.Carter, "The Role of Risk Orientation on Financing Expectations in New Venture Creation: Does Sex Matter", *Frontiers of Entrepreneurship Research*, 2002(2)

[75]Cliftt J.E., "Does One Size Fit All? Exploring the Relationship between Attitudes Towards Growth, Gender, and Business Size》, *Journal of Business Venturing*, 1998(13)

[76]韦怡:《女性职业生涯管理研究——以某 IT 外包业 B 公司为例》,华中师范大学硕士论文,2019 年

[77]盛亦男、童玉芬:《生育政策调整对女性劳动力供需的影响研究》,《社会科学文摘》,2019 年第 1 期

[78]卿石松:《性别角色观念 、家庭责任与劳动参与模式研究》,《社会科学》,2017 年第 11 期

[79]吴愈晓、王鹏、黄超:《家庭庇护、体制庇护与工作家庭冲突—中国城镇女性的就业状态与主观

幸福感》,《社会学研究》,2015 年第 6 期

[80]兰庆庆:《全面二孩政策下的女性平等就业问题研究——基于政策均衡的理论视角》,重庆大学博士论文,2018 年

[81]卿石松:《中国性别收入差距的社会文化根源———基于性别角色观念的经验分析》,《社会学研究》,2019 年第 1 期

[82]叶文振:《女大学生就业研究的性别意义与理论建构》,《山东女子学院学报》,2019 年第 3 期

[83]宋秀岩:《新时期中国妇女社会地位调查研究》,中国妇女出版社,2013 年

[84]刘爱玉:《双薪家庭的家务性别分工:经济依赖、性别观念或情感表达》,《社会》,2015 年第 2 期

[85]范红丽、辛宝英:《家庭老年照料与农村妇女非农就业——来自中国微观调查数据的经验分析》,《中国农村经济》,2019 年第 2 期

[86]吴小英:《主妇化的兴衰——来自个体化视角的阐释》,《南京社会科学》,2014 年第 2 期

[87]王红芳:《城市化进程中女性人力资源面临的挑战及对策》,《价格月刊》,2006 年第 3 期

[88]丁煜、石红梅:《新时期城市年轻女性非正规就业问题》,《人口与社会》,2016 年第 2 期

[89]李春玲、李实:《市场竞争还是性别歧视——收入性别差异扩大趋势及其原因解释》,《社会学研究》,2008 年第 2 期

[90]黄苏雯:《教育、就业与收入的性别差异及其演变(2006—2015)》,南京大学硕士论文,2019 年

[91]中新网:《美调查:25%女性遭职场性骚扰男性更怕遭指控》http://www.chinanews.com/gj/2011/11-23/3480582.shtml

[92]环球时报:《调查:德职场半数员工遭"性骚扰"》,http://finance.huanqiu.com/view/2015-03/5825855.html

[93]雷杰淇:《职业安全权研究》,吉林大学博士学位论文,2016 年

[94]Suzanne E.Andrews,*The Legal and Economic Implications of Sexual Harassmenf*,14 N.C.CENT.L.J.1983,p.165

[95]朱宁宁:《反性骚扰立法不能成"稻草人"》,法制日报,2018 年 2 月 6 日

[96]卢杰锋:《职场性骚扰案件证明问题研究》,《妇女研究论丛》,2019 年第 5 期PH

[97]中共中央马克思、恩格斯、列宁、斯大林著作编译局:《马克思历史学笔记》,红旗出版社,1992 年版

[98]鲍晓兰:《西方女性主义研究评介》,生活·读书·新知三联书店出版社,1995 年版,第 194 页

[99]杨菊华:《近 20 年中国人性别观念的延续与变迁》,《山东社会科学》,2017 年第 11 期

[100]佟新、刘爱玉:《城镇双职工家庭夫妻合作型家务劳动模式——基于 2010 年中国第三期妇女地位调查》,《中国社会科学》,2015 年第 6 期

[101]《马克思恩格斯全集》(第 32 卷),人民出版社,1974 年版,第 571 页

[102]《马克思恩格斯选集》(第 4 卷),人民出版社,1995 年版,第 158 页

[103]《习近平在第十二届全国人民代表大会第一次会议上的讲话》,人民日报,2013 年 3 月 18 日

[104]习近平:《促进妇女全面发展 共建共享美好世界——在全球妇女峰会上的讲话》,《中国妇运》,2015 年第 11 期

[105]周敏:《中国参政、就业政策中的性别平等问题研究》,吉林大学博士论文,2011 年

[106]杨慧:《为女性就业权利提供坚实保障——新中国成立以来我国促进妇女就业法律政策进展(上)》,《中国妇女报》,2019 年 11 月 16 日

[107]谭琳、姜秀花:《社会性别平等与法律研究和对策》,社会科学文献出版社,2007 年版,第 8 页

第六章 ◆ ◆

女性婚姻家庭

改革开放四十年来,从私人领域到公共领域,中国社会生活的各个领域都发生了翻天覆地的变迁。在传统的父权制家庭中,年龄和性别属性在家庭关系的维系中起到核心作用,长尊幼卑、男主女从是主导家庭关系的基本原则,因而在这样的社会文化背景下,家庭关系一般是专断式的和不平等的。在亲子关系上,男性长辈家长往往拥有绝对的权威,能够支配家庭资源和其他家庭成员;在夫妻关系上,丈夫的家庭权力凌驾于妻子之上,妻子从属于丈夫,夫妻之间的权力不平等成为一种常态。而且,由于父权制的社会制度安排,亲子关系比夫妻关系在家庭中占据更加重要的地位。改革开放以来,尽管传统的父权制还在持续地产生影响,但家庭关系在很多方面已经悄然发生变化。国家卫生和健康委员会发布的首个《中国家庭发展报告 2014》指出,中国的家庭关系正在从传统走向现代,民主、平等的新型家庭关系正在越来越多的家庭中确立。尽管如此,女性的生活轨迹仍旧固化地被限制在"家"的场域中,缺乏自我发展的机会和平台。"男女授受不亲"的旧思想残余、主流观念对贞洁的偏执和成长过程中性教育的缺乏,也造成了不少女性社交技能的不足,无法正常地与男性交往,在面对催婚压力时,只得主动或被动地去相亲。

中国是一个人情社会,婚恋问题会受到父母、亲人、好友、同事、邻居等多方面的影响和审视。每位适龄的中国女性,都可能遭遇这样的烦恼:在读书时被告知恋爱影响学习,临近毕业时却因为没有男朋友而备受压力;从小被鼓励出人头地,长大后却难以逃开相夫教子的传统价值观;一旦学业有成,工作顺利,却会因为没有结婚而被打上"剩女"的标签,似乎所有的努力和付出都抵不过一纸婚书。凡此种种困惑成为众多女性的藩篱。本章的内容就是,拨开婚恋中的层层迷雾,见"真女性"。

第一节 ■ ■ ■

女性恋爱观念与行为

恋爱观是人们对爱情的态度和看法。研究女性婚恋观就是了解女性对爱情和婚姻的看法及其在行为上的表现,分析女性在爱情和婚姻生活中所面临的道德问题,它是社会对女性在婚恋生活方面提出的特殊的道德要求。任何一个民族的女性由于不同的价值观、社会信仰,所形成的婚恋观都有着不同的发展轨迹,中国女性婚恋观的变迁也经历了一段漫长而复杂的过程。曾经有学者调侃道:我国第一代人的婚恋以"革命伴侣"为前提,第二代人是"组织同意",第三代人是"情投意合",第四代人则是"跟着自己的感觉走"。虽然是调侃,但也暗含着择偶、婚恋似乎从来都不只是单纯的个人行为。随着社会环境的改变、文化的融合与发展，人们的婚恋选择也发生了质的改变，这也是对当下社会及文化背景的折射。

由于传统婚姻家庭制度及观念的惯性机制和巨大束缚力，尤其是依然潜隐于人们的心理深层的“男外女内”的两性分工的规范，不少女性依然把婚姻当作人生主旋律，扮演着更称职的家庭角色，这往往使女性产生付出较多得到较少的心理不平衡，男性女性在婚姻期望、角色扮演和需求满足等方面的差异依然存在。另外，社会经济与文化发展步调不一致，必然导致中国婚恋观变化过程中产生矛盾和问题。尤其是女性，随着地位的提高、经济的独立，对待爱情和婚姻已经形成了不同的看法。中国对世界开放的态度，一方面打开了我国女性的视野，为她们的生活提供了便利，同时也带来了许多未经过滤的西方思想，深深的影响她们的婚恋观念，片面地理解自由主义，还引发了不婚者增多、离婚率上升、婚外恋、网恋、单亲家庭等婚恋问题。

一、择偶

(一)择偶的定义

择偶，顾名思义就是选择配偶，在人群中找一个终生的伴侣；而择偶观是指对待配偶和爱情的基本看法和态度，是社会经济制度、婚姻制度和伦理道德观念在恋爱问题上的反映。择偶是择偶观的实践，是实际操作的表现。择偶作为一种社会行为，发生在婚恋之前，是人们按照自己的意愿和期望选择恋爱对象的过程。其中包括择偶的动机、方式、标准等，其中择偶标准是最主要的因素。择偶标准包括自然属性标准和社会属性标准。前者包括年龄、相貌、肤色和健康状况等，后者包括教育程度、职业、收入水平、宗教信仰、政治观点和家庭背景等。完全不受约束的择偶是不存在的，因为婚姻具有社会属性，这一特点就决定了女性在择偶过程中受到一定社会历史条件的制约。在任何社会，择偶的标准不会完全由当事人的喜好和意志所决定，年龄、性别、种族等自然因素，宗教、权力、社会地位等社会因素，还有父母和亲属群体的愿望等主观因素，都在一定程度上影响着男女双方的择偶标准。虽然现代人们可以自由地选择婚姻，但是这种自由仍然是有限的。择偶观在一定程度上折射出社会和时代的价值取向，是一种非常重要的文化现象，带有一定的社会性与时代性。影响择偶的因素主要有以下三方面：

1.生育选择的自然因素

择偶是人类繁衍和基因保存的选择结果，生理因素包括年龄、相貌、身高等，是择偶时需要考虑的重要因素，人们本能地需要把最美和最好的基因传递下去。

2.社会选择的文化因素

文化因素对女性择偶的影响是非常大的。由于人们的攀比心理，女性择偶行为会受到群体“趋势”的影响，久而久之被同化。

3.自我选择的个体因素

除了自然因素和社会因素，个人因素也会影响女性择偶的标准，例如个人偏好、成长经历、家庭环境、职业种类、受教育程度等等。其中社会选择的文化因素是一个易变的因素，而自我选择的个体因素则较为稳定。

(二)当下年轻人的择偶特点

1.自主择偶意识增强

随着改革开放的深入,女性越来越意识到婚姻应该以自由选择为基础,开始排斥传统的“父母之命,媒妁之言”婚恋模式,她们在现实生活中勇敢地迈出寻找幸福的脚步,思想独立,敢想敢做。结婚对她们来说是属于夫妻两个人的事,所以在择偶这等人生大事上更是不允许别人指定安排。而当今婚恋网站如火如荼地运行更是说明了这一点。并且事实上多数女性都拥有婚姻自主权。自主择偶有两种方式:一种是自由恋爱,即自己在生活、学习和工作的过程中寻找恋爱对象;另一种是他人介绍,由他人牵线搭桥开始,经本人同意然后产生恋爱关系。后者又有两种方式:一是父母亲友介绍,这是一种方便操作的方式;二是社会介绍,这种范式则是一种专业性的服务,包括广告征婚、婚姻介绍所、婚恋网站等。女性文化水平的不断提高,也使女性的婚姻状况更加自主。有一项调查研究发现,单从受教育程度来说,女性受教育程度越高,择偶自主性就越强,其中比例最高的是“本人决定,征求父母意见”,而“父母决定”的比率最小。

2.择偶途径从单一向多元变化

改革开放后,人们的思想不断开放且自主意识也在不断加强,大多数的年轻男女开始追逐自由的恋爱方式,在工作学习中、经熟人介绍、相亲节目、婚恋网站等为他们开放了多种平台,从而也能够使他们可以根据自己的标准和意愿来选择自己理想的人生伴侣。在大学,男生女生一起上课,一起结组写作业,一起做活动,这些都是恋爱萌发的契机,大量青春懵懂的男生女生们情窦初开,开始品尝恋爱的甜蜜;在职场中,男性女性可以一起商量工作,一起奋斗前进,一起互帮互助,这些场景是以往中国不可能出现的。随着女性可以进入社会职场,女性主动恋爱的机会也大大增加;虽然有些女性交际圈子比较小,但是通过亲朋好友的热心介绍,也增加了这些女性恋爱的机会;随着网络的普及,婚恋网站也如雨后春笋一般疯狂增长,这里犹如适婚男女的大数据库,为女性恋爱又增加了便利。

3.择偶中的需求互补

在婚姻市场中,认为需求互补主要是对经济条件、外貌等外在条件的互补。目前在实际的恋爱过程中,也包括了其性格特征等方面的隐性条件互补。在生活中人们也经常会评价某对情侣或夫妇的性格很互补,例如,一个寡言,喜欢沉浸在自己小小的生活圈中,一个能说会道,善于交际;一个喜静,一个爱动等等。

4.遵循梯度择偶效应

择偶阶段有个很著名而传统的“效应”:一方面,男性往下找,这有利于男性在家庭生活中获得话语权和决定权;另一方面,女性往上找,这有利于女性获得生活上的依靠,并得到所谓的安全感。尽管新时代的女性在经济、精神上已经开始独立,但是作为弱势的性别群体寻找依靠的心理依然存在。择偶的梯度效应使中国大城市出现了许多年龄高、学历高、收入高的“三高”未婚女性青年群体,也带来了另一个现象——父母为子女相亲。择偶的梯度效应对现时代的男性和女性的影响依然很大。男性在职场上每向上发展一步,在婚姻方面可选择的余地会越大;而女性则相反,在职场上每向上发展一步,在婚姻领域的选择余地就会越小。所以就导致了现代婚姻普遍存在的性别两极分化的现象:高层次的女性,尤其是优秀的女性,和低层次的男性,都面临着婚姻困扰。

由此，在择偶匹配中，存在"甲女丁男"的现象。这个现象指的是，男性一般倾向于找各方面条件都弱于自己的女性，而女性倾向于找各方面能力都高于自己的男性(主要指年龄、学历、经济条件等外在条件)。因此就出现了甲男配乙女、乙男配丙女。以此类推，婚姻市场中的性别就呈明显的分化状态：优秀的甲女和各方面条件都比较差的丁男最终被剩下。由于对于女性的刻板印象和对于男女两性的双重标准，在出现大龄未婚青年问题上，社会对男性给予了更多的宽容。在实际生活中，优秀大龄未婚男青年是众多女性追捧的"潜力股"和"钻石王老五"，是小姑娘崇拜的"大叔"。而对于大龄未婚高学历女性表现出的则多是负面的评价，例如"剩女""灭绝师太"等等。似乎造成"被剩"的原因完全出于个体，而无关社会。

(三)择偶中存在的性别差异与问题

据调查，男女之间的择偶差距在对对方内在的要求方面差异还不是很大，譬如人品、外貌、性格，这是绝大部分人的首选，说明并非物质条件才是择偶的首选条件，人们在选择配偶时，其品质、性格起决定性作用。对于个人能力的要求，男女的差距不大，男女所面临的压力同样大，只有出色，才能赢得人选。但在其他一些外在条件上标准差异还是相当大的。如，大多数女性对对方的学历要求要比自己高，而男性对这一项则没要求，表明了女性对于好的经济前景和对有抱负和勤奋的男性的偏好；在对择偶对象的家庭经济状况的要求上男女也存在很大差异，女性对比自己家庭条件稍好的男性有偏好；在年龄差距方面，男性认为年龄差距为1～3岁，而女性都希望男性比自己大3～5岁。此外，当代青年择偶时较为重视父母的意见，其中女生比男生更重视。为数不少的女性都表示在一定期限内，如果父母不满意对方的话，就会选择和对方分手。说明了当代女性的理性和尊重意识的强化，而男性的选择结果表明了会考虑父母家庭的要求，但只会拿来做参考，并不会听从父母之命。

相亲是中国封建社会两性走向婚姻的必经之路，甚至是唯一的方式，"父母之命，媒妁之言"是毋庸置疑的定律；而现在，有一个轮回，历史惊人地相似，相亲再一次成为两性走向婚姻的捷径。不过，新时期的相亲形式是多种多样的，有通过朋友介绍的，也有网络相亲或者举办相亲会的，而女性在相亲中占了很大一部分。由于21世纪的女性开始关注自己的事业而无暇顾及婚姻家庭，再加上受传统婚姻观念的影响，女性在择偶时仍会把视线上移，把各种要求提前设置好，对男方过度挑剔，导致"宁可不嫁，也绝不轻易下嫁"的心态。这种追求完美的心理，在女性婚姻的过程中会衍生出许多问题。其次，尽管新时代女性开始走入社会，有机会接触到更多的人，但是生活的快节奏、工作的压力、工作态度的纯粹性，导致女性闲暇时间少、生活圈子越来越小、交流渠道也在减少。另外，现代社会重视效率，而相亲在婚配市场中的高效性是有目共睹的。有调查表明，速配率最高的方式就是通过亲朋好友或者同事介绍。所以，在崇尚恋爱自由并且择偶方式多样化的今天，相亲依然备受推崇，成为我国当前女性的一种流行的婚恋观。

相亲只是一种适婚男性女性扩大交友的方式，但是许多女性由于交际圈子小，不得不依赖相亲的方式来寻找良缘，甚至是把相亲当作救命稻草一般，对相亲抱有太大的希望，对相亲对象要求过于现实，这样不仅不利于解决社会中大龄剩女的问题，还会引发许多新的社会问题。由于相亲是一种快速配对的婚恋模式，许多人在还没有充分了解对方的情况下，就选择恋爱或者结婚，这无形中增加了社会不和谐的因素。

由于择偶标准远离政治，淡化了非个人的因素，因此择偶中的心理需求和情感需求得到复归。当代青年对身材、容貌等外在条件的追求大大强于上一代，对异性美的欣赏、仰慕作为人的自然属性而重新得到认同，把择偶的感性需求贬低为邪念或思想不健康的时代已经成为历史。男女双方都更加注重兴趣爱好的投合、脾气性格的互补以及温柔体贴等内在素质和个性魅力。总之，影响人们择偶取向的因素是多元和复杂的，诸如性别、地区、家庭经济、住房背景、结识途径、般配意识以及对方的吸引力等都可以起着或多或少的作用。因此，社会应致力于良好社会舆论的建立，利用公允的信息传播媒体，转变人们对世俗的择偶标准的价值判定，形成全方位、多向度和发展性的综合择偶观念。

二、恋爱

古往今来，世间男女为寻找自己的另一半，不断地追求着、恋爱着。然而，男人和女人的恋爱需求与心理真的很不一样。通常情况下，男性多扮演追求者的角色，比较注重感官的满足。男性特别是在自己喜欢的女性面前，做事卖劲，表现完好，希望自己在异性心目中成为英雄、崇拜对象。男性在异性面前的情感是外露和热烈的。当然，男性有时对自己的表现希望值很高，自信心不足，也会在异性面前心理紧张。有的男性虽钟情某一女性，但却不敢表露出来，单相思。女性多扮演被追求者的角色，比较注重情感体验，具有较强的依附性。当然，具体的性别差异会因不同的人而情况不同。

（一）恋爱中的性别差异

1.恋爱动机上的差异

有调查显示，男女大学生在追求真爱和美满婚姻的动机上没有显著差异，他们对待爱情都持有谨慎的态度，大都希望自己的爱情有一个美好的结局。男女两性在恋爱动机上的差异主要表现在，男性在物质方面的压力比女性要大。在择偶的时候，女性比较看重男性的经济状况，只有经济状况良好的男性才能给她们及后代提供优越的条件，保证其顺利、健康地成长；男性比女性更看重爱情是自我魅力的展现。女性会通过一些品质来判断男性在未来是否具备更多更好的资源以保障以后的生活，那么，男性也会有意无意地展现自己的这些品质来吸引女性的目光，并保持长久的吸引力。可以说，女性对这些品质的关注，才使得男性“投其所好”，关注自我魅力的展现；男性比女性更容易因为对异性及爱情的好奇以及空虚去谈恋爱。由于中国传统思想中对性的敏感和保守，青年人很少有机会去正常了解性知识，部分人，尤其是男性就会选择能被社会接受的方式去尝试与发泄，比如爱情。还有，人在社会中生存都会产生寂寞、空虚等，女性可以通过互诉衷肠来发泄，而男性的社会心理距离比较大，同性别友人间几乎没机会表达，通过恋爱，不仅可以获得生理上的满足，还可以得到心理上的依靠和支持，因此男性比女性更容易因为心理上的空虚去谈恋爱。

2.恋爱态度上的差异

追求爱情的时候，男性往往比较主动和强烈，敢于率先表白自己的感情，同时喜欢速战速决，总希望在短期内取得成功。在对女性的追求中，男性往往在初期就表现出强烈的占有欲；女性则不同，喜欢享有“马拉松”式的漫长的恋爱过程，她们的情感特点比较内敛、深沉，表现为娇媚、自尊，而略显羞涩、执拗，常常采取曲折、间接的方式，含蓄地表达自己的感情。在恋爱过程中，女性的自尊心比男性强，显得异常敏感，且常设法使自尊心得到满足；而男性心胸较为宽广，一般并不在乎遭到对方拒绝而带来的尴尬。在恋爱初期，女性的戒备心理比男性强，显得冷静，常以审慎的态度来观察对方是否出自诚意，唯恐上当受骗；而男性的戒备心理则少一些，在与女性开始接触时，几乎没有什么怀疑对方的心理因素。在恋爱行为上，女性更喜欢用语言和眼睛来交流，表达爱意的行为更隐蔽一些；而男性则更喜欢肢体上的亲密接触。

（二）正确对待失恋

一般意义上所谓的“失恋”是指一个痴情人被其恋爱对象抛弃。失恋引起的主要情绪反应是痛苦与烦恼，大多数人能正确对待和处理这种恋爱受挫现象，愉快地走向新生活，然而也有一些人不能及时排除这种强烈情绪，导致心理失衡，性格反常。有恋爱就可能有失恋。失恋是一种痛苦的情感体验，会产生许多复杂的心理情况。人们在恋爱的过程中，一次成功的往往是少数。失恋是很多人都会遇到的事情。失恋是恋爱过程中断，在客观上表现为相爱的双方分离，在主观上表现为失恋者体验到悲伤、忧郁、失望等消极情绪及心理痛苦和压力。恋爱的过程是两个人相互了解和选择的过程，当一方提出终止恋爱关系时，另一方就会失恋。失恋并不是世界末日，我们可以自己找到方法，尽快走出失恋的痛苦。

1.失恋不是失败

失恋之所以会痛得如此厉害，主因是恨自己为什么那么失败。但失恋不等于失败，失去的只是一段恋情，而不该是你的自尊和自信，失恋与你个人好坏无关。假若一方觉得忍受不了，或再交往下去也没有意思，因而提出分手，那根本不叫失恋，而是各自回到原点，各走各路，其中重点，不在于谁对谁错，无关谁好谁坏，更不是一种失败。失恋，但不能失态，如果失恋了还可以微笑着、继续着，那才是一种真正成熟的、永恒的美丽。找一个可以交心的对象，尽诉自己胸中理不清的爱与恨，怨与愁，以释放心理压力，并听他们的评说与劝慰；或用书面文字如日记、书签把自己的苦闷记录下来，留给自己看，寄给朋友看，这也可能释放自己的心理负荷，求得心理解脱。

看见飞机失事一次就再不坐飞机的人是很傻的；失恋后就打算独身一辈子的人，也是不现实的。一辈子一个人走，没一份爱情做伴，是多么的孤单。没有爱情的人生是不完美的，好事多磨，记得再次叩响爱情的门，总会有一份感情属于你。

2.失恋不是失德

失恋是在每个人身上都有可能发生的事情，也无疑会给当事人带来感情上的痛苦和打击。但由于人们的道德水平和心理素质不一样，失恋后的人就有不同的表现方式。有的人会用理智控制自己的情感，很快就把精力转移到工作和学习中去；有的人失恋后会痛不欲生，情绪低落，对世界上所有的人与事都失去了兴趣；有的人，当一方终止恋爱关系后，就对对方百般纠缠，试图再续前缘，给自己和他人都造成了痛苦；还有一种人，转爱为恨，不是爱人就是仇人，甚至会发生人身伤害等报复行为。俗话讲“强扭的瓜不甜”，只有心心相印，爱情才能长久。恩格斯曾两次失恋，贝多芬也尝过失恋的苦果，居里夫人在成为居里夫人之前也因失恋感受到精神上的巨大痛苦，但她把这种痛苦转化成为忘我奋斗的动力,从而取得了举世闻名的科学成就,同时,也在科学事业的奋斗中发现了居里并赢得了爱情。失恋不要失德,恋爱不成,还有友谊在。鲁迅先生有一段话:“不能只为爱,——盲目的爱,—— 而将别的人生要义全盘疏忽了。”爱情不是人生最后和唯一的追求,人生有更高的追求(理想、前途、事业,国家、对社会的责任和义务等)。大学生要在人生的旅途中,谨慎地摆正恋爱与学业、恋爱与择业、恋爱与发展的正确位置。

3.失恋不是失志

恋爱是一个从激情到理性的发展过程,恋爱双方要经过长期磨合,产生默契,知根知底,感情才能最终稳定下来。不是每段恋情最终都能结出婚姻之果。恋爱双方无法度过磨合期,最终分手是很正常的。因此,恋爱过程中,当一方退出时,另一方应理性审视,平等商谈。如果仍无法挽回对方,也不要悲观绝望,不能走到一起,不见得是你不好,有时候是两人不适合而已。失恋不等于失去一切,如果因为失恋而萎靡不振,导致事业心丧失,或者丢掉向上的信心的话,那么事业也会抛弃你,你会因为失恋而失去更多的东西。失恋,不可失志。恋爱就像长跑,难免会摔跤。摔跤了,就要鼓起勇气爬起来,尽快调整自己,正确认识自己,找出自己的优点,找到合适自己的人。必要时寻求一些专业人士帮助,让自己尽快走出感情低谷,做到失恋不失志。

4.失恋不是失命

不能因失恋而轻生。生命是宝贵的,因失恋而轻生是不值得的。普希金有诗句为证:“假如生活欺骗了你,不要忧郁,而且不要愤慨!不顺心时暂且忍耐;相信吧,快乐的日子就会到来。”“个人问题,恋爱问题,在我的思想里占的地位很小,即使失恋一百次,我也不会自杀的。”(奥斯特洛夫斯基)失恋再失命,是对生命的亵渎,留给我们的亲人和朋友的只是无尽的痛苦与悲伤。爱情不是生活的唯一内容,又何必为它耗费所有精力甚至抛弃生命?爱情是人生的重要内容而非全部,因为失恋而毁掉自己的生命是愚蠢的行为。人生除了爱情之外,还有其他一些美好的东西,爱情虽离你而去,事业却永远伴随着你,只要你有追求精神,爱情之花迟早还会为你开放。

要学会正确看待失恋。失恋是一种选择的结果,每个人在爱的关系中心理需要不同,所做的最后选择也不同。他人没有选择自己不等于自己一无是处,只是彼此不适合而已。应把失恋作为一种人生财富,在失恋中学习,将其视为人生中难能可贵的财富。也许失恋给人带来的强烈内心冲击是其他事件所不能代替的,但这个过程中所体会到的情感、挣扎与痛苦,实为一笔人生财富,使人有了更多的人生体验,人会在失恋中变得更加成熟。失恋给人再恋爱的机会。一次失恋不等于整个爱情生命的结束,人还会再恋爱,再体验美好的爱情。尽管失恋是人生中一个很大的挫折,但从另一个角度来看,它也是给人一个选择更适合自己的机会。

总之,对于婚恋的解读,不是一场关于传统文化与现代文化意识形态的博弈,而是现代意识与传统观念的融合;不是对传统文化的全盘否定,而是传统文化与现代文化的交织。当下青年人的婚恋意识是对现代社会意识形态的表征,也是对传统文化的一次超越。

(三)恋爱中的性别暴力

所谓“恋爱暴力”,世界卫生组织这样定义:在恋爱关系中,一方针对另一方的任何蓄意的言语、身体、心理以及性的攻击和伤害。未婚式的恋爱暴力、殴打造成的伤害是不受婚姻法保护的。恋爱暴力带来的最直接后果就是，自信心下降，情绪压抑甚至性病传染。根据世界卫生组织的相关定义，恋爱中除了身体的伤害属于恋爱暴力外，精神上的伤害也堪称恋爱中的“冷暴力”，其对恋爱当事人的影响同样不容忽视。

1.恋爱暴力的表现形式

据研究结果显示(何影等，2012)，恋爱大学生群体中有 65.6% 的个体遭遇过精神暴力，36.3% 经受过躯体暴力。程度越轻、越容易实施的暴力行为越普遍，精神暴力发生率高于躯体暴力，轻度躯体暴力行为的发生率高于重度躯体暴力行为。暴力行为反复发生意味着此种暴力长期存在，可能演化成持续性的虐待，带来更加严重的后果。

除精神暴力和躯体暴力外，大学生中性胁迫也不容忽视。国外报道，约 10%的女生遭受过恋爱伴侣性胁迫。国内研究中的性胁迫发生率也达到 11%。如果以有过性行为的大学生为总体，则性胁迫行为的发生率为 44.7%，性胁迫受害率为 25.1%。这意味着大学生性行为中，有超过 1/3 的性行为使用了胁迫的手段，有超过 1/4 个体在非自愿的情况下发生性行为。随着大学生性观念的开放，性行为的发生已不少见，但在性需求与性观念上存在性别差异。男生性观念较女生更开放，性活动较女生更多。女生比男生的性观念更为传统和保守。在情感压力下，为了维持与男友的感情关系是女生发生性行为的重要原因。男女生性态度的差异，造成了恋爱关系中非自愿性行为和胁迫性行为的发生。这种不健康的行为方式不仅增加了暴力风险，也会给个体的身心健康带来不良影响。

此外，大学生同时经历多种恋爱暴力现象比较普遍，超过 1/2 的个体同时经历两种及以上的暴力行为。躯体暴力绝大部分兼有精神暴力，精神暴力增加了躯体暴力行为发生的危险性。性胁迫也几乎都合并了精神暴力和躯体暴力。任何一种暴力行为的产生，都会增加其他暴力行为的发生概率。男生的施暴发生率低于女生，但是造成的伤害发生率并不比女生低，说明男生的暴力行为伤害性更大。此外，男生的性胁迫行为显著高于女生，胁迫性行为造成的伤害几乎都是影响女性。性胁迫行为不但增加女生的精神压力，还会增加女性患妇科疾病的风险、感染性传播疾病的风险，甚至导致意外受孕。这对女性尤其是青少年和成年早期个体的影响是不容忽视的。

2.恋爱中性别暴力的产生原因

社会学家和心理学家努力寻求造成恋爱暴力的因素，例如生于单亲家庭、缺乏父母的爱和教育、在家庭和社区中目睹暴力、幼年期经历过体罚和性侵犯、早恋、学习成绩不佳、酗酒、频频换工作等。他们还指出，以上因素中，如果一对情侣占多条，遭遇恋爱暴力的概率就高。然而，这些因素并不能说就是根本原因，所有因素和恋爱暴力之间并非直线的因果关系。更有激进的研究者认为，即便寻找出这些因素，也于事无补，反而会造成对有此类经历的年轻人的歧视。于是，他们更倡导要对正在恋爱的年轻人进行教育，学会营造健康的恋爱关系。

性别是暴力行为的重要影响因素，男女两性在暴力行为的许多方面都存在差异。从暴力的发生频次来看，男生报告自己的受暴比施暴多(王向贤，2007)。这一点与人们一般的印象相反，因为人们通常认为男生是施暴者而非受暴者；也与国内夫妻暴力调查所发现的“丈夫多是施暴者、妻子多是受暴者”相反。在各种暴力类型中，据受访者自述，男生在心理暴力、轻微暴力、严重暴力、肢体伤害上都是受暴多于施暴，尤其是在严重暴力和肢体伤害上，男生自述的受暴频次和施暴频次之间的倍数分别达 2.5 和 1.8。也就是，如果男生向女生施加一次严重暴力的话，那么就会受到 2.5 次的女生严重施暴；如果男生造成女生 1 次肢体伤害的话，那么就会受到 1.8 次的女生施加的肢体伤害。女生恋爱躯体暴力施暴多于男生，男生的精神暴力受虐多于女生，这可能与恋爱过程中男性为了获得女性的青睐，在各方面往往更加迁就女性有关。女性暴力行为可能有多方面的影响因素，伴侣关系可能是其影响因素之一。受教育程度和社会地位是另外的可能因素，“白领”阶层中的女性暴力行为高于男性，在社会地位较低阶层中男性暴力高于女性。

在不同的群体中男女暴力行为是不相同的，不能简单地推论成为女性比男性更暴力。此外，也有人提出男女暴力行为差异的原因是由于女生更倾向于暴露暴力经历而男生更多未暴露。社会对男性施暴行为的行为更难以接受，因此男生更不愿意报告，因此存在性别应答差异。也有人认为男性报告率较低是因为男性更倾向于将暴力责任归于对方，而不认为是自己的施暴行为。但也有研究通过对伴侣双方访谈发现，无论是自我报告还是对方报告，暴力行为仍是女性高于男性。

恋爱阶段形成的伴侣暴力行为模式会持续至婚姻中，甚至影响终身。作为对家庭暴力的早期干预手段，预防恋爱暴力是迫切而必要的。这也是防止大学校园暴力的内容之一。

第二节 ■ ■ ■

女性结婚意愿与行为

在近四十年的家庭发展中，有一个明显的变化是初婚年龄的日渐延迟，即对个体来说，组建新家庭的年龄向后延迟了。传统社会中“男大当婚、女大当嫁”的观念已发生重大变化，晚婚晚育逐渐成为一种潮流。李银河(1991)认为，中国家庭在社会转型中，以“个人本位”为取向的现代家庭价值观被越来越多的家庭所接受。这体现了人们，尤其是女性对结婚态度的变化。

一、婚姻观

在婚姻去制度化的历史进程中，对于那些渴望亲密关系、伴侣和孩子的人而言，婚姻逐渐成为一种选择而非必然。基于性别不信任而产生的“婚恋分离”现象越来越多。女性对于男性的不信任，往往源自他们缺乏经济供养能力、不忠、使用暴力、对孩子不负责任、酗酒或滥用毒品、蓄意破坏女性改变命运的努力等负面经验。在此过程中，女性的婚姻观有了新的变化：

(一)追求婚姻生活质量

传统婚姻与现代婚姻有着较大的差别，婚姻的职能逐渐从社会组织向伴侣关系过渡。传统婚姻具有强大的社会职能，受经济、生育、赡养、法律、道德等外在因素的束缚较多，其维系的纽带也就比较坚固。现代社会人们一般不再需要通过婚姻来满足经济、生存、安全等方面的需求，紧张激烈的竞争，家庭的小型化，使人们比任何一个时代都需要在婚姻中获得情感安抚和心理补偿。

现代的伴侣婚姻,作为文化与心理群体的特征较突出。随着我国文化越来越开明,女性越来越看重婚姻生活的质量,一方面女性在婚姻生活中,希望得到丈夫以及家人的尊重,他们不应该妨碍女性追求事业的脚步,组建自己朋友圈的热情,应该重视女性自己的选择。现代女性认为,夫妻之间应该有着共同的兴趣爱好,相互帮助,彼此包容,互相爱慕,而不仅仅只是“相敬如宾”。另一方面,女性认为坚持无爱婚姻是无意义的,对当事人双方都是伤害,应该选择和平地结束这段婚姻,而不是像以往为了孩子或者受社会言论的影响选择凑合下去。

(二)婚姻生活独立化

新时期女性婚姻生活独立化大致表现为:一方面,女性开始关注自身的整体价值,不仅仅是婚姻价值,还有个人价值和社会价值。她们已经不会把婚姻当成一生的依靠,而逐渐展示自身的社会价值。另一方面,中国封建社会的女性在婚姻中处于附属人格,而现在女性不再依附男性,而是拥有了独立人格,可以参加社会实践,与男性合作,实现自我价值。

在 21 世纪以前,大部分民族实行的婚后两性分工模式是“女主内,男主外”,并且至今还在影响着两性关系。人们常常把“男主外”解释为男性参与和管理家庭外的事情;“女主内”被理解为女性的活动范围被限制在家庭内部,所从事的劳动不具有公共服务的性质,即便女性只活动在私人领域内,也不意味着她们具有话语权,她只是没有任何权利过问公共事务,从而剥夺了女性劳动的社会价值和经济价值,形成“男尊女卑”的婚姻价值观念。男子掌握了统治女子、支配女子和主宰女子命运的权力。事实上,一开始这种性别分工模式的目的,是为了保护妇女儿童,使人种能够延续下去,并不存在一个性别对另一个性别的控制,更不存在对女性的压迫。显然随着社会的发展,这种分工的初衷已经被扭曲。

(三)对待婚姻危机的态度更加理性

调查研究显示,虽然仍有小部分女性在面对离婚时会考虑社会责任,但是大多数女性会选择和平分手或协议离婚。这种现象足以证明我国女性在面对结束感情或者结束婚姻时的态度更加理性,不会选择传统女性“一哭二闹三上吊”的戏码。现代女性之所以可以如此“豁达”,是因为离婚本身的成本在减低,社会也不再对离婚的女性抱有较大的成见。一方面,女性经济独立,虽然依然渴望爱情和婚姻,偶尔也会依附男性,但是它不再是女性生活的唯一重心,所以面对婚姻的解体,她们有其他可以继续生活下去的资本,不会扩大婚姻在自己生活的作用;另一方面,女性对男性、爱情和婚姻有了更深刻的认识,明白开始一个新生活要比死死守住一段不开心的婚姻生活要更幸福,不再歇斯底里挽救婚姻,而是坦然自信地接受。

二、结婚意愿的变化

最新研究表明,在近四十年的家庭发展中,有一个明显的变化是初婚年龄越发推迟,即对个体来说,组建新家庭的年龄越来越大了,传统社会中“男大当婚、女大当嫁”的观念已发生重大变化,晚婚晚育逐渐成为一种潮流替代了先前的早婚早育现象。通过 1982—2010 年四次全国人口普查数据,可以看到这一变化的过程(林晓珊,2018)。1982 年男性和女性的初婚年龄分别是 25.23 岁和 22.37 岁,1990 年分别是 23.57 岁和 22.02 岁,2000 年分别是 25.27 岁和 23.44 岁,到了 2010 年,男性和女性的初婚年龄分别是 25.86 岁和

23.89 岁。有学者认为,1980—1990 年初婚年龄的降低是社会制度变革主导下的变化过程,1990—2000 年初婚年龄的再度拉高是社会经济发展的后果。

社会经济发展延迟了初婚年龄,不只发生在中国,而是一个普遍的全球化现象。发达国家的经验研究表明,随着现代化、工业化和城镇化的发展,尤其是近几十年来,初婚年龄呈现出明显的上升趋势。例如,从 1975 年到 2005 年,日本男性的平均初婚年龄从 27 岁上升到 29.6 岁,女性的平均初婚年龄则从 24.7 岁上升到 27.8 岁。1970 年,美国的初婚年龄中位数,男性是 22.5 岁,女性是 20.6 岁;2009 年,男性上升到 28.4 岁,女性上升到 26.5 岁(张翼,2013)。但是,中国的这一变化除了和经济社会发展有关之外,也与计划生育政策密切相关。早在 1973 年,中国就明确提出了“晚、稀、少”的计划生育政策,其中“晚”是指男性 25 周岁以后、女性 23 周岁以后结婚,1980 年的《中华人民共和国婚姻法》虽然降低了法定结婚年龄(男性为 22 周岁、女性为 20 周岁),但晚婚晚育的观念在大力宣传之下已经深入人心,对人们的平均初婚年龄的延迟产生了深远的影响。

近年来,从全国结婚登记对数和结婚率下降的数据中,也可以看出结婚意愿降低的趋势。自 1987 年到 2017 年中国结婚登记对数有较大幅度的增长,但结婚率从 1987 年的 17.2‰下降到 2017 年的 7.7‰。结婚对数的增长主要是因为人口绝对数的增加,但在 2013 年达到 1346.9 万对的峰值之后,也明显开始下降,结婚率连续四年出现下滑(林晓珊,2018)。直接体现结婚率下降的是适龄人口不婚或未婚人口在不断增加。例如 2010 年第六次人口普查时,25～29 岁的未婚男性人口占该年龄段所有人口的百分比已经上升到 36.29%,女性也上升到 21.62%。在 30～34 岁年龄段,全国未婚男性占比为 12.62%,女性占比为 5.35%(张翼,2013)。

三、四次单身潮及“剩女”现象

(一)四次单身潮

第一次单身浪潮指 1950 年《婚姻法》公布并施行后,因离婚而出现的短期单身人数剧增现象。第二次单身浪潮,指 20 世纪 70 年代末 80 年代初,大批知青返城导致大量单身人士出现。在 2006 年前后,单身男女越来越多,成为国内各大中城市普遍存在的一个社会现象。有数据称,当年“北京和上海两地的单身男女已经冲破百万之众”,与之形成对照的是,在上世纪 90 年代初的北京,这一群体的人数仅约 10 万人(冯静、刘芬,2006)。对此,媒体开始争相报道,各界议论如潮。随着社会讨论的深入,该现象渐被冠以“第三次单身浪潮”之名。大量与之相关的新词汇纷至沓来,争相挤入人们的视野,如“光棍节”“脱光节”“黄金剩女”“宅男”等,令人目不暇接。这些事物和语汇都可谓是 21 世纪初,单身浪潮存在的真实写照,称得上是其特有的文化标志。数据显示,目前我国单身人口近 2 亿,正面临着第四次单身潮。而且随着经济的飞速发展和女性自主意识的提升,主动选择单身的“单女”显著增多,2010 年第六次人口普查,30 岁及以上未婚女性比例高达 2.47%,比 10 年前增加近两倍。

(二)剩女现象

“剩女”一般被定义为,现代都市女性中拥有“四高二好”(即高学历、高智商、高素质、高收入和好身材、好长相)的大龄未婚女青年。具体特征包括:第一,她们自身条件优越,都受过高等教育，具备较高的智商和素质；第二，凭借着高智商和高学历，在残酷的职场中可以脱颖而出；第三，天生丽质，有着较好的外貌，所以她们也会对交往对象的外表要求甚高；第四，她们有着较好的家庭条件，被家长宠爱到大。这一系列的现实条件，影响了这些女性的择偶观，也造成了她们在面对婚姻大事时采取不积极的心态。

大众传媒中的“大龄未婚女青年”已与“剩女”等同，被严重污名化(陆子青，2016)。然而，除了年纪之外，她们与其他人并没有本质的不同。现有的研究大多从社会学、人口学和经济学的视角出发，探究剩女问题的成因、影响和对策，却忽视了事物发展的连续性和个体的主观能动性。单身是长期的、多因素、众多利益相关者共同作用的结果，除了宏观环境以外，个人的成长经历、生活环境、择偶实践也发挥着举足轻重的作用，社会应该更多地倾听当事人的声音。

20 世纪 90 年代，我国的大龄未婚人口数量依旧庞大，城市女性和农村男性占比高，高学历女性和低学历男性占比高(杜泳，1998)。依据“六普”数据，我国非志愿大龄未婚者约有 1300 万，在所有年龄组中未婚男性都多于未婚女性，城市女性择偶难，农村男性过剩多(刘爽、蔡圣晗，2015)。有学者认为，从数量上说，“剩女”是一个建构失效的伪命题，1995—2005 年的实证数据表明，各年龄组和受教育程度下的女性均处于短缺状态(陈友华、吕程，2011)。但不可否认大龄未婚女青年的婚配困境是确实存在的。学界认为这是内因和外因共同作用的结果。内因主要有性格、教育程度、经济水平、婚姻观念、事业观念、择偶标准、感情经历、行动策略等；外因包括市场化的转型、社会结构的变迁、性别角色分工的变化、社会风气的影响、父母亲友的干涉等。从婚姻市场视角来看，高校扩招改变了婚姻市场的性别结构，降低了女性的婚姻收益(吴要武、刘倩，2014)。沈辉认为(2010)，婚姻需求程度的降低，择偶标准的超值预期，以及行动策略上的消极被动，是导致“剩女”产生的表面原因；其深层原因则在于转型社会中生存竞争所带来的时空异化而导致的情感异化，以及经济压力所造成的价值失序和功利取向在婚姻市场上的反映。从经济学角度出发，“剩女”可分为主动型和被动型两种，主动型剩女是考虑到婚姻成本和回报后的理性选择，被动型剩女是受到供求等因素影响难以择偶。大众传媒塑造的“剩女”形象严重脱离实际，主要表现为：内容片面，标签性强；娱乐性强，不够严谨；男性本位，观点狭隘(危琼，2010)。“剩女”多被建构为收入高、学历高、能力强、情商低、性格古怪、眼高手低、自以为是、委曲求全的形象(马丽敏，2019)。从性格及成因出发分为四类：情伤型剩女、事业型剩女、完美主义型剩女、拜金型剩女(王军元，2014)。从婚恋大众传媒的刻板印象和偏见推动了杜会对大龄未婚女青年的污名化建构，加重了女性的心理压力，加剧了单身的出现(靳林林，2012)。剩女的择偶困境具体表现为择偶途径的减少、人与人之间信任度的降低、择偶梯度带来的结构性困境(唐美玲，2010)。择偶时面临着多重矛盾，如经济独立和精神依附的矛盾、传统婚恋观念与现代婚恋模式的矛盾、向往爱情与害怕婚姻的矛盾。很多“急婚族”和“毕婚族”，她们偏向于选择经济状况较好的年长男性，因此挤压了其余的未婚女青年。从性别视角和传播学视角来看，“剩女”是男性话语霸权建构的结果，是男权中心意识的体现(孙金波、范红霞，2014)。也有学者认为，“剩女”现象的出现反映了社会进步，是女性自我意识发展的结果，表明女性有权利选择和享受单身生活(吝莹莹，2008)。从后现代的视角来看，“剩女”现象反映出几个大问题：女性情感异化，缺乏经营爱情的时间、信心和耐心;过于物质化和工具化的婚姻市场,爱情不再纯粹,择偶简单粗暴;社会多元化冲击传统婚姻价值观等。

所以,“剩女”现象是一场传统与现代意识形态之间的博弈,是以传宗接代为本位的传统婚恋观与个人婚恋幸福为本位的现代婚恋观出现的断层与冲突,是高层次的精神文化发展与传统文化观念滞后产生的不可协调的矛盾。正如李银河说的那样,这是社会转型时期婚姻生态失范的产物。因此,在谈论高学历女性“被剩”到底是社会进步还是社会病态时,不妨结合社会和个人等方面的因素综合考虑,让她们在一个相对自由、被包容、被尊重、被理解的氛围中勇敢选择自己的生活方式。

在传统社会,男女双方须为婚姻贡献不同的力量,男方养家,为婚姻夯实经济基础;女方生育,为夫家添丁进口,相夫教子。两方相较,女性的结婚门槛明显要低。故而在传统观念中,因贫无法结婚的“光棍”多,“嫁不出去的女人少,除非她不能生育”(吕频,2009)。照此来讲,“剩男”现象历史悠久,“剩女”现象才是新生事物,触及本时期大龄未婚人士择偶难题的核心。因此,社会对于“剩女”的关注度要比“剩男”高很多,内容也丰富很多。当然,这并不表示“剩男”现象不重要,没有新内容。现实中的“剩男”与传统中的“光棍汉”之间也存在不小的差别,不单指因自身条件差而无法结婚的大龄未婚男性,也包括不少因其他原因而未婚的大龄男性。像主观上不愿结婚、工作环境封闭、工作压力过大、性格上不善与人交流等因素都可能导致一位男士成为“剩男”。只不过这些因素相对主观和个体化,当事者往往可以通过自我调整来破解困局,而“剩女”要想破局相对来说就比较复杂了。

(三)恐婚族

现在有越来越多的适婚年龄的年轻人对婚姻产生较强的排斥和逃避感,出现一种现代社会心理疾病——“恐婚症”,这类群体被称为“恐婚族”。2016 年 10 月 1 日一条微博称,“中青报一项调查显示,61.2%的受访者表示有‘恐婚’倾向”,而在 2008 年中青报就曾进行过一次“恐婚族”调查,当时数据显示,认为自己存在“恐婚”倾向的占 22.3%。2016 年这一数据竟上升至 61.2%,可见现在人们的“恐婚”倾向更加普遍了。为什么现在有这么多人恐婚呢?

(1)对未来的不确定性产生恐惧。“结婚的话,遇到忠诚,能赚钱,还顾家,不能再好了。如果遇到出轨的,一边要自谋生计,一边还要抚养孩子。”“我所有最大的恐惧,是怕遇到的不是那个值得奋不顾身一生的人。”第二,不愿将就。“结婚是想找个彼此相爱的人,往后的日子那么久,没有爱的支持要怎么走下去?宁可单身,也不愿将就。”“恐婚要么是还在期待更好的人,要么是对眼前的人、对自己的眼光没信心。”“总觉得是一辈子的事,不能随便,这样一年又一年啊。”第三,婚后需要面对现实沉重的经济压力及家庭责任。“恐惧的不是那一纸结婚证书,而是婚后要面对现实的经济、婚后那人的变化、责任的转变。”“现实的社会,经济的压力,相互的攀比让人喘不过气。”“想到结婚之后种种的责任、压力、负担就害怕。更加别说婚礼要准备一大堆的东西。”“担心自己胜任不了做妻子做儿媳做母亲的角色,也处理不好婆媳或者姑嫂关系。”“婚姻是两个家庭的结合,这里涉水太深了。”第四,自我意识强烈。“独身真的挺好的啊,并没感觉身边那些结了婚的人过的有比单身幸福,反而天天麻烦缠身。”“感觉一结婚就没自由了。”“因为不想结婚,也就变得不想恋爱了,感觉也是越来越习惯现在的生活,现在相对轻松的心情。既然恋爱结婚不能让自己比现在开心舒适，那就还是安然地过一个人的生活吧。""婚后太多烦人的事了，感觉都恐慌至麻木，如果有资本可以不婚也一样快乐终老，何乐而不为！"

传统婚姻观念是"男大当婚，女大当嫁"，到了合适年龄还不结婚会被认为是不正常，不是心理有问题，就是生理有问题。社会变迁影响着人们婚恋观的改变，至少在一部分人观念里已经变得不再那么迫切和必需。从上面的评论来看，恐婚的原因不论是享受独身生活的自由自在，还是不愿将就得过且过，以及对未来不确定性的恐惧，抑或是婚后需要面对现实沉重的经济压力及家庭责任，其深层次的原因是自我意识变得强烈，追求个人在家庭中的独立地位和自主发展。

(2)受现代性的影响，风险社会中的人为不确定因素增多，人们不可能对未来有着清晰的认识，不安全感的增加使得人们对婚姻非常慎重。再加上现在社会离婚率的增高，失败婚姻产生的不良影响让人开始怀疑婚姻是否能给人幸福感和安全感，所以恐婚。还有当下中国的结婚成本过高，婚后需要面对沉重的经济压力，适应人生角色的转变，以及承担起对家庭的责任，这些都使得人们倍感压力，开始逃避婚姻，患上"恐婚症"。

(3)婚姻的一些功能逐渐被社会组织所替代或者可以从其他渠道来获得。比如性，传统观念里的"贞节观"使得人们必须通过婚姻才能得到性，而现在婚前同居普遍、婚后出轨等现象都表明不再非要通过婚姻才能得到性，那么，婚姻对人的魅力也就没那么大了。

时至今日，人们关于婚姻的认识已有了巨大的变化，但与历史传统相关的一些观念还是根深蒂固的，如"男娶女嫁""从夫居"等，仍是男女结婚成家的主要方式，这就决定了男性在婚姻市场中类似需求一方，女性类似供给一方。在人口流动较少、城乡二元结构强固的时代，中国城市与农村的婚姻市场是彼此相对独立的两个市场，供给和需求的相互满足主要在各自内部实现，从而出现了"剩男在村里，剩女在城里"的现象。这是由于婚姻市场中单向的选择偏好造成的，人类学"上攀婚"理论给出了具体解释(李涛，2014)：女性择偶时倾向选择那些受教育程度、职业阶层、社会地位以及经济条件等各方面状况好于自己的男性，即择偶的"上攀"或"顺势上攀"，是社会普遍接受的状态；若定义中两性位置颠倒，则称"逆势上攀"或"下嫁"，不易被社会接受，仅少数国家例外。该理论很好理解，也符合中国社会的传统观念。在该理论关照下，结合中国巨大的城乡差距和农村严峻的"三农"问题进行审视，城乡身份之间实际存在的级差便构成了一个上攀因素，就像不少贫困地区农村所反映的那样，"山里的(姑娘)想出去，外面的(姑娘)不进来"。因此，适婚青壮年流动人口中的女性多于男性，就意味着有更多的农村适婚女性可能获得"婚姻迁移"的机会，嫁到城市的姑娘也越来越多。这便导致留守农村的男女青年比例严重失调，农村适婚男性的婚姻需求因供给不断减少，而日趋难以满足农村男性的婚姻困境，在社会学上称为农村男性的"婚姻挤压"(佟新，2003)，特指在适婚年龄男女两性同期群体中出现的数量不平衡现象。该现状在国内农村地区，尤其是相对欠发达农村地区非常普遍。男性年轻打工者因农民工身份所遭受的事实歧视和自身较低的社会阶层归属，在婚姻择偶市场中处于非常不利的地位，以致发出"我是民工，谁嫁我？"这样的感慨。进入21世纪后，农村中不断出现"高价婚姻""重金聘礼"，并呈现愈演愈烈之风，其买卖性色彩更为浓重，因而广受社会舆论的抨击和学术界的关注。

第三节

女性生育意愿与行为

自20世纪80年代计划生育政策严格实施以来，中国总和生育率急剧下降。20世纪90年代初，总和生育率已下降到世代更替水平(2.1)以下，2000年人口普查时总和生育率仅为1.22，处于世界最低水平。2010年人口普查数据显示，中国总和生育率仅为1.18。而根据2010年的《世界人口数据表》，2010年世界总和生育率平均水平为2.5，其中发达国家为1.7，欠发达国家为2.7，最不发达国家为4.5(胡美娟，2015)。从这里可以看出，中国总和生育率还不到世界平均水平的一半，甚至作为发展中国家，却远低于发达国家的平均水平，呈现出人口结构与经济社会发展阶段不一致的特征。

一、生育意愿

生育意愿是指人们对生育行为的主观态度，是人们在生育上的愿望、追求和看法，它是一种理想化的概念，是抛开现实因素如生育政策、经济能力、个人人口特征等各种条件的限制的理想的生育意愿，它反映了人们对于生育文化的主观理解和接受程度。意愿主要包括理想的生育子女数、理想的生育子女的性别、理想的生育年龄、理想的生育间隔等多个方面。大多数生育意愿调查的内容往往都在围绕着这几个方面来展开。生育意愿受到多种因素的影响，在不同的时代背景下也有着不同的意愿，生育意愿的转变代表着不同社会生产力水平下的生育价值取向的变化。生育意愿是主观的想法，生育行为是客观的结果，当然前者决定后者，但也会存在差别，从生育意愿到生育行为这一过程中会受到许多因素的影响和制约。

二、我国的生育政策

在20世纪70年代初，我国全面推行了计划生育。从1971年开始，在《关于做好计划生育工作的报告》中，强调了"要有计划生育"，在1971年制定的"四五计划"中，提出了"一个不少，两个正好，三个多了"。1973年第一次全国计划生育汇报会提出了"晚、稀、少"的政策，提倡晚婚，生育间隔三年以上，不超过两个孩子。之后计划生育政策一直严格地执行着，保持紧缩化，严禁生育超计划的二胎和多胎。40多年来，计划生育政策的制定和实施，的确取得了显著的人口增长控制效果，缓解了人口增长过快给社会空间、国家财政等方面带来的沉重压力，也对节约资源、保护环境做出了很大贡献，减轻了在衣食住行、资源环境、就业、教育和医疗等诸多方面的负担压力，更重要的是极大地减轻了每个家庭的负担，使人民的生活水平得到了改善，为社会发展创造了有利的条件，为改革开放和推动经济快速发展做出了巨大的贡献。并且，不仅为我国的发展做出了贡献，也为全世界的人口发展、提升生活质量和减贫事业做出了重大贡献，树立了良好的国家形象。

然而，严厉的计划生育政策所带来的一系列社会问题也不得不让我们重新审视这个人口控制政策。中国的人口红利期已经过去，生育意愿回升乏力，人口总和生育率下降，老龄化进程加快,“失独”家庭问题也日趋突出。20 世纪 80 年代之后,计划生育政策虽然一直在改动,但都是在原有基础上进行小修小补,并不能解决这些人口与社会问题。2013 年国家提出启动实施“单独二孩”政策,即一方为独生子女的夫妇可以生育两个孩子的政策,2015 年,国家再次提出实施“全面二孩”政策,一对夫妇可生育两个孩子,这一政策从 2016 年元旦开始正式执行,“全面二孩”政策是继单独二孩政策之后生育政策的最大调整。

计划生育政策对生育和抚育行为的主要承担者———女性而言,是产生了有益影响还是剥夺了生育权,带来健康危害?不难发现,子女数量的减少让女性从繁忙琐碎的生儿育女和家庭劳务负担中脱离,有更多机会接触社会,通过频繁参与社会活动以更好地发挥自身价值,同时也有利于提高女性的工作时间投入和工资水平,提高女性社会地位,减少性别歧视(张川川,2011)。

三、生育意愿变化

自新中国成立后,我国于 1953 年进行了第一次人口普查,随后在 1964 年、1982 年、1990 年、2000 年、2010 年共进行了六次人口普查。从“一普”起,我国的性别比始终维持在比较稳定的状态,具体数据如表 6-1(陆子青,2016 年)。

表 6-1 我国人口性别比:1953—2010

年 份	人口性别比
1953 年(一普)	107.2
1964 年(二普)	105.5
1982 年(三普)	106.3
1990 年(四普)	106.6
2000 年(五普)	106.74
2010 年(六普)	105.2

然而,出生人口性别比严重失衡的状况在“三普”后逐渐呈现。“三普”时我国出生人口性别比为 108.5,已经超出了 103~107 的合理范围。近 30 年后,“六普”时出生人口性别比为 118.06,仍然处在很高的水平。具体数据如表 6.2(陆子青,2016 年)。

表 6-2 我国出生人口性别比:1982—2010

年 份	人口性别比
1982 年(三普)	108.50
1990 年(四普)	111.30
2000 年(五普)	116.90
2010 年(六普)	118.06

从表 6-2 可以看出,20 世纪 80 年代以来,我国的出生人口性别比呈现逐年攀升的趋势。当男婴和女婴进入婚配年龄,男性数量明显多于女性,婚姻挤压就不可避免。即使部

分男性采取不同的婚姻策略，如向外挤压（外籍新娘）、向下挤压（选择婚龄差较大的低龄女性），还是会有不少男性无法择偶，成为光棍。全国人口普查数据证实了我国婚姻市场中男性过多，女性不足的趋势越来越明显。随着时间的推进，长期以来出生率下降、出生人口性别比过大的消极影响显现，男性过剩、女性赤字不可避免。未来我国面临的不是剩女危机，而是无女恐慌，不是男大当婚，而是光棍时代。

"儿女双全"偏好在中国人的生育意愿中一直排在首位，且与理想子女数存在显著正相关；男孩偏好与理想子女数之间呈弱相关；女孩偏好和无偏好则与理想子女数呈显著负相关关系（侯佳伟等，2014）。性别偏好是提升生育率的因素之一，因为在达到有限的理想子女数之后，如果没能得到理想的性别结构，育龄夫妇可能会再次生育（郑真真，2004）。但也有学者指出，在中国严格控制生育的政策环境下，满足性别偏好的主要方式已经不是通过多生，而是通过胎儿性别鉴定和选择性人工流产得以实现，因而性别偏好不仅不会提高、反而会降低生育率（郭志刚，2008）。还有学者进一步研究发现，实际上，性别偏好类型对家庭生育数量的作用方向和强度是不同的，儿女双全偏好（即性别与数量双偏好）和女孩偏好会显著提升家庭生育数量，男孩偏好的作用并不显著（宋健、陶椰，2012）。当夫妻意见不一致时，谁的意见又会在生育决策中占上风？宋健等总结出四种决策原则（2019）：一是"权力原则"，即有权力的一方在决策中起关键作用，而这种权力取决于夫妻的相对社会经济资源，比如夫妻相对的教育、职业、收入等。女性如果在家庭中更有权力，来自丈夫的压力将对她的二孩生育计划没有显著影响；相反如果丈夫更有权力，则来自丈夫的压力会显著加大其计划二孩生育的可能性。在一些发展中国家，特别是传统父权文化观念比较浓厚的地方，丈夫在生育决策中起着更重要的作用。二是利益领域原则，因为相对而言，生育是女性的领域，所以女性的态度在决策中起主要作用。三是黄金均值原则，即夫妻双方在决策中的意见起同等重要的作用，最终双方各自妥协，取中间值。四是社会漂移原则，因为夫妻双方意见不一致，最后的解决方案是什么都不做，维持现状，推迟决策。研究还发现（宋健等，2019），夫妻一方或双方具有性别偏好会显著提升家庭有二孩生育计划的可能性。并且，家庭中的二孩性别期望更接近丈夫的性别偏好，虽然女性是生育的主体，也有相当比例的夫妻在性别偏好上存在差异，但作为生育行为预测指标的生育计划中性别期望向丈夫偏好的倾斜，仍一定程度上反映了家庭中夫妻的权力地位关系。

2017 年作为实施"全面二孩"政策的第二年，全国出生人口比上年减少 63 万人，出生率也由 2016 年 12.95‰降为 12.43‰，人口增长态势出现回落。不增反降的数据表明，在当前宽松的生育政策环境下，社会公众似乎并没有表现出较高的生育愿望。在独生子女时代，家庭因受制于"一胎化"政策规定，不得已改变多生的愿望而满足政策和社会发展的需要。但随着时间的推移，公众的生育意愿和生育行为受长期"一胎化"政策影响已经形成惯性，从最初依靠政府强制力转变为现在的自发性控制，而这种因政策惯性导致的生育文化惯性和生育行为惯性在短时期内是很难改变的。正如风笑天（2017）所指出的，生育意愿发生变迁的主要原因是受到了改革开放我国社会结构、经济、文化以及价值观念变迁的影响，也是生育观念、生育文化逐渐从传统走向现代的缩影，我们要认清生育意愿发生巨大变迁这一事实，对未来我国生育意愿和生育水平的预期、判断，以及在此基础上形成的生育政策不能想当然地按传统经验方式来考虑。在就业领域，因生育问题而导致的性别歧视一直是老生常谈的话题，"全面二孩"背景下，一方面因生活成本和生育成本的提高可能会激发女性对就业的渴望，但另一方面生育期的二次延长又不可避免地让女性在招录和晋升中遭受显性、隐性歧视，面临更加严峻的就业形势。由于缺乏专门的《反就业歧视法》，以及生育成本单位化、缺乏有力监管让用人单位性别歧视成本过低等因素（杨慧，2016），都使得女性陷入想生而不敢生的两难困境。

当前，社会育龄女性关注的生育焦点已经由"生多少"转向"生不生"的问题，生育行为的选择由家庭和个人权益的平衡逐渐替代了政策干预，但却受到生育生殖健康服务、社会保险、相关公共服务资源、子女教育等方面的制约（张银锋，2016）。长期以来，中国在生育观上都存在明显的男孩偏好，究其根源是中国传统性别意识在社会发展进程中的文化沿袭。当然，从个人角度来看，这似乎也是生育主体对孩子性别的主观期望，实际上这与还缺乏先进的社会性别意识的社会环境与制度有着隐性且直接的关系。如何透过社会性别视角，将性别平等理念作为基本价值取向贯穿生育过程，前瞻性地以更合理公平有效的方式促进福利政策与生育政策相互协调，将是生育政策的决策人和生育行为的当事人都要认真思考的问题。

第四节 ■ ■ ■

女性家庭地位

如同社会地位是指社会成员在社会系统中所处的位置一样，家庭地位是指家庭成员在家庭系统中所处的位置，或者就是你在家里的威望，也泛指家庭财产、权力和权威的拥有情况和在家庭决策的实际地位，一般是由社会规范、法律和习俗规定的，当然也和成员在家庭外部的社会地位，以及对家庭的经济贡献密切相关。

女性家庭地位变化是社会发展变化的重要部分。随着我国经济社会的发展，女性社会地位显著提升。2009 年，在全国在校普通本专科学生中，女性首度超过男性，占到 50.48%，且持续上升，2013 年这一比例达 51.74%（中华人民共和国教育部，2013）。2010 年，联合国开发计划署的报告显示，在中国将近 70%的女性拥有有偿工作，远高于 53%的世界平均水平。但是在中国仍然存在性别阶层分化现象，中国女性多处在权力和资源较少的阶层，在每一阶层内，男性也比女性占有更多的社会资源。有的研究还发现，受国家、市场、社会等因素的影响，传统性别观念出现了回潮（顾辉，2013）。可以看出，女性社会地位正在提高，但同时也面临诸多挑战。

与此同时，三期中国妇女社会地位调查结果显示，对家庭地位表示"很满意"的人更多了，其中，85.2%的女性对自己的家庭地位表示满意，89.3%的男性表示满意。在家庭事务决策的参与程度上，女性的参与比例有了很大提升，夫妻共同商量已成主流；46.3%的人认为夫妻家庭实权差不多，比十年前提高了 7.5 个百分点。在购买大件商品、买房/盖房等重大家庭事务决策中，夫妻共同商量的比例均达 60%以上；尤其是在孩子升学/择校方面，夫妻共同商量的比例为 72.5%（杨玉静、郑丹丹，2014）。共同商量的增多，意味着夫妻在家务分工合作中的民主化和平等化程度提高了，这应当说是一种进步。传统社会中“男尊女卑”“男高女低”“男贵女贱”的性别秩序和权力关系的确已经发生重大变化，夫妻权力关系正在从“夫主妻从”到“夫妻平权”转变（李建新、郭牧琦，2015）。当然，尽管“夫妻平权”是一种趋势，我们仍然不能忽略其中还存在着较多的性别不平等现象，如在家务劳动时间方面，在过去二十多年里，虽然男性和女性的家务劳动时间都有较大的下降，但女性家庭劳动时间仍然比男性要多出很多。调查显示，城镇已婚男性 1990 年平均每天家务劳动时间为 123.7 分钟，比女性少 96.5 分钟；2000 年男性平均每天用以家务劳动的时间为 75.1 分钟，比女性少 105.1 分钟；2010 年男性平均每天用以家务劳动的时间为 45.1 分钟，比女性少 61.8 分钟（杨菊华，2014），这表明，家务劳动分担意义上的“家庭内”的性别平等尚未实现。

在家庭中赋权对女性的发展来说非常重要，它在很大程度上影响妇女是否能够接受教育、外出工作，获得健康照料的机会，实现生育自由等等。并且，女性对家庭资产的掌控，不仅事关婚姻家庭权力的分配，还会影响家庭的幸福。家庭照料负担是中国当前面临的重大问题，中国照料服务市场化的发展长期滞后（董晓媛，2009），家庭内无偿照料劳动主要由女性来承担，这导致女性在家庭照料与就业选择上面临两难的决定，不少女性为了照料家庭中的失能老人或幼年子女不得不中断工作，还有相当比例的女性同时承担家庭照料与劳动参与的双重责任。总体上，我国女性的社会地位和家庭地位都在提升，但社会地位的提升并没有有效地转化为家庭地位的提升，而相对低下的家庭地位又会直接限制对社会参与的投入，进而影响社会地位的进一步走高。

一、家务劳动

“在社会主义社会里，家务劳动有了更大的社会意义，成为社会主义建设的劳动中不可缺少的一部分，家务劳动和社会劳动一样，都是光荣的劳动。”我们党提出了家务劳动也具有社会意义，可以说是高瞻远瞩的，是对恩格斯家务劳动理论的创造性发展。而在实际的家庭生活中，家务劳动并没有纳入社会劳动的系统中，家务劳动成为一种受到鄙夷和轻视的劳动。妇女的家务劳动俨然已成为一种私人活动，这样，家务劳动就被排除在社会化大生产之外，因此它没有交换价值。与此同时，男性的地位随着私有制的产生而逐渐提高，女性因此也成为男性的附属品。面对工作与家务的冲突，西方国家经验研究显示（肖洁，2017），家务负担对女性劳动收入有着负向影响，这种影响被称为家务劳动的惩罚效应。家务劳动尤其是家务劳动时间的性别差异导致男女间的收入差距，甚至是性别收入差距的主因。对女性而言，生育以及随之而来的养育子女意味着家事负担的增加，养育子女所发生的劳动实际是由一件件家务项目构成的，承担大量家务劳动所导致的时间精力消耗会减少劳动者在工作中的投入的，或者构成职业发展的机会成本。

个体的时间和精力是有限的。在时间约束条件下，个体基于利益最大化的考虑，将有限的时间精力分配到不同的日常活动中。承担大量家务劳动所导致的时间精力消耗，必然会减少劳动者在工作中的投入程度，阻碍人力资本的积累，导致收入降低。工作投入程度既包括在工作中投入的精力，也包括全天工作的专注程度，以及进修、出差、下班后与同事客户之间的聚会和社交活动。由于家务负担不同，具有相同人力资本和职业特征的个体在劳动力市场中获得不同的收入回报。相对于男性而言，女性尤其是已婚女性的低收入,是因为她们承担了主要的家务职责。在家务中投入的时间和精力降低了女性劳动力市场中的经济回报。即便男女在过去曾经积累了相同的人力资本,但他们在市场和非市场劳动的时间分配上存在差异,有酬劳动上男性投入的时间多于女性,女性在工作和家务上投入的总时间长于男性,双重负担所导致的身心疲劳使女性在劳动力市场中表现出低劳动效率,拉大了两性收入的差距。由于社会普遍认为女性承担了主要家务责任,需花费大量时间精力照顾家庭和小孩,因此释放出工作效率较低、雇用成本较高、易离职、靠不住的不良信号,因此雇主偏向雇佣男性,不倾向招聘女性员工或将女性放在不重要的岗位上不予升职,给予较低的薪水。

家务劳动性别分工的影响不仅仅局限在家庭这一私人领域内部,同时也具有社会性的一面,私人领域的性别分工形塑着公共领域的性别分层。已婚女性"工作—家庭"双重负担的影响不仅仅表现为女性家务时间的延长,休闲时间的被挤占,以及总体劳动时间的增加;更反映在女性就业竞争力的降低和就业质量的下降,以及随之而来的两性经济不平等的加剧。家务劳动不均衡、不平等的性别分工束缚了已婚女性在劳动力市场上的表现。即便女性可以摆脱家务的束缚,源于传统性别文化的、由家务劳动负担引发的性别歧视仍对女性收入有着直接的负面影响。

作为再生产劳动力的家务劳动的价值不被承认,是其受压迫的一个重要原因。只要家务劳动和儿童养育仍然是私人产物和妇女的责任,她们就只能继续承担双重负担。因此,妇女解放必须具备三个条件:第一,家庭之外获得平等的就业机会;第二,家务劳动和儿童养育社会化;第三,或者家务劳动工资化。具备以上三个条件后,从事社会工作的妇女就不需要在家务劳动上分散大部分精力,她们的生活会因此而变得更加有价值。由于更加专注于职业工作,她们的工作能力和社会地位也会得到显著的提高。

鉴于目前家庭中的家务、育儿、照护老人主要由女性承担,如果我们不能建立有效缓解女性的"工作—家庭"冲突的长效机制,老龄化和低生育率可能会陷入相互影响的恶性循环之中。当未婚女性意识到其未来的家庭角色会影响个人发展时,她们可能放弃组建家庭。比如在韩国和日本,男性养家糊口、女性操持家务的模式,连同僵化的劳动力市场设置以及传统的性别角色期待,不仅导致女性不愿意结婚生育,也使得男性难以进入婚姻、组建家庭,即与性别平等密切关联的低生育陷阱的社会性后果将由两性共同承担,从而影响整个社会的活力和平衡发展。这些国家和地区政府花巨资、长期进行各种政策干预,却难以走出低生育率陷阱,进一步提醒我们应具有足够的风险防范意识。

二、母职

母职,是社会围绕养育和照料而建构的一系列活动和关系,既包含不同阶段的母职活动,也包含母职意识形态。20 世纪 70 年代以来占主流的母职意识形态是"密集母职",其特点是母亲责任不可替代、完全以孩子为中心、情感卷入和耗费时间(杨可,2018)。在"密集母职"这种主流母职意识形态规制之下,低收入家庭的母亲,尤其是缺乏伴侣经济支持的单身母亲,常常不得不放弃"密集母职"而采取"扩大母职"模式,即在出门工作时将孩子委托给家人或社区邻里照顾,但往往为此怀有沉重的负疚感。随着教育的市场化发展,催生了各级课外辅导机构所从事的"影子教育"。"影子教育"是指发生在学校正规教育之外、针对学校科目并收取费用的辅导，不包括非学科性的课外活动（如绘画、弹琴、体育活动等）学习（刘煜，2017）。这些教育培训机构日常打交道的对象正是各个家庭的母亲。子女抚育成为个体家庭不可推卸的责任，在私领域一直存在的性别分工制度的作用下进而主要成了母亲的职责。曾经在育儿中得到公共资源支持的母亲们不得不依靠家庭和自己的力量（金一虹，2013）。如果说子女年幼时的生理性抚育还可以委托他人，那么在子女成长中的社会性抚育则常常是由母亲来承担（肖索未，2014）。金一虹、杨笛新近对"教育拼妈"的探讨关注到密集母职不仅表现为时间密集，还表现为母亲职责向教育扩展："她必须为下一代的教育成败全程负责，从早教、学前、小升初……一直到高考，每一个环节都不容脱节，不仅所谓的教育'起跑线'在前移，母亲对教育的介入也在全线延长"。（金一虹、杨笛，2015）

作为教育竞争加剧以及教育市场化背景下的一种适应性变迁，家庭中的母职实践突破了私领域内照料子女的传统内涵，不仅母亲在教育方面的职责陡增，还呈现出"经纪人化"的特征（杨可，2018）。"母职的教育经纪人化"指称当前教育市场化发展背景下中国城市家庭母职实践中的一种趋势，意指由母亲承担孩子的经纪人式的教育代理服务和居间交易的角色：母亲需发挥经营信息与社交网络、了解教育市场产品与目标学校需求、定制个性化学习路线、规划影子教育学习时间、亲身整合教育资源等一系列功能，以帮助子女在未来激烈的教育竞争中争取优势资源。经纪人式的母职实践不仅要求母亲承受密集投入给自己收入和职业发展带来的"母职惩罚"，甚至还要面临投入不够给孩子带来"学业惩罚"的风险以及因此带来的"失职感"。

母职，建构了一种理想的母亲形象，它满足了国家在追求现代性过程中对于提高人口素质、追求科学、促进消费以及公私领域性别分工等多方面的需求。所造成的影响至少有三种（陶艳兰，2015）：第一，科学的母职论述。这种论述建构了一种以孩子为中心的教养模式。遵照专家建议和以孩子为中心的母职规范拓展了母职的宽度及深度，贬低了母亲的育儿能力和自信，削弱了母亲在育儿实践中的主体性地位。第二，消费的母职论述。在消费主义意识形态的作用下，母亲对于育儿产品和育儿服务的需要被建构出来，将母亲作为消费主义的目标，强调育儿过程中高昂的金钱投入。购买育儿产品和服务与"好妈妈"相关联，对母亲造成压力。它还宣扬了一种中上阶层家庭的育儿方式，对其他阶层的家庭及母亲形成压迫。第三，家庭与工作之间关系中的母职论述。这种论述再现了"超级母亲""自由自主的母亲""不可取代的母亲"及"温柔感性的母亲"形象。这些形象延续和强化了传统的母职意识形态，主张女性要以孩子及家庭为重，体现了市场化改革对传统家庭、家庭价值及劳动的性别分工的需要，加强了女性与家庭及儿童照顾之间的联系。

三、家庭照料

根据被照料者的角色，家庭照料可以分为两类：儿童照料和老人照料。本部分只围绕老人照料展开论述。

刘岚等学者（2010）利用中国健康与营养调查（CHNS）数据，分别指出照料老人会减少农村妇女的非农劳动时间，降低城镇女性的劳动参与率。刘柏惠（2014）基于中国老年人口健康长寿跟踪调查数据的研究发现，老年照料会降低子女的劳动力市场参与，照料老人的子女要付出明显的机会成本，使其承受逐渐扩大的隐性“工资惩罚”，其中女性照料者面临更大的工资惩罚。基于第三期中国妇女社会地位调查数据研究发现，在女性群体中，与非照料者相比，照料者的就业概率显著低了27.7％，而男性是否从事有偿收入工作与是否照料老年父母之间没有显著关系。蒋承和赵晓军(2009)利用2005年中国老年人口健康长寿跟踪调查所做的研究也有类似的发现。范红丽和陈璐(2015)用中国健康与营养调查数据研究了在中国照料老人对女性劳动参与率的影响，发现为父母提供照料帮助的女性其劳动力参与率下降了23.8％；对于与父母公婆同住的女性受到的影响更大，照料责任使其劳动参与率下降49.08％；与城镇女性相比，农村女性受到的影响更大，照料活动使其劳动参与率下降28.1％。

女性的职业工作与家庭照顾责任冲突对社会性别平等、女性本身以及家庭福利都有严重的负面影响，而且长期来看，这种负面影响可能累加，女性开始成为照料提供者以后，其压缩劳动时间或者离开劳动力市场的概率就大大增加，即便她们中止了无偿照料工作，也很难恢复到之前的就业水平。在赋予了女性最多照料责任的国家，劳动力市场的性别隔离最为严重，女性在生育和抚养幼年子女时受到的工资惩罚更高，其更倾向于中断劳动参与，从而在经济上更依赖其他收入来源。在现代社会，时间利用或支配方式是一切福利的基础。女性劳动者在面临家庭照料责任和就业冲突时，很可能以牺牲个人时间为代价同时承担两份责任，造成女性的“时间贫困”(吕利丹，2016)，致使女性的生活质量和福利受损。畅红琴等(2009)利用中国健康与营养调查数据，研究了1991—2006年中国农村的经济发展对农户家庭内部时间分配的性别分工和劳动时间的影响，结果发现，与男性相比，女性在家庭经营、工资性劳动和家务劳动中的时间投入比例都有所增长。杨菊华(2014)利用三期中国妇女社会地位调查数据分析了时间利用的两性差异，结果表明，女性的有偿劳动和无偿劳动的时间总和多于男性；而且从纵向来看，女性劳动的时间在变长，学习时间和娱乐闲暇时间在缩短。董晓媛(2015)基于2008年中国时间利用调查的研究发现，农村地区女性每周劳动时间比男性平均多7小时，城镇地区更是高达10.5个小时。

伴随着国有企业和劳动力市场的改革，这些社会保障服务逐渐从企业剥离，转交给市场和家庭。而中国家庭服务的市场化程度长期滞后，改革的成本主要由家庭承担。女性是家庭无偿劳动的重要提供者，在劳动力市场改革的时候也更为脆弱，失业的可能性更高，可以说女性承担了国企改革的重要成本。

刘爱玉的研究显示(2019)，20年间男性对于家庭经济的贡献比例增加，全部和基本依赖妻子收入的丈夫比例下降，而需依赖丈夫收入的妻子的比例上升，在就业上，依赖丈夫工作的女性比例增加，所有这些导致了性别角色分工观念的回潮，即更多人支持男人养家。两性关于“男人养家”的观念在1990—2010年的20年间出现了向传统回归的现象，男性支持“男人养家”者由1990年的45.6％上升到了2010年的61.7％，女性由44.6％上升到了56.5％。男性比女性更传统，农村男性比城镇男性更传统，农村女性比城镇女性更传统。城镇男性向传统观念回潮的速度最快。市场化导向的改革极大地塑了两性的社会地位和家庭地位，重构了性别角色社会实践与家庭性别角色实践样态。20年间男性的就业参与率虽有下降，但相对稳定；女性的就业参与率则大幅度下降，导致家庭中妻子不在业的比例较大幅度地上升，丈夫工作、妻子不工作的比例从1990年的7.8％上升到

2010年的15%以及2014年的18.2%。夫妻在劳动力市场就业参与率和职业地位的显著差别导致了家庭经济中妻子收入贡献的减少,丈夫对家庭收入贡献的均值由1990年的60.7%上升到2010年的69.5%,全部或基本依靠丈夫养家的女性由1990年的14%上升到了2010年的32.8%,性别平等观念受到性别实际地位的再形塑,20年间由于女性在劳动力市场中地位境遇的下降,导致了其在家庭中相比于男性职业与经济地位的弱化,并导致了一种更偏向传统的性别角色观念的固化,这种固化显然不利于性别平等的社会实践。我们应该对此保持社会警醒,并在劳动力市场政策、消除性别歧视以及支持女性就业政策方面进一步努力。

总之,历经改革开放40年的发展,我国的家庭关系基本上完成了五个转变:一是从血亲主位转变为婚姻主位,家庭关系轴心由血亲纵向关系转变为夫妻横向关系;二是从父系父权转变为夫妻平权和亲子平权,家庭成员无论性别、年龄和辈分,都拥有平等的权利;三是从男性家长专制转变为家庭民主决策,妻子在家庭事务中拥有平等的发言权和决策权;四是个体家庭本位取代了家族本位,家庭的私人性和独立性显著增强,并加强了家庭权力的稳固性;五是家庭生活的主体意义从传宗接代的工具性价值转变为家庭幸福和家庭成员的自我实现(许琪等,2015)。

第五节 ■ ■ ■

女性婚姻家庭问题的女性学解释

随着性别平等意识在社会中不断渗透和内化,男女两性的社会地位和性别意识得到了有效改善。但毋庸置疑的是,传统性别观念的滞后影响依然存续着,"男大当婚,女大当嫁"、传统婚姻匹配的"门当户对"依然支配着当代的婚姻家庭生活。虽然有不少学科活跃在女性婚姻家庭问题研究领域中,但女性学的学科解释不仅不能缺位,而且还要起到引领作用。

一、学术界关于生育决策的解释

本部分以生育决策多元化现象为例,进行女性学理论解释的学术展示。我们先来了解,学术界分别从经济因素、社会层面以及文化价值观等不同视角所给出的关于生育决策多元化的解释(穆滢、潭原新,2018)。

(一)新家庭经济学:家庭资源、成本—效用与生育决策

一个家庭在生育子女时必须付出时间和经济上的成本、生活上的限制、孩子带来的负面感受以及育儿责任的担忧等。虽然如此,但生育成本绝非家庭选择生育的唯一考虑,其动机在于孩子对父母可能提供的效益。研究表明,生育子女能够给父母带来主观上的满足感。与没有孩子的父母相比,有孩子的父母对于生育拥有更多的积极感受,生育孩子不仅能够提升父母的社会地位,也可以延续家族的血脉,还能给父母带来成就感,他们会衡量孩子所提供的价值、满足感与其他生活目标相比是否值得,进而做出生育决策。国内有关生育成本—效用的研究始于20世纪80年代,结合中国实际并围绕生育成本—效用相

关理论展开讨论，在此基础上开展了有关孩子成本—效用对生育决策影响的经验研究。生育成本的持续上升对生育决策具有明显的抑制作用（郑真真等，2009），甚至有学者认为，在进入低生育率阶段后，我国的生育决策已经转变为成本约束为主导的模式（李建民，2009）。收入增加提高了家庭抚养小孩的能力，同时养育小孩的机会成本也随之增加，进而导致生育意愿降低。另外，随着收入增加，孩子作为生产者和赡养者的效用降低了，也会减少子女生育。国内研究显示，生育孩子的经济成本越来越高，家庭收入较低的育龄妇女为了不增加家庭的负担，更偏向于少生育孩子，家庭收入对生育决策具有正向影响（陈卫、靳永爱，2011）。

（二）文化因素：男孩偏好对生育决策的影响

受传统文化与社会制度的影响，人们形成了对不同性别孩子价值的差异认同，自然产生性别偏好，可分为男孩偏好、女孩偏好和平衡偏好三种。在我国大部分地区，重男轻女、传宗接代以及养儿防老等观念仍十分普遍，家庭相当注重父系的血缘，家族只有通过儿子才能够得到延续，而生育男孩被视为延续香火的关键（靳小怡等，2004；陶涛，2012），因此子女性别价值具有差异。夫妻被赋予生育儿子的期待与压力，在生育行为上也表现出明显的性别偏好。以往经验研究也证实我国是个具有强烈男孩偏好的社会（杨菊华，2012），而且男孩偏好对于生育的数量、时间和性别选择都有重大影响，多生多育是家庭实现理想性别结构的重要途径。也有部分学者认为，由于生育政策的限制和理想生育数量本身已经很少，满足性别偏好的目的主要是通过胎儿性别鉴定加选择性人工流产来达到的（杨书章、王广州，2006）。

（三）第一个子女性别的影响：资源稀释、效用弱化与价值实现

受男孩偏好影响，只有女儿的家庭再生育子女的数量也明显多于其他家庭，即子女的性别结构是影响育龄妇女生育决策的重要因素。在男孩偏好的驱使下，只有女孩的妇女生育下一个孩子的可能性和动力高于已有男孩的妇女（陈卫、靳永爱，2011）。生育的决策过程可划分为一次性决策和连续性决策。根据一次性决策，育龄妇女在长期社会化下形成了生育价值或倾向，生育目标和决策标准也相当明确，除非成本—效用严重不均衡，否则决策一经形成便不会轻易改变。反之，如果生育目标的持续性可能因为某种因素，例如，已生育子女的状况、家庭资源、文化规范以及其他生活事件等而重新考虑，即为连续性决策。资源稀释效应也会因为性别偏好而产生资源分配不均的情况，在预算约束下父母必须理性地进行家庭资源分配，根据投资子女的回报率来选择投资对象。在我国，由于男性在劳动市场上占有绝对优势，对于父母而言，投资儿子是一个最理性、最符合经济效益的投资策略，所以，与女孩相比男孩会占用更多的家庭资源。

（四）户籍差异

新家庭经济学的生育决策模型隐含着重要前提，即在其他条件不变的情况下，经济特征对生育决策的影响。但生育决策不仅受到个体特征影响，也受到宏观的经济、社会和文化情境的约束。在对生育决策进行分析时，需要充分考虑社会结构因素，家庭资源对生育决策的影响也可能因制度环境而异。在经济发展水平较低时父母缺乏可以替代孩子的资源，从而形成独特的孩子成本—效用和男孩偏好。

考虑到中国长期以来存在的城乡差异，相对于农村，城市育龄妇女的生育决策和行为更趋于现代化。经验研究证明,流动育龄女性的男孩偏好及其对生育决策的影响强于城镇女性,但与农村育龄妇女相比,已经有明显弱化(尤丹珍、郑真真,2002)。

以上的分析纵然涉及面广,但还是存有偏颇,唯独没有从“女性”的角度来倾听女性的“声音”,这就是女性学解释所特别关注和强调的。

二、女性学对生育决策的解释

(一)两种劳动与生育意愿下降

基于全球生育率调查的分析发现,在生育率下降进程中,妻子的受教育程度对促进生育转变起到了重要和显著的作用,对多数发展中国家而言,接受过中等教育最为关键。20世纪60年代以来,中国女性的劳动参与率基本上在全球居首,由于当时的制度和政策作用,受教育程度与劳动参与虽然相关,但其影响的主要是从事劳动的性质而非劳动的参与。大部分女性通过从事有酬劳动有了收入,不仅增强了自主能力,而且提高了在重要事务上夫妻共同协商的可能性,包括在生育和避孕方面的协商。与此同时,由于家庭中仍延续着传统的性别角色分工,女性是家庭中无酬劳动的主要承担者。这两种劳动形成的激励、挤压和冲突,共同促成了女性减少生育数量的强烈愿望(郑真真,2019)。近年来在全国不同地区的农村开展的社会调查研究,通过农村妇女的回忆,为我们理解20世纪70年代的生育率下降提供了可贵的信息。这些研究不约而同地指出,即使有些集体开办的托儿服务在一定程度上缓解了幼儿照料负担,但农村妇女在白天普遍和男人一样出工,收工回家仍要为全家人准备饭食,只能利用晚上和劳动间歇做全家的针线活(胡桂香,2017)。白天的有酬劳动和工余的无酬劳动占据了农村妇女的大部分时间,无休止的家务和育儿挤占了她们的闲暇甚至休息时间,使她们感到负担沉重。在现有的记述中,无论南北东西,农村妇女对当时的回忆都可总结为一个“累”字,而且回忆者普遍认为女人比男人更辛苦。两种劳动的冲突是妇女生育意愿降低的重要驱动力。广大女性无论在生产领域的有偿劳动还是在家庭领域的无偿劳动都为中国经济腾飞做出了巨大的贡献,然而在计算改革和经济发展的成本时,女性提供的无偿家庭照料却长期被忽视,给女性的收入、福利带来严重的负面影响。为了应对人口老龄化,渐进式延迟退休年龄被提上了中国政府的议事日程,而且党的十八届五中全会明确提出了“全面二胎政策”,这些政策会进一步加剧女性的家庭照料和劳动参与的冲突,如果女性的照料劳动得不到社会的承认和支持,反过来会降低她们的照料和生育意愿,从而加剧社会的“少子化”和“照料赤字”倾向,不仅降低人民的生活质量,还会使经济增长陷入停滞(董晓媛,2015)。所以,女性如何权衡家庭照料和外出就业选择,需要从家庭经济学视角进一步完善理论研究,有利于提高政策制定的针对性和有效性。

(二)妇女地位的提升与生育率的下降

在生育率下降时期,存在着女性受教育程度越高,生育率下降越早、下降速度越快这一普遍规律(郑真真,2019)。对农村的观察发现,妻子在家庭中的地位是生育决策的关键因素,在妻子当家的家庭里,夫妻双方更容易接受新的生育观念(阎云翔,2009)。当前中国男女两性在劳动就业方面相对平等,但家庭内部的分工长期保持传统模式。虽然女性的家庭决策权和自主权很高,但她们仍一如既往地承担着主要家务和育儿劳动。近年来这种情况不仅没有改善，反而有进一步强化的趋势。例如最近一项有关时间利用的研究显示，与 2008 年相比，2017 年中国家庭内部已婚男性和女性的时间利用发生了明显变化，男性劳动参与率略有上升，而女性劳动参与率下降了约 4 个百分点，男女两性劳动参与率差距从 9.8 个百分点扩大至 15.7 个百分点；同期对于男女双方都就业的家庭而言，虽然无酬劳动时间均有缩短，但男女两性的差距却在扩大。女性面对的两种劳动的冲突如果得不到有效缓解，不仅对当前的低生育率有重要影响，而且会影响未来人口变化。

(三)承认生育的社会价值

从生育和劳动力的代际更替来说，分娩更多地属于物质性生产过程，而养育则更多地集中于人力资本的投资，为物质生产奠定基础。所以，生育保障制度和政策不仅要考虑生育对女性身体健康和就业的影响，而且要考虑生育以及抚育对未来劳动力市场人力资本的影响以及对社会、国家和民族发展的作用。按照马克思的说法，劳动力商品的价值代表了生产劳动力所必需的社会必要劳动。这从另一个角度说明抚育劳动的社会价值是可以计量的，倘若没有给予相应的报酬，至少应该给予一定的认同和补偿，包括给予所有女性基本的生育保障，给予全职在家庭内承担抚育责任的个体以全面的社会保障；或者给予儿童补贴，由政府购买一定的家庭服务，分担家庭的生育责任(黄桂霞，2019)。

(四)关注性别平等，加强市场化照料服务体系的相关政策研究

女性的劳动参与对其自身、家庭以及社会都有重要意义，对于改善女性收入、提升社会地位和决策权、实现男女平等、提高子女教育和健康水平以及促进经济增长和社会发展等方面，都有非常积极的影响。但女性家庭照料与劳动参与这一矛盾长期被社会政策和学术研究忽视了，女性对家庭和社会的贡献没有得到充分承认，影响了中国女性劳动力的供给和女性自身的福利，也影响了受照料老人和儿童的生活质量。在西方发达国家，形成了由国家、市场和家庭共同负担的照护模式，而且在不同的制度背景下，三个照护主体的责任各有侧重。比如，在以自由福利体系的照护模式为特征的英国，大部分老年群体需要从市场化的组织或机构中获得老年照护服务；在以社会民主体制的照护模式为特征的芬兰，公立养老机构是老年照护服务的主要提供者；在日本，则是以社团福利法人的照护模式为特征，照护责任以社团法人为主导，家庭处于边缘地位(王晶、张立龙，2015)。反观中国当前的照护模式，照护服务体系的市场化程度很低，相应的制度设计很不健全。

联合国通过的 2015 年后发展议程中，“性别平等”被列为 17 个可持续发展目标之一，性别视角纳入新发展议程的各个领域，作为实现性别平等和促进妇女发展的重要手段，“重视无酬照料和家务劳动，政府着力提供公共服务、基础设施和相关政策，提倡家庭范围内共同分担家务劳动”被写入 2015 年后发展议程的文件中。在此背景下，国家主席习近平在 2015 年联合国全球妇女峰会上发表重要讲话，为促进男女平等和妇女发展重申了承诺，体现了中国政府对性别平等和妇女发展的高度重视。所以这些也都体现出从女性学学科视角研究女性婚姻家庭问题的学术和政策价值。

第六节 ■ ■ ■

婚姻家庭政策与立法的女性学思考

在中国正式的法律法规和政策文件中，一直没有“家庭政策”的表述及系统论述。2016 年《国家人口发展规划（2016—2030 年）》初步提出“建立完善包括生育支持、幼儿养育、青少年发展、老人赡养、病残照料、善后服务等在内的家庭发展政策”。尽管如此，仍然没有对家庭（发展）政策做出明确的界定和边界划分。所以，中国的政策体系里没有“家庭政策”这个类别，也没有专门处理或统筹家庭事务的政府职能部门，家庭事务散落在卫健委、民政部、妇联等部门和组织。可是，大量政策或明或暗以调整家庭行为为目的，也有不少政策影响到作为家庭成员的个人。钟晓慧（2019）依据政策的意图以及家庭实际感受到的政策效果，将相关政策分为三类：放开的政策、限制的政策、保障的政策。放开的政策主要是指 20 世纪 80—90 年代一些大刀阔斧的改革措施。它们提供了新的空间，使家庭明显感受到政策放开所带来的红利，或者说“松绑”。重要的放开政策之一是家庭联产承包责任制。限制的政策则相反，它将家庭行为纳入政策目标，并施加严格管理，甚至配合惩罚性措施，最典型的例子是计划生育政策。保障的政策就是支持家庭、为家庭提供福利的政策，譬如，托幼、养老等方面的政策。下面将对现有的婚姻家庭政策与立法进行女性学的学科思考。

一、生育政策与立法

所谓生育政策，是指由政府制定或在政府指导下制定的规范育龄夫妇生育行为的准则，旨在通过生育数量的控制，达到减缓人口增长速度、提升人口质量的目的（杨菊华，2017）。可见，生育政策是试图在人口数量和人口质量之间取得平衡。实际上，根据人口数量情况，生育政策可分为鼓励型生育政策和限制型生育政策。对人口数量膨胀的担忧和对人均资源匮乏的恐惧，使中国过去长期采用限制型的生育政策，以达到控制人口基数、提高各项现代化人均指标的目的。

如今，最受关注的问题是，“全面二孩”生育政策实施三年来，是否提高了生育率，增加了出生人口。根据国家统计局数据，2016 年出生人口达到 1786 万人，成为 2000 年以来出生人口数量最多的年份。但是，2017 年出生人口为 1723 万人，比 2016 年小幅度减少；2018 年进一步降至 1523 万人，不仅降幅扩大，而且低于 2011—2015 年“十二五”时期年均出生 1644 万人的水平，即 2018 年人口出生规模与人口出生率双双下降，可见，全面二孩的人口增长效果没有达到政策制定者的预期。越来越多的研究开始关注，是什么因素影响了育龄夫妇的生育意愿？这个现象反映出一种重要的转变，即家庭的偏好和决策在与生育相关的政策领域中开始占据重要的位置，必须予以重视。计划生育政策本来是一项国家政策，它自上而下地、压倒性地贯彻国家的人口控制目标，并不需要考虑家庭本身的意愿。但是从“全面二孩”政策开始，政策过程已经变成政府与家庭二者之间相互作用的过程。过去控制生育可以通过强制，但是鼓励生育却不能强制。过去可以把生育指标变成各个地区和单位的考核指标，但是鼓励生育的时候却不能这么做。政府需要更多地考虑家庭的权利、意愿与条件，提供合适的激励和支持措施，从而鼓励生育行为。从政策过程的角度看，家庭变成了越来越重要的行动者。研究表明，一方面，中国的家庭特别是母亲和妻子在微观层面上创造性地提出一系列策略，为生育、儿童照顾、养老以及病残照料等提供了大量服务和贡献。例如协作式的扩展家庭网络、祖辈参与的隔代照料等，从而在中国儿童福利与养老福利水平较低的情况下，保证了女性仍然有较高的劳动参与率。另一方面，女性和家庭也在反思福利付出对自身的影响，努力规避风险。从在职妈妈的角度来看，以“知识与情感密集”为特征的全方位的理想母职期待，对妈妈们的育儿责任产生了巨大压力。与此同时，就业歧视、职业中断及收入减少等“母职惩罚性”经历形成另一种压力。两种压力共同作用，使相当一部分女性倾向于少生或者不生。从祖辈的角度看，一部分人不愿意为照料二孩继续提供支持，也降低了在职妈妈的生育意愿。因此，在家庭微观机制作用下，政策限制放开不意味着生育率就会提高，不生、生一个或生两个都成为可能的选项。与四十年前相比，国家仍然高度关注人口与生育问题，但是不同之处在于，家庭的生育决策和母亲的生育意愿成为影响生育率、调整生育政策的重要因素。

当然，如果没有国家计划生育的强力干预，中国的人口现代化或许会像西方国家那样经历一个较长时期的、自然的人口转变过程。然而，如前所述，中国改革开放以来所经历的人口变迁，最突出的一个特征就是国家的政策干预，它直接改变了人口转变的自然进程，使人口类型快速走向现代化。从过去四十年的生育政策中，我们可以看到，生育政策产生的影响，并不局限于宏观人口结构层面。国家通过生育政策的“控量”和“提质”参与了家庭变迁的整个过程，而对家庭生育行为的严控，改变的不仅是家庭生育子女的数量和质量，还在微观层面形塑着家庭的内外结构，在宏观层面达到控制人口增长速度的目的，构成“国家—家庭—国家”新型治理模式，这样的特点将家庭变迁与生育政策紧紧地捆绑在一起，使得在这一时段，中国家庭的任何变迁都会烙上政策的印记。恰如杨菊华（2017）在研究中指出的，生育政策主要通过三条途径重塑家庭形态：一是通过虽有差异但总体十分严格的政策规则和“软硬兼施”的政策推行手段限制生育数量，进而直接作用于家庭的外在结构；二是除上述直接途径外，还通过减少子女数量和改变家庭外在结构而进一步作用于家庭的内在结构；三是借助长期、深入、全方位地奖励少生和“优生优育”的宣传倡导来提升孩子的质量，由此直接作用于家庭的内在结构。因而，有学者指出，中国现代化进程中的家庭变革呈现出从“去家庭化”到“家庭化”的趋势，家庭的工具化色彩越来越浓，承担着社会风险兜底者的沉重角色，家庭的功能、责任被进一步强化，政府甚至通过“将社会福利负担打包给家庭”，试图将国家与个人关系之间的种种压力和矛盾转移给家庭。

综上所述，在政策层面，将社会性别和发展视角纳入家庭友好的公共政策，将有利于建立有效缓解女性工作与家庭冲突的社会机制。国际研究表明，那种一般性的、缺乏社会性别视角的公共政策不但收效甚微，还可能强化传统家庭模式。例如在私人领域依然维持传统性别分工的情况下，现金育儿补贴或延长女性育儿假的做法，可能对女性就业或事业发展产生负面影响。一方面女性在经济上更加依赖丈夫，另一方面，女性较长期的职业中断使其很难在重返职场时，找到适合其教育和技能水准的职业。只要女性被期待更多地履行育儿责任，她们的职业生涯发展就会受到牵绊。其结果可能既降低女性的劳动力市场地位，又抑制生育率的回升。进一步，由于女性在家庭中承担大部分的家务和照料的职责，缺乏社会性别视角的家庭政策，会造成女性群体的分化。一方面有可能把部分女性进一步推向家庭，抽离劳动力市场；另一方面，不愿意放弃个人事业发展的女性则有可能推迟甚至放弃婚育。日本和新加坡实行了相对长期、综合的家庭友好政策，但迄今尚未能有效地促进生育率的上升，这与社会性别视角的缺位从而难以在根本上解决问题不无关联。缺乏性别视角考量的单纯的现金补贴不会改变家庭传统性别分工模式，难以从根本上改变女性的生育动机和成本。如果对这个问题缺乏综合考虑，那么仅延长女性的育儿假可能会导致女性的育儿经济成本和机会成本的上升，也提高了女性用人单位的成本，从而加剧了女性就业风险。

男女平等是中国的基本国策，倡导男女平等价值观是一项长期任务。只有充分、综合考虑经济发展、性别平等及其背后的性别意识形态，才能完整地理解并有效解决低生育率难题。如果仅强调提升生育率，而缺少配套的经济社会政策举措和制度设置，不去挑战传统的性别意识形态和家庭内部分工，只会加剧女性的工作与家庭冲突。

二、婚姻家庭政策与立法

众所周知，新中国的婚姻法从其产生时就承担着解放妇女、保障人权的历史使命，并且一直是中国妇女权益保障法律体系的重要组成部分。特别是 1950 年《婚姻法》，作为中华人民共和国成立后第一部全国性的法律，以其所确认的婚姻自由、一夫一妻、男女平等、保护妇女儿童合法权益的新民主主义婚姻家庭制度，建立了与传统婚姻制度截然不同的现代婚姻制度，打开了妇女从家庭走向社会的大门，打破了千百年来束缚在妇女身上的封建婚姻枷锁，实现了妇女的历史性解放，成为名副其实的妇女解放法。

经过 70 年的发展，我国对女性的保护性立法取得了巨大的成就。可是采用社会性别视角审视这些法律法规，不难看出其中存在着性别缺失。所谓性别缺失，不是指在立法中有意地歧视女性，而是指在立法的过程由于缺乏社会性别视角，造成女性权益的保护无从落实，使女性实际处于受歧视的地位（付媛，2008）。我国立法中的性别缺失表现为显性的和隐性的两个方面。首先，立法中的显性性别缺失是出于过分强调性别差异，同等情况下对女性做出不同于男性的区别规定，"好心"地将女性置于弱势的、边缘化的境地。国家人事部《公务员暂行条例》规定，男女公务员退休年龄分别为 60 岁和 55 岁，将平均寿命普遍高于男性的女性工作时间人为地缩短了 5 年，这无疑将直接影响到女性就业、升职的机会，退休后的待遇以及雇用女性单位的经济成本。这样的法律出于照顾女性的角度，但过分夸大了女性的生理特征，将妇女完全置于弱者的保护地位，而忽略了女性基于社会性别的平等权利。过度保护反而成为妇女在劳动力市场竞争中的额外负担，同样将女性置于了不利的境地，同时也成为用人单位拒绝雇用女性的借口。但是，我们也应该注意，实践中存在的许多歧视女性的问题，并不是由于"特殊保护"所致，而是由于缺乏其他配套的法律制度和相应的救济机制，甚至是由于两性平等的社会文化的缺失所造成的（付媛，2008）。其次，立法中的隐性性别缺失是出于机械地抹煞两性生理的不同。法律正义与平等的价值理念是在"无性"的状态下解读的，使女性在法律中处于"失语"境地，女性在法律中成为被遗失的一方，或者说女性与法律产生了分离甚至被法律所抛弃。中国《劳动法》

第 46 条规定:“工资分配应遵循按劳分配原则,实行同工同酬。”这一保护女性合法权益的法律规定无疑又使雇用女性已不经济的行为变得成本更高。

(一)婚姻法

最近颁布的《〈婚姻法〉司法解释(三)》在某种程度上削弱了女性对家庭财产的控制权,引发妇女整体地位的下降(张菁,2012)。该草案第 8 条和第 11 条规定涉及对夫妻婚前婚后房产在离婚时的分割处置,大致可概括为“婚前谁买房,婚后房归谁;哪方付首付,产权归哪方;父母为儿买房,儿媳妇没份儿”。这一新规意味着之前从未具体认定过的婚姻中房产产权归属问题有了明确可循的律例,因为《婚姻法修正案》对于夫妻共同财产和夫妻一方财产的限定非常宽泛,诸多财产的归属处于模糊地带,大多数夫妻共同居住的房产即属此列。但是,这同时也意味着原本在判案中需要着重参考的现实中婚姻家庭实际情况基本不再作数,处于模糊地带的夫妻共同居住房产都将被一刀切式地认定为个人产权。北京大学法学专家马忆南(2011)认为,新司法解释“体现出明显的个人主义价值观,不符合婚姻法夫妻共同财产制的基本精神,不利于均衡保护婚姻双方及其父母的权益”,“客观上会导致中国的家庭因‘算清楚经济账’而勾心斗角、离心离德的社会后果”。清华大学法学专家赵晓力在一次研讨会上表达了对新解释第七条“双方父母购房而登记在一方名下的,可认定为双方按各自父母的出资份额按份共有”的强烈不满,认为其吹响了“中国家庭资本主义化的号角”,并称“这哪里是结婚,明明是合伙做生意嘛,而且还没合伙就想着散伙”。中国社科院法学专家柳华文指出,新司法解释未“着眼婚姻家庭的本质”,起草者防止“谋利婚姻”的出发点虽好,但“犯了用民法的一般规则来调整婚姻家庭法律关系的错误”。由此,当女性一旦离婚,则极易导致贫困。同时,女性一旦丧偶,也易于导致贫困。在贫困人口中出现了“贫困女性化”的现象,贫困女性化不仅威胁着妇女进步,也影响了人类的可持续发展战略。司法解释(三)异常细致的规定实际上是对公权力触手的细化与伸长,体现的还是对婚姻领域问题的干预和管制;质疑之声则多少带有些自治的影子,希望将问题通过家庭伦理道德化解,避免司法一刀切式的干预。

(二)物权法与居住权

现行的物权法在保护农村妇女平等的财产权益方面存在很多不足(李明舜、党日红,2018)。在权利主体方面,物权法更多地使用了“土地承包经营权人”“宅基地使用权人”“集体成员”等称谓。如果单纯从法理的角度来看,这种称谓非常准确,无可厚非。然而如果系统地、现实地来看就会产生不利于妇女的影响。因为根据农村土地承包法的规定,家庭承包的承包方是本集体经济组织的农户。根据《土地管理法》的规定,农村村民拥有宅基地是以户为单位的,这种以“家庭”“户”为物权主体的立法模式,不仅会导致妇女的个人土地承包经营权被淹没在“家庭”中,还有可能使部分离婚、丧偶的农村妇女丧失权利,因为“在农村,基本上是女方到男方家落户,宅基地使用权与土地承包权的物权人写的几乎都是家庭中丈夫的名字,妇女管理的大棚,承包人也是她丈夫的名字,这样一来,一旦妇女离婚或丧偶,男方村里将妇女的土地收回的现象非常普遍”。物权法虽然明确了对农村集体经济组织成员的合法权益给予平等的保护,但是该法并未就集体经济组织成员的资格标准做出明确的界定,这样在实践中,农村妇女特别是结婚出嫁、离婚、丧偶的妇女很可能被排斥在集体经济组织成员之外,她们的权利受到侵害时就难以有救助的途径和依据。

因此制定物权编时，应当把上述情况加以考虑，完善保障农村妇女土地权益的相关规定。

此外，居住权也是一个和妇女权益密切相关的问题，2005 年 10 月《物权法（草案）》第四次审议稿中的第 15 章仍对居住权做了规定，到了 2006 年 8 月《物权法（草案）》第五次审议稿则删除了居住权制度的内容。这次编纂民法典过程中，物权编对居住权又做了规定。居住权作为居住权人对他人所有的住房及其附属设施享有占有、使用的权利，它是一种他物权。居住权这一概念最早出现在罗马法中，为罗马法人役权的一种。人役权是与地役权相对应的概念，是指为特定人的利益而使用他人之物的权利。在罗马法中，居住权是指非所有人居住他人房屋的权利。就中国而言，居住权要求解决的一般指父母、离婚后暂未找到居所的一方和保姆等人的居住问题。从性别角度关注居住权，主要是针对离婚后妇女的居住权问题。众所周知，无论是在城市还是在农村，按照中国传统的婚姻习俗，往往是男方准备结婚住房，这样婚姻住房在大多数情况下属于男方，因而造成了离婚后妇女无房居住的问题。对于这一问题，尽管婚姻法有了一些规定，但婚姻法关于居住权的规定都是基于婚姻关系，为照顾离婚后无房居住一方当事人的权益而规定的“法定居住权”，这些规定没有从物权法的角度对居住权加以物权化，所以其中提及的有关居住权与用益物权意义上的居住权制度还是有差异的，对于居住权的性质、对抗力以及居住权的具体权利义务的内容也没有做出具体、明确和系统的规定。

三、家庭护理假

家庭护理假，顾名思义，指劳动者为实现照顾、护理特定家庭成员（通常为父母、配偶、未成年子女等）的目的而得以全部或部分地免除工作义务的期间（林嘉、陈靖远，2019）。虽然我国的学界与实务界并未使用这一概念，但从世界范围内看，家庭护理假已是一种较为成熟的法律制度。家庭护理假的本质是国家对劳动者面临工作与家庭义务冲突时的法定调和。从表面上看，劳动者在家庭护理假法律关系中是直接的权利人，但事实上受益人却是被护理、照顾的对象，即劳动者的父母、配偶或子女。同样，单位虽然在家庭护理假法律关系中是直接的义务主体，但实质却是国家为特定正当目的介入劳动者与单位之间工作关系的结果。因此，家庭护理假中涉及的法律关系并非简单的双向线性关系，而呈现出更为复杂的关系结构。

从 20 世纪后期开始，随着女性劳动参与率的提高及离婚率的增加，越来越多的女性开始加入就业市场。对于女性而言，她们的生理特征及照顾儿童、老人及患病亲属的传统家庭分工无疑是她们在工作场所中遭受不利待遇的重要因素。对大多数女性而言，家庭护理责任导致她们失去了与劳动力市场的紧密联系。换言之，女性比男性更容易中断工作或者辞职以照顾儿童或父母。此外，也有部分女性由于要承担家庭护理责任而根本不能从事工作。造成这一现象的原因之一是性别工资差距所带来的机会成本差别，但这又加剧了性别不平等的恶性循环——男性与女性不同的劳动力市场工资和机会影响了照顾家庭责任承担的决定，而这些决定又增加了两性的工资差距。因此，工作义务和家庭责任之间的平衡成为实现两性平等的基础。在此背景下，欧美各国开始探索如何设法减轻女性在工作生活及家庭生活中所面临的两难困境，家庭护理假制度应运而生。最初，家庭护理假制度的核心内容在于保留工作职位，其目的是保证女性在承担家庭责任之后仍然能够回归职场，所以也有美国学者将家庭护理假称之为“工作保护假”。从家庭护理假的发展历史看，这一制度的设计初衷就是为了保障女性的工作平等权，通过家庭护理假制度来矫正女性在传统社会权力结构中的弱势地位，以及负担更多家庭社会责任的不利局面。

中国的家庭承担了改革与转型的巨大成本，这意味着首先是女性发挥了超常的积极能动性，在照顾和生育等方面做出了巨大的牺牲。从性别研究的角度来看，女性的机会平等与发展问题、工作与家庭平衡问题、消除对于女性的社会歧视问题等，应该在政策议程中提到更加重要的地位。未来在涉及生育、养育、教育、养老等家庭政策完善时，应当更多地纳入社会性别视角，更好地保护女性权益，给予该群体更多的需求表达渠道，同时更好地激励女性的创造性。

思考题

1.什么是生育意愿？你认为，影响女性生育的最重要因素是什么？

2.什么是家务劳动？它对女性会产生哪些影响？

3.请简述当下人们婚姻态度的变化，并从女性学角度分析其原因。

4.请简述我国“全面二孩政策”对女性的影响。

5.请综合运用女性学知识分析“剩女”现象。

6.请论述如何提高女性在家庭中的地位。

参考文献

[1]何影、张亚林、王纯、李丽、张迎黎:《大学生恋爱及恋爱暴力行为发生情况》,《中国学校卫生》,2012年第10期

[2]王向贤:《大学生恋爱暴力初步调查——以某高校1035名大学生为例》,《青年研究》,2007年第8期

[3]李银河:《独身现象及其文化含义》,《中国社会科学》,1991年第3期

[4]林晓珊:《改革开放四十年来的中国家庭变迁：轨迹、逻辑与趋势》,《妇女研究论丛》,2018第5期

[5]张翼:《单身未婚：“剩女”和“剩男”问题分析报告——基于第六次人口普查数据的分析》,《甘肃社会科学》,2013年第4期

[6]冯静、刘芬:《中国第三次单身浪潮为何到来》,《北京科技报》,2006年5月17日第18版

[7]陆子青:《大龄未婚女青年形成机制研究》,南京大学硕士学位论文,2016年

[8]刘爽、蔡圣晗:《谁被“剩”下了？——对我国“大龄未婚”问题的再思考》,《青年研究》,2015年第4期

[9]陈友华、吕程:《剩女：一个建构失实的伪命题》,《学海》,2011年第2期

[10]吴要武、刘倩:《高校扩招对婚姻市场的影响：剩女？剩男？》,《经济学》(季刊),2014年第4期

[11]沈辉:《都市"剩女"现象的后现代解读》,《中国青年研究》,2010年第5期

[12]马丽敏:《热播电视剧中“剩女”媒介形象建构探析》,《东南传媒》2011年第9期

[13]王军元、臧靖:《浅析“剩女”题材电视剧中的“剩女”形象》,《中国电视》,2014年第5期

[14]靳林林:《中国媒体建构剩女形象的研究综述》,《青年与社会》,2012年第3期

[15]唐美玲:《“剩男”与“剩女”：社会性别视角下的婚姻挤压》,《青年探究》,2010第6期

[16]孙金波、范红霞:《简析媒介文本中的符号暴力与权力编码——以剩女话语为例》,《江苏师范大学学报(哲学社会科学版)》,2014年第5期

[17]斉莹莹:《透视当代都市青年“剩女”现象》,《今日南国》(旬刊),2008年第5期

[18]李涛:《二十一世纪初年(2010—2012)中国婚姻文化嬗变研究——以报刊资料为基础》,首都师范大学硕士学位论文,2014年

[19]佟新:《人口社会学》,北京大学出版社,2003年版,第269页

[20]国务院人口普查办公室、国家统计局人口和就业统计司:《中国2010年人口普查资料》,中国统计出版社,2012年

[21]胡美娟:《中国生育政策调整与人口发展分析》,《西北人口》,2015年第3期

[22]张川川:《子女数量对已婚女性劳动供给和工资的影响》,《人口与经济》,2011年第5期

[23]陆子青:《大龄未婚女青年形成机制研究》,南京大学硕士学位论文,2016年

[24]郑真真:《中国育龄妇女的生育意愿研究》,《中国人口科学》,2004年第5期

[25]郭志刚:《中国的低生育水平及其影响因素》,《人口研究》,2008年第4期

[26]宋健、陶椰:《性别偏好如何影响家庭生育数量?——来自中国城市家庭的实证研究》,《人口学刊》,2012年第5期

[27]宋健、靳永爱、吴林峰:《性别偏好对家庭二孩生育计划的影响——夫妻视角下的一项实证研究》,《人口研究》,2019年第5期

[28]风笑天:《从两个到一个:城市两代父母生育意愿的变迁》,《南京大学学报》,2017年第4期

[29]杨慧:《“全面二孩”政策下促进妇女平等就业的路径探讨》,《妇女研究论丛》,2016年第2期

[30]张银锋:《落实“全面二孩”关键在完善配套服务》,《中国社会科学学报》,2016年第6期

[31]中华人民共和国教育部:《2013年教育统计数据:各级各类学校女学生数》,http://www.moe.gov.cn/s78/A03/moe_560/s8492/s8493/201412/t20141216_181716.html.

[32]顾辉:《国家、市场与传统社会性别观念回潮》,《学术界》,2013年第6期

[33]杨玉静、郑丹丹:《新时期中国妇女婚姻家庭地位的变迁——基于第三期中国妇女社会地位调查数据》,《中国妇运》,2014年第1期

[34]李建新、郭牧琦:《相对资源理论与夫妻权力关系的阶层差异分析——基于第三期中国妇女社会地位调查数据》,《妇女研究论丛》,2015年第6期

[35]董晓媛:《照顾提供、性别平等与公共政策——女性主义经济学的视角》,《人口与发展》,2009年第6期

[36]肖洁:《家务劳动对性别收入差距的影响——基于第三期中国妇女社会地位调查数据的分析》,《妇女研究论丛》,2017年第6期

[37]杨可:《母职的经纪人化———教育市场化背景下的母职变迁》,《妇女研究论丛》,2018年第3期

[38]刘煜:《从“拼爹”到幼儿园教育的公共性危机》,《文化纵横》,2017年第8期

[39]金一虹:《社会转型中的中国工作母亲》,《学海》,2013年第2期

[40]肖索未:《“严母慈祖”:儿童抚育中的代际合作与权力关系》,《社会学研究》,2014年第6期

[41]金一虹、杨笛:《教育“拼妈”:“家长主义”的盛行与母职再造》,《南京社会科学》,2015年第2期

[42]陶艳兰:《流行育儿杂志中的母职再现》,《妇女研究论丛》,2015年第5期

[43]刘岚、董晓媛、陈功、郑晓瑛:《照料父母对中国农村已婚妇女劳动时间分配的影响》,《世界经济文汇》,2010年第5期

[44]刘柏惠:《中国家庭中子女照料老人的机会成本——基于家庭动态调查数据的分析》,《人口学》,2014年第5期

[45]蒋承、赵晓军:《中国老年照料的机会成本研究》,《管理世界》,2009年第5期

[46]范红丽、陈璐:《替代效应还是收入效应?——家庭老年照料对女性劳动参与率的影响》,《人口与经济》,2015年第1期

[47]吕利丹:《新世纪以来家庭照料对女性劳动参与影响的研究综述》,《妇女研究论丛》,2016 年第 6 期

[48]畅红琴、董晓媛:《经济发展对中国农村家庭时间分配性别模式的影响》,《中国农村经济》,2009 年第 6 期

[49]杨菊华:《时间利用的性别差异——1990—2010 年的变动趋势与特点分析》,《人口与经济》2014 年第 5 期

[50]董晓媛:《照料经济、性别平等与包容性增长——中国落实 2015 后可持续发展目标的思考》,《妇女研究论丛》,2015 年第 3 期

[51]刘爱玉:《男人养家观念的变迁:1990－2010》,《妇女研究论丛》,2019 年第 3 期

[52]许琪、邱泽奇、李建新:《真的有“七年之痒”吗?——中国夫妻的离婚模式及其变迁趋势研究》,《社会学研究》,2015 年第 5 期

[53]穆滢、潭原新:《“生”与“不生”的矛盾——家庭资源、文化价值还是子女性别?》,《人口研究》,2018 年第 1 期

[54]郑真真:《20 世纪 70 年代妇女在生育转变中的作用——基于妇女地位、劳动参与和家庭角度的考察》,《妇女研究论丛》,2019 年第 3 期

[55]黄桂霞:《女性生育权与劳动就业权的保障:一致与分歧》,《妇女研究论丛》,2019 年第 5 期

[56]王晶、张立龙:《老年长期照护体制比较——关于家庭、市场和政府责任的反思》,《浙江社会科学》,2015 第 4 期

[57]钟晓慧:《改革开放以来政策过程中的积极家庭》,《妇女研究论丛》,2019 年第 3 期

[58]杨菊华:《生育政策与中国家庭的变迁》,《开放时代》,2017 年第 2 期

[59]付媛:《在立法中植入社会性别视角的法理学思考》,辽宁师范大学硕士学位论文,2008 年

[60]张菁:《〈婚姻法〉司法解释(三)公正吗——社会性别视角下的妇女与房产权》,《山东女子学院学报》,2012 年第 3 期

[61]马忆南:《婚姻法解释三的价值困境》,《中国社会科学报》,2011 年 8 月 30 日

[62]李明舜、党日红:《科学建构体现男女实质平等的新时代婚姻家庭制度——兼论民法典编纂中的女性权益保护》,《妇女研究论丛》,2018 年第 3 期

[63]林嘉、陈靖远:《家庭护理假的法理分析与制度构建》,《华东政法大学学报》,2019 年第 4 期

第七章 ◆ ◆

女性健康

健康是每个女性的基本需要和权益。女性健康与各个国家的经济、政治、文化和社会脉络息息相关。随着科学技术发展及社会经济模式转变，女性接受教育包括高等教育的比例在不断增加，同工同酬的政策也得到有效落实，女性的卫生保障服务可及性不断增加，健康得到了极大提高，平均寿命持续延长。

但由于受社会传统观念、女性特殊的生理特征以及不同地区经济发展水平和家庭收入差异等方面的影响，女性面临更多社会文化环境等因素带来的压力，在就业与生育、工作与家庭、传统观念与现代文化等关系中往往处于矛盾的焦点。与男性相比，女性就业仍存在边缘化、质量差、层次低等特点，存在找工作难、再就业难、与男工"同薪不同酬"等问题。虽然女性预期寿命比男性长，但女性的健康预期寿命却比男性短，说明女性在整个生命周期中面临更多的健康问题，生育期、围绝经期的生理改变带来的叠加效应使女性的生理和心理损害尤为突出。乳腺癌、宫颈癌等恶性肿瘤高发，严重影响职业后期女性的生活质量和工作能力，同时，大批育龄女性因接触职业和环境中的有害因素，面临更多的生殖健康风险和生育风险。

女性健康是一个涉及女性个体、家庭和整个社会的国际议题，本章旨在倡导和呼吁社会关注女性健康，对于女性健康的关注不应仅仅限于生理性，而应该包括生理、心理、社会和文化等方面。本章主要从生殖、生理、心理、社会四个方面探讨了当代女性的健康现状、问题及存在的性别差异，并从女性学相关的四个理论对女性健康问题给出相应的解释，最后对健康政策与立法进行女性学的学科思考。

第一节 ■ ■ ■

女性生殖健康

生殖健康是人们幸福生活的一个基本前提，生殖健康不仅指个体生殖系统的无病或不虚弱，它覆盖着人的整个生命周期，包括健康的性发育、愉快而亲密的性关系，以及享受孕育孩子的幸福，而不受性暴力及与性或生育有关的疾病、伤残和死亡的威胁。本节主要介绍女性生殖健康现状及其性别差异，并从计划生育、生育、生殖道感染、性传播疾病等五个方面分析女性生殖健康面临的问题，以及从政府和社会各部门层面、教育宣传方面提出促进女性生殖健康的策略。

一、生殖健康的定义

生殖健康是世界卫生组织人类生殖研究特别规划署(WHO/HPR)在1988年率先提出的一个新概念,1994年4月由世界卫生组织给予正式定文,同年9月在国际人口与发展大会上获得通过而写入《行动纲领》。生殖健康是指生殖系统及其功能和在生殖过程中体质、精神和社会适应的良好状态,而不仅是没有疾病或不适。这包括人类有生育能力,且能科学地调节与控制人类的生育能力;怀孕、分娩及婴儿期的安全以及婴儿正常发育;有正常的性生活,但不必担心患性传播疾病以及不在计划中的怀孕等。因此,生殖健康存在于每个人的整个生命周期中,拥有生殖健康是男女共同的权利。

与男性相比,女性的生理特点与其所承担的家庭责任、社会期望等导致了其在经历婴幼儿期、青春期、孕产期、更年期直到老年期的生命过程中往往面临着更多的生殖健康问题。妇女的健康不仅关系到个体本身和其家庭的正常发展,而且关系到计划生育、人口控制、人口素质和社会经济发展等多个方面。因此,对女性进行生殖健康教育、使妇女了解整个生命周期中有关性、生育等方面的知识显得格外重要,这可以有效促进女性生殖健康,进而推动家庭、社会的良性发展,最终实现全人类的健康与发展。以下是我国对妇女生殖健康的定义与内涵的理解与具体表述(翁梨驹,2001):

(1)妇女生殖健康包括整个生命周期的不同生理阶段,从幼女、青春期、生育期到老年期;

(2)妇女有能力生育,并应有调节生育的权利;

(3)在妊娠分娩过程中应获得优质保健服务以保证母婴安全;

(4)妇女有权利和义务抚育儿童健康成长,并获得社会对儿童的各项保健服务;

(5)妇女能享受正常和谐、安全的性生活,不必担心意外妊娠及可能发生的性传播疾病;

(6)生殖是妇女健康的核心,应得到良好的避孕节育技术服务及与生殖有关的医疗保健服务,包括意外妊娠能获得安全的人工流产;

(7)生殖不仅涉及妇女健康和权利,男子也必须参与;

(8)完善和提高生殖健康的服务质量,必须有相应的优质服务体系。

二、女性生殖健康现状及其性别差异

尽管在观念层面上女性自我保护意识稍强于男性,然而在实际行为层面,女性反而不如男性更懂得自我保护,从而更加容易受到性伤害。有数据表明,女性在性行为中采取避孕措施的比例较低,对避孕节育等知识的了解较少。在有性经历的女青年中,首次和最近一次性行为没有采取避孕措施的比例分别占53.9%和25.4%(胡玉坤,2010)。而在已婚育龄妇女群体中,避孕率在2010—2017年间持续走低,2017年的避孕率为80.6%,比2010年下降8.5%(见表7-1)。对新生代农民工群体健康调查的结果表明,仅有52.4%的女性新生代农民工知道如何紧急避孕(比男性低7.7%),93.6%的女性从未做过艾滋病/性病检查(比男性高2.4%)(宋月萍、李龙,2015)。而未婚流动妇女中,超过90%没有办理《流动人口婚育证明》,未婚流动妇女的生殖健康服务目前仍然未被纳入计生部门提供的生殖健康服务体系之内,在避孕节育、生殖健康知识宣传方面,85.1%的未婚流动妇女表示没有接受过避孕知识宣传(张灵敏,2014)。

表 7-1　女性生殖健康现状:1997—2017

年　份	孕产妇死亡率(1/10 万)	高危产妇比重(%)	人工流产例数(万)与占比(%)	围产儿死亡率(‰)	查出妇女病率(%)	已婚育龄妇女避孕率(%)
1997	63.6	8.1	659(32.3)	—	—	—
1998	56.2	8.6	738(37.9)			
1999	58.7	9.2	676(37.1)			
2000	53.0	10.0	666(37.6)			
2001	50.0	11.1	628(36.8)			
2002	43.2	11.9	681(38.6)			
2003	51.3	11.8	722(38.8)			
2004	48.3	12.4	714(38.5)			
2005	47.3	12.8	711(36.7)			
2006	41.1	13.0	731(38.4)			
2007	36.6	13.7	763(38.8)			
2008	34.2	15.7	917(40.0)			
2009	31.9	16.4	611(26.8)			
2010	30.0	17.1	636(28.7)	7.02	28.8	89.1
2011	26.1	17.7	663(30.2)	6.32	28.3	88.6
2012	24.5	18.5	669(30.7)	5.89	27.8	87.9
2013	23.2	19.4	624(30.7)	5.53	27.4	87.3
2014	21.7	20.7	962(39.8)	5.37	27.6	86.6
2015	20.1	22.6	985(41.4)	4.99	26.3	86.1
2016	19.9	24.7	964(45.9)	5.05	25.6	83.0
2017	19.6	—	962(50.6)	4.58	24.2	80.6

数据来源:《中国卫生和计划生育统计年鉴》;查出妇女病率含宫颈糜烂、滴虫性阴道炎、尖锐湿疣、宫颈癌、乳腺癌、卵巢癌。

意外妊娠、人工流产、性传播疾病、性暴力与性剥削等生殖健康问题均不同程度地危害到中国青少年的健康,尤其是青春期女性的生殖健康(张苹、胡琪,2014),人流低龄化便是青少年面临的一连串与性、生殖健康相关的危机影射。当前,中国流动青少年生殖健康服务利用水平普遍较低(郑晓瑛、陈功,2013),国家卫健委科学技术研究所曾发布的一组数据显示,中国每年的人工流产人次多达 1300 万,位居世界之首,其中不满 25 岁的手术者占到近半数,逾 600 多万,大学生堪称人流的一个高发人群(胡玉坤,2015)。而 2009—2017 年人工流产率一直呈增长的趋势(见表 7-1),2017 年达到 50.6%,为 20 年间的最高点。

由于生理和社会的原因,女性比男性更容易感染性病,尤其是艾滋病毒。目前,全球女性患性传播疾病的人数是男性的5倍多，每两分钟就有一名妇女死于性病，妇女感染艾滋病的比例也在迅速增高。在中国，从对1990—2010年7县(市、区)20～64岁妇女病检查情况中可以看出，仅仅是妇女病的筛查，患病率已经达到了30%以上(舒星宇等，2017)，而在2017年时患病率也仍占到24.2%(见表7-1)。此外，我国的生殖道感染率也呈现上升趋势，一些地区女性患病人数达到60%～85%以上(萧扬，2001)。从求医意识看，妇女流动人口感染妇科疾病以后主动求医意识很差，并且延迟就医现象很严重(丁贤杉等，2006)。

由于人口发展本身产生的中老年女性人口的比例迅速增加，农村45～54岁围更年期妇女的生殖健康服务需求发生显著变化，特别是50岁以上妇女已经不属于计划生育服务的目标人群，可是她们的许多生殖健康问题又与早期避孕节育有关，比如使用避孕环、节育手术后遗症治疗以及生殖道感染防治问题等(舒星宇等，2015)。从1990—2010年7县(市、区)20～64岁妇女病检查情况可以看出，原来计划生育服务的主要对象，即20～49周岁的已婚育龄妇女，在综合避孕率水平比较高的情况下，她们的生殖健康需求远远没有得到满足，特别是那些已经或者即将退出育龄期的中老年妇女，成为卫生和计划生育两个服务系统都不太关注的对象(舒星宇等，2017)。因此，应积极在流动人口中开展生殖避孕知识和生殖健康知识教育，关注已婚育龄妇女和中老年妇女，从总体上提高女性的生殖健康水平。

三、女性生殖健康面临的问题

总体来说，改革开放以前，中国妇幼保健体系的制度性框架基本确立，但是，由于经济社会发展水平限制，妇幼健康照顾服务停留在较低水平上。改革开放以后，中国妇幼保健范围显著扩大，健康照顾服务日趋多样，服务的专业化程度不断提高。随着社会经济的发展，人们对性行为的态度发生了较大变化，而性知识的缺乏和性教育的匮乏也导致非意愿妊娠和人工流产率日益上升。医学日趋进步，人工流产术虽已越来越安全，但对广大妇女的身心健康、生殖健康均造成了不同程度的危害。

(一)计划生育方面

1.采取避孕措施

全世界处于育龄阶段的妇女约8亿人，有生育能力的男性高达16亿，但绝大多数避孕措施是由女性采用的，男性在节育手术中的占比越来越低，2007—2017年，男性输卵管结扎的例数直降了184578例，在节育手术总例数的占比从1.1%降到0.1%[①]。在已经采取避孕措施的已婚有偶育龄妇女中，宫内节育器使用比例最高，为40.3%，避孕套占第二位，为29.6%，绝育使用比例为23.5%，皮下埋植为0.3%，口服及注射避孕药为1.4%，外用避孕药为0.5%，其他方法为0.4%，传统方法为4.0%(贺丹等，2018)。女性避孕方法以放环和结扎为主，由于节育是应用物理、药物、手术等措施，在这种人为的病理过程中，不仅易发生身体并发症，而且容易引发大量因心理、社会不良因素而导致的心身性症状(董琳，1999)。由于妇女尤其是农村妇女在性和生殖的决策方面处于劣势地位，大多数现代避孕节育方法连同其副作用、风险和后遗症一直主要是由妇女来承担的(胡玉坤，2008)。

① 数据来源：《中国卫生和计划生育统计年鉴》相关年份。

2.避孕措施失败补救

青少年整体缺乏全面正确的生殖健康知识,22.4%的青少年具有性经历。首次和最近一次性行为中,未采取任何避孕措施的比例分别为51.2%和21.4%。在有性经历的女性青少年中,怀孕率为21.3%,多次怀孕率为4.9%(郑晓瑛、陈功,2010)。在对北京市大学生生殖健康教育和服务的调查中发现,18.8%的男生和10.6%的女生承认发生过婚前性行为;其中51.1%的男生和49.4%的女生在发生性行为时使用避孕措施;在有性行为对象中,27.1%的男生曾导致性伴侣意外妊娠,22.2%的女生发生过意外妊娠;通过计算,大学男生因为性行为导致性伴侣意外妊娠的发生率为5.09%,女生因为性行为导致意外妊娠的发生率为2.35%(周远忠等,2009)。

表7-2展示了2010—2017年我国节育手术感染例数及占比,2016年放置节育器、取出节育器和输精管结扎手术感染占比为7年中最低,在2017年占比均有些许上升;2017年输卵管结扎和人工流产占比较2016年均有所下降。避孕失败造成的意外妊娠,需要人工流产终止妊娠,而人工流产会有并发症,如可能导致子宫穿孔、人流不全和感染等情况,给妇女身心带来损伤,这也由女性承担,尤其是对未生育者危害更大。以卫生统计年鉴来源的数据为例:2009—2013年间我国每年流产的总数在600万人次左右;2004—2007年在800万人次以内波动;2008年为917万人次;2015年突增到985万人次,为近20年的最高峰;2016—2017年有所下降,但2017年仍还达到962万人次(见表7-1)。其次,人流妇女年轻、未育的比例高。一些文献汇总显示,25岁以下妇女的比例为47.5%,未育妇女比例高达49.7%,首次妊娠人流的比例为35.8%。再者,流产率高、间隔时间也短。通过对文献数据进行汇总后显示,半数以上人流妇女曾有流产史,重复人流率为55.9%,其中≥3次的多次人流比例为13.5%(程利南,2012)。我国的人流因"医学原因"终止妊娠的比例很小,仅为1.9%,因避孕失败发生非意愿妊娠而进行补救性人流的比例高达43.9%(程利南,2012)。因避孕和节育而手术或长期服药和使用器械,给妇女带来了副作用和风险,使妇女在健康方面受到负面影响。

表7-2　节育手术感染例数及占比:2010—2017

节育手术感染例数(‰)	年份							
	2017	2016	2015	2014	2013	2012	2011	2010
放置节育器	716 (0.15)	565 (0.12)	2802 (0.34)	2841 (0.33)	1291 (0.19)	1642 (0.23)	2916 (0.40)	2088 (0.28)
取出节育器	228 (0.06)	214 (0.05)	433 (0.12)	593 (0.17)	569 (0.20)	310 (0.11)	678 (0.24)	486 (0.17)
输精管结扎	3 (0.14)	1 (0.03)	6 (0.04)	30 (0.17)	56 (0.36)	41 (0.24)	150 (0.77)	60 (0.27)
输卵管结扎	53 (0.13)	111 (0.23)	82 (0.07)	225 (0.15)	158 (0.12)	544 (0.35)	543 (0.34)	633 (0.37)
人工流产	603 (0.06)	565 (0.07)	991 (0.10)	869 (0.09)	535 (0.09)	671 (0.10)	829 (0.13)	755 (0.12)

数据来源《中国卫生和计划生育统计年鉴》。

3.避孕节育知识缺乏

全球 15～49 岁妇女的避孕普及率由 1990 年的 55%上升到 2013 年 64%，相比较而言，非洲 2013 年的避孕普及率仅为 28%(世界卫生组织，2015)。北京市人工流产、妇女婚育与避孕状况调查结果显示，避孕节育知识极为缺乏，因避孕意识不足、未采取避孕措施发生意外妊娠所致的人流比例高达 50.3%(程利南，2012)。在对广州市未婚人工流产女青年性行为和避孕行为的调查研究中发现，最近 12 个月中，仅 10%的女青年每次性行为都使用避孕措施，本次妊娠原因为未避孕的占 63.3%。使用避孕措施的原因中考虑到害怕性传播疾病的仅占 1.6%；对意外妊娠风险和人流并发症的认识中，有 91%认为对健康影响不大，31.2%从未考虑过(郑红等，2005)。在对深圳市流动人口非意愿妊娠现状的调查中也发现，本次非意愿妊娠的主要原因为未避孕，占 70.5%，深圳市流动人口避孕方法知识知晓率较低，6 种避孕方法中知晓率最高的是安全套避孕，但知晓率也仅为 60.4%(陈秋珍，2015)，而暴露于无避孕措施的性行为是造成意外妊娠的危险因素。

(二)生育方面

孕产是发展中国家年轻妇女(15～44 岁)最主要的健康问题，绝大部分已婚育龄妇女都要经历妊娠分娩，这意味着妇女生命健康风险增大。据世界卫生组织估计，如今平均每天仍然有 800 名妇女死于分娩，估计每年约有 1600 万名 15～19 岁的女孩分娩，约 870 万 15～24 岁的少女采取不安全的流产措施，所有这些情况几乎都出现在中低收入国家(梁颖，2016)。而计划生育、产科保健是降低孕产妇死亡率的主要措施。2006—2011 年总和生育率大致在 1.60～1.70 之间，2012—2016 年波动较大，2012—2016 年总和生育率是近期的高点(贺丹等，2018)。在过去 20 年间，孕产妇死亡率持续下降，2017 年为 19.6(1/10 万)，比 1997 年下降了 44(1/10 万)(见表 7-1)。但由于贫困、农村缺乏保健设施和医护人员、保健费用过高等诸多原因，农村妇女尤其是边远地区贫困妇女作为生育载体的风险要比城里人高得多。跨入 20 世纪 90 年代以来，无论农村还是城市的孕产妇死亡率都在下降，但到 2005 年农村依旧是城市的 2.1 倍(胡玉坤，2008)。据中国卫生统计年鉴显示，2017 年仍达 43.5%的孕产妇死亡是由于产科出血、羊水栓塞和产褥感染引起的，相比 2016 年增加了 8.1%。而过去 20 年间，高危产妇的比重也在不断增长，2016 年高达 24.7%(见表 7-1)。而母亲死亡极大地影响孩子的健康和生活，幸存的孩子在两年内死亡的危险性比那些父母健在的孩子要高 3～10 倍(陈炳山，2000)。2010—2017 年围产儿死亡率持续走低，2017 年为 4.58‰(见表 7-1)。剖宫产是抢救母婴生命的重要手段但这也是非生理性的生产，剖宫产后，宫外孕、慢性腹痛、子宫周围粘连、贫血的发生率都高于自然分娩。生育负担不公平地过多加在妇女身上，而为妇女提供的服务远远不够，妇女相应的权利没有受到应有的重视和保护。

(三)生殖道感染和性传播疾病

女性生殖道感染是中国乃至全球性的社会及公共卫生问题。世界卫生组织(WHO)发布的数据表明，中国女性中有 40%患有不同程度的生殖道感染，据此估算，中国每年至少有 2 亿女性患生殖道感染及相关疾病。另据统计表明，妇产科门诊患者中，生殖道感染占55%以上,由此产生的医疗费用每年高达200多亿元(廖秦平、张岱,2011)。生殖道感染是妇女的常见病和多发病,虽然死亡率很低但发生率极高,危害极大,因病情迁延引起盆腔炎,导致不孕症;而孕期感染可引起不良妊娠结果,致胎儿和新生儿受同类病症的感染。同时,生殖道感染对性病/艾滋病的流行起到了推波助澜的作用。艾滋病病毒感染的儿童中,约有90%是通过母婴传播途径感染(UNAIDS/WHO, 2005)。没有进行干预的艾滋病母婴传播率是25%～40%(WHO,2012;UNAIDS,2011),艾滋病严重危害人类健康和生存,造成患病人群预期寿命的缩短,医疗费用的增加,孤儿数量的增多。

(四)婚前性生活和未婚先孕现象严重

随着人们生活方式和对性生活观念的改变,同时,青春发育期的提前和结婚年龄的推后,婚前性行为发生比例在年轻人群中不断上升。中国综合社会调查(CGSS) 2013年的数据显示,80后中不认可婚前性行为的比例不到20%(李丁、田思钰,2017)。我国每年人工流产人次多达1300万,位居世界第一,其中25岁以下青少年占一半以上(肖露、陈燕华,2017),中国家庭动态跟踪调查(CFPS) 2010年的数据显示,80后初婚夫妻中,婚前同居过的比例达到30%(Yu & Xie,2015)。医学社会学的研究表明,未婚女性人工流产承受巨大的心理压力和患病风险,因人工流产导致一系列的并发症,如宫颈炎、盆腔炎、性传播疾病、不孕等,闭经也会随之增多。未婚人工流产女性的焦虑、抑郁发生率高于已婚女性,主要原因是对手术过程的不了解以及医院环境的陌生,其焦虑、抑郁发生率较高;同时,由于社会道德观念,未婚先孕者的社会支持系统相对薄弱(翟娟等,2011)。

(五)女性受男尊女卑传统封建思想的影响较大

男女在婚前发生性关系后,二者在社会上受到的谴责却大不相同,传统偏见与社会舆论往往对女性施加更大压力,造成其生理和心理上的双重危害;而在现实中,由于生理弱势,女性更易受到性骚扰、性暴力;在不孕不育方面,全球有6000万～8000万对不育夫妇,不孕症原因是多方面的,须夫妇双方共同就诊,然而受传统观念影响,大多数人认为是女方的问题,女性受到家庭和社会的责怪和歧视。在一调查资料中,女方就诊率为71.10%,男方仅为37.30%(徐拥军等,2000)。诚然,性是平等的,但性的结果却往往不平等,因此,女性在面对性的时候,不仅需要对抗封建舆论与承担结果的勇气,更需要保护自我与风险防范的意识与科学的知识。

四、促进女性生殖健康的策略

从我国女性生殖健康现状和存在的问题及特点来看,提高女性生殖健康水平的任务任重道远,需要一套切实可行的方法来促进女性生殖健康的实现。综合前人探索与现实,这里提出以下四个方面的策略。

第一,加大政府的参与和支持,自上而下推动,把促进生殖健康作为提高人口素质的一个重要内容。由政府制定政策,提出女性生殖健康的工作目标及规划,有关部门有计划、有步骤具体实施,形成一个系统工程。例如,国家卫健委启动的生殖道感染干预工程、避孕节育知情选择、婚育新风进万家活动就是一个政府参与和支持的系统工程,正在全国计生系统内有计划、有步骤地进行。由于政府参与，使活动一开始就受到了高度重视，打下了良好的基础。

第二，社会各部门应发挥各自优势，相互配合，形成资源共享，优势互补，把促进生殖健康变成一个社会化工程。妇女担负着家庭和社会两种责任，不但生活在家庭，还融入社会各领域。因此，社会各部门要充分发挥各自的职能优势，例如教育部门利用学生集中、学习接受能力强的特点，为大、中、小学生开设与其年龄相适应的性生理、性心理卫生、性伦理与道德、性法律、艾滋病防治等课程；民政局、妇幼保健院借办理结婚证之际为新婚夫妇提供婚前检查、优生优育、避孕节育知识教育和服务；计生和卫生系统为妇女提供健康保健、孕产期保健和疾病防治等服务；妇联为妇女提供维护正当权益，保护女性地位等服务。同时各部门相互协作形成横向联系，充分发挥工、青、妇、计生协等群众团体的力量。例如，生殖道感染的预防为一级预防，而一级预防的对象不会主动去医院找医生，由于计生系统有着完善的服务网络，计生干部有着密切接触群众的机会，可以广泛地宣传生殖道感染的危害和预防措施，使一级预防很容易得以实现；二级预防是对生殖道感染的早期发现、早期治疗，在二级预防中仅靠计生系统是不够的，还要充分利用卫生部门的力量，做到资源共享、优势互补。

第三，采取分层教育的方法，使妇女在生命周期的每个阶段都受到生殖健康的教育与服务。妇女一生要经历婴幼儿期、青春期、孕产期、更年期、老年期的生理阶段，各时期的生理、心理不仅有其连续性、交叉性和动态性，同时又有其特殊性。因此，要根据不同时期进行有针对性的教育，使妇女安全度过每个时期。例如，孕产期是妇女生殖健康风险最大的时期，要做好孕产期保健、母乳喂养、新生儿护理、产后避孕等方面的教育和服务，降低孕产妇和新生儿死亡率。再如一个妇女一生有 30 多年都处在生育期，如何选择安全可靠的避孕方法、意外妊娠后如何补救、如何有一个安全满意的性生活等都直接关系到妇女的生殖健康。

第四，采取多样化多渠道的手段，使妇女有各种机会和途径得到生殖健康的教育。利用计划生育宣传月、优质服务月、世界卫生日等机会开展大型的宣传活动，发挥大众传播形式的优势，营造一个全社会都来关心女性生殖健康的氛围。利用人口学校、婚育学校开设各类学习班进行专题讲座和学习，系统了解生殖健康知识，提高妇女生殖健康知识的深度和广度。利用诊室、咨询门诊、咨询电话进行个别指导，解决疑难问题。为了提高教育效率，可选择资深有经验、语言易懂的专家进行讲课和咨询。并且将健康教育与医疗服务紧密配合，对妇女进行生殖健康教育—提高认识—定期检查—发现问题—积极治疗—追踪指导，形成良性循环。只有政府支持、各部门配合、广大群众积极参与，大力开展女性生殖健康教育和服务，提倡有利于生殖健康的生活方式，才能提高妇女的自我保健意识和防治疾病的能力，并通过其在家庭和社会的地位与功能，促进家庭成员的健康，最终实现全社会的健康。

第二节

女性生理健康

世界卫生组织(WHO)关于健康的定义是:“健康,不仅指一个人没有症状或是疾病表现的状态,还指有良好的生理、心理状态及社会适应能力。”根据这个定义,健康要包括躯体生理、精神心理和社会环境的适应能力三个方面的健康。本节主要讨论女性生理健康现状和性别差异,以及女性在生命历程的四个时期(婴幼儿期、青少儿期、成年期、老年期)所面临的生理健康问题,并基于问题提出相应的对策。

一、生理健康的定义

生理(躯体)健康是指人的身体部位是健全的,人体结构是完整的,生理功能是正常运作的。从共性上说,生理健康的概念是指生理的基本功能正常,反映个人躯体活动能力。人体测量指标和临床测量指标则是衡量生理健康的客观指标。生理健康与心理健康相互依存,前者是后者的物质基础,而后者则是前者的精神支柱,生理健康是衡量人们健康水平极其重要的内容之一。

二、女性生理健康现状及性别差异

在两性健康平等观念渐入人心的现代社会,人们更加关注女性健康,现代文明赋予女性多重社会身份,在生命的每个阶段扮演不同角色,当诸多社会角色相叠加后,角色间的冲突及超负荷对健康的不利影响就会凸显。多重角色促使不同代际的女性健康观念与健康行为转变,触及更为深层的社会文化内涵和结构变迁(王富百慧、谭芷晔,2017)。对比青年组和中年组发现,青年组的女性中,自由职业比兼职更利于健康,而在中年组则相反。对于青年女性来说,已婚对其自评健康成正相关关系,同长辈同住则呈现负相关关系;而对于中年女性来说,同子女(未婚)同住有助于她们的身心健康,同时育有子女对其自评健康也有正相关关系(蔡玲,2011)。

美国南加州大学的研究人员 McMahon 说:“男性和女性肾脏存在显著差异。肾脏负责调解体液平衡,女性需要生育后代,所以为了母亲和孩子的利益,女性和男性肾脏很可能存在关键性差异。”多重角色中,母亲的角色对女性生理健康产生重大影响。作为母亲,成年女性的体制对繁衍后代具有独特效应。育龄期是否拥有最佳生理机能的生育体制,直接或间接的影响生育质量。职场竞争、抚养子女、照顾家庭的三重压力成为困扰不同生命阶段女性健康的重要因素,使其更容易感知工作和生活压力带来的身体疲惫感,角色冲突和生活重任使得女性对精力和体力具有更高的需求。此外,女性锻炼积极性受到家庭和工作的双重影响,呈现显著的代际差异。人口流动、快速城市化、医疗市场化等现象不断影响农村女性健康服务的需求与获得,自身的健康需求长期被忽视,对能够改善体质的体育锻炼缺乏兴趣。

无论从生理还是心理健康的角度,女性老年人健康与男性相比均处于劣势;同时,女性老年人早期生命历程的累积劣势直接制约着老年时期的健康状况，而女性老年人早期生命历程诸多的累积劣势是社会情境下社会结构、文化、家庭、个人互动的结果(徐洁、李树茁,2014)。2015 年女性预期寿命为 79.1 岁，男性为 73.7 岁。女性预期寿命高于男性，但同时女性的残障寿命也高于男性，在两周患病率和慢性病患病率中，女性所占比重都比男性高(见表 7-3)。生活自理预期寿命结合了预期寿命与生活自理比重，能够准确测量老年人独立从事日常生活基本活动的能力以及照料需求，反映老年人的晚年生活与健康状况，在“六普”数据中，生活不能自理的女性老年人达到 58.36%(杜鹏,2013)。从分年龄组情况来看，60～69 岁老年人中生活不能自理的比例女性略高于男性，70 岁以后随年龄的增长女性生活不能自理的比例较男性的差距越来越大(杜鹏,2013)。已有研究发现，女性老年人认知缺陷的发生危险是男性老年人的 1.5 倍(李志武等,2007)，女性老年人比男性老年人在晚年患有认知缺陷的可能性更大(Jagger & Matthews,2002)。经济来源的不足和经济地位的劣势，影响到女性健康本身及其健康保障(姜向群、杨菊华,2009)。

表 7-3 生理健康指标:2008—2015

年份	预期寿命(岁)		两周患病率(‰)		慢性病患病率(‰)	
	女	男	女	男	女	男
2015	79.1	73.7	—	—	—	—
2013	—	—	25.9	22.4	350.5	310.0
2010	77.4	72.4	—	—	—	—
2008	—	—	20.7	17.0	222.5	177.3

数据来源:《中国卫生和计划生育统计年鉴》相关年份。

产前及早期阶段的营养状况与老年期的健康状况显著相关(Barker,1997)。儿童期的健康状况也直接影响到个体成年时期的健康(Smith et al,2012)。而青少年时期更多地暴露于传染性等疾病环境，是导致老年阶段长期遭受慢性病折磨，甚至死亡率提高的关键因素(Costa-font,2008)。也有研究者关注到中年期健康状况与老年期健康状况的相关关系，并证实了女性中年期健康状况对其老年期的生命质量具有重要影响(邓冰等,2007)。

三、女性生理健康面临的问题

(一)婴幼儿期

婴幼儿期包括婴儿期和幼儿期两个时期。在个体主观能动性为零的婴幼儿期，婴幼儿的生命权、生存权以及生活质量在很大程度上受制于所处社会情境中的文化惯习、公共政策及技术条件。传统的生育文化以及受其影响的相关公共政策将使女性胎儿的生命权、女婴的生存权与男性存在差异。在个体的生命历程中，婴幼儿期具有特别重要的意义，它对于个体的老年生活具有形成性的，甚至是决定性的影响(Orand,2006)。出生前的歧视使女性胎儿的生命被剥夺，出生后的歧视使女婴在家庭资源的分配方面被区别对待。

据“六普”数据显示，我国不同性别婴儿死亡率之间有明显差异，男婴为 3.720‰，女婴为3.906‰(黄荣清、曾宪新,2013)。即使女性胎儿顺利来到这个世界上,但是在营养与食物的分配以及患病治疗方面仍然受到歧视性对待。与男童相比,女童营养不良的问题更为严重。在患同样疾病时,女孩、男孩接受治疗的比例是3∶5,能否获得卫生治疗往往不是病人的病情所决定,而取决于他们的性别、社会地位等(汪洋等,2001)。婴幼儿期女童区别于男童的生存机会和生活质量对其健康基础造成严重影响,一直延续到女性老年阶段。

(二)青少儿期

青春期在整个生长发育时期占据着十分重要的地位,是第二性征发育、体格发育和性器官成熟的时期,是人类生命过程中极其重要的阶段。这个时期,个体精力充沛,追求新奇,观察、记忆、思考和推理能力不断增强,富于想象力,求知欲强,情绪波动较大,自我控制力差。大多数青少年在十二三岁左右进入青春期,其中男性青少年首次遗精的平均年龄为13.79±1.509岁,女性青少年首次出现月经的平均年龄是12.98±1.225岁。男性最早的年龄为9岁,女性最早的年龄为8岁,也就是说从11岁左右开始,我国大多数儿童开始进入青春期。进入青春期,第二性征开始出现以及性激素在身体上产生的作用,带来众多的与青春期相关的生理、心理问题和疾病。

青春发动时相的变化是指青春发动期各事件的时相在人类历史的长期变化中是提前还是推迟现象。经历青春发动时相提前的女生会较正常和推迟的同龄人表现出更多不良的心理行为问题,比如抑郁、焦虑、攻击、违法行为、物质滥用、进食障碍、过早发生性行为和精神问题等,有些症状行为持续到青年期。

由于对第二性征发育的困惑和对体型、高矮、胖瘦的忧虑,以及由于性心理的成熟在性问题上的好奇心和求知欲,容易出现心理障碍、月经异常、早恋和性行为过早等。如进入青春期后,身体各方面体脂分布的变化,让女生有“身体变胖的”的感觉,为了减少同伴的注意,遵循完美主义标准的女生便会对身体的变化产生负性感觉,为了“变瘦”采取各种各样不健康的饮食行为,如节食、药物减肥、使用代餐,甚至形成神经性厌食症(Reynolds & Juvonen,2012)。随着女性婚前性行为年龄的年轻化,未婚妊娠率和人工流产率逐年增加,青少年妇科疾病的发病率逐渐增高。青少年常见妇科疾病包括炎症、月经失调、意外妊娠及计划生育等,虽然这些病种在生育期较常见,但是在青少年中缺乏疾病的相关基础研究,故青少年妇科疾病常常被忽视。

(三)成年期

个体在成年期退出了主要作为接受者的社会角色,逐渐开始独立承担新的社会与家庭的责任与义务。成年期分为婚育期与发展期两个阶段。婚育期通常伴随着婚姻的缔结、后代的繁衍、职业的建立等生命事件;发展期作为婚育期的延续,主要与个人职业的发展、家庭的发展相关联。在生命历程的这个阶段,个体需要同时扮演多个不同的甚至相互冲突与矛盾的社会角色,两性关系较为复杂。婚育与个人发展虽属于私人领域,但其受制于公共领域,在不同文化惯习、社会政策与制度下,女性发展轨迹与男性存在一定程度上的差别。职业和收入直接决定个体的社会经济地位以及在家庭中的话语权。对女性而言,收入水平的高低不仅影响其对于家庭资源的支配能力,更是保障其在老年阶段健康医疗需求的重要条件。

工作中的女性无法避免地面临着社会角色与家庭角色的冲突，艰难地在事业和家庭之间寻找平衡点，如此的双重负担使得女性长期处于身体与心理的疲惫状态，严重影响女性的生活质量(Barker，1997)。女性健康需求高于男性，但在健康资源可及性以及健康服务利用率方面却低于男性。

(四)老年期

随着年龄的增长与身体机能的衰退，老年人在家庭与社会中角色与身份发生了相应的变化。老年人经历着各种资源的丧失，而这种老龄化过程对男性老年人与女性老年人晚年生活会产生不同的作用。从生命历程角度来看，女性在其早期生命历程中所遭受的歧视与压迫，教育与职业收入资源的积累不足，在公域和私域与付出不对称的回报都在老年阶段集中体现出来。女性老年人早期生命历程的遭遇在晚年生活中产生累积效应，表现在经济保障、健康医疗、婚姻家庭生活方面(见图 7-1)。

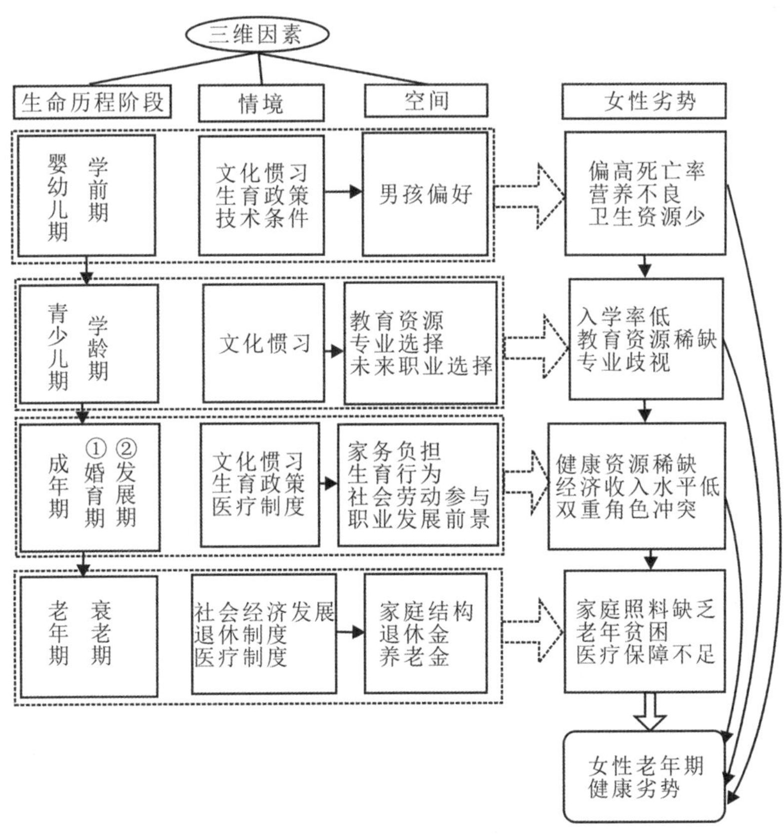

图 7-1　女性健康劣势累积作用机制分析框架

“六普”数据显示，仅有 21.9% 的女性老年人拥有独立的经济来源，低于男性老年人 14.7 个百分点；而依赖家庭成员供养的女性老年人则高达 52.6%，高出男性老年人 24.4 个百分点；拥有离退休金的女性老年人仅有 19.6%，男性老年人则高达 28.9%(姜向群、郑研辉，2013)。女性老年人随着年岁增加，身体机能衰退，各种疾病缠身，其健康服务需求远远大于生命历程其他阶段，卫生医疗资源是否充足成为其晚年健康的重要保障。在老年人最为脆弱的晚年阶段,健康需求的激增与健康保障的匮乏形成强烈对比,女性老年人健康保障状况较男性更加需要关注。

四、女性生理健康的提升对策

为了切实改善当前和未来女性老年人的健康状况,健康保障必须着眼于全程性与全局性发展。

第一,要完善与生育相关的配套政策,培育和发展科学健康的生育文化,同时加强公共服务方面的政策供给,在提升生殖健康及妇幼保健服务水平的同时,还要逐步建立健全家庭发展支持计划,尤其是要分担女性的子女照料压力,并有针对性地加大对老年女性的养老保障和服务。

第二,健康保障政策应该体现生命历程视角,从早期生命阶段开始,将社会性别纳入健康保障政策主流,充分关注女性老年人的特殊需求。同时,健康保障政策需要和收入分配、教育、社会保障、就业等其他相关的公共政策相互衔接和配合,共同降低女性的健康风险。通过弱化公共政策、社会制度与传统文化惯习对性别观念的维系与重构作用,在生命历程全过程中逐渐缩小女性之于男性的差异,以消除未来女性老年人的健康劣势。

第三节 ■ ■ ■

女性心理健康

心理健康是女性健康的重要组成部分,心理健康失调会影响生理健康,不利于女性自身健康的全面发展,甚至危害社会的和谐稳定,阻碍经济社会的发展。本节介绍当代女性心理健康现状及心理健康的性别差异,列举当代女性主要存在的性别角色、社会观念方面传统与现代的心理冲突、激烈竞争带来的压力、人际关系的冲突、婚姻危机以及女性自身因素等心理健康问题,并针对这些问题提出增强当代女性心理健康的对策。

一、心理健康的相关定义

心理健康是健康的重要组成部分。与生理健康相比,心理健康是一个更加复杂和不易测量的概念,难以简单通过各项检查得知。如何评价一个人的心理是否健康是非常困难的,因此学术界还没有形成一个公认的标准。但许多不同学者和专家从不同角度对心理健康的标准进行了分析,形成了各种观点。

1948 年,世界卫生组织在章程序言中指出:“健康是人的身体、精神和社会的康乐的完善状态,而不仅仅指无疾病或无体弱的状态。”这个定义突破了生物医学的局限,使“健康”概念具有了符合“生物—心理—社会”医学模式要求的时代内容。所谓健康心理,是指个体在与环境相互作用的过程中具有自我控制和承受外界影响的能力,能使人的内心产生平衡和满足(龙玉川、张文琴,2000)。学者沙莲香在《社会心理学》中对心理健康的定义是,“心理健康指的是个体既能适当地评价和接受自我,又能与他人和谐相处;既能适应自己所面临的不断变化发展着的现实环境,又能不断完善和保持自身的人格特征;同时具有良好的自我调节和控制能力，并在认知功能、情绪反应和意志行为方面都能处于比较积极的状态”(沙莲香，2011)。中国学者叶文振指出：女性的心理健康是指女性心神境况、智能发展、社会互动与道德修养处于和谐完好的状态，其中心神境况是核心，决定其他构成和谐完好的程度，与此同时，其他构成也反过来影响心神境况的质量(叶文振，2010)。

综合以上关于心理健康的观点以及 WHO 对健康的定义，本书对心理健康做如下定义：所谓心理健康，并不是指消极地维持正常状态，预防、矫正和治疗心理疾病或心理障碍，而是有意识地自我控制，正确了解自己，立足当下，朝向未来，渴望在生活中寻找新的奋斗目标和挑战，从而推动自我成长的最佳心理状态。

二、当代女性心理健康现状及其性别差异

随着人类的足迹迈进 21 世纪，社会快速转型，竞争压力加大，紧张、焦虑、抑郁成为现代人普遍的心理重负。一些调查结果表明，提高女性人口心理健康水平不仅有利于改善她们的性别生存与发展，而且还能促进整个社会的和谐和全面小康社会的建设。

早期心理学家对个人心理研究的对象仅限于男性，而对人类的另一半——女性的心理没有给予充分的关注。在以男性为中心的二元性别文化的影响下，心理学界不仅在 20 世纪 60 年代之前把对于个体心理的研究对象局限于男性，而且还把传统的男性气质看成是包括女性在内的成年人心理健康的规范和标准，结果一方面影响了对女性心理健康的必要关注和研究，另一方面还在一定程度上忽视了女性正常的心理需求，低估了女性心理健康问题的严重性，是让女性陷入双重的约束，直接成为女性心理压力产生的动因。根据比姆的双性化理解以及心理学者赖文提出的心理问题三要素判别法(心理异常缺乏直接的事件起因；在时间上持续一年左右；而且在影响上扩散到个人生活的其他方面或周边人群)，女性心理健康的主要标志包括心境良好、意志坚强、人格健全、智力正常、道德高尚、人际关系和谐、社会反应适度以及心理表现符合年龄特征等(叶文振，2009)。

参照这个心理健康的标准，我们从不少的调查中发现，中国女性心理健康现状令人担忧，而且要比男性群体严重得多，表现出相当明显的性别差异。学者杜凤莲等在对已婚劳动者心理健康的性别差异研究中指出，首先，男女两性心理健康存在显著的性别差异，女性心理健康水平显著差于男性，女性有心理问题概率比男性高 3.4%。其次，工作和家庭对劳动者心理健康促进作用存在性别差异，与无工作样本相比，有工作、无孩子可以显著降低女性心理不健康概率，无论对于男性还是女性，有工作、有一个孩子和有两个孩子都可以显著提升心理健康水平，但因为女性承担更多家务等原因，有工作、有孩子会拉大心理健康状况的性别差异。再者，对于流动人口而言，其心理不健康水平较高，与城市人口接近；并且流动人口的心理健康性别差异较大，高于农村，这说明流动人口女性可能面临更加不利的工作和生活环境。最后，离异或者丧偶、身体健康状况不佳都会导致心理健康疾病，但这种不利影响对女性的影响程度更大(杜凤莲等，2017)。学者霍团英(2013)在对 H 市市直机关 74 个部门的 1231 名女性公务员的心理状况做的调查显示，42.1%的机关女性公务员心理健康状况处于较差或差水平，其中社会环境、赡养与子女教育、工作压力是排在前三位的压力源。且工作生活中心理应激事件较多，对工作的满意度最低，来自工作单位、党团工会等组织的社会支持度最少等也是影响女性公务员心理健康状况的原因。

学者卢梦婕等(2013)在乡镇公务员心理健康与血压的相关性研究中指出，由于男女两性的个性差异以及角色定位的不同，男性比女性更向往追求职业成就感，实现个人社会价值的动机更强烈，而女性特有的细腻、隐忍、温和、压抑、谨慎等个性特征则更容易出现强迫、抑郁、焦虑等心理问题。因此相比起正常血压组，男性公务员的躯体化、人际关系、焦虑因子分较高，而女性公务员的强迫、抑郁、焦虑因子分较高。学者林晓兰在对都市女性白领的研究中指出，由于社会认同和自我认同的紧张与冲突，都市女白领在个体精神恃仗和群体心理归属之间形成了一种离散的张力。个体与群体的身份竞合，家庭和社会的两难选择，导致都市女性白领的身份迷失，在婚恋和生育这两件关乎身份传递的人生大事上，都市女性白领相比起男性面临更多的双重抉择的苦痛。

三、当代女性面临的主要心理问题

当代女性面临的主要心理问题，一是传统文化中的歧视和偏见影响女性健康心理的形成；二是社会竞争中的不平等对女性的心理造成冲击；三是女性扮演的多重角色之间的冲突导致她们内心失衡；四是婚姻、家庭给女性心理造成的困扰；五是女性自身的生理特点对心理健康的影响。我国女性心理健康面临严重困境，同时女性的心理健康对于我国人口的发展具有重要作用，提高女性心理健康势在必行。

（一）性别角色、社会观念方面传统与现代的心理冲突

由于女性自身的生理特点，特别是女性受传统社会中“男主外、女主内”等传统社会观念的影响，操持家务、照顾丈夫、教育子女成为女性不可推卸的社会责任。“贤妻良母”是人们对女性的最高赞誉，“贤妻、温柔、体贴”成为社会公认的女性最优秀的特质。不仅在社会上存在着这种对女性社会角色的刻板印象，而且在女性个性社会化的过程中，这种现象已被女性自身所认同，被许多女性纳入了自己的人生价值观当中。在相对平稳的传统社会中，社会外在的期望与女性自身内在的期望并无太大的冲突时，女性心理相对平衡。然而，改革开放，把女性与男性一同推到了社会变革的现代化浪潮之中。社会主义市场经济体制的建立，极大地唤醒了女性的自我意识和个体价值意识。参与改革，追求成功，最大限度地发挥自己的潜能，实现人生价值，成为现代女性的追求。在社会改革中确实涌现出许多优秀的女科学家、女企业家、女改革家，与以往的历史时代相比，社会为女性提供了更多的发展机遇，“女强人”层出不穷。与此同时，很多女性虽未纳入“女强人”的行列，但是，她们在意识中同样追求着像“女强人”那样的成功人生。在巨大的社会转型当中，女性与男性一样，参与着变革，参与着竞争，承担着与男性同样的事业上的压力。然而，社会及女性自身所具有的传统的性别角色的社会刻板印象却没有像前者那样有太大的变化。她们的家庭负担和家庭责任似乎没有因为社会巨大的变化而有什么减轻。这样，女性一方面要像男性一样在改革浪潮中去搏击，另一方面又要担负起操持家务、照顾丈夫、教育孩子的重任；一方面要成为现代化建设的强者，另一方面又要保持自己“贤妻良母”的形象。她们的负担太重，她们的心理压力太大。现代社会要求她们由“贤惠、温柔、体贴”的单一女性特质向“富有成就感”“自信”“独立”“刚毅”“温柔”“体贴”“富有情感”的“双性化”的现代人特质转化，在这一过程中，女性经受着心理上从未有过的痛苦与磨难。

(二)激烈竞争带来的压力

高科技的发展,使得市场经济下的竞争越来越激烈。科技的竞争,人才的竞争,学历的竞争,职称与职位的竞争,使得每一个人在竞争之中都面临巨大的压力。女性由于在上文第一点中谈到的性别角色社会冲突,使之在竞争中承受的压力更大。人才市场上招聘人员时隐晦的"男性优先",女大学生甚至女研究生在就业竞争中首先感受到了初涉社会的现实压力。社会转型时期的中年女性比起其他年龄段的女性有着更为沉重的心理负担。"文革"十年,夺去了她们读书的大好青春。当一个对知识高度青睐的高科技信息时代来到她们面前时,她们已经步入中年。历史带给她们知识上的缺欠,使她们在激烈的社会竞争面前,比别人多了几分缺憾。在许多单位的职称晋升竞争中,她们先是要被迫让位于被"文革"耽误下来的年长者,后又被年轻的硕士、博士挤到了后面。历史和现实带给了她们太多的不公平。然而,在"优胜劣汰"的竞争法则面前,她们还要背负着这些不公平去奋争,因而其心理压力之重也是可想而知的。

(三)人际关系的冲突

社会主义市场经济的建立,大大扩展了人们的生活空间,拓展了人际交往的范围。个体独立意识的增强,对自身利益的关注与追求,使得人与人之间的竞争加剧,人际关系的冲突增加,加之现代化生产生活节奏的紧张,使得人们在客观上也没有太多的时间进行直接的个人交往,人们普遍感到人情冷漠。由于女性的情感需求比男性更为强烈,在这种情况下,人际交往的不畅极易造成女性心理上的情感伤害。社会竞争的激烈,生活节奏的紧张,使家庭成员之间的沟通也受到了影响。丈夫忙于自己的事业,孩子被紧张的学习压得没有一点喘息时间,自己还要学习、奋争,夫妻之间、母子之间用来沟通的时间太少。与此同时,各自在学习、工作上的压力又需要在家庭中释放,于是彼此的纷争、埋怨、牢骚代替了正常的感情交流,家庭中缺少了往日的温馨。社会、家庭的人际交往问题造成了女性心理上的从未有过的困惑。

(四)婚姻危机带来的心理压力

变化的社会,多元的价值观念,多种文化间的冲突,冲击着人们的思想,也冲击着每一个家庭。或是由于夫妻双方经济地位的变化,或是由于彼此价值观的差异,或是各自性格的相反排斥,在一个主体意识不断增强、社会日益开放的环境下,一些原本可以维持的家庭破裂了,另一些家庭也早已是名存实亡。在传统社会中,中国妇女"从一而终"的思想根深蒂固,面临婚姻危机时,她们内心所遭受的痛苦更为严重。此外,价值观的冲突、教育子女上的困惑等,也都使现代女性面临着很多的心理压力。在这种情况下,孤独与抑郁、失落与沮丧、自卑与退缩、浮躁与烦躁、紧张与焦虑、愤怒与冲动、空虚与倦怠,成为女性常有的心理反应。这些心理问题不但使人的能力受到抑制,还会影响身体健康,如产生头痛、头昏、消化功能紊乱症状,严重的还会患高血压、心脏病、癌症等严重疾病。这些心理状态如不能很好地解决,不但影响个人对社会生活的适应,还有悖于我们改革开放的时代。因此,重视和维护自身心理健康,是女性自身适应的需要,是社会发展的需要。

(五)自身因素

1.生理因素

女性在青春期、妊娠期、产褥期、哺乳期、更年期的更迭过程中,伴随生理变化的同时还有较大的心理波动。一些高素质的知识女性在完成学业进入社会的时期却正是婚育的最佳时期。在生育哺乳、提前退休等阶段，女性不仅被迫中断职业生涯，而且经常由于个人体形的改变、容颜的衰老等问题而心情沮丧，导致心理忧郁。统计表明，女性抑郁症的发病率是男性的两倍，达20%(林晓兰，2016)。

2.自我期望值过高

作为女性，大部分都有追求完美的心态，对工作、家庭和感情生活期望值都很高，这是造成压力感的最主要和最直接的原因。职业女性对人和事都过于理想化，目标制定过高，对自己要求过于苛刻，而社会同现实又常常会打破这种幻想，给她们带来了动荡不安，往往令其感到恐惧、无所适从。

四、增强当代女性心理健康的对策

当前，社会对女性的重视已不限于婚姻家庭、教育、就业与参政等传统领域的性别平等，还逐步延伸到社会保障、身心健康等直接体现女性生活质量与性别安全的方面。女性的心理健康问题已成为国际社会共同关注的性别焦点，而我国女性心理健康面临严重困境，提高女性人口心理健康水平不仅有利于改善她们的性别生存与发展，而且还能促进整个社会的和谐和全面小康社会的建设，因此，提高女性心理健康势在必行。

(一)女性自身层面

1.树立自立、自信、自尊、自强的品格

具有自立、自信、自尊、自强的精神品格的女性，对自己的生活具有强烈的责任感，坚信可以依靠个人能力来实现自身价值，她们能够正确认识自我，有足够的安全感和自信心，能够平衡与处理情感、工作与生活的压力，找到适应多重社会角色、积极应对职场风波、巧妙处理人际关系、主动促进婚姻幸福的秘方，勇敢面对生活的挑战，追寻快乐健康的人生。

2.建立适当的人生目标

正如康德所言，“没有目标而生活，恰如没有罗盘而航行。”无数成功女性的经验告诉我们，建立一个适当的人生目标，勇于追求、敢于尝试，是她们获取成功与幸福的秘诀。每一位追求成功的女性都要为自己确定一个适当的目标，在目标的确立时，要从自己的实际情况出发：目标太高，超出自己的实际能力时，常常会因为不能实现目标而产生挫败感；目标太低，则不利于个人创造性和潜能的发挥。探索与建立一个适当坚定的人生目标并为之努力，才不会轻易被生活琐事与消极情绪所累，才能真正享受生命的愉悦，实现自我的价值。

3.接受现实，正视现实

要实现心理健康，首先要学会理性看待现实，正确分析现实，悦纳“不完美”的自我。许多女性的消极情绪源于对现实的负面认知：事业上不成功，埋怨自己生不逢时；婚姻遭受失败，怨恨丈夫不该离弃自己……事实上，很多的苦闷都是因为我们不能很好地“活在当下”，须知，很多时候越是选择逃避，越是陷入困顿，而无论你愿不愿意接受，生活已实实在在地来到你面前。因此，倒不如坦然面对与接受现实，情绪如流水，会来便会走，只有接受，才能放下，只有放下，才可能平心静气地悦纳自己，设定新的目标。当你把自己投入到新行动中，你会体会到“今天”带给你的充实与自由，收获健康与快乐。

4.建立和谐的人际关系

优质的心理健康状态不仅需要自我内在的稳固支撑，还需要外界的有力支持——良好的人际关系能给人提供强大的社会支持，给予你袒露心扉的勇气和直面现实的决心；不良的人际关系则会放大矛盾，加重自身的压力，降低人的幸福感。现代女性应当学习人际交往的方法与技巧，主动建立与促进和谐的人际关系，尤其是亲密关系，如学会尊重别人，认真倾听，诚恳地进行沟通，了解他人的需求；学会包容他人，换位思考，体谅他人的难处与不足；学会主动承担，平衡双方的付出，共同面对已经出现和潜在的问题，而不一味地逃避与推卸责任……总而言之，你与他人的关系，是你与自我关系的投射，一个内心健康而充实的人，必定是一个深知如何与他人相处的人，一个能处理好人际关系的人，也必定是一个擅长与自我沟通的人。当人际关系出现问题时，不妨从自身出发，寻找解决问题的突破口，主动与他人和解，就是与幸福握手。

5.努力学习，完善自己

学习而明事理、知时代，进而内心富足安乐。现代社会变化日新月异，当人难以适应社会环境时，便容易导致内心失衡，产生心理问题。因此，现代女性要保证心理健康，须得勤奋学习，广泛地吸收知识营养，不断地给自己充电，才能与时代同步，与环境相适应，保持内心的安定和自信。

6.学会心理调适

正确运用心理自卫机制，可以调整由适应不良引起的心理不适。中国妇女往往习惯于压抑自己，压抑久了，会由一般的心理不适发展为心理障碍，甚至于发展成身心疾病。“合理宣泄”，是一种简单易行的心理自我调整方法。学会情绪“转移”，能使自己避开引起自己不良情绪的人和事，把情绪转移到其他事情上。“升华”与“补偿”，是让自己原有的冲动和欲望走向更加崇高的方面，使你奋发图强，创造人生新的价值。当你思想负担很重或感到活得很累时，或是自己感到生活不欢乐时，你可以去寻求心理咨询。心理咨询师可以运用专业的理论与方法，帮你清除心理上的垃圾，调整你在重压之下紊乱的心理，帮你找到解除压力的办法，使你重新找到欢乐。

(二)公共对策层面

要防止女性心理问题继续蔓延，并尽快提高她们的心理健康水平，我们还是要整合社会各种力量，为改善中国女性心理健康状况营造更加平等、和谐的性别文化与制度环境。

首先，要从社会性别的理论视角，结合临床和理论心理学的基础，对女性心理健康给出更加科学并符合女性性别实际的界定，尤其要在原来男性单一性别的解读与女性自我的理解以及双性化的综合分析的比较中，在过去与现在的时期比较中，在国外与国内的国际比较中，明确女性心理健康的多维标准，并转化为便于客观识别的具体指标，然后组织相关政府部门、研究机构和高校举行一次有代表性的全国抽样调查，以便对中国女性心理健康做出全面而客观的评价，发现女性心理健康问题的主要表现和明确要给予特别关注和公共扶助的人群。

其次，要进一步在百姓特别是各级决策者中牢固树立性别公平是最基本的社会公平、性别协调发展是最重要的协调发展的文化观念。用男女平等、性别和谐的先进文化取代传统的性别文化，并指导我们对已经建立和将要建立的各种制度、已经制定和将要制定的公共政策进行性别公平的梳理和修改，对我们每个单位的工作秩序、每个婚姻家庭的生活模式进行两性互相理解与尊重的调整和优化，在文化制度与日常生活工作两个层面消除一切可能危害女性心理健康的不良因素，变过去各种中间变量对女性心理健康的负面影响为现在的积极作用。

再次，要建立和健全心理健康知识宣传与教育、心理保健咨询与指导、心理疾病发现与治疗三位一体的公共服务体系。要整合有相关知识和经验的专家与实务人员组成女性心理危机干预中心，及时对心理健康有问题的女性提供必要的援助，使她们缓解各种情绪压力，学会积极面对社会现实，建设性地解决问题、排解困扰，减少危机事件的发生和负面影响的扩延。要加大心理健康医学与女性学的学科发展和专门人才培养，让心理健康教育与咨询进入城乡社区，进入大中专校园，甚至贯穿女性的整个生命周期。特别要在日常的两性互动中去了解心理需求和心理表现的性别差异，用彼此的尊重和关爱，用相互的理解和分担，来减轻现代生活给女性带来的精神压力和心理负担，增强她们自我爱护和科学调适的能力。

最后，各级政府和妇联组织要在维护女性心理卫生权益和改善女性心理健康当中发挥更为重要的作用。政府要通过对卫生事业公共财政投入的绝对数量增加和结构调整，以及对女性享受公共心理健康资源的权益保护，来满足女性人口对心理卫生公共资源日益增长的需要；在把改善女性心理素质纳入中心工作的同时，政府还要整合各种社会资源和力量，甚至加强与其他国家卫生部门、相关国际组织的合作，制定和形成比较符合中国客观实际的行动计划和工作团队，有针对性、有步骤地把提高女性人口心理健康意识和水平作为一项重要的社会工作在全国范围内展开。各级妇联要在女性心理卫生权益维护、心理健康知识普及以及特殊女性群体心理危机化解方面有所作为，不仅要在原来常规的妇联工作与中长期妇女儿童发展纲要中加入与改善女性心理健康有关的内容，而且还要设置常设机构，配备具有心理卫生学科背景的专业人员，专门负责这项工作，尤其要注意把提高女性心理健康水平与构建男女平等的先进性别文化和制度紧密结合起来，从根本上消除传统性别文化和制度对女性心理健康的不良影响。

第四节 ■ ■ ■

女性社会健康

本节就女性的社会健康问题及其在社会适应、社会支持以及社会参与等方面的性别差异进行分析，探讨当下社会中影响女性社会健康的主要社会问题，包括家庭暴力、自杀、职场压力以及性别歧视等，并提出一些相应的对策。

一、社会健康的定义

社会健康，又称为社会适应性，首先是由美国社会学家 Parsons 提出的，他认为个体的社会健康是指人们如何与别人相处，别人又是如何对他做出反应，以及他如何与社会制度和社会习俗相互作用,包含人格和社会技巧等方面的因素(Parsons,1951)。也有学者从社会适应和社会支持两个方面提出了社会健康的概念框架,社会适应包括社会关系满意度、社会角色表现和对环境的适应,社会支持包括社会网络和社会联系的满意度(McDowell & Newell,1987)。而有的学者则认为社会健康是指一个人与他人、邻里以及社区之间的关系好坏,是个人与其所处环境之间最优匹配的结果(Son,1993)。有学者强调,相比主要是私人现象的生理健康和心理健康,社会健康更多反映了一种公共现象,聚焦于成年人在社会结构、社区或组织中所遭受的社会挑战(Keyes,1998)。对女性社会健康问题进行关注有助于更全面了解女性的健康状况以及疾病对女性生理、心理、社会适应等多方面的影响。为此,学者们常使用社会适应、社会参与、社会角色或社会网络(支持)等作为女性社会健康的测量指标(Keyes,2006)。

二、女性社会健康的现状与性别差异

在我国,随着社会文明步伐的加速,经济的持续高速发展,生活水平的普遍大幅度提高,科学技术与国际逐步全面的接轨,人均预期寿命的明显延长,性别平等的倡导和明显改善,女性对高水平健康的追求和获得,已不仅可望,而且可及。妇女既是生物人又是社会人。随着人们对女性健康问题认识的深化,必然会考虑社会因素对女性健康的影响,女性的社会健康与其个人的社会角色功能、社会人际关系状况及其履行社会职责的能力等密切相关,下面将从女性社会适应、社会支持和社会参与三个角度分析女性社会健康及性别差异。

社会适应是个体与社会环境相互作用的过程以及个人与这种社会环境相处的状态,它是一种现有状态,也是一个持续的过程。在当代我国城市化进程中,女性社会适应问题突出表现首先是女性农民工的城市融入问题。面对城市融入,相比较于老一代农民工,新生代农民工表现出更多的迫切性,并且他们在精神文化生活、知识技能、住房保障、劳动权益保护等方面提出了更多的诉求。然而,由于受传统观念的影响,女性农民工面对这些诉求产生的问题则更加突出,心理压力显著大于男性,女性农民工弱势处境尤为严重,即在城市融入进程中女性农民工承受着更大的压力,处于更加弱势的地位。其次是农村女性婚姻移民的社会适应问题,学者邓晓梅在研究农村婚姻移民的社会适应及性别差异中发现,大部分婚姻移民社会适应的自我感知、社会关系、文化适应状况较好,78.5%的男性认为自己和邻居的关系好(和很好),而没有男性认为自己与邻居的关系差,但是有10%的女性认为自己和邻居的关系差,并且在经济适应程度上不如本地居民。也仍然有少数婚姻移民在文化、社会关系等方面还未能融入本地居民;在社会适应的自我感知上并没有存在显著的性别差异,但是在社会适应的不同方面,性别差异确实存在,比如在经济、文化和社会关系上男性要好于女性,而在家庭关系的适应上,随着时间的推移,男性存在较多的问题(McDowell & Newell,1987)。

社会支持是真实存在或被个体感知到的,由群体、社交网络或重要他人等提供的工具性或表达性(情感性)支持,对于促进个体的健康、减少身心疾病有重要作用。现代社会中,工作与家庭是群体成员最重要的生活两面。由于能力与时间的有限性,社会成员除了要履行社会给予的性别角色任务,即承担抚育子女、赡养老人与照顾家庭等职责外,还要承担工作所赋予的社会角色任务，即领导团队、发展下属与完成工作任务。相比起男性来说，女性在工作与家庭之间社会角色的不相容，更容易导致其自身的身心压力与角色冲突，进而导致生活质量与工作绩效的下降。并且具有传统观念的青年女性工作与家庭的冲突更为明显。但是有效的社会支持，比如完善女性职业发展相关体制、提升女性生育津贴、家庭成员以及其他社会资源分担家庭的责任等都可以有效缓解女性工作和家庭之间的角色冲突问题。比如学者陆慧(2010)在对女性成功的影响因素分析及成功模型的构建中指出家庭的期望，父母的世界观、价值观、工作态度、受教育水平对女性的事业发展起着极为关键的作用，同时丈夫的事业、态度对已婚女性的职业发展产生极为重要的影响。

女性社会发展的另一个重要表现是社会参与。无论是在中国还是在世界，掣肘女性社会参与的因素都有着不同的表现形式。在我国，第一，妇女参政比例过低。改革开放以来，虽然女性人大代表和女常委的比例稳中有升，但女代表的比例始终在20%左右徘徊，女委员的比例始终在13%左右浮动，女性的比例是男性的1/4到1/5，而全国政协女委员的比例始终在12%～18%左右徘徊，政协女常委的比例更低，约为10%左右，不及男性的1/10(陆慧，2010)。第二，妇女参政机会不均等。妇女参政机会不均等，不仅影响到女性的参与热情，而且被社会扭曲为妇女参与热情不足，形成既定的社会刻板印象。第三，农村社区妇女社会参与面临更大阻力。学者王琦、汪超在对农村妇女政治弱势问题的调研和对湖北省被调查的1350份问卷分析中发现，村妇代会作为调查对象占被调研妇女组织的50.7%，乡镇、街道妇联占14.5%，社区妇联占16.2%，机关、事业单位妇委会占14.3%，非公有制企业妇委会占3.7%，其他妇女组织占0.6%(谢治菊，2014)。促进农村妇女政治参与和实现性别政治权利平等系列制度的颁布出台经历了从政府承诺到执政党意志，从价值倡导到具体可操作性执行的明显变化，但该变化并没有打破不平等的政治性别结构，也没有赋予女性更合理、更明显的政治地位。第四，妇女承担了更多的家务劳动。家务分工的不均衡影响到社会功能特别是领导作用的发挥。第五，社会文化歧视。传统文化认为女性心胸狭窄，缺乏创新精神，决策能力弱。尽管科学已经证明女性的聪明才智并不弱于男性，但是社会依然习惯于将女性定义为“低素质者”。由此可见相比较于男性，女性的社会参与面临着更多的挑战与困难。

三、女性社会健康面临的问题

我国目前比较突出的女性社会健康问题主要集中在家庭暴力、自杀和性别歧视等方面。

(一)家庭暴力

《婚姻法解释(一)》第1条将“家庭暴力”定义为“行为人以殴打、捆绑、残害、强行限制人身自由或者其他手段，给其家庭成员的身体、精神等方面造成一定伤害后果的行为”。《反家庭暴力法》第2条将其规定为“家庭成员之间以殴打、捆绑、残害、限制人身自由以及经常性谩骂、恐吓等方式实施的身体、精神等侵害行为”。由此可见，对家庭暴力定义的范围从单一的对身体的伤害方式扩大到对身心的伤害方式。并且强调只要有“侵害行为”就足以成立家庭暴力，不再要求“造成一定伤害后果”。

家庭暴力具有严重的社会危害性。家庭暴力不仅威胁到受害者个人的生命安全，还严重地伤害受害者的身心健康，女性在遭受家庭暴力后，容易产生恐惧害怕，自卑绝望等消极的情绪心理。当女性不能忍受其丈夫的暴力时，会通过离家出走、离婚以及以暴抗暴等途径来摆脱暴力伤害。在不能够有效及时地阻止暴力行为发生，以及受害女性完全不知道如何用法律的手段来保护自己时，在长时间因为遭受暴力而产生的扭曲心理下，极有可能采取故意杀人来阻止自己被继续伤害，从而可能会导致一个完整家庭破裂和毁灭。而经常有家庭暴力发生的家庭，也严重地影响着孩子的身心健康，会导致孩子恐惧，憎恨等心理的产生，使其变得自卑、孤僻，不利于小孩的学习和生活，更甚至于会导致孩子离家出走、荒废学业，走上违法犯罪的不归路，非常不利于社会主义和谐社会建设。

（二）自杀

自杀是指个体蓄意或自愿采取各种手段结束自己生命的行为。自杀这件严肃的事情不仅意味着一个生命的逝去，给亲人和家庭带来巨大的悲痛，而且往往是令人担忧的社会现象。自杀作为一个世界性的社会问题，已逐渐引起了人们的关注。在中国社会，有别于其他国家自杀的特点是其他国家都是男性自杀率高于女性，只有中国，根据调查显示女性自杀率高于男性，并且中国农村 15～34 岁青少年女性的高自杀率是造成中国农村女性高自杀率的主要原因（王琦、汪超，2019）。

《自杀研究》是贵州省社会学学会会长李建军教授 10 余年来对自杀问题研究的集大成之作。书中写到中国女性自杀类型有集体自杀、成年女性的“毁家自杀”、殉情与婚恋矛盾自杀、失恋型自杀、殉情型自杀、婚姻破裂及婚外情造成的自杀等。为什么中国是唯一一个女性自杀率高于男性的国家？特别是中国农村女性自杀问题最为严重。贫困不是中国农村女性自杀的第一原因，非经济因素影响更大。《自杀研究》给出了五点原因：第一，中国农村女性作为一名女性而且是农村女性这样的双重角色，让其遭受到性别歧视和身份歧视双重歧视。女性是一个弱势群体，在经济条件和教育相对落后的农村，女性天然就背负着挫折，面临着重重障碍。第二，传统人格的缺陷。中国女性向来被要求要听话、顺从，要学会“忍气吞声”，渐渐形成了中国女性人格中的内倾型和自虐性。第三，农村地区农药泛滥，加之公共卫生体系薄弱，自杀工具随处可得，医疗救护条件落后，使得自杀成功率高。第四，家庭婚姻问题是中国农村女性自杀的第一位原因，15～39 岁的农村女性正经历着从恋爱到嫁娶成为人妇的重要阶段，在这一阶段中要闯五关——选夫关、彩礼嫁妆关、婆家相处关、生育关和家庭重担关，每一关都使农村女性面临各种受挫打击。第五，受民工潮的影响，女性更容易招致挫折、身心疲惫、心理压力大以及长期处于压抑状态，身为女性已经天生就面临很多挑战和挫折，而身为农村女性在生活旅程中更是不容易。

（三）性别歧视

根据联合国《消除对妇女一切形式歧视公约》，性别歧视即基于性别所做的任何区分、排斥或限制，其结果和目的是损害或否认妇女（无论婚否）在男女平等基础上的认识、享有或行使在政治、经济、社会、文化或任何其他方面的人权和基本自由，而劳动力市场中的性别歧视表现为具有相同生产率特征的个体仅仅因为性别不同而受到不同的对待，传统观念和广泛存在的非正式制度导致性别歧视的产生和巩固，而劳动力市场分割又加深了这种社会性别的排斥程度。人类社会针对女性的性别歧视由来已久，这与古代社会分工下男子在家庭、社会中的主导作用有关。随着近代工业和新兴产业尤其是第三产业的兴起，社会分工越来越细密，女性在社会中的角色日益重要，其性别的劣势逐渐减弱，为经济

发展、社会进步做出了很大的贡献。然而,社会意识形态的相对独立性却使得针对女性的性别歧视长期存在,并对社会发展造成了持续的负面影响,其中就业性别歧视问题相对显著。现实社会中的政治经济制度区别对待男性和女性的现象仍然存在,其突出表现即是女性在就业时遭遇的就业机会、工资待遇方面的歧视政策,这限制了女性能力的发挥。

首先,在就业进入阶段,《劳动法》中对两性平等及就业问题已经提出了极为明确的要求,即用人单位需要依照统一的标准招录职工,不能出现歧视女性以及使用不正当理由拒绝女性正常就业的行为。然而女性就业中经常会出现用人单位招聘只招收男性,或者优先考虑男性的行为。2017 年全国妇联曾在 62 个定点城市进行女性就业调查,调查结果显示,67%的用人单位设定了招聘性别关卡,甚至明确提出女性在聘用期间不允许生育(李建军,2013)。以苏宁为例,苏宁部分部门的招聘要求女性必须已婚已育,此种硬性条件,自然会给女性的一次就业带来困难,且阻碍已婚未育的女性就业。近些年伴随我国与国外接轨,一方面劳动力市场人才流动的速度加快,但是另一方面大学生扩招等政策的执行,又使得就业机会与需要就业量之间存在一定的差距。在针对企业调查时,中国人民大学劳动学院得到的调查结果是 56% 的企业在薪酬同等的前提下,更愿意招收男性大学生(李建军,2013)。由此可见,在就业市场中,同等学历的前提下,男女就业存在的不对等,会导致性别面前学历价值同样出现不对等。而此种不对等,恰是女性在就业市场中很难跨越的意识屏障。

其次,在就业过程中女性也遭遇许多的不平等对待。第一,同工不同酬。即在同一个岗位中,同样的劳动付出,取得的劳动报酬却不同。这种明显带有性别歧视的用工行为不仅会严重挫伤女性工作的积极性,影响其潜能的最大化开发,同样会影响女性职工的职业发展,尤其是影响女性员工为谋求职业成长而对自身进行多方面的投资,进而影响到相关产业的发展。第二,职业选择区隔。常态下,按照社会大众意识,女性选择的职业往往集中在具有服务性质的、非研究行业,而男性主要承担研究类、金融类等的比较“高精端”的岗位要求。如此下去,两性的收入差距会拉大,使女性在生活中不得不继续依附于男性,维护传统两性社会、家庭地位。这种职业选择区隔并不仅仅是社会强加给女性群体的,在女性群体的成长过程中,很多女性已经在潜意识中“烙下”此种意识的印记,继而导致其职业类别的选择和发展方向备受限制。第三,职业晋升的“天花板”。这种状况在女性晋升、职业发展的过程中屡见不鲜。当然,晋升天花板并非可触摸到的,而是基于传统社会观念的长期影响而出现的,致使女性需要付出远高于男性的努力,才有可能在晋升中获得职位。这种障碍主要集中在职业高位中,如女警司、女高管等。

四、女性社会健康的提升对策

(一)应对女性家庭暴力问题的对策

首先,不断地增强女性的法律意识。国家和社会各界要不断地完善并落实反家庭暴力法,提高普法宣传教育的精准性,加强对女性的普法宣传和教育,提高女性的法律知识水平,培养女性的法治观念,增强女性的法律意识,让女性在遭受伤害时,勇于拿起法律武器来保护自己。其次,进一步完善相关的立法。反家庭暴力法在解决现如今社会存在的家暴问题中发挥了很大的作用,但是伴随着社会经济生活的不断发展与变化,一些法规并不能够对应一切的社会现象,必然会有一些法律上的漏洞会被不断地发现。随着社会不断向前发展,国家司法机关应该不断充实在女性维权方面的法律法规,出台更加完善有效的相关法律规定,形成一个全方位维护女性权益的有效法律体系。最后,社会各界协同合作。改变人们把家暴认知为家庭内部私事的老旧思想,不断地提升整个社会对家庭暴力行为的正确认识,执行自己作为基层单位与执法单位应尽的责任与义务,为遭受或疑似遭受家庭暴力侵害的女性提供有效的社会保障和法律保护。

(二)应对女性自杀问题的对策

首先,加大宣传教育力度以及加强科普宣传,破除大众对自杀现象的误解、歧视;鼓励女性在遇到心理健康问题时,勤于自助,善于求助,乐于互助;积极倡导“每个人是自己心理健康第一责任人”的健康理念,形成良好的心理健康氛围。从专业角度看,普及科学的心理健康知识,有助于改变认识,并内化为个人的观念,改变个体或群体的态度,最终促进积极的行为。大量实践经验表明,普及危机干预知识,增强对心理危机特别是自杀征兆的敏感性,是群众性自杀预防的关键要素。其次,加强危机干预机制体制建设,积极推行三级危机干预预警体系:一级预防,改善宏观社会环境,政府加强和创新社会管理,正视社会矛盾和人民需求,让社会充满公平正义,让人民分享更多的改革发展成果,为社会成员营造一个良好和谐的社会环境,提高社会成员的幸福指数从而有效降低自杀率;二级预防,拯救徘徊在生死边缘的绝望者,对救助对象进行危机评估,根据评估结果进行危机干预,构建针对绝望者的社会环境支持网络,并且减少自杀环境中自杀工具的近便性和可用性;三级预防,防范自杀未遂者再度行动。死都不怕还怕什么?活着才有希望。

(三)应对性别歧视的对策

首先,推进女性的健康发展,逐渐消除性别的社会歧视,促进两性文化走向现代化。女性发展并不意味着女子男性化,也不意味着变妇从夫为夫从妇。凭借革命热情、意识形态和政权强制力,可以使女性在一段时间内获得轰轰烈烈的发展,但要保持长久的发展动力,必须在市场经济条件下寻求多元的推动力量。构建现代两性文化,应在现代平等精神原则的基础上,鼓励男女两性全面发展人的能力和智慧。构建新型两性文化,尊重男性的感情发展和女性的自信与坚强,一个健康积极的社会应寻找协调的而非对立的标准来评价两性及其关系。其次,积极发挥社区服务和非正式的社会网络对女性的社会扶助作用。在发挥社区服务作用的过程中,随着市场经济的发展和企业社会功能的剥离,非正式的社会网络在弱势群体的社会支持结构中已开始发挥越来越重要的作用,其中,血缘关系在经济上和就业上给予女性最重要的支持。如果人与人之间都能互相支持,同舟共济,社会网络就能充分发挥全方位的社会扶持的作用,女性便可以减少对单位、对国家的依赖,取得更多的自主空间,国企改革、市场经济的发展也将会有更稳固的社会基础。除了直接向女性提供再就业服务外,还要向她们提供诸如住房服务、子女就学服务、老人照顾服务等,以解除她们的后顾之忧。最后,加强相关政策技术的探索和研究,强化法制的监督和保障作用。尽管我国现在的法制还不很健全,法制在消除政治经济制度以及职业性别歧视上的努力还不够理想,但随着政府宏观管理手段改革的进一步深入,法制将成为社会管理的最有效手段。强化法制作用,必须加强相关政策技术的研究,立好法、执好法,同时加强各法律、政策间的配套与协调,切实保障女性基本权益。

第五节 ■ ■ ■

女性健康问题的女性学解释

女性学理论的发展有一个逐渐明朗的过程，其发展大概可以分为三个阶段。在18世纪末期，女权运动首先在法国爆发，然后从法国扩展到英国和美国；从19世纪初期至第二次世界大战期间，第二次女权运动兴起，女性解放阵营逐渐转向了美国；第三次妇女运动浪潮是从二战结束后至今。这三个阶段创立了三大理论，即马克思主义妇女理论、女性主义理论和社会性别理论，此外还应包括性别和谐理论。本节就女性学相关的以上四个理论对女性健康及其性别差异进行解释。

一、马克思主义妇女理论对于女性健康及其性别差异的解释

马克思主义妇女理论认为，生产资料私有制的出现是妇女受压迫的根本原因，社会阶层的对立导致了男性对女性的奴役，强调了经济因素对于两性不平等的重要作用，而一夫一妻制家庭制度的出现是妇女受压迫的另一根源，同个体婚制下夫妻间的对抗发展同时发生，一夫一妻制的特殊性使得其对女性的约束远大于对男性的约束，阶级的对立以及不平等的婚姻体制影响了女性的社会参与及其身心健康。因而妇女解放的基本前提是消灭私有制，让私人的家庭经济变为社会的劳动部门，让妇女回到公共的劳动中去。另外，女性生理上的体弱是其受压迫的又一个根源，男女两性在生理上的差距导致女性在社会竞争中处于弱势地位，因而社会应该给予女性更多的资源倾斜。马克思主义妇女观强调，现代工业能解决妇女在公共劳动中的不利地位，妇女通过大量参与社会劳动从而减少家务方面的占用时间，把私人的家务劳动溶化在公共事业中，从根本上实现男女两性的平等；妇女解放的程度是衡量普遍解放的天然尺度；生产关系、生产力水平、物质生产水平以及精神文明程度等都是影响妇女解放的重要因素，也是影响女性健康的重要因素。最后，马克思主义妇女观还提出了让妇女能平等地进入公共产业，应该解决一系列有关家庭和生育问题，孩子由国家来进行抚养，国家提供幼托中心、公共食堂等措施，以及由国家来承担原来由妇女承担的家庭职能，从而实现家庭经济职能的转换等一系列进入社会主义的设想。马克思主义妇女观一方面注重妇女对物质资料生产的重要贡献，另一方面又十分重视妇女在人口生产方面对人类的特殊贡献，这些设想为女性的社会福利以及生育制度的改善和发展产生了积极的影响。

二、社会性别理论对于女性健康及其性别差异的解释

社会性别理论认为，社会对两性角色和行为的期待往往是对两性生物性别的延伸，人们现在的性别观念是社会化的产物，是可以改变的，它对传统的生物决定论以及女性的社会角色都提出了有力的挑战。消除一切形式的性别歧视和性别不平等是实现社会分工和人类和谐的有效途径。男女平等是衡量社会文明与进步的重要尺度和标志，占人口半数的女性得不到发展，这个社会就不能称为一个文明和谐的社会。只有把妇女发展与社会

进步的目标结合在一起，推动女性与男性协调发展、妇女与自然和谐发展，才能加快人类的文明进步。男女各自的观察、经历和体验模式是不同的，这显示出两性对人类生存状况与发展的不同感受和价值观。当人们试图消除性别差异以期达到某种公正的社会待遇时，性别差异问题反而显得更加突出。因此，消除一切形式的性别歧视和性别不平等是实现社会分工和人类和谐的有效途径。社会性别理论分析“男女平等”问题，就是以男女两性社会差异为主要内容，是在肯定男女两性自然性差异的基础上，关注他们的社会差异，即所谓动态的性别公正。这种性别平等，是在人文关怀的背景下，希望在人与人相互尊重的基础上，建立一种平等、互助的伙伴关系，是一种哲学意义上观察世界的理论视角。

社会性别理论强调，男女两性在生理等方面的差异不足以造成女性的弱势地位，正是社会文化使得“男强女弱”的性别观念得以复制和延续。不可否认，男女两性存在着不同的生理结构和生理机能，从生物学的角度，两性的差异主要表现在染色体、性腺、性激素、解剖结构、生理机能、身体形态和运动机能等方面，两性在下丘脑垂体激素分泌模式、大脑空间信息处理能力、语言能力等方面也呈现不同的特点，但这种差异并不是差距，更没有高低之分。事实上，目前已有的相关研究显示，同性之间的个体差异甚至远远大于男女两性之间的差异，“男强女弱”更多的是受社会文化的影响，是几千年的封建文化造就的结果。随着现代社会的发展以及知识经济、信息时代的到来，男女两性在体力上的差异将日益被智力所取代，女性参与社会发展的空间会越来越大，发挥才华的机会会越来越多，这必将为女性广泛参与社会发展提供前所未有的契机和条件。

因此，在社会性别理论的视角下，帮助女性培育健康的人生观价值观应该引领女性树立女性主体意识和自尊、自信、自立、自强的“四自”精神，培育正确的人生观；帮助女性科学认识性别和性别差异，树立积极的发展观。引导女性克服传统性别角色的束缚，重建正确的女性价值观，促进自身多元化发展。使得当代女性能够克服传统性别文化的羁绊，培养独立、自信的精神品质，摆脱传统的性别角色分工模式，发掘女性潜力，把握发展机遇，提高其对未来人生发展的信心和能力，增强使命感和责任感，引导女性以全新的精神面貌寻求更高层次的全面发展。

三、女性主义理论对于女性健康及其性别差异的解释

女性主义理论在对普遍性和差异性的争论上由开始的认为女性普遍性地处于从属地位，到后期认为在不同社会制度和文化背景下的女性群体，或同一社会制度和文化背景下不同群体、不同类别的女性群体，存在着女性从属地位所表现出来的差异性的转变。因此应该关注不同女性群体所面临的健康问题的差异性，如全职家庭主妇面临的家务压力、家庭关系以及家庭暴力问题；职业妇女所面临的职场压力、职业疾病、职场性别歧视以及职场性骚扰等问题等。在对平等与公正的争论上，女性主义经历了从起初的要求与男人完全平等，到后来的要求与男人差异性平等，再到后现代的要求在动态之中寻求差异平等的过程。性别观从现代女性主义要求以男性为标准的两性平等，到男女在差异中追求平等，再到否定二元论，颠覆传统思想的后现代转向，无疑开启了一个新的性别时代。后现代女性主义认为不论男女，还是二元以外的所有人，都可以在不受各种成见和歧视的情况下，自由发展个人能力和自由做出选择，其观点不再局限于二元结构中，支持更广泛的全世界

所有受压迫、受排挤、受歧视的群体都能得到同等的重视和公平的对待。因此，可以说，后现代女性主义的性别观在关于平等和差异的问题方面，是对现代女性主义理论的继承和超越。在对本质主义和社会构造论的争论上，本质主义求助于生物学或遗传基因的作用，认为女性的角色定位是先天性的；社会构造论批判了本质主义的片面性，并认为造成女性从属的原因在于社会、文化的作用。人类中心主义和男性中心主义相互交织的思维模式导致了现行社会价值观念的失误，女性在社会生活中一直处于底层状态，是被权力中心拒绝的"边缘人"，无论在制度还是文化上，都被标志为一种相对于男性的"他者"身份，她们没有表达自身意志的权力。男女不平等、女性受歧视不是简单的性别关系之间的错误建构问题，而是想要表明性别关系的不平等，透露出一种文化危机和道德危机。

四、性别和谐理论对于女性健康及其性别差异的解释

性别和谐理论认为男女性别平等虽然被写进了宪法，但是在一个男权主义的社会中，将已经确立的男性标准作为女性检验自身发展，或个人价值的尺度的性别平等并不是真正意义上的性别平等。要在正视男女两性性别差异的基础上实现男女两性的性别平等，发展"双性同体"观，需要更加关注两性在家庭及社会生活各个方面的性别关系。首先应该承认两性生理差异的合理化和平等化，在此存在的前提下，对女性因生理上异于男性的特殊性进行必要的保护，女性因生殖生理上的特殊性比男性更需要相关制度以及社会资源的倾斜，比如完善女性生育保障制度等。其次要建立新型家庭关系，新型的夫妻关系，是一种平权的和谐模式。在这一模式下，女性不但要与男性共同承担建设和服务家庭的责任，也要享有共同商定家庭事务的决策权，在家庭层面实现男女两性的权利与义务的平等。再者是创造新型工作关系，创建健全的就业模式，改善职场性别歧视和职场性别隔离问题，使得女性能与男性一样平等参与到职业建设中。最后是建立新型的两性文化观。观念是行为的指南针，只有建立真正平等对待两性的性别观念，正视男女两性的性别差异，才能创造一个和谐的两性世界，构建一个可持续发展的和谐社会。

第六节 ■ ■ ■

健康政策与立法的女性学思考

妇女健康是中国妇女发展与性别平等的优先发展领域，国家从法律政策保障与制度建设等各个方面为提高妇女健康水平提供支持，全球化和市场化的宏观社会背景又使妇女健康面临重大挑战。本节就女性健康政策与立法的发展，从女性学的角度对其进行分析，并提出完善女性健康政策与立法的相关对策。

一、全球妇女健康政策的兴起

20 世纪 60 年代，因为不满于医疗信息以及医疗政策长期以来多被男性权威主导的医疗体系控制，欧美妇女健康运动提出了妇女健康决策、服务和研究应该以满足妇女的需求为中心的观点。自此国际社会开始了跨世纪的妇女健康运动和妇女健康政策改革。联

合国透过1976—1985年的妇女工作十年规划，推进世界妇女的健康和保健工作，并带动了国际社会女性健康政策的兴起(全国妇联国际联络部，1995)。1985年世界卫生组织提出“妇女、健康与发展主题”，并于1992年成立全球妇女健康委员会，把妇女健康工作纳入正规的行政体系中。1995年联合国第四次世界妇女大会《北京行动纲领》提出“社会性别主流化”的策略，要求各成员国将其运用于包括妇女健康政策在内的公共政策的实施和改革中(张开宁、张桔，2007)。欧盟在1996年成立了European Advisory Council for Women's Health(EAC)以整合欧盟内妇女健康的工作。1998年世界卫生组织提出“健康公平性”的主题，并将性别、种族和贫穷并列为议题。1999年世界卫生组织成立“妇女健康部”(Women's Health Institute，WMH)，2002年通过“性别健康政策”，成立“性别暨妇女健康部”(Gender and Women's Health，GWH)，要求WHO所有的计划和方案都需要考量“性别议题”，并将性别平等与对妇女的增权列为重点目标，以促进各国认识和关注文化与生理对妇女健康的影响。美国、澳大利亚、加拿大、新西兰等国不仅更新了妇女健康的定义，而且以妇女为对象的健康政策逐渐多元化，针对其国内特殊的妇女健康问题，制定完整的妇女健康政策。

二、我国妇女健康政策

我国妇女健康政策，主要见诸宪法的基本国策、劳动保护政策、社会保障法规、妇女福利政策纲领及政府所发布的妇女政策。改革开放以来，我国形成了较为完善的保护妇女健康权的法律体系。

(一)计划生育政策与生殖系统健康政策

1993年3月，第五届全国人大第一次会议将“国家提倡和推进计划生育”的条款写入《中华人民共和国宪法》，从此以国家政策、地方法规和行政手段为主推行计划生育。2002年《中华人民共和国人口与计划生育法》颁布实施。作为基本国策的计划生育政策，很多内容涉及妇女生殖健康方面，可视为女性健康政策的组成部分。2015年10月29日，党的十八届五中全会会议决定，坚持计划生育的基本国策，完善人口发展战略，全面实施一对夫妇可生育两个孩子政策，积极开展应对人口老龄化行动。2016年1月5日，中央发文明确生育两孩无须审批，由家庭自主安排生育。

(二)女职工劳动保护政策

早期与妇女健康有关的政策措施以劳保政策和《中华人民共和国劳动保险条例》(1951年)中的女工保护条款为主，主要内容包括产妇的生育待遇、医疗服务和生育休假安排等。生育保险金包括在劳动保险金之中，实行全国统筹与企业留存相结合的基金管理制度。1955年国务院出台《关于女工作人员生产假期的通知》，使“机关女工作人员”也有了基本相同的制度保障。早期这些规定主要是沿袭19世纪欧洲国家的法令，将女工与儿童视为工作场所中的弱者而进行特别保护。女工方面主要是保护女性顾及家庭以及生殖的能力不会因工作而被破坏，能安全生育后代成为新的劳动力。后来在此基础上，国务院于1988年发布《女职工劳动保护规定》，劳动部于1990年发布《女职工禁忌劳动范围规定》，卫生部、劳动部、人事部、全国总工会、全国妇联于1993年联合发布《女职工保健工作规定》，这些规定组成了现行的女职工劳动保护法规体系，主要是延续20世纪带有强烈

“计划经济时代”特色的女职工劳动保护，内容涵盖了劳动妇女的身心健康及生理特殊需要方面，较多保护怀孕妇女，将就业妇女的健康置于法律条文的保护之下。这是保护性平等制度，即承认女性不同于男性的生理特征和传统照顾角色，通过保护女性的特殊生理和照顾角色，进而实现平等。目的是减少和解决女职工在劳动和工作中因生理特点造成的特殊困难，保护女职工的身心健康及其子女的健康发育和成长，提高民族素质。2019 年发布的《新劳动法》第 42 条指出女职工在孕期、产期、哺乳期时，用人单位不得与其解除劳动合同，保障了女职工在特殊时期的权益。

(三)母婴保健与公共卫生政策

新中国成立后，为了降低妇婴死亡率，更为全面深入地控制城市卫生保健，政府通过颁行法规、设立机构、宣传常识等措施，开始推动妇幼卫生的工作。我国的妇幼保健机构是新中国成立后最早建立的公共卫生服务机构，是国家提供妇幼保健和基本医疗服务的主导力量。解放初期，妇幼卫生工作坚持“预防为主”，以推广新法接生和妇科病普查普治为主要工作内容。20 世纪 60 年代后期，妇幼保健机构逐步恢复和建立健全，逐渐形成院、所、站三级妇幼保健网络。1995 年《中华人民共和国母婴保健法》正式实施，该法对婚前保健、孕产期保健和婴儿保健进行了明确规定，使母婴保健事业走上了法制化管理的轨道。2001 年国务院出台了《中华人民共和国母婴保健法实施办法》，进一步规定了婚前保健、孕产期保健、婴儿保健、母婴保健医学技术鉴定和母婴保健监督管理工作方面的职责部门和工作内容，之后又发布了《产前诊断技术管理办法》《婚前保健工作规范》《孕前保健服务工作规范》等配套文件。通过不断完善政策法规，至今已经形成以一法(《母婴保健法》)两纲(《妇女和儿童发展纲要》)为核心，涵盖国家宏观卫生政策和妇女儿童健康保护专项法律法规的政策体系。

(四)妇女福利政策纲要

中国妇女健康发展在 20 世纪年代迎来的一个重要契机，就是 1995 年联合国第四次世界妇女大会在中国北京的召开，会议通过了著名的《北京宣言》和《行动纲领》。在《行动纲领》确定的 12 个战略目标中，“妇女与健康”被列为第三个战略目标，指出“妇女有权享有能达到的最高身心健康的标准”。根据世妇会的精神，在我国于 1995 年制定和发布的《中国妇女发展纲要》(1995—2000 年)和 2000 年制定的《中国妇女发展纲要》(2001—2010 年)的战略目标中，“妇女与健康”都被列为主要的战略领域，健康被认定为妇女生存和发展中最重要的基本权利。2018 年《中华人民共和国妇女权益保障法》中第 6 条指出各级人民政府应当重视和加强妇女权益的保障工作；第 7 条指出中华全国妇女联合会和地方各级妇女联合会依照法律和中华全国妇女联合会章程，代表和维护各族各界妇女的利益，做好维护妇女权益的工作。

三、健康政策与立法的女性学思考

(一)社会性别与女性健康政策

社会性别区别于以人的生物特征，亦即先天两性生理差异为标志的生理性别，指的是以社会性的方式构建出来的社会身份和社会期待。人们的社会性别身份决定了社会如何看待男人和女人，并按一定的模式期待男人和女人思考和行动。在社会性别理论看来，任何政策必须满足全体社会成员的需要而不是部分人的需要，作为不同性别的利益主体具有不同的需要取向和收益函数。在传统的社会政策领域中，分析所关注的主体和客体都是非性别化的，女性和她们的利益被边缘化，体现在健康政策上，表现为中性的、不考虑性别的健康政策带给女性和男性实际可以享有的利益的不平等。政府有责任创造相等的获得健康的机会，并将不同社会人群健康的差别降到最低水平，致力于促进男女之间在整个生命过程中享有健康的公正性与平等性。政策选择必须保证对男女两性都是公正的，以男女各自的性别特征和需要为尺度来制定。因此，应该在健康政策改革中纳入社会性别意识，加强性别平等的敏感度。

女性主义理论认为，社会性别机制包括法律制度和文化意识形态。社会性别范畴的核心强调基于性别的权利结构，以凸显男女不平等的社会性别关系。它将不合理的社会性别制度浮出水面，并促进不平等的权力关系的改变，使女性能够同男性平等的参与和平等地获利。女性相比较于男性在面对不同的社会现实、生活期望、经济环境等方面可能会因性别因素而受到歧视，因此应注意到法律以及公共政策对女性和男性的不同影响，特别是对女性带来的负面影响。社会性别分析并不要求男女享有完全同等的待遇，也不允许涉及男女差别时，因为女性的特殊之处而对其歧视。

生理性别和社会性别与健康均密切相关。生物生理因素会导致健康与疾病，比如，女性会因其生理特殊性而有其特殊健康议题，如女性因生殖与生育需要更多健康资源，需要更多关注；而社会对不同性别所持有的期待导致制定的健康政策易对男女两性健康造成不同影响，比如，生殖健康政策中对两性节育避孕角色的不同期待和责任分担对女性健康有重要的影响。基于社会性别视角对妇女健康政策的分析表明，现有的妇女健康政策没有与时俱进地有效回应妇女的特别需要，而且强化妇女的角色定型，处于劣势地位的女性在健康政策中利益受损，妇女健康政策最终加剧了性别差异和不平等。因此，在健康政策和制度制定中，要以对女性因历史造成的权益受损进行弥补和对女性进行保护为现实目的。鉴于女性在健康领域所处的弱势地位，政府应加大对女性卫生保健资源的投入，在卫生资源筹集和分配中适当向女性健康促进倾斜，以消除传统的社会性别结构来改变社会性别秩序、实现两性和谐均衡发展为长远目标，以确保维护社会成员之间公平发展目标的真正实现。

（二）政府妇女健康政策和行动的不足

第一，社会性别意识有待增强。由于社会性别意识还没有完全纳入妇女健康政策并成为良好的公共卫生规范，因此，对性别角色及不平等的性别关系与其他社会和经济变量相互作用造成的性别不公平缺乏足够认识，对妇女保健的公共投入相对不足；政策和行动更多地关注妇女的生育者角色，而对妇女其他角色的需求有所忽略，缺乏对妇女整个生命周期的关注，青少年和老年妇女健康没有得到足够重视；在识别妇女健康问题和进行妇女健康决策时，对妇女的呼声倾听不充分，其需求没能得到充分满足；政策更多的是自上而下的提供，妇女作为健康的主体，其能动性没有很好地发挥出来，赋权妇女不足；对妇女群体的阶层分化关注不够，对流动妇女、残疾妇女、贫困妇女等弱势妇女人群，医疗保健服务需求供给不足；对男性的角色和责任、处理妇女健康问题时的立场、观点和态度关注不够，不能吸引男性更多地参与到妇女健康促进中来，以及性别统计要求更多停留在纸面，具体落实不够切实。

第二,政策和行动还缺乏整体思路和框架,政策的连续性和项目的可持续发展受到挑战。现有政策措施和行动多是一些部门和公民社会推动的结果,而不是在系统整体的妇女健康发展思路和政策框架下的整体性行为,因此,政策和项目多是短期化运作,如果推手松懈,财政支持减少,项目的持续性和长效性就会出现问题。因此,根据国情和妇女健康需求制定中长期妇女健康促进战略,并在此框架下设计具体行动计划就显得非常必要。

第三,法律政策落实缺乏强有力的规范措施。妇幼保健等法律法规还存在执法不严、执法监督不力的情况,母婴保健和计划生育服务工作规范化、制度化建设亟待深化,行政管理和技术服务人员依法行政、依法服务的能力也亟待加强,技术服务机构和人员的准入制度也需要不断完善,对无证行医、非法 B 超鉴定婴儿性别、非法终止妊娠、非法接生等行为的打击力度要加大。

第四,健康服务领域和视角应进一步拓宽。过往的政策和行动更注重妇女的身体健康,对妇女心理健康和社会适应性关注不够;对市场化、商业化、全球化给中国妇女健康带来的消极影响缺乏性别关注,对气候和环境变化给妇女健康带来的风险缺乏性别敏感;对妇女健康政策研究重视程度不够。

第五,对社会资源整合的力度需要进一步加大。卫健委等责任部门对其他社会力量的主动动员和联合,对非政府组织作用的发挥,特别是对国际国内卫生资源和适宜技术的利用都需要进一步加强。

(三)关于妇女健康政策与立法的建议

第一,不断完善国家促进妇女健康的法律和政策。进一步把社会性别视角引入政府健康决策,推进卫生领域的社会性别主流化进程,确保男女两性在健康水平和健康资源利用方面的公平性。加强母婴保健法律法规的执行和监督,使母婴保健工作规范化、制度化。进一步完善城乡基本医疗保障和救助制度,从制度层面保证妇女,特别是城镇贫困妇女、农村妇女充分享受卫生保健服务和提高抵御疾病风险的能力,扩大新农合报销范围和基本医疗保障报销范围,并对妇女重大疾病的诊治费用给予适当补偿。将妇幼卫生经费进行独立预算,增加政府对妇女保健的公共投入,特别是向农村与边远地区进一步倾斜,保障妇女健康事业的公益性和均衡发展。加强预防性妇幼卫生的公共服务,提高基层妇女保健队伍服务能力和妇女保健系统的效率。建立相关部门的协调合作机制,将妇幼卫生发展与经济社会政策有机地结合起来。

第二,进一步加强部门措施和行动。树立先进的卫生服务理念,实现医疗卫生服务观念和服务模式向以人为本和以保健为中心的根本转变,依法为妇女提供健康教育、预防保健、计划生育技术服务、妇女常见病筛查、妇幼卫生信息管理等公共卫生服务,适当开展与妇女健康密切相关的基本医疗服务。加强妇女保健和计划生育服务机构的规范化建设,提高基层妇女保健队伍服务能力、服务质量和工作效率。加强与民间组织的交流与合作,进一步实现资源共享,优势互补。加强对市场化、商业化、全球化给中国妇女健康的消极影响以及对气候和环境变化给妇女健康带来的风险进行的监测评估。加强健康政策研究和分性别的信息收集与分析。

第三,进行社区动员和社会宣传,为妇女健康创造支持性环境。加强妇幼保健法律法规的普及、宣传和教育。开展社区健康教育，培养科学的生殖健康知识体系和行为习惯，增强妇女自我保健的意识和能力。加强社区文化建设和传媒管理，宣传先进的生育文化和健康观念，确立关心和支持女性健康发展的价值导向。

思考题

1.简述生理健康的定义及其重要性。

2.女性社会健康有哪些测量指标？

3.女性生理发育包括哪几期？各期有哪些健康重点？

4.传统理论流派和女性学流派在女性健康问题上有哪些观点差异？

5.如何理解女性生殖、生理、心理、社会健康四者间的关系？

6.你认为，关注女性健康有哪些方面的意义？

参考文献

[1]翁梨驹:《女性生殖健康》,《中国临床医生杂志》,2001 年第 29 期

[2]胡玉坤:《性与生殖健康的青年友好服务——国际理念与中国探索》,《人口与发展》,2010 第 6 期

[3]宋月萍、李龙:《新生代农民工婚恋及生殖健康问题探析》,《中州学刊》,2015 年第 1 期

[4]张灵敏:《中国大陆流动女工健康研究述评》,《妇女研究论丛》,2014 年第 4 期

[5]张苹、胡琪:《流动青少年生殖健康的家庭影响》,《当代青年研究》,2014 第 3 期

[6]郑晓瑛、陈功:《中国青少年生殖健康可及性调查基础数据报告》,《人口与发展》,2010 年第 3 期

[7]胡玉坤:《庞大群体的生殖健康危机——中国人工流产低龄化问题透视》,《社会科学论坛》,2015 年第 11 期

[8]舒星宇等:《1990—2010 年七县(市、区)计划生育/生殖健康服务研究——兼论新时期农村计划生育/生殖健康服务发展》,《人口与发展》,2017 年第 1 期

[9]萧扬:《社会性别视角下的妇女生殖健康》,《浙江学刊》,2001 第 5 期

[10]丁贤杉等:《流动人口艾滋病知识、态度及高危行为分析》,《中国公共卫生》,2006 年第 11 期

[11]舒星宇等:《农村围更年期女性人口生殖健康服务现状与发展战略研究》,《人口与发展》,2015 年第 3 期

[12]贺丹等:《2006～2016 年中国生育状况报告——基于 2017 年全国生育状况抽样调查数据分析》,《人口研究》,2018 第 6 期

[13]董琳:《心理卫生健康——计划生育服务的新视点》,《中国计划生育杂志》,1999 年第 10 期

[14]胡玉坤:《疾病负担、结构性挑战与政策抉择——全球化图景下中国农村妇女的健康问题》,《人口与发展》,2008 年第 2 期

[15]周远忠等:《北京市大学生对生殖健康、避孕教育及服务需求的调查》,《中国计划生育学杂志》,2009 年第 2 期

[16]程利南:《中国人工流产的现况及思考》,《中国实用妇科与产科杂志》,2012 年第 9 期

[17]世界卫生组织:《World Health Statistics 2015》,http://www.who.int/gho/publications/world_health_statistics/en/

[18]郑红等:《广州市未婚人工流产女青年性行为和避孕行为调查》,《中国妇幼保健》,2005 年第 3 期

[19]陈秋珍:《深圳市流动人口非意愿妊娠现状调查》,《北方药学》,2015 年第 7 期

[20]梁颖:《国际计划生育发展回顾及 2015 年后展望》,《人口学刊》,2016 年第 3 期

[21]陈炳山:《生殖健康及其主要影响因素》,《中国妇幼保健》,2000 年第 1 期

[22]McMahon 等:《肾脏也有性别差异》,http://www.medsci.cn/article/show_article.do? id=fe69182e9812

[23]廖秦平、张岱:《中国女性生殖道感染诊治现状及研究进展》,《国际妇产科学杂志》,2011 年第 6 期

[24]UNAIDS/WHO,"AIDS epidemic update:December 2005",2005.

[25]World Health Organization,*Use of antiretroviral drugs for treating pregnant women and preventing HIV infe -ction in infants (Programmatic update)*,Geneva,Switzerland:World Health Organization,2012,http://wwW.who.int/hiv/pub/pmtct_ update.pdf.

[26]UNAIDS,*Global plan towards the elimination of new HIV infections among children by* 2015 *and keeping their mothers alive*,2011-2015,Geneva,Switzerland:World Health Organization,2011

[27]李丁、田思钰:《中国妇女未婚先孕的模式与影响因素》,《人口研究》,2017 年第 3 期

[28]肖露、陈燕华:《青少年人工流产现状及影响因素的研究进展》,《中国计划生育学杂志》,2017 年第 3 期

[29]Yu Jia,Xie Yu,"Cohabitation in China:Trends and Determinants",*Population and Development Review*,2015(4),pp.607-628.

[30]翟娟等:《人工流产女性心理健康调查现状及研究进展》,《中国妇幼保健》,2011 年第 29 期

[31]徐拥军等:《山东省三地市农村原发性不育流行病学调查》,《中国计划生育学杂志》,2000 年第 9 期

[32]王富百慧、谭芷晔:《生命历程与多重角色:女性体质研究的崭新视角》,《体育文化导刊》,2017 年第 2 期

[33]蔡玲:《多重角色对现代女性健康影响的实证研究》,《青年研究》,2011 年第 1 期

[34]徐洁、李树茁:《生命历程视角下女性老年人健康劣势及累积机制分析》,《西安交通大学学报(社会科学版)》,2014 年第 4 期

[35]杜鹏:《中国老年人口健康状况分析》,《人口与经济》,2013 年第 6 期

[36]李志武等:《中国 65 岁以上老年人认知功能及影响因素调查》,《第四军医大学学报》,2007 年第 16 期

[37]Jagger C.,Matthews F.,"Gender differences in life expectancy free of impair-ment at older ages",*Journal of Women & Aging*,2002,14 (1-2),pp.85-97

[38]姜向群、杨菊华:《中国女性老年人口的现状及问题分析》,《人口学刊》,2009 年第 2 期

[39]Barker D.J.P.,"Maternal nutrition,fetal nutrition,and disease in later life",*Nutrition*,1997,13(9),pp.807-813

[40]Smith J.P.,Shen Y.,Strauss J.,"The effects of childhood health on adult health and SES in China",*Economic development and cultural change*,2012,61(1),pp.127-156

[41]Costa-font J.,"Housing assets and the socio-economic determinants of health and disability in old age",Health & place,2008,14(3),pp.478-491

[42]邓冰等:《更年期妇女生命质量状况及其影响因素研究》,《中国妇幼保健》,2007 年第 5 期

[43]O'rand A.M.,"Stratification and the life course:Life course capital,life course risks,and social inequality",*Handbook of aging and the social sciences*,New York:Academic Press,2006,pP.145-162

[44]黄荣清、曾宪新:《"六普"报告的婴儿死亡率误差和实际水平的估计》,《人口研究》,2013 年第 2 期

[45]汪洋等:《中国农村地区女孩健康的影响因素:健康服务公平性的探讨》,《中国卫生事业管理》,2001 年第 7 期

[46]Reynolds BM,Juvonen J.,"Pubertal timing fluctuations across middle school:implications for girls'psychological health",*Youth Adolesc*,2012,41(6),pp.677-690

[47]Barker D.J.P.,"Maternal nutrition,fetal nutrition,and disease in later life",*Nutrition*,1997,13(9),pp.807-813

[48]姜向群、郑研辉:《中国老年人的主要生活来源及其经济保障问题分析》,《人口学刊》,2013年第2期

[49]龙玉川、张文琴:《女性健康心理与成才》,《泸州医学院学报》,2000年第5期

[50]沙莲香:《社会心理学》,中国人民大学出版社,2011年版,第23页

[51]叶文振:《中国女性心理健康:现状、原因与对策》,《马克思主义与现实》,2010年第5期

[52]叶文振:《提高女性心理健康水平》,福建日报,2009年3月31日

[53]杜凤莲等:《已婚劳动者心理健康的性别差异研究——兼论工作和家庭是冲突还是促进?》,《劳动经济研究》,2017年第5期

[54]霍团英:《女性公务员心理状况调查与对策分析——以H市为例》,《浙江学刊》,2013年第4期

[55]卢梦婕等:《乡镇公务员心理健康与血压的相关性》,《中国健康心理学杂志》,2013年第11期

[56]林晓兰:《都市女性白领的身份危机与地位恐慌——基于上海外企的经验研究》,《华东理工大学学报(社会科学版)》,2016年第4期

[57]Parsons T.,*The Social System*,Routledge & Kegan Paul LtD.,1951

[58]McDowell I.,Newell C.,*Measuring Health: A Guide to Rating Scales and Questionnaires*,New YORK : Oxford University Press,1987

[59]Son J.S.,"The measurement of social well-being",*Social Indicators Research* ,1993,28(3),pp.285-296

[60]Keyes C.L.M.,"Social Well-being",*Social Psychology Quarterly*,1998,61(2),pp.121-140.

[61]Keyes C.L.M.,"Subjective well-being in mental health and human development research worldwide: an introduction",*Social Indications Research*,2006,77(1),pp.1-10

[62]陆慧:《女性成功的影响因素分析及成功模型的构建》,《职业时空》,2010年第2期

[63]谢治菊:《当下中国女性参政中的差等正义批判》,《江西师范大学学报(哲学社会科学版)》,2014年第3期

[64]王琦、汪超:《制度舞台中农村妇女的政治弱势及其改善建议》,《中南大学学报(社会科学版)》,2019年第1期

[65]李建军:《自杀研究》,社会科学文献出版社,2013版,第32页

[66]全国妇联国际联络部:《联合国第四次世界妇女大会宣传材料》,1995年9月

[67]张开宁、张桔:《21世纪中国女性健康面临的新机遇与挑战》,《云南民族大学学报(哲学社会科学版)》,2007年第4期

第八章

女性生活方式

1856 年，马克思在《德意志意识形态》中提出了“生活方式”概念。一百多年来，生活方式已然成为人类社会生活中普遍存在的社会现象，但国内外学者对其含义却无统一的阐释。简单来说，生活方式就是对人怎样生活的问题的回答，是一种生活模式。也有学者从狭义和广义两个层面来界定生活方式概念。狭义概念主要指人们日常生活的行为模式，如工作（学习）活动、基本生理需要活动、闲暇活动和其他生活活动；广义概念指人们在一定社会条件制约和一定的价值观指导下形成的满足自身需要的全部生活活动特征和其表现形式（李丽梅，2016）。在经典的消费者行为学教材中，学者 Micheal R. Solomon（1999）为生活方式提供了更为具体的定义：“一个人花费时间和金钱的方式。”党的十九大把创造人民美好生活确立为全党的奋斗目标。随着我国社会经济的发展和人民生活水平的提高，正确的生活方式的选择对促进女性的身心健康、满足个性化需求、提升主观幸福感和生活质量具有重要意义。

本章主要探讨女性生活方式及其性别差异问题。首先描述分析女性生活方式（包括闲暇时间、娱乐方式、旅游消费、健身方式、手机使用等方面）的基本状况、主要特点及其性别差异，接着在简单介绍社会学、经济学、人口学等传统学科论述的基础上，对女性生活方式问题提出女性学解释，最后对生活方式政策与立法进行女性学思考，以在全社会推行健康、文明、科学的生活方式。

第一节

女性闲暇时间

近现代以来，科学技术的迅猛发展，正在逐渐改变着人们的工作与生活结构，其中最大的变化就是劳动生产率提高、工作时间随之减少、闲暇时间相对增多。闲暇时间作为一种以时间形态存在的社会资源，是男女两性应平等享有的权利与资源。对闲暇时间的支配及其闲暇活动方式，更是女性社会地位与进步程度的重要标志。

一、闲暇时间的概念界定

闲暇曾经是古代人最为珍贵的哲学概念，更是高贵文化的根源和基础，可惜今天这种观念却不知不觉被工作至上的观念消蚀殆尽了（约瑟夫・皮珀，2005）。闲暇时间，又称为闲暇，对其概念界定，目前学界并没有一个统一的标准，大致可划分为三个定义，即时间面向、活动面向与心理状态（李丽梅，2016）。国内学者多从时间概念的角度来对其进行界定，闲暇时间指人们扣除劳动（工作）时间、生理满足时间（如吃饭、睡眠）及履行社会责任和家庭事务活动时间之外的剩余时间。换句话说，闲暇是指个人不受其他条件限制，完全按照自己意愿能利用或支配的自由时间（冯铁蕾，2018）。

约瑟夫·皮珀（2005）认为，闲暇起源于古代人的节庆崇拜活动，闲暇时间有三个特点，即不活动观念、不工作的观物姿态、闲暇功能不是为工作而存在，真正的闲暇状态，通往“自由的大门”才会敞开。由此可以得出，闲暇时间有两个最本质的属性。一是闲暇的本质是自由，即不具有强制性和约束性。闲暇时间不存在任何强制，不受其他条件所限，是完全按照意愿能利用或支配的自由时间；马克思将自由时间看作“非劳动时间”，是“可以自由支配的时间”，“这种时间不被直接生产劳动所吸收，而是用于娱乐和休息，从而为自由活动和发展开辟广阔天地”。二是闲暇本身就是目的，纯粹是为了闲暇而闲暇，纯粹是为了获得内心的满足，并不是把它作为赚钱、竞争等其他外在目标的手段和途径。闲暇的多少，是衡量在一个社会中人类生存发展状态和生命品质、生活质量的重要标志。

对于闲暇时间的概念，国内学者使用时经常与休闲时间、自由支配时间等同。实际上，将闲暇或自由支配的时间界定为休闲，有失偏颇（魏翔、吕腾捷，2018）。闲暇的概念并不等同于休闲，闲暇最初是作为非工作的概念出现的，休闲仅仅是闲暇的一个部分或闲暇时间内可从事的活动之一，因此，闲暇是作为工作的对立面存在的（魏翔、韩元君，2009）。闲暇是休闲的前提，没有闲暇，就不可能拥有休闲；但有了闲暇，并不意味着一定会有休闲。因为，闲暇可以用来休息、享乐、娱乐、消磨时间、挥霍、发展自我等。人们的休闲观念不同，休闲能力不一，对闲暇的利用会有所差异（冯铁蕾，2018）。

在《时间的馈赠》一文中，作者指出，现代经济的参与者将利用其时间馈赠来享受更多的闲暇，并从闲暇中获得压力恢复和人力资本积累。个体通过在闲暇时间参与各种运动和锻炼活动促进人力资本积累和提升。身体越健康，越有活力，越能够承受更长的工作时间、工作强度，病假就越少，这使个体具备更高的人力资本、更高的生产率，进而有更高的工资收入；闲暇活动能减缓由于工作紧张而带来的效率丧失，进一步促进人力资本积累，劳动生产率不断提高；闲暇活动通常是群体活动，能提高社交能力，使个体在劳动力市场更有竞争力；闲暇活动可以使人更快乐，而这种快乐可以大大提高其工作生产率的内在收益和内在回报，从而给人带来更多的积极兴趣和福利体验，不断增进自我认同并促进人的和谐发展，使人们更好地寻求有意义的生活，去恶存善（魏翔、吕腾捷，2018）。

研究女性问题的学者一般把工作与家庭地位作为衡量女性社会地位的重要尺度，但这忽视了女性除了工作与家庭之外是否还有属于自己的纯粹个人的时间与空间。当闲暇逐步成为一种生活方式，而且只有闲暇生活才能最终体现人的生活质量与生命价值时，女性是否自动获得了社会进步带来的利益？（王小波，2002）在传统的父权制社会，用严格刻板的社会性别角色限制妇女，把养育孩子的职责强加给女性，履行母职是她们唯一的工作。这样一种女性角色观念，否定了女性进入公共文化领域的途径，也否认了女性拥有和实现她们自己需求的权力。人们认为的好母亲，她们不会有自己的私人朋友、也不会有任何与家庭无关的计划，而是应该24小时全天在家尽责，热爱履行母职的每一分钟。同时，女性的家务劳动被视为无足轻重、不算真正的工作（罗斯玛丽·帕特南·童，2002）。后来，女性虽然获得和男性平等工作的权利和机会，但大多数女性仍然背负着家庭和工作的双重压力，在这种情况下，女性很难按照自己的意愿去自主选择适合自身发展和满足自由个性的社会生活而实现自身的人生价值，只能局限于家庭内部狭小的范围和生活空间去获得有限的情感满足和自我价值实现（王永明，2011）。当家务变得过于繁重，多数情况下，放弃工作的都是女性而非男性，因为女性的平均收入比男性的低。马克思主义女性主义者认为，只要女性的工资比男性的低，只要女性被认为比男性更有能力照顾老幼病残，那么从公众领域退回私人领域的永远都是女性（罗斯玛丽·帕特南·童，2002）。而对于那些家庭主妇来说，因为没有从事在家外的有酬劳动而被视为对家庭毫无贡献，因而就没有为自己挣到闲暇的权利，她们必须不停地用自己的“自由”时间做无酬的家务劳动和看管孩子。她们不需要闲暇，也没有权利进行闲暇，甚至很多女性也觉得自己不该享受闲暇（何立平，2005）。那么，在现代社会中，闲暇作为女性的一项法定权利，她们是否真正实现了自由选择？基于此，从女性学的角度来看，女性闲暇时间是指在社会主流价值观影响下，在女性闲暇意识支配下，女性除劳动时间、生理时间之外可利用的自由时间数量与时间支出结构，以及闲暇权利的实现程度等。

二、女性闲暇时间的发展趋势与特点

闲暇时间长短是女性开展闲暇活动的基本条件，为充实闲暇生活提供了可能。女性闲暇时间存在以下几个方面的特点与变化趋势。

（一）女性闲暇时间总体呈逐渐减少趋势

三次中国妇女社会地位调查数据显示，从 1990 年至 2010 年，尽管人们已逐渐建立起工作重要、休闲更重要的价值观念，各种闲暇娱乐活动方式越来越多样化，闲暇活动场所也越来越多，但是，从总体上来看，女性的闲暇时间出现了缓慢减少的趋势，从 1990 年平均每天 221 分钟降至 2010 年的 191 分钟，降幅达 30 分钟。这一方面，可能与不同时点人们对休闲娱乐的界定有关；另一方面，下降的趋势也许表明，中国人变得越来越忙，越来越累，女性更累（杨菊华，2014）。同时也表明，闲暇时间是生活方式的核心问题被全社会所忽视，多数女性在一定程度上仍被“先生产、后生活，男主外、女主内”的意识所抑制（马惠娣、李亨，2013），加上各种现实约束条件的限制，闲暇意识相对淡化，对闲暇时间及其价值也缺乏正确的认识。

（二）女性群体内部闲暇时间呈分化态势

从女性群体内部来看，闲暇时间存在城乡、年龄、文化程度、职业之间的差异。从城乡来看，三次中国妇女社会地位调查数据显示，1990—2010 年，城镇女性的平均闲暇时间均多于农村女性。1990 年城乡差距为 53.1 分钟，2000 年差距为 29.5 分钟，2010 年差距为 8.8 分钟，随年份增加，城乡闲暇时间的差距呈现减小趋势。中国家庭追踪调查（CFPS2010）数据显示城乡女性的闲暇时间存在较大差距，在 16～60 周岁女性中，在每个工作日，农村女性只获得 160.8 分钟闲暇，比城镇女性少将近 1 小时（刘娜、Anne de Bruin，2015）。从年龄来看，从 1990 年到 2010 年，所有女性的平均闲暇时间，随着年龄增长呈现由多到少、再由少增多的“V 形”态势。这一“V 形”特征可从女性生命历程的角度进行分析。处于中间年龄段，特别是 35～49 岁的女性，常面临工作与家庭的双重压力，在工作时间弹性相对较小的前提下，家务劳动时间可能挤占一部分闲暇时间。从文化程度来看，1990 年，所有女性的平均闲暇时间随受教育程度的提高呈上升趋势，但到了 2010 年，研究生学历层次的女性平均闲暇时间最短，初中学历层次的女性平均闲暇时间最长。一般而言，高学历女性大多有着相对比较好的工作与收入，理应更注重闲暇与生活质量的提升，但她们的闲暇时间却较短，这可能和高学历女性更重视发展事业，减少闲暇而增加工作时间有一定关系。

三、闲暇时间长度的性别差异

技术进步推动了闲暇，为男女两性开展各种闲暇活动提供了可能。一旦考虑到闲暇时间的可支配性特点，以及“自由”的本质属性，男女之间明显的平等可能就消失了，性别差异依然存在。

(一)男性比女性有着更多、更纯粹的闲暇时间

1.女性的闲暇时间普遍少于男性

三次中国妇女社会地位调查数据显示，1990—2010 年，在每个时点，男性的平均闲暇时间均超过女性。1990 年相差 43.6 分钟，2000 年相差 36 分钟，2010 年，工作日男性平均闲暇时间高出女性 21.4 分钟，休息日高出女性 49.8 分钟。这与传统性别分工有一定关系，同时与我国历来宣扬重劳动、轻休闲的观念也有一定关系，工作伦理对休闲伦理的压力，大大地降低了人们对闲暇的偏好(卿前龙、吴必虎，2009)。

2.女性“半闲暇”多，纯粹闲暇少

相关研究发现，由于家务劳动的挤占，女性的休闲持续时间更短，通常夹杂在工作与家务劳动之间，更容易被打断和“碎片化”(王晶、孙瞳，2013)；对 10 个经合组织国家的时间利用情况分析也发现了与此相同的结果，男性的确比女性有着更高质量、更多纯粹的闲暇时间，而且不会被家中无酬的劳动所干扰，其闲暇时间较少被打断，而女性闲暇时间的间断性降低了其质量，使她们很难得到放松，并由此感受到更大的时间压力，因此可以说，现代“时间压力”增加的感觉更多是来自这种间断性而不是由于闲暇时间减少造成的。更进一步的分析结果还证实，在有子女的家庭中，其闲暇时间大多是围绕家庭度过的，特别是当孩子年幼时。但是，母亲仍然要比父亲的闲暇时间更少，由于她们有照料子女的责任。相比之下，父亲花在孩子身上的时间更多是在与他们游戏，而不是照料他们。由此，性别差异又一次显现出来(M.比特曼、J.韦吉克曼，2001)。第三期中国妇女社会地位调查数据显示，对 18～49 岁城镇已生育群体来说，有 40.7%的女性在平时看电视的时候，有时或经常还要同时做一些家务活。对农村女性来说，家庭就是她们一个主要的工作场所，大部分在家的时间就是边工作边休闲，如边干家务边看电视或听广播，或在看电视、串门聊天、打麻将等闲暇活动中编织毛衣、绣花、做鞋，或做一些携带方便的手工活儿等。相比之下，男性农民的闲暇活动则比较单纯，如在冬季农闲的时候，男人们常常聚在一起打牌下棋，可谓纯粹的休闲娱乐(田翠琴，2004)。

(二)闲暇时间的多因素比较

1.城乡因素与闲暇时间的性别差异

无论在城镇还是农村，男性的闲暇时间都多于女性。第三次中国妇女社会地位调查数据显示，在工作日，城镇男性平均闲暇时间为 155.2 分钟，女性为 135.1 分钟，差距为 20

分钟，农村男性平均闲暇时间为162.2分钟，女性为139.7分钟，差距为22.5分钟；在休息日，城镇男性平均闲暇时间为297.9分钟，女性为254.4分钟，差距为43.5分钟，农村男性平均闲暇时间为291.4分钟，女性为233.6分钟，差距为57.8分钟。由此可以看出，无论在工作日还是在休息日，无论城镇还是农村，男性的闲暇时间都高于女性，休息日的性别差距更大，说明城乡女性可能用在家务劳动方面的时间较多，挤占了一部分闲暇时间。

2.年龄与闲暇时间的性别差异

从年龄来看，在生命历程的每个时间段，男性的闲暇时间都超过女性。第三次中国妇女社会地位调查数据显示，在16～24岁、25～29岁年龄段，两性差别最小，但男性每天的闲暇时间依旧约超过女性半个小时；30～44岁期间，两性差距增大，男性平均每天多休闲37分钟；45～55岁期间，差异有所回落，但55岁后又进一步扩大；在60～65岁人群中，两性差别升至50分钟，呈不规则的“N”字形。这一特点表明，婚后女性会牺牲自己的闲暇时间，特别是在生儿育女期间；在家庭空巢的初期，家务负担有所减弱，故性别差异缩小；但一旦进入老年时期，性别差异更为凸显，女性的照料角色又被进一步强化（杨菊华，2014）。

3.文化程度与闲暇时间的性别差异

从文化程度来看，研究生学历层次的男女两性平均闲暇时间都最短，初中学历的闲暇时间最长，这可能和高学历女性将更多的时间投入到工作中有一定关系。中国家庭追踪调查（CFPS2010）数据显示，如果将学历与婚育、城乡因素结合起来可以发现，大学教育使得女性在婚前和婚后维持相同的工作时间，结婚以后的闲暇时间有较为明显的下降，即使受过大学教育，也无法使女性摆脱生育对时间利用方式的巨大冲击，现代女性不得不牺牲更多的闲暇时间以满足婚后不断增加的家庭照料和家务劳动需求。现代化仅仅改变了她们生育之前的时间利用方式。而男性闲暇时间很少受到受教育程度的影响和城乡因素的影响。传统的性别角色观念并未因此而发生根本性的变化（许琪，2018）。

4.婚姻生育与闲暇时间的性别差异

婚姻和生育是导致男女在闲暇时间出现分化的重要原因。中国家庭追踪调查（CFPS2010）数据显示，当男女处于未婚状态时，差异很小，男性比女性仅多出0.1小时，但随着婚姻和生育事件的发生，差异越来越大。在生育第一个子女以后，差距扩大到0.8小时，之后随着子女年龄的增加，男女闲暇时间的差距逐渐缩小，子女15岁以后，男女差距仅为0.2小时。结婚和生育对男性的冲击要小很多。结婚以后男性的闲暇时间会有比较明显的下降，但减少的闲暇时间几乎全部投入工作之中。生育子女以后男性的家务时间会有所增加，男性并不会牺牲工作时间来照料家庭（许琪，2018）。基于2011年全国科技工作者时间利用调查数据也得出了大致相同的结论。结婚和养育子女会显著减少女性的闲暇时间，对男性的闲暇时间影响很小，由此拉平了存在于未婚群体中的性别差异。女教师的家务劳动时间没有挤占其工作时间，已婚教师在很大程度上牺牲了闲暇时间来保证工作和家务时间（朱依娜、卢阳旭，2015）。

5.收入与闲暇时间的性别差异

收入的提高能否降低闲暇时间的性别差异呢？从家庭内部来看，闲暇时间的性别差异同样存在。中国家庭追踪调查（CFPS2010）数据显示，闲暇时间存在着家庭内部差异。当家庭非劳动收入提升时，虽然夫妻闲暇时间均会有所增加，但家庭经济状况的改善并未对夫妻在闲暇与个人照料上的时间利用性别差距产生明显影响；非劳动收入更高的家庭中男性闲暇时间无显著变化，而女性的闲暇活动参与却显著减少；个人照料时间普遍减少，这可能与购买时间节约型产品的市场替代行为有关（刘娜、Anne de Bruin，2015）。

四、闲暇时间利用及其性别差异

（一）闲暇时间支出结构的性别差异

对于闲暇时间参与的活动，男女两性均以消遣娱乐为主，自我提升型为辅。2013 中国小康指数调查显示，男性最常用的十大休闲方式是上网、旅游、看电影、看电视、运动、度假、逛街购物、享用美食、读书、喝茶；女性最常用的十大休闲方式是旅游、上网、逛街购物、看电影、看电视、享用美食、度假、探亲访友、闲聊、玩手机。从排在前三位的情况来看，全是纯粹的消遣娱乐性活动。全国时间利用调查数据显示，男女两性闲暇娱乐活动的参与率大体相当，男性为 95%，女性为 94%。在休息日，男性参与闲暇娱乐的平均时间比女性多 59 分钟。无论在工作日还是休息日，男性在阅读、棋牌游戏和使用互联网等活动上的参与率高出女性许多，女性则在交流与交谈、跳舞和健身等活动上的参与率高于男性（殷国俊，2009）。

从闲暇时间活动的空间范围来看，可分为自家消遣型、外出消遣型、外出体育娱乐活动和出游型。自家消遣型以中青年的女性居民为主，外出消遣型以中年轻男性居民较多（刘志林、柴彦威、龚华，2000）。特别是在休闲时间少呈破碎的情况下，女性容易选择自家消遣型休闲，以达到放松休息的目的，闲暇活动在空间上具有“四圈层的集中带”特征，即形成以自家为中心的四个活动圈层：自家、距自家 1 公里内、距自家 5 公里内和距自家 10 公里内，且休闲活动基本呈现距离衰减规律（李峥嵘、柴彦威，1999）。

（二）闲暇时间利用满意度

对于闲暇时间利用的满意度状况，数据显示，职业女性的闲暇时间显著少于职业男性，并且职业女性的闲暇满意度更低。这可能是因为女性比男性更多地从事多任务家务劳动，而多任务闲暇活动常常导致低绩效和低满意度。从文化程度来看，低文化程度个体所享受的闲暇时间增加时，其闲暇质量并未出现伴随性提高，这个结果并不是由任何单一的闲暇活动所驱动的。对闲暇数量和闲暇质量分布不均衡的一种可能性解释是，在闲暇时间增加时，高学历个体对闲暇的利用更加有效，因而优质闲暇的边际效用递减率更低。从闲暇时间活动类型来看，研究发现，长时间看电视可能意味着不完美的自我控制，从而降低个体的主观幸福感。似乎在电视机前度过的大量闲暇时间能产生很高的个人效用，但事实上，收看电视只有带来低于平均水平的享受感。长时间看电视的人对自己的财务状况满意度较低，生活不安全感更高，对他人的信任感较低，比同龄人更少参与社会活动，这些结果在一定程度上可以解释电视消费与生活满意度之间的负相关关系（魏翔、吕腾捷，2018）。

第二节 ■ ■ ■

女性娱乐方式

参与积极、健康、向上的娱乐活动对于社会成员放松身心、释放工作与家庭压力、提升生活品质具有重要意义。在传统社会中，娱乐休闲活动主要通过各种民俗节庆方式进行，具有很强的季节性。而在现代社会，娱乐休闲已成为一种生活方式，在男女两性的社会生活中扮演重要角色。

女性主义的观点认为，闲暇“地点”具有重要意义，它可以限制闲暇的心理状态（卡拉·亨德森，2008）。一直以来，中国传统文化将女性定位于“贤妻良母”，女性的价值体现在家庭范围内，通过“相夫教子”来实现。当代女性的广泛就业改变着“男主外、女主内”的传统社会分工模式，但在传统文化影响下，依然要求已婚女性继续把家庭角色作为主要角色，所以，已婚女性的闲暇娱乐活动以配合家庭成员为主，多以陪伴家人作为主要的活动方式和选择（邱亚君，2007），但家庭并不一定是闲暇的好地方。对 25 岁以下的青年女性来说，她们生活轻松自在，闲暇时有条件专注于学习与自修，到处参观游玩、看看电影以及花更多的时间进行自我修饰等（王小波，2002），闲暇娱乐活动的空间范围较大。因此，总体来看，女性的闲暇娱乐活动方式、活动时间、活动内容、活动消费，常常与其家庭责任、生命周期特点、经济因素考虑、兴趣爱好等因素联系在一起，呈现出多样化与差异化的特点。

一、娱乐活动方式

关于娱乐活动方式的划分，目前还没有统一的分类方法。事实上，无论哪种分类方法，由于其具体活动内容具有一定的兼容性，有时很难分清楚纯消遣性娱乐活动与发展性娱乐活动。根据实际状况，我们只列出具体的娱乐方式类别，包括看电视或看碟、看电影、逛街购物、参加文化活动（如听音乐会、看演出、看展览）、与亲戚聚会、与朋友聚会、在家听音乐、观看体育比赛、做手工、上网等。从男女两性参加娱乐活动方式来看，呈现多元化、共性与个性并存、传统与现代兼容等特征。

（一）娱乐活动方式的性别差距

娱乐活动参与首先和男女两性的兴趣、爱好有关。在男女两性参与的各种娱乐活动中，既有一定的共性，也显示出了一定的性别差异。对于“过去一年，您是否经常在空闲时间从事以下活动”的问题，中国综合社会调查（CGSS2015）数据显示，男女两性对看电视或看碟、与不住在一起的亲戚聚会都有着较高的参与比例；对在家听音乐、参加文化活动（如听音乐会、看演出和展览）、看电影等活动的参与比例大致相同；男性不如女性喜欢逛街购物，性别差距为 17.8%；男性在上网、观看体育比赛、与朋友聚会方面的参与比例高于女性；女性在做手工（如刺绣、木工）方面的参与比例比男性高出 19.4%。由此数据可以看出，随着社会的发展，男女两性都有着多样化的娱乐活动选择；同时，某些娱乐活动参与的性别差异是传统“男主外、女主内”性别分工模式的体现。

(二)城乡女性娱乐活动方式的差异

从城乡女性参与各种娱乐活动的情况来看，其主要特征是城市女性的娱乐活动方式较之农村女性更多了一些现代性，更少了一点传统性。具体表现为：看电视或看碟是城乡女性都最喜欢的消遣型娱乐活动；与亲戚和朋友聚会等走亲访友活动，城市女性比例略高于农村女性，这可能和城市女性亲友居住距离相对较远有关；但是，在观看电影、参加音乐会等文化活动，在家听音乐、观看体育比赛、上网等活动方面，农村女性参与比例远远低于城市女性，其中差距最大的是上网参与比例，城市女性上网比例为56.4%，农村女性仅为22.8%，相差33.6%，这大概与农村女性读书看报的比例远远低于城镇女性，以及与城乡不同的社会文化环境、家庭经济条件、自身学历水平等有关。城乡女性都喜欢逛街购物，这体现了城乡女性的共同天性爱好和家庭责任角色；但城市女性参与比例更高一些，这可能与城市女性的经济条件相对高于农村女性有一定关系。

二、娱乐活动时间

(一)女性娱乐活动时间少于男性

总体来看，女性参与大部分娱乐活动的时间均少于男性，以观看电视为例进行说明。三次中国妇女社会地位调查数据显示，从1990年至2010年，男女两性平均观看电视时间呈现缓慢增长趋势，但女性观看电视的时间均少于男性，性别差距并无明显扩大态势。1990年，男性观看电视平均为82.08分钟，女性为71.36分钟，差距为10.72分钟；2000年，男性观看电视时间增加到122.23分钟，女性增加到107.09分钟，男女差距为15.14分钟；2010年，在工作日，男性观看电视时间下降至103.75分钟，女性下降至95.11分钟，男女相差8.64分钟；在休息日，男性平均观看电视上升至160.28分钟，女性上升至141.33分钟。上述数据与第二次全国时间利用调查(2008年)结果基本一致。数据显示，男性休闲娱乐时间为1小时13分钟，女性为58分钟，居民在看电视上投入的时间最多，平均达到了100分钟。

(二)女性群体内部娱乐活动时间的差异

同样以平均观看电视时间为例进行说明。第三次中国妇女社会地位调查数据显示，从城乡差异来看，在工作日，乡村女性平均观看电视时间为97.72分钟，略多于城镇女性(93.2分钟)，说明农村女性也承担着较多的生产劳动。在休息日，城镇女性平均观看电视时间为146.52分钟，比农村女性(134.6分钟)多11.92分钟；从学历来看，在工作日与休息日，平均观看电视时间，随受教育程度的提高基本均呈现倒U形分布，其中研究生学历的女性观看电视时间在工作日(63.53分钟)和休息日(111.67分钟)都最短，这与高学历女性的娱乐活动时间机会成本更高有一定关系；在工作日，初中学历观看电视最长，在休息日高中学历观看时间最长。从年龄来看，观看电视时间在工作日呈现倒U形分布，在休息日分布特征不明显。在工作日，年龄在24岁以下的女性观看电视时间最短，在休息日，40～44岁的女性观看电视时间最短，这和此年龄段女性较为沉重的家庭照料责任有关。

三、娱乐活动内容

对于男女两性参与的娱乐活动方式，有些存在较大性别差异；有些性别差异不明显，尽管从参与比例上没有太大差别，然而，对于参与的具体内容，却表明了一种显著的性别差异。以男女两性交友聊天和媒介使用习惯为例进行说明。

第二次中国妇女社会地位调查数据显示，闲暇时间的聊天是男女两性共同喜欢的一项放松心情、满足社交需求的娱乐方式，但是，男女两性交流聊天时讨论问题的关注焦点存在性别差异。对6项讨论内容，男性关注焦点的选择排序分别为工作或生意、社会问题、亲朋邻里的事、时政、个人生活情况和单位社区的事；女性关注焦点的选择排序分别为亲朋邻里的事、工作或生意、个人生活情感、社会问题、时政、单位社区的事。与男性不同，女性更多关注亲朋邻里的事，而较少关注社会问题和时政，充分体现了男主外、女主内的传统分工模式。以农村男女两性观看电视节目的偏好来看，女性最喜欢的电视节目依次为电视剧（57.1%）、焦点访谈（33.1%）、新闻（31.9%）、综合文艺（23.9%）、戏曲（12.3%）；而男性最喜欢的电视节目依次为新闻（51.8%）、电视剧（28.3%）、焦点访谈（25.1%）、戏曲（18.6%）、法律知识（18.2%）等。显然，女性喜欢消遣性、娱乐性节目的人比男性多得多，男性喜欢知识性节目的人比女性多（田翠琴，2004）。对于互联网环境下男女两性媒介使用习惯的差异，一项针对北京市居民的调查发现，女性（59%）将社交媒体（微信微博）当作自己获取新闻主要渠道的比例远高于男性（48%）。从具体关注内容上来说，男性更乐于接触批评性报道，女性更愿意接受正能量新闻；男性更愿意接触经济新闻、社会新闻和时政新闻，而女性更偏爱社会新闻和娱乐新闻。如经济新闻，以30岁以上、大专以上学历、收入在5000元以上的男性为主要接触者，而娱乐新闻，以年龄在30岁以下的女性为主要接触者（王擎，2016）。

四、娱乐活动消费

娱乐活动的满足常与消费联系在一起。对于男女两性的娱乐活动消费，可从消费主体、消费支出结构和消费空间等方面进行分析。

（一）从消费主体来看，女性逐步成为消费主导群体

公共消费空间的消费活动是女性从私领域空间转向公领域、提升生活质量与水平的一个重要表现，总体来看，女性逐渐成为娱乐消费的主体。以电影消费为例，近年来，电影消费成为社会成员娱乐消费的一项重要内容，电影观众也呈现年轻化趋势。同时，女性消费自主权正逐步增大，甚至已全面超过男性，女性观众掌握了观影的主动权并贡献了超过一半的票房，开始主导影院、影片选择权。当前女性观众的观影口味已趋于多元化，除了喜剧片、爱情片，男性观众喜爱的战争片、科幻片、动作片等也越来越受到女性观众的喜爱。从“猫眼电影专业版”用户画像数据来看，2014—2018年票房排名前七的电影里，票房贡献率女性均超过了男性，其中《唐人街探案2》，女性票房贡献率超过了男性16个百分点；《战狼2》《红海行动》和《速度与激情8》这三部影片，传统观念认为男性喜爱程度和观影人数应该超过女性，而数据显示女性观众依然超过了男性（曲丽萍，2019）。

（二）从消费结构来看，生活娱乐型消费和体验性消费分别处于较高和较低水平

娱乐消费支出结构可从男女两性的消费习惯和消费倾向展开分析

1.服装服饰消费成为女性消费之最

在现代社会，购物已成为女性的一项重要娱乐活动，女性对服装消费尤其充满热情。

两次中国妇女社会地位调查数据显示，对于“目前，除了吃住，用于您个人的第一项消费是什么”的问题，2000 年，将购买服装服饰作为除了吃住以外第一项消费的女性比例高达 71.3％，男性约为 29.8％，女性为男性的 2.4 倍。2010 年，这一比例男女均有所下降，女性降至 47.6％，男性降至 15.7％，但女性仍为男性的 3 倍，其中 29 岁以下女性、本科学历层次的女性服装消费所占比例最高，体现了年轻女性更爱美的天性，以及高学历女性注重气质提升和较多的社交机会。女性对服装消费的热情可以看出，在现代社会，服装已不单纯只是满足御寒保暖的基本功能，随着服装文化的发展，服装越来越成为一种象征、符号和“语言”，是显示人的财富、闲暇和地位的媒介。凡勃伦在《有闲阶级论》(2019) 中写道：“要证明一个人的金钱地位，别的方式也可以有效地达到目的；但服装上的消费优于多数其他方式，因为我们穿的衣服都是随时随地显豁呈露的，一切旁观者看到它所提供的标准，对于我们的金钱地位就可胸中了然。”

2.城乡女性用于社交消费的比例均低于男性

社会交往是体现男女两性劳动分工、活动空间与消费惯习差异的重要手段，总体来看，女性用于社交消费的比例低于男性。两次中国妇女社会地位调查数据显示，女性用于社交消费的比例低于男性。2000 年，对于除吃住之外的第一项花费，用于个人交往费用的男性比例占 25.2％，女性占比仅占 7.9％。到 2010 年，男性个人交往消费占比下降到 18.2％，女性提升至 14.1％，但仍低于男性。另外，抽烟喝酒也是体现男性社交需求的重要指标。2000 年，男性用于抽烟喝酒的比例为 28.1％，2010 年，这一比例上升到 37.6％，而女性的这一比例在 1％以下。由此可以看出，在消费活动中，男性更注重社会交往的消费心理得到了充分反映。

从城乡差异来看，2000 年，城镇男性社交消费比例为 29.5％，女性为 8.5％；2010 年，城镇男性为 17.7％，女性为 11.2％。与城镇女性相比，城镇男性拥有更大的社交空间与社交花费。从女性群体内部来说，乡村女性社交消费比例略高于城镇女性，城乡女性消费差距有所增加。2000 年，社交费用支出在城市女性（8.5％）和乡村女性（8.9％）基本相同，2010 年城乡女性社交消费均有所提升，城市女性增加到 11.2％，农村女性增加到 17.5％，但差距也有所加大，由 2000 年 0.4％变为 6.3％。这一方面反映了城市女性的消费内容较为丰富，而农村女性的消费结构相对比较单一，社交消费是除服装服饰外的第二大消费；另一方面也体现了农村的消费习俗与人情往来惯习。与城市相比，农村居民更注重生日寿宴、订婚酒、婚宴、满月酒、丧葬等传统仪式消费。仪式消费本身就是社会互动的产物，农村人的亲缘与地缘关系较强，充分表明了这一点。

3.享受体验性消费需求有待开发

享受体验性消费（如旅游、美容美发、DIY、卡拉 OK）对消费者放松身心、满足精神文化生活需求起着重要作用，相关研究表明，消费者进入沉浸体验的状态能够使其情绪变得更加积极，也直接激发消费者积极的后续行为（曹花蕊、韦福祥，2017）。总体来看，男女两性的享受体验性消费均处于较低水平，有待进一步开发与提升。以美容美发为例进行说明。两次中国妇女社会地位调查数据显示，2000 年，男女两性将美容美发消费作为除吃住外首项消费的比例分别仅为 0.2％和 2％；2010 年，这一比例分别上升至 0.6％和 2.3％。另外，城乡女性之间的差异也不明显，2010 年，农村女性美容美发比例为 1.4％，城镇女性所占比例也仅为3.1%。此数据表明,虽然女性比例略高于男性,城镇女性比例略于农村女性,但均维持在一个较低的水平上。

(三)从消费空间来看,消费活动体现了女性身份认同与消费空间的相互建构

现代社会,消费场所作为消费空间,其结构设计与设施越来越注重消费者的需求与体验,如城市中的许多大型购物中心,已改变原来单一的购物功能,而成为集休闲、美食、娱乐、亲子活动为一体的综合性消费场所。而消费空间的消费活动,本身已超越了传统的经济内涵,在个人身份认同、社会关系重构、空间塑造以及文化价值等方面承担起相应的功能,成为一种符号象征(殷洁、罗小龙,2012)。空间像其他商品一样,既能被生产也能被消费,空间也是一种重要的消费对象(Lefebvre H.La,1970)。

消费空间变成物质空间与社会空间的结合体。在一些购物综合体中心,部分带小孩来的家长在亲子消费时还会一起交流共同关心的子女教育培养问题,甚至互留联系方式组成亲子微信群,经常见面的小孩和父母会形成一个亲子文化圈,从而建立起以购买中心为物质空间节点,以亲子文化为中心内容的社会空间。购物中心从单纯的物质空间转变成为具有归属感和场所感的地方,成为亲子文化圈内相约游玩聚会社交的主要场所(高杨昕、殷洁,2018)。

消费空间突破家庭与公共、劳动与消费的界限,让多元主体、活动与身份重新整合。有学者以南京市大型购物中心虹悦城为例,探讨了2～6岁的学龄前儿童母亲(女性多重身份最集中的群体)在购物中心的活动。研究发现,消费空间作为工作和家庭之外的第三空间,已经成为女性逃离日常生活压力的重要场所。幼童母亲普遍将购物中心看作休闲娱乐的主要场所,她们对休闲娱乐的认知更倾向于自我放松和陪伴孩子。首先,幼童母亲以孩子为中心的消费特征突出反映其对"母亲"身份的认同。幼童母亲的消费行为受到家庭的约束,明显形成以孩子活动为中心的消费活动特征,"儿童活动—吃饭—逛街"的活动模式与未婚女性的"逛街—吃饭—逛街"的典型活动方式明显不同,这一消费特征突出反映了其对"母亲"身份的认同,这一认同主要受到社会观念的影响。其次,幼童母亲满足自身需求的购物行为反映出明确的"女性自我"认同。大多数现代女性的日常生活具有时间同步化和破碎化的特征,致使女性需要"抢夺"时间进行休闲娱乐活动,多数母亲会将孩子托付给家人,与丈夫、朋友一同出行,通过借助社会支持寻求个人与家庭之间新的平衡点,实现了由"母亲"向"女性自我"身份的转换,实现了女性的精神价值。最后,幼童母亲将家庭活动延伸至购物中心,消费空间的公共性被打破,并促进了女性消费行为和购物中心自身的转变。以家庭再生产职能划分的私人空间不再局限在传统意义上"家"的范围,购物中心承担了部分私人空间的社会再生产活动,表现出半公共性特征(张洋、张敏,2016)。

第三节 ■ ■ ■

女性旅游消费

"旅游者"一词最早是对欧洲18世纪中期对旅行或休学旅游的青年男性的称呼,后来逐渐被用来称呼有闲阶级、大众旅游者和女性(Graburn N.,Jafari J.,1991)。近年来,"女性经济”的出现，体现了女性在当今经济领域的地位、作用和创造力。旅游消费已成为女性生活中最重要的支出项目之一，女性旅游者开始成为许多国家和地区旅游部门和旅游企业关注的市场(郑向敏、范向丽，2007)。从本质上说，旅游消费是一种生活方式，它体现着社会生产力的发展和人民生活水平的提高，是新消费观的重要体现。

旅游作为一种暂时性的闲暇活动，可以看作是对日常生活的“逸出”，摆脱日复一日、机械乏味的固定生活模式而暂时脱离传统文化中义务的约束和应承担的沉重责任，投入到一种全新的文化环境之中，这种全新的文化环境成为女性主义与旅游的最佳契合点(邓昭明，2009)。在旅游过程中，女性主义消费文化凸显了女性主体性，彰显了女性的自我认同。旅游是给自己心情放个假，放松自己，享受自然的拥抱和馈赠，以饱满的精神在旅游之后再投入下一轮的工作和生活，使自己的角色不再单纯是工作职场上忙碌的白领或粉领，不再单纯是围绕孩子和丈夫忙碌的贤良的主妇，而体现出一个女性多面的角色，使女性自身活得更加像自己，过自己喜欢的一种生活。在旅游消费中，她们把自己的个性投入到其中，在情感体验中活出精彩，女性自我形象得以建构和丰满，女性自我得以认同(艾玉波、庞雅莉，2015)。因此，女性旅游消费作为一种闲暇活动方式，使女性实现了个体、生活与自我的有机衔接，以及主体意识的觉醒与确立。

一、旅游消费意愿

旅游消费意愿是指旅游者是否进行旅游的意向和意图。在现代生活中，女性对生活品质的要求逐渐提高，通过旅游来放松心情、缓解压力已经成为女性生活中不可或缺的一部分。

(一)女性有着更强烈的出游意愿

一般来说，有旅游意愿就会有消费预期。2010 年 10 月 16 日，上海世博园单日接待超过 100 万人次的事实说明了中国旅游者高涨的旅游热情。在女性经济时代，我国女性出游人数呈现逐年增加趋势，女性旅游也逐步普及化。这得益于女性经济地位的上升、主体意识的增强、闲暇时间的相对增加、家庭规模的小型化、传统消费观念的改变等条件的共同作用。《女性生活蓝皮书——中国女性生活状况报告 NO.12(2018)》数据显示，89.4％的女性在 2017 年外出旅行过(2016 年为 77.8％)，39.3％的女性及家庭有外出旅游度假计划。这和《中国城乡居民出游意愿调查》的数据基本一致，2019 年第一季度我国居民出游意愿为 85.95％。再有，中央电视台、国家统计局等联合发布的《中国经济生活大调查》(2019)也显示，在消费意愿中，旅游、保健养生、文化娱乐等方面的需求较为旺盛，尤其是旅游，连续数年列消费意愿之首。

与男性相比，女性的出游意愿更强。第三次妇女社会地位调查数据显示，对于最远出行的目的，选择旅游的女性比例为 35.1％，男性为 26.9％，女性高出 8.2％。由此可以看出，尽管男性的闲暇时间比女性多，但女性的出游意愿高于男性。从出游动机来看，男女两性出游动机趋于一致，比较集中于放松、享受和自我提升发展等方面。

强烈的旅游消费意愿体现了女性生活方式的改变。旅游消费选择是对生活方式选择的一个重要方面，女性出游人数的逐年上升，既是对生活方式的选择，更体现了女性生活方式的改变。中国妇女社会地位调查数据显示，2000 年，对于最远到过的地方，19％的女性只到过县城，33.6%的女性到过外省；到2010年，45.1%的女性到过外省，其中城镇女性为55.2%，去过港澳台和国外的女性比例分别占2.3%和2.5%。由此看来，女性的生活空间变得越来越大，身处旅游目的地，旅游者感受的不仅是全新的生活方式，还有全新的自己（潘海颖，2015）。旅游的作用，就仿佛是一个美丽的点缀，是灰暗的日常生活中的亮点，它意味着康复，意味着新生。只有经过这样的旅行，我们的存在才能得到证明（谢彦君，2005）。贝克尔的“个体化”概念，对个体而言的一个巨大转变，就是要过“自己的生活”，而这一点越来越成为今天许多女性的生活信条。

（二）女性旅游消费存在着明显的梯度分化现象

尽管近年来女性出游人数逐年上升，但从女性群体内部来看，存在着分化现象，不同年龄、不同文化程度、不同职业、不同收入的群体之间仍然存在着较大差距。从区域来看，女性旅游消费意愿的区域差异较显著。第三次妇女社会地位调查数据显示，最远出行目的为旅游的女性中，京津沪、东部、中部、西部占比分别为61.4%、39.7%、29.3%和27%，呈现较为明显的梯度递减态势。这一态势特征与我国东中西部地区的经济发展水平、人们的收入状况、消费观念存在差异有较大关系。

从城乡来看，城镇女性比农村女性的旅游消费意愿强。第三次妇女社会地位调查数据显示，最远出行目的为旅游的城镇女性占比为49%，农村女性为17.2%，相差31.8%，城乡差距较大，说明乡村女性的旅游消费意愿有待提升。究其原因，可能和农村女性的生活空间较窄以及对旅游消费的认知有一定关系。旅游消费作为一种高弹性特征显著的享受型和发展型消费活动，在我国农民眼里长期被视为有钱人享受的一种时髦标志（梁留科、曹新向，2005），一种奢侈行为，一种浪费（吕晶、李小东，2006），与传统的节俭消费观念不相符。

从文化程度的情况来看，随着女性受教育程度的提升，其出游比例也越高。文化程度较高的女性，其对于生活品质、自我提升的要求也越高，因此对于闲暇时间的出游有着较高的意愿；对于文化程度较低的女性，可能最重要的是将较多的时间用于工作，来维持基本的生存，而不是出游需求的满足。

从职业情况来看，第三次中国妇女社会地位调查数据显示，最远出行目的为旅游的女性中，职业排在前三位的分别是办事人员（64.1%）、负责人（63.6%）和专业技术人员（62.2%），占前三位的比例差异较小；职业为农业人员的女性旅游比例最低，仅为13.5%，农业人员在农闲时节拥有较多的空闲时间。但出游意愿较低。由此可以看出，旅游的前提条件是有钱和有闲。没有收入支持的过多的闲暇时间，是空闲时间而非休闲时间，职业体现了个体的经济地位，而经济地位是社会经济地位的关键要素之一，会影响女性生活方式的选择。职业地位较高的女性在旅游消费意愿的选择方面拥有较大的自主性。此外，随着我国女性企业家人数的不断增多，这些成功女性必将成为女性旅游群体中的高端消费者。

二、旅游消费决策

旅游消费决策是指对旅游消费过程中相关内容的选择和决定。以下从家庭旅游消费决策模式和旅游消费活动类型两个方面进行分析。

(一)家庭旅游消费决策

对于家庭旅游消费决策模式可分为丈夫主导、妻子主导和夫妻联合决策三种类型。多数情况下，旅游决策都由夫妻联合决策来完成，这种现象在新婚或结婚时间较短的年轻夫妻中更为普遍。从家庭收入来看，低收入家庭多由妻子主导决策；中等收入家庭则由夫妻共同主导；丈夫为经济主导者时，对高消费决策往往会把握决策权。从子女的角度来看，孩子影响夫妻间的角色分配，有孩子的家庭母亲承担照顾孩子的责任，多由丈夫主导决策，而没有孩子的家庭多为夫妻共同决策，当孩子参与家庭旅游活动时多由母亲主导决策行为。有学者将孩子的年龄分为4～5岁、6～10岁、11～14岁，结果发现，随着年龄段提升，孩子对家庭旅游决策影响力会相应变大，但亚洲国家13～18岁的孩子正值参加高中及大学入学考试阶段，反而在家庭旅游决策过程中影响最小，这和欧美国家家庭情况有明显区别(白凯、符国群，2011)。

(二)旅游消费活动类型决策

男女两性在选择旅游消费的具体类型时存在一定差异。以养老旅游和冰雪旅游为例，养老旅游是老年旅游者以异地养老形式而发生的，不以工作、定居和长期移民为目的的旅行、暂居和游览活动的总称，它融度假、观光、疗养、保健等多个旅游形式于一身(周刚，2009)。对于养老旅游方式的选择，有学者基于推拉理论进行了实证分析，发现男性在“服务”(包括完善住宿服务、特色餐饮服务、丰富娱乐服务)与“动机”(包括养老保健、逃离喧嚣、放松心情)因子之间的相关系数高于女性，男性比女性更关心外界的信息，易受到外界各类营销、宣传的影响；“环境”(包括清新空气、交通便利、美丽山水的环境)与“动机”因子之间的相关系数低于女性，因为女性比男性感性，更关注旅游目的地的环境，寻求更好的旅游体验(莫琨、郑鹏，2014)。冰雪旅游作为新兴产业，具有巨大的市场前景。影响女性冰雪旅游消费最主要的路径是口碑评价、价格合理，然后是愉悦心情，享受生活。口碑评价越高，越能愉悦女生消费者心情，激发其体验冰雪世界的想法；价格越合理，女性参与者投入越少，其经济压力也会降低(王恒利等，2019)。

三、旅游消费水平

旅游消费作为一种非生活必需消费，其消费水平的高低，一方面体现了男女两性旅游购买力的差异，另一方面也体现了两性消费观念与消费习惯的不同。

(一)女性旅游消费水平呈不断增长态势

近年来，女性旅游消费水平呈逐年增长态势。首先，旅游消费在家庭开支中的比例逐步提升。两次中国妇女社会地位调查数据显示，2000年，将旅游/休闲娱乐作为除吃住以外首项开支的女性仅占0.7%，到2010年，这一比例上升至1.9%。第二，人均旅游花费增长较快。2007年一项基于南京市的调查数据显示，女性出游花费水平较高，平均每次出游花费在1501元以上的各年龄段女性已经达到出游总人数的52.2%(朱应皋、周小培，2007)；根据国内旅游抽样调查数据资料显示，2006年女性人均旅游花费为789.8元，2011年增至1047.9元；《女性生活蓝皮书》显示，2017年，女性外出旅游的平均支出约为19500元，被调查女性及家庭最大开支前三项是孩子的抚养与教育、买房租房装修、旅游度假，而女性个人最大开支是旅游度假，首次与连续12年居首位的“服装服饰”并列第一。由此可以看出，女性的旅游消费能力提升较快。

(二)旅游消费水平的性别差异

从性别差异来看，男女两性旅游消费水平都有所提高，但男性整体消费水平仍高于女性。2000 年，将旅游/休闲娱乐作为首项开支的男性比例为 2.4%，女性仅占 0.7%；2010 年，男性比例上升至 2.8%，女性仅占 1.9%。从城乡来看，2000 年，将旅游/休闲娱乐作为首项开支的城镇男性比例为 3.6%，城镇女性仅占 1.1%；2010 年，男性比例上升至 4.5%，女性比例上升至 2.8%，性别差距依然存在。这和男女两性闲暇时间与消费习惯的不同有一定关系。旅游消费需要以闲暇时间为前提，否则即使有休闲欲望与需求，也不能转化为有效需求，男性的闲暇时间总体比女性长，这为增加旅游消费支出提供了基本前提；消费习惯是个人生活方式的重要体现，男女两性有着不同的消费偏好。在女性的消费支出结构中，由于用于服装服饰等方面的开支占较大比例，势必会对旅游消费支出产生一定的"挤出效应"。另外，也有学者研究指出，对于低收入群体，不同性别群体的旅游消费水平存在显著差异，女性群体的旅游花费水平要比男性平均高 130 元，但这一显著性并不强；已婚群体旅游花费水平高于未婚群体，平均高出 3320 元，这与婚后消费水平提升有关(王琪延、韦佳佳，2019)；无小孩家庭支出比有小孩家庭平均高出 220.169 元(张金宝，2014)。

从城乡女性内部差异来看，城镇女性的旅游消费水平高于农村女性。与男性相比，尽管城乡女性旅游消费支出比例低，但在女性群体内部，城镇女性旅游消费水平仍高于农村女性。2000 年，将旅游/休闲娱乐作为首项开支的城镇女性为 1.1%，农村女性为 0.7%，差距较小；到 2010 年，城镇女性提升为 2.8%，农村女性没有提升，仍为 0.7%，城乡差距增大，城市是农村女性的 4 倍，与我国城乡居民旅游花费的整体差距相一致。2018 年，城镇居民国内旅游人均花费为 2014 元，农村居民为 611.9 元。城乡差距与农村居民的消费观、收入状况有较大关系。有研究表明，农村居民当期旅游消费较显著受到上期消费水平的影响，"棘轮效应"比较明显。消费在短期内一般不可能出现大幅度波动，传统消费习惯效应越强，对当期和将来旅游消费行为影响也就越大。在中国传统儒家文化和节俭实用消费理念影响下所形成的农村居民消费习惯，一定程度上抑制了旅游消费需求的上升。从收入来看，当前农村居民收入水平较低，消费具有一定的"门槛"，只有收入达到一定水平才有可能进行旅游消费(余凤龙等，2013)。因此，虽然城镇女性的旅游消费习惯会对农村女性产生一定的"示范效应"，但整体来说女性旅游消费水平仍相对较低。

四、旅游消费偏好

在旅游过程中，男女两性由于生理心理特征、社会角色、社会经济地位等方面的不同，对出游方式、旅游目的地选择、旅游消费类型等方面也存在差异。从出游方式来看，目前女性旅游者出游方式表现出多样化特征。对于旅游问题比较敏感的女性来说，偏向于以团体的形式出游以增加旅行过程中的心理安全系数；不少受教育程度较高、思想独立开放的年轻女性更偏好于自助游和自驾游，另外，随着购车女性的增加，自驾游的女性也在不断增加；一些工作比较忙又热爱家庭生活的女性则比较倾向于与自己的家庭、儿女、父母出游，以此来弥补平时对自己亲人照顾的不周，同时也增加与亲人的感情沟通(郑向敏、范向丽，2007)。

从旅游目的地选择来看，女性旅游者更偏爱大自然、混合名胜类和大型主题公园类旅游目的地（丁健、李林芳，2003）。途牛《2017 女性用户旅游消费趋势分析报告》显示，三亚、丽江、大理和日本、泰国、印度尼西亚分别上榜女性出游国内、出境热门目的地前三名。

从旅游消费类型来看，有学者根据女性旅游消费者存在的五种自我概念成分，将其所体现的旅游消费偏好进行了分析。家庭自我突出的女性旅游消费者比较喜欢观光和购物旅游，不喜欢参与性的旅游景点；自我发展突出的女性旅游消费者更关注商务旅游、会议旅游以得到忙里偷闲的旅游享受；心灵自我突出的女性旅游消费者比较喜欢人文历史底蕴比较深厚的古迹，更倾向访古游、宗教游；情感自我的女性旅游消费者喜欢富有个性的探险游，更愿意参加一些刺激的娱乐项目，旅游中喜动厌静，喜欢参与性、体验性较强的旅游产品（黄玮，2008）。此外，年轻女性相对比较喜欢凸显个性化的旅游消费类型。TalkingData 移动数据研究中心发布的《中国旅游消费大数据报告（2018）》显示，女性参与冰雪旅游的比例明显高于男性，女性占 61%，男性只占 31%；事业有成型群体是冰雪旅游的主力军。女性参与度较高与女性崇尚浪漫、纯真等特质契合冰雪清纯、高洁等潜在特征相匹配，也与女性更偏爱结伴旅游密切相关。另外，在女性旅游者感知与体验方面，研究表明，女性旅游者在出游前和出游过程中对周围环境的安全设施较敏感，她们比男性更易感觉到黑夜的危险性，在公共场所更易有不安全感（范向丽、郑向敏，2007）。

五、旅游消费结构

旅游消费结构主要是指游客在吃、住、行、游、购、娱等旅游六要素方面的分配状况，它是反映旅游者消费构成合理化程度和消费质量的重要指标。旅游消费作为一种休闲消费，其与一般物质性消费的最大区别在于，消费者交换所得的是体验，而不是实物；同时，旅游消费体现了旅游产品的生产和消费在时间上的同一性。比如，旅游过程中交通工具的使用、餐饮消费、导游的解说等，旅游服务人员生产旅游产品的同时也是旅游者消费的过程（潘海颖，2015）。

（一）旅游购物

旅游购物作为旅游消费的六大内容之一，属于弹性消费，其在旅游消费支出中占有很大比重。旅游购物主要是指旅游者为旅游准备或在旅游过程中购买商品，如购买纪念品、珠宝、衣服等商品。在购物方面的性别差异可从内容、决策风格、体验三个方面来分析。

第一，从购物的具体产品来看，纪念品、工艺品、首饰、服装、化妆品等是女性旅游者钟爱购买的商品；青年女性常会购买无预期的旅游纪念品给自己的子女，中年女性通常按照购物计划给丈夫、朋友购买礼品。女性对购买产品的总体要求是实惠性、方便性、差异性、高安全性，比较注重产品的质量和服务（邓敏、李丰生，2003）。

第二，从购物决策风格方面来看，性别上的差异主要表现在，男女消费者在追求完美、重视品牌、新颖时尚、购物享乐和重视价格五类风格上有显著差异，在购物冲动、购物迷乱和习惯忠诚方面没有明显差异。女性消费者更追求完美、新颖时尚、购物享乐和重视价格，而男性消费者更重视品牌（薛海波等，2014）。关于旅游购物消费的价格，有学者研究表明，男性对价格的容忍度高于女性，女性对价格更敏感，这符合心理特征差异：女性较男性更细腻，能更觉察价格的变化，同时她们考虑的因素也多，如是否物有所值等（王晓敏、傅云新,2008)。

第三,从购物体验来看。旅游的特征在于体验消费,游客购物体验是指游客在旅游购物过程中,通过与旅游商品、销售人员、购物环境等内容的接触而产生的综合性感知和个性化评价(余向洋等,2008)。可分为三个维度:“功能体验”主要是指购物过程中游客对景区功能性服务所产生的体会和感受;“情感体验”指游客在与旅游目的地购物环境、销售人员、旅游商品等一系列内容接触时,产生的情绪反应;“社会体验”强调游客的“社会人”角色,主要指游客在购物过程中所获得的销售人员的热情接待与尊重,也包括其在与亲友的购物交流中获得的满足感和成就感。有学者研究发现,在旅游购物消费中女性占主导地位,其购物频率和花费一般要高于男性。不同性别的游客对旅游目的地购物服务的感受会有较大差异,不同性别的游客在相同条件下其社会体验存在明显差异(安贺新等,2018)。游客倾向于从旅行中的购买获得放松并留下旅行的记忆,女性相对于男性而言,更注重购买的过程,并享受讨价还价的乐趣(方玲梅,2015)。

(二)旅游接待设施

旅游接待设施消费主要是旅行过程中对住宿、餐饮等条件的选择。在住宿设施选择中,男性对旅游住宿品质的要求更高。中国旅游研究院等机构共同发布的《2019 春节旅游消费大数据报告》显示,目前游客品质化消费诉求日渐突出,高品质住宿设施消费人次年均增长率超 35%,旅游住宿品质提高。高品质住宿设施指每晚 1000 元以上的酒店/度假别墅/温泉酒店/民宿等各类住宿设施。从高品质住宿设施的消费人群来看,35~44 岁间的男性居多,消费人次占比达 28.1%。中年男性消费大多收入稳定,且有一定的财富积累,更愿意为住宿的体验性买单,也体现出了旅游消费是消费者个人经济和文化定位差异的重要表现。对女性来说,她们更偏爱安全、卫生、品牌可信度高、价格适中的酒店。在餐厅选择方面,相关研究表明,女性旅游者认为餐厅基础设施、卫生状况、信息最重要(范向丽、郑向敏,2007),表明女性更注重旅游消费过程中的安全、服务和经济适用性。

第四节 ■ ■ ■

女性健身方式

随着经济的发展、生活水平的提高、生活方式的转变,以及全民健身计划的实施,越来越多的女性开始进入健身领域,并希望通过多样化的健身活动达到保持身体健康、提升形象气质、提高自身地位的目的。健身,作为一种运动休闲,指人们在自由时间里,以身体运动为主要形式的休闲活动(刘慧梅,2014)。

女性身体形体的塑造自古至今都是男权社会文化建构的对象(王爱民,2013)。传统社会中女性身体总的来说是受压制的,最好的情况下身体也只是被当作工具(因女性身体的繁殖价值)而不是目的受到重视。到了现代消费社会,身体翻身做了主人,身体的享受成为生活的目的本身。消费文化常常把身体与自我认同联系起来,个体常常通过塑造身体(如高强度的锻炼)来建构良好的自我感觉,更加好看、年轻与有吸引力(陶东风,2007)。同时,女性的健身参与状况是生理原因、社会性别环境和女性自我限制等因素相互作用的结果。比如体育运动型休闲，19 世纪末与 20 世纪初残存的维多利亚观，使得医生和专家都认为，女性从体能上和生物学上都没有参与体育活动和运动的能力，社会上的一些传统做法也强化了女性为弱者的观念（孩子通常被限制在屋里活动，不允许她们随意跑、跳或玩运动量很大的游戏），甚至担心体育性休闲活动产生的紧张对女性的心理健康不利。事实上，后来随着观念的改变，女性大胆进军体育运动的实践表明，体育运动参与比购物和旅游活动更能使女性直面甚至挑战文化传统和陈规陋习，因为这一参与增强了女性对自己身体的认识和控制，整个运动过程使女性产生了强烈的自信、自尊和自我认同感（何立平，2005）。因此，女性健身是自我意识建构的重要方式。但在当今社会，不可忽视的一点是，消费文化与社会性别等级制度裹挟在一起，成为塑造女性身体的现代压迫因素（杨柳，2009）。树立科学、健康的健身理念，选择适合的健身方式，对促进性别平等，实现女性个人成长发展、自我赋权，提升女性社会地位等方面具有重要的理论和现实意义。

一、女性健身方式的发展趋势与特点

（一）女性健身参与率上升趋势明显，但并未内化为日常习惯

近年来，女性对体育锻炼的参与率呈较为明显的上升趋势。中国妇女社会地位调查数据显示，2000 年，对于体育锻炼（“最近 2 个月您是否有过体育锻炼的活动?”），女性参与比例仅为 14.2%，没有参加锻炼的女性高达 85.8%。到 2010 年，女性参加体育锻炼的比例上升为 54.8%（这一数据与中国综合社会调查 2015 年的数据结果 55.1%基本一致），参与率明显提高。女性健身规模的不断扩大，参与率的不断上升，一方面说明女性越来越注重自我健康管理，主动参与健身锻炼的意识在增强，《2018 年女性蓝皮书》调查数据显示，2017 年，91%的女性有健康意识和运动习惯；另一方面也从侧面证明了女性生活方式的改变，特别是闲暇时间增多，对闲暇时间的支配力在增强，这为女性提升生活质量打下了良好基础。

同时，女性的锻炼行为并未内化为日常习惯，日常体育活动水平偏低，难以真正达到健身效果。经常参与健身活动，才能达到促进身体健康、延缓衰老、保持良好精神状态的目的。妇女社会地位调查数据显示，2000 年，几乎每天都锻炼的女性占比仅为 5.9%；2010 年，经常参与锻炼的女性比例上升为 15.1%。而在芬兰、瑞典等国，女性经常参与体育锻炼的比率高达 90%以上。这一数据对比显示，虽然我国女性对健身运动的作用认识较深刻，但对其在日常生活重要程度的认识却较低。这一结论可从针对河北省职业女性的一项研究得以说明，数据显示，将参加健身排在日常生活第一位的仅占 8.1%，排在前三位的占 10.9%，排在前五位的占 25.4%，说明健身不是日常生活中最重要的活动（薄雪松等，2006），而且与行动的具体落实状况仍存在较大差距，体育锻炼并未内化为大多数女性的日常习惯，难以达到自己理想的健身状态。这可能与女性的时间利用配置结构不平衡有较大关系。与男性相比，闲暇时间相对较少和碎片化特点使得很多女性的健身参与受到限制。

此外，从参与健身运动的频次来看，2000 年，对于女性体育锻炼（“最近 2 个月您是否有过体育锻炼的活动?”）的参与，从“没有”“1～2 次”“每月 1～2 次”“每周 1～2 次”，到“几乎每天”，参与次数的分布呈反 J 形（钩状）态势，低谷期在“每月 1～2 次”，此后开始反

弹上升，但增速较有限。到2010年，女性体育锻炼（“今年您有过锻炼身体的行为吗？”）的参与，从“从不”“偶尔”“有时”，到“经常”，参与次数的分布呈缓慢直线下降趋势，说明经常参与锻炼的女性比例最低。

（二）女性健身参与状况存在内部分层现象

1.分城乡来看，城乡女性参与体育锻炼存在显著差异，且城乡差距在逐渐增大。妇女社会地位调查数据显示，2000年，城市女性中有32.6%的人参与锻炼，而农村女性参与体育锻炼的为8%，城乡相差24.6%。到2010年，城镇女性中有71.9%的人参与锻炼，而农村女性的参与率为34.8%。城乡女性参与体育锻炼的差距从2000年的24.6%增加到2010年的37.1%，城乡差距呈增大趋势。由此可以看出，城镇女性的健康意识明显强于农村女性，且健身意识增强得更快一些；同时这一差异也是城乡女性不同生活方式的一个体现。

2.分年龄来看，妇女社会地位调查数据显示，2000年，所有女性参与体育锻炼的比例，随着年龄增长呈现由多到少、再由少增多的U形态势。到2010年，这一特征有所变化，各个年龄段女性参与体育锻炼的分布比较均衡，差别较小。但如果将城乡因素考虑进来，可以发现城乡趋同特征明显。调查结果显示，无论对于2000年还是2010年的女性来说，无论城镇还是乡村，参与体育锻炼的状况随年龄增长均呈现U形态势。这一U形特征可从女性生命历程的角度进行分析。处于中间年龄段的女性，尤其是已婚已育女性，常常面临工作与家庭的双重责任与双重压力，体育锻炼这时可能就会让位于工作与家庭生活。

3.分文化程度的情况来看，2000年和2010年两次妇女社会地位调查数据显示，无论城乡女性，参与体育锻炼的状况随受教育程度的提高均呈现直线上升趋势，其中研究生学历参与体育锻炼的比例最高。这一发展趋势特点说明，随着受教育程度的增加，女性对健身作用的认识也在不断提高，从而更加重视体育锻炼；同时，随着受教育程度的提高，女性会拥有较多教育资本，可以获得更好的职业，更多的收入，更体面的生活，这些都是体育锻炼的重要基础（彭大松，2012）。

4.分职业情况来看，妇女社会地位调查数据显示，2000年，参与体育锻炼的所有女性中，职业排在前三位的分别是专业技术人员、办事人员和负责人，但前三位的参与比例差异较小，而农林牧渔水利人员的参与比例最低。到2010年，女性参与体育锻炼排在前三位的职业分别为办事人员、各类负责人、专业技术人员，前三位参与差异也较小，农业人员的女性参与比例最低。由此可以看出，从2000年到2010年，参与体育锻炼比例较高的三种职业没有变化，参与比例较低的职业也无变化。这一特征与变化趋势可从职业分层角度进行解释，职业是社会分层的表征，不同职业特征的女性，其经济收入、权力地位、社会声望、生活方式的选择均存在较大差异。职业收入体现了女性的经济资本状况，对一些健身活动项目来说，经济资本的拥有量是她们选择的基本前提和基础。北京市的调查数据也证明了这一点，经济地位决定了城市女性的体育参与。中高阶层的女性尤其是白领阶层，经济收入、社会融合、受教育水平、观念意识等比较强，相应的体育参与程度相对较高。工薪阶层女性是蓝领阶层，由于其思想较保守、经济收入、受教育程度等处于中等水平，体育参与明显较少。弱势阶层是一个特殊的无固定工作阶层，由于闲暇时间较多，体育锻炼作为一种休闲解闷的方式，反而参与较高（黄俊、刘连发，2012）。

(三)女性健身方式的选择趋向多元化

关于健身活动项目的类型,依据不同的标准可以有不同的分类形式。根据运动强度和娱乐性(游憩性)两个维度可分为核心运动型(如篮球、足球、游泳、冲浪)、保健型运动休闲(如体操、健身操、跑步)、趣味型(如台球、高尔夫)、惯常型(如散步、气功、太极剑)四类(郑向敏、宋伟,2008);也有学者分为健身健美类(如瑜伽、健美操)、康乐游戏类(如跳绳、轮滑)、竞赛对抗类(如排球、篮球)、养生保健类(如太极拳、五禽戏)、探险拓展类(如攀岩、徒步穿越)等五类(栗燕梅,2008)。另外,也可按场所分为室内与室外,根据是否需要技能分为技能类与非技能类,根据活动强度分为低强度、中强度与高强度等等(刘慧梅,2014)。

随着社会的发展、生活水平的提高、女性地位的提升,女性对于健身项目的选择,已经进入"多元化选择"时代,能够在考虑自身经济能力、喜好、身体状况、心理感受等因素的基础上,打破传统性别规范对女性健身选择形成的刻板印象,进行更为主动和宽泛的选择。她们既能参加一些展现女性化特征的健身方式,也开始参与一些表现传统男性化特征的健身方式,如拳击、健美等,表现出了共性与个性相结合,动与静相结合,线上与线下相结合等特点,不断提升自身的生活质量与体质健康水平。

1.女性普遍喜欢参与健美操、瑜伽等展现女性特质的健身项目。武汉市的调查数据显示,职业女性选择健身项目的顺序是健美操、跑步、游泳、羽毛球、瑜伽、单车、壁球等。从选择顺序上看,带有明显的性别特征,她们倾向于选择对抗、竞争性不强的项目。之所以选择健美操与健身跑的较多,主要与女性减脂瘦身的爱美心理有关。健步走和跑步对各个年龄段人群都具有广泛的适应性,对场地、时间的要求也较低,因此也成为很多成年女性广泛参与的锻炼项目。显然,社会性别观念和性别角色约束着健身参与的深度和广度(熊欢,2014),女性独特气质在体育文化中的不同表现也会影响女性的体育参与(黄俊、刘连发,2012)。当然,女性在选择锻炼项目时有其内在的规律性,一生中并非一成不变,会根据自身生理、心理等的适应程度适时调整,做出新的选择。另外,在参与锻炼时,同伴行为是女性参加体育锻炼的主要形式,约有20%的女性选择独自锻炼形式。大多数女性倾向于与同伴一起参加体育锻炼。但同伴类型略有差异,较年老的女性喜欢与朋友或同事一起;较年轻女性倾向于和家人一起锻炼;城乡女性锻炼形式非常相似,但城镇女性独立锻炼的比例更高(王富百慧等,2015)。

2.非女性传统项目逐渐成为部分年轻女性的健身选择。随着健身知识的传播和健身项目的多样化,年轻女性体育参与的偏好正在悄然发生改变,一些非女性传统的健身项目逐渐在女性群体中普及开来(部义峰等,2015),包括马拉松、拳击、冲浪、登山、攀岩、击剑、马术、帆船、冰球、滑翔等。比如,拳击运动一直以来被视为表现"男子气概"的运动,女性参与拳击(搏击类健身运动项目)是近年来新生的体育现象,这种"跨性别运动"也成为当下健身市场的"时尚"(熊欢、王阿影,2020),女性在拳击锻炼中所产生的强烈的感官体验(如体温上升)对重塑运动中的自我发挥了重要意义(Sabiston C.M., Mcdonough M.H., Sedgwick W.A., 2009)。另外,冲浪运动可以给人带来超越自我的"身心体验";在足球球场上,人们模仿"战争",体会着身体碰撞时带来的"存在感"(熊欢,2013)。2010年10月1日,上海出现首个全女性会员的拳击健身俱乐部PRINCESS,北京、广州等地也陆续出现女性拳击健身俱乐部。再比如,体旅融合的徒步旅游近年来也开始成为部分女性的一项时尚选择。根据中国徒步网发布的《中国徒步旅游发展报告(2018)》的相关数据,2014—2018年,男性搜索的占比,从74%逐年递减降到了48%,而女性搜索群体逐年上升,2018年女性占比首次超过男性,徒步旅游女性时代悄然来临。

二、健身方式的现状与性别差异

(一)健身动机与目的

相关研究已经证实,健身有利于促进身体健康,降低疾病发生的风险。具体来说,经常参加健身活动可能减少冠状动脉心脏病及其复发,平缓心率和降低血压,提高基本新陈代谢、降低肥胖的风险,在提高肌肉力量、骨密度、结缔组织等方面也有很好的预防作用。而且,经常的、适中的体育健身活动能通过提高自我形象、社交技巧、精神健康,甚至认知功能和全面的幸福感而减少轻微或中等程度的忧郁症和神经官能症(刘慧梅,2014)。

相关研究与调查数据显示,男女两性在参加健身活动的动机方面存在差异。女性参加健身的目的,大多数是将能否使她们变得更美丽、更苗条,对男性更具性吸引力,而不是以健壮的身体和在运动中取得愉悦作为目的(马希敏,2008),比如增加自己在职业市场、婚姻市场的竞争能力,增加“身体资本”(陶东风,2007)。如果考虑到女性承担的母职角色,参加健身目的的排序会有所变化,学者的研究表明,对于二孩母亲来说,参加体育锻炼最首要目的是改善身体健康状况而减掉因为怀孕和生产所增加的体重,第二动机是保持精神状态,第三动机是延缓衰老(闫静等,2019)。对于男性来说,不同类型的男性有着不同的健身参与动机。近四成成年男性参与健身的目的主要是为了强身健体;中青年男性参与健身主要是为了消遣娱乐,缓解工作压力;对于缺乏生活规律的年轻人来说,主要是为了优化个人生活规律;身体体质较弱或有疾病的人,动机更加单纯,就是为了祛病康复;对于部分事业成功的男性来说,其运动如高尔夫运动,这类人群通常是为了满足社会交往的需求(王婷婷、王雷,2017)。

(二)健身参与规模

从参与健身的规模来说,虽然很多研究表明,男性比女性在运动参与、运动频率、运动时间上都表现出更多的性别可能,但实际上,这一性别差距正在逐渐缩小。妇女社会地位调查数据显示,2000年,男性参与体育锻炼的比例比女性高8.4%,但到了2010年,男女两性的参与比例都维持在54%左右,基本持平,说明女性参与体育锻炼的比例提升较快。另外,不可否认的是,男女两性参与健身比例都有待进一步提升。2000年,男女两性参与体育锻炼仅占两成左右,虽然2010年提高至五成水平,但这一数据表明仍有一半的人从不参加体育锻炼。从年龄来看,在成年女性中,较为年老的女性仍然是经常锻炼的主力(王富百慧等,2015),对于女性不参加体育锻炼的原因,主观方面表现为锻炼兴趣不足、意识不强,客观原因是因忙于工作或家庭而缺少闲暇时间是重要因素。性别之间大家都认同时间、精力、伙伴、家庭照料的作用,但家庭照料对女性的影响大于男性(张勇,2019)。在男性中,成年男性参与健身以中年男性为主,而青年和老年男性群体所占比例相对较少(王婷婷、王雷,2017)。

(三)健身活动项目选择

关于健身活动项目的选择,对男女两性来说,存在一定差异,呈现出一定的性别化特征。健步走和跑步是成年女性广泛参与的锻炼项目，对于健身操、瑜伽等展现女性特质的活动参与率也较高。比如，对二孩母亲来说，她们提及最多的体育活动方式是步行（走路、散步），其次是瑜伽（健身操）等有氧运动，然后是羽毛球、游泳等活动（闫静等，2019）。

对男性来说，比较实用、目的性强的体育项目成为大家的共同爱好。大多数男性的健身项目比较单一，多为篮球、乒乓球、羽毛球、俯卧撑、跑步等简单的锻炼项目，只有部分经济条件较好的男性才会选择登山、保龄球、高尔夫等收费项目。这说明了社会经济地位对健身参与的影响。学者的相关研究指出，在积极参与有组织的体育运动及体育游憩活动的人中，收入处于最低水平的人较少，而较低的收入使大多数人远离了高成本的体育休闲活动（奥萨利文等，2010）。健身活动乃非生活必需品，主要是个体兴趣所向。因此，当条件所限时（比如国内的很多体育场馆还尚未对公众免费开放），他们往往会选择一些成本较低、健身效果相同的可替代项目，如跑步。考虑到年龄因素，50 岁以上的中老年男性在健身项目选择上主要以太极、武术、晨练为主（王婷婷、王雷，2017）。

（四）健身场地选择

对男女两性来说，普遍都选择公园、广场等免费公共场所作为主要的健身场地。第三次中国妇女社会地位调查数据显示，女性锻炼身体的场所，选择免费公共场所的占 63.9％，其次是家里占 31.4％，收费的体育场馆或健身场所占 4.7％。对男性来说，选择免费公共场所锻炼的占 64.3％。一些学者用地方性数据进行研究也得出了大致相同的结论，比如成都抽样调查数据显示，有 41％的男性喜欢并选择社区体育设施场所、公园、城市广场等场所来健身锻炼，有 26％的男性喜欢在城市各街道间公用空地（如街道空余地、马路边），第三选择是在收费体育馆、健身俱乐部等较为专业（商业化）的场所内锻炼（20％），余下的就是在住宅周边的学校、公共免费体育场所、家中锻炼（王婷婷、王雷，2017）。另外，互联网应用的发展使得男女两性的健身场所变得更加灵活多变。Keep、咕咚、趣味等 App 可以帮助人们解决健身场地、项目和私教问题，还可结合穿戴设备（如运动手环）、智能跑步机等智能健身器械，提高线下运动健身效率和体验（程遂营等，2019）。

（五）健身消费

健身需求的满足过程中会涉及健身消费行为，总体来看，男女两性健身消费水平不高，女性略高于男性。第三次中国妇女社会地位调查数据显示，除吃住花费外，将保健/健身消费排在第一位置的，女性为 2％，男性为 1.6％。由此看来，大多数女性并未把健身投资放在重要位置。湖南职业女性的调查数据显示，健身消费水平不高，有 39％的女性没有健身消费，在 50 元以下的极低消费也占了 16.1％，特别是相对于她们花在其他方面的美丽消费而言，更是少了很多（杨斌、唐吉平，2012）。武汉职业女性的体育消费总体水平也不高，约占家庭消费的 5％左右。从年龄来看，30 岁以下女性健身的消费是最高的。健身消费属于一种身体消费，而身体消费中的性别本质主义来自对现实社会中男女两性行为方式的复制，同时也是在更大范围内指导着男女两性的行为（章立明，2001）。对男性来说，成都的调查数据显示，健身锻炼费用开支少于 100 元（包括无支出）的占到了一半以上，支出 100～200 元的男性比率较高，多为中青年男性；支出 400 元以上的多为 40～49 岁的中年男士。从健身的具体消费情况来看，购买运动服、鞋帽等用品在体育消费中占的比率最大，为 36.8％，购买健身器材和到经营性健身场所健身分别排在第二、三位。中老年男性人群的康复治疗也成为部分男性的健身消费构成，但在体育知识获取以及培训方面，成年男性消费并不积极。可见健身意识在提升，但科学健身并未引起足够重视（王婷婷、王雷，2017）。

第五节 ■ ■ ■

女性手机使用

随着科技的发展与进步，手机已从 10 多年前的高档奢侈消费品，变为现在“人手一机”的大众消费品，特别是智能手机的日渐普及，人们的生活方式正在被手机不断重塑和形塑。对女性来说，手机作为最重要的移动互联网终端，在其生活方式建构过程中更是扮演着重要角色。一是拓展了女性闲暇生活的空间范围。一直以来女性的闲暇活动空间大多集中在家庭、社区和一些公共活动场馆，手机的普及、互联网技术的发展形成了女性的第四个重要闲暇空间——虚拟闲暇空间，大大拓展了女性的休闲活动范围与维度。二是极大丰富了女性闲暇生活的内容。通过手机这一载体，在网络这样一个无穷大的立体空间中，女性可以自由地进行互动交流、娱乐休闲、信息获取等，充实闲暇生活，满足个性化需求，提升生活质量。三是网络空间成为女性实现自我价值的重要平台。在网络空间中，女性的主体意识被唤醒，自我身份表达得以实现与构建。比如网络购物消费方式，会重塑现代女性的休闲实践，消费过程中的每个环节都是其获得休闲体验的重要维度，不仅可提供娱乐消遣，也兼具情感补偿功能。同时，女性网购者还会自发营造虚拟闲暇社区，在强化自我社会角色的同时实现自我休闲，维护积极的自我价值（陈贤斐等，2019）。

一、手机与互联网用户规模

手机原本只是一种通信工具，如今已实现智能化，从原来的“大哥大”发展成为可以接入无线互联网、搭载各类应用程序的移动小电脑（邵占鹏、营立成，2019）。手机用户和移动互联网用户规模近年来增长迅速。

手机特别是智能手机用户规模呈快速增长态势。1990 年，我国仅有手机用户 1.8 万户，2000 年，手机保有量升至 8 000 多万部，手机大多只有单一通话功能。智能手机在 20 世纪 90 年代开始出现，2010 年左右开始普及。2018 年 9 月，全球领先的新经济行业数据挖掘和分析 iiMedia Research（艾媒咨询）权威发布《2018 上半年中国智能手机市场监测报告》显示，2018 年第二季度中国智能手机用户规模达 6.82 亿人。手机突破传统的单一通话功能，集通话、网络、音视频、信息传递等多种功能于一体，方便携带、快捷的特点使其在新媒体中占有越来越重要的地位。

移动互联网用户规模呈现爆炸式增长，性别差距逐渐减小。根据中国互联网信息中心（CNNIC）发布的《第 44 次中国互联网发展状况统计报告》，截至 2019 年 6 月，我国网民规模达 8.54 亿，手机网民规模达 8.47 亿，网民中使用手机上网的比例达 99.1%。而在 1998 年 7 月，我国网民规模仅为 117.5 万。从女性网民人数来看，1998 年女性网民人数为 8.46 万人，仅占网民规模的 7.2%；2017 年，女性网民人数为 3.66 亿，比例上升至

47.4%，与男性差距逐渐减小。《2018女性生活蓝皮书》数据也显示，移动互联网深度渗透，99.6%的女性使用过移动互联网。

移动互联网的崛起打破了既有的时空边界，从而在社会交往、社会表达、社会分化等多个维度起到形塑社会的独特作用（王迪、王汉生，2016）。智能手机作为移动互联网时代的重要载体，它影响着人们日常生活的方方面面，人们一旦离开手机总是感到焦虑和不安。智能手机使得人际互动的时空条件（随时随地随心）、时空形式（留言、定向、视频）、具体内容（野性、欲望）都发生了改变，人际互动的时空限制少了，时空形式多了，内容更加张扬了。人们借助智能手机运筹指尖、洞察天下、掌上乾坤，随性地掌控时空的形态（邵占鹏、营立成，2019）。

二、女性手机与互联网使用行为特征

女性手机与互联网使用情况可从参与主体类型、使用频率、使用偏好等方面进行分析。

(一)手机与互联网使用频率

从手机与移动互联网的使用频率来看，青年女性是参与网络活动的主体人群，在所有女性群体中每天使用网络时间最长，其中，对于每天上网超过2小时的人数，18—25岁的青年女性占比最高，为67.8%，26～35岁的女性占比为60.9%。从婚育状况来看，未婚和已婚未育女性在使用网络时间和偏好类型上差异不大，但已婚已育女性与前两者差异较大，平均每天上网时间低于0.5小时的比例高达61.9%。已婚已育的女性尽管每天上网的次数比较频繁，但总体时间较短。从职业情况来看，本科以上学历、月收入在3001～8000元、年龄在26～35岁、单身等身份特征的女性使用网络的时间较长，该群体即通常意义上的白领（李楠方等，2016）。《2017年女性生活蓝皮书》数据显示，手机对女性影响巨大，女性每天使用手机时间为2.6小时。过度使用移动电子产品对个人身心健康和婚姻影响巨大，导致家庭成员之间关系疏远。47.2%的女性被调查者陪伴配偶时，仍使用智能手机/平板电脑；26.3%的父母与未成年孩子一起时仍会使用智能手机。女性中更高比例的人“有时”或“常常”用移动电子产品安抚孩子。女性（69%）更习惯于每天带移动电子产品上床，49.3%的被调查者对移动电子产品依赖症超过平均水平。

(二)手机与互联网使用方式与功能

手机与互联网的使用，是个体主动选择的结果，一方面可以满足女性娱乐、消费、学习、交往等需求，同时，手机在维持家庭关系、建立社交和工作联系、异地履行母职等方面也发挥重要作用。对珠三角流动女性用手机社交和恋爱的一项研究发现，通过频繁的短信交流实践，她们非正式的读写能力和社交能力都得到加强，手机也为这些女性提供了不同于乡村的都市亲密关系和社交实践。手机的可供性在一定程度上有助于维持异地的亲子关系，尤其是手机即时性互动可以提供抚慰作用。东南亚国家大规模的家政服务劳动力输出，形成了父亲在家照顾子女、母亲在外挣钱养家的家庭分工模式，而手机有助于父母双方适应新角色，并让女性可以通过电话来履行传统母亲责任的仪式（Cabanes J.V.A.，Acedera K.A.F.，2012），但是，这种虚拟在场的沟通方式对母亲与子女保持亲密关系不利。

如果从生命历程的角度来看，可以发现，女性随年龄变化会承担着不同的家庭角色，这些不同的角色必然会影响她们对手机媒体的使用。有学者通过对珠三角地区流动女性手机使用的质化数据资料分析发现,认为手机使用行为往往被各自的工作种类(类型)和生活环境所形塑,展现出惊人的多样性,也反映了她们在外部环境限定下做出的具有能动性的决策。对于年轻女性来说,她们关注的信息类型包括实用资讯、经济理财、健康养生、购物消费、娱乐休闲等,与城市其他群体并无根本差异,从其手机和微信订阅号界面显示,她们更关注城市生活和本地新闻,希望在城市建立新的社会纽带,尚未开始考虑家庭责任。对已婚女性来说,她们更关注婚姻家庭、子女教育和健康养生等话题,除了工作赚钱,所有的闲暇时间都会用来陪伴孩子,手机主要用来工作沟通和子女教育,而非休闲娱乐,关注的公众号绝大部分是育儿和婚姻家庭类信息。对于那些因户籍限制其子女不能在城市就学的母亲来说,常会展示出用手机阅读"正能量"内容的偏好,在无力改变外部政策环境的前提下,唯有诉诸"正能量"的媒介内容消费,以平复内心的痛苦和焦虑,并积极寻求个体化的解决方案(章玉萍,2018)。

(三)互联网应用软件使用的性别差异

目前的互联网应用软件包括五大类,分别为基础应用类、商务交易类、网络金融类、网络娱乐类应用、公共服务类等。以下从微信微博与网络消费两个方面进行分析。

1.微信、微博使用的性别差异

在所有新媒体中,微信最受男女老年人青睐,使用最多、最熟练的是社交功能。通过微信,他们可以便捷地与家人、朋友、以前的同事交流,而且突破了传统的面谈、电话等单一方式,可以使用音视频通话、微信群聊,并通过"朋友圈"记录人,分享日常生活的点滴。研究发现,对于男女老年人来说,微信使用对主观幸福感的影响在男女老年人之间并不存在显著差异。老年女性比男性更喜欢发朋友圈,但发布频率仍然不高(张振亭,2019)。微博这种新媒体形式将经典知识沟研究从知识获取延伸到知识生产,知识生产可分为直接知识生产(如发布原创文字微博、发布视频或音频等)和间接知识生产(对信息进行转发和评论)两种。研究发现,男性比女性更多从事微博知识生产活动,尤其是直接知识生产,说明性别鸿沟是知识生产鸿沟的重要表现形式(韦路、赵璐,2014)。

2.互联网消费的性别差异

在现代社会,网络为社会成员提供了一个没有现实边界又极其便捷的消费空间,而简单、方便、快捷的手机支付方式又为网络消费的实现提供了重要条件。从消费倾向看,女性比男性更容易尝试包括手机无线消费在内的各种网络消费形式,女性使用网络消费具有频率高、选择重复购买同类产品概率高、"羊群效应"(王财玉、雷雳,2017)等特征,男性消费者则表现为具有自我独立选择的判断精神和对备选消费对象的质疑态度。在消费结构和商家选择方面,支付宝公布的信息显示AA收款、信用卡还款、购买航空机票,以及公共事业缴费等项目是男性网络应用的主要内容,而女性则以网络购物为主(员宁波、陈淑珍,2015)。中消协2013年发布的《信息消费与安全调研报告》显示,经常使用淘宝网、天猫购物的女性消费者稍多于男性消费者,而男性消费者使用京东商城的比例稍高于女性消费者。

另外,从网络音乐使用来看,我国在线音乐用户呈现出明显的年轻化特性,网易云音乐上的大部分用户是"85后"到"00后"的都市年轻群体,年龄集中在15～33岁,其中23

～30 岁用户占比约 50%。从性别分布来看，网易云音乐用户男女分布相对均衡，男女比例约为 1.1∶1（陈小向，2019）。

总体来看，女性网络使用者的行为习惯仍然有着明显的、由性别带来的烙印——即女性在网上更喜欢社交、购物，更偏好体验式、互动式的话题和软件，较典型地表现出了情感化思维，非中心性、流动性、关联性等感性程度较高的“女性特征”。女性在美容养生类和购物类软件上花费的时间最长。《2017 年女性生活蓝皮书》数据显示，83.8%的女性使用过手机 App，首要关注“服饰美容类”App。网络在方便女性生活的同时也成为物化女性的助推器（李楠方等，2016）。

三、互联网使用与女性创业

一直以来，创业往往被默认为由男性主宰的经济活动，而如今，随着“大众创业、万众创新”相关政策的实施，以及互联网影响的不断扩大与深化，越来越多的女性开始通过互联网实现创业。

（一）互联网女性创业比例在不断增加

中国家庭追踪调查（CFPS）数据显示，女性创业的比例由 2010 年的 6.6%上升至 2014 年的 10.6%，增加了 4%（刘汉辉等，2019）。2018 年 5 月 21 日，阿里巴巴发布的《互联网＋时代：女性创业者报告》表明，传统领域的女性创业者仅占全部女性人口的 3.6%，而在互联网背景下，女性创业者占了“半边天”。比如开设网店成了女性大学生兼职和创业的新途径，其中网络淘客和网店促销员是最受欢迎的职业。网络淘客是专门对购物网上的商品进行分门别类的网店，将所有网络小店的商品归类，使购物人群一目了然，收入是从每件成交的商品中获得 5%的提成。网店促销员则通常活跃在各个论坛上，为商家设计促销方案，同时通过各种途径宣传网店商品（李楠方等，2016）。另外，育儿使很多女性承受工作与抚育的双重压力，传统的母亲角色期待和性别规范让她们的一部分不得不放弃职业回归家庭。研究表明，互联网和手机成为一些育儿母亲灵活非正式就业的主要来源和工具。使用手机从事网络销售成为赚钱的主要途径，从事微商、客服、网络兼职等廉价数字劳动成为一些家庭主妇获得额外经济来源补贴家用的新型“在家打工”方式（章玉萍，2018）。

（二）互联网使用显著提升了女性的创业概率

有学者基于中国综合社会调查的女性创业者数据，探讨了互联网使用与女性创业概率之间的关系。研究发现，互联网使用显著提升了女性的创业概率，平均而言，上网女性的创业概率比不上网女性高 3%；高频次使用互联网的女性创业概率高于低频次使用互联网的女性。互联网使用对女性创业活动的促进作用体现在：第一，视频技术和在线课堂的兴起为上网女性提供了在线充电学习的机会，有利于女性提高自身人力资本，从而进一步提高女性的创业技能；第二，社交媒体等互联网应用可以克服时间和空间限制，为女性提供改善和丰富个人社交网络的机会，从而提高女性的社会资本；第三，互联网通过搜索引擎等技术和网络媒体等应用为上网女性提供了丰富的信息渠道，促使女性更好地识别和利用创业机会（丁栋虹、袁维汉，2019）。还有学者探讨了互联网双重嵌入对女性创业能力的影响。研究发现，互联网嵌入方式是影响女性互联网创业的关键变量，但互联网嵌入并不必然带来女性创业能力提升，网络社群（如微信群、QQ群或在线社区）嵌入会显著促进女性创业能力提升，而网络媒体嵌入则具有负向影响。因此，网络社群关系的建立与维护是互联网情境下女性创业社会资本的重要来源（肖薇等，2019）。

（三）互联网使用对女性创业的影响存在内部差异

基于中国家庭追踪调查数据的研究发现，第一，从年龄来看，上网对提高年轻女性的创业概率更加有效。这可能是因为年龄越大，学习和接受新事物的能力就越低。对互联网的重视和使用不足，导致无法充分发挥网络对创业的促进作用。第二，从受教育程度来看，受教育程度在高中以下的女性在上网后，创业概率平均提升了4.4%。这可能是因为教育作为人力资本的一种重要形式，往往影响着女性在劳动力市场上的就业选择。具有较高受教育年限的女性能较容易地获得一份收入相对不错、稳定的工作，创业的机会成本也相对较高，因此，即使使用网络，她们也不会倾向于选择高风险的创业活动来获得收入。第三，从户籍来看，农业户籍的女性在上网后，创业概率平均提升了5.6%。这可能是因为农业户籍群体的受教育年限往往相对较短，而拥有非农业户籍更有助于在劳动力市场上获得更高收入的工作，迫于生计，农业户籍人群可能会通过创业解决就业问题（刘汉辉等，2019）。

第六节 ■ ■ ■

女性生活方式问题的女性学解释

生活方式看似是每个女性和家庭的自我选择，但事实上，它绝非纯粹的个体现象与私人事务，与社会结构、制度安排、文化和家庭规范等都有着千丝万缕的联系。从前述的分析可以看出，女性走出家庭，进入公共生活空间，改变生活方式，这不仅体现了社会的进步，也是女性自我意识的觉醒，更表明了两性关系和性别秩序的改变。在性别空间秩序方面，女性由私人领域走向公共领域；在性别秩序的强弱方面，改变了女性绝对的弱势地位；在性别秩序的主从方面，女性不再处于绝对的从属地位（李亚妮，2015）。具体来说，女性生活方式最重要的变化体现在女性旅游消费和健身方面，女性有着比男性更强的旅游意愿，以及女性对多样化健身方式的选择，都凸显出女性主体意识的觉醒；女性生活方式最主要的进步体现在女性的手机使用方面，不仅拓展了女性的休闲生活空间，更丰富了女性的休闲生活内容，为女性自我价值的实现提供了重要平台。但现实的情况也表明，男女两性的生活方式依然存在较大差异，特别是在闲暇时间方面，无论是闲暇时间总量还是闲暇时间利用的满意度方面，女性均低于男性。对此，我们尝试从不同的学科、研究视角与空间尺度，来透视、分析女性生活方式及其性别差异的深层次原因与影响机制。

一、女性生活方式问题的经济学解释

（一）传统经济学中的劳动—闲暇模型

劳动—闲暇模型中，在其他情况不变的情况下，工资的增加对个人劳动供给的决定同时产生两种效应：一个是收入效应，工资增加，增加了收入因而导致闲暇时间增加，工作时间减少;另一个是替代效应,工资增加,提高了闲暇价格,以物品替代闲暇作为效用来源是有利的,工作时间增加。这一模型的效用最大化思想和收入与替代效应分析劳动时间供给是很有价值的,但这个模型用以解释一般的“经济人”在工作和闲暇时间之间的选择,其中并未有性别的视角(许艳丽,2006),对女性时间利用安排的解释力有限。

(二)贝克尔的时间配置理论

这一理论主要建立在家庭中个体的利他性和家庭整体的效用函数上。在诸多时间分配方案中,最有效的方案是夫妻双方根据自身的比较优势,分配各自从事市场劳动和家务劳动时间。男性在劳动力市场有优势,女性应将大部分时间投入家务劳动,承担起照料者角色。从经济效度的角度看,夫妻之间的时间分配与性别并无直接关联(许琪,2018)。

(三)明塞尔的时间配置理论

经济学家明塞尔把贝克尔的家庭时间概念进一步发展,明确了时间三分法,把家务工作时间作为时间的一种构成进行时间配置研究。他认为,人们的有限时间总要在市场工作、家务时间和闲暇这三方面进行分配。已婚女性加入劳动力市场,是由于她们实际工资的提高增加了非市场活动时间的机会成本,同时,女性本身实际工资增加的替代效应高于收入效应,而男性的收入效应高于替代效应(许艳丽,2006)。

二、女性生活方式问题的社会学解释

(一)需要层次理论

美国社会心理学家马斯洛指出,人类的需要可分为由低到高的五个层次,即生理需要、安全需要、归属与爱的需要、尊重和自我实现的需要。人的基本需要得到满足后,才会进一步追求较高层次需要的满足,对闲暇的需要就是一种高层次的需要。根据需要层次理论来分析当今社会成员的闲暇需要状况,可以发现,随着生产力的高速发展、社会物质财富的急剧增加,人们的精神需要也日益提升,闲暇选择也开始向多元化方向发展,闲暇已不仅仅用于满足人的感官刺激、物质享受,而是用来满足人的高级情感需要,如志愿者活动、慈善活动、社会公益活动等(冯铁蕾,2018)。

(二)社会角色理论

社会角色理论主张,性别可以通过社会对个体的角色期望(性别角色期望)和个体自身的信念或技能(性别角色表现)进而导致社会行为的差异;社会对于男性的工作角色期望高于女性,而对于女性的家庭角色期望高于男性,男性和女性会遵循这些性别角色期望产生不同的性别角色表现。“男主外、女主内”是我国传统文化对性别角色的典型期望,期望女性比男性更有母性、更加友善,善于表达感受及敏感,因为她们最主要的角色是作为儿童和老人的抚养照顾者(谢菊兰等,2015)。从这个层面上来说,在时间分配上,女性就会花费较多的时间在家庭劳动中,与男性相比,其闲暇时间相对较少。

(三)相对资源理论

相对资源理论是基于交换理论产生的,它假设夫妻是根据双方所占有的资源而在婚姻中进行议价,强调家务的分配在一定程度上反映了丈夫与妻子间的权力关系。换句话说,家庭成员为家庭带来资源的相对量决定了家务劳动的分配。例如,教育和收入等资源就可以帮助家庭成员减少家务劳动时间。由于女性往往在经济上依赖她们的丈夫,根据这一理论，她们承担更多的家务劳动也就顺理成章了(於嘉，2014)。

(四)结构主义路径的解释

结构主义路径强调社会经济地位分化对人们在健康行为或生活方式选择上的制约。比如，布迪厄将人们的日常行为(如健身行为)视为一种社会实践，认为人们在特定的场域结构下，依据自己的性情倾向(惯习)来选择特定的生活方式，反过来，生活方式也反映了人们在特定场域结构中的位置，生活方式起到了区隔不同社会阶层的作用(王甫勤，2017)。以体育锻炼为例，对男女两性在参加健身活动的动机，女性常以减肥健美为主，男性以强身健体为主，就反映了两性行动实践选择上的惯习。

(五)文化资本理论和杂食性理论

文化资本理论和杂食性理论对休闲生活方式的社会阶层差异具有一定的解释力。布尔迪厄的文化资本理论建议，为了与下层社会相区分，上层社会会更喜欢高档的休闲消费；彼尔森的杂食性理论则指出，上层社会休闲消费范围更广，也就是说，上层社会既消费高档休闲也从事时尚的休闲方式，而下层社会只消费时尚休闲(刘松、楼嘉军，2017)。就健身项目来说，经济条件较好的男性会选择网球、高尔夫等高档运动休闲收费项目，以体现其经济地位和生活方式。

上述社会学视角的解释，除社会角色理论和相对资源理论外，都未加入性别视角进行分析，未考虑到男女两性的生理、心理差异状况，因此难以科学、准确地分析男女两性生活方式的差异。

三、女性生活方式问题的人口学解释

生命周期理论包括家庭的生命周期和个体生命周期。家庭生命周期可以概括为，在整个家庭人口过程里，家庭经历从组成到解体之间一系列相互关联、特点各异的阶段，其中包括结婚(成家)、生育、抚育孩子、空巢与空床家庭等。在每个特定的阶段上，家庭都会经历具有社会经济特征的变化，这些变化将影响家庭人口的消费、储蓄和经济参与的行为模式，以及人口再生产的模式。个体生命周期是指一个人从出生开始经过生命历程各个阶段直到死亡的整个过程，每个人口学事件如结婚、成家、生育、迁移、死亡等，都是生命周期的一个阶段，生命周期覆盖了女性一生状态的变化，反映了各种事件对女性一生各个阶段的影响。因此通过生命周期研究女性状态的变化，是一种有效的方法(李竞能，2004)。闲暇时间在不同年龄组中呈“V”型分布，就体现了生命历程的变化。青年期的闲暇时间最多，中年期最少，老年期不断增加，其原因在于青年期的家务负担轻、工作压力小，闲暇时间较多；人到中年时上有老下有小，外出工作、内忙家务，自然少有闲暇；老年后不再为工作所累，因而得以重新拥有更多的闲暇时间(风笑天、赵延东，1997)。

四、女性生活方式问题的女性学解释

自由地选择生活方式是女性赋权、提升社会地位、实现性别平等的重要途径。女性主义者提倡女性同男性一样拥有自由选择、把握自己生活的权利。自由选择生活方式有助于女性获得自我成长、解放和地位的改变(熊欢，2014)，但在实践中却仍未从根本上改变现有的性别秩序结构。

(一)生活方式的自由选择有助于女性主体意识觉醒与自我发展

在现代社会生活实践中,女性可以自由地选择生活方式,参与读书、旅游、健身、娱乐等闲暇活动,不仅有助于释放工作压力,也有助于女性主体意识的觉醒,增加对自我生活的掌控感,找寻生命的意义,获得自我成长与发展。以下以女性旅游为例展开分析。

1.旅游拓展了女性自身的主体空间

现代西方社会以个人权益为本,高度强调个人空间与人权。中国传统以“家”作为社会的基本单位,“关系本位的人观”,令“性别”甚少是社会身份的中心。女性所需要的个人空间与自主,是最基本的人性权益。这一看似是微不足道的“小问题”,却长期被主流社会所忽视。旅游,使女性经历了从照顾者到被照顾者的角色转变,享受到从未有过的自立、自由与自在,寻求父权婚姻体制所欠缺的女性个人自立空间(周华山,1999)。尤其是对于扮演多重角色、工作生活精力压力叠加的中年女性来说,旅游更成为一种离开既有框框、拓展自身空间的重要策略。

2.女性独自旅游在一定程度上颠覆了僵化的两性权力等级制

古今中外,独自外出旅游者,大多是男性。这不纯是男女经济与社会权力的差距,更因为公众领域向来就是男人主导的空间,而女性的社会处境困囿在私人领域。从这个意义上说,女性出走旅游具有颠覆意义,既挑战母亲必须在家照顾丈夫与子女的所谓天职,更孤单上路开拓自我空间,推翻男子才能独立探索陌生世界的所谓“常规”。同时,男性的主体位置亦非凝固不变,而是与身旁“重要他者”来回往复地互动游移。当妻子从“牺牲者”的框框中解脱出来,丈夫也被迫反思过去支配以至施压的强势位置。因此,女性从来不是无能无助、被动脆弱的弱者。即使在最恶劣的社会处境下,她们仍积极利用社会建制的罅隙夹缝,不断建立拓展自身的主体空间(周华山,1999)。

3.旅游消费为女性建构快乐空间

女性旅游,实现了消费区域与居住区域的分化,即非日常消费空间(旅游地点)与日常消费和生活空间的分离。人们居住区域的日程化(routinization),使得人们常有寻求“变化”和“新鲜”的冲动,有摆脱日常程式和日常空间束缚的动机,旅游就是这种动机的产物。与此相联系,人们把旅游目的地作为“快乐边缘”来与自己的居住“中心”进行对照,并从快乐边缘那儿寻找日常生活中所没有的快乐和刺激。旅游目的地作为一种消费服务空间,从旅游者的角度看,是理想的消费“天堂”。它不但提供饮食起居等必需消费服务,而且更重要的是,它为旅游者提供了一种不同寻常的精神消费“食粮”。如果说旅游者在居住地的消费是受理性原则束缚的话,那么,在“快乐边缘”,旅游者可以沉浸在一种理想化和美化的“自由”消费境界。旅游目的地所具备的那些为居住地所没有的特征,被旅游产业界(借助旅游手册)和传媒界所渲染、美化和突出,使之成为居住地的一种精神补充和对照。因此,对许多女性来说,旅游目的地作为公共消费空间是社会建构出来的女性的快乐空间,从而同家庭消费空间(女性的家务劳动空间)形成鲜明的对照,在消费空间的自我表演显然在一定的意义上成为女性的一种情感和心理支持(王宁,2011)。

(二)女性的闲暇活动实践成为维持现有父权秩序的工具

西蒙娜·德·波伏娃在其著名论著《第二性》中证明,女性自由的障碍不是其生理条件,而是政治和法律等限制造成的。她鲜明指出,“女人不是天生的,而是后天形成的”(西蒙娜·德·波伏娃,1998)。在男性至上的文化机制里,“女性奥秘论”使家庭主妇成为所有女性的典范,是一种女性都必须奉行的生活方式,但这“女性”的定义就剥夺了她享有人生的自由及她对人类命运的发言权(邱高、罗婷,2018)。因此,现实的社会、文化因素限制,使得女性对生活方式的自由选择只是一种相对的自由而已,许多闲暇活动的参与并不能真正满足女性作为主体对生活享受或人生意义的体验,使女性真正获得自由与解放,实现性别平等,反而是对现有性别秩序结构的复制,成为维持父权秩序的工具。

1.传统性别观念的认同与固化导致女性时间利用上的不自由选择

性别角色观念是人们关于男人和女人的地位、分工以及个人行为模式的种种规范性总和,它展示了人们关于什么样的两性间角色关系是适当的规范和信念(Williams J.E., Best D.L.,1990),它分为性别角色分工观念、性别角色期待和性别平等意愿三个方面(刘爱玉、佟新,2014),其中性别角色分工观念是核心。随着现代社会的发展,性别观念正逐步由传统向现代转变,但传统的“男主外女主内”性别观念依然根深蒂固。第三次中国妇女社会地位调查数据表明,有一半左右的女性比较认同传统的性别角色分工观念,包括:“男人应该以社会为主,女人应该以家庭为主”(47.2%),“挣钱养家主要是男人的事情”(47.6%),“丈夫的发展比妻子的发展更重要”(57.1%)。实际上,男性的认同度更高,有61.6%的男性认同“男人应该以社会为主,女人应该以家庭为主”的观点(第三期中国妇女社会地位调查课题组,2011)。性别角色理论更强调性别角色规范对两性时间分配方式的影响。时间本身并不是中性的,而是被贴上了性别的标签,并被内化到个体的认知结构中(许琪,2018)。时间利用方式上的性别差异深刻地嵌入在一个社会的性别不平等结构之中。

家务劳动的经济价值难以被体现和承认。传统的“男主外女主内”观念,将家庭事务视为“公私二分法”中的私人领域活动,并将女性在家庭内的照顾活动视为天然的责任和义务,并强化女性作为照顾者的角色,育儿责任主要由家庭中的女性来承担。与公共领域的有酬劳动相比,私领域的无酬照顾劳动的经济与社会价值难以得到承认和体现。同时,女性的家务劳动与金钱不等值这个事实实际上导致贬低家务劳动,即使在女人自己的眼中也是如此,仿佛这段没有商业价值的时间不重要,可以不计回报且无限地付出,首先为家庭成员尤其是孩子付出,因此我们看到母亲的时间是最容易被打断的(布尔迪厄,2002)。

家庭时间利用的不自由选择使女性的闲暇权利难以真正实现。从时间层面来看,闲暇在很大程度上被描述为在“工作之余”时间内的自由安排,在时间长短一定的情况下,与男性相比,家庭无酬劳动会挤占女性更多的闲暇时间,使得女性的闲暇权利难以真正得到实现。以育儿责任来说,养育子女是父母的共同责任。对于这一点,精神分析女性主义者多罗西·丁内斯坦和南希·乔多罗都倡导双亲抚育制度,认为双亲抚育将彻底打破性别分工,对男人的要求是,他们做“父亲”的时间应该和女人“做母亲”的时间同样多,这也希望女人在上班时间和男人并肩工作(罗斯玛丽·帕特南·童,2002)。但事实上,在现实社会中,这一责任是不对等的,女性自主掌控时间的程度更低些,传统性别分工观念导致大部分的家庭事务都压到了女性的肩上,即便是女性劳动力市场地位得到很大程度的提高,也并不足以改善她们在家务劳动、小孩照料等方面的传统职能。在个体的时间、精力和体力有限的情况下,生育和照料责任的女性化使得女性常常通过减少工作时间,特别是闲暇时间来完成家庭责任。但是,对男性来说,工作至上的理念、“养家”的责任、“父职”的表面化,使得男性并不会牺牲工作时间来照料家庭，甚至还会通过减少闲暇时间来增加工作时间。

2.女性对休闲活动内容与类型的选择强化了传统角色和性别气质

健身项目本身并不具有性别属性，对于健身项目的性别刻板印象是文化建构而成的。在这一过程中，男性观念借助身体的训练进入个人和集体无意识的各种各样的过程，不断灌输男子气概是贵族风范，女性存在是被男人感知的存在，为获得一种“对男性观念所持的女性观念”（布尔迪厄，2002）。许多女性愿意去美容院、做SPA、练习瑜伽，确实塑造了女性良好的外形，女性可以获得一种满足感，但实际上，女性身体并不是行为实施的主体，而是行为实施的客体，被改造的对象，而身体美化的结果也是为了服从社会文化对女性形象和气质的期待，是男性对女性实施“统治”的一种方式（熊欢，2014）。也就是说，男性统治将女人视为其存在是一种被感知的存在的象征客体，它的作用是将女人置于一种永久的身体不安全状态，或更确切地说，一种永久的象征性依赖状态：她们首先通过他人并为了他人而存在，也就是说作为殷勤的、诱人的、空间的客体而存在。人们期待她们是“女人味儿的”，也就是说微笑的、殷勤的、服从的、谨慎的、克制的，甚至是平凡的。而所谓的“女性特征”通常不过是一种满足男人真实或假想的期待的形式，特别是增强自我方面。所以，对别人（不仅仅是对男人）的依赖关系倾向于变成她们存在的组成部分（布尔迪厄，2002）。比如，瑜伽动作的柔美性使人们将其与优雅、温柔、容忍的女性气质等同，并形成瑜伽是“女性化运动”的观念；在瑜伽场域中形成的健身惯习与女性社会角色期待的一致性，可以塑造父权社会所接受的女性特质，可以为自己争取到一定的自我认同空间，她们也会更加认同这种身体惯习。显然，这种身体实践强化和巩固了性别规范，也成为男性进入瑜伽场域的阻碍（熊欢、王阿影，2020）。

3.女性闲暇活动空间与范围从未真正走出“私领域”

现代社会，越来越多的女性走出家庭，走向公共空间，参与经济、政治、社会、文化等事务，尤其是在闲暇时间多元化闲暇活动的参与，不断拓展了女性的生存与生活空间。纵观女性的闲暇活动空间，一是体现在家庭私领域，如看书、看电视、聊天等，这也是大部分女性的闲暇活动空间偏好；二是体现在公共空间，如逛街、旅游等；三是跨越私域与公域的活动，如女性经常参与一些和家庭活动相联系的休闲活动，比如带孩子去公园玩，作为配角参加以伴侣为主导的各种活动，或选择离家较近的位置与朋友聚会等。在这些活动中，女性继续提供照顾他人的服务，扮演了休闲服务者的角色，而不是休闲的主体，从而强化了女性在闲暇活动领域的从属地位，保持着传统父权制性别的秩序（熊欢，2014），女性仍然被束缚于“家庭”的私有领域，闲暇活动在很大程度上被限制为在“私领域”内自由选择的结果。

（三）现代女性生活方式的转变对性别二元结构的解构

社会性别规范是影响生活方式选择的重要社会力量。然而，若只关注性别结构对女性的束缚，则会无意识地将女性置于“客体”和“他者”的位置，掩盖女性作为行动者的主体性（熊欢、王阿影，2020），忽略她们对自我生活的掌控权。以女性健身实践为例进行分析。现实中长久的两性气质划分把女性排除在男性享受的很多体育活动之外，比如跆拳道、拳击、冲浪、滑雪、攀岩等，因为代表男权主义的观点通常会形容参与此类运动的女性为“异类”，有丧失“女性特征”的危险。

后现代女性主义从根本上反对西方知识结构中最为根深蒂固的两分主义，提出整合的思维模式，包括为女性赋予价值的模式、反对二元提倡多元的模式、差异政治的模式等（李银河，2005）。也就是说，后现代女性主义从根本上反对性别二元划分的思维模式，主张混淆两性之间的界限。于是，传统的两性气质划分将逐渐被破除，性别对立状况将被打破，并尊重彼此性别的特有价值。事实上，在现在的多元化选择时代，女性既保留了传统的女性化典型特征，也开始培养传统的男性化典型特征；既参与展现女性化特征的健身方式，也开始参与表现传统男性化特征的健身方式，而且开始真正关注作为"主体"的女性身体。比如，从事体操健身运动的女性发现了自己的另一个身体，一个为了健康、为了运动，而不是为了别人的目光（首先是男人的目光）而存在的身体（布尔迪厄，2002）。体操、拳击这些身体实践本身都会使女性从关注"客体化的身体"转向关注"主体化的身体"，不仅给女性带来了直接的身体体验，也产生对自我身体的掌控感，实现自我赋权；也使部分健身者反思以往的性别经验，改变人们对运动项目的性别刻板印象，使性别二元结构在个体层面产生松动（熊欢、王阿影，2020）。

总体来看，对于女性生活方式的选择及性别差异问题，经济学、社会学、人口学等学科都运用学科基本概念、理论与方法，进行了体现学科特性的分析，但其中大多没有性别视角，因此，对女性生活方式及其性别差异的解释力比较有限。相对于经济学、社会学和人口学的解释，女性学对女性生活方式问题的分析，纳入了性别视角，形成了独特的分析模式，突破了现有研究的视野。具体来说表现在：从男女两性存在的生理、心理差异状况出发，结合社会结构、制度安排、休闲观念、性别角色观念、社会主流价值观以及传统文化等因素，从历时性的角度分析了女性生活方式的发展趋势与特点，以及男女两性生活方式的差异状况，并运用女性学相关理论进行了科学的思考与解释。

第七节 ■ ■ ■

生活方式政策与立法的女性学思考

选择科学、健康、文明的生活方式，是满足人民美好生活需要的重要内容，是社会进步的重要标志，也是我国经济新常态下实现高质量发展的必然要求。因此，如何更好地平衡社会成员的工作与生活、科学发展休闲具有很强的国家战略性和社会文化性。

一、保护女性休息和闲暇权利的国际公约

实现男女平等是人类社会发展的重要目标。联合国和国际劳工组织制定与通过的相关文件和公约是女性权益保护的国际共识，既有一般保护规定，也有专门保护规定。1945年，《联合国宪章》第1条就强调了不分性别、种族、语言或宗教"增进并激励对于全体人类之人权及基本自由之尊重"的宗旨和原则。联合国大会通过的《妇女政治权利公约》（1952年）、《公民、政治权利国际公约》（1966年）均含有确认男女平等、保护妇女权利的规定。在当今时代，休闲与闲暇已被看作是一项基本人权。联合国《世界人权宣言》（1948）、《消除对妇女歧视宣言》（1967）都明确规定，人人有享受休息和闲暇的权利，包括工作时间有

合理限制和定期给薪休假的权利，参与娱乐生活、运动和文化生活各个方面的权利以及享受艺术，并分享科学进步及其产生的福利。《消除对妇女一切形式歧视公约》(1979 年)要求缔约各国应采取一切适当措施，改变男女的社会和文化行为模式，以消除基于性别而分尊卑观念或基于男女定型任务的偏见、习俗和一切其他做法。

国际劳工组织公约对缩短劳工的工作时间作出了保护性规定。1886 年 5 月 1 日，芝加哥 20 万工人举行大罢工，反对一天工作 10～12 小时工作制，要求实现 8 个小时工作制。为达此目标，国际劳工大会先后在 1919 年通过的第一号公约中规定，工业企业工作时间一天不得超过 8 小时，一周不得超过 48 小时；1935 年，国际劳工大会又通过了《关于一周工作时间缩短为 40 小时的公约》。工作时间的缩短，在一定程度上预示着闲暇时间和休闲机会的增加，从而使平衡工作与闲暇生活成为可能。

二、中国女性生活方式的法律依据与政策规定

男女平等是我国的一项基本国策。为保护女性合法权益，我国政府在认同、签署和执行相关国际公约的基础上，根据中国国情制定和颁布了一系列法律。

(一)法律依据

《中华人民共和国宪法》第二章第 48 条规定："中华人民共和国妇女在政治的、经济的、文化的、社会的和家庭的生活等方面享有同男子平等的权利"；《妇女权益保障法》第一章第 2 条规定："国家采取必要措施，逐步完善保障妇女权益的各项制度，消除对妇女一切形式的歧视。国家保护妇女依法享有的特殊权益"。1995 年 1 月 1 日实施的《劳动法》第四章对职工的工作时间和休息休假进行了专门规定，其中第 36 条规定，国家实行劳动者每日工作时间不超过 8 小时、平均每周工作时间不超过 44 小时的工时制度；第 45 条规定，国家实行带薪休假制度，劳动者连续工作一年以上的，享受带薪年休假。这些都以法律形式为公民享受闲暇权利提供了时间保障。

(二)相关政策规定

除法律依据外，我国政府还出台了一系列推进女性生活方式选择与相关权益实现的政策规定。1995 年开始实行一周 5 天工作制，1999 年实施黄金周制度，并在 2007 年进行了调整，目前我国公民普遍享有的国家法定节假日全年为 115 天(发达国家大约为 150 天)，这些为男女两性闲暇权利的实现提供了前提条件。

全民健身和体育运动相关政策。1995 年国家体委颁布了《全民健身计划纲要》，掀起了一个群众体育活动的高潮；《关于加快发展体育产业促进体育消费的若干意见》(国发〔2014〕46 号)的下发，全民健身上升为国家战略；2016 年 10 月发布《"健康中国 2030"规划纲要》和《关于加快发展健身休闲产业的指导意见》(国办发〔2016〕77 号)，更是明确了全民健身对健康中国的意义；2019 年 1 月，国家体育总局、国家发展和改革委发布的《进一步促进体育消费的行动计划(2019—2020 年)》，提出大力发展健身休闲消费。

旅游消费相关政策规定。2014 年 8 月，国务院颁布《关于促进旅游业改革发展的若干意见》；2019 年 1 月，文化和旅游部出台《关于实施旅游服务质量提升计划的指导意见》；2019 年 3 月，文化和旅游部出台《关于促进旅游演艺发展的指导意见》；2018 年文化和旅游部等 17 部印发《关于促进乡村旅游可持续发展的指导意见》；国家发改委等 13 部

门印发《促进乡村旅游发展提质升级行动方案（2018—2020年）》;《国民旅游休闲纲要（2013—2020）》的发布，为休闲生活方式的进一步拓展创造了政策条件。

根据国际惯例，1995年、2001年、2011年中国分别制定三个《中国妇女发展纲要》，提出一系列保护妇女发展目标，推进男女平等和妇女事业的发展。另外，截至2018年年底，全国30个省（区、市）建立了法规政策性别平等评估机制，将男女平等价值理念具体落实到法规政策的制定、实施和监督各环节，男女平等的法治保障更加健全。

三、生活方式政策与立法的女性学思考

现有的政策与立法规定为女性选择科学、健康、合理的生活方式提供了相应的制度保障，但是，审视生活方式政策与规定的实施效果后，不难发现，一些现有政策的制定与实施，由于社会性别视角的缺失，女性并未实现真正的自由、解放与发展。

（一）现有政策性别视角的缺失固化甚至扩大了性别不平等

一方面，不少政策设计试图促进性别平等，但另一方面，一些政策存在客观上（即便不是主观上）性别视角的缺失、性别盲视（即对社会性别问题熟视无睹）或性别短视，成为制约两性平等发展的瓶颈，维持、重构并合法化了传统的性别角色观念，固化甚至扩大了性别不平等。

现有政策低估了无酬家庭劳动的经济价值，也导致女性工作—闲暇生活的不平衡。以女性为主的照顾者所提供的无酬劳动长期以来没有得到公共政治的承认，女性经常被自然看作是福利的接受者，政府和决策者们忽视了女性作为福利的贡献者或提供者的价值（Lewis J.，1997），很多的政策设计未突出性别的视角和取向，也未考虑女性生育和抚育子女所创造的社会价值。对于育儿活动中家务劳动的经济价值，有学者进行了估算，以甘肃省为例，估算出无酬家务劳动占全省GDP的34.63%，城镇女性一天的无酬家务劳动价值就达到了8033.08万元，全年所有常住人口的无酬家务劳动价值约为1099.99亿元，其中女性创造的就为831.69亿元，占总体价值的75.61%，充分反映了女性被忽视了巨大经济贡献（王兆萍、张健，2015）。被忽视经济价值的育儿劳动占用了女性大量的时间，使得男女两性的闲暇时间利用与闲暇活动安排存在显著差异，女性的工作—闲暇生活不平衡问题凸显。而工作—闲暇生活的不平衡，不仅影响女性生活质量与幸福感的提升，也不利于性别平等的实现。

出于对女性保护的政策设计初衷，却反过来成为女性权利实现的阻碍，进一步强化了女性的弱势地位。现有部分政策制定初衷是出于对女性的保护，政策目标是为了保障女性的权益。但从实际的政策效应来看，忽视了男女两性性别差异的公共政策导致收益的性别不平等。比如，我国男女退休年龄有别的退休政策，本是出于对女性的保护而制定的，但这却导致预期寿命更长的女性比男性早5～10年退出劳动力市场，回到家庭中，担负起全职照顾丈夫及其他家庭成员生活的责任，特别是很多中老年女性为减轻子女压力，还要负责照孙辈的起居生活，女性的照料角色又进一步被强化，这也就意味着女性从事家庭责任劳动的时间更长了。家务劳动会挤占闲暇时间，对于如何保障退休女性群体的闲暇权利，提升她们的生活品质，现有政策的制定与实施缺少社会性别意识，却未有作出差异性规定。

(二)促进男女性别观念的现代转型,营造和谐平等的性别文化环境

传统性别观念影响着人们对女性生活方式的正确认识与评判,影响女性行为的选择,使女性难以享有与男性同等的权利与参与发展的机会,在闲暇时间利用、娱乐方式、旅游消费、健身方式、手机使用等方面与男性存在较大差距。可见,要从根本上消除性别差距,实现平等,最根本的途径是要摒弃传统角色规范,促进其由传统到现代的转型,在全社会营造一个和谐、平等、公正的社会性别观念体系,促进男女两性的共同发展。

1.促进女性赋权,增强女性争取平等的能力

赋权于女性,是实现女性在家庭和社会中的平等地位和权利的基础和先决条件。女性赋权,首先要打破传统社会性别文化的束缚,树立平等的社会性别意识,认识到自己作为一个人的权利以及与社会和家庭中其他成员的平等、合作关系(谭琳、陈卫民,2001);其次要提高女性受教育的机会和水平,提升女性参与劳动力市场的能力,为实现性别平等奠定坚实基础;还要培养女性勇于挑战种种社会不平等、维护自身权利的意识与能力。

2.承认家庭无酬劳动的价值

在这方面可借鉴德国经验。德国《家庭法》依据公平原则,在婚姻的一般效力将家务劳动与职业生活居于同一层面,并明确规定在婚姻家庭生活范围内,家务劳动是一种职业;家务劳动职业性的典型表现是与《个人所得税法》与家庭法的配套实施。税法规定,婚姻生活的实际开销,收入高的配偶每年可将其中的13805欧元转让给收入低的配偶,这13805欧元将从收入中减去,而不必缴纳所得税。这实际上是婚姻关系存续期间家务劳动职业性价值的及时承兑。在法律上肯定家务劳动的价值和职业性,改变了家务劳动是一种与性别相联系的私人性、无偿性的劳动的观念(何群,2008)。这样,女性在家务劳动中同样能得到社会认可和自我价值的实现。

3.转变性别观念,培育男女家庭责任共担意识,实现家庭中的性别平等

传统的性别分工观念维持、强化和再生产了女性的依附从属地位和性别不平等,要改变这种不平等的现状,必须转变性别观念,将男女两性置于家庭中的同等地位,共同承担家庭责任与义务。对于此,南希·弗雷泽(Nancy Fraser)提出了普遍照顾者模式,主张男女共同承担家务劳动,提供一种新男性角色观,通过解构旧性别制度,建构一个能够整合赚钱养家、家庭照顾、社会公共和私人休闲、男性和女性共同承认家务劳动的公民生活世界(秦美珠、陈佳妍,2016)。瑞典的育儿假男性配额制度很好地体现了普遍照顾者模式,在480天带薪产假中,有60天是爸爸的配额,是不可以转让给妈妈的,通过这种强制政策强制男性参与抚育幼儿(马春华,2016)。对于育儿假,有学者利用德国的相关数据探讨了父亲享受育儿假的重要性,研究发现,相比休育儿假之前,休完育儿假后,父亲平均每周花在工作上的时间减少了4小时左右,而他们每天花在照料、陪伴、教育孩子上的时间增加了1小时,育儿假时间越长,分配到家庭的时间就越多(Bunning M.,2015),这会在一定程度上减轻女性的家庭劳动压力。而在我国,尽管许多省份在人口与计划生育条例中都有男性陪产假或护理假的明确规定(最少7天,最长30天),但实际执行效果不太理想。实践证明,平等家庭模式的实施为瑞典性别平等目标的实现发挥了重要作用。联合国开发计划署UNDP2016年《人类发展报告》统计数据显示,瑞典性别平等指数为82.6%,位列世界第一。今后,我国可以借鉴北欧福利国家的经验,通过政策倡导或强制性立法改变传

统的性别角色分工模式，实现男女共担家庭责任，共同提升生活质量。

（三）将社会性别意识纳入决策主流，建构具有社会性别敏感性的生活方式政策支持与服务体系

社会性别主流化不仅强调性别平等的结果，更强调实现性别平等的过程。基于女性作为公民、就业者、照顾者等不同身份与角色，考虑其社会需求和权利，将社会性别意识纳入决策主流应尊重男女两性的性别差异，扩大国家对家庭的责任和权力，通过制度安排、政策支持与服务提供，营造一个关怀女性和性别平等的支持性政策环境，保障女性对生活方式有较多的自由选择权。

1.生活方式的政策与立法过程充分贯彻社会性别意识

对于生活方式的政策与立法，从政策的制定、执行到效果评估，每一步骤都需要贯彻社会性别意识。第一，在政策制定之前的调研环节，增加参与讨论的女性比例，让她们发出自己的声音，表达诉求。参与女性的选择应充分考虑城乡、行业、职业、学历等因素。第二，增强政策法规制定和实施者的性别意识，牢固树立性别平等观念，更好地推动政策设计与实施的发展与完善。第三，政策实施效果的评估机制，应纳入性别视角，充分考虑政策对男女两性的不同影响，准确评价政策实施效果，保障女性权益的实现，促进性别平等。

2.推动家务劳动社会化，释放闲暇时间

马克思主义女性主义者玛格丽特·本斯顿指出女性解放的关键是家务劳动的社会化，女性首先是生产者，其次才是消费者，提倡女性进入公共劳动场所，却不同时使做饭、打扫清洁、照顾儿童等工作社会化，这只能使女性受压迫的状况更加恶劣（罗斯玛丽·帕特南·童，2002）。也就是说，无偿的家务劳动构成女性受压迫的物质基础。解决这一问题的战略是把家务劳动变成公共生产，也就是必须朝着家务劳动社会化的方向发展，并以此作为女性解放的先决条件（李银河，2005）。今后应大力发展公共托幼服务，满足城乡女性和家庭的育儿照料需求，减少家务劳动时间和照料负担，增加女性的自我支配时间。现代智能家居的应用也会在一定程度上释放一部分家务劳动时间。一旦闲暇时间增多，就可以为女性的闲暇生活选择提供更多的自主性与掌控性。

3.创新闲暇供给模式，推进分散的带薪休假制度，提升女性闲暇生活质量

近几年的"黄金周"和"小长假"集中出游消费模式，导致了物价上涨、破坏生态环境和旅游资源破坏、交通拥堵、旅游服务质量降低、旅游体验不佳等一系列问题。因此，需创新闲暇供给模式和休闲服务，通过推进分散的带薪休假制度，提升出游体验。带薪休假，是指具备一定工作年限的员工每年可以享受保留工作岗位和工资待遇的假期。研究表明，带薪休假对国内旅游消费具有显著的积极效应，带薪休假每增加 10%，个体的旅游消费将有望增加 1.69%。落实带薪休假制度，一方面可以保障女性的休闲权利，平衡工作与家庭矛盾，也可使劳动者拥有更加灵活的出游时间，解决旅游需求日益增长与闲暇时间不足的矛盾，改善旅游体验质量。我国在 2008 年就确立了带薪休假制度，但却未能真正得到有效落实。今后，可以通过优化假日结构来加速带薪休假的落实，鼓励个人和企业将带薪休假和周休日结合，形成富有效率的"机动黄金周"，或将带薪休假与公共假日相结合，充分发挥假日经济效应（魏翔、吴新芳、华钢，2019），这样可以深度利用闲暇时间，提高休闲消费密度，吸引广大的白领女性利用带薪假期进行休闲活动（卿前龙、吴必虎，2009）。

4.定位女性细分市场,实施休闲产品差异化策略

以女性旅游消费为例,女性旅游产品的设计,可在充分考虑女性工薪族、女性白领族、老年女性、女大学生、农村女性等群体的不同特点与需求基础上,不断创新女性旅游产品,突出产品特色,实现产品的差异化。而这一策略的实施可结合现代网络技术的发展进行推动,比如建设女性旅游网站,搭建网络平台开展服务。德国有专门为女性提供旅游服务的网站(www.frauenblicke.de),该网站除了提供大量不同种类且符合女性需求的旅游产品上网供应外,还为不愿独自旅游的女性提供自己理想旅游伙伴的平台。加拿大多伦多旅游局官网上,有专门为女性打造的“girl-friends getaway”主题页面(李炳义,2012)。目前我国旅游网站非常多,但却没有一家是专门为女性旅游提供服务。可借鉴国外经验,建设女性旅游网站或开辟女性专栏,针对女性旅游消费心理与消费需求提供各种服务。

5.完善基础休闲设施,促进健康休闲,营造高雅休闲文化氛围

针对有相当一部分女性群体在闲暇时间内进行层次比较低的闲暇活动状况,今后需要采取措施以提升闲暇活动的层次与质量。有学者指出,阅读已经成为二线城市白领女性当中较为大众化的、选择频率较高的一种休闲活动,并有不断普及的趋势。鉴于此,政府应大力响应国家提出的“积极发展文化产业”的号召,加大对文化设施的投入,多建设一些图书馆、阅览室等,以此来满足白领女性阅读休闲的需求,进行健康休闲(王利娜、郑向敏,2012)。同时,对现有或新建美术馆、纪念馆、文化馆、博物馆等设施的升级与建设应注重面向女性群体,充分考虑不同女性的特点,营造和谐高雅的休闲氛围,满足女性多元化的精神文化需求。

总之,追求健康、科学、文明、平等、自由的生活方式是女性的重要价值选择,对实现美好生活目标,达到工作与闲暇的平衡、身体与心理的平衡,个人与自然的和谐共生,促进经济发展、增进社会和谐都具有重大意义。而要达致这一目标,需要国家、社会、家庭和个人的共同努力。

思考题

1.什么是女性闲暇时间?

2.什么是女性健身方式?请列出 1~3 项你喜欢的健身项目并说明理由。

3.请简述女性学对女性生活方式及其性别差异的解释。

4.请简述男女两性在娱乐方式方面存在的性别差异。

5.请你谈谈旅游消费对女性生活方式的改变与影响。

6.关于互联网使用对女生创业的影响,请你谈谈对这一问题的认识。

参考文献

[1]李丽梅:《休闲社会学》,上海交通大学出版社,2016 年版,第 13 页

[2]Micheal R.Solomon,*Consumer Behavior* (4th ed),Prentice Hall,New Jersey,1999.转引自 Aaron Ahuvia、阳翼:《“生活方式”研究综述:一个消费者行为学的视角》,《商业经济与管理》,2005 年第 8 期

[3][德]约瑟夫·皮珀:《闲暇:文化的基础》,刘森尧译,新星出版社,2005 年版,译序

[4]冯铁蕾:《人类为什么休闲》,浙江工商大学出版社,2018 年版,第 12、13、29 页

[5]魏翔、吕腾捷:《闲暇时间经济理论研究进展》,《经济学动态》,2018 年第 10 期

[6]魏翔、韩元君:《“工作—闲暇平衡”问题研究新进展》,《经济学动态》,2009年第7期

[7]王小波:《女性休闲——解析女性的新视角》,《浙江学刊》,2002年第5期

[8][美]罗斯玛丽·帕特南·童:《女性主义思潮导论》,艾晓明译,华中师范大学出版社,2002年版,第116、154、156、161、204-213页

[9]王永明:《女性休闲及其价值诉求》,《山西师大学报》,2011年第6期

[10]何立平:《论20世纪上半期的英国女性休闲活动》,《妇女研究论丛》,2005年第2期

[11]杨菊华:《时间利用的性别差异——1990—2010年的变动趋势与特点分析》,《人口与经济》,2014年第5期

[12]马惠娣、李享:《中国妇女生活方式的调查与思考——第三期中国妇女社会地位调查·生活方式问卷数据分析》,《洛阳师范学院学报》,2013年第3期

[13]刘娜、Anne de Bruin:《家庭收入变化、夫妻时间利用与性别平等》,《世界经济》,2015年第11期

[14]卿前龙、吴必虎:《闲暇时间约束下的休闲消费及其增长——兼论休闲消费对经济增长的重要性》,《杭州师范大学学报》(社科版),2009年第5期

[15]王晶、孙瞳:《男女两性休闲时间的差距——基于第三期中国妇女社会地位调查吉林省数据研究》,《云南民族大学学报》(哲学社会科学版),2013年第1期

[16][澳]M.比特曼、J.韦吉克曼:《闲暇时间的特点与性别平等》,《国外社会科学》,2001年第4期

[17]田翠琴:《农村妇女发展与闲暇时间的性别不平等研究》,《妇女研究论丛》,2004年第5期

[18]许琪:《时间都去哪儿了?——从生命历程的角度看中国男女时间利用方式的差异》,《妇女研究论丛》,2018年第4期

[19]朱依娜、卢阳旭:《性别、家庭与高校教师的时间分配》,《世界经济》,2015年第11期

[20]殷国俊:《从时间利用看我国居民的休闲娱乐状况》,《中国统计》,2009年第9期

[21]刘志林、柴彦威、龚华:《深圳市民休闲时间利用特征研究》,《人文地理》,2000年第6期

[22]李峥嵘、柴彦威:《大连城市居民周末休闲时间的利用特征》,《经济地理》,1999年第10期

[23][美]卡拉·亨德森:《休闲的延伸观点:可能性与挑战》,《浙江大学学报》(人文社会科学版),2008年第6期

[24]邱亚君:《基于文化因素的中国女性休闲限制模型构建》,《中国体育科技》,2007年第4期

[25]王擎:《互联网环境下北京居民媒介使用习惯调查》,《新闻与写作》,2016年第6期

[26]曲丽萍:《从票房看中国电影观众消费习惯演变》,《2018—2019中国休闲发展报告》,社会科学文献出版社,2019年版,第266-271页

[27][美]凡勃伦:《有闲阶级论》,蔡受百译,商务印书馆,2019年版,第130页

[28]曹花蕊、韦福祥:《娱乐休闲消费中的沉浸体验及其作用研究》,《天津师范大学学报》(自然科学版),2017年第6期

[29]殷洁、罗小龙:《资本、权力与空间:“空间的生产”解析》,《人文地理》,2012年第2期

[30]Lefebvre H.La Revolution Urbaine,Paris:Gallimard,1970:260-262.转引自杨昕、殷洁:《迪斯尼化的消费空间的生产——以南京“太阳城”购买综合体为例》,《现代城市研究》,2018年第9期

[31]张洋、张敏:《大型购物中心与幼童母亲的多重身份建构——女性主义、家庭化、公共与私人空间的超越》,《人文地理》,2016年第3期

[32]Graburn N.,Jafari J.,Tourism Social Science,*Special Issue of Annals of Tourism Research*1,1991(8)

[33]郑向敏、范向丽:《论“女性经济”时代的女性旅游市场开发》,《旅游科学》,2007年第3期

[34]邓昭明:《女性旅游市场开发的新思路:女性主义旅游》,《消费导刊》,2009年第11期

[35]艾玉波、庞雅莉:《女性主义视角下的中国女性消费文化研究》,《社会科学家》,2015年第1期

[36]潘海颖:《休闲消费论纲》,中国社会科学出版社,2015 年版,第 35、210 页

[37]谢彦君:《旅游体验研究——一种现象学的视角》,南开大学出版社,2005 年版,第 28 页

[38]梁留科、曹新向:《全面建设小康社会背景下的我国农民旅游市场开发研究》,《经济地理》,2005 年第 3 期

[39]吕晶、李小东:《农民旅游市场开发初探》,《甘肃农业》,2006 年第 6 期

[40]白凯、符国群:《家庭旅游决策研究的中国化理论视角与分析思路》,《旅游学刊》,2011 年第 12 期

[41]周刚:《养老旅游理论与实践研究》,《地域研究与开发》,2009 年第 2 期

[42]莫琨、郑鹏:《养老旅游意愿影响因素实证分析》,《资源开发与市场》,2014 年第 6 期

[43]王恒利、张瑞林、李凌、周文静:《女性参与冰雪体育旅游的影响因素研究》,《北京体育大学学报》,2019 年第 3 期

[44]朱应皋、周小培:《南京女性旅游消费实证研究》,《消费经济》,2007 年第 5 期

[45]王琪延、韦佳佳:《休假天数对旅游消费的影响》,《浙江大学学报(人文社科版)》,2019 年第 2 期

[46]张金宝:《经济条件、人口特征和风险偏好与城市家庭的旅游消费——基于国内 24 个城市的家庭调查》,《旅游学刊》,2014 年第 5 期

[47]余凤龙、黄震方、方叶林:《中国农村居民旅游消费特征与影响因素分析》,《地理研究》,2013 年第 8 期

[48]丁健、李林芳:《广州市居民的旅游偏好与出游时间研究》,《桂林高等专科学校学报》,2003 年第 2 期

[49]黄玮:《自我概念结构与女性旅游消费行为的实证研究》,《数理统计与管理》,2008 年第 3 期

[50]范向丽、郑向敏:《女性旅游者研究综述》,《旅游学刊》,2007 年第 3 期

[51]邓敏、李丰生:《中国女性旅游消费市场初探》,《社会科学家》,2003 年第 6 期

[52]薛海波、符国群、江晓东:《面子意识与消费者购物决策风格:一项 70 后、80 后和 90 后的代际调节作用研究》,《商业经济与管理》,2014 年第 6 期

[53]王晓敏、傅云新:《旅游购物影响过程研究——以深圳华侨城为例》,《桂林旅游高等专科学校学报》,2008 年第 2 期

[54]余向洋等:《旅游购物体验实证研究——以屯溪老街为例》,《资源开发与市场》,2008 年第 8 期

[55]安贺新、刘备、汪榕:《旅游目的地游客购物体验影响因素的实证研究——基于北京、云南、四川部分景区的调查数据》,《中央财经大学学报》,2018 年第 11 期

[56]方玲梅:《消费者休闲购物行为特征》,《华东经济管理》,2015 年第 6 期

[57]刘慧梅:《城市化与运动休闲》,浙江大学出版社,2014 年版,第 26、27、31 页

[58]王爱民:《消费文化语境下的女性身体形体塑造审美化规训》,《体育与科学》,2013 年第 2 期

[59]陶东风:《消费文化中的身体》,《贵州社会科学》,2007 年第 11 期

[60]杨柳:《消费文化中的女性身体及其社会性别的阐释》,《河南社会科学》,2009 年第 4 期

[61]薄雪松、韩芳、洪涛:《河北省城市职业女性健身认识特征的研究》,《成都体育学院学报》,2006 年第 3 期

[62]彭大松:《体育锻炼中的社会分层:现象、机制和思考》,《体育科学》,2012 年第 5 期

[63]黄俊、刘连发:《城市女性体育锻炼分层现状及影响因素的关联性分析——以北京市为例》,《体育与科学》,2012 年第 5 期

[64]郑向敏、宋伟:《运动休闲的概念阐释与理解》,《北京体育大学学报》,2008 年第 3 期

[65]栗燕梅:《运动休闲概念、分类及应用的研究》,《广州体育学院学报》,2008 年第 6 期

[66]熊欢:《"自由"的选择与身体的"赋权":论体育对女性休闲困境的消解》,《体育科学》,2014 年第

4 期

[67]王富百慧、江崇民、王梅、张彦峰:《中国成年女性体育锻炼行为代际变化特征及影响因素研究》,《体育科学》,2015 年第 9 期

[68]部义峰、周武、赵刚等:《社会分层视域下中国居民体育参与、偏好与层化研究》,《中国体育科技》,2015 年第 5 期

[69]熊欢、王阿影:《性别身体的挑战与重塑——健身场域中女性身体实践与反思》,《上海体育学院学报》,2020 年第 1 期

[70]Sabiston C.M., McDonough M.H., Sedgwick W.A., Muscle gains and emotional strains: conflicting experiences of change among overweight women participating in and exercise intervention program., *Qualitative Health Research*, 2009, 19(4): 466-480

[71]熊欢:《女性主义视角下的运动身体理论》,《北京体育大学学报》,2013 年第 7 期

[72]马希敏:《对大众传媒中女性体育形象"刻板印象"的解读》,《成都体育学院学报》,2008 年第 1 期

[73]闫静、王焕、熊欢:《全面二孩背景下二孩母亲体育活动的动机和限制性因素分析》,《北京体育大学学报》,2019 年第 1 期

[74]王婷婷、王雷:《成年男性健身参与的影响因素与促进策略——以成都市为例》,《体育文化导刊》,2017 年第 12 期

[75]张勇:《城市居民健身行为社会学约束因素研究》,《北京体育大学学报》,2019 年第 7 期

[76][美]奥萨利文等:《休闲与游憩:一个多层级的供递系统》,中国旅游出版社,2010 年版,第 80 页

[77]程遂营、程丽、孙恬:《移动互联网与国民休闲行为:现状与未来》,《2018—2019 中国休闲发展报告》,社会科学文献出版社,2019 年版,第 212 页

[78]杨斌、唐吉平:《湖南城市职业女性健身消费与其他身体消费比较研究》,《中国体育科技》,2012 年第 3 期

[79]章立明:《身份消费与性别本质主义》,《妇女研究论丛》,2001 年第 6 期

[80]陈贤斐、张博、朱竑:《虚拟休闲空间的营造与表征:女性网购案例》,《地理科学》,2019 年第 12 期

[81]邵占鹏、营立成:《时空随性:智能手机引发的时空变迁》,《新视野》,2019 年第 2 期

[82]王迪、王汉生:《移动互联网的崛起与社会变迁》,《中国社会科学》,2016 年第 7 期

[83]李楠方、谭思、路紫:《基于女性主义视角的女性网络行为特征分析》,《贵州社会科学》,2016 年第 1 期

[84]Cabanes J.V.A., Acedera K.A.F., Of Mobile Phones and Mother-fathers: Cells, Text messages, and Conjugal Power Relation in Mother—away Filipino Families, *New Media & Society*, Vol, 14, No.6, 2012, pp.916-930

[85]章玉萍:《手机里的漂泊人生:生命历程视角下的流动女性数字媒介使用》,《新闻与传播研究》,2018 年第 7 期

[86]张振亭:《城市老年人微信使用与主观幸福感的关系研究——以 N 市为例》,《西南民族大学学报》(人文社科版),2019 年第 10 期

[87]韦路、赵璐:《社交媒体时代的知识生产沟——微博使用、知识生产和公共参与》,《兰州大学学报》(社科版),2014 年第 4 期

[88]王财玉、雷雳:《网络购物情境下的羊群效应:内涵、影响因素与机制》,《心理科学进展》,2017 年第 2 期

[89]员宁波、陈淑珍:《青年群体网络消费特征及影响》,《中国青年研究》,2015 年第 7 期

[90]陈小向:《中国在线音乐行业的现状和进展——以网易云音乐为例》,《2018—2019 中国休闲发展报告》,社会科学文献出版社,2019 年版,第 288 页

[91]刘汉辉、李博文、宋健:《互联网使用是否影响了女性创业?——来自中国家庭追踪调查(CF-PS)的经验证据》,《贵州社会科学》,2019 年第 9 期

[92]丁栋虹、袁维汉:《互联网使用与女性创业概率——基于微观数据的实证研究》,《技术经济》,2019 年第 5 期

[93]肖薇、李成彦、罗瑾琏:《赋能:互联网双重嵌入对女性创业能力的影响》,《科技进步与对策》,2019 年第 14 期

[94]李亚妮:《女性生活方式研究综述(2006—2010 年)》,《中国妇女研究年鉴》,中国社会科学文献出版社,2015 年版,第 260 页

[95]许艳丽:《已婚女性的时间配置研究》,厦门大学出版社,2007 年版

[96]谢菊兰、马红宇、唐汉瑛、申传刚:《性别对工作→家庭冲突的影响机制:基于社会角色理论的实证分析》,《心理科学》,2015 年第 1 期

[97]於嘉:《性别观念、现代化与女性的家务劳动时间》,《社会》,2014 年第 2 期

[98]王甫勤:《地位束缚与生活方式转型———中国各社会阶层健康生活方式潜在类别研究》,《社会学研究》,2017 年第 11 期

[99]刘松、楼嘉军:《休闲生活方式:国外研究述评与启示》,《宁夏社会科学》,2017 年第 3 期

[100]李竞能:《现代西方人口理论》,复旦大学出版社,2004 年版,第 216-228 页

[101]风笑天、赵延东:《当前中国城市居民的闲暇生活质量——对武汉市 1008 户居民家庭的调查分析》,《社会科学研究》,1997 年第 5 期

[102]周华山:《阅读性别》,江苏人民出版社,1999 年版,第 7、13、154、155、161、176、177 页

[103]王宁:《消费社会学》(第二版),社会科学文献出版社,2011 年版,第 193-198 页

[104][法]西蒙娜·德·波伏娃:《第二性》,陶铁柱译,中国书籍出版社,1998 年版,第 673 页

[105]邱高、罗婷:《马克思主义女性主义理论与批评在中国的接受与影响》,《中国文学研究》,2018 年第 4 期

[106] Williams, J. E., Best, D. L., *Measuring Sex Stereotypes: A Multi-Nation Study*, Newbury Park,CA: Sage Publications,1990

[107]刘爱玉、佟新:《性别观念现状及其影响因素——基于第三期全国妇女地位调查》,《中国社会科学》,2014 年第 2 期

[108]第三期中国妇女社会地位调查课题组:《第三期中国妇女社会地位调查主要数据报告》,《妇女研究论丛》,2011 年第 6 期

[109][法]皮埃尔·布尔迪厄:《男性统治》,刘晖译,海天出版社,2002 年版,第 91、135、136、195、260 页。

[110]李银河:《女性主义》,山东人民出版社,2005 年版,第 54、62 页

[111]Lewis J.,"Gender and Welfare Regimes: Further Thoughts",*Social Politics*,1997,4(2)

[112]王兆萍、张健:《无酬家务劳动价值的新估算》,《统计与决策》,2015 年第 5 期

[113]谭琳、陈卫民:《女性与家庭:社会性别视角的分析》,天津人民出版社,2001 版,第 196 页

[114]何群:《论德国家庭法上的家务劳动及其启示》,《政治与法律》,2008 年第 4 期

[115]秦美珠、陈佳妍:《家务劳动组织与性别公平前景——基于南希·弗雷泽的独特视角》,《当代国外马克思主义评论》,2016 年第 2 期

[116]马春华:《瑞典和法国家庭政策的启示》,《妇女研究论丛》,2016 年第 2 期

[117]Bunning M.,"What Happens after the'Daddy Months'? Fathers' Involvement in Paid Work, Childcare, and Housework after Taking Parental Leave in Germany",*European Sociological Review*, 2015,31(6)

[118]魏翔、吴新芳、华钢:《带薪休假能促进国内旅游消费吗?——基于“中国国民旅游休闲调查”的检验》,《旅游学刊》,2019 年第 6 期

[119]李炳义:《中国女性旅游消费市场特征及发展路径选择》,《消费经济》,2012 年第 2 期

[120]王利娜、郑向敏:《中国二线城市白领女性休闲现状研究——以泉州市为例》,《旅游研究》,2012 年第 1 期

第九章

女性社会保障

党的十九大报告中指出，“坚持在发展中保障和改善民生，增进民生福祉是发展的根本目的”。社会保障工作直接关系到人民群众的切身利益，是民生所依，同样也和妇女群众的幸福息息相关。民之所望，政之所向。新中国成立70年来，不断加快建设覆盖全民、城乡统筹、权责清晰、保障适度、可持续的多层次社会保障体系，全面实施全民参保计划，全面推进病有所医、老有所养、弱有所扶，妇女各项社会保障实现了制度性覆盖，获得感、幸福感、安全感持续增强。本章在追溯女性社会保障发展的基础上，着重分析社会保障的性别差异，对女性社会保障的主要问题提出女性学的学科解释和解决路径。

第一节

女性社会保障的发展

一、妇女就业与养老保障

新中国成立70年来，建立并不断完善城镇职工养老保险制度，改革开放后，加快建立城镇居民养老保险制度，大力推进新型农村社会养老保险，妇女参保人数和待遇水平实现“从无到有、从少到多、从低到高”的可喜变化。党的十八大以来，养老保障制度更加完善，2014年新型农村养老保险和城镇居民社会养老保险合并为城乡居民基本养老保险，使城乡未就业妇女公平享有基本养老保障。2017年，全国近3.8亿妇女参加了基本养老保险。截至2018年年底，全国普遍建立了经济困难的高龄、失能等老年人补贴制度，老年妇女生活得到基本保障。

（一）有关就业与退休年龄的法律政策

新中国成立70年来，我国已经基本形成了以《宪法》为基础，以《妇女权益保障法》为主体，包括《就业促进法》《女职工劳动保护特别规定》等国家法律政策和各部委行政规章在内的一整套保障妇女平等就业、促进妇女职业发展的法律政策体系。该体系既有关于确认妇女平等就业权的规定，又有对平等就业权受侵害妇女的救济；对于侵犯妇女平等就业权的用人单位，既有事前预防性规定，又有事后惩罚性规定，能够较为全面地为妇女就业与职业发展保驾护航。

在退休年龄方面，《劳动保险条例》第15条规定：“女工人与女职员年满50岁，一般工龄满20年，本企业工龄满5年者，得享受本条甲款规定的养老补助费待遇。”1978年《国务院关于工人退休、退职的暂行办法》和《国务院关于安置老弱病残干部的暂行办法》明确规定了不同岗位女工人、女干部的退休年龄。《妇女权益保障法》第27条规定"各单位在执行国家退休制度时,不得以性别为由歧视妇女"。《关于机关事业单位县处级女干部和具有高级职称的女性专业技术人员退休年龄问题的通知》(2015年)规定,党政机关、人民团体中的正、副县处级及相应职务层次的女干部,事业单位中担任党务、行政管理工作的相当于正、副处级的女干部和具有高级职称的女性专业技术人员,年满60周岁退休。这些规定保障了女职工的劳动权和休息权。

(二)有关养老保障的法律政策

《劳动保险条例》第15条甲款规定职工退职后,退休金按其工龄长短,占本人工资的50%~70%,该条例首次明确了女性享受基本社会保障的待遇标准。《国务院关于工人退休、退职的暂行办法》和《国务院关于安置老弱病残干部的暂行办法》分别规定了女工人、女干部退休金占本人标准工资的60%~80%、60%~75%的相应条件。此外,参加革命工作年限满10年的满55岁女干部或经过医院证明完全丧失工作能力的满45岁的女干部,按本人标准工资的90%发给;抗日战争时期参加革命工作,年满50周岁、连续工龄满10年的女工人,按本人标准工资的90%发给。这些规定均为女职工退休后的基本生活提供了法律保障。

但是,保障妇女就业权益的法律政策也存在以下两方面不足:一是保障妇女就业机会和权利的规定较多,保障妇女职业发展和职业退出的法律政策较少;二是不同法律政策间重复性规定较多,细化性可操作性规定较少,难以在法院判决中直接引用,在满足妇女对平等就业及美好生活向往方面,有待不断完善。随着妇女就业机会和就业规模的大幅增加,就业质量、劳动报酬和劳动保护程度也在不断提高,但就业性别歧视仍然存在,男女退休年龄和退休金差距较大的现状依然没有得到缓解。

二、妇女生育保障

(一)妇女生育保险的基本状况

70年来,我国积极推进生育保障制度建设,保障妇女生育权益。从1949年到1992年,相继出台劳动保险条例、公费医疗以及女工产假等政策规定,生育女性享有产假及生育津贴、生育补助和医疗服务费用报销等待遇;1994年出台《企业职工生育保险试行办法》,对生育保险的筹资、待遇等做出规定,标志着城镇职工生育保险制度的全面推行;2010年颁布的《中华人民共和国社会保险法》设生育保险专章,将部门规章上升为国家法律,为保障妇女生育权益提供法律依据。

党的十八大以来,生育保障制度不断完善。2012年施行的《女职工劳动保护特别规定》,将女职工法定产假由90天延长到98天。2016年1月1日,"全面两孩"政策正式落地后,各地陆续调整相关法规,设置生育奖励假和配偶护理假,假期普遍达到138天至158天,增加配偶护理假7~30天。比如按照修改后的《广东省人口与计划生育条例》,女职工产假从128天增至178天,剖宫产等难产的情况可增加30天,达208天。2019年出台《关于全面推进生育保险和职工基本医疗保险合并实施的意见》,要求整合两项保险基金及管理资源,确保职工生育期间的生育保险待遇不变,确保制度可持续,有利于扩大生育保险覆盖面,使更多生育妇女受益。2018年,参加生育保险人数达两亿,其中女性

8927万(见图9-1)。参加城乡居民基本医疗保险的女性,享受生育医疗费用报销待遇,未就业女性的生育权益得到保障。女职工法定产假由90天延长到98天。各地陆续调整相关法规,设置生育奖励假和配偶护理假,一些地方对相关津贴待遇作出明确规定。有过生育行为的被调查者/配偶在生育最后一个孩子时享受了90天以上产假的占62.5%,从事非农就业的女性生育最后一个孩子时享受了90天以上的产假的占64.2%。84.5%的被调查者/配偶生育最后一个孩子时的产假时间达到国家规定,比2000年第二期中国妇女社会地位调查的相应指标提高了7个百分点。同时,女性享受产假期间带薪休假的比例也有一定的提高,有62.6%的非农就业女性生育最后一个孩子时产假期间有收入,对于有单位的女性,产假期间有收入的比例提高到77.7%,其中产假期间收入与产前差不多或有基本工资的比例为75.3%,比2000年所在单位提供产假/孕期保健工资的56.4%提高了18.9个百分点。

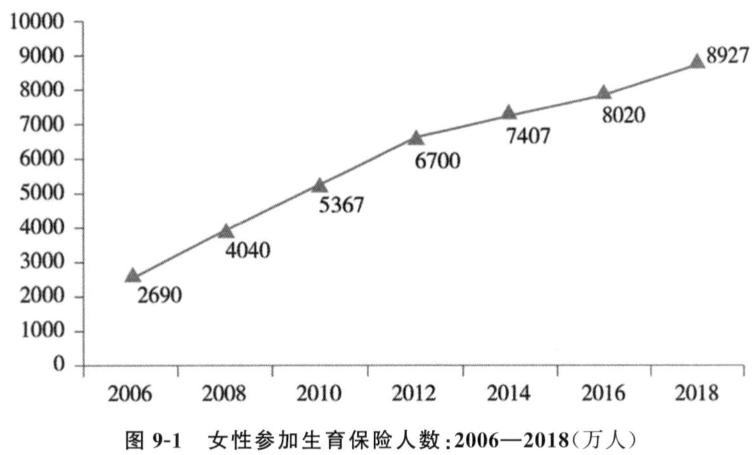

图9-1　女性参加生育保险人数:2006—2018(万人)

(二)妇女生育保障的制度建设

1.妇女生育保障的制度演变

生育保障从无到有,从城镇到乡村,从职业人群到城乡居民,以劳动保险为主到生育保险为主,再到城乡统筹,走过了不断调整的制度完善之路。20世纪50年代初期,《中华人民共和国劳动保险条例》的颁布标志着我国生育保障制度的建立。该条例中所覆盖的对象主要是具有雇佣工人与职员人数在100及以上人数的国营、公私合营的工厂及其附属单位与业务管理机关。1955年的《国务院关于女工作人员生产假期的通知》将机关事业单位中的女工作人员纳入其中,使其具备相同的制度保障。这一阶段的生育保险由企业缴费并组织实施,一部分存于中华全国总工会户内作为劳动保险总基金,另一部分存于企业工会基层委员会户内,作为本企业职工劳动保险支出。20世纪60年代初,中国完成对于私营经济的社会主义改造,私营经济、公私合营经济都转变为国营经济,劳动者的“单位所有制”逐步开始形成。1969年《关于国营企业财务工作中几项制度的改革意见(草案)》中规定,“国营企业一律停止提取工会经费和劳动保险金,企业的退休职工,长期病号工资和其它劳保开支,改在企业营业外列支”,至此生育保险制度从国家统筹性质的保障向单位保障转变,各企业只对本企业中的女工负责。20世纪70年代末,随着中国改革开放,经济体制由计划经济向社会主义市场经济过渡,这种由企业自行负担的生育保障制度与企业追求利润最大化的目标发生冲突,为此企业或者减少使用女工又或在落实企业生育保险制度的过程中大打折扣,使得妇女平等就业权利遭受损害,为了不让妇女承担生育责任影响就业,生育保险制度开始从"企业生育保险"向"社会生育保险"方向发展。1988年,国务院颁布《女职工劳动保护规定》,女职工产假由原来的56天增加至90天(其中产前15天)。1994年12月劳动部发布《企业职工生育保险试行办法》,生育保险成为独立社会保险项目,打破单位统筹的"碎片化"模式,转向社会统筹,至此全国有了统一的生育保险基金统筹办法。1995年7月,国务院颁布的《中国妇女发展纲要(1995—2000)》,目的是在全国城市基本实现女职工生育费用的社会统筹。随着社会保险改革的不断深化,社会保障的理念从"效率优先"过渡到"公平与效率兼顾",覆盖范围从企业职工逐渐拓展到城乡居民。随着新型农村合作医疗制度和城镇居民基本医疗保险制度的逐步实施,农村生育妇女以及未参加生育保险的城镇户籍生育妇女可以通过这两项制度报销部分生育医疗费用。2011年《中华人民共和国社会保险法》正式发布,这是我国第一部社会保障领域的专门立法,以法律的形式确立广覆盖的社会保险体系,生育保险也逐渐从条例上升到法律,该法规定生育保险覆盖所有用人单位及其职工。

所以我国生育保障的制度架构经历了这几个变化:从多元分割到逐步整合,保障体系从分层到统一,保障对象从城镇职工到全民普惠,保障责任从个人缺位到多方负担,管理体制从集体管理到社会化管理。新中国成立初期,我国的社会保障模式为国家保险型,建立生育保险制度旨在鼓励女性投身社会建设。这一时期,保障对象主要是企业女职工、机关单位女性工作人员、女性临时工、季节工和试用工,政府主要承担监管的责任,企业承担投入的责任,个人处于责任缺位的状态。社会主义改造和文革时期,劳动者"单位所有制"的形成,使得企业生育保险逐步形成。这一时期,主要以国营企业、集体企业女职工为覆盖范围。政府没有承担任何生育保险的责任,由企业自行承担所有的生育保险费用。20世纪80年代以来的调整时期,《企业职工生育保险试行办法》中所规定的企业按不超过工资总额1%的资金向劳动部门所属的社会保险经办机构缴纳生育保险费用(职工个人不缴纳生育保险费)。妇女生育过程中的产假工资、与生育有关的医护费用以及管理费用由生育保险基金支出,生育保障由企业统筹回归社会统筹。由此可以看出,我国生育保障制度由国家、企业和个人三方共担,国家承担管理以及财政兜底的责任,企业只是承担相应的财政责任。随着经济体制的转轨,生育保险成为社会保险,覆盖人群较之前也更加广泛,不只是局限于国有企业和集体企业的女职工,而是有工作单位的女性都可依法享受生育保险。

2.妇女生育保障的制度特色

(1)从劳动权保障到生育社会价值认同,建设共建共享的生育保障制度。从相关政策中的部分内容,到创建专门的生育保险制度:增加工作家庭平衡内容,生育保险缴费无性别差异,城乡居民生育保障的确立,实现从劳动权到基本权利的生育社会价值的认同的转变。同时,在制度内容上进一步完善相关的政策设计。

第一,女职工生育享受法定带薪产假,时间延长,从恢复劳动力的56天产假到保障母婴健康的 98 天，增加了哺乳照料孩子的时间。其中难产增加产假 15 天，生育多胞胎，每多生育 1 名婴儿，增加 15 天产假，怀孕未满 4 个月流产的，享受 15 天产假，怀孕满 4 个月流产的，享受 42 天产假，晚育产假由各省、自治区、直辖市根据本省计划生育条例规定。

第二，各省延长产假。自国务院印发《关于实施全面两孩政策改革完善计划生育服务管理的决定》后，各地为全面实施二孩政策，纷纷相继开始修订地方计生条例。多数省份相继取消了晚婚假，与此同时对产假和男性陪护、护理假做出一定的调整。其中，在婚假方面，除山西 30 天、福建 15 天、上海 10 天以外，其余省份多以 3 天婚假为主。在产假方面，山西、安徽、江西、山东、四川、宁夏等省份为 158 天，福建的产假最短为 158 天最长可延长至 180 天；天津、浙江、湖北、广东、上海等省份为 128 天。各省之间产假天数之间的差距，最多可达到两个月。在陪产、护理假方面，广西和宁夏的假期最长，为 25 天，而天津和山东仅有 7 天。整体而言各省份在参照国务院有关规定后，都相继地延长了产假，并适当增加陪产、护理假。

第三，产假期间收入保障。根据《女职工劳动保护特别规定》，女职工产假期间的生育津贴，对已经参加生育保险的，按照用人单位上年度职工月平均工资的标准由生育保险基金支付；对未参加生育保险的，按照女职工产假前工资的标准由用人单位支付。女职工生育或者流产的医疗费用，按照生育保险规定的项目和标准，对已经参加生育保险的，由生育保险基金支付；对未参加生育保险的，由用人单位支付。

(2)从多元分割到逐步整合，迈向公平统一的全民生育保障体系。表现在以下几个方面：

第一，城镇职工生育保障的整合。首先是初建于城市，不同单位职工制度不同、身份不同，从而待遇存在差别。《中华人民共和国劳动保险条例》其保障对象为“女工人与女职员”。《国务院关于女工作人员生产假期的通知》主要是针对“机关工作人员”。在当时双轨制度下，不同身份人群其保障待遇也有所差别。其次是 1994 年建立社会统筹的城镇职工生育保险。机关事业单位、灵活就业人员以及农民工逐步纳入生育保险。再次是 2019 年，两险合并实施。生育保险和城镇企业职工医疗保险分别为社会保险体系的独立险种，在社会稳定持续发展中发挥着不可替代的作用。由于城镇企业职工医疗保险与生育保险均属于补偿性的保障制度，在基金筹集、缴纳、管理等方面具备一定共性，而且两类保险的覆盖对象均为单位职工。为了探索更加完善的社会保险体系，保障参保人员待遇，体现社会保险的互助共济性，提升社会保险综合效能，政府适时提出将生育保险与职工基本医疗保险合并的政策，并在全国 12 个城市开展试点工作。还有就是所有就业女性都可以享受生育保障，待遇趋向一致。

第二，逐步建立统一的城乡居民生育保障。2002 年，新农合和医疗救助，首先覆盖农村妇女住院分娩；2009 年，城镇居民医疗保险支付住院分娩和部分产前检查；2016 年实现城乡居民生育保障政策的统一。

第三，从个人缺位到责任分担，形成社会统筹为主的保障模式。计划经济时期主要是雇主责任制，由劳保医疗或者公费医疗负担，企业支付产假工资，相当于政府承担责任。“文革”期间，生育保障转归企业负担。改革开放后，社会统筹的生育保险，医疗费用由生育保险基金(企业)与家庭承担。城乡居民医疗费用支付部分住院分娩和产前检查费用，由政府财政补贴，财政建立住院分娩补贴，覆盖所有农村生育妇女。

三、妇女医疗保障

70 年来，我国医疗卫生事业从新中国成立初期缺医少药看病难的困境，发展到今天已经建立起全面覆盖城乡的医疗卫生服务体系，可谓发生了翻天覆地的巨大变化。新中国成立之初就建立了医疗保障制度，机关事业单位和企业分别实行公费医疗和劳保医疗，农村依托集体经济建立农村合作医疗，广大妇女享有不同程度的基本医疗保障。改革开放 40 多年来，中国逐步建立健全职工基本医疗保险制度、新型农村合作医疗和城镇居民基本医疗保险制度，城乡妇女基本医疗保障实现制度全覆盖。2016 年开始整合城乡居民医疗保险，实施城乡医疗救助和补充医疗保险制度，多层次的医疗保障体系进一步完善，使更多妇女享有更公平的医疗保障。2018 年，据不完全统计，全国基本医疗保险女性参保人数约为 5.4 亿。

(一)妇女健康的过往与现状

早在 1946 年，世界卫生组织就明确提出，“健康是每一个人最基本的人权，不论人们的种族、宗教、政治、经济或社会地位如何”。所有人都拥有健康权，不因种族，宗教，政治信仰，经济或社会情境各异，而分轩轾。也就是说，男性和女性在其生命不同阶段都能身体健康并从中获益。

过去我国不少农村偏远地区，接生婆是十分吃香的职业，其多为本村或邻村有临床接生经验但无医师资格的老年妇女。由于绝大多数接生婆没有经过医学专业培训，其不专业、不卫生的操作常常导致新生儿破伤风、产妇产后出血等危险情况发生，甚至造成孕产妇和初生婴儿的死亡。因此，旧时的中国农村亟须建立妇幼保健专业队伍和体系，为妇女生产安全和健康提供专业的保障。1949 年新中国成立后，11 月卫生部成立时便设有妇幼卫生局，地方各级卫生部门内则设有妇幼卫生处(科)，从而建立了自上而下的妇幼健康行政管理体系；1950 年开始探索设立妇幼保健专业机构，提出要加快妇幼健康人才队伍培养和建设步伐，同时还提出了“把医疗卫生工作的重点放到农村去”，向农村输送专业的医务人员，并动员农村和山区等落后地区的孕产妇到医院分娩，大大降低了孕产妇和婴儿的死亡率，为妇女生产安全和健康提供了专业的保障。1995 年，《中华人民共和国母婴保健法》颁布并实施，妇幼卫生工作方针即确定为：以保健为中心，保健和临床相结合，面向群体、面向基层和预防为主。

2008 年于北京举行的中国妇女健康行动研讨会中，卫生部指出“健康中国 2020”战略规划的妇女健康行动初步设想主要分三步走：第一步到 2010 年完善为城乡妇女提供基本卫生保健的服务体系，初步建立利用服务的保障机制，实现《卫生事业发展“十一五”规划纲要》中的妇女健康目标；第二步到 2015 年，进一步强化妇幼卫生服务体系的功能，提高服务能力，并争取实现全部孕产妇住院分娩，大幅度降低母婴死亡率，使我国妇女健康水平位于发展中国家前列；第三步到 2020 年，城乡妇女享有基本医疗卫生服务，继续保持我国妇女健康水平位于发展中国家前列，东部地区和中西部部分地区妇女健康水平接近或达到中等发达国家的水平。

宫颈癌是女性生殖器官肿瘤中发病率最高的一种，乳腺癌则是国内女性常见的恶性肿瘤疾病，两者发病都具有年轻化的趋势，严重威胁着女性的身心健康。为了加强农村妇女宫颈癌和乳腺癌的检查工作，保障广大农村妇女健康，2009 年 7 月，全国妇联联合原卫生部实施农村妇女“两癌”免费检查项目，利用中央财政专项补助经费，在全国范围内开展农村妇女“两癌”检查。数据显示，截至 2018 年年底，有 8500 万名农村妇女接受了宫颈癌免费检查，2000 万名农村妇女接受了乳腺癌免费检查。届时，农村妇女“两癌”检查已覆盖全国所有贫困县，许多地区更是陆续将范围扩大至城市适龄妇女。如图 9-2 所示，2018 年的妇女常见病筛查率为 75.5%，比 2010 年的 61.2%提高了 14.3 个百分点，比 2017 年提高了 8.6 个百分点。同时，全国预防艾滋病、梅毒和乙肝母婴传播阻断重大项目也为 6000 多万名孕产妇进行检查和治疗，做到早诊断、早治疗，保障妇婴健康。

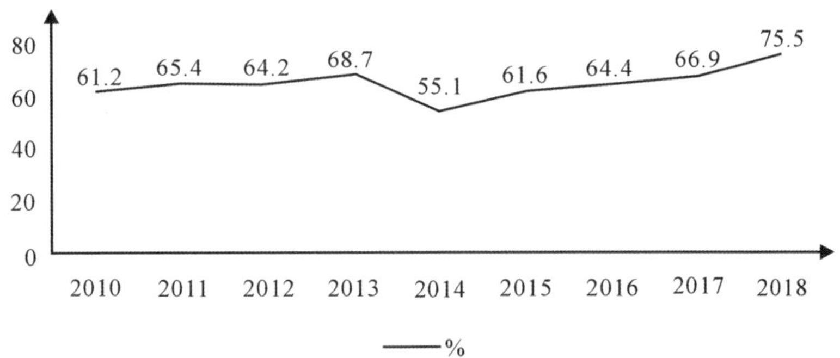

图 9-2　妇女常见病筛查情况：2010—2018 年

数据来源：统计局 2018 年《中国妇女发展纲要(2011—2020 年)》统计监测报告。

党的十八大以来，中国高度重视发展妇幼保健事业，将保障妇女儿童健康纳入国家战略，将妇幼保健逐步嵌入覆盖 14 亿人口的医疗保障网，不断完善妇幼健康法规政策体系，建立覆盖城乡的县、乡、村三级妇幼卫生服务网络，为妇女提供全生命周期、全方位医疗保健服务的妇幼健康服务。2018 年，国家进一步加大妇幼保健机构建设投资力度。“十二五”期间，中央财政投资 107 亿元支持 1100 多所妇幼保健机构基础设施建设。全国共有妇幼保健机构 3080 家，妇产医院 807 家，从业人员近 64 万人，年门诊量 4.0 亿人次，年住院 1379 万人次，床位 33.8 万张，各类医疗机构中妇产科和儿科床位数持续增加。2014 年，世界卫生组织公布的《妇幼健康成功因素报告》则是将我国列为妇幼健康高绩效的 10 个国家之一。2016 年 8 月，首届全国卫生与健康大会在北京举行，习近平总书记在会上发表重要讲话并指出：要把人民健康放在优先发展战略地位，重视重点人群健康，保障妇幼健康，加快推进健康中国建设。同年，党中央和国务院发布了“健康中国 2030”规划纲要，纲要指出：未来 15 年，是推进健康中国建设的重要战略机遇期，要坚持共建共享、全民健康，逐步缩小城乡、地区、人群间基本健康服务和健康水平的差异，实现全民健康覆盖，促进社会公平，突出解决好妇女儿童、老年人、残疾人、流动人口、低收入人群等重点人群的健康问题。

(二)妇女医疗保险的发展与成效

根据第三期全国妇女社会地位调查数据，女性社会医疗保障享有率为 91.6%，男性为 92.3%，无明显性别差异。而 2000 年，女性医疗保险享有率为 46.4%，比男性低了 9.1 个百分点。其中,城镇女性社会医疗保障享有率为87.6%,比2000年城镇女性公费医疗或医疗保险享有率高出27.3个百分点。农村女性新型农村合作医疗享有率为95.1%,远远高于2000年农村女性医疗保险享有率的29.8%。医疗保障虽然基本实现了全民覆盖,但是保障水平有待提高。83.9%的人生病后得到及时救治,但相对于超过90%的人享有医疗保障来说,仍有一部分人不能实现病有所医,说明现有医疗保险尚不能完全满足患者的需求。城镇居民医保和新农合的保障水平相对较低,使得很多患者尤其是慢性病患者不能得到及时有效的救治。因付不起医药费而有病拖着不去看的人中,有59.9%的人患有慢性病,女性比男性略高,城镇略高于农村。因付不起医药费而有病拖着不去看的女性慢性病患者中,享受城镇居民医保和新农合的比例分别为50.8%和42.3%。居民医疗保险的低水平保障无法满足慢性病患者的医疗服务需求,保障水平有待提高。

四、妇女失业保险

70年来,中国高度重视劳动者的就业和保险权益,保障职工的就业、安全与健康。先后实行失业救济制度、国有企业待业保险制度、下岗职工基本生活保障制度以及现行的失业保险制度,在就业领域处于相对弱势的妇女得到基本保障。2017年,全国参加失业保险的女性7950万,比2005年增加3924万;参加工伤保险的女性8594万,比2005年增加5581万。

我国的失业保险制度起源于1950年的失业救济制度,直至1986年《国营企业职工待业保险暂行规定》的颁布实施,正式拉开了我国失业保险制度建设序幕。此后,我国在1993年出台实施了《国有企业职工待业保险规定》(国务院令第110号),1999年出台实施了《失业保险条例》(国务院令第258号),失业保险制度体系的制度框架基本建立,制度功能不断完善。进入21世纪后,一系列有关法律法规相继出台,如2006年开始的东部地区7省市扩大失业保险基金支出范围的试点政策、2008年的《就业促进法》、2011年的《社会保险法》、2014年的稳岗补贴政策、2017年的技能提升补贴政策的实施等,都进一步从保障失业人员基本生活、促进失业人员尽快就业、预防在职人员失业的角度完善失业保险的制度功能。

(一)失业保险制度初建阶段(1986—1998年)

第一,《国营企业职工待业保险暂行规定》的实施(1986—1993年)。主要是配合国有企业改革,该规定对覆盖范围、资金来源、支付标准、管理机构都做了规定,如失业保险的覆盖范围为"四类人"(宣告破产的企业的职工,濒临破产的企业法定整顿期间被精简的职工、企业终止和解除劳动合同的职工、企业辞退的职工),基金来源为"企业按全部职工标准工资总额1%缴纳的待业保险基金、基金利息、地方财政补贴",同时明确了七类开支项目包括待业期间的救济金、医疗费、丧葬抚恤费、转业培训费、生产自救费、管理费,以及破产企业已离退人员的离退休金。但由于所处时代背景,还带有一定的计划经济色彩,存在实施范围较窄、资金来源渠道单一、保障能力有限、失业救济性质明显的问题。

第二,《国有企业职工待业保险规定》的实施(1993—1999年)。随着经济体制改革的深入,1993年颁布的《国有企业职工待业保险规定》与以往规定相比发生了改变:保障对象从"四类人"扩大到撤销、解散企业职工,停产整顿被精简的职工和被企业除名或开除的职工;开支项目不再列入企业破产离退休人员的离退休费;待遇保险基金由“省级统筹”更改为“市级统筹,省级调剂”等。1998 年失业保险基金的缴费比例由企业工资总额的 1%提高到 3%,由企业单方面负担改为企业和职工个人共同承担,个人缴纳 1%,企业缴纳 2%。

(二)失业保险制度规范发展阶段(1999—2010 年)

第一,1999 年国务院颁布《失业保险条例》。这是我国首次使用“失业保险”的行政法规,标志着我国失业保险制度建设进入新的发展阶段。该条例明确了我国失业保险制度的功能定位:一是保障生活,二是促进就业。此外,该条例将城镇企事业单位、城镇企业失业单位职工纳入了失业保险的覆盖范围,继续沿用企业缴费 2%、个人缴费 1%的筹资比例和市级统筹、省级调剂的基金管理方式;规定领取待遇有三个必备条件,即至少缴费 1 年、非自愿失业、办理失业登记且有求职要求;待遇支出项目中,将待业期间的医疗费改为失业期间的医疗补助金,将待遇期间的转业培训费、生产自救费改为职业培训补贴和职业介绍补贴;将领取 24 个月待遇的要求改为累计缴费 10 年以上。

第二,2000 年国务院印发《关于完善城镇社会保障体系的试点方案》,提出“推动国有企业下岗职工基本生活保障向失业保险并轨”。经过多年努力,2007 年我国国有企业下岗职工生活保障向失业保险并轨基本完成。

第三,失业保险制度在保障失业人员基本生活之外,功能不断扩展,预防失业、促进就业与稳定就业作用开始突显。如 2006 年启动东部地区七省(市)失业保险基金扩大支出范围试点,积极探索并规范使用失业保险基金促进就业的支出项目。2008—2009 年全球金融危机期间我国启动援企稳岗政策,削减企业社保缴费,利用失业保险基金向困难企业提供稳岗津贴,鼓励企业稳定就业岗位。还有 2008 年汶川发生大地震,人社部和四川省启动应急措施,为灾区企业降低失业保险费率,为因灾停业或歇业企业提供困难职工生活保障,利用失业保险基金为灾区创业提供补助金,解决灾区企业困难的同时,为灾区重建注入了一剂“强心剂”。

(三)失业保障制度深化发展阶段(2011 年至今)

2011 年我国第一部《社会保险法》正式实施,失业保险制度多方面地参与到社会治理当中。首先,失业保险贯彻落实中央“降成本”要求,在保障制度可持续运行的前提下进行降费,进一步减轻企业负担,促进就业稳定。其次,失业保险发挥着预防失业和促进就业的作用。2015 年开始实施“稳岗补贴”政策,2018 年人社部启动失业保险援企稳岗“护航行动”和失业保险支持技能提升的“展翅行动”。在扩大受益覆盖范围的同时,帮助劳动者提升专业技能以适应经济社会发展的需要。再次,失业保险助推脱贫攻坚战略。2018 年 6 月发布的《人力资源社会保障部、财政部关于使用失业保险基金支持脱贫攻坚的通知》中提出,要提高深度贫困地区失业保险金标准和企业稳岗补贴标准,放宽深度贫困地区参保职工技能提升补贴申领条件。

五、妇女工伤保险

自 1951 年政务院颁布的《劳动保险条例》以来,我国的工伤保险制度已走过了近 70 载岁月。经过近 70 年的尝试探索和完善发展,我国的工伤保险制度取得了许多非凡成就,早已成为世界上覆盖人数最多,集工伤预防、工伤补偿、工伤康复于一体的社会保险制度。它不仅保障了受伤职工的合法权益，还维护了正常生产、生活秩序，维护社会安定，是我国社会保障制度的重要组成部分。

(一)第一阶段(1950—1978年):初创奠基

1951年政务院颁布了《劳动保险条例》，这是第一部包含工伤保险内容的行政法规，它明确了因公伤残、因公伤亡的情形和待遇，标志着我国失业保险制度初具雏形。直到我国进入改革开放时期，许多非公有制企业工伤问题不断凸显，最初的保险条例已无法适应当时的工伤保障需求。随后，原劳动部和各地开始了对社会保险制度的新探索和新尝试。

(二)第二阶段(1979—1995年):试点探索

1978年，社会保险制度的探索和研究风起云涌，东南沿海部分城市率先开始探索建立工伤社会保险。1988年，原劳动部在总结各地经验的基础上，提出建立工伤保险基金，完善工伤保险待遇项目、明确工伤认定条件等主要内容。1994年，工伤保险与养老保险、医疗保险等一起载入了《中华人民共和国劳动法》。

(三)第三阶段(1996—2003年):快速发展

1996年，原劳动部颁布了《企业职工工伤保险试行办法》，对沿用了40多年的企业自我保障的工伤福利制度进行了改革。我国工伤保险制度初步确定，工伤保险制度的发展也有了全国规范统一的指导遵循。

(四)第四阶段(2004至今):深化完善

2003年4月27日国务院颁布了《工伤保险条例》并于2004年1月1日起实施。《工伤保险条例》在进一步总结各地实践经验的基础上，对工伤保险适用范围、工伤保险基金、工伤认定、劳动能力鉴定、工伤保险待遇、工伤保险经办管理和监督等方面作出了全面规定，对相关政策进行了进一步完善。《工伤保险条例》的出台标志着我国工伤保险制度步入了新的发展阶段。2011年修订后的《社会保险条例》和《社会保险法》的实施推动了我国失业保险事业又上新台阶，集“预防、补偿、康复”三位于一体的失业保险制度体系逐渐完善。2006至2010年，开展为期两年的“平安计划”，农民工参保人数为6300万人。2011年采取专项措施，解决了“老工伤”职业群体的历史遗留问题。党的十九大提出了完善工伤保险制度的任务目标，此后，工伤保险将继续坚持以人民为中心的发展思想，围绕着创新制度，加强理论、政策、法律制度以及技术标准的研究，扩大参保覆盖面，巩固完善省级统筹，平稳灵活推进待遇调整，积极推进民生保障服务工作。

六、妇女社会救助

(一)妇女社会救助的发展沿革

1978年，美国威斯康星大学的戴安娜·皮尔斯在《城市与社会变迁评论》杂志上发表了基于美国贫困的实证研究。在这篇文章里，她发现从1950年到1970年，尽管美国更多的妇女获得了就业机会，但妇女的经济地位是下降的，美国16岁以上的穷人中2/3是妇女。据此，她提出美国的贫困正在演化为“贫困女性化”的观点。其后很多学者从不同的角度支持了皮尔斯的研究结论。萨拉·马克拉娜哈和她的同事运用美国人口普查数据，研究了1950—1980年男性和女性的贫困变化。马克拉娜哈的研究从实证的角度支持了皮尔斯关于贫困女性化的观点，也提出了女性贫困化是相对概念的观点。从某种意义上讲，皮尔斯这项基于美国贫困问题研究所提出的“贫困妇女化”观点将妇女的经济赋权问题进一步具体化，并与勃斯鲁普的研究在发展领域合流，迅速开始影响国际贫困研究和反贫困政策研究以及国际发展理论和实践。1995 年在北京召开的第四次世界妇女大会首次将“妇女与贫困”纳入联合国妇女与发展议程中，贫困的性别化开始占据发展的主流话语。

长期以来，全国和各级妇联、中国妇女发展基金会等开展公益活动，多方动员社会资源，为贫困妇女提供救助。70 年来，中国建立并逐步完善社会救助制度体系，为困难妇女提供基本生活保障。从计划经济时期的自然灾害救助、城市单位保障和农村集体救助、农村五保供养，到 20 世纪 90 年代逐步建立的最低生活保障、特困人员救助供养、临时救助制度等，妇女都能平等享受。党的十八大以来，社会救助体系逐步完善，有效帮助困难妇女共享改革发展成果。截至 2018 年年底，全国城市低保对象中女性占 44.8％，农村低保对象中女性占 42％。

(二)女性贫困人口的现状

我国政府长期以来致力于妇女脱贫事业，高度重视妇女扶贫脱贫。《中国农村扶贫开发纲要(2011—2020 年)》《中国妇女发展纲要(2011—2020 年)》等都将缓解妇女贫困程度、减少贫困妇女数量作为优先事项，保障贫困妇女的资源供给，帮助、支持贫困妇女实施扶贫项目。党的十八大以来，中国在脱贫攻坚中更加重视妇女的参与和受益。2018 年《中共中央、国务院关于打赢脱贫攻坚战三年行动的指导意见》提出，将贫困地区妇女宫颈癌、乳腺癌(简称“两癌”)检查项目扩大到所有贫困县。实施“贫困母亲‘两癌’救助”“母亲安居工程”“母亲健康快车”等公益慈善项目，帮助患病贫困妇女、贫困单亲母亲等改善生存发展状况。开展全国家政服务劳务对接扶贫行动、“百城万村”家政扶贫行动，帮助农村建档立卡贫困妇女实现就业。妇联组织大力实施“巾帼脱贫行动”，围绕立志脱贫、能力脱贫、创业脱贫、巧手脱贫、互助脱贫、健康脱贫、爱心助力脱贫七项重点任务，积极探索“连环扶贫”“小额信贷扶贫”“基地＋贫困妇女”等扶贫模式，助推妇女精准脱贫。按照现行农村贫困标准，截至 2018 年年底，全国农村贫困人口从 2012 年的 9899 万减少到 1660 万，贫困发生率从 2012 年的 10.2％下降至 1.7％，减少的贫困人口中约一半为女性。

第一，贫困女性面临着经济困境，不得不依靠家庭供养。城市女性贫困人口主要面临着就业难和经济收入低的困境。在相当多的职业中，女性的技术、地位、收入等方面都远低于男性，更由于年老、生育、残疾或者突发变迁等失去就业机会，在经济收入上受到巨大的影响。尤其在老年生命周期里，由于劳动能力的退化，很多城市女性无法获得就业机会或者只能从事低端简单的工作，在劳动力市场中处于较低的社会地位，导致她们的经济状况无法从根本上改善。对于农村老年女性来说，这样的状况尤甚。她们普遍没有退休金等养老保险待遇，一旦面临年老的风险，就不得不依靠家庭供养，成为家庭的经济负担，更何况遇到身体健康状况的变化，没有医疗保险的报销，没有获得足够的社会支持，这更加剧了家庭供养的压力。从另一个方面来看，深化了女性对男性的经济依附，降低了贫困女性的家庭和社会地位。

第二，社会保障制度对于女性贫困群体的支持不足。社会保障制度是国家通过立法而制定的社会保险、救助、补贴等一系列制度的总称。社会保障的根本原则就是社会公平，它通过保障社会成员基本生存与生活需要，特别是保障公民在年老、疾病、伤残、失业、生育、死亡、遭遇灾害、面临生活困难时的特殊需要，使人们不因没有特权而受到伤害，不因分工所形成的社会地位而变得卑贱。从社会保障制度的设计原则来看，处于弱势的女性应获得更广泛而有效的保障。然而，我国的社会保障是按照先城后乡，先体制内后体制外，先单位后居民再农民的时序建立的，妇女以居住在农村的、位于体制外、处于非正规就业状态的居多，被社会保障制度覆盖的机会自然相对男性要少。另外，我国的社会保障制度对不同人群的保障范围与程度也不尽相同。以医疗保险为例，可分为职工医疗保险、城镇居民医疗保险和新型农村合作医疗，按照患病率等健康指标来说，男性职工的健康状况显著优于女性农民，但是保障的力度却恰好相反。事实上，女性带病生存的时期比男性更长，加之偏低的经济地位，其保障需求远远大于男性，社会保障的现状增加了女性收入与功能性活动转化的困难，进一步弱化了女性的可行能力。

第三，女性致贫原因的多维性。从女性致贫成因来看，主要包括自然环境因素，客观社会结构因素及个人主观因素等方面。这些因素经常重合叠加、相互作用，资源与决策机会的缺失，性别的弱化与隔离，家庭、社会分工的固化，社会排斥等因素都会使女性陷入贫困。女性因更难获得土地、信贷、资本和收入高的工作而陷入贫困，被更多地滞留在低收入、低社会服务和低保障的生活环境中。扶贫政策中性别意识弱，贫困社区的文化滞后与时代变迁交互作用，制约了贫困女性主动参与、积极融入社区，实现减贫发展等思维理念的形成，扶贫资源传递注重家庭和社区影响，忽视了女性特殊性，也强化了贫困女性的边缘位置。

第二节 ■ ■ ■

社会保障的性别差异

一、养老保障的性别差异

1953 年，在《中华人民共和国劳动保险条例(修正草案)》中，将本企业工龄由 10 年缩短为 5 年，养老金的工资替代率提高至本人工资的 50%～70%。而后在同年颁布的《中华人民共和国劳动保险条例实施细则(修正草案)》中规定：本企业工龄已满 5 年未满 10 年者，养老金的工资替代率为 50%；已满 10 年未满 15 年者，养老金的工资替代率为 60%；15 年以上者，养老金的工资替代率为 70%，直至今日，养老金的工资替代率已经提升到 80%左右。这一规定放宽了对工龄的要求，并相应提高了养老金的工资替代率，但在工龄相同的情况下，男女两性的养老金工资替代率仍然是一致的，也就是说，养老保险中的性别差异主要体现在退休年龄等其他因素的影响上。

(一)养老保险受益水平的性别差异

养老金收入存在着明显的性别差异。究其根本原因在于男女社会分工和家庭分工的不同。一直以来，承担养育子女和照顾家庭成员事务的主要是家庭中的女性，这就使得她们有着与男性不同的就业模式。首先，女性的从业率低于男性，相当一部分女性无奈选择居家做全职主妇；其次，与男性主要从事全时工作相比，女性从事非全时的低收入工作的比例较大；第三，女性因要承担生育和哺育子女的家庭责任，因此比男性更易中断个人的职业生涯。上述男女就业模式的差别反映到法定养老保险上，就意味着女性在缴费年限和缴费工资两方面存在劣势，双重叠加造成男女收入差距在退休后被扩大了。女性养老金收入明显低于男性的后果显而易见。首先，这有悖于对家庭和女性进行保护的宪法精神，不利于家庭的和谐与稳定，影响到了女性生育子女的积极性；而且，一旦家庭中的男性死亡，很容易造成家庭其他成员陷入贫困。

同时，我国的养老保险制度与劳动力市场的就业率、失业率关联性强，这意味着职场上的性别差异会使女性在养老保障体系中处于不利地位。正如表 9-1 所示，在城镇职工基本养老保险中，女性参保率始终比男性参保率要低。同时，大多数女性的参保类型属于城乡居民基本养老保险，其保障程度远不如城镇职工基本养老保险。因此，女性的养老保险受益水平相对低于男性。

表 9-1　城镇职工基本养老保险参保人数及性别构成

年　份	参保总人数（万人）	女性参保人数（万人）	性别构成（%）	
			男	女
2010	25707	11202	56.4	43.6
2011	28391	12575	55.7	44.3
2012	30427	13829	54.6	45.4
2013	32218	14612	54.6	45.4
2014	34124	15463	54.7	45.3
2015	35361	15715	55.6	44.4
2016	37930	17663	53.4	46.6
2017	40293	17709	56.0	44.0

数据来源：《2018 中国妇女儿童状况统计资料》。

受益水平的性别差距还体现在男女退休金相差较大。一方面是因为劳动力市场存在的性别差异导致了女性的工资水平偏低，另一方面是因为女性的退休年龄低于男性的退休年龄，而女性老年人口增长幅度高于男性，余命系数较长。在工资偏低、养老保险缴费年限不多但养老金领取年限较长的基础上，这意味着女性所得退休金与男性的相差甚远。

（二）养老经济保障的性别差异

养老保险具有明显的保障作用，是养老经济的主要来源。参加城镇职工基本养老保险的女性在养老保险的经济来源方面担忧较小，但参加城乡居民基本养老保险的女性农村居民以及无工作、无收入来源、无退休保险的老年妇女面临的养老压力不可谓不小。表 9-2 数据显示，参加城乡居民基本养老保险的女性主要为农村居民。不言而喻，面临沉重养老压力的女性人数较多，且大部分需依靠丈夫的退休金供养。加上我国养老保险制度不完善，对配偶和家属的津贴缺乏合理而明确的规定，老年妇女的晚年养老经济一部分来源于养老金，一部分依靠丈夫和子女，缺乏经济保障。从养老方式的发展趋势估计，虽然社会保障覆盖面大幅扩大，但实际保障力度还不够。调查结果显示，选择依靠养老金养老的群体，男女两性均在38%左右，性别差别很小。女性希望年老后由其他人供养的比率为19.2%，比男性高5个百分点；女性打算晚年依靠个人劳动或储蓄的比例只有17.1%，低于男性3.1个百分点；女性打算依靠房/地等养老的比例为3.0%，低于男性0.9个百分点。以上数据表明，女性更多的希望由其他人供养，男性则更多希望依靠劳动与财产性收入养老。这个预估的数据与现状相比没有太大的变化，说明女性在养老经济保障方面的水平还比较低，可以选择的经济保障方式还比较有限。

表9-2　2017年城乡居民基本养老保险参保人数

年　份	参保总人数（万人）	女性参保人数（万人）	性别构成(%)	
			男	女
总计	51 255.0	2 0781.4	59.5	40.5
城镇居民	2 167.1	955.8	55.9	44.1
农村居民	49 087.9	19 825.6	59.6	40.4

数据来源：《2018中国妇女儿童状况统计资料》。

与此形成鲜明对比的是男性，在我国长期以来形成的男主外女主内的性别分工格局里，男性主要在外谋生而女性负责在家养老扶幼，就业的机会主要由生理上具有优势的男性来实现。同时，我国的社会保障基本上与是否就业、单位性质紧密挂钩，结果是男性比女性有更大的机会享受到社会保障，城镇男性在退休后往往有退休金作为经济保障，相比之下，女性由于没有单位挂靠，能享受的一般只有城乡居民养老保险，在年老体衰的时候很难享受到跟男性一样的经济保障，城乡居民养老保险每个月微薄的收入补偿无法保障老年女性基本的生存需要，她们在经济上不得不继续依赖于丈夫或者子女。

（三）养老保障类型存在明显性别差异

尽管两性社会保障参保率差距缩小，但具体到享有的参保类型上依然存在性别差异。与职业相关的养老保险制度依旧是当前主要的社会养老保障依托。男性享有和正规就业相关的城镇职工基本养老保险制度以及机关事业单位养老保险待遇的比重更高，为86.7%。城镇女性只有80.0%参加城镇职工基本养老保险或享受机关事业单位离退休待遇。女性各类负责人享受离退休待遇的比例仅为15.0%，比男性低了8.5个百分点；女性办事人员享受离退休待遇的比例仅为13.0%，比男性低了10个百分点。与此对应，这两类职业劳动者在城镇职工基本养老保险参保率上，均表现出女性高于男性的特点，分别高出8.6和7.7个百分点。女性则是在城镇居民养老保险和农村养老保险项目上参保比重更高，参加城镇居民养老保险的女性为16.5%，比男性高出6.1个百分点。在实践中，与职业相关的社会保障项目的保障水平高于与居民身份相关的保障项目，也说明性别间的职业差异，进一步延伸到了养老保障项目。

（四）承担生活和精神养老压力的性别差异

以辽宁省为例，辽宁省的抚养比相较于全国的大数据来说是比较低的，其养老压力在全国是比较大的。截至2018年，辽宁省65岁以上人口占比为15.17%，为全国老龄化程度最高的省份，分析辽宁省的数据对全国老年人精神健康问题具有指标意义。依据“第三期中国妇女社会地位调查”辽宁数据，分析其老年人的健康状况，可知晓老年女性健康自评状况比男性消极，且老年女性年龄越大，自评结果越消极；老年女性丧偶比例高于男性，75 岁至 79 岁老年女性离婚/丧偶的比例分别为 66.7%（城镇）和 71.4%（乡村），分别比同龄组男性高 44 个和 46.4 个百分点。相较于老年男性群体而言，老年女性群体需要承担较多的家务劳动，将更多情感和时间倾注给家庭，故而失去了培养个人喜好和社交圈子的时间。加上子女无法长期陪伴，造成老年妇女精神生活单调匮乏。可见，老年妇女在生活养老和精神养老方面面临比男性更大的压力。

第六次人口普查公布的数据显示，我国男性人口平均预期寿命为 72.38 岁，比 2000 年提高 2.75 岁；女性为 77.37 岁，提高 4.04 岁。男女平均预期寿命之差与十年前相比，由 3.70 岁扩大到 4.99 岁。在我国人口平均预期寿命不断提高的过程中，女性提高速度快于男性，并且两者之差也进一步扩大。这与世界其他国家平均预期寿命的变化规律是一致的。女性寿命比男性长 5～10 年是有科学依据的。男性基础代谢要比女性高 5%～7%，即能量消耗要比女性高。他们罹患遗传性疾病的风险也比女性来得高，从这次新冠肺炎疫情中，男性死亡率高于女性亦可见一斑。而长期以来形成的男主外女主内的性别分工格局，在外工作的辛苦和奔波也使得男性有更大的死亡风险和身体伤害。为了养家糊口，男性必须超负荷地工作和付出，而且无论在单位还是家里，男人都被要求支撑门面，因此男人工作较女人更紧张，所要承受的压力比女人更大，因此男人因心肌梗死而入院治疗的比例是女人的 7～10 倍。在多重压力下，男性的寿命要比女性短。按照自然界优胜劣汰的选择规律，出生性别比一直稳定在 102～106 之间，可以保障在婚配年龄能达到性别相当。基于此，意味着有相当部分的女性在老年要孤独终老，由于子女不一定能陪伴左右，她们面临更多的精神压力和养老困境。对于没有子女的老年女性来说，养老压力尤甚。空巢老年女性所面临的困境也是当前老年社会工作领域要拓展的服务对象，然而，老年女性的教育水平和身体状况成为她们获得社会服务的障碍，她们的交往格局和网络规模也制约着她们的自由发展，对社会服务来说是难以逾越的困境，也深化了老年女性的精神压力和精神慰藉的困难。

二、生育保障的性别差异

（一）生育责任的性别分化

由于性别之间在生理上的差异，生育行为往往是由女性来完成的，她们在人口再生产和养育子女方面起着比男性更重要的作用，相比之下，男性更多起着经济支持的作用。但从性别公平的角度而言，女性在承担人口再生产的责任后，养育孩子的责任应该由男性和女性共同承担。也就是说，生育是两个分开的概念，生和养可以有不同的责任主体，并非都要由女性来完成，男性也可以成为抚养的主体。但是，长期父权制的影响下，男女有不同的性别分工，男主外女主内的格局已然形成，男性并没有自觉把养育子女纳入家庭责任中，社会舆论也没有强制男性都要承担起养育的责任。由此，男性在生育过程中应该有的权利和义务被家庭和社会所忽视，表现在家庭的层面，性别分工安排由女性抚养子女，而在社会的层面，生育政策和生育保险的制度设计都从男性的利益考量，而忽视了女性的合法权益，从而产生明显的性别差异。

(二)生育保险缴费主体的性别歧视

就生育保险政策而言,我们可以看出生育保险的主要责任在于女性而非男性,具体体现在产假与陪护假的差异上。产假是指按照国家法律、法规规定给予生育职工在分娩后的一定时间内所享受的有薪假期,其主要作用是使女职工在生育期间得到适当的休息,逐步恢复身体,并照顾和哺育婴儿。陪护假是男职工在妻子分娩后的一定时间内所享受的有薪假期产假,一般在数天左右。这种政策的设定不仅不能改变传统的性别分工,而且从制度层面加强了这一分工,是女性承担了全部的生育责任。这种针对女性的保护政策将性别不平等从私人领域扩大到社会公共领域,而且从另一个角度也可以看到政策忽视了男性的生育权利和义务。

(三)女性享受生育保险的制度差异

源于制度壁垒的有限覆盖与身份限制,生育保险制度的覆盖范围只是“城镇企业及其职工”,在此范围之外的还有广大的农村女性、城镇未就业女性以及非正规就业的女性。事实上,生育事件可以说是每个女性都会经历的,并且女性的生育对人口和社会的再生产所做出的贡献应该得到全社会的肯定,但生育保险对女性生育事件的补偿却只针对一部分城镇女性,社会保障制度的公平性难以体现。

第三节 ■ ■ ■

女性社会保障问题的女性学解释

一、公共政策中社会性别意识的缺失

(一)我国尚未形成具有社会性别意识的政策环境

我国的政策顶层设计主体没有“发出女性自己的声音”,不能将社会性别意识嵌入政策设计中,充分维护女性的利益,形成自上而下的社会影响力。这样产生的结果是,女性的利益无法在政策上得以保护和体现,在政策设计中被边缘化;同时在利益群体的博弈中没有占据主体地位,往往为主流政策体系所忽视。作为决策者来说,他们难免具有局限性,无法兼顾各类群体的利益,何况决策者主要是男性,带着男性的思维视角来看待问题,主要考虑男性的处境和利益分配,女性的合法利益无法真正得到体现和表达,从而成为政策设计的盲区。比如生育保险,对于男性决策者来说,更多考虑的是女性在生育过程中所产生的费用报销等现实问题的解决,比如医疗费用、产假和生育津贴;然而与生育相伴随的一系列问题,比如生殖健康、同工不同酬、职场性别歧视、传统性别分工等问题,却没有相应的社会保障政策予以保护和治理。同时,社会性别观念还未内化到政策执行者的思维理念里,女性的权益很难得到落实。为了更好地实现性别平等,我国政府在新中国成立后颁布了《中华人民共和国妇女权益保障法》《中华人民共和国母婴保健法》《中华人民共和国婚姻法》等一系列法律法规,每隔十年都会出台《中国妇女发展纲要》等指导性政策文件,有力地推动了我国妇女事业的发展。但在贯彻落实的步骤中,政策执行者却往往忽视或枉顾妇女的合法权益,而会对诸多关系主体进行利益平衡,而不是主动自觉地向妇女倾斜，妇女的权益没有在政策执行中得到很好的体现。

(二)社会性别问题的公共性和独立性不明显

在我国长期以来父权制的影响下，性别不平等常常被掩盖而无法像阶级分层、种族那样显而易见。对于隐蔽的性别歧视和偏见，公共政策往往难以关注，毕竟公共政策要综合权衡种族、阶层和性别等群体所属的利益，在政策制定中无法面面俱到，很多群体的利益常被边缘化而忽视。人类历史上曾经以各种冠冕堂皇的借口长期大规模存在着诸多显而易见的歧视、压迫和不平等。例如种族之间的压迫、民族间的殖民化、阶级间的剥削、男性和女性之间的不平等，相比前三种不平等，性别之间的不平等被视为人类历史上最漫长、最广泛、最深刻的不平等，妇女的解放也被赋予了一种特殊的意义。然而在中国的传统文化场域里，公共政策的制定者时常关注的是容易引起冲突和矛盾的种族、阶层和区域的利益群体，并辅之以一系列的政策予以框约，比如城乡居民医疗保险、易地扶贫搬迁等，而女性作为隐蔽的被压迫群体，她们的诉求往往没有进入主流社会的视野，何况长期父权制的压制，女性的性别气质和文化特质是比较宽容妥协的，她们的反抗能力相对是比较弱的。所以尽管女性受到压迫的人数远远高于其他群体，但主流社会依然没有将女性主义观点和妇女利益作为完整独立的群体纳入政策制定的考量中，就算有细枝末节的修订，也依然改变不了女性的弱势地位。因此，公共政策缺乏性别视角成为顶层设计的常态，要改变这样的局面，亟须将社会性别视角纳入公共政策制定者的思维体系，让他们自觉自愿承担起保护妇女合法权益的社会责任来，真正从女性为本的角度看待问题，赋予女性更加多元化的社会支持。在具体操作中，可以将贫困的女性化、外嫁女的土地权益、女性延迟退休等问题的解决推出更加行之有效的政策，充分保护女性的利益。

(三)政府在社会性别意识主流化过程中的缺位

在公共政策的制定、实施过程中，政府扮演着重要的角色，政府职能的充分发挥以及处于主导地位，对于政策的落实有积极的推进作用。在传统社会性别分工的视阙下，遵循的是固有的性别分工和性别刻板印象，女性往往没有太多的话语权，男性拥有顶层设计的话语权，他们对于政策体系的出台有更多的选择权，政府倾向于保护男性的权益。作为公共决策主体的政府，应该通过国家行为的强制作用将社会性别观念深入到每个人的内心，让大多数人具有性别平等意识。尤其是为政策的制定、执行、评估这些权力阶层所拥有，也就是为最具社会影响力的人所拥有，为大多数政策的作用者所接受，为主流的社会阶层所接纳，自然也就实现了主流化。政府在社会性别意识主流化中的主导作用，意味着这场改良是自上而下的，它所倡导的变革方式主要是在既有的体制之内，借助于权力阶层的性别平等意识苏醒从而推动广大社会成员的性别平等化建设；而不是通过广大社会成员自觉的性别平等意识，从而影响权力阶层的政策制定。因此，就应该发挥政府的主导作用，将社会性别意识纳入决策主流，彰显性别差异，强化性别意识，从而提升妇女地位，最终达到性别平等，维护性别公正。政府增强社会性别观念一方面可以依靠内在的路径，主体是依赖于妇联，妇联作为妇女最重要的社团组织，也是体制的重要构成，她们的呼声可以很好地发挥作用，让主流社会听到；另一方面是外在的路径，主要依赖于媒体的宣传以及各种社会力量的呼吁和压力。当今的社会是一个信息激增的社会，在信息的传递过程中，新闻媒体起到了越来越重要的作用，所以，当今的社会也被称为媒体社会。中央领导已经明确了新闻媒体对党和政府的监督作用，妇联以及其他妇女工作者应该充分注意加强与各种传统和新兴媒体的沟通，通过媒体扩大和强化女性的声音，通过政府的主导作用将性别意识普及到社会的各个角落。

二、传统性别分工对平等社会保障的冲击

中国长期以来的父权制形成了男主外女主内的传统性别分工，女性特殊的生理特质成为她们从属地位和男性主导意识形态的核心要素。生育以及与此相应的抚育活动将女性牢牢地限定在家庭这个私人领域空间里，无法更多地参与公共领域的社会活动。女性主义认为，生育、抚育以及其他家务劳动是不被承认的无酬劳动，而男性从事的社会劳动则是有报酬的社会劳动，男性通过否定女性的劳动，无偿地剥夺和占有女性家务劳动这个剩余价值，从而将女性更深刻地限制在被剥削和被压迫的屈从地位。虽然新中国成立之后，我们努力摆脱封建遗风的影响，实行男女平等的基本国策，有力地提升了女性的社会和家庭地位，女性得以走出家庭进入职场竞争和参与社会公共事务，但我国的公共政策依然没有改变传统的性别分工。这表现在，一方面，女性的权益没有体现在一些公共政策中，公共政策没有完全呼应她们的群体需求。尽管大众传媒将女性的地位提升到与男性平等的水平，但她们的社会性别差异跟生理差异一样被掩盖和罔顾，社会政策并没有着重强调和凸显女性的利益和诉求。比如生育保险这个最具女性生理特征的社会保险，虽然也综合权衡了女性的生理特殊性和家庭性别分工，却任由市场经济对于收益和成本的考量来损害女性的合法权益。另一方面，女性要承担起养老扶幼的家庭责任。这是长期社会性别分工模式及理念在家庭成员心里的内化。虽然政府鼓励女性到公共领域参与就业，与男性同台竞争，但家庭的责任却没有很好地实现家务劳动社会化，女性的时间很多要被家庭挤占，她们无法像男性一样投入足够的时间在工作上，如果女性还无法从家务劳动中解脱出来，要谈女性的全面自由发展，享受与男性一样的社会福利，是很难实现的目标。何况在我国特殊的国情里，就业与社会保障二者相伴生，女性如果没有获得稳定的工作，就会影响到她们社会保障的获得，要建立性别平等的社会秩序是很难的。这需要男性也要承担起更多的家庭责任，以平衡女性受到的来自家庭和社会的双重压力。当然，这个过程注定是艰难和漫长的，鼓励女性进入劳动力市场意味着男性要承担更多家庭责任，而实际上很多家庭认为男性的生理优势相较于女性来说可以实现家庭利益最大化，如果没有足够的政策支持的话，让男性承担家庭责任会引起家庭整体收益受损，全面推行性别平等的社会保障政策会面临更多的社会阻碍。

尤其是长期以来建构的社会性别分工已经深入人心，形成家庭的内部稳定结构，男女双方各司其职，能将家庭的经济责任和照顾责任更好地协调。一旦女性走出家庭进入公共领域，家庭责任谁来承担是个现实的问题。学龄前儿童的养育和老人的赡养需要政府提供足够的社会支持，否则女性还是会被束缚于家庭私人领域里。还是以生育保险为例，2018 年生育津贴新政推出后，规定男职工没有就业的妻子也可以享受到一次性生育津贴，意味着女性没有就业也可以享受到部分的社会保障待遇，这是个良好的开端，对女性来说是重要的利好消息。我国的生育保险制度在没有改变传统性别分工的前提下，将女性列为保障和补偿的对象，是个很好的尝试。同时，在现代社会的发展中，家庭人口结构

和发展能力有了很明显的变化，家庭成员间的分工不再拘泥于传统的格局，男性不一定非要养家，而女性也可以走入职场参与市场竞争。鉴于女性在市场经济中发挥着越来越重要的作用，家庭关系发生了微妙的变化，女性面临着来自家庭和职场的双重压力，她们能否在职场上安心工作取决于她们能否协调好角色冲突，反之，女性的角色冲突会限制她们的职场竞争，弱化她们所能享受的社会保障。

三、父权制限制社会保障领域的性别平等

米列特在《性政治》里深刻地指出，男性和女性之间温文尔雅的美丽面纱只是表象。韦伯也认为，两性之间的关系是一种支配与从属的关系，是男人按照天生的权力对女人实施的支配，这是一种十分精巧的内部殖民。它比任何形式的种族隔离更加坚固，比阶级的壁垒更加严酷、更加普遍、更加持久。它已经成为我们文化中最普遍的意识形态，并且毫不含糊地体现出了根本的权力概念。不管是米列特还是韦伯都提到了父权制这个概念，他们认为父权制就是男性对女性支配和控制的一种社会性制度，这种广泛、深刻、本质性的父权制，将权力掌握在男人手里，实现男人对女人的权力控制和支配。父权制把女性被压迫的个体化、经验化、主观化的假象彻底打破，全面揭示出女性被压迫的整体性、普遍性、制度性的残酷真相。父权制下的女性不仅在选举、就业、教育、社会身份等宏观方面受到了男性的控制，而且女性的身体也受到男性的控制。父权制成为性别之间不平等的重要制度根源，女性本应享有的完善的社会保障却因为父权制的存在，限制了她们的合法权益，或者在具体操作上没有得到很好的贯彻执行。以最具有性别特征的生育保险为例，按照社会保险的法律规定，生育保险有企业缴费，个人不用缴费。以男性为主颁布的生育制度，暴露了社会保障中的性别不平等，女性的生育活动和享受的待遇没有纳入政府的责任分配中，政府没有承担起应有的责任，而把生育的社会责任交给企业来承担。这样不仅不利于企业的发展，也会造成企业为了减少用工成本而深化对女性的职场性别歧视，影响生育保险制度设计本身的性别公平和长期可持续发展。在生育保险的具体落实过程中，以男性为主体的上层建筑监督管理缺位，导致很多企业没有真正落实女性三期劳动保护，尤其是孕期妇女也跟男性一样正常工作，没有享受特殊时期的优待。尽管 2018 年生育津贴新政颁布后，很多企业也没有真正落实为男职工没有就业的配偶提供一次性生育津贴，在缴费时间方面也没有灵活的处理。一个很重要的原因就是父权制对政府管理者思想的影响，他们还没有将性别平等纳入日常工作和监督管控的视野，监督不到位、相关法律法规没有得到很好的落实，间接影响女性的生育保障。除此，企业出于对剩余价值的追逐，本质上是为了获得更多利润，作为理性经济人，企业必然为了降低用工成本，倾向于招聘男性职工，而减少女性职工的比例，或者在生育保险的缴费上偷工减料，减少缴费基数，直接影响女性生育保障的获得。而女性往往是职场竞争中的弱势群体，尽管有妇联等政府机关予以支持和呼吁，但仅凭女性个体的力量难以撼动根深蒂固的父权制。由此，在父权制、立法层次缺乏约束性、政府监管缺位的多重裹挟下，女性的社会保障还是难以兼顾和合法享受。

第四节 ■ ■ ■

社会保障政策与立法的女性学思考

一、缩小养老保障性别差异的相关举措

根据第三期全国妇女社会地位调查数据，女性享有养老保障的比例为50.2%，男性为51.6%，养老保障的性别差异缩小。新型农村养老保险试点的推行，扩大了农村女性养老保险的覆盖面，2010年农业户口女性中，享有社会养老保障的比例为31.1%，比2000年提高了12.9个百分点。

（一）将性别意识纳入养老保障体系建设

在完善养老保障体系建设时应关注到性别利益诉求，制定促进性别平等的系列政策。例如，设立妇女养老保障专项资金，帮助经济困难的高龄、失能等老年女性；延长女性的生育假期；给男性提供陪产假，有利于家庭照护责任在夫妻之间的公平承担；提高女性占比较大但保障程度较低的城乡居民基本养老保险待遇水平；给予养老金缴费减免政策等。

（二）扩大养老保障覆盖面，让更多老年女性能纳入基本养老保障

在党的十九届四中全会上通过的《中共中央关于坚持和完善中国特色社会主义制度、推进国家治理体系和治理能力现代化若干重大问题的决定》中，明确提出"要完善覆盖全民的社会保障体系。坚持应保尽保原则，健全统筹城乡、可持续的基本养老保险制度、基本医疗保险制度，稳步提高保障水平。坚持和完善促进男女平等、妇女全面发展的制度机制。"

2014年，我国将新型农村社会养老保险和城镇居民社会养老保险合并实施，建立了统一的城乡居民基本养老保险制度。以居民身份为基础的养老保险制度，极大地拓宽了养老保障的覆盖范围，不仅涵盖大部分未就业且无养老保险的城乡居民，而且相对缩小了养老保险整体覆盖率的性别差异，让未就业的城乡妇女公平享有基本养老保障。据不完全统计，2018年，参加基本养老保险的女性4.3亿人，比2017年增加4420万人，比2016年增加8214万人。其中女性参加城镇职工基本养老保险的人数1.9亿人，比2017年增加958万人，与2010年相比增加7465万人，增长66.6%；女性参加城乡居民基本养老保险的人数2.4亿人，比2017年增加3463万人，与2016年相比增加7210万人，增长42.3%。基于居民身份的新型农村养老保险制度以及城镇居民养老保险制度的建立，有效扩大了养老保障的覆盖范围，城乡统筹的养老保障制度本身的发展，推动了中国的养老保障事业进程。女性处于弱势地位，在这种并不考虑就业差异的安排下，可以从中获到更多裨益。

（三）弹性推迟退休年龄，保障女性的就业权利

《中华人民共和国劳动法》规定，退休年龄为男职工年满60周岁，女干部年满55周岁，女工人年满50周岁。从事井下、高空、高温、繁重体力劳动和其他有害健康工种并在这类岗位工作可提前退休。女性的退休年龄普遍低于男性，但随着全民平均寿命的增加，女性平均寿命又长于男性，让女性在"黄金期"退休，是对国家人力资源的极大浪费，也是

女性社会、能力、经济资源的一大损失。

值得注意的是，调整女职工的退休年龄既要考虑社会各阶层劳动妇女对退休年龄的不同诉求，尊重多数职工的利益和愿望，也要考虑现实条件下的社会分工、就业形势、社会保障以及经济发展等多方面因素。因此，《人口与劳动绿皮书：中国人口与劳动问题报告》对于职工养老保险的退休年龄改革方案，建议分两步走：第一步，2017 年完成养老金制度并轨时，取消女干部和女工人的身份区别，将职工养老保险的女性退休年龄统一规定为 55 岁；第二步，从 2018 年开始，女性退休年龄每 3 年延迟 1 岁，男性退休年龄每 6 年延迟 1 岁，直至 2045 年同时达到 65 岁。因此，弹性推迟退休年龄，可以让女性灵活选择退休时间，充分保障她们的就业权利。更重要的是，尽可能延长她们的工龄。毕竟退休工资与工龄密切相关，我国养老保险实行的“多缴多得，长缴多得”的退休金发放原则，意味着退休后的工资待遇与缴费时间高度相关，如果能尽可能多地推迟退休年龄，就可以有较长的缴费时间，可以享受到更高的退休金和其他社保待遇。

(四)发展多层次养老保障体系，满足女性的多样需求

进入 2020 年后，天津、重庆、广东、安徽、山东等省区市修订了城乡居民养老保险实施方案，增加缴费档次、提高个人缴费上限。与此同时，养老保险省级统收统支工作也在多地加速推进。公共养老金作为养老保障体系的“第一支柱”，提高其缴费水平，将蓄水池做大，是保障城乡居民养老生活的基础，推进省级统收统支，便是在更大范围内实现养老金共济互助，风险共担，使“第一支柱”发挥其应有的绩效。企业年金、职业年金是养老保障体系的“第二支柱”。2019 年，国务院办公厅发布《降低社会保险费率综合方案》，这是首次大幅度降低社会保险费率，是减轻企业负担的重大举措。降低社保费率，促使企业有更多余力发展自身，也能为工作人员提供更多的福利保障。此外，社保降费还倒逼深化社保制度改革，如中央调剂制度出台，更进一步推进了基本养老保险全国统筹。随着经济发展和社会老龄化的加速，“第三支柱”的商业养老保险在我国的发展潜力巨大，推动其发展符合我国构建多层次养老保障体系的本质要求。商业养老保险因其种类多元、能够满足个性化服务需求的特点，让妇女或者更多老年人能够根据自身需求来选择可以负担并且适合自己的养老保险，以减少未来养老风险的不确定性。近年来，我国出台了一系列政策推动商业养老保险发展。但一些具体的操作措施在施行过程中仍有待落实，推行商业养老保险仍有很大的发展空间。

除此，还可以创新养老服务体系，一方面，扩大养老服务供给渠道，增加普惠性服务，“让低收入女性老年群体买得到、买得起、买得好、买得放心”。如上海市在每个街道建立“嵌入式”养老服务机构，由政府免费提供场地并制订指导价，社区老人可以根据身体评估情况，以实在普惠的价格享受到适合自己的一站式养老服务。另一方面，不断创新养老服务体系，推动发展精准满足个性化服务需求的养老模式，尤其是在为女性老年人提供照护服务时，须树立性别平等意识，保护女性尊严，并加强对相关人员的培训和监督，追求养老服务质量的提升。

(五)提高女性的人力资本积累，缩小养老保障待遇的性别差异

鉴于养老保障与是否就业和单位类型高度相关。在业群体有 50.3%享有养老保障，曾经有工作经验的有 61.8%享有社会保障(含部分退休人口)，没有工作经验的只有

20.2%可以享受养老保障,这意味着很多在家从事家务劳动的全职太太,辛苦一辈子,到年老体弱的时候,无法从养老保障体系中获得相应的社保待遇。因此,有必要提高女性的人力资本积累,让她们有更多机会进入劳动力市场,享受更高水平的社保待遇。随着女性受教育程度的提高,她们享有养老保障的概率也会随之增长,在同等受教育程度的情况下,可以缩小社会养老保障参保率的性别差异。我国的养老保险与工龄或缴费年限正相关,那么,随着年龄的增加,女性享有养老保障的水平呈现出明显的随年龄递增的态势,有利于提高她们的养老待遇。还有,养老保障的待遇水平也与户籍所在地有关,城市户口有更多的机会进入劳动力市场和更高的市场竞争力,相较于持有农村户口的女性,在社保待遇上有着较多的优势。同时,提高女性人力资本的话,还可以增加她们进入国有单位的机会。在我国,劳动者所在单位性质会影响到养老保障的享有,国有单位养老保险参保率最高,达到90.1%,私营/个体最低,仅为55.2%,国有单位的养老待遇也最高。在传统社会里,男性的教育水平高于女性,他们可以有更大可能性进入国有单位,而大部分女性被屏蔽于国有单位之外,从而间接影响养老保障。因此,提高女性人力资本的积累会带来一系列的良性循环。

长期以来,受薪酬、体力、观念等因素的影响,一些职业被认为更适合男性或女性,也就形成了某一职业中性别单一或比例悬殊的"性别隔离"现象。这一现象的出现涉及传统观念和行业习惯。为了破除职业性别藩篱,要想某个行业中男女比例相对平衡或合理,在招聘的时候就要破除性别歧视,实行平等竞争,择优录取;同时,通过实行男女同工同酬,提高工资待遇等方式,来逐步消解职业性别隔离藩篱。劳动力市场也需要营造性别平等的良好竞争氛围,提供公平就业的保障制度,严格遵守相关的法律条文,切实保障妇女权益,使男女享受的养老保障所受到的职业影响减少,缩小性别差距。

(六)完善遗属津贴制度

当前,我国女性老年人口寿命更长,丧偶比例更高,需要满足高龄和高丧偶的老年女性的晚年生活需求。而我国现行的遗属津贴主要作为社会救助与社会优抚的保障手段,其覆盖范围较小,保障能力有限,难以持续。它无法改变老年女性因丧偶而面临失去经济来源的困境。因此,完善遗属津贴保障制度,不仅有利于保障高龄丧偶老年的晚年生活,也可作为对其累月经年地照护家庭的经济补偿,以收入再分配的手段促进性别平等。

二、缩小生育保障性别差异的路径选择

(一)政策取向:家庭友好型社会治理下平衡工作与家庭

近年来,儿童早期照护和公共托育的发展逐步得到党和国家重视。党的十九大报告中首次提出,要在"幼有所育"上不断取得新进展。党的十九届四中全会再次强调:必须健全"幼有所育"等方面的国家基本公共服务制度体系。2019年4月17日,国务院办公厅印发《关于促进3岁以下婴幼儿照护服务发展的指导意见》,从家庭、社区和照护服务机构等方面提出任务举措,解决"幼有所育"问题。随后,国家卫健委又印发《托育机构设置标准》和《托育机构管理规范》两个文件,为促进婴幼儿照护服务有序健康发展提出具体措施。这些意见的出台,为此前处于政策空白期的托育服务业发展提供了国家级的指导框架。其倡导的婴幼儿照护以家庭为主,引入家庭育儿指导师的模式,能减轻父母的育儿焦

虑。而《托育机构设置标准》和《托育机构管理规范》两个文件，则能有效保障婴幼儿托育机构的准入条件、运营标准等软硬件要求不比幼儿园低。二者从政策和实施层面，很好地落实了上述精神，使0～3岁婴幼儿照护朝着有利于儿童一生发展的方向迈进。

在建立婴幼儿照顾服务体系上，一是要创建多元主体的市场供应，这是增加育儿服务"可及性"的最有效渠道。丰富、便捷、个性化可供选择的育儿服务能满足不同家庭层次的需求，达成"供需"双方对接，活跃经济的同时节约社会资本和时间资源。二是要加大婴幼儿照护服务支持力度。从国家、社区、单位层面多管齐下，三是要制定家庭友好政策。家庭政策直接影响到家庭的收入、就业模式、消费模式和时间分配等家庭生产活动和市场活动。四是要鼓励家庭生育的公共政策。将家庭健康发展及其能力建设作为战略目标，有利于儿童成长和降低生育成本，需要国家推出一系列多角度、多层次的支持、辅助政策。

(二)实践路径:促进男性参与,实现家庭照顾责任共担

一是探索陪护假改为育儿假的休假制度。让男性不仅可以享受到完整的陪护假，还可以有足够的时间参与养育子女，督促用人单位广泛实行育儿假。全世界约有40个国家规定了父亲育儿假，主要是欧美等发达国家。我国为了鼓励晚婚晚育，对晚育的男性也实行为期7天左右的带薪休假。让男性享有育儿假，有利于子女身心健康发展，也增加招聘男性的用人成本，减轻对女性的性别歧视。二是增强女性竞争技能。老龄化是不可逆转的趋势，在"忧心"的同时一定要有发展的眼光看问题。未来是知识和科技的时代，人工智能、区域链、物联网等新型技术将更加成熟并广泛应用，替代简易劳工或取代某一职场要职甚至从业领域都是可以预见的。那么，在妇女因生育行为而暂时退出劳动领域后要重返工作岗位时，将可能面临被时代"淘汰""替代"等危机。因此，增强女性禀赋及人力资本存量，需要从教育入手，全面综合地提高妇女地位，让女性充分享有受教育、就业以及从事各项经济、政治、文化、社会活动的平等权利和技能。这不仅是为社会培育出大量高素质的女性人力资源，还能在女性维持人类自身生产的过程中起到反作用于加强下一代子女的教育培养，提高人口素质，走上良性循环的道路。

(三)生育保险的完善与发展

1.扩大覆盖范围

不仅要逐步扩大生育保险基金缴费范围，扩大基金来源，而且要逐步扩大生育保险待遇享受范围，实现应保尽保。具体来说，从性别上来看，传统认为生育保险的对象是生育的女性，其实男性也是生育保险的对象。男职工不仅可以享受到陪产假、育儿假，他们接受节育手术也可以享受生育保险。从就业性质来看，生育保险对象可划分为正规就业者和非正规就业者。在我国，职工生育保险的对象主要是城镇正规就业的女职工，非正规就业者一般不能参加生育保险。国外的经验亦如此，非正规或非正式就业的女工常常被排斥在外。从女性利益的角度而言，由于非正规部门就业的人数远远多于正规部门就业人数，而非正规部门却无相应的生育保险，因而对女性尤其不利。完善生育保险就要将覆盖面扩大到非正规部门的就业者。从身份上来看，生育保险对象划分为在职女工、男性雇员未就业配偶和女性公民。生育保险的主要受益者是在职女工，如果覆盖面扩大一些，让受益者也涵盖男性职工未就业配偶，在未来能覆盖全民，让全体女性公民都是受益者。这样所有女性都可以享受生育补助及医疗待遇。目前我国正在努力扩大生育保险的受益者范围，男性职工未就业配偶、城镇非就业女性，甚至农村女性都将纳入各种生育保险的覆盖范围。

2.提高生育保险基金的筹集和统筹层次

我国的生育保险采用的是雇主全部承担的基金筹集模式。人力资源和社会保障部2012年制定的《生育保险办法(征求意见稿)》中规定，用人单位按照本单位职工工资总额的一定比例缴纳生育保险费，缴费比例一般不超过0.5%，具体缴费比例由各统筹地区根据当地实际情况测算后提出，报省、自治区、直辖市批准后实施。超过工资总额0.5%的，应当报人力资源和社会保障部备案。筹集到的生育保险基金由用人单位缴纳的生育保险费、生育保险及基金的利息收入和依法纳入生育保险基金的其他资金构成。

在生育保险基金的统筹层次上，生育保险按照“以支定收、收支平衡”的原则筹集和使用。生育保险费的征缴按照社会保险费征缴规定执行。生育保险基金逐步将县级统筹提升至市级统筹，再过渡到省级和全国统筹，提高基金的使用效率。生育保险基金存入财政专户并实行预算管理，执行国家社会保险基金管理办法。

3.生育津贴新政缩小生育保险缴费的性别差异

我国生育津贴可以按照本企业上年度职工的月平均工资的标准支付，也可以按照该女工之前的基本工资加上物价补贴。生育补贴的补贴期限一般为98天，当然对于晚婚晚育的职业妇女可以适当增加补贴或延长补贴时间。2018年生育津贴新政增加了新的规定，比如连续缴费不满10个月的人员生育后，可以在单位缴费缴满12个月，同样也可以领取生育津贴。在职妇女怀孕期间发生调换工作单位的现象时，只要中断缴费不超过6个月的继续缴费满10个月，同样也可以领取生育津贴。对于因孕妇或胎儿本身问题采用特殊分娩方式的可按难产的标准予以报销，并增加医疗费用以及生育津贴。2018年推出的生育津贴新政可以充分提升女职工的生育保障，但更为重要的是，缩小了性别之间的差距。按照以往的惯例，男性是不需要缴纳生育保险的，只有女性才需要缴纳生育保险。随着政策设计的不断完善，男性也要缴纳生育保险，尤其是“全面二孩”政策放开后，作为生育政策的配套改革，生育津贴新政有个新的规定，要求男职工的未就业配偶符合规定可以享受生育保险医疗待遇的，男职工的未就业配偶怀孕后，可以持相关证明材料到男职工的用人单位所在辖区社会保险经办机构办理就医登记手续，享受生育保险医疗待遇。男职工未就业的配偶或者缴费未满10个月的配偶住院生育，还可以享受一次性生育补贴。这样就增加男职工在生育保险方面的用工成本，缩小性别在生育保险方面的差距。

4.优化生育保险支出结构

适当向“两头”倾斜，提高孕期的支出水平，将生育保险支出范围扩展至1～3岁婴幼期，即“三期”(孕期、产期、哺乳期)扩展为“四期”(孕期、产期、哺乳期、婴幼期)。由此可以有足够的经济支持让职工3岁以下的子女享受到托幼机构的服务，避免当前托幼机构紧缺、收费高而带来的养育的困境，生育保险的缴费也可以物尽其用，在生命周期的广度上有更大的延展性。

可以预见，妇女生育保障从基本理念、制度目标、政策取向、实践路径各方面需要进一步的改革。在未来发展中，我们应当把生育保障权作为每一个社会成员的基本权益，以建立“更加公平、更有效率、更可持续的社会保障制度”为目标，形成覆盖全民的生育保障体系。

三、保护妇女健康的拓展领域

早在新中国成立前夕，1949 年 9 月召开的中国人民政治协商会议第一届全体会议制定的《共同纲领》就明确提出“注意保护母亲、婴儿和儿童的健康”。

1988 年颁布的《女职工劳动保护规定》是我国第一部综合性的女职工劳动保护专门法规，对于减少和解决女职工在劳动中因生理特点造成的特殊困难，保护女职工的身心健康发挥了重要作用。1992 年制定的《妇女权益保障法》明确规定：妇女的生命健康权不受任何侵犯。1995 年，《中华人民共和国母婴保健法》作为我国第一部保护妇女和儿童健康权益的专项法律，规定把母婴保健事业纳入国民经济和社会发展计划，保障母亲和婴儿健康。《中华人民共和国劳动法》则规定了对孕期、产期、哺乳期、经期妇女实行特殊劳动保护，保障妇女在“四期”的身心健康。同年，在北京召开的第四次世界妇女大会通过了《北京宣言》和《北京行动纲领》，作为东道国，中国政府以行动履行承诺，做了一系列支持妇女事业发展的工作，通过各种渠道促进和保障妇女健康，并积极承诺实现《联合国千年发展目标》，把妇幼卫生工作目标列入国家“十一五规划纲要”。《中国妇女发展纲要（1995—2000 年）》《中国妇女发展纲要（2001—2010 年）》把妇女健康作为优先发展领域，并指出，妇女身体、精神和社会适应能力的完全健康状态是反映妇女生存状况的基本指标。2002 年的《中华人民共和国人口与计划生育法》明确规定“开展人口与计划生育工作，应当与增加妇女受教育和就业机会、增进妇女健康、提高妇女地位相结合”。2009 年颁布《流动人口计划生育工作条例》，保障流动人口中的成年育龄妇女的健康权益，并继续贯彻《母婴保健法》《人口与计划生育法》《劳动法》《女职工劳动保护规定》《流动人口计划生育管理和服务工作若干规定》。2011 年，中国政府制定了“十二五”发展规划和《中国妇女发展纲要（2011—2020）》，将妇女健康问题纳入国家整体发展战略和相关部门政策，建立有效的多部门合作机制，保障妇女健康水平不断提高。《纲要》增设“妇女与社会保障”领域，提出妇女平等享有社会保险、社会救济、社会福利和社会救助的主要目标和策略措施，明确指出我国妇女医疗保障的主要目标为，基本医疗保险制度覆盖城乡妇女，医疗保障水平稳步提高。

从这几年的数据来看，中国妇女健康状况获得了极大改善，健康水平持续提高。据中国统计年鉴数据显示，2015 年妇女平均预期寿命为 79.43 岁，较 1981 年的 69.27 岁提高 10～16 岁，较 2000 年的 73.33 岁提高 6.1 岁。图 9-3 显示，我国孕产妇死亡率持续降低，2018 年全国孕产妇死亡率下降到 18.3/10 万，这个数据不仅低于中高收入国家的平均水平，且较 2000 年的 53/10 万下降了 65%，较 1990 年的 88.8/10 万更是大幅下降了 79.4%。

四、妇女失业保险的完善之举

（一）失业保险覆盖更多女性

我国失业保险参保人数不断增加，从 1986 年《国营企业职工待业保险暂行规定》覆盖的“四类人”，到 1999 年《失业保险条例》覆盖的城镇企业事业单位职工，失业保险的参保率在持续提高。2017 年《失业保险条例》（修订草案征求意见稿）将农民合同制工人纳入失业保险制度中，取消了对合同制农民工所做的专门条款规定，这意味着对建立劳动关系人员的全覆盖，对扩大失业保险覆盖面具有积极作用。此外，各地也采取多种措施，除了

图 9-3　全国孕产妇死亡率:1990—2018(%)

数据来源:《中国妇幼健康事业发展报告》(2019)。

对城镇企业事业单位职工应保尽保外,还关注外资企业、私营企业以及个体工商户的参保问题,灵活就业人员的失业保险工作也提上了议程。如图 9-4 所示,我国女性失业保险参保人数在逐年上升。2017 年,女性失业保险参保人数达 7950 万人。失业保险覆盖面的扩大,保障了更多女性失业期间的生活需求,对其应对待业期间的生活压力起到较好的缓冲作用。

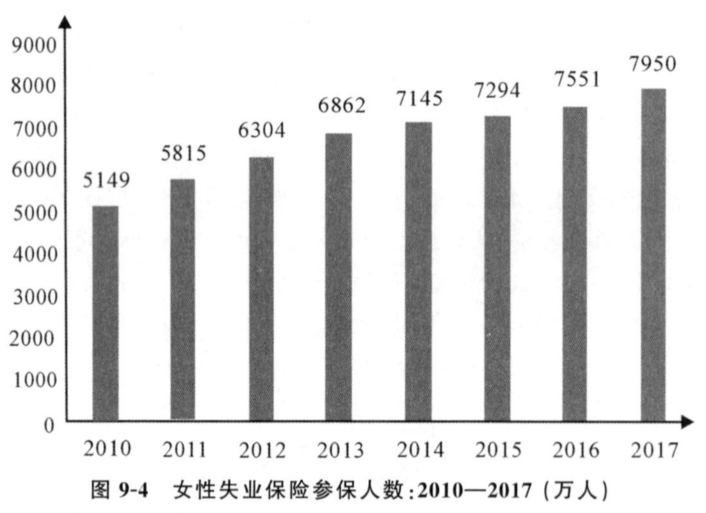

图 9-4　女性失业保险参保人数:2010—2017 (万人)

数据来源:结合《2018 中国妇女儿童状况统计资料》整理所得。

(二)失业女性生育期间的医疗待遇受到保障

在劳动力市场中女性相比较男性总是处于弱势地位,这不仅在工作过程中有所体现,在寻找工作的阶段,女性想要获得工作机会势必要付出比男性更多的努力。同时,女性通常比男性承担着更多的照护家庭的责任,部分女性甚至不可避免地因为生儿育女问题面临着就业中断的风险。

社会保险法规定,领取失业金的期限由失业人员失业前用人单位和本人累计缴费年限确定，即满一年不足5年的，领取期限最长为12个月；满五年不足10年的，领取期限最长为18个月；累计缴费10年以上的，领取失业保险金的期限最长为24个月。失业金的标准，不低于城市居民最低生活保障水平。

这为全职育儿女性失业人员，提供了基本的生活保障。同时失业人员在领取失业保险金期间，参加职工基本医疗保险，享受基本医疗保险待遇，失业人员应当缴纳的基本医疗保险费从失业保险基金中支付，个人不缴纳基本医疗保险费。

(三)女性失业保险待遇得到提高

为进一步提高失业人员基本生活保障水平，根据《失业保险条例》，人力资源和社会保障部、财政部共同印发了《关于调整失业保险金标准的指导意见》(人社部发〔2017〕71号)。该指导意见明确提出，调整失业保险金标准的目标，是逐步将失业保险金标准提高至最低工资标准的90%。这个目标以确保基金可持续为前提，随着经济社会的发展，分步实施，循序渐进加以实现。

根据上述指导意见，安徽省自2017年12月1日起，将失业保险金计发比例提高至本省最低工资标准的90%，女性失业人员生育补助费提高至5个月生育当月失业保险金标准。各地失业保险经办机构应自2017年12月份起按新标准计发失业人员失业保险待遇。女性的社会保障权益受到重视，失业保险待遇得到提高。

五、完善妇女工伤保险的因应之策

(一)女性工伤保险覆盖率增加

自2004年颁布实施《工伤保险条例》后，工伤参保人数呈现持续高速增长态势，工伤保险制度的覆盖范围已由国有企业扩展到了各种所有制企业、事业单位、社会团体等组织和有雇工的个体工商户。2006年，国务院下发了《关于解决农民工问题的若干意见》，依法将农民工纳入工伤保险范围。2019年，修订后的《公务员法》颁布，公务员纳入了工伤保险。《中国妇女发展纲要(2011—2020年)》中的妇女与社会保障方面更是提出了有劳动关系的女性劳动者全部参加工伤保险的目标。

改革开放40多年来，随着经济社会的不断发展，妇女就业领域极大拓宽，妇女生产力不断释放，2017年全社会就业人员中女性占比超过四成。并且，女性农民工也是一个日益庞大的社会群体。工伤保险制度覆盖范围的不断调整，让更多职工的权益受到保障，也让女性劳动者免除了许多后顾之忧。2017年，参加工伤保险的女性8594万，比2005年增加5581万。

(二)女性工伤保险实施范围拓宽

女性在身体素质上普遍比男性柔弱，在工作过程中面临的压力巨大，且严峻的工作环境对女性的身体状况影响严重，加上女性要负担更多的生儿育女、照顾家庭的责任，出现工伤事故会给女性甚至家庭带来沉重的打击和伤害。

《工伤保险条例》在工伤认定上，本着最大程度提升工伤补偿，筑牢职业伤害保障的目标，在试行办法规定的基于“三工”(在工作时间内、处于工作场所、因工作原因遭遇职业伤害)的10种工伤认定情形基础上，增加了“视同工伤”的条款，对“三工”情形进行了适当延展，增加了视同工伤三种情形。北京某企业职工许女士下班途中遭遇车祸，人社局认定许女士是在下班途中受到事故伤害的，其情形符合《工伤保险条例》第 14 条第 6 项之规定，属于工伤认定范围并认定其为工伤。工伤认定情形的增加，拓宽了工伤保险实施范围，给予了女性更多的就业保障待遇，更好筑就女性劳动者的安全幸福线。

(三)工伤保险对工伤配偶的生活保障

尽管有越来越多的女性走出家庭进入职场，但无就业的女性人数仍占大多数，她们没有稳定的经济收入来源，日常生活的开支主要依赖丈夫和子女。此外，女性农民工收入微薄，农村老年妇女的经济保障不足。面对现实问题，这些女性无法承受配偶发生工伤事故之后的生活风险，未来的生活状况堪忧。而工伤保险的实施，一定程度上缓解了工伤事故带给劳动者及其家庭的打击和伤害，是劳动者及其家属的保护伞。

《工伤保险条例》实施以来，全国工伤保险基金收入稳步增长，2005 年基金收入为 93 亿元，支出 48 亿元；2018 年基金收入达到 913 亿元，支出 742 亿元，工伤保险基金保障能力大大加强。各地普遍建立了工伤保险待遇调整机制，积极推动工伤保险待遇水平与经济发展水平相适应，不断增强工伤职工的获得感。

职工因工死亡，其近亲属可从工伤保险基金领取丧葬补助金、供养亲属抚恤和一次性工亡补助金。2018 年一次性工亡补助金标准达到 72.29 万元，伤残津贴、供养亲属抚恤金、生活护理费的人均水平都有较大幅度提高。

六、贫困妇女社会救助的多元路径

(一)国家立法与倡导

通过国家立法与积极倡导，引导家庭制度变革、家庭生活和政治公共领域的决策之间存在着紧密的联系。因此，对于家庭财产分配，婚后居住何处以及家庭暴力等直接或间接牵涉到女性可行能力的问题，要坚持有法必依的原则，特别是在关于土地分配与补偿的问题上，国家应采取积极措施回应女性在村民自治过程中的利益受损问题。对于无法可依的家庭问题，国家有义务在保证社会性别平等和妇女权利不受损害原则下出台相应的政策法规以减少父权制家庭制度对女性实现功能性活动自由的困扰。

(二)逐步实现生育社会化

通过生育社会化，促进女性就业。妇女的生育功能和责任是为了家庭和社会，但她们的付出在更多时候被看作是个体行为，未能充分获得社会回报和体制支持。生育社会化对促进女性就业具有不可估量的价值与意义。首先要通过学校教育和社会宣传等方式，让全体社会成员充分认识到女性生育行为的社会属性和社会价值；将生育保险费用由企业管理逐步改为社会统筹管理，并将生育保险费用社会统筹的覆盖范围由国企扩大到城镇各类企业；用制度促使男性承担更多的生育成本，以减缓职场对女性的歧视；重新评估妇女家庭监护服务劳动的价值，将其与最低工资制挂钩；加大对托幼和家政市场的开发与规范，尽可能减少个人或家庭承担的生育成本；在教育、医疗、保健、福利等传统的女性行业开发就业岗位，并以制度化形式留给贫困妇女，为贫困妇女创造就业机会，提高其可行能力。

(三)提高女性的发展能力

贫困女性的发展能力包括有效维护身体健康及心理安全，具备足够的想象力和思考力，具有自我选择权和实践理性，有稳定和谐的社交关系，能够掌控周围环境，有足够的生产技术维持生计等核心内容，这些能力彼此独立又相互关联。贫困女性发展能力的缺乏会使其无法应对各种生产生活风险，影响她们在家庭和社区中的地位，加剧其受外部歧视的程度，固化依附性的社会性别秩序，造成贫困的代际传递。所以，培养贫困女性的发展能力，创造能力实践的环境条件，能使其更好地实现性别平等与体面的生活，并与他人保持良好的社会关系。具体而言，一是要通过宣传自我奋斗、积极向上的思想，开展丰富多彩的心理支持活动，改善贫困女性的心理状况，提高贫困女性的抗逆力。二是通过树立脱贫典型、致富能手，激发贫困女性脱贫的主体意识，提升“自助自决”能力。三是注重根据贫困女性的主体特征，量身制定针对性强的扶贫项目，因地制宜开展各种培训活动，加大技能教育，培养贫困女性发展生产和务工经商的基本技能，进一步提升其获取社会资源的动力。四是通过社区团体成员的互助合作，发挥社会组织在解决贫困问题中的功能，构建女性发展的社会支持网络，抵御各种社会风险。五是要为贫困女性参与社区公共事务提供平台，赋予其知情权和参与权，依法保障贫困女性基本的生存权和发展权。通过各类社区组织，帮助贫困女性主动参与到社区建设中，消除其对外在环境的恐惧感和无力感，形成自我增能的长效机制。

(四)女性减贫需要提升扶贫政策的包容性

国家扶贫政策体系的建构，对贫困女性主体能动性的形成与减贫持续性、稳定性的保持具有重大作用。未来，中国女性减贫需要提升扶贫政策的包容性，发挥自身的政治优势和制度优势，始终贯之以人民为中心的发展思想，坚持“创新、协调、绿色、开放、共享”的新发展理念，不断满足女性贫困群体的脱贫需求。包容性社会政策本质在于倡导机会平等的增长，核心是兼顾公平和效率，重点是倡导不同个体公平合理地分享社会和经济发展成果，重要途径是给不同群体特别是弱势群体赋权，以促进社会公平正义和可持续发展。一方面，在宏观政策导向上，要构建一种平等性别话语权，不再接受在福利方案中把女性作为发展的被动接受者，作为母亲和家庭主妇的假设，要把贫困女性当作可以实现内源式发展的行动主体，减少社会排斥，树立尊重女性的先进性别文化观念，实现男女两性发展的机会均等。中国减贫经历了“县—村—户”政策瞄准的演变，未来可以考虑精准到人，细化融入性别视角的减贫政策，加强女性在减贫决策中的作用，提高女性对扶贫资源的拥有和分配权利，提高减贫的公平性和效率性。另一方面，在扶贫政策实施的具体方案中，首先要将女性的健康医疗、就业状况、家庭照顾、子女教育、农业劳动和社区参与等方面融入贫困的测量体系之中，提升贫困监测的针对性和公平性。其次，要充分调动社会资本和人力资本，构建女性减贫发展的社会支持网络，提升贫困女性的文化水平和发展能力，注重让贫困女性全面参与到扶贫项目的规划、实施、监测和评估过程之中。最后，要建立或细化贫困女性的医疗扶助政策、创业就业政策、教育培训政策、家庭照顾政策以及社区参与政策，赋予贫困女性自主选择和行动的权利。通过各种辅助政策的建立，保证贫困女性减贫发展的持续性，最终实现经济社会发展的包容性。

思考题

1.什么是社会保障?

2.什么是女职工的三期劳动保护?

3.简述母职惩罚。

4.简述贫困女性化和女性贫困化。

5.当前社会保障政策有哪些缓解性别差异的设计?

6.从社会保障的内容看,性别差异主要体现在哪些方面?

参考文献

[1]郑大松:《社会保障概论》,高等教育出版社,2019 年版

[2]史柏年:《社会保障概论》,高等教育出版社,2012 年版

[3]杨发祥:《中国生育制度六十年:1949—2009》,《社会学》,2010 年第 1 期

[4]霍红梅:《关注性别差异 积极应对人口老龄化》,《中国妇女报》,2017 年 10 月 25 日

[5]陈莉、袁玥琪、姚楠:《老年妇女养老问题的调查与思考》,《人才资源开发》,2019 年第 15 期

[6]《中共中央关于坚持和完善中国特色社会主义制度 推进国家治理体系和治理能力现代化若干重大问题的决定》,2019 年 11 月 5 日,http://www.gov.cn/zhengce/2019-11/05/content_5449023.htm

[7]黄桂霞:《中国社会养老保障的发展与性别差异状况》,《中华女子学院学报》,2017 年第 1 期

[8]《中国妇女发展纲要(2011—2020 年)》,https://mp.weixin.qq.com/s/F9_mPSxnTEVLCwqN-Mb8g-g,2019 年 12 月 6 日

[9]《人口与劳动绿皮书:中国人口与劳动问题报告》,http://www.cssn.cn/dybg/gqdy_gqcj/201512/t20151204_2743456_3.shtml? COLLCC=2318981888&,2015 年 12 月 4 日

[10]沈澈、王玲:《互动式发展:新中国成立 70 年来生育政策与生育保障的演进及展望》,《社会保障研究》,2019 年第 6 期

[11]张翠娥:《我国生育保险制度的发展历程与改革路径——基于增权视角》,《卫生经济研究》,2013 年第 1 期

[12]田大洲:《中国积极的失业保险政策》,社会科学文献出版社,2018 年版

[13]张盈华、张占力、郑秉文:《新中国失业保险 70 年:历史变迁、问题分析与完善建议》,《社会保障研究》,2019 年第 6 期

[14]《人力资源和社会保障部财政部关于使用失业保险基金支持脱贫攻坚的通知》,http://www.mohrss.gov.cn/gkml/zcfg/gfxwj/201807/t20180703_296729.html,2018 年 6 月 26 日

[15]《平等 发展 共享:新中国 70 年妇女事业的发展与进步》,http://www.scio.gov.cn/zfbps/32832/Document/1664883/1664883.htm,2019 年 9 月 19 日

[16]《关于调整失业保险金标准的指导意见》,http://www.mohrss.gov.cn/sybxs/SYBXSgongzuodongtai/SYBXSguojia/201710/t20171013_279156.html,2018 年 4 月 18 日

[17]王淑婕、解彩霞:《中国贫困女性化的社会制度根源——基于可行能力视角的分析》,《青海师范大学学报(哲学社会科学版)》,2011 年第 6 期

[18]李小云:《"妇女贫困"路径的减贫溢出与赋权异化——一个少数民族妇女扶贫实践的发展学观察》,《妇女研究论丛》,2019 年第 2 期

[19]苏海:《中国农村贫困女性的减贫历程与经验反思》,《云南社会科学》,2019 年第 6 期

[20]张李玺:《妇女社会工作》,高等教育出版社,2007 年版

[21]米列特:《性政治》,社会科学文献出版社,1999 年版

[22]黄桂霞:《新世纪中国妇女社会保障的发展——基于第三期中国妇女社会地位调查数据分析》,《中国妇运》,2014 年第 10 期

[23]《第六次全国人口普查主要数据发布》,http://www.stats.gov.cn/ztjc/zdtjgz/zgrkpc/dlcrkpc/dcrkpcyw/201104/t20110428_69407.htm,2011 年 4 月 28 日

第十章

女性政治地位

政治权利是公民的基本权利之一。女性政治参与权利和政治赋权状况是衡量女性地位和社会文明的重要尺度，是政治决策民主化的内在要求。政治女性学运用社会性别等理论审视政治领域的性别不平等状况，揭示不平等原因，对主流政治理论和实践框架下的性别不平等进行反思和批判，为分析政治现象、研究政治理论提供新视角和新方法。本章主要通过对女性参政意愿、女性参政分布、女性政治进步、女性廉政表现四个方面的具体状况及其性别差异进行分析，探讨在政治领域和政治学科中存在的性别忽视和性别歧视现象，并在女性参政问题的女性学解释基础上，展开具有社会性别视角的参政政策与立法思考。

第一节

女性参政意愿

无论是探讨政治女性学还是界定女性政治地位，首先要回顾“政治”“政治参与”概念的提出和学科理解。在中西方政治文明发展进程和对政治认识的不断深化中，政治所具有的权力属性、公共属性、道德属性等维度被揭示和应用。马克思主义政治经济学问世以来，政治是体现经济关系的特殊的社会关系、政治的根本问题是国家权力问题等定义延续并丰富了西方政治学中作为“统治术”、权力资源分配机制以及公共事务属性的切入视角(Andrew Heywood，2002)。如政治是在特定社会经济关系及其所表现的利益关系基础上，社会成员通过社会公共权力确认和保障其权利并实现其利益的一种社会关系(王浦劬，2006)，指出了政治的本质内容包含利益、政治权力和政治权利三种基本关系。利益关系是社会成员从事政治行为的动因，权力关系也并非单向的，而是社会成员政治行为的相互作用，权利关系则体现社会成员在政治生活中的位置和资源分配关系(王浦劬，2006)。这些丰富而多元的理论阐述既是反对阶级的、民族的、性别的特权而发起的平权运动的可贵成果，同时也为女性主义政治学从公/私领域、公民身份等理论维度审视和解构主流政治学提供了可能。

政治参与，也称“参与政治”，或简称为“参政”，是参与制定、通过或贯彻公共政策的行为。这一宽泛的定义适用于从事这类行动的任何人，无论他是当选的政治家、政府官员或是普通公民，只要他在政治制度内以任何方式参与政策的形成过程(戴维·米勒，1992)。政治参与的类型可以从主体特征、主观态度、是否存在中间环节等维度划分为个别参与和组织参与，主动参与、被动参与以及消极参与，直接参与和间接参与等类型(陈振明、李东云,2008);也可按照内容将其划分为政治投票、政治选举、政治结社、政治表达、政治接触和政治冷漠等类型(王浦劬,2006)。

千百年来,政治是女性无法踏足的领域,更遑论以审视的目光发现和改变政治与性别不平等的互动。20 世纪 60—80 年代,女性运动第二次浪潮向公/私领域的分界提出质疑和挑战,喊出“个人的即政治的”口号,指出政治是“一群人用于支配另一群人的权力结构关系和组合”,揭示出男性对女性的压迫是一种权力压迫(凯特・米利特,2000)。这一观点试图从政治上撬动男性主导的社会系统,提示妇女的个人生活与公共制度的高度关联,强调社会各领域存在的性别歧视与妇女个人生活的相互作用,试图削平公领域与私领域的鸿沟,从而拓展了古典政治学中有关政治的范畴和外延。

在社会性别研究领域,对于妇女政治参与的表述基本可以归纳为社会学视角和政治学视角两个分支。社会学视角关注女性参政动机、机会获得、参政能力等方面;政治学视角关注性别配额、参政能力建设,以及选举制度、选举程序对女性的影响等。妇女政治参与有狭义和广义之分,狭义的妇女参政即通过进入国家各级权力机关以及担任各级领导职务直接从事政治活动和政治行为;广义参政则还包括妇女对参与社会公共事务的态度和认知,是妇女在经济、政治、文化和社会生活的管理活动中的一种参与和发展的状态,包括妇女参政意识、妇女参政制度、妇女参政组织和妇女参政行为,是这四个部分组成的有机整体(王瑞芹,2005)。

在我国政治制度体系内,妇女政治参与的外延和指标经《宪法》和《妇女权益保障法》明确规定,主要表现为权力参与和民主参与两个层面。《妇女权益保障法》第二章“政治权利”中规定我国妇女享有与男子平等的政治权,妇女的政治权利包括个人的选举权和被选举权、建议检举权、管理社会事务权,同时作为妇女组织的妇女联合会和其他组织有权提出有利于妇女权益保障的意见和建议,并规定国家有培养选拔女干部的义务,在立法机构、党政部门和自治组织中要有一定比例的女性政治代表。1995 年国务院颁布《中国妇女发展纲要(1995—2000)》,将妇女参政定义为“妇女参与国家和社会事务的决策与管理”。此后,每十年一部《中国妇女发展纲要》的发展领域、主要目标和策略措施中与妇女参与决策和管理相关的系列目标都是对这一定义的呼应和细化。

女性参政既是全球妇女运动不可缺少的组成部分,同时也是国家发展的重要目标。综合上述观点,我们认为女性政治参与从横向看既包括权利参与也包括民主参与,二者有机联系,互相影响;从纵向看,政治参与既包括政治心理,也包括政治行为,是涵盖了政治认知、政治态度和政治参与行为等主观层面,以及妇女参政的制度环境、文化环境等客观影响机制的综合性概念。1995 年以来,我国历史上第一个关于妇女发展的纲领性文件——《中国妇女发展纲要》的编制和评估始终将“妇女参与决策和管理”作为女性发展的六个优先领域之一。党的十八届三中全会将推进国家治理体系和治理能力现代化作为全面深化改革的总目标,而社会治理的突出特点和实践要求即鼓励公共政策制定中的公民参与,这也为女性在参与决策和管理发挥主体性作用提供了新的制度空间。

在以上介绍的概念背景下,让我们从女性参政意愿开始展开以下各节的讨论。意愿,可简单地可以理解为自主自觉自愿。女性参政意愿即女性对参与公共事务决策和管理的态度和愿望。意愿往往先于行动,女性的参政意愿既受女性的教育水平、经济赋权状况等个体因素的影响，也受到社会性别文化的制约和宏观政策倡导的驱动，同时也反作用于这些影响要素。女性对参政的态度是积极还是消极，是主动还是被动，是“要我参政”还是“我要参政”，都将影响女性参政的过程和结果。关注女性参政的状况和水平，首先应关注其政治态度，即政治关注度、政治效能感、参政意愿等。

一、政治关注度

关注政治是参与政治的基础。一般而言，关注政治的人表现出较高的政治参与热情。政治关注度可以包括对国家大政方针、社会热点问题等宏观政策的关注，也包含对自身所处的社区、社群生活与工作环境现状和发展等微观政治的关注。可以用一个人是否经常关心政治新闻、是否经常与家人及朋友讨论政治问题这类标准进行测量。

每十年一次的中国妇女社会地位调查，是覆盖全国的具有权威性的国情和妇情调查。该调查数据显示，在1990—2010年二十年的时间跨度里，中国妇女的政治关注度和公共参与意识逐步提高。1990年，第一期中国妇女社会地位调查以受访者对所在单位/村/社区工作开展的了解情况测量女性的政治关注度，调查数据显示，不足半数（47.73%）的受访女性表示“关注”或“留心”，其中仅9.46%的女性“非常关注，并经常提出自己的意见和建议”（《中国妇女社会地位调查》课题组，1992）。2000年，第二期中国妇女社会地位调查数据表明，15.1%的女性“主动给所在单位、社区提过建议”（第二期中国妇女社会地位调查课题组，2001）。2010年，第三期中国妇女社会地位调查数据显示，在宏观政治方面，92.9%的女性关注“国内外重大事务”，女性最关注的五项公共议题是社会保障、社会治安、医疗改革、住房问题和三农问题。数据同时显示，男女两性关注的时政议题不存在显著性差异，但男女获得信息的途径略有不同，除电视以外，女性更多通过朋友、家人或熟人获得信息，男性则更多借助于报刊。而且随着网络的快速发展，互联网已成为城镇居民获取信息的主要途径之一。在微观政治方面，有83.6%的农村女性参与了村委会选举，投票时能够“尽力了解候选人情况”，认真投票的占70.4%（第三期中国妇女社会地位调查课题组，2011）。

二、政治效能感

政治效能感（political efficacy）是个体对自身通过政治行动履行公民责任产生政治影响力的能力，以及政治系统对其行动和要求做出回应的心理认知（Campbell A.，Gurin G.，Warren E.，Miller，1954），包含内在效能感和外在效能感两个层面。内在效能感反映的是公民个体对自身拥有政治影响力的资源和能力水平的认知，外在效能感反映的是公民个体对于政治系统对其重视和回应的认知。政治效能感和个体能力同时影响个体的政治信念、政治判断和参政结果。国内外多项研究表明，政治效能感与政治参与具有显著正相关性。

第三期中国妇女社会地位调查通过个人信心、独立性和成就感三个指标来衡量内在效能感，通过“您对本单位/社区/村的决策能否产生影响”衡量外在效能感。调查发现，内在效能感方面，女性整体上具有较强的自信心和独立意识，但仍低于男性相应比例。86.6%的女性“对自己的能力有信心”，低于男性5.6个百分点；88.9%的女性“在生活中主要靠自己，很少依赖他人”，低于男性 6.3 个百分点；19.2％的女性“经常觉得自己很失败”，高于男性 1.6 个百分点。在外在效能感方面，男女两性的认知评价都比较低，且女性外在效能感处于更低的水平，86.2％的女性和 76.8％的男性认为“基本没有影响”，女性高于男性 9.4 个百分点。此外，有多位学者运用中国社会调查（CGSS2010）数据进行研究，发现政治关注度对政治效能感具有正面影响（范柏乃、徐巍，2014），且女性在内在政治效能感和外在政治效能感得分上均不及男性（许超、王小芳，2017），并提出通过丰富女性政治实践经验、强化系统性回复女性政治诉求等途径提升女性政治效能感（杨荣军，2016），结论基本与中国妇女社会地位调查数据相印证。

三、参政意愿

参政意愿是公民有效行使政治权利进而提高政治权力强度的基础和条件（《中国妇女社会地位调查》课题组，1992），近代中国，女性参政实现从无到有、由少到多，与国家意志和政党主张密不可分，更是同国家命运和社会建设紧密相连。解放之初，女性在号召之下走出家门参与劳动，投身社会建设，开始在公共生活中占有一席之地，获得法定的选举权、被选举权以及担任公共职务的权利。改革开放以后，社会思潮多元碰撞，既有“妇女能顶半边天”的价值理念，也有“干得好不如嫁得好”的观点主张，女性的参政意愿既面临前所未有的机遇，也遭受前所未有的挑战。

在 1990 年第一期中国妇女社会地位调查中，以“您曾有过当人民代表的想法吗”测量民众的参政意愿，发现两性的参政意愿都不强，且存在性别差异。有 26.88％的女性持肯定性回答，低于男性 10.02 个百分点；60.27％的女性表示如果当选人民代表，就“一定干好”或“服从安排尽力干”，男性的相应比例是 71.17％，相差 10.90 个百分点（《中国妇女社会地位调查》课题组，1992）。

随着 1995 年第四次世界妇女大会在我国召开，以及《妇女权益保障法》的颁布和《妇女发展纲要（1995—2000 年）》的实施，女性的“半边天”认知和自主性意识得到提高。在第二期中国妇女社会地位调查中，问卷设计以没有参加人大代表选举的原因选项为“不想参加”来反向考察公民的政治参与意愿。数据显示，10.5％的男性和 10.8％的女性“不想参加”，不存在明显差异。2010 年，第三期中国妇女社会地位调查问卷沿用没有参加人大代表选举的原因，并增设没有参加村/居委会投票选举的原因来考察公民的政治参与意愿。数据显示，7.1％的男性和 6.6％的女性“不想参加”人大代表选举，6.3％的男性和 5.9％的女性“不想参加”村/居委会选举。在 2000 年至 2010 年里，女性“不想参加”人大代表选举的比例有所下降，反向证明女性的政治参与意愿有所提高，且与男性无明显差异。同时，全社会对领导岗位上女性比例的期望上升。2000 年，第二期中国妇女社会地位调查中，3/4 的受访者认同“在政府高层领导中，至少应有 30％是女性”，其中男性认同比例 75.5％，女性认同比例为 74.7％。2010 第三期中国妇女社会地位调查中，70.7％的男性和 75.9％的女性认同“在领导岗位上男女比例应大致相等”。尽管比例接近，但从 30％的女性领导到男女比例大致相当的期待，显示出男女平等基本国策的深入宣传以及法律政策的实施和完善带来了两性公民对女性参政有利于社会发展和民主进步、女性有能力参与社会管理和决策的认同增强。但与此同时，超过半数的受访女性（54.8％）认同

“男人以社会为主，女人以家庭为主”，尽管认同比例低于男性6.8个百分点，但比2000年第二期中国妇女社会地位调查回升了4.4个百分点（第三期中国妇女社会地位调查课题组，2011），可见社会性别观念的改变不是一夕之功、一蹴而就的，而是一项系统性的、全局性的制度安排，如果不能持之以恒地倡导社会性别平等，制度性地改变女性在教育、就业、医疗卫生、社会保障、婚姻家庭等各个领域的不利地位，女性的政治参与意识和政治参与行为都会因此受到影响。

女性的政治关注度并不逊于男性，但女性的政治效能感不强，参政意愿待提高，这对于政府和公共决策而言，会带来公共讨论等政治参与行为减少，以及女性的政治代表性不足等问题，同时也会带来公民政治责任感下降和政治人才减少的负面效应。增强女性的政治效能和参政意愿，是关系到妇女参政全局、社会治理体系的基础性工作。传统的“男主外，女主内”的性别文化使得女性对参选参政仍持相对保守的态度，女性的参政意愿不强并非传统观念中所谓的“女性厌恶政治”，而是折射出性别文化规制下，环境制度的不友好带来的女性自我限缩，同时也反映出妇女参政所能获得的社会支持，尤其是来自组织机构的正式社会支持仍然较少。唯有将社会性别纳入决策主流，从“妇女参与发展”向“社会性别与发展”迈进，才能激发女性参政的内生动力，真正促使女性将政治关注转化为参政意愿和政治效能，进而转化为参与公共事务管理和决策的行动。

第二节 ■ ■ ■

女性参政分布

尊重和保障女性的政治权利是落实男女平等宪法原则的现实需要，是完善基层民主政治制度的重要举措，是各级党政部门的基本职责所在。国际经验表明，在政治领域，单一性别的比例只有高于30％～35％，才可能对政治形式和政治决策内容产生有效影响，即30％～35％的比例是以量的积累引发质的变化的“临界量”。基于此，1990年联合国经社理事会核准、1995年《北京行动纲领》确认，在任何社会组织结构中，另一性别的人不应低于30％，这另一性别既包括男性，也包括女性，即“各级妇女参政，特别是在立法机构中至少要达到30％。各政党须考虑审查政党的结构和程序，取消一切直接或间接不利于妇女参与的障碍；考虑拟定倡议，使妇女能够充分参与所有内部政策制定结构以及任用和选举提名过程”。

作为我国提高妇女社会地位，推动两性平等享有改革发展成果的指导性文件，我国从1995年至今共实施了三轮妇女发展纲要。《中国妇女发展纲要（1995—2000）》共设包含妇女参与决策管理在内的11项发展目标；《中国妇女发展纲要（2001—2010）》将其丰富为六大领域，共45项发展目标，其中“参与决策和管理”领域设6项目标；《中国妇女发展纲要（2011—2020）》进一步拓展为七大领域，共57项目标，其中“参与决策和管理”领域扩展到8项目标。从三轮的妇女发展纲要可以看出，党和政府对女性参与决策和管理意义价值的理解逐渐深刻和丰富，对女性参与决策和管理的重点关切目标逐渐明确和细化，策略措施逐渐切实和精准（见表10-1）。本节以《中国妇女发展纲要》中设定的相关指标为主要依据，探讨女性参政分布及其性别差异。

表 10-1 《中国妇女发展纲要》中“妇女参与决策和管理”的主要目标

		中国妇女发展纲要（1995—2000）	中国妇女发展纲要（2001—2010）	中国妇女发展纲要（2011—2020）
参与决策	立法机关及政治协商机构			积极推动有关方面逐步提高女性在全国和地方各级人大代表、政协委员以及人大、政协常委中的比例
	政府机构	积极实现各级政府领导班子成员中都有女性政府部门负责人中女性比例有较大提高	女干部占干部队伍总数的比例逐步提高各级政府领导班子中要有1名以上女干部国家机关部（委）和省（自治区、直辖市）、地（市、州、盟）政府工作部门要有一半以上的领导班子配备女干部正职或重要岗位女性数量要有较大的增加	县级以上地方政府领导班子中有1名以上女干部，并逐步增加国家机关部委和省（区、市）、市（地、州、盟）政府工作部门领导班子中女干部数量在现有基础上逐步增加县（处）级以上各级地方政府和工作部门领导班子中担任正职的女干部占同级正职干部的比例逐步提高
参与管理	企业及社会团体	女职工比较集中的行业、部门以及企事业单位的领导班子成员中，应多选配一些女性	女性较集中的部门、行业管理层中的女性比例与女职工比例相适应扩大妇女民主参与的渠道，提高妇女民主参与的水平	企业董事会、监事会成员及管理层中的女性比例逐步提高职工代表大会、教职工代表大会中女代表比例逐步提高
	基层自治组织		村民委员会、居民委员会成员中女性要占一定比例	村委会成员中女性比例达到30%以上村委会主任中女性比例达到10%以上居委会成员中女性比例保持在50%左右

一、妇女参与决策和管理的渠道有所拓宽，数量和比例有所提升

1.立法机关和政治协商机构中的女性总体呈现上升趋势，近期人大女代表、政协女委员、政协女常委比例达到历史高位

平等的政治参与实质追求是确保男女两性拥有平等的尊重程度、平等的机会、平等且充足的代表权，在决策机制中得以表达意见、传递态度。在我国，广大妇女可以通过行使选举权，选举代表自己利益的人大代表来间接行使管理国家的权利，也可以被选举为人大代表，直接行使管理国家的权利。妇女通过当选人大代表来直接行使管理国家的权利，是

保障妇女政治权利的重要体现(信春鹰,2005)。人大女代表比例不仅是衡量妇女参政水平的核心指标,同时也是反映中国政治民主化进程的重要标志(张永英,2013)。为此《全国人民代表大会和地方各级人民代表大会选举法》明确规定,全国人民代表大会和地方各级人民代表大会应当有适当数量的妇女代表,并逐步提高妇女代表的比例。《中国妇女发展纲要(2011—2020 年)》和《国家人权行动计划(2016—2020 年)》都要求逐步提高女性在各级人大代表、政协委员中的比例。

新中国成立后,人大女代表的数量和比例增长了近 4 倍,比例均翻了一番;女代表从 1975 年开始达到 20%以上,但增长速度放缓,在二十余年间比例始终徘徊于 20%至 22%之间。进入新千年后,人大女代表比例开始进入上升通道,由第十届的 20.2%持续上升到第十三届的 24.9%,达到历史最高点。人大女常委则在 1975 年企及 25.1%之后再未上升到 20%以上,并在最近的三届中呈现下降的趋势。

中国共产党领导的多党合作和政治协商制度是马克思主义政党理论同我国具体实际相结合的、具有中国特色的一项基本政治制度,和人大选举作为两种重要的民主形式在我国相伴发展、相得益彰。自 1949 年第一届全国政协会议召开以来,政协女委员的人数由 12 人增加到了第十三届的 440 人,增长了 35.6 倍;政协女常委由第一届的 4 人,增加到第十三届的 39 人,增长了 8.8 倍。政协女委员和政协女常委比例在第十三届时分别达到 20.4%和 13.0%,成为当前历史最高点,但与人大女代表和人大女常委比例相比,政协女代表和女常委的比例仍然较低(见表 10-2)。

表 10-2　历届全国人大、全国政协女代表及女常委比例

届别及年份	人大代表				届别及年份	政协委员			
	女代表		女常委			女委员		女常委	
	人数	比例	人数	比例		人数	比例	人数	比例
第一届(1954)	147	12.0	4	5.0	第一届(1949)	12	6.1	4	6.9
第二届(1959)	150	12.2	5	6.3	第二届(1954)	83	11.4	4	6.5
第三届(1964)	542	17.8	20	17.4	第三届(1959)	87	8.1	8	5.0
第四届(1975)	653	22.6	42	25.1	第四届(1969)	107	8.9	8	5.6
第五届(1978)	740	21.2	33	21.0	第五届(1978)	293	14.7	24	7.6
第六届(1983)	632	21.2	14	9.0	第六届(1983)	281	13.8	33	11.0
第七届(1988)	634	21.3	16	11.9	第七届(1988)	303	14.5	28	9.7
第八届(1993)	626	21.0	19	12.6	第八届(1993)	193	9.2	29	9.7

续表

届别及年份	人大代表				届别及年份	政协委员			
	女代表		女常委			女委员		女常委	
第九届（1998）	650	21.8	17	12.7	第九届（1998）	341	15.5	35	10.0
第十届（2003）	604	20.2	21	13.2	第十届（2003）	375	16.8	33	11.4
第十一届（2008）	637	21.3	26	16.2	第十一届（2008）	395	17.7	30	10.5
第十二届（2013）	699	23.4	25	15.5	第十二届（2013）	399	17.8	38	11.8
第十三届（2018）	742	24.9	18	11.3	第十三届（2018）	440	20.4	39	13.0

资料来源：转引自国家统计局、人口和社会科技统计司编《中国社会中的女人和男人——事实和数据（2007）》，中华全国妇女联合会妇女研究所、陕西省妇女联合会研究室编《中国妇女统计资料》（1949—1989），以及近年国家统计局《中国妇女发展纲要（2011—2020年）》统计监测报告、中华人民共和国中央人民政府网、人民网历届人大政协会议资料库、中国广播网相关数据。

2.党政部门公务员招录对女性的限制和歧视减少，党政机关女干部比例、女党员比例和党代会女代表比例逐步提升

《消除对妇女一切形式歧视公约》指出，应保证妇女在与男子平等的条件下参加政府政策的制订及其执行，并担任各级政府公职，执行一切公务；同时，“采取措施确保妇女平等进入并充分参加权力结构和决策”。《北京行动纲领》明确各国政府实现该战略目标应采取的行动：“大量增加所有政府和公共行政职位的妇女人数以期达成男女人数均等”，“与男子相同的比例和级别任用妇女”。

培养选拔女干部是指党和国家有关部门有意识地培养和选拔一定比例的女性进入决策岗位，担当领导职务，对国家和地方的党政公务、社会事务进行决策和管理（杜洁，2001）。改革开放以来，我国人事制度逐渐引进了自下而上的民主选举或竞争制，以及上下结合的聘任制，这些机制在国家民主化进程中被进一步推广，但总的来说，在现阶段各级党政班子中女干部的选拔任用上，选任和委任仍发挥着主导作用，是现行政治体制下妇女进入决策领域和参政议政的重要渠道。妇女干部培养多少、选拔多少、何时选拔、选拔哪些女性、放在哪个岗位，都由上级组织部门根据具体情况来决定和安排，体现了政府的意志和愿望（李慧英，2002）。2017年，全国党政机关女干部人数190.6万，占干部总数的26.5%。中央机关及直属机构新录用公务员中女性比例为52.4%，地方新录用公务员中女性比例为44.0%（国务院新闻办公室，2019）。

在任何通过政党行使政权的国家里，参加政党活动，在政党中担任职务是女性参政的重要渠道，党员身份是谋求政治进步的重要身份标识。在我国，中国共产党是执政党，女性加入中国共产党的比例可以直接标志女性参政议政的愿望，党员身份是女干部成长过程中不可替代的重要政治身份。截至2018年，女党员占党员总数的27.2%，比1990年提高了12.7个百分点（国家统计局社会和科技统计司，2007），比1956年提高16.7个百分

点;党的十九大代表中的女性占比24.2%,比1956年党的八大提高14.9个百分点(国务院新闻办公室,2019),取得了巨大的进步,然而与男性相比,女党员的数量仍然较少,比例偏低。

3.基层自治组织中妇女广泛参与民主管理,居委会中女性比例、村委会主任比例均已实现《中国妇女发展纲要》目标

居民委员会和村民委员会是居民和村民自我管理、自我教育、自我服务的基层群众性自治组织,实行民主选举、民主决策、民主管理和民主监督。基层自治组织是女性民主参与基层事务管理的重要途径。女性在基层自治组织中参与管理和决策,贡献智慧和经验,已成为促进基层民主发展,创新社会协同共治,创新管理的重要力量。《中国妇女发展纲要(2011—2020年)》中要求:到2020年我国村委会成员中女性比例达到30%以上,村委会主任中女性比例达到10%以上,居委会成员中女性比例保持在50%左右。这一强制性比例配额规定在现阶段不仅有助于持续提高基层自治组织中女性当选比例,推动基层民主,同时也对打破基层男性垄断的权力分配格局、纠正现有性别盲视政策、改变根深蒂固的社会性别秩序具有积极意义。2016年,我国村委会主任中女性比例为11.5%(国家统计局,2016),2017年,居委会成员中女性比例为49.7%,均已实现《纲要》目标。截至2017年,我国村委会成员中女性比例为23.1%(国家统计局,2018),距离《纲要》目标中30%的目标尚有较大差距,目标恐难实现。此外,女性参与企业经营管理状况趋势向好。工会会员中女性比例、企业董事会和企业监事会中女性比例逐年提高,截至2017年,企业职工代表大会中女性代表比重为29.3%(国家统计局,2018),工会女会员比例38.3%(国务院新闻办公室,2019)。2018年,企业董事会中女职工董事占职工董事的比重为39.9%,企业监事会中女职工监事占职工监事的比重为41.9%,与2010年相比分别提高7.2和6.7个百分点(国家统计局,2019)。

二、妇女参与决策和管理的障碍仍未得到有效解除,机遇中仍有挑战

尽管当前我国女性参与政治生活的广度和深度前所未有,女性在各行各业各族各界的代表性都得到增强,在机会平等方面得到了较大进步,然而在参政结构和参政水平的实质平等方面,仍然存在着整体比例偏低,尤其是决策岗位比例偏低、决策影响力有限的不足,女性政治参与的艰巨性和波动性仍需学界和公民社会给予高度关注,仍需立法机构和党政部门给予政策支持。

1.女性参政的广度扩大,比例提高,但整体比例仍较低,进步速度放缓

新中国成立70年的伟大变迁,改革开放40年的历史积淀,第四次世界妇女大会25年的不懈奋进,带来中国妇女事业的巨大发展,男女平等的进程加速,然而与教育、健康等领域取得的进步相比,女性参政仍是较难取得突破性进展的领域。尽管当前《全国人民代表大会和地方各级人民代表大会选举法》《村民委员会组织法》《中国妇女发展纲要(2011—2020年)》《国家人权行动计划(2016—2020年)》《村民委员会选举规程》等法律法规都有对女性平等参与决策和管理的要求,但因宣示性强约束性弱、宏观倡导性强具体执行力弱等政策性不足,而带来妇女参政在数量上和质量上提升有限,甚至有的指标出现回落的现象。

回顾 1995 年我国实施《中国妇女发展纲要》以来女性参政领域的目标设计和实施进展，可以发现，第一轮《纲要》中，包含参政领域的 9 项目标如期达标，劳动权益保障和妇女健康两个目标未能达标（国务院妇女儿童工作委员会，2001）。参政领域达标的原因一方面在于基础薄弱，上升空间较大；另一方面，也与《纲要》的非刚性比例要求有关。从 2001 年第二轮《纲要》的实施情况，和 2011 年第三轮《纲要》的历年监测报告可以看出，参政领域的进展难度较大，脚步迟滞。2007 年，国务院妇儿工委发布《中国妇女发展纲要（2001—2010 年）实施情况中期评估报告》，在可量化的 6 个领域 45 项指标中，提前达标的有 28 项，可望达标的 3 项，无数据的 4 项，10 项未达标。未达标的指标集中在政治参与和健康领域（国务院妇女儿童工作委员会，2007）。2016 年，国家统计局发布《中国妇女发展纲要（2011—2020 年）中期统计监测报告》，指出《纲要》实施总体进展顺利，在可监测的 54 项重点统计指标中，有 44 项指标提前实现或基本实现《纲要》目标，总达标率 81.5%。健康领域和参与决策和管理的状况有所改善，但差距仍然明显，水平仍待提高（国家统计局，2016）。以人大女代表比例为例，改革开放 40 年，人大女代表由 21.2%提高到24.9%，未能出现突破性进展。再以 2000 年以来的村委会中女性比例为例，自 2006 年突破 20%以后，连续 12 年徘徊在 21%～23%之间，未能出现跨越式增长，距离 30%的预期目标也有不小的距离（见图 10-1）。

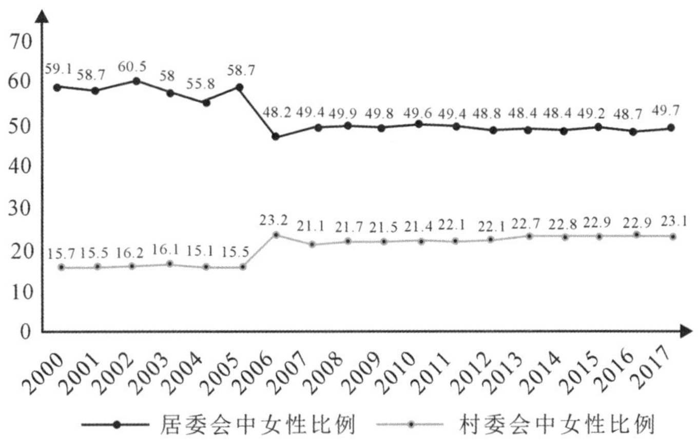

图 10-1　村居委会成员中的女性比例：2000—2017（%）

资料来源：根据新浪网资料《中国妇女参政》中的相关数据、历年《中国妇女发展纲要（2011—2020 年）》统计监测报告、《中国妇女发展纲要（2011—2020 年）》中期统计监测报告整理而成。

2.决策层女性尖端缺损和职位边缘化的结构性矛盾依然存在

党的十八大以来，女性参与决策和管理进入了前所未有的战略机遇期。2012 年，男女平等基本国策首次被写入党代会报告。2015 年，习近平主席主持全球妇女峰会并发表重要讲话，提出“要增强妇女参与政治经济活动能力，提高妇女参与决策管理水平，使妇女成为政界、商界、学界的领军人物”。2017 年，党的十九大报告强调，要统筹做好培养选拔女干部、少数民族干部和党外干部工作。这些无不体现出尊重和保障女性平等参与政治生活是国家意志和党的坚决主张。

在《中国妇女发展纲要(2011—2020年)》中期统计监测报告中,政府部门在肯定参政领域的成就和进展之余,也清醒认识到了当前担任正职的女干部偏少,且越到高层比例越低,以及省、市、县级政府领导班子配有女干部的班子比例有所波动和不同程度的回落这一问题(国家统计局,2016)。当前,女性参政领域的“三多三少”,即副职多、正职少,虚职多、实职少,边缘部门多、核心部门少现象仍是主流。在国家层面,国防、外交、司法、财政部门鲜见女性身影;在地方层面,女性参政仍主要集中在科教文卫、残联和妇联等群团组织和群众自治组织。

各级人大、政协女常委,省部级以上女性领导干部比例仍然较低。国家层面,在十三届全国人大常委会14位副委员长中仅有沈跃跃1位女性,同时也是中华全国妇女联合会主席。十三届全国政协的24位副主席中有李斌、苏辉两位女性,李斌同时也是国家卫生和计划生育委员会主任,苏辉为台盟中央主席。在国务院的4位副总理中有1位女性孙春兰,作为新中国成立后第五位女性副总理,她同时也是中央政治局25位委员中仅有的一位女性。目前,中共中央政治局中仍然没有女性常委。省级层面,截至2019年2月,全国除港澳台地区的31个省、市、自治区共有122名女性省级领导,其中正省级10位,副省级112位。在正省级女性领导干部中,在政府任职的3位,在人大和政协任职的分别为3位和4位。从领导岗位分布看,在党委、人大、政府、政协四大班子的人数分别为23人、34人、28人和37人,分别占18.9%、27.9%、22.9%和30.3%,政协的比例最高,突破了30%;党委的比例最低,不足20%(孙晓莉,2019)。

第三节 ■ ■ ■

女性政治进步

就政治文明而言,进步包括政治制度进步、政治活动的进步、政治思想的进步和政治管理技术的进步(郑慧,2002)。就女性个体和群体而言,政治进步体现在政治上升空间、进步实现路径、社会支持系统和个人主观动机等主客观因素的交织作用。政治进步是对选拔任用机制科学性、合理性的折射,是参政结构和水平的另一个表现侧面。女性的政治进步和女性的参政分布密不可分,相互影响。

宏观政策的指向牵引和社会文化的倡导塑造决定女性参与政治生活的外部环境是友好的还是排斥的,路径是畅通的还是曲折的。个人所能获得的社会支持以及拥有的性别观念决定其对参与公共事务的自主性、热情程度和对性别议题的敏感度。本节以宏观层面的政治上升空间的可能性和微观层面的政治行为的进步性,探讨女性政治进步及其性别差异。

一、政治上升空间

如第二节所述,女性参政的分布及性别差异显示出女性参政的弱势地位尚未改变,而阻碍女性进入高层决策和管理部门的那种看不见说不出的障碍，即纵向的职业隔离，也被称为“玻璃天花板”（刘伯红，2003）。近年来，美国学者 A.H.Eagly 和 L.L.Carli 提出“迷宫”概念用以揭示女性在其获取领导权的蜿蜒崎岖、险象环生的道路上遇到的各种挑战（艾丽斯·H.伊格利、琳达·L.卡莉，2011）。联合国《2019 年可持续发展报告》指出，截至 2019 年 1 月 1 日，全球范围内，24.3％的国会议员为女性，比 2010 年提高了 5 个百分点。女性在管理岗位的比例也呈上升趋势，职场中 39％为女性，然而，在管理岗位上仅有 27％为女性。性别平等发展的环境持续改善，有赖于女性参与决策和管理的数量和质量不断提高。当前，世界范围内各个领域的“玻璃天花板”和“性别迷宫”现象仍然普遍存在，在女性政治进步过程中这一现象尤为明显。

（一）职业晋级和岗位流动

从低层级向高层级晋升，在部门和系统间的流动，对于女性丰富职场阅历、累积工作经验、提升决策和管理水平具有重要意义，同时也是党政干部选拔任用过程中要求的必备基本资格。职业晋级和岗位流动既包括跨层级晋升，也包括跨部门交流、跨地区和跨系统的流动。职业地位获得、职业晋升流动的影响因素包括教育程度、政治身份、工作履历与经验、年龄等多方面，但除此之外，管理和决策岗位的性别偏好也是重要影响因素之一，《国家公务员管理暂行条例》《公务员法》以及《党政干部任用条例》中对干部提拔和任职的条件所设定的岗位经验和年限要求未能考虑到女干部受限于退休年龄的规定和家庭照料责任，事实上产生对女性职业成长不利的效果。女性的职业晋级和跨部门流动仍需要制度层面的关注和保障。

第三期中国妇女社会地位调查数据显示，各类负责人中女性比例为 29.8％，分别比 1990 年和 2000 年提高了 9.3 和 7.1 个百分点。从总体看，各类负责人中女性比例不仅仍然明显低于男性，而且任职层次偏低。党政机关/人民团体和事业单位负责人中女性比例分别为 27.4％和 27.8％（张永英，2013）。高层人才附卷数据显示，高层人才所在单位“一把手”为女性的占 19.5％，单位领导班子中没有女性成员的占 20.4％（张永英，2013）。在个人调查表主卷中数据显示，最近 3 年，高层人才所在单位有 20.6％存在“只招男性或同等条件下优先招用男性”的情况；有 30.8％的单位存在“同等条件下男性晋升比女性快”的情况（第三期中国妇女社会地位调查课题组，2011），女性止步于基层管理岗位，难有向上突破的概率更大。

女干部的职业晋级年限和男性也有所不同。多项研究表明，女干部选拔任用具有先快后慢的特点。女性和男性进入办事员和科员级的年龄基本一致，女性提升副科的年龄略早于男性，此后逐渐拉开差距，且年龄差距越来越大。有学者依据 2014 年腾讯网和中国新闻网有关数据，分析男女党外领导干部的晋升差异，发现在副处级提职中，女性年龄为 35～40 岁，男性集中在 32～34 岁，两性年龄尚有重叠；在副局级提职中，女性年龄集中在 43～53 岁，男性集中在 39～44 岁，年龄重叠明显缩小；到了正局级提职中，女性年龄已跨过 50 岁，平均集中在 51～55 岁，而男性仍集中在 46～48 岁（刘嫦娥，2018）。第三期中国妇女社会地位调查高层人才专卷数据显示，党政人才中，女性高层人才从正科级向副处级的晋升速度比男性快约 1 年，但从处级向正司局级的晋升上，女性比男性慢 1 年（佟新、刘爱玉、马冬玲，2013），结论部分与其互相印证。

从流动性角度看，女干部轮岗机会和工作岗位变动数量相对较少。按照《国家公务员法》和《公务员职务与级别管理规定》，我国领导职务和非领导职务的公务员，从办事员到省部级正职共跨越24个职级。截至2019年2月，在任的112位副省级女性领导干部，从副厅级到副省级的10个职级晋升期间，52.7%（59人）经历了2～3个工作岗位，41.9%（47人）经历了4～6个工作岗位，3.6%（4人）8～11个工作岗位，1.8%（2人）只经历了1个工作岗位（孙晓莉，2019）。

（二）人才梯队建设中的性别忽视带来女性人才供给不足

女性人才储备的数量和质量，人才梯队建设的接续性决定了女性参政未来的发展。只有多渠道“识”、多层次“培”、多形式“引”、多途径“育”、多政策“用”，才能真正促进女性参政的可持续发展（吴镭，2013）。改革开放以来，尤其是2000年以来，各地对选拔培养女干部采取过许多有益尝试，如：同等条件下优先提拔女干部的“优先原则”；换届方案中如果缺少女性人选的，上级不予审批的“不批原则”、对领导班子职数已满但仍缺少女干部的采取暂时增加1位女性的“加板凳原则”；女干部离任或提拔，原则上仍选配女干部的“留位子原则”（杜洁，2001）。这些地方性探索构成了中国特色女干部培养倾斜政策。

1988年，中组部和全国妇联联合下发《在改革开放中加强培养选拔女干部工作的意见》。1990—2000年，中组部与全国妇联先后五次召开“培养选拔女干部、发展女党员工作座谈会”。2001年4月，中组部出台《关于进一步做好培养选拔女干部、发展女党员的意见》。2007年发布《第十届全国人民代表大会第五次会议关于第十一届全国人民代表大会代表名额和选举问题的决定》，明确提出要提高人大女代表比例。2008年民政部与全国妇联联合下发《关于充分发挥妇联组织在基层群众自治制度建设中积极作用的若干意见》。2010年修订《中华人民共和国村民委员会组织法》，均对提高村委会中女性比例提出具体措施保障。2009年，国家人权行动计划（2009—2010）在妇女权利部分提出要提高妇女参与管理国家和社会事务水平，并要求在省、市、县级后备干部队伍中女性不少于20%。2015年10月，召开全国“培养选拔年轻干部和女干部、少数民族干部、党外干部工作座谈会”，要求将女干部培养选拔工作放到整个领导班子和干部队伍建设中谋划，坚持长期性、系统性培养，促进干部队伍良性发展。

尽管政策有要求，但一方面，各地的女干部人才梯队建设仍然存在认识不到位、机制不完善、目标不明确、措施不得力等问题，在干部的录用晋级、培训管理、考察交流和人才储备中往往以男性标准为主要参考，缺少性别视角和保障措施；另一方面，对培养选拔女性人才的内在动能不足，缺少整体规划，对女干部的婚育和照料责任缺少制度性补偿和有利于女性精英培养的倾斜政策，加之现行男女不同龄退休的政策对女性成长的不利影响，导致后备干部队伍中女性比例和结构不合理不匹配，女性人才储备的连续性和稳定性较差。

（三）路径狭窄和路径依赖：身份的多重复合与定位选举

性别配额制是当前国际社会公认的推动女性参与公共政治最重要也最有效的策略之一。依据各国不同的政治制度和选举形态，大致有宪法配额、议会配额和政党配额三种类型。

国家层面，在《中国妇女发展纲要（2011—2020）年》中，要求“县级以上地方政府领导班子中有1名以上女干部，并逐步增加”，同时要求“村委会成员中女性比例达到30%以上”“村委会主任中女性比例达到10%以上”和“居委会成员中女性比例保持在50%左右”，这些相对具体的性别比例要求对于逐步提高不同层级女性参政具有不可替代的重要作用。在地方层面，一些省市为达到妇女发展纲要要求，实施了地方性的政策，如为提高村委会女委员比例，而实施的村妇联主席“定位选举”（也称“专职专选”或“专票专选”）。这是在我国村民自治制度和《村民委员会选举法》的基本框架之下，借鉴保留席位的配额制，将女性保留在单一席位，确定妇女能够参选和当选的政策模式。如黑龙江省从2005年开始实施村妇联主席定位选举，2014年《关于在全省村党组织和村委会换届选举中做好妇女参选参政工作的通知》（黑妇联字〔2014〕9号）文件中要求“村民委员会中的女委员岗位，实行定位选举，并在选票上注明‘上述职位必须选女性，否则选票无效’，确保每村都有一名以上女干部”。

无论是县级以上领导班子中至少有1名以上女干部，还是村“两委”换届选举中的“定位选举”都是性别配额制在中国的积极尝试，也都客观上提高了女性参政发展的数量和比例，然而在一些地区取得了从无到有的突破性进展后，其弊端也初露端倪，初衷是“至少”一位女性，结果是“唯一”一位女性的现象普遍存在。一方面，是各地在制定性别配额制时，往往结合本省基础和实际情况，制定相对容易达成的目标（一般与纲要中的具体比例持平或略低于纲要的比例要求），以保证和鼓励各部门的工作积极性，而不会有较大的突破动力，这也正是性别配额制自身难以克服的弊端之一；另一方面，性别配额也在某种程度上窄化了女性的参政渠道，以村妇联主席“定位选举”为例，一般村“两委”交叉任职后，中等人口规模的村会有5位村“两委”成员，“定位选举”的实施使得各级部门乃至村民都认为只要选出一位女性进入村“两委”就已经算作目标达成，而在其他职位很难再考虑女性，女性往往也因对政策的片面理解，认为自己只能参选这一个职位，而放弃了其他职位的竞选，客观上窄化了农村女性参与村庄决策和管理的渠道，形成了村级女性参选参政的路径依赖。

在县级党政班子以及各级女干部的选拔任用上，女性相对单一的成长路径和多重交叉身份也十分值得关注。许多女干部同时是少数民族干部、民主党派或无党派干部，一些地区往往选择具有这样复合身份的女干部进行选拔和任用，而其他不具备多重身份的女干部难以出现在选拔任用的视野，且这些女干部任职的部门也多为群团系统、科教文卫系统。有研究指出，地方省级女性领导干部成长最主要的三条途径是教育科研、共青团妇联以及民主党派系统。在现任的省级女干部中，其从副厅级到副省级任职之间，工作部门频率出现最高的前5位依次为组织部、共青团、高校、妇联、统战部（孙晓莉，2019）。

第三期中国妇女社会地位调查主数据报告显示，对于当前我国各级领导岗位上女性数量相对较少的主要原因认知方面，男女受访者认为最主要的三个原因分别为“女性家务负担重”（67.5%）、“培养选拔不力”（60.5%）和“社会对女性有偏见”（57.6%），提示传统的性别角色分工和社会文化偏见对妇女参政的阻碍作用仍然不可忽视（第三期中国妇女社会地位调查课题组，2011），以及当前干部选拔任用机制对妇女参政的促进作用仍有可优化的空间。

二、政治行为的进步状况

女性政治赋权是女性个体和女性群体的需要，更是社会公共治理的需要。下面以参政女性政治活动的积极性和推进性别平等的能动性探讨女性政治行为的进步状况。

(一)政治活动的积极性

在我国，女性通过选举制、委任制、协商邀请制等多种途径参与决策和管理。被选举、任命或者邀请的女性通常为各行各业各界的女性精英，肩负着代表女性群体发声和争取合法权益的责任和使命。在这里以人大女代表和政协女委员履职尽责情况探讨女性政治活动的积极性。

人民代表大会是我国国家权力机关，全国人民代表大会是最高国家权力机关，地方各级人民代表大会是地方国家权力机关；人民政治协商会议制度是我国的基本政治制度，具有政治协商、民主监督和参政议政的职能。人大代表和政协委员作为参政议政的代表，其议案、提案具有一定的社会倡导效应。在我国人大代表和政协委员有参与组织的视察、专题调研、执法检查，以及撰写议案、提案的义务。妇女是我国社会中处于相对弱势的群体，人大女代表和政协女委员是妇女群体的天然代言人，尽管法律政策没有规定其必须提出与妇女儿童权益相关的议案、提案，但通过议案、提案对涉及妇女、儿童权益相关的社会问题建言献策，是更好地回应民意，增强妇女民生保障的职责所在。

人大代表、政协委员绝大多数为兼职代表，除了履行代表职责外，尚有其自身的本职工作，有研究表明，在人大代表和政协委员中，有一定比例存在对人大制度知识匮乏，对人大工作特点不了解，对与代表履职有关的法律、法规和规章制度不熟悉，对议案建议的区别和撰写不清楚的状况(邓业军，2013)。而对于人大女代表而言，在履行职责时，往往并未认识到自身作为女性在争取妇女权益和推动性别平等方面的责任，考虑社会责任的多，代表妇女群体、反映妇女的意愿和要求的偏少(浙江省、市人大女代表、政协女委员参政议政现状研究课题组，2007)，有些代表将自己的人大代表或政协委员的身份理解为是“荣誉”而非“责任”，履职的主动性和能力都有待加强，加之人大女代表和政协女委员的比例仍然较低，对各级决策的影响力仍比较有限。

当前，在人大议案和政协提案中涉及妇女儿童议题的主要还是由妇联组织提请，在我国人民代表大会制度中，预设了妇联组织可以代表全国妇女参政，虽然这并没有在法律文件中用文字明确下来，但在人大代表的选举过程中确实是如此操作的。各级妇联主席一定会进入同级别的人大，在有些地方则可以进入人大常委会。妇联副主席进入政协也是不成文的规定(邓飞，2008)。各级妇联主席和副主席往往通过自己在人大和政协中的身份，提出与妇女儿童相关的议案和提案，但被确定为重点议案、重点提案，以及得到领导批示的数量和比例仍有待提高。

(二)推进性别平等的能动性

社会性别(gender)是指人们认识到的基于男女生理差别之上的、实际存在的社会性差异和社会性关系，它不是先天存在的，而是社会文化及其制度造就或建构的。社会性别概念被女性学学者用来描述在一个特定社会中，由社会形成的男性或女性的群体特征、角色、活动及责任(坎迪达·马奇等，2004)。社会性别角色(gender role)则是社会制度文化为男女两性区隔性地指派的不同的角色和机会。社会性别角色作为被固化的社会期待和评价，本身体现着权力关系。社会性别观念是女性参政意愿的基础，而参政意愿又决定了参政行为的实现，因而，社会性别观念对于女性参政及其效能的重要性不言而喻。然而，并不是身为女性就自然具有社会性别意识，就对成为社会政治经济生活主体进行有意识追求，对社会体制结构中阻碍女性发展的因素具有警觉和批判力（王政，1997）。是否具有社会性别意识不仅是衡量女性个体观念的重要指标，更是检验一个国家或地区社会性别主流化的力度和决心的基本标志之一。以下通过参政女性对社会性别角色的看法、对我国性别平等现状的认知，以及对性别配额制的态度加以探讨。

研究表明，担任过领导或负责人的女性对传统性别角色分工的反思意识更强，对于阻碍我国当前性别平等现状的认识更客观，对性别配额制的态度更积极。1990 年、2000 年和 2010 年中国妇女社会地位调查数据显示，曾担任过领导或负责人的女性不认同“男人要以社会为主，女人要以家庭为主”的比例分别为 62.5%、67.2%和 63.4%，均高于同期未担任过领导职务的女性和担任过领导职务的男性；对于“男人能力生来比女人强”的不认同比例也呈现相同的特点。对于我国当前（2010 年）男女两性社会地位的认识方面，担任过领导职务的女性认为“男性更高”的为 43.4%，比男性高 5.5 个百分点，比未担任过领导职务的女性高 7.8 个百分点。对于“男女平等不会自然而然实现，需要积极推动”的认同比例为 94.2%，略高于男性 1.2 个百分点。对于性别配额的态度方面，担任过领导职务的女性中有 48.9%非常认同“在政府高层领导中，至少应有 30%的女性”，分别高于担任过领导职务的男性和未担任过领导职务的女性 12.2 和 12.6 个百分点（张永英，2014）。

此外，有学者从性别视角考察金融企业高级管理者对职工薪酬激励和公司业绩的影响，发现女性领导者对其他女性高管的薪酬影响显著，女性处于领导职位对于消除性别歧视、增加公司的性别公平度有显著作用（陈玉杰，2019）。还有学者对第三期中国妇女社会地位中高层次人才附卷进行研究，发现当单位女性领导比例大于或者等于 30%时，能显著减少针对女性的招聘歧视、晋升歧视、岗位歧视和退休歧视现象的发生（马冬玲、周旅军，2014）。由此可见，参政女性的性别平等意识相对较强，对于推动性别平等具有重要的积极作用。

第四节

女性廉政表现

在人类社会的历史中，腐败[①]总是与权力运行相伴而生，是全球各国政府都面临的问题。腐败意味着在决策和管理岗位上的人用公权谋私，本质是公权力的滥用，表现形式以

① “腐败”一词在中文语境中普遍应用，为普通民众所广泛接受。其相应的法学术语，较为接近的是“职务犯罪”，根据我国《刑法》相关规定，“职务犯罪”既包括国家工作人员的职务犯罪，也包括非国家工作人员的职务犯罪，如商业贿赂行为。在司法实践中，以贪污犯罪和受贿犯罪为主要表现类型。本文为与廉政相对应，仍采用“腐败”这一表述。

权力交换财富为主。从发生领域而言，包括政治领域的政治腐败、经济领域的金钱腐败、立法领域的制度腐败、司法领域的司法腐败、社会领域的民生腐败等等（廖冲绪，2017）。腐败具有隐蔽性、传染性，以及冲击政治稳定、抑制经济发展、阻碍社会进步、败坏公序良俗的强破坏性。与腐败相对应，廉政是指廉洁的政治生活，是廉洁的政府和廉洁的社会、廉洁的个人和廉洁的群体以及以廉洁为导向的观念、制度和行为方式的有机统一（黄义英、秦馨，2010）。廉政文化本质上是一种先进的社会文化，是构建和谐、民主、文明、进步的社会文化的题中之义和重要构成。

秉公用权、廉洁自律是中国共产党始终倡导的优良传统和一以贯之的优良作风。新中国成立以来，党政领导干部的选拔任用标准都将清正廉洁作为重要条件，新时期提出“德才兼备，以德为先”，进一步着重强调党政领导干部廉政的重要性。《党政领导干部选拔任用工作条例》自 2002 年颁布实施以来，先后经历两次修订，对党员领导干部的廉政要求越来越高，制度的牢笼越扎越紧。2019 年 3 月，中共中央印发了修订后的《党政领导干部选拔任用工作条例》，并发出通知，要求各地区各部门结合实际认真遵照执行。其中第二章“选拔任用条件”第 7 条要求党政领导干部廉洁从政、廉洁用权、廉洁修身、廉洁齐家，反对任何滥用职权、谋求私利的行为；第 27 条指出考察党政领导职务拟任人选，必须全面考察其德、能、勤、绩、廉，严把政治关、品行关、能力关、作风关、廉洁关。

党的十八大以来，习近平同志为核心的党中央高度重视党风廉政建设，提出全面从严治党，将廉政建设提升到党的建设和国家治理的战略高度，先后出台《党政机关厉行节约反对浪费条例》《中国共产党廉洁自律准则》《中国共产党巡视工作条例》《中国共产党纪律处分条例》《中国共产党问责条例》《中国共产党党内监督条例》，要求各级党员领导干部必须严格自律，涵养忠诚、干净、担当的政治品格，坚持公正用权、谨慎用权、依法用权。党的十九大报告指出，人民群众最痛恨腐败现象，腐败是我们党面临的最大威胁。揭示出反腐败斗争的艰巨性、复杂性和常态性，也揭示出只有坚决反腐，才能赢得人民信赖和拥护。当前，无论是政界、学界还是社会民众中，对于腐败的关注程度空前高涨。从研究的角度看，对于腐败的探讨往往以产生原因、表现形式、不良后果，以及如何预防腐败等视角切入，对性别与腐败的关系较少挖掘。本节试图以女性的廉政态度及表现、女性在廉政建设中的角色两方面探讨女性与廉政。

一、女性的廉政态度及表现

（一）对腐败行为的容忍度

在 20 世纪 80 年代至 90 年代，世界范围内开展的“世界价值调查”（WVS）分析结果表明，女性对职务犯罪的容忍度更低，对廉政的认同度更高。对于履职过程中接受贿赂的不正当性进行分析时发现，77.3％的女性认为其不正当，高于男性近 5 个百分点，公共事务管理中，女性的比例越高，腐败的水平越低（Anand Swamy，Stephen Kanck，Young Lee and Omar Azfar，2001）。世界银行的政治经济学家 David Dollar 和 Raymond Fisman 在其研究中转引社会学相关文献，指出女性因为“母亲”和“照料者”的身份，往往拥有更高的伦理行为标准，为个人私利而牺牲公共利益的意愿更低（David Dollar，Raymond Fisman and Roberta Gatti，2001）。2001 年，世界银行发布《通过权利、资源和言论的性别平等促进发展》政策研究报告，认为性别权利越平等腐败现象越少、腐败程度越低，在女性拥有更多权利以及更广泛参与公共事务的国家和地区，其商业更高效，政府更廉洁，经济更富有活力和增长潜力(世界银行政策研究报告，2002)。

近年来，在我国，有学者对公职人员腐败容忍度进行问卷调查，研究表明，女性公职人员无论是在具体表现类型还是对腐败造成的危害性差异角度，其容忍度均低于男性。以表现类型而言，女性公职人员对于“公务人员为民众解决问题时，明示或者暗示送礼行为”“政府官员在节日接受他人赠送贵重礼物”“公款吃喝、公车消费、公款旅游”等共十三类腐败总体容忍度低于男性公职人员；以腐败造成的危害性而言，女性公职人员对严重型腐败行为的容忍度显著低于男性，对“微小型或集体型腐败行为”女性的容忍度均值也低于男性(郭夏娟、涂文燕，2017)。

(二)廉政信念与腐败倾向

在欧美研究中，基于部分心理学、经济学文献中对女性具有不爱冒险和利他精神的结论，一些政治学领域和社会学领域的学者提出了“女性清廉论”，另外一些学者则认为女性并不天然道德感更强，性别和腐败不存在必然关联。以哥伦比亚大学宋洪恩(Hung－En Sung)为代表的反对“女性清廉论”的学者认为，腐败发生的隐蔽性和复杂性使得腐败往往缺少可比性，性别并不是腐败问题的关键所在，反腐制度的建设才是问题根结，认为“女性更清廉”是一个伪命题。

2000年前后，世界银行在世界上许多国家进行了关于腐败和性别的相关性的研究议题，认为女性融入公共生活，参与决策和管理，使得民主本身更加具有包容性和代表性，让多元价值和弱势群体声音得到传播，本身就是一种对腐败发生可能性的消解，并主张通过提高女性参政比例来降低腐败发生。这一观点既为全球反腐败提供了新的策略方向，同时也为女性研究提供了新的学术增长点。近年来，“女性清廉论”的实践主要集中在南美和非洲。在墨西哥和秘鲁利马，女性被引入警察队伍，以减少警察腐败行为(时春荣、程小佩，2013)。非洲近二十年来女性参政得到大幅增长，但目前尚未有关于这一工具性应用的廉政绩效的权威实证数据。

在国内，有学者对2012—2015年在浙江大学就读的公共管理硕士(MPA)的党政机关、事业单位和国企公职人员进行问卷调查和个人访谈，研究数据表明在两性反腐行动参与意愿方面，男女公职人员的同意度较高，且女性“关注腐败问题的新闻报道”“参与反腐倡廉宣传活动”“参与网络反腐讨论”的参与意愿均值高于男性；而在“我会主动举报腐败事件”“我愿意实名举报腐败事件”“我会举报亲友的腐败行为”等反腐行动方面，男女两性的同意度相对较低，且女性的意愿低于男性，从侧面折射出当前举报人保护和举报行为奖励制度尚有可优化的空间，公职人员在举报的风险和代价不可预期的状况下，举报腐败的意愿较低。而在对我国反腐斗争的信心和未来五年反腐情况的预期方面，女性的态度比男性更乐观，对反腐斗争有信心的比例高于男性2.4个百分点，女性认为未来五年中国腐败现象得以控制和减少的比例高于男性5.9个百分点(涂文燕，2016)。此外，有学者对公务员群体的廉政教育参与意愿进行实证研究，发现在公务员群体内部，男女两性在廉政教育信念、感知有用性、满意度、廉政教育参与意愿上均无显著的差异(房静，2015)。基于国内外有关女性与廉政的相关研究，国内也有学者倡导通过适度提高女性公职人员比例的方式减少腐败现象(廖晓明,2014)。

值得一提的是,中山大学廉政与治理研究中心自2013年开始,每年都开展全国廉情调查,调查涵盖港澳台除外的31个省区市,调查内容主要包括公众对政府清廉水平的认知、腐败容忍度及反腐意愿、对政府反腐工作的评价等,是目前国内关于廉情研究规模最大的连续性社会调查,但其公开发表的学术成果中,却未见性别视角的分析,不可不谓遗憾。

二、女性在廉政/腐败行为中的角色

(一)女性作为廉政的主体

1.女干部自身的廉政/腐败行为

腐败行为的发生意味着制度层面的权力制约机制缺位、民主监督失效和个体价值观失衡。随着腐败"零容忍"在全社会得到广泛认同,以及"苍蝇老虎一起打"的反腐力度逐步升级,女性腐败行为也得以大量曝光,但与男性相比,比例总体较低。2009—2013年,全国检察机关立案侦查的职务犯罪案件共计22.7万件,其中女性职务犯罪比例为9%(李黔豫,2016)。另一份研究中,在裁判时间为2014—2015年的刑事判决书中随机抽取300例贪污和受贿犯罪案件,其中女性受贿犯罪占7.1%,女性贪污犯罪占12.8%(郑海、李国华,2015),有学者认为无论是领导职务还是以财务人员为主的非领导职务犯罪,女性职务犯罪总量和比例都较男性低,主要是因为男性占据着决策岗位、执行岗位以及监督岗位(李国华,2017)。女性在风险态度、合作倾向和竞争性方面存在显著差别,这些更根本的偏好差异可能是性别在腐败实验和真实世界腐败行为中差异的深层原因(姜树广、李成友,2015)。

2."廉内助"/"贪内助"

亲缘腐败、家族式腐败在世界范围内贪腐行为中具有普遍性,且占相当高的比例。习近平曾指出,领导干部的家风,不是个人小事、家庭私事,而是领导干部作风的重要表现(张俊国,2018)。在以往发布的落马官员通报信息中,总结干部腐败的诱因之一,即贪婪的配偶/情人。她/他们往往充当腐败的掮客,在公权和私利间穿针引线。党的十八届六中全会审议通过《关于新形势下党内政治生活的若干准则》和《中国共产党党内监督条例》,将家风建设提升到制度高度。领导干部家属须当好"廉内助",把好"廉政关",构筑廉洁从政的家庭防线,当好"宣传员""监督员"和"守门员"(邬泽华,2013)。为此,多省市都开展过以领导干部配偶为主要对象的警示教育活动和廉政教育培训,通过党员领导干部家风的示范性和引领性倡导全社会增强对预防腐败的信念和惩治腐败的信心。

3.作为权力运行监督的重要力量

确保权力在法治轨道上运行,监督是不可或缺的环节。人民群众是权力制约和监督的主要力量,无论是各级人大依法履行政治监督职能,还是村务监督委员会等基层自治组织监督机构,都承载着"以权力制衡权力"的治理功能,女性在其中发挥着重要且不可替代的作用。以村务监督委员会为例,女性成员代表村民通过对村庄重大事项的收支、集体土地征用征收、工程招投标等内容的决议和执行状况进行监督,有效推动基层自治组织中公权力的阳光运行,对于实现村域民主决策、民主监督、民主管理具有重要意义。尤其在乡村振兴的时代背景和农村集体产权制度改革的历史当口,发挥女性对于权力运行的监督作用，不仅有助于政治清明，实现公共利益最大化，同时对于提升女性的主体意识，使妇女呼声和诉求得以在决策过程和决策结果中体现，构建性别平等的社会治理机制具有重大现实意义。

(二)廉政/腐败评价中的性别刻板印象

尽管女性在政治生态中呈现出不同的面貌，但社会文化对于廉政/腐败的评价中却仍然存在着性别刻板印象。第一，应反思“以色谋权”论。腐败行为中，男女两性往往被分别贴上“以权谋色”和“以色谋权”的标签，以及夺人眼球的女性“美容腐败”的噱头等等，既缺乏对腐败表现形态的深刻理解，也复制和传播着性别不友好的社会观念。“以色谋权”论对参政女性的泛打击效应不容忽视，同时，这种观念是对于公权人员“权力色腐”的社会基础根源在于男权社会的性别制度缺少理解和认同(刘英，2016)。第二，应辩证看待“女性清廉”现象。女性的政治行为和政治表现同样存在公领域和私领域的相互建构。首先，放眼人类生活的漫长历史，女性合法参与公共生活的时间不过百余年，且在全球范围内，女性的权力参与广度和深度仍十分有限，女性对腐败的低容忍度、低参与度，与女性在高级管理者和领导岗位上的融入不充分存在一定关联。如一些学者指出的，如果腐败的机会和社会网络不受限，女性并不比一定男性更廉洁，女性的廉洁表现实质是女性职位的边缘化，缺乏腐败的机会(Namawu Alhassan－Alolo，2007)。其次，要深刻认识到社会性别角色定型对女性道德要求更高，促使女性内化的自我要求更倾向于清廉从政，女性倾向于服从规则、遵从秩序，对腐败的低容忍态度并非源自生理性别天生，而是社会性别文化建构形成的(郭夏娟、涂文燕，2017)。再次，在鼓励女性参与廉政建设的过程中，仍需学深悟透，既要发挥女性在社会和家庭的两个独特作用，同时，男性的家庭属性不能被遮蔽，他们和女性一样，也应该同时扮演家庭与社会两个角色，也应该在社会生活和家庭生活中发挥好性别作用，习近平总书记关于妇女独特作用的论述，也一样适用于男性(叶文振，2019)。最后，以女性道德优越的角度切入，并以反腐的工具性价值来鼓励女性参政，隐含着不可估计的风险：一旦女性领导干部的腐败行为曝光，这一政策的正当性、合理性崩塌，带来社会系统和普通民众对女性参政更强烈的抵触情绪，反而不利于女性参政和性别平等。基于此，无论是政界、学界还是公民社会，都应该超越对女性是否清廉的行为论断或价值判断，而应转向对性别制度与腐败关系的深入思考，探寻在具体的政治经济制度和社会文化语境下，性别体制/性别秩序如何影响两性对待腐败的态度和行动(宋少鹏，2015)。

第五节

女性参政问题的女性学解释

本节在前四节女性政治参与、政治分布、政治进步和廉政表现及其性别差异论述的基础上，从如何认识女性参政、如何分析女性参政和如何发展女性参政三个层面，比较和分析西方古典政治学、当代政治学和政治女性学的解释视角，以明确政治女性学解释的理论价值和现实意义，即在女性参政研究领域的“双头战略”：一方面，在传统政治学理论体系和分析框架中引入社会性别视角势在必行，以重新审视传统政治学领域内基于性别的学术盲视和学术偏见；另一方面，作为女性学重要组成部分的政治女性学，要在质疑/反思、抗争/提升、丰富/超越的过程中重新发现/构建政治女性学理论框架和研究方法，实现主流化和专业化，以检验其科学性和有效性，增强女性学学科独立性，积蓄发展后劲。

一、如何认识女性参政：是妇女自身问题还是社会机制问题

女性的屈从地位在人类历史中既普遍又悠久，性别间的不平等体现在社会生活的每一个领域，当然也包括政治领域。如何认识女性参政是分析女性参政及其性别差异的根本性问题和核心问题，关系到“看见”女性参政的困境和解决女性参政难题的努力方向。而事实上，在古典政治学、神学政治学、理性主义政治学、现代政治学的主流政治学传承的历史中，在政治意识形态的发展链条上，女性参政远远谈不上核心问题，甚至一度不成其为一个问题。西方古典政治学、神学政治学、理性主义政治学无不将生物学上的差异作为思想根基，以男性是主动的、理性的、有头脑的，女性是被动的、感性的、身体的，女性缺少政治理性和公民能力，因而不具备公民人格，不适宜参与政治的论断来捍卫男性所拥有的“天然”合法性地位，并由此将公领域/私领域的分界作为限制女性参与政治生活的基本解释框架。奴隶时代、神学时代、资本主义时代的政治生活，都是以男性统治地位、男性价值认同、男性思维模式为基本前提的，并一代又一代地沿袭，女性被理所当然地隔绝于政治生活和公共决策，以家庭为主要活动场域。政治不需要女性参与、女性没有能力参与政治被认为是不证自明的答案。女性在政治领域的“缺席”处境仅仅是总体权利缺乏的一角，女性没有投票权，同时女性也没有财产继承权和受教育权。这也正是恩格斯所指出的：妇女解放的第一个先决条件就是一切女性重新回到公共事业中去，而要达到这一点，又要求消除个体家庭作为社会的经济单位的属性的根结所在(恩格斯，1884)。

广义而言，凡是挑战就业权、教育权、投票权、生育权(堕胎权)、性暴力等等诸多关涉女性生存与发展中的屈从地位和不利处境的行动，要求女性拥有更多话语权和决策权的倡导，都是女性参与政治的表现，或具有“政治性”的表现。女性参政得以在近代实现的两个基本背景，一是近代民主政治的兴起和代议制在世界范围内的广泛应用；二是工业革命以来，生产力发展的需要促使社会劳动分工调整，女性参与社会生产，创造社会价值。基于以上两方面，传统政治中对宗教、种族、阶层和性别的限制有了被跨越的可能。

妇女运动和女性主义思潮催生了女性学。第一次女性主义浪潮中，新西兰成为世界上第一个女性获得选举权的国家，此后，澳大利亚、英国、美国、法国等国家的女性也先后获得选举权。女性的选举权、平等的公民身份得以法律的确认，公民及公民资格的定义得到丰富和补充，政治领域中女性“缺席”的状况有所改变。在女性获得选举权之前，女性的公民身份、参政意识、参政意愿无从谈起。政治女性学作为女性学的一个重要组成部分，在其兴起之前，权利参与中的女性分布和民主政治机制中女性的价值、作用等不曾出现在研究视野和探讨范畴，遑论对这些领域中的性别差异进行描述和分析。20世纪六七十年代，女性主义第二次浪潮席卷全球，《女性的奥秘》《性政治》等经典作品的出版，向刻意忽视女性、贬损女性的社会价值体系发起挑战，对家庭与社会的关系，公领域/私领域的界限提出强烈质疑，要求改变物化女性的男性中心主义的生活范式和社会组织形式，极大地提高了性别问题的社会影响力，扩展了政治学和社会学的学术研究阵地。

与以往社会思潮不同,女性主义认为社会不平等首先是性别的不平等,其次才是阶级的、种族的不平等,消除性别歧视是平权运动的首要任务。妇女所面对的不公正是系统的或广泛的,它也是对传统权力结构和现存事态的普遍的批判立场(杰弗里·托马斯,2006)。因此,政治女性学认为:第一,政治参与是女性的基本人权,是不可剥夺且必须予以实现的权利(韩贺南,2010),女性通过政治参与获取社会资源、政治利益(魏国英,2000)。第二,女性参政不仅是女性群体的需要,同时也是社会发展、民主善治的需要(骆晓戈,2013),女性进入权力走廊,有助于改善公共领域,重新划定公共生活的规则和制度,对所有公民具有自我教育和公民教育的功能(祝平燕、周天枢、宋岩,2007;鲍静,2013)。第三,女性具备力量和才能,可以在国家政治生活和社会生活中有效发挥作用,与男性共同塑造政治文明(蒋永萍,2008)(见表10-3)。

表10-3　古典政治学、当代政治学和政治女性学对女性参政的认识

	认　识	方　法	实　质	目　标
古典政治学	秉持男性优越论,强调政治不需要女性参与,女性没有能力参与政治	以公领域/私领域的二元对立限制女性参与政治生活	在政治研究领域维护男性特权	女性远离公共生活
当代政治学	在政治现象、政治行为的本质和规律探寻中无视/回避女性政治参与的差异和困境	在主流政治学研究框架体系下,在多元文化主义中加入女性主义的理解和主张,是一种边缘化、客体化的分析视角	在政治研究领域维护男性特权	女性以男性认同、男性思维模式为标准参与公共生活的形式平等女性参与政治的角色是被动的观察者、接受者
政治女性学	女性在政治领域的不利处境和其他领域一样,是社会问题,而非女性自身问题,是社会建构的,因而是可以改变的	尊重女性经验、以社会性别理念分析、审视两性在政治理念、政治行为、政治环境、参政状况的差异,探讨制约女性参政的机制性障碍	在政治研究领域倡导社会性别公正和实质性平等	女性作为参与者、行动者参与政治生活的全领域和全过程

二、如何分析女性参政:基于现代公民身份的女性参政研究

在我国,政治学、社会学、心理学等领域对公民身份、公民意识、权力参与现状、民主机制建设的相关研究是伴随着国内的改革开放、政治经济体制改革和基层民主制度建设的发展,以及中国政府在国际上发挥大国作用,签署了相应的权利公约,履行国际承诺的双重背景之下兴起的。女性参政的实践和理论建构同样是在此背景下,在和其他学科的相互交融中发展而来的。

在政治意识研究中,一方面,由于我国公民政治参与意愿相关研究兴起于20世纪90年代,分性别统计数据的历史性匮乏及重视不足,难以获取参政意愿的性别差异分析;另一方面,对参政女性所面临的制度困境和发展瓶颈缺少社会性别视角关照,产生了女性政治厌恶论、女性能力不足论等观点,而对其背后的形成原因和政治文化约束缺少思考和分

析。当前,这一状况得到极大改变,但关切参政意愿中两性差异的研究仍为数不多,且主要以女性学研究领域成果为主,主流政治学界相应学术研究较少。

在政策过程和政策环境的分析中,囿于传统性别观念,对性别刻板化、定型化缺少反思意识,对社会文化建构的"男性气质"和"女性气质"带来女性政治场域的边缘化和职位性别化缺少敏感和批判(范红霞,2013)。

在公共政策研究方面,学界对提高女性数量代表的性别配额制这一暂行特别措施的理论价值和应用价值存在分歧,认为性别配额破坏平等原则、民主原则和择优原则,是对女性能力的质疑,是性别歧视的一种表现形式等,尤其在村民自治背景下的村级组织换届选举中是否应用性别配额争议较大。

在政治行为和政治功能研究中,一些学者一方面批评社会文化中女领导缺乏"女人味"的观点,一方面又不自觉延续着女性素质低、性格柔弱、缺乏领导力的论断,在扫除性别盲点和性别误区的过程中,往往立场游移、论述混乱、缺少实证数据支持,贬抑和赞美之声并存:一种声音认为参政女性存在生理、心理、素质等自身障碍,依附心强、缺少自信,工作经验不足、家庭压力大、思维方式有局限性(杨小英,2000;董晓艳,2009;郭纹廷,2016);另一种声音认为参政女性具有亲和力、凝聚力,周到细致、节俭自律(许孔玲,2013)。两种观点看似冲突,实则都缺少对公民身份这一看似性别中立的策略性概念及其隐含的男性标准缺少反思和现实批判。当社会评价中对女性形象呈现得多、价值呈现得少,消费议题被放大,社会议题被弱化;当女性的价值仍被投射到家庭生活而非公共场域,当性别刻板印象的反思力在全社会仍普遍欠缺,女性面临着更加严苛的审视,女性进入政治等社会决定性、主导性活动领域的难度将加大(刘利群,2018;刘伯红,2000)。

政治学中的公共政策分析与女性学的结合,产生了社会性别与公共政策分析视角,对现有女性参政的优势、劣势、机遇、挑战分析的过程中,女性参政环境因素的重要性被日益关注,不同学科的研究者从宏观、中观、微观等角度切入女性参政,还原当代女性参政的多个侧面和历史发展方位的同时,对女性参政所置身的公共政策系统进行反思和探索,指出经济发展不必然带来社会性别平等和女性参政的飞跃,还需要坚定的政治承诺和可持续的政策机制,提高社会性别主流化能力,将性别平等纳入促进妇女参政的公共政策("在国际劳工组织成员中提高社会性别主流化能力"中国项目组,2004)。政治女性学通过权利研究、制度研究、政策过程研究、政治功能研究、政治意识研究等途径,以价值层面、文化层面、制度层面、行为层面和环境层面,观察和评价政治体系下权力的制度安排、制度运行和制度变迁中女性的作用,以及对两性的影响,使得女性与政党、女性与选举、女性与家庭、女性与发展等都成为广受关注的议题(邝丽芬,2019)。

三、如何推进女性参政:以社会性别理论为指引的政治女性学研究

作为一个卓有成效的分析范畴,社会性别理论要求将社会性别视角纳入公共政策的制定、执行、审计、评估、倡导等全部环节,全过程、全方位地审视性别社会分工和以社会性别为基础的资源分配模式,并陆续开发出哈佛分析框架、摩塞框架、社会性别分析模型、能力与脆弱性分析框架、妇女赋权框架和社会关系分析法等社会性别分析框架。社会性别主流化战略及其系列分析框架对于突破就参政谈参政、就健康谈健康等领域界限,倡导在

所有公共政策中全局性、系统性评估和反思女性发展障碍，主张改造公共政策制定中的性别盲视，解决嵌入式推动妇女发展的工作理念和方式，提高国家和政府的主体责任意识，实现妇女赋权增能具有开创性的理论价值和实践引导价值。

随着第四次世界妇女大会在中国的召开，中国特色妇女理论和性别研究兴起，这为清理哲学社会科学领域的父权思想赢得了一次历史性的机遇。女性参与公共政治不再是不值一提的问题和不可改变的事实。女性参政的内涵和外延成为理论界最初讨论的热点问题。有学者认为女性参政是妇女对国家和社会事务的参与（单艺斌，1998），有学者强调女性参政的群体价值，是妇女作为一个整体，自觉自愿参与国家和社会公众事务管理的活动（童芍素，2001），还有学者认为参政概念同时还包含参政的意识和效能，可见妇女参政的内涵和外延在学者的争论中得到丰富和拓展。

在女性政治代表和性别配额制的研究方面，学界开始认识到这一暂行特别措施是对女性参政所面对的结构性障碍的补偿（D.达乐鲁普，L.弗莱登瓦尔，2006），认识到女性参政既要解决“缺席”问题，也要解决“失语”问题，即关注数量代表和实质代表的双重维度。性别配额的意义，不应被狭隘地理解为必须提高女性在一定岗位和一定机构里的数量或比例，而是要通过提高女性比例去实现政治领域性别平等的终极目标——不因性别被区别对待的政治机制。女性的数量代表与实质代表缺一不可，没有一定的数量代表作为基础，女性会有成为政治生活中的“点缀”和女性利益“被代表”的危险，只关注数量代表而忽略实质代表则不利于女性政治能力的增长和忽视性别平等中男性力量的作用（薛宁兰，2008）。因而，仍需完善主流化战略和专门化战略并行的“双头战略”，即在社会性别主流化的同时，持续推进性别配额制这一补偿性措施。

此外，随着女性参政的相关法律政策和政府行动日益丰富，在学界对女性参政的公共政策评估也随之兴起。一方面，对《选举法》《村民委员会组织法》以及女干部选拔任用制度的导向性进行分析，探讨政策的效率导向和赋权导向，另一方面，对社会性别盲视政策和社会性别中立政策进行反思，倡导具有社会性别意识的政策出台和完善。在对女性参政的法律制度环境分析的过程中，政策的制定方面，有学者指出整体上原则性大于操作性，表述笼统模糊，量化指标不足和覆盖面狭窄、监督机构缺失的问题（师凤莲，2010）；在政策执行方面，有学者认为存在政策滞后、执行乏力和路径依赖等不足（闵杰，2017）；在执行效果方面，有学者认为女性参政状况与女性人口数量和女性受教育水平不相称，参政女性的代表性仍然不足，女性“参政虚化”和政治参与中的“他者”身份并未得到根本转变（梁丽萍，2006）。整体而言，当前宏观政策和公共部门关注经济增长多，妇女发展议题关注仍不足；妇女问题妇联化、妇女问题边缘化倾向未得到根本扭转；公共政策制定过程中，仍较少考虑其性别平等的影响（李慧英，2003）。

总而言之，21世纪以来，随着社会性别主流化推广和应用，在女性参政领域，研究者不仅关注女性参政的数量，也开始关注女性参政的理念、结构、方式及作用，关注女性参政的制度文化环境和体制机制障碍，探讨在政治行为中，男女两性参与状况、投票形式、政治偏好和政治风格的异同，分析制度和文化对女性参政的影响等。国内妇女参政研究由对妇女的关注，转向对性别的关注，由此前较为浅显的现象类研究转向理论研究与实践研究并重，多学科交叉、多视角审视、多层面关切的高质量发展阶段，参政研究的广度和深度都有了较大提升。其中，农村妇女参政研究发展较快，形成了一批有影响力的学术成果，对肯定女性在中国基层民主建设中的作用，以及运用社会性别视角审视公共政策具有重要意义。多学科交叉体现为现代政治学与经济学、社会学、心理学等哲学社会科学学科相互渗透融合，在女性参政领域，采纳社会学的社会分层理论，关注流动女性、女农民、高校女教师、新阶层女性等不同群体的政治参与状况；借鉴心理学研究方法，探讨女性参政的动机、态度等问题；运用经济学研究方法，从经济理性和风险一收益模式探讨参政女性的政治绩效和廉政态度等。这些现状研究揭示了参与各级决策中女性比例低、结构不合理、职务性别化等问题，但对此的解释却不尽相同。在反对男性中心，建构女性与男性的关系方面，中外研究界都出现过认为男女无差异的主张，也有认为性别有差异但无优劣的主张，还有强调性别有差异，但女性更优越的观点。在参政领域，这些观点也有相应的理论变体和认知呈现。无论是政治理念上的女性政治厌恶论、意识薄弱论，还是政治行为上的能力不足论、角色冲突论都折射出没有社会性别意识的其他学科介入，往往沿袭过往理论和方法路径，所产出的关于女性问题的解释并不能揭示真正的原因，甚至还会产生理论与政策误导，也提示着即便在性别研究领域，传统的性别二元对立的心理机制仍未有效破除，社会性别主流化的推进仍有较大空间（叶文振，2018）。此外，要高度关切女性学发展的独立性和可持续性问题，在多学科交叉发展的趋势和背景下，努力建构和产出政治女性学的理论框架和研究方法，唯有如此，才能摆脱对其他学科研究方法的依赖，消除被边缘化的危险（叶文振，2006）。

第六节 ■ ■ ■

参政政策与立法的女性学思考

公共政策是政治系统权威性决定的输出，是对全社会价值所作的权威性分配（维・伊斯顿，1999），是一系列谋略、法令、措施、办法、方针、条例等的总称（陈振明，1997），是世界各国推动性别平等和女性发展的最重要手段。

第四次世界妇女大会报告指出，赋予妇女权力和男女平等是各国人民实现政治、社会、经济、文化和环境保障的先决条件（联合国，1995），男女权利平等的信念不仅得到国际社会广泛认可，同时也是各国政府义不容辞的责任。越来越多的国家和地区认识到经济发展不会必然带来社会性别平等，提高女性社会地位需要坚定的政治承诺和可持续的政策机制（“在国际劳工组织成员中提高社会性别主流化能力”中国项目组，2004），即社会性别主流化。社会性别主流化要求在处理提高妇女地位的机制问题时，将性别观点纳入所有政策和方案的主流，以便在作出决定前分析对妇女和男子各有什么影响（联合国，1995），要求各国政府有明确而坚定的政治承诺、专门的机构设置及人员配备、能力建设及社会性别培训等主流化战略，也要有针对男性或女性的政策、计划和项目作为专门化战略。

可以说，没有社会性别理念作为指导的妇女发展是不可持续的，没有社会性别主流化，性别问题将永远是次级问题，而非重要问题或优先级问题。在女性参政领域的社会性别主流化，既要赋权妇女，实现从缺席—在场—发声的转变，也要让参政政策具有社会性别视角，让政府部门、媒体学界、公民社会共同关注性别议题。

一、女性参政政策与立法的进步与发展

新中国成立以来，女性参政在中国共产党的领导之下，在中国特色的民主政治制度安排之中得以不断推进。70 年来，形成了以《宪法》原则为根本，以《妇女权益保障法》为主体，涵纳《选举法》《村民委员会组织法》等国家各项单行法律、行政法规、地方性法规在内的维护妇女政治权利的政策体系，为女性参与社会管理和决策提供了制度保障。在立法方面，根本法《宪法》规定："中华人民共和国妇女在政治的、经济的、文化的、社会的和家庭的等各方面享有同男子平等的权利。"在专门法《妇女权益保障法》中，规定"妇女有权通过各种途径和形式，管理国家事务，管理经济和文化事业，管理社会事务"，"国家积极培养和选拔女干部。国家机关、社会团体、企业事业单位培养、选拔和任用干部，必须坚持男女平等的原则，并有适当数量的妇女担任领导成员"。在部门法中，《选举法》规定"全国人民代表大会和地方各级人民代表大会的代表中，应当有适当数量的妇女代表，并逐步提高妇女代表的比例"，《村民委员会组织法》规定"村民委员会成员中，应当有妇女成员"。在行政法规、部门法规和指导性文件中，对于女性参与决策和管理也有所体现，如《关于进一步做好培养选拔女干部、发展女党员工作的意见》（中组发〔2001〕7 号）规定，"在公开选拔、竞争上岗中，应拿出部分职位定向选拔女干部"，并要求"同等条件下优先选拔女干部"；《进一步做好村民委员会换届选举工作的通知》（中办发〔2002〕14 号）中要求"使女性在村民委员会成员中占有适当名额"；《国家人权行动计划（2016—2020 年）》中要求"逐步提高女性在各级人大代表、政协委员中的比例，以及在各级人大、政府、政协领导成员中的比例。到 2020 年，村民委员会成员中女性比例达 30％以上，村民委员会主任中女性比例达 10％以上，居民委员会成员中女性比例保持在 50％左右"等等。由此可见，女性平等参与政治生活的价值取向是一以贯之的，内容表述日益具体，对性别配额的明确规定也更加彰显国际视野。

国家强力干预和政府持续推动是中国女性参政取得举世瞩目的成就的主要原因和显著特征。中国作为最大的发展中国家和世界上女性人口最多的国家，作为《消歧公约》的签约国和世妇会的承办国，将男女平等作为促进中国社会发展的一项基本国策（江泽民，1998），这既是社会主义国家对马克思主义妇女观继承和发展的生动体现，同时也是将性别平等作为国家意志、政党主张、政府责任的国家形象和国际责任的有力彰显。

改革开放以来，我国在《消歧公约》《北京宣言》《行动纲领》《联合国千年宣言》《2030 年可持续发展议程》的通过和实施中，积极承担大国责任，为加速全球性别平等展现了中国智慧，提供了中国方案，贡献了中国力量。党的十八大以来，习近平总书记在全球妇女峰会和"共商共筑人类命运共同体"高级别会议上分别发表《促进妇女全面发展、共建共享美好世界》重要讲话和《共同构建人类命运共同体》的主旨演讲，指出，妇女是物质文明和精神文明的创造者，是推动社会发展和进步的重要力量，没有妇女，就没有人类，就没有社会（习近平，2015）；实现人类社会的和平与发展，中国方案是构建人类命运共同体，实现共赢共享（习近平，2017）。妇女是构建性别平等的人类命运共同体的参与者与贡献者，没有妇女的全面参与，就不可能实现构建性别平等的人类命运共同体的目标（李英桃，2018）。

我国政府在《中国落实2030年可持续发展议程进展报告(2019)》中指出,作为最大发展中国家,中国将承担应尽的国际责任,在南南合作框架下积极参与国际发展合作,为全球落实2030年议程作出更大贡献,共同推动构建人类命运共同体(外交部,2019)。由此可见,人类命运共同体的论述中蕴含着性别平等的政治主张,社会性别主流化是与"可持续发展"理念和"人类命运共同体"论述的精神内核高度契合的主张和战略。

二、女性参政政策与立法存在的问题

当前,女性参政相关的法律政策的制定、执行、评估环节,仍然存在女性深度参与不足,基于社会性别视角而设计的政策制度较少,现有政策刚性约束不足、执法主体不明、配套措施乏力等问题。刚性约束不足表现为缺少"歧视"定义、法律的可诉性不强,以及规定性别配额比例的法律层级不高。当前,无论是参政政策还是其他公共政策中,都缺少"性别歧视"的基本定义,因此对歧视行为很难进行法律区分,更无从惩戒,在司法实践中有效适用性不强。此外,无论是《选举法》《妇女权益保障法》《村民委员会组织法》还是《中国妇女发展纲要》对女性参政的数量和比例通常采用"应当""适当比例""至少一名"等宣示性、原则性表述,既缺少明确具体的比例规定,也缺乏具体可行的保障措施,弹性、模糊的规定会带来相关部门选择性执行女性参政政策,消极理解女性参政政策。而具体的性别配额比例要求主要体现在《妇女发展纲要》之中,存在法律效力较低和影响面过窄的问题。

执法主体不明表现为缺少强有力的机构执行和监督妇女参政各项指标和性别配额执行状况。一个国家是否具有不断完善的提高妇女地位的国家机制,是判断其是否真正重视性别平等事业的重要标志。没有由相关机构和人员组成的专门机制,就无法确保设计、促进、协调、实施、监测、评估、宣传和倡导具有社会性别敏感的政策和措施落到实处(刘伯红,2015)。在我国,国家性别平等机构为国务院妇女儿童工作委员会,其定位为政府负责妇女儿童工作的议事协调机构。妇儿工委的成立及先后三轮《中国妇女发展纲要》的颁布和实施,有效凝聚了党政部门推动妇女发展和性别平等的力量,在协调和敦促政府部门推动中国妇女参政,指导、督促和检查地方政府发展指标的完成方面发挥了重要作用。然而,妇儿工委自成立以来就将办公室设在了妇联组织内部,这使得政府层面的性别平等机构所应具有的影响力和权威性大打折扣,也弱化了同其他政府部门的联系能力,执行力也因此受限。

配套措施乏力表现在有利于女性参政的就业政策、退休政策,以及性别友好的家庭政策等支撑效应不足。以退休政策为例,我国目前执行的是男性工人、男性干部60周岁退休,女干部55周岁退休,女工人50周岁退休的不同龄退休政策。尽管中组部和人力资源社会保障部《关于机关事业单位县处级女干部和具有高级职称的女性专业技术人员退休年龄问题的通知》(组通字〔2015〕14号)文件规定处级女干部和具有高级职称的女性专业技术人员,采取延迟退休政策,年满60周岁退休,但对于广大基层女干部而言,仍无法同龄退休。就政策而言,基于性别和身份而区别对待的退休年龄规定影响着妇女就业权、发展权和社会保障权,更多的是发挥阻滞而非支撑的作用。

三、持续推进女性参政纳入决策主流的展望

党的十八大和十九大报告中多处论述妇女事业发展，明确要求“坚持男女平等基本国策，保障妇女儿童合法权益”，习近平总书记在全球妇女峰会发表的重要讲话中指出，2015年后发展议程，性别视角已纳入新发展议程各个领域。让我们发扬北京世界妇女大会精神，重申承诺，为促进男女平等和妇女全面发展加速行动（习近平，2015）。就女性参政领域而言，承诺要增强妇女参与政治经济活动能力，提高妇女参与决策管理水平，使妇女成为政界、商界、学界的领军人物（习近平，2015）。为此，在社会性别主流化战略的推进过程中，决策部门、执行机构既要肯定和总结纵向历史发展进程中性别平等取得的成就，也要正视法律平等与事实平等的差距，正视女性参政和男性参政的差距，正视横向国际比较的差距。任何单一维度的评价都是片面和不客观的，都无法完整勾勒中国女性参政的历史方位和时代方位，只有审慎评估和客观评价，才能尊重历史与现实，进一步将社会性别纳入决策主流，推动女性参与决策和管理。

1.修改和完善有利于女性参政的法律层级高、刚性约束强、性别配额明确的公共政策

女性参政作为一种战略性社会性别利益的需要，与性别分工、权力和控制密切相关，实现这一需要最根本的是制度上的公平设计（牛天秀，2013）。为系统性改变当前女性参政公共政策刚性约束不足的状况，需要将更明确的性别配额、更有效的配套措施、更有力的激励和约束机制纳入高层级的法律和制度当中，如在各级立法机构中女性代表的比例、各级别党政部门及领导干部中女性比例、基层自治组织中女性比例、农村女党员的比例等，以及制定和完善选拔培养女干部的规划，建立健全选拔培养女干部的后备制度、举荐制度、培训制度、考察制度（梁旭光，2000）。同时，在有效的配套措施建设方面，强化系统性推进社会性别决策主流化，促进和完善教育、就业、社会保障等领域性别平等的制度建设，消除社会性别中立和社会性别盲视对女性参政的阻碍。

2.强化社会性别统计，针对女性参政程度、路径、绩效进行社会性别分析，用以提高政府服务职能，为性别平等立法和决策提供依据

社会性别统计是为实现社会性别平等目的，运用统计的特有定量分析方法和手段，建立有社会性别意识的统计指标和统计变量，描述、分析和测评女性和男性的社会参与、贡献及社会性别差异，为社会特别是政府决策提供数据及事实的定量研究的科学理论与方法（曾一帆，2007）。自《中国妇女发展纲要》实施以来，以纲要监测数据来统计女性参政指标、推进政策落实方面发挥了重要作用，但同时也存在着注重结果指标而对指标实现过程的监测不足、分析不够，女性组织和政府部门针对女性参政指标缺少信息反馈和互动机制的缺陷。应强化女性参政领域的社会性别统计和社会性别分析，对参政过程中男女两性获取资源、福利的程度和差异，对女性参政状况、路径及社会性别议题的发起和倡导能力进行社会性别分析，提高政府服务职能，推进国家治理现代化。

3.提升工青妇室和妇儿工委在立法机构和政府部门的职能职权

社会性别主流化的责任主体首先是各级政府和立法决策部门，而非妇联组织（刘伯红，2016）。2018年，为深化党和国家机构改革，全国人大组建社会建设委员会，并下设工青妇室办公机构，作为立法机构中的部门，利用社会性别统计和社会性别分析，承担与性

别平等议题相关的议案和法律草案审议、调研及执法检查活动，评估各项公共政策的性别效果和影响，对于改变妇女问题妇联化、妇女问题边缘化的处境具有重要意义。然而，工青妇室是为立法机构中群团组织整体而设立的，且机构层级不高，其职能也并非性别平等监察机构，影响立法决策的能力仍有限。而妇女儿童工作委员会的协调议事机构定位，以及协调和推动性别平等工作的基本职能，决定了其在《中国妇女发展纲要》落实的过程中履行组织、协调、指导和督促的职能，而不具备领导、监督和审查的职能。因此，提升人大工青妇室以及妇儿工委的职能职权，将更有力地纠正公共政策制定、执行过程中的社会性别中立、社会性别盲视，促进公共政策更加性别公正。

4.提高公共政策制定者、执行者、评估者的社会性别意识和社会性别主流化能力

公共政策的价值在于执行，有赖于政策相关主体理解和遵行的程度。当政策制定者、执行者、评估者对女性参政的重要性、紧迫性的认识高度和推进力度参差不齐，甚至对女性参政配额参政不认同和抱抵触情绪时，对现有的性别配额政策执行操作过程必然是消极的，女性参政就难以获得有效的政策支撑。2011 年全国妇联“推动中国妇女参政”项目在湖南、山西、黑龙江发放“决策者促进妇女参政的认识和行动调查问卷”，调查结果显示，有四成左右的决策者赞同“法律和政策是中立的，没有必要制定专门针对妇女的倾斜性政策”的说法(全国妇联“推动中国妇女参政项目”基线调查组，2011)。在农村妇女通过定向选举进入村“两委”的过程中，部分基层政策执行者认为违背了村民自治原则以及公平、择优原则，对性别配额这一暂行特别措施存在误解和消极情绪。由此可见，社会性别主流化过程中仍需要通过社会性别培训、专题讨论、政策咨询、研究/评估报告、大众传媒等方式持续增强政策制定者和执行者的社会性别意识，使追求实质性性别平等的价值理念成为政策制定者和执行者的共识。

思考题

1.女性政治参与的内涵和外延是什么？

2.什么是性别配额制？请谈谈你对性别配额制的看法。

3.请谈谈你如何理解女性政治参与的数量代表、实质代表及二者的关系。

4.古典政治学、当代政治学和政治女性学如何看待和解释女性政治参与？它们的差异及成因是什么？

5.如何运用社会性别理论，从国家层面、市场层面、社区层面和家庭层面分析女性政治参与的现状和困境？请谈谈你的理解。

6.你认为，互联网和自媒体的发展对于女性参与政治的机遇和挑战有哪些？

参考文献

[1]Andrew Heywood，*Politics*，Palgrave Macmillan，2002，pp.5-12

[2]王浦劬：《政治学基础(第二版)》，北京大学出版社，2006 年版，第 9 页

[3]王浦劬：《政治学基础(第二版)》，北京大学出版社，2006 年版，第 10 页

[4]戴维·米勒：《布莱克维尔政治学百科全书》，中国政法大学出版社，1992 年版，第 563 页

[5]陈振明、李东云：《“政治参与”概念辨析》，《东南学术》，2008 年第 4 期

[6]王浦劬：《政治学基础》(第二版)，北京大学出版社，2006 年版，第 171-175 页

[7]凯特·米利特著：《性政治》，宋文伟译，江苏人民出版社，2000 年版，第 32 页

[8]王瑞芹:《妇女参政行为与政治行为文明》,《妇女研究论丛》,2005 年第 4 期

[9]《中国妇女社会地位调查》课题组:《中国妇女社会地位调查初步分析报告》,《妇女研究论丛》,1992 年第 1 期

[10]第二期中国妇女社会地位调查课题组:《第二期中国妇女社会地位抽样调查主要数据报告》,《妇女研究论丛》,2001 年第 5 期

[11]第三期中国妇女社会地位调查课题组:《第三期中国妇女社会地位调查全国主要数据报告》,《妇女研究论丛》,2011 年第 6 期

[12]Campbell A., Gurin G., Warren E., Miller, *The Voter Decides*, Row, Peterson and Company, 1954, p.187

[13]范柏乃、徐巍:《我国公民政治效能感的影响因素研究——基于 CGSS2010 数据的多元回归分析》,《浙江社会科学》,2014 第 11 期

[14]许超、王小芳:《政治效能感的性别差异与女性政治参与》,《山东女子学院学报》,2017 年第 9 期

[15]杨荣军:《女性政治效能感实证研究——基于 CGSS2010 数据分析》,《贵阳市委党校学报》,2016 年第 2 期

[16]信春鹰主编:《中华人民共和国妇女权益保障法释义》,法律出版社,2005 年版,第 22 页

[17]张永英:《人大代表选举相关法律的社会性别分析》,《山西师大学报(社会科学版)》,2013 年第 5 期

[18]杜洁:《我国培养选拔女干部政策措施评估和社会性别分析》,《妇女研究论丛增刊》,2001 年第 6 期

[19]李慧英主编:《社会性别与公共政策》,当代中国出版社,2002 年版,第 211 页

[20]中华人民共和国国务院新闻办公室:《平等发展共享:新中国 70 年妇女事业的发展与进步》,http://www.gov.cn/zhengce/2019－09/19/content_5431327.htm

[21]国家统计局社会和科技统计司:《中国社会中的女人和男人——事实和数据(2007)》,2007 年,第 105 页

[22]国家统计局:《2016 年〈中国妇女发展纲要(2011—2020 年)〉统计监测报告》,http://www.gov.cn/xinwen/2017－10/27/content_5234785.htm

[23]国家统计局:《2017 年〈中国妇女发展纲要(2011—2020 年)〉统计监测报告》,http://www.stats.gov.cn/tjsj/zxfb/201811/t20181109_1632537.html

[24]国家统计局:《2018 年〈中国妇女发展纲要(2011—2020 年)〉统计监测报告》,http://www.stats.gov.cn/tjsj/zxfb./201912/t20191206_1715998.html

[25]国务院妇女儿童工作委员会:《〈中国妇女发展纲要(1995—2000 年)〉终期监测评估报告》,https://www.docin.com/p－36743888.html

[26]国务院妇女儿童工作委员会:《〈中国妇女发展纲要(2001—2010 年)〉实施情况中期评估报告》,内部资料,第 5 页

[27]国家统计局:《〈中国妇女发展纲要(2011—2020 年)〉中期统计监测报告》,http://www.gov.cn/xinwen/2016－11/03/content_5128075.htm

[28]郑慧:《政治文明:涵义、特征与战略目标》,《政治学研究》,2002 年第 3 期

[29]刘伯红:《半边天要顶破"玻璃天花板"——中外女性参政的进展与对策》,《中国行政管理》,2003 年第 3 期

[30][美]艾丽斯·H.伊格利、琳达·L.卡莉:《穿越迷宫:指引女性领导者登上事业之巅》,王丽译,商务印书馆,2011 年版,第 2 页

[31]张永英:《妇女的政治地位》,《新时期中国妇女社会地位调查研究(上卷)》,中国妇女出版社,

2013 年版,第 279 页

[32]刘嫦娥、黄杰:《党外女干部成长路径的现状及对策研究》,《湖南省社会主义学院学报》,2018 年第 3 期

[33]佟新、刘爱玉、马冬玲:《女性高层次人才发展与妇女地位》,《新时期中国妇女社会地位调查研究(下卷)》,中国妇女出版社,2013 年版,第 586 页

[34]孙晓莉:《地方现任省级女性领导干部职业发展经历研究》,《行政管理改革》2019 年第 3 期。部分数据按照文中图 9 重新计算而成。

[35]吴镭:《重视拓展女干部培养选拔渠道》,《领导科学》,2013 年第 1 期

[36]孙晓莉:《地方现任省级女性领导干部职业发展经历研究》,《行政管理改革》,2019 年第 3 期

[37]邓业军:《A 市市级人大代表履职研究》,湖南大学硕士学位论文,2013 年,第 21 页

[38]浙江省、市人大女代表、政协女委员参政议政现状研究课题组:《浙江省、市人大女代表、政协女委员参政议政现状研究》,《资料通讯》,2007 年第 7 期

[39]邓飞:《人大女性代表参政困境的制度分析》,中共中央党校硕士学位论文,2008 年,第 13 页

[40]坎迪达·马奇、伊内斯·史密斯、迈阿特伊·穆霍帕德亚:《社会性别分析框架指南》,社会性别意识资源小组译,社会科学文献出版社,2004 年版,第 17 页

[41]王政:《"女性意识"、"社会性别意识"辨异》,《妇女研究论丛》,1997 年第 1 期

[42]张永英:《为谁参政?——参政妇女的社会性别意识分析》,《第三期中国妇女社会地位调查论文集②》。中国妇女出版社,2014 年版,第 132-140 页

[43]陈玉杰:《领导者为女性会增加组织性别公平度吗?》,《中国劳动》,2019 年第 3 期

[44]马冬玲、周旅军:《女领导的临界规模与组织性别歧视现象——基于第三期中国妇女社会地位调查数据的实证研究》,《第三期中国妇女社会地位调查论文集②》,中国妇女出版社,2014 年版,第 364-369 页

[45]廖冲绪:《改革开放以来中国共产党反腐倡廉理论与实践研究》,西南交通大学博士学位论文,2017 年,第 22 页

[46]黄义英、秦馨:《廉政、廉政文化和廉政文化建设的理论内涵》,《前沿》,2010 年第 9 期

[47]Anand Swamy,Stephen Kanck,Young Lee and Omar Azfar,"Gender and Corruption",*Journal of Development Economics*,2001,64(1)

[48]David Dollar、Raymond Fisman and Roberta Gatti,"Are Women Really the'Fairer'Sex? Corruption and Women in Government",*Journal of Economic Behavior and Organization*,2001,46(4)

[49]世界银行政策研究报告:《通过权利、资源和言论上的性别平等促进发展》,中国财政经济出版社,2002 年版,第 12-13 页

[50]郭夏娟、涂文燕:《女性是否比男性更清廉?——基于中国公职人员腐败容忍度的分析》,《妇女研究论丛》,2017 年第 4 期

[51]时春荣、程小佩:《"性别与腐败"关系之理论的发现及其意义》,《江西师范大学学报(哲学社会科学版)》,2013 年第 3 期

[52]涂文燕:《性别与腐败容忍度——基于中国公职人员的分析》,浙江大学博士学位论文,2016 年,第 29-40 页

[53]房静:《公务员廉政教育参政意愿实证研究》,中国科学技术大学硕士学位论文,2015 年,第 27 页

[54]廖晓明、陈洋庚:《反腐败的公职人员甄选机制——基于个体特征与腐败倾向的理论分析》,《社会科学家》,2014 年第 6 期

[55]李黔豫:《女性职务犯罪及防控机制研究》,《法制与社会》,2016 年第 35 期

[56]郑海、李国华:《贪污犯罪与受贿犯罪的犯罪学特征——基于 300 例案件的实证考察》,《中国人

民公安大学学报(社会科学版)》,2015 年第 6 期

[57]李国华:《非领导职务公务员职务犯罪治理实证研究》,《宜宾学院学报》,2017 年第 1 期

[58]姜树广、李成友:《性别差异视角下的腐败现象研究动态》,《经济学动态》,2015 年第 7 期

[59]张俊国:《从未消失过的记忆与温暖——学习习近平总书记关于家庭、家教和家风的论述》,《学习时报》,2018 年 8 月 29 日

[60]邬泽华:《家庭廉洁促干部清正》,《中国监察》,2013 年第 21 期

[61]刘英:《从性别制度视角追溯"权色交易"的根源》,《山东女子学院学报》,2016 年第 2 期

[62]Namawu Alhassan-Alolo,"Gender and Corruption: Testing the new Consensus",*Public Administration and Development*,2007,(11)

[63]叶文振:《系统领会"两个独特作用"推进家国融合发展》,《中国妇女报》,2019 年 3 月 12 日

[64]宋少鹏:《"性别"抑或"性别体制"?:女性涉腐理论解释框架探析》,《妇女研究论丛》,2015 年第 2 期

[65]恩格斯:《家庭、私有制和国家的起源》,人民出版社,1999 年版,第 76 页

[66][英]杰弗里·托马斯著,顾肃、刘雪梅译:《政治哲学导论》,中国人民大学出版社,2006 年版,第 358 页

[67]韩贺南、张健主编:《新编女性学》,首都经济贸易大学出版社,2010 年版,第 142-143 页

[68]魏国英主编:《女性学概论》,北京大学出版社,2000 年版,第 117 页

[69]骆晓戈主编:《女性学(第三版)》,湖南大学出版社,2013 年版,第 69 页

[70]祝平燕、周天枢、宋岩主编:《女性学导论》,武汉大学出版社,2007 年版,第 276 页

[71]鲍静:《女性参政——社会性别的追问》,中国人民大学出版社,2013 年版,第 59 页

[72]蒋永萍主编:《世纪之交中国性别平等与妇女发展状况》,中国妇女出版社,2008 年版,第 53 页

[73]范红霞:《基于性别视角的媒介暴力研究》,浙江大学博士学位论文,2013 年,第 38-41 页

[74]杨小英:《中国女性参政的主要障碍及对策思考——浅议加强党对妇女工作的领导》,《理论与改革》,2000 年第 3 期

[75]董晓艳:《女性领导的特质及其领导能力的提升》,《领导科学》,2009 年第 24 期

[76]郭纹廷:《中国女性参政问题探析》,《温州大学学报(社会科学版)》,2016 年第 3 期

[77]许孔玲:《女性参政的优势及心理弱势分析》,《领导科学》,2013 年第 25 期

[78]刘利群:《媒介责任与新闻呈现——男女平等价值观的媒体传播分析新发展理念下的妇女发展与性别平等》,社会科学出版社,2018 年,第 297-298 页

[79]刘伯红:《五年来大众传媒研究对中国妇女表现的性别分析》,《妇女研究论丛》,2000 年第 3 期

[80]"在国际劳工组织成员中提高社会性别主流化能力"中国项目组著:《提高社会性别主流化能力指导手册》,中国社会出版社,2004 年版,第 15 页

[81]邝丽芬:《女性主义政治学的发展与重构》,天津大学出版社,2019 年版,第 83 页

[82]单艺斌:《如何评价我国妇女政治地位》,《中国统计》,1998 年第 11 期

[83]童芍素:《参政与从政的辩证关系》,《中国妇运》,2001 年第 5 期

[84][瑞典]D.达乐鲁普、L.弗莱登瓦尔:《配额制:对妇女平等参政的快速跟进》(高静宇摘译),《国外社会科学》,2006 年第 6 期

[85]薛宁兰:《社会性别与妇女权利》,社会科学文献出版社,2008 年版,第 3 页

[86]师凤莲:《社会性别视角下当代中国女性政治参与问题研究》,山东大学博士学位论文,2010 年,第 121-124 页

[87]闵杰:《性别配额制的基层实践、存在问题及优化战略》,《哈尔滨学院学报》,2017 年第 8 期

[88]梁丽萍:《女性参政与公共政策的选择》,《当代世界与社会主义》,2006 年第 1 期

[89]李慧英:《从社会性别的视角审视中国的性别立法与社会公共政策》,《浙江学刊》,2003 年第 2 期

[90]叶文振:《论女性学的三大任务及其学科意义》,社会科学文献出版社,2018 年版,第 19 页

[91]叶文振:《女性学的研究方法及其学科意义》,《妇女研究论丛》,2006 年第 4 期

[92][美]维・伊斯顿:《政治生活的系统分析》,华夏出版社,1999 年版,第 5 页

[93]陈振明:《政策科学》,北京大学出版社,1997 年版,第 6 页

[94]联合国:《第四次妇女问题世界会议的报告》,内部资料,1995 年版,第 23 页

[95]联合国:《第四次妇女问题世界会议的报告》,内部资料,1995 年版,第 103 页

[96]江泽民:《在中国政府举行的联合国第四次世界妇女大会欢迎仪式上的讲话》,《第四次世界妇女大会重要文献汇编》,中国妇女出版社,1998 年版,第 19 页

[97]李英桃:《构建性别平等的人类命运共同体:关于原则与路径的思考》,《妇女研究论丛》,2018 年第 02 期

[98]中华人民共和国外交部:《中国落实 2030 年可持续发展议程进展报告(2019)》,[R/OL].https://www.fmprc.gov.cn/web/ziliao_674904/zt_674979/dnzt_674981/qtzt/2030kcxfzyc_686343/.

[99]刘伯红:《建立和完善提高妇女地位的机制》,《中国妇运》,2015 年第 10 期

[100]牛天秀:《性别正义视域下当代中国女性参政研究》,南京师范大学博士学位论文,2013 年,第 23 页

[101]梁旭光:《中国妇女参政的问题、成因及对策》,《理论学刊》,2000 年第 1 期

[102]曾一帆、刘筱红:《社会性别统计初探》,《统计与决策》,2007 年第 17 期

[103]刘伯红:《有效进行社会性别倡导》,《中国妇运》,2016 年第 8 期

[104]全国妇联"推动中国妇女参政项目"基线调查组:《全国妇联"推动中国妇女参政项目"基线调查报告》,内部资料,2011 年

第十一章

女性法律地位

法，“从廌从去、以水之平、廌触不直者去之，后简称法”。这是我国最早关于“法”的定义。长期以来，法律是世人心目中的天平，是公平、公正、正义的象征，女性主义诞生以后，批判法律在性别问题上的不公，进而寻求真正的性别正义。本章主要介绍女性在法律意识、法律地位以及法律保护上与男性的差异，并从女性学视角解释这些差异形成的原因，进而探讨在我国依法治国、建设全面法治国家进程中如何发挥女性的能动性，把我国建设成男女平等、两性和谐的全面法治国家。

第一节

女性法律意识

依法治国，离不开法律意识的养成、社会主义法治信仰的确立，法治国家、法治政府和法治社会建设都需要增强法律意识。全面依法治国、建设社会主义法治国家需要每一个行为主体牢固树立法治信仰和法律意识，不断完善法律体系。当前我国公民法律意识逐步提高，法律意识理论的研究也逐渐深入。本节主要介绍法律意识的一般理论以及相关研究状况，从女性主义的视角分析中外历史上法律意识嬗变的性别差异。

一、法律意识的一般理论

人的意识决定了人的行为，不同的法律意识决定了行为合法与否。“规范法律意识”决定了行为的合法性、正当性；而低水平的、病态的法律意识决定了行为的违法性、危害性（于丽芬、牟海晶，2015）。前苏联以及俄罗斯学者认为，法律意识作为一种特殊的社会意识形式，是社会主体对法和法律现象的主观反映以及关于法和法律现实的观点的总和，法律意识具有社会性、阶级性，受社会经济基础的决定和制约。欧美学者对于法律意识理论的研究呈现出另外的特点，他们很少对法律意识的概念范畴进行较为全面和科学的界定，也不对法律意识本身的范围和结构进行分析和研究，而是从各自的视角探讨法律意识的基础、性质，在社会法律体系中的地位功能问题。在我国，学者们对法律意识概念的理解分歧不大。有的学者认为法律意识是国家公民对于该国家法律、法规普及程度最为客观的反馈，是公民针对法、法律、法治最为直观的思想、观念、知识的总称（陈丽影，2017）。也有学者认为“法律意识是与群体或个体（个性）心理特征相联的、人们关于法律现象的认知、情绪和意志的总和”（张文显，1998）。在诸多教材和论著中较为普遍使用的概念是《中国大百科全书·法学》卷的界定，即“人们对于法（特别是现行法）和有关法律现象的观点和态度的总称，它表现为探索法律现象的各种学说，对现行法律的评价和解释，人们的法律动机（法律要求），对自己权利和义务的认识（法律感），对法、法律制度的了解、掌握、运用的程度（法律知识）以及对行为是否合法的评价等”（中国大百科全书，法学卷）。

综上所述，传统法学关于法律意识的主流观点，可以概括为法律意识是一种特殊的社会意识，是法律现象的特殊组成部分。在社会生活语境下，法律意识都是指树立法律意识，即国家要有立法意识，国家各个权力机关要有严格执法意识，作为公民要有学法和守法意识。我们认为，上述观点欠缺社会性别维度的分析，法律意识属于公民意识的一个组成部分，由于女性在近代以前不具有法定的公民身份，从民事法律角度来讲女性历来处于男性被监护之下，从刑事法律角度来看，大多数罪行都是针对男性设立的，女性大多数情况下是因家族行为牵连获罪。所以古代女性对法律的感知在某种程度上是以男性为媒介的，法律的创制者和操作者都是男性，法律理论体现的是主流社会的男性的价值观，法律的精神和思维都是男性化的，法律意识理论也不例外。要想界定符合性别公正的法律意识概念，我们必须首先吸纳女性主义理论，补充传统概念缺失的性别因子。

二、女性主义对法律意识理论的批判

近代女性主义运动中很多女性主义学者批判传统法律意识的男权现象，她们认为法律意识集中反映了法的阶级立场和性别立场。所谓法律的性别立场，就是法律代表和保护哪个性别的利益。女性主义法学认为，法律意识理论最核心的问题是法律在性别问题上的意识形态。琼·W.斯科特在《性别：历史分析中一个有用的范畴》中提出，女性主义新史学“在一定程度上使‘性别’一词演变成一个分析范畴。按此类推，‘阶级’和‘种族’的内涵也就明确了。的确许多具有强烈政治意识的女性学学者们都认为，在编写新史学著作中运用这个分类概念（即‘阶级’、‘种族’和‘性别’）尤为重要”（李银河，1997）。从女性主义的立场出发，性别成为与阶级以及种族并列的分析不平等权力结构的重要范畴。因此我们可以说，从阶级的角度看，法律是统治阶级意志的体现；从社会性别的角度看，法律是男性意志的体现。

马克思在《德意志意识形态》中从唯物主义的角度阐述了法律产生的社会物质基础，在马克思看来，法律是一个历史范畴，必定会烙上时代的印记。最早的法律是奴隶制社会的法律，其前身是原始社会的习惯法。法律作为调整社会关系的行为规范，由一定时期经济基础决定的，并受到其他因素的影响，比如宗教、道德、原始习惯和两性关系等因素。从女性学的立场看，性别关系对法律的影响是我们要考察的要点，两性关系是人类社会最重要、最基础的社会关系，法律产生时的两性关系也会对法律产生重要的影响，并决定了法律的性别意识形态。从历史的角度讲，两性关系的历史要远远早于法律的历史，在阶级和国家出现之前，人类已经经历了母系氏族社会和父系氏族社会。法律产生之前，人类社会已经有了较为明确的两性关系规范。法律产生之前，三次社会大分工促进了生产力的提高，人类进入了农耕时代，父系氏族社会已经取代了母系氏族社会。恩格斯在《家庭、私有制和国家的起源》中指出，“母权制的被推翻，乃是女性的具有世界意义的失败。丈夫在家中掌握了权柄，而妻子则被贬低，被奴役，变成丈夫淫欲的奴隶……变成单纯的生孩子的工具了”（《马克思恩格斯选集》，1995）。也就是说，法律产生时，男性在社会中处于支配地位，女性处于附属地位。“法律制度所固化的两性关系，恰恰又是法律赖以生存的土壤——现实中男性支配女性的性别关系。以此观之，男性在两性关系中的支配地位是法律构建性别关系的历史和逻辑起点”(孙文恺，2009)。法律在最初建构过程中女性的缺位，导致法律的内容反映了男性的观点和价值，在长期父权制文化下形成的传统的法律理论也是建立在男性生存体验和知识类型之上，法律的特质一直被与男性的特质联系在一起，因此，与法律相关领域一是被男性所垄断。

从法律规则到行为方式乃至意识形态的转变是一个长期的过程。性别法律规则通过国家机器得以宣传、运行，对人们的行为进行肯定或者否定性评价。出于趋利避害的心理和对法律权威的崇拜，遵守法律成为各个历史时期大多数人的选择，法律规则逐渐内化为行为方式，变成具体的性别角色。“女人是不完整的男人”的概念透过重重的社会教化机制，长期持续的内化为一种社会规范，男性一直扮演女性的监护人和主宰者，社会和国家是男性的领域，女性在行为能力、活动范围甚至在生育后代的问题上都成了低于男性的“第二性”。女性从属于男性的模式逐渐演变成男尊女卑的观念，最后形成了关于性别问题的法律意识形态。性别法律意识形态的形成，是法律构建社会性别的最后环节，也是最隐蔽、最深层的环节。即便在性别法律制度业已改变的情况下，意识形态的特点决定了性别法律意识还将因其惯性而长期存在下去。

近代以来，女性逐步获得所以公民地位，女性如何介入传统法律意识，或者说法律意识理论怎样才能涵盖女性，是一个值得理论界思考的命题。从女性学的角度重新阐释法律意识理论，我们认为女性法律意识是女性基于自身的立场，对于法和有关法律现象的观点和态度的总称。

三、法律意识的性别差异

法律意识是主观的，是因人而异的，也不便于直观考察。因此我们拟从法律意识的形成基础以及集中表现两个角度来考查法律意识的性别差异。形成法律意识的知识基础和理性基础是法律知识，法律知识可以从多种渠道获得，可以说没有法律知识不可能产生法律意识。法律意识集中表现是法律观念，后者包含了人们的法律信仰、法律情感和法律动机。因此，公民法律意识的性别差异体现于法律知识的获得方式以及学历程度和法律观念的差异。

法律知识是人们关于社会法律现象科学认识活动的结果，它是人们关于法的一般理论和法律发生发展的历史过程及其规律，以及一个国家和地区现行法律的内容和特点等方面的知识的总和。法律观念是一种法律意识现象，它是指人们在对法的理解的基础上所形成的意向和决策思想，是一种较为稳定的法律意识定势(刘洪旺，2001)。公民个人的行为选择并不都是接受国家法律的指引，在某种程度上是根据公民个人在长期的生活体验中所形成的法律价值观去选择和决定自己的行为。人们根据自己对法律和法律现象的认识、情感体验以及评价等，形成了个人的法律价值观，进而用这种价值观对自己的行为进行法律调节(刘洪旺，2001)。

(一)法律知识

法律知识的性别差异可以通过法律教育的各种途径予以考察，比较容易直观呈现。

人们获得法律知识的途径大体上有两种：一是学校专门的法律教育，二是各种形式的普法宣传。

1895年北洋大学法律系的成立被认为是中国现代法律教育的开端，但当时只有男性才拥有进入法律系就读的资格。在1931—1948年间，上海大学法律系共747名毕业生中，女生只有62名，大约占总数的8%左右。在1927—1932年上海法政学院共444名毕业生中，只有18名女生。1931—1949年间，东吴大学法律系毕业生中，女性的比例大约占总数的12%左右，但值得注意的是，在1941—1949年间，女生的比例增长较为显著，达到了18%左右(宋灵珊、刘方权，2017)。

新中国成立后，法学教育秉承男女平等的原则，但是直到2000年，我国法学专业女大学生都是数量相对较少、比例较低的状态。以西南政法学院和福建师范大学法学院(法律系)为例，我们可以看到2000年以后女生比例逐渐提高到50%以上(见图11-1和11-2)。此外我国中小学一般也开设法制教育课，大学教育阶段也将法律修养作为公共课广泛开讲。可以说，学校教育是公民获得法律知识的主要途径。

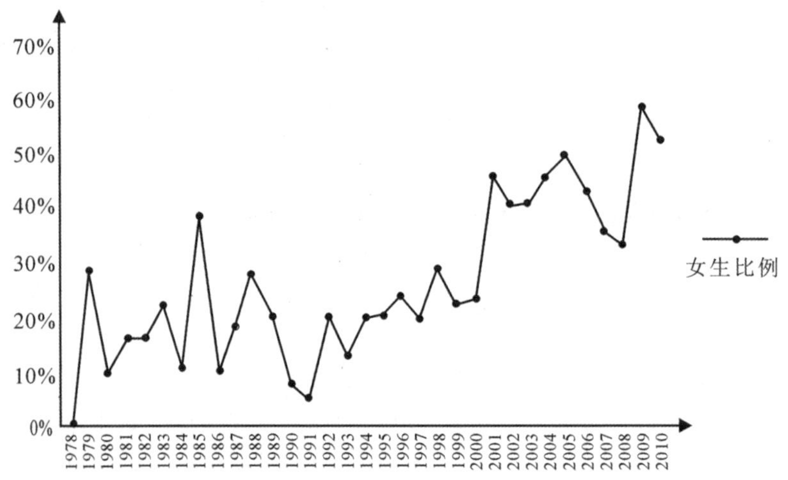

图11-1 西南政法大学F省校友中的女性比例:1978—2010年

资料来源:宋灵珊、刘方权，2017

从普法宣传等社会教育的角度看，1986年，党中央宣布全国普法开始，每五年为一个活动周期，从“一五”到“六五”普法，面向全体公民展开的法律常识普及工作形式多样、参与者众多。2001年，中共中央、国务院决定将我国现行宪法实施日12月4日，作为每年的全国法制宣传日，在这一天中，部分民众可进法院参观，此后，“法制宣传日”作为我国的法制的“节日”，每年度我国都要举行相关的法制宣传活动。在法律需求方面，调查显示，93.8%的公众希望多参加一些普法学习、法律培训。这一点在女性中表现得更加充分，95.3%的受访女性有这种意愿，而男性表达这一愿望的比例是90.4%，低了近5个百分点。调查发现，不同性别的公众对法律的需求各有侧重。女性较重视的法律主要是一些与自身生活工作密切相关的法律，如城市居民/农民权益类、妇女儿童权益类、婚姻类以及劳动保障类。相比之下，男性则更重视诉讼程序类、合同等经济类法律(妇联全国法律需

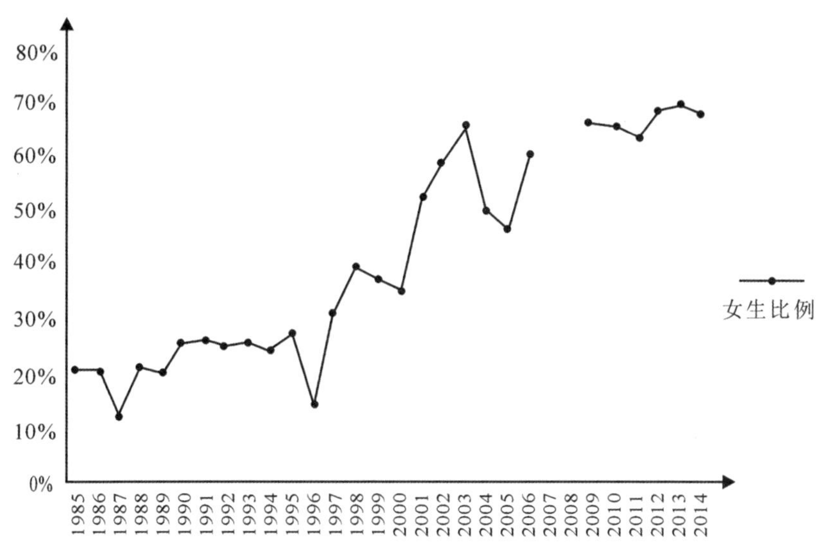

图 11-2　福建师范大学法学院(法律系)女生比例:1985—2014 年

资料来源:宋灵珊、刘方权,2017

求调查,2005)。

经过 30 多年的努力,我国公民的法律素质得到全面提高。2001 年,第二期中国妇女社会地位抽样调查显示,女性对妇女权益保障法的社会认知程度较高,有 91.5%的人认为有必要建立专门保护妇女的法律,有 73.8%的人知道中国有这部法律,75.5%的城镇女性和 54.6%的农村女性能正确或基本正确地说出这部法律的名称。在知晓这部法律的人中,91.8%的女性和 91.1%的男性认为,这一法律对保护妇女权益有用(国家统计局,2001)。在妇女法律权利与传统习俗的冲突方面,对女性权利的认识有较大提高。调查结果显示,赞同出嫁女与兄弟平等继承家庭遗产的人达 25.7%,比 10 年前提高了 6.8 个百分点,其中女性为 23.6%,比 10 年前提高了 7.4 个百分点,男性为 28.1%,比 10 年前提高了 6.6 个百分点。对于“孩子可随母姓”的法律规定,持赞同态度的女性有 34.2%,比 10 年前提高了 17.1 个百分点,男性赞同的为 21.2%,比 10 年前提高了 7.0 个百分点(国家统计局,2001)。2010 年第三期中国妇女社会地位抽样调查主要数据显示,83.4%的人知道有妇女权益保障法,七成以上的人知道性别歧视现象,73%的赞同在尽到同等赡养义务的情况下男女具有同样的继承权。

近几年调研数据表明,不同女性群体对法律的知晓率不同。学者们聚焦的女性群体有城市女性、少数民族女性、农村女性、女性农民工以及女大学生群体。比如有调查显示近年来城市女性居民对法律的知晓率较高,在 2014 年的法治天津建设情况调查中,当问到“您认为我国的哪部法律最重要?”时,回答“宪法”最重要的占 59.1%,其次认为“民法”最重要的占 23.3%,认为“刑法”最重要的占 14.0%,认为“婚姻法”最重要的占 3.1%,还有 0.5%的女性回答“其他法律”。当问到“宪法的作用是保护公民权利,规范政府权力”时,有高达 78.9%的女性被访者表示赞同和非常赞同,这反映出宪法在广大女性心中的位置越来越重要(丛梅,2016)。对于女性流动人口而言,她们大多缺少法律知识,不了解具体法律条文，不会运用法律维护自己，学者调查结果显示有77.1%的女性流动人口认为自己对《劳动合同法》的内容处于“一般了解”状态，有17.2%的人认为自己处于“很了解”状态，有5.8%的人认为自己处于“不了解”状态。在全体调查对象中，只有25.2%的妇女听说过《妇女权益保障法》，有74.8%的人没有听说过（林晓露等，2009）。农村女性以及少数民族地区的农村女性法律修养也比较低，但是在振兴乡村经济的过程中，经济的发展带动了女性法律意识的提高，比如土族女性在推销旅游产品、发展农家乐的过程中学习和运用法律（马红霞，2014）。

（二）法律观念

从现阶段来看，在实际生活中，很多公民在面对需要解决的问题时，倾向于依靠自身解决相应的问题，对法律缺少基本的认同感和亲和度，同时人们对于法律的遵守并不严格，往往习惯于用法律以外的思维、想法对事物进行自己游离于法律之外的选择与评论。例如，在实际社会中男权传统抵制男女平等原则的情况屡屡出现，很大程度了影响了人们对于是非曲直的判断。

就不同女性群体而言，法律观念存在差别。随着城市女性法律知晓率的提高，她们的法律观念正在逐步增强。认为法律在日常生活中非常重要和比较重要的被访女性占71.0%，还有5.2%的被访者认为“没觉得有多大作用”，甚至有0.5%的女性被访者认为“法律在日常生活中根本没用”。这意味着社会上有少数女性对法律本身抱有排斥心理，遵守法律和信仰法律对于这部分人来讲难以做到，这也反映出全社会法律观念的提升还有一定空间。具备一定法治观念的另一个表现是在“人情”与“国法”之间，大多数被访女性选择了法律，并认为“人情大于国法”的现象是不对的，至少是不完全对的，这一比重高达87.4%（丛梅，2016）。相对而言，女大学生群体的法律意识和主体意识较强，在法律认同感上，女大学生将权利与文明结合起来，对法律的信仰度较高。（赵颂平等，2005）。

当代城市女性的守法意识较强，绝大多数被访女性都表示“虽然法律还不够完善，但是能够遵守法律，做守法公民”。仅有2.6%的女性被访者认为“法律不好就可以不遵守”。同样，城市女性在对待其合法权益（如消费权、劳动权、财产权等）受到侵害时，也会采取一些较为积极的态度和应对方式予以回应。她们在知法守法的基础上越来越注重依法维权，并逐渐愿意将一些在传统意识中认为是私人领域的事情公开，求助于法院、政府或公益性的社会组织（丛梅，2016）。2005年全国妇联的调查显示，女性对于妇联维权的认可度要高于男性，比例分别是68.8%和60.2%。而对于位居第二的法院诉讼，男性的认同率明显高于女性，分别是22.9%和17.1%。还分别有12.2%和11.2%的男性和女性认为，调解是解决问题最有效的途径。46.9%的女性表示，遇到问题不首先使用法律是因为“觉得按习惯来处理更好”，这比男性公众的42.5%高出近5个百分点。还有13.6%的女性公众表示，因为对法律不清楚，不知道如何运用，这一数据的比例也高于男性。

可见，当前女性法律意识已经形成，并逐步影响法律对于女性的认知，但是女性法律意识层次总体上低于男性。传统的法律意识理论忽视女性的存在和行为特征，提升女性法律意识的前提之一是法律意识理论以及法律知识体系应该增加性别平等的砝码，在以法律为核心的整个现代法治结构中要加入女性的视角、女性的生存体验与思维方式，在教育、普法、立法、司法、执法等各个环节精准推进。广大女性公民要清楚地把握我们法治化进程的作用，认清自己的主体地位，不断地学习和了解法律知识，提高自己的法律素养，培育自己的尚法理念。

第二节

女性法律地位

法律地位就是法律上的人格或者称为权利能力，指法律主体享受权利与承担义务的资格，也用以指法律主体在法律关系中所处的位置，它常用来表示权利和义务的相应程度。法律地位一般由其他社会规范、习俗先行限定，由法律最终确认后生效。本节主要介绍女性法律地位的历史变迁以及当前我国女性参与法律职业的情况，分析立法、司法和律师职业中存在的性别差异。

一、女性法律地位概述

如前所述，法律地位就是法律上的人格或者称为权利能力，指法律主体享受权利与承担义务的资格。根据具体取得方式的不同分为自动取得的地位和主动取得的地位，前者是法律规范生效区间内法律主体自动获得该种权利义务关系，如公民的劳动权；后者是法律主体事实参与法律关系的状态为法律承认而获得，如注册一家公司法人。

女性的法律地位指女性作为法律主体享受权利与承担义务的资格。女性的法律地位的发展历程走过了一个上升的曲线，即在经历了封建时期的不平等、近代的女权主义的倡导促进了女性觉醒后，现代女性的法律地位在形式上已逐步趋于男女平等。

奴隶制时代典型的文明国家都非常一致地在法律中规定了男性的主导地位。希腊各城邦法律将女性限制在家庭范围内，而且在男性亲属的保护之下。古巴比伦的《汉穆拉比法典》规定显示不管处于哪个阶层，女性都是男性的附属品。古代印度《摩奴法典》歧视妇女还体现在规定女性无独立人格，只能从事家务，必须生育男孩，要严格守贞（孙文凯，2009）。古罗马的《十二铜表法》赋予年满 25 周岁的男性公民法律主体资格，女性一生都要处在父亲或者丈夫的监护之下。中国周朝是奴隶制社会的鼎盛时期，周代法律规定了男性家长制，在婚姻制度上实行一夫一妻多妾制，法律明确规定了男尊女卑的两性关系。

中世纪欧洲处于教会法的控制之下，教会法“上帝面前人人平等”的论调在一定程度上提高了妇女的法律和社会地位，但是教会否认女性具有人格权，认为女性是邪恶的，《圣经》宣称男人是上帝的杰作，女人只是男人的复制品，确定女人的从属地位。在中国封建社会，男尊女卑成为法律确立男女权利义务关系的基本准则。东周时期出现男女授受不亲的观念，到汉代形成束缚女性的“三从四德”的立法框架。在这种传统的法律制度中，父权、夫权占绝对统治地位，女性一直没有获得与男性平等的法律地位，妇女没有独立的人身权利，也不享有任何政治权利。在刑事法律制度上，《唐律》规定夫妻相犯，同罪异罚，“妻殴夫徒一年，夫殴妻未伤者无罪”（蒲坚，2015）。明清时期，夫妻之间的犯罪，丈夫减常人二等，妻子则加常人二等，丈夫擅自杀妻杖一百，妻杀夫则凌迟处死。在财产权方面，妇女不享有独立的财产所有权和继承权，比如宋元时期未嫁女分男子聘财一半，寡妇改嫁无继承权，绝户之家女儿享有部分财产继承权。在婚姻家庭权利方面，男性有单方面的离婚权，一夫多妻制。在受教育权上，"女子无才便是德"的思想处于统治地位，除少数大家闺秀可以在家庭内接受有限的教育外，女性几乎完全被剥夺了接受正规教育的权利。

近代资产阶级革命以法律规范形式确立了平等权这一基本人权，但是早期"法律面前一律平等"是将女性排斥在外的，早期资本主义国家宪法文本中的"人"特指男人，"人权"也只是表述为男人的权利(man right)。19 世纪到 20 世纪的女权主义运动使妇女逐渐获得在政治参与上平等权利。至 1945 年，在联合国 51 个成员国中，30 个国家的妇女已获得了选举权，占成员国总数的 58.8%(骆晓戈，2009)。20 世纪以来，随着社会的发展和女性主义运动的促进，法律中规定女性从属于男性的内容渐趋减少，甚至已经基本消灭，女性逐渐获得了平等的法律地位。但是从世界范围内来看，女性的法律地位仍然表现出明显的地区分化现象，既有女性法律地位几乎和男性并驾齐驱的地区，也有女性依旧被歧视，被落后观念和陈旧制度束缚的地区。如在北欧和一些东南亚国家，女性权利得到普遍尊重，女性法律地位较高，政治参与状况较好，而在中东，非洲和拉美的很多国家，女性却由于政治经济宗教和文化的原因，生存状况处于很不乐观的状态。总体来看，在广大发展中国家，女性遭受男权文化和尚未肃清的殖民主义政治经济制度的双重压迫，获得平等的地位和有尊严的生活还有着较远的距离(王丹宏，2016)。

学界关于女性法律地位的研究大致可以分为以下几类：一是从历史发展的角度讨论女性法律地位，如法制史、人类通史和断代史这一类作品中关于女性地位的论述；二是从法律变迁角度讨论妇女法律地位，如某个时代的几部法典对女性权利义务的规定的发展变化；三是从社会实践角度讨论女性在立法机构以及法律职业中的现状的调查研究；四是从性别视角分析女性的法律地位；五是关于女性社会地位的调查研究中有涉及女性法律地位的内容。

二、女性的立法地位

妇女立法参与是作为公民有序立法参与的重要组成部分，是推动社会主义立法民主化和女性立法参与主体化的重要方面。论及妇女地位的高低，国际社会和各国政府通常将某个国家女性参与立法机构的人数及其占立法机构参加人总数的比例作为衡量的主要标尺(李傲，2010)。所谓妇女立法参与是指，妇女作为主体参与立法过程，平等地表达立法意志，从而影响利益的性别平等分配。从狭义上讲，是指妇女直接参与各类立法，包括专门的妇女法、与妇女相关度较高的婚姻家庭法等、比较主流的民法刑法等法律。广义上讲，立法参与的内容包括从立法调查、立法论证、立法倡导、立法听证到起草建议或草案，一直到新法的出台，这是一个系统工程，妇女都应该作为主体参与。

提升妇女的立法参与能力可以增加妇女的立法影响力，而妇女的立法影响力又由妇女在法律中对性别问题的发现能力、法律问题的建构能力和立法的游说能力构成，并受立法体制和程序的制约。研究妇女立法参与问题可以改变传统法律的男性单一视角，促进法律的公正性发展。中共中央转发的《中共全国人大常委会党组关于进一步发挥全国人大代表作用，加强全国人大常委会制度建设的若干意见》已明确提出，要认真落实法律规定的立法制度，继续推进立法工作的民主化，逐步扩大公民对立法工作的有序参与。这是切实发展社会主义民主、增强全社会法律意识、构建社会主义和谐社会的一项重要举措，也为扩大妇女立法参与范围及参与的程序提供了契机(郭慧敏、李姣，2011)。

妇女的立法参与情况集中体现在人大代表以及人大常委会立法委员会中女性的数量和比例。1954 年第一届全国人民代表大会共有女代表 147 人，占代表总数的 12%；1993 年第八届全国人民代表大会女代表已增至 626 人，占代表总数的 21.03%；2013 年第十二届全国人大共有女代表 699 名，占代表总数的 23.4%；2018 年第十三届全国人大代表 2980 名代表中妇女代表 742 名，占代表总数的 24.9%。2018 年全国 35 个选举单位中妇女代表的比例呈现出地区差异，有 6 个选举单位的女代表超过了联合国提出的 30%的临界值，比上届翻了一番，分别是广西(32.58%)、福建(31.88%)、云南(31.87%)、辽宁(31.37%)、台湾(38.46%)、澳门(33.33%)。处于 25～29.99%的选举单位有 15 个，比上届的 12 个增加了 3 个；处于 22～24.99%的选举单位有 8 个，比上届的 12 个减少了 4 个；处于第四档次(22%以下)的选举单位有 6 个，比上届的 8 个减少了 2 个(三秦巾帼，2018)。全国人民代表大会常务委员会是全国人民代表大会的常设机构，一届全国人大有 4 名女常委，占常委总数的 5%，到八届全国人大时已有 19 名女常委，占常委总数的 12.3%(中国妇女发展纲要 2011—2020 年)。2013 年第十二届有女常委 25 人，占常委总数的 15.5%。2018 年第十三届有常委 175 人，其中女性有 18 人，占常委总数的 10.28%，其中民族委员会中女委员 5 名，教育科学文化卫生委员会 3 名，外事委员会 4 名，华侨委员会 2 名，环境与资源保护委员会 3 名，农业与农村委员会 2 名，社会建设委员会 6 名，监察和司法委员会 20 名成员中没有女性，也是唯一没有女性委员的专门委员会；副委员长 1 名女性。

整体而言，我国妇女在人大代表中的比例呈现普遍上升的可喜态势，但是玻璃天花板现象也非常明显，在立法权力核心女性缺少，此外参与立法的人员是否具有性别敏感度也是一个值得探讨的问题。

三、女性的司法地位

司法权是国家权力结构中的一个重要组成部分，司法权的正当行使具有巨大的社会价值，而妇女是正当行使司法权的必需的人员保障，因此，完全有理由认为，妇女参与司法是衡量妇女地位的一个标尺。在我国司法机构中有一大批女法官、女检察官，她们善于发挥女性特有的缜密、细致、耐心的长处及敏锐的观察力，发现易被男司法官忽视的细微枝节问题或事实，并以这些所谓的细节事实作为突破口从而取得另外一些重要的关键性证据。女司法官员在有同性当事人的案件中在保护妇女合法权益方面起着特殊的作用。1992 年，全国有女法官 21012 名，2010 年，全国四级法院共有女干警 84000 余人，其中女法官 45000 余名，约占法官队伍总数的 1/4(常红、张海燕，2010)。到 2015 年，以上海市某区法院为例，首批纳入员额管理的法官中，男女法官分别占比 54%和 46%，男法官比例略高于女法官；但该法院 2010—2015 年期间新录用的公务员，历年女性比例均高于男性，其中比例最悬殊的年份，女性比例超过 70%。2018 年山东省法官检察官遴选委员会面试遴选确定 458 名候选人为员额法官建议人选，其中济南市 48 人，女性 27 人，占 56.52%。在检察官队伍中，中国女检察官协会获悉，2019 年我国女检察官人数已达 23540 名，占全体检察官总数的 34.9%(陈菲,2019)。

在我国法官职业和检察官职业队伍当中,性别结构表现为职称职位越高,女性所占比例就越低,形成一个以男性为顶端、女性为底层的金字塔形的结构。以法官为例,中国法院网 2019 年 8 月显示,我国首席大法官 1 名,男性;二级大法官 47 名,其中 5 名女性。最高人民法院 16 名领导干部中只有 1 名女性陶凯元大法官,在 32 个地方各高法领导中,只有天津市高级人民法院院长李静,江西省高级人民法院党组书记、院长葛晓燕,重庆市高级人民法院党组书记、代院长杨临萍,新疆维吾尔自治区高级人民法院院长巴哈尔古丽·赛买提 4 位女性。

当前,在我国女性地位相对提高,男女受教育的机会尤其是受高等教育机会相对均等,据有关统计,法学院学生中女生稍微多于男生。借力于社会进步和自身的努力,已经造就了一批素质较高的女司法官员,她们在各级人民法院和人民检察院的工作岗位上发挥着积极的作用。适当比例的妇女参与司法并任要职是正当行使司法权必需的人员保障,我们应当在社会中营造一种氛围,让大家能普遍认识或者接受妇女在司法活动中的积极、特殊的作用,提高妇女参与司法的比例将会更好地保障司法的公正。

四、女性在律师职业中的地位

1986 年我国正式成立中华全国律师协会,2001 年 12 月中华全国女律师协会成立,2008 年女律师在行业中占 25%,至 2019 年中国律师队伍已达 42 万人,其中女律师 15 万人,占 35.7%。我国女律师队伍是一个相对年轻的群体,以中青年律师为主,以上海为例,男律师平均年龄是 42.71 岁,女律师 35.67 岁(林戈,2018)。大多数女律师尤其是刚执业 3～5 年的律师普遍收入低,业务经验丰富的女律师较少,经济收入高的女律师也是少数。女律师相对于男律师而言拓展业务困难,在男性主导的商业社会里,大多数的企业家、管理人员都是男性,在维护和联络关系中,女律师容易受到男权社会的质疑。而女律师在工作中不仅承受着身体和精神的双重压力,由于经常性的伏案工作,长途奔波,许多女律师都处于亚健康状态(王敏,2015)。从行业影响力看,在 2017 年钱伯斯中资律师事务所榜单中,共有 176 人次的律师(部分律师在多个领域获得推荐)入选业界元老、业界贤达、律政之星和第一等排名(以下简称"第一等及以上"),占总榜单人次(572 人次)的30.7%。其中,共有 23 名女律师位列榜单第一等和业界贤达,占第一等及以上榜单的13.1%(查君,王煜,2017)。2019 年中华全国律师协会官网显示,协会 1 名会长 10 名副会长都是男性。与男性相比,女律师助理很多,但女律师不多,能成为合伙人的女律师更是少之又少。

国外情况也大致如此。以美国为例,美国律师协会 2014 年度报告数据表明,从事法律工作的专业人士中,女性占 34%,低年级律师中女律师占 44.8%,普通合伙人中女律师占 20.2%,权益合伙人占 17%,而在美国前 200 律所的执行合伙人中,女律师只有 4%。从上述数据可以看出,女律师要坐到合伙人的位置,并不容易。而在收入上,女律师整体收入水平也比男律师要低,自 2004 年至今,女律师的收入始终"稳定"在男律师收入的 80%左右,从 2004 年的 73.4%到 2013 年的 78.9%,虽总体呈上升趋势,但上升幅度比较小,不超过 10 个百分点。从上述数据不难看出,女律师的从业人数、职位和平均收入都不如男律师(康冲,2015)。

我国在法制建设过程中，一直坚持男女平等的原则，而且在一定程度上注重性别差异，但在许多方面，并没有实现实质平等，有些领域甚至连形式平等也没达到，与法制建设的目标相去甚远。因此，我们在政策制定、执行的过程中要将性别意识纳入决策主流，充分体现出社会公平与公正原则。要形成培训和学习马克思主义妇女观的制度，积极发挥各类妇女组织、妇女群体的作用，大力宣传男女平等思想，让它成为人们的信仰。在我党内部和更广泛的政治文化中创造一种对直接和间接的性别偏见零容忍的文化，倡导营造有利于女性参政议政的外部环境。完善妇女权益制衡和问责制度，允许妇女在权利受到侵犯、需求被忽略时寻求救济，确保司法机关、议会的监督流程以及公共审计机构遵循相关程序和标准，以监控侵犯妇女权利的行为。在政府主导的各种平台上使用性别平等的语言，主流媒体和新媒体合作，以确保更公平地再现妇女形象。

第三节　■ ■ ■

女性法律保护

法律保护的概念在理论上尚没有明确的界定，一般理解为通过法律途径来维护权利人的合法权益。法律对女性权益的保护经历了一个历史变迁的过程，新中国一贯坚持男女平等的基本国策，对女性权利的保护集中体现在《妇女权益保障法》。本节主要介绍女性法律保护的一般理论和研究状况以及我国女性在政治、经济、婚姻家庭等各方面的权利保护状况和性别差异。

一、女性法律保护概论

女性法律保护是指法律对女性各项权益的保护，即通过法律手段促使全社会采取各种措施，保证妇女作为一个平等意义上的人参与社会生活，行使平等权利。女性权益就是女性作为社会上的人，所应当享有的与其他主体一样的自由平等的权利，包括政治权力、经济权力、文化权利，以及其他权利。女性权益根源于女性作为人的尊严和价值，是维护女性的尊严和价值的本质要求，它的本质特征是鲜明地体现了男女平等的人权基本思想，改变和消除歧视女性的心态和行为。

20 世纪 90 年代中期以来，学者们在研究女性法律保护的论著中大都运用了社会性别理论，关注性别歧视与实质平等，关注社会的结构性问题对女性造成的压迫以及在诸多问题上的两性差异研究。从内容上看，理论界对于女性法律保护的研究大致有两个方面，一方面注重我国法律建设的成就，宣传和肯定我国法律在保护女性权利上的积极努力和已有成果；另一方面学者们也客观地分析我国当前在女性权利保护上存在的问题和不足，以及今后应当努力的方向和路径。这方面的论文和论著相当丰富，内容涉及女性权利的各个方面，如劳动权益、离婚中的财产权益和农村女性的土地权益等，还有社会广泛关注的热点问题，比如性骚扰、家庭暴力、就业歧视等问题。

我国始终坚持男女平等基本原则，十分重视对女性的法律保障，妇女享有与男子平等的法律地位。现在，已形成了以宪法为基础，以妇女权益保障法为主体，包括国家各种单行法律法规、地方性法规和政府各部门行政法规在内的一整套保护妇女权益的法律体系。近年来，我们在立法过程中开始重视社会性别影响，关于法律社会性别的审查，已逐渐纳入修法和立法的视野。中国现行的法律，“比较全面的、准确的诠释了男女平等，最终追求有差别的即事实上的男女平等和结果上的男女平等，为此，法律给予妇女诸多明确的特殊保护”(马忆南，2004)。当然，我们也应该客观地认识到，我国男女法律地位还存在事实上的差异，从社会性别的视角分析，我国妇女权益保护方面还存在不少问题。此外，妇女权益保护还需要通过采取法律以外的其他措施，诸如社会的、政治的等措施，以及提高人们思想认识的手段，才能达到一个比较理想的效果。

二、女性的政治权利、教育权利的法律保护

在政治方面，妇女有权通过各种途径和形式，管理国家和社会事务，并享有平等的选举权和被选举权。但目前妇女权力参与的数量和结构不够合理。各级人大代表中，女性的比例不足 1/4，且分布极不平衡，高层次妇女干部稀缺，妇女依然处于权力的边缘地位，对主流决策和立法的影响力有限。在村委会成员的结构中，妇女仍处于配角地位，农村妇女的综合素质尚不适应村民自治的要求(张导、唐时华，2008)。促进妇女参政的立法不足，差别对待机制在现实中走调。《妇女权益保障法》对妇女参政比例表述为“适当比例”“适当名额”，没有更为具体的规定和刚性比例，不同人、不同地区对法律的理解和执行就出现了差异。另外，这一表述也成为各地出台促进妇女参政刚性比例的法律障碍。法律没有一个具体量化的标准，这就直接导致实践中广大妇女参政议政的权益得不到有效保障。在文化教育方面，包括入学、升学、毕业分配、授予学位、派出留学等各个方面，以及妇女从事科学技术研究和文学艺术创作等文化活动的权利。我国发展全民教育的过程中，男女文化教育权益并不均等，男性受教育程度依然普遍高于女性，男性在受教育状况的改善速度和幅度上都远高于女性；在妇女文化教育的结构方面，教育层次越高，妇女的参与率越低(韩良良，2010)。学校教育以及家庭教育的实施过程尚且受到男权主义为主导的传统性别意识的影响，不利于教育的性别公正。

三、女性的劳动权利、财产权利法律保护

劳动权利保护方面，妇女有劳动就业的权利，同工同酬的权利和休息的权利，获得安全和卫生保障以及特殊劳动保护的权利，享受社会保险的权利。在财产权利保护方面，法律规定妇女在农村划分责任田、口粮田以及批准宅基地等方面享有同男子平等的权利，妇女享有与男子平等的所有权和继承权；丧偶妇女有权处分继承的财产，任何人不得干涉。女性平等就业权有时难以得到保证。女性薪酬、退休金待遇、社会保障、职工福利的程度、生育保险的普及率总体上低于男性。女职工的特殊劳动保护落实不到位，同时，男女两性职业结构存在较大差异，女性工作职位和晋升机会与男性相比较少，男将女兵的现象在各行各业中普遍存在。财产继承上，我国法律虽然规定妇女与男性享有同等的继承权，但很多地区受传统思想的影响，难以保障妇女的继承权。农村妇女土地承包经营权受侵害的现象屡屡发生，因为结婚或者离婚导致部分女性失去土地。

就业性别歧视对女性的劳动权利侵害最大，大大削弱了女性的经济能力。在 1958 年

国际劳工组织通过的《关于就业和职业歧视公约》的规定中首先提出，“就业中的性别歧视”就是基于性别的任何区别、排斥或特惠，“其后果是取消或损害就业方面的机会平等或待遇平等”。就业性别歧视的现象多种多样。比如女大学生就业歧视，就业机会的歧视，职业待遇的歧视，退休制度的性别歧视，晋升进修培训的歧视，职业禁忌性别歧视，以及生育保险制度的性别歧视等等。2010 年全国妇联和国家统计局联合开展的第三期中国妇女社会地位调查数据显示，超过 72％的女性对“因性别而不被录用或提拔”歧视有明确认知，并且女性的认知程度在各个年龄、各个受教育程度几乎均高于男性。超过 75％的女性对“因结婚/生育而被解雇”歧视有明确认知，高中及以上受教育程度的“70 后”“80 后”女性对“因结婚/生育而被解雇”歧视的认知程度高于男性。

我们认为，就业性别歧视是指求职者或雇员，因其与性别有关的生理特征，及实施者的性别偏见，受到雇主及其代理人或者其他雇员不公平的对待，涉及招聘录用培训、岗前培训、奖惩晋升和退休等差别待遇或公共场所性骚扰（刘明辉，2012）。就业性别歧视从形式上可以分为直接歧视和间接歧视，前者是指因为性别的原因直接受到性别歧视，后者是指女性在就业机会和待遇方面，受到貌似中立的规则、约定或做法的影响，承受不利后果的情况。

我国现行的反对就业性别歧视的法律法规，散见于《劳动法》《就业促进法》《妇女权益保障法》以及《女职工劳动保护特别规定》等法律法规中，这些法律与以往相比有较大的进步，但是还存在诸多缺陷，缺乏发达国家相关法律不可或缺的要素，比如就业性别歧视的定义和认定标准，负责监督实施该法的专门机构，惩罚性赔偿，集团诉讼，就业性别歧视举证责任倒置，强制证人作证义务和防止报复的规定等（刘明辉，2012）。因为我国现行的法律法规没有明确规定性别歧视要承担何种行政和民事责任，也没有规定具体的执行机关，对于用人单位来说很难起到应有的震慑和遏制作用。加之部分监管部门对劳动力市场的监督管理力度不够，法律执行机制不完善，少数地方职能部门对企业特别是私有企业和非正规就业领域疏于监管，使得女性劳动者就业权的保护缺乏力度。

与城镇女性就业歧视遭遇相同，农村女性的土地权被剥夺的问题对女性财产权损害也同样影响了女性的经济能力。在农村，女性依附于男性的文化依然有较大市场。尽管《妇女权益保障法》第 30 条赋予了女性各项土地权益，但是现实生活中，由于权力监管不力以及传统思想的影响，侵害妇女土地权益的事件时有发生。有的地方在发包土地时，少分承包地给妇女，有的地方妇女出嫁或者离婚，即被收回承包地，有的地方土地被征后少给或者不给妇女土地补偿费和安置补偿费。部分农村妇女丧偶后，责任田被强占，其土地承包权属问题长期得不到解决。土地权益被剥夺的后果是妇女在经济上陷入困境，在家庭地位和社会地位上，往往沦为二等公民，此外还可能引发其他重大的社会问题，比如说集体投诉、自杀等恶性事件。我们认为，保障农村女性土地权益，应该同时加强制度规范和性别观念的革命。农村土地属于集体所有，妇女的土地权益需要通过村民自治机制而实现。在大多数地区村委会具有决定土地的承包方、宅基地的使用权、集体受益分配、集体获得的土地补偿费的分配权力（刘明辉，2012）。因此村委会的构成应当有合理的女性比例，村规村约应该具有男女平等的精神，才能从根本上保障农村女性土地权益。

五、女性的婚姻家庭权利以及人身权利的法律保护

在婚姻家庭权利方面，妇女享有平等的结婚和离婚自由权，在夫妻关系中男女平等。妇女有独立的姓名权，有参加社会生产和社会活动的自由。在婚姻家庭权利的保护上，现有法律对女性考虑不足。现实生活中同居关系大量存在，但是不受法律保护，很多同居者以夫妻相称，共同生活，甚至生儿育女，一旦发生纠纷，只能按照解除同居关系处理。关于离婚财产分割的法律规定，对家务劳动和情感照料的付出缺少足够的倾斜，这部分劳动的价值被无偿剥夺。男性对家庭财产的支配权依然占有优势，绝大多数妇女对婚姻存续期间夫妻双方共同财产的了解和支配也不及男性，这成为妇女在家庭财产权利中受侵害的隐患。

家庭暴力受害人绝大多数是妇女，男性虐待打骂妻子的行为在现实中缺少有效的控制，也缺少具有足够威慑力的惩罚措施。家庭暴力作为一个世界性的社会问题，受到世界各国人民的关注。美国是反对家庭暴力立法较早、法律也较为完善的国家。20 世纪 90 年代中期家庭暴力相关理论传入我国，我国宪法和法律明确反对家庭暴力，2015 年 3 月，最高人民法院、最高人民检察院、公安部、司法部印发《关于依法办理家庭暴力犯罪案件的意见》的通知，以积极预防和有效惩治家庭暴力犯罪，加强对家庭暴力被害人的刑事司法保护。2015 年 12 月通过了《中华人民共和国反家庭暴力法》。

家庭暴力是对妇女人权的侵犯，是社会公害，其影响远远超出了家庭范围，需要全社会的关注。反对和消除家庭暴力是一个国家应负的责任，是全社会的共同责任。联合国在《清除对妇女暴力宣言》中指出，家庭暴力是“在家庭内发生的身心方面和性方面的暴力行为，包括殴打、家庭中对女童的性虐待、强奸配偶和其他有害于妇女的传统习俗、非配偶的暴力行为和与剥削有关的暴力行为”。2015 年通过的《中华人民共和国反家庭暴力法》第 2 条规定“本法所称家庭暴力，是指家庭成员之间以殴打、捆绑、残害、限制人身自由以及经常性谩骂、恐吓等方式实施的身体、精神等侵害行为”。

家庭暴力产生的根源是一个复杂的历史问题，但最重要的原因是男性统治地位及父权文化观念。女性主义者认为，父权制是家庭暴力的根源，人类历史上父权制思想，渗透到各国的政治、经济和社会的每个角落，其背后的动机是男性要统治和控制女性的性别欲望。为满足男性的统治欲望，由男性制定的法律，赋予男性对女性的性和生活的控制权，而家庭暴力强化了这种控制。传统社会公私领域的划分导致对妇女的暴力屡禁不止，国家和社会区别对待女性在社会公共领域和家庭私人领域中的身份权益的保护，法律严厉打击非家庭成员侵害女性人身权益的行为，而对于家庭成员侵犯女性亲属权利的，法律曾一度袖手旁观。至今虐待罪的量刑过低、认定过于宽泛的问题一直被女性主义者批判。

与男性犯罪为主体的虐待罪相比，以女性犯罪为主体的家庭暴力受害者以暴制暴案件普遍量刑过重。排除法则理论认为，立法和政策将女性的权力排除在平等保护之外的方式有两种：一是显性的，即法律或政策明文规定对男女两性采取区别对待；一种是隐性的，即通过表面上中立、实际上以男性为标准制定的法律和政策，对男女两性实行区别对待。家庭暴力受虐妇女杀夫案件，虽然情节相似，但往往承办法官对家庭暴力的危害认识不同，量刑各异：从死刑、无期徒刑、有期徒刑监禁执行到有期徒刑缓刑，量刑幅度相当大，但总体来说量刑偏重，能够判处 5 年以下有期徒刑和缓刑的很少。尽管她们长期遭受配

偶无休止的家庭暴力，求助无门、被逼无奈，出于求生的本能，为了保护孩子或其他亲人不得已杀死施暴丈夫；尽管她们家中有需要照顾的孩子和老人，她们“以暴制暴”杀死施暴人，在导致人亡家破、孩子失去父亲的同时也失去了母亲，成了事实上的孤儿；尽管，受虐杀夫妇女社会危险性都不大，她们一般无不良前科，认罪伏法，改造态度很好，但她们大多数还是以超长的刑期被关押在监狱里。受虐妇女综合征理论反击受虐妇女以暴制暴案件中不是正当防卫的认定。该理论认为，长期在家庭暴力环境中生活的女性，通常表现出一种特殊的心理和行为模式。当家庭暴力的严重程度超过受害人的忍受极限时，这种心理与行为模式和受害人采取以暴制暴的行为之间有密切的联系，这种模式可以解释受虐妇女为什么不离开施暴人，以及她们以暴制暴行为的合理性。

我们认为，现有法律应当认真面对女性的经验和感受，正视受虐女性的痛苦和无助，将家庭暴力这种司空见惯的现象和女性的安全、发展、进步以及基本的公民权的享有联系起来。女性主义对家庭、婚姻以及女性在这些传统文化中极少引起人们重视的领域和对象的关注也使人们加强了对经验强有力的理性和感性的深刻认识(黄宇，2007)。女性主义的目标不仅是结束男性对女性的暴力，而是结束所有的暴力形式。

六、女性人身权利的法律保护

在人身权利保护上，妇女享有生命健康权、人身自由权、肖像权、名誉权等人格权，享有亲属权、监护权、荣誉权等身份权。

在侵犯女性人身权的各种行为中，性骚扰最为引人关注。性骚扰是一种全球性的社会问题，受害人多为女性，许多国家通过特别立法的形式对性骚扰进行立法。性骚扰概念首先在美国出现，1979 年，女权主义法学家、美国密歇根大学的教授凯琳·A.麦金农发表了《对职业妇女之性骚扰》一书，提出了“交换型性骚扰”的概念(耿殿磊，2010)。20 世纪 70 年代一系列的性骚扰案件推动了理论向实践转化，近年来，美国性骚扰案件适用范围逐渐扩展到教育、房屋租赁、服务、福利、军队等领域，也可涉及工作场所外部，性骚扰的加害人也由上司扩大到雇主、一般顾客、售货员、独立契约承包商，甚至一般公众，社会中也存在少量女性对男性的性骚扰案例。

联合国积极推动反对性骚扰的立法。“消除对妇女一切形式歧视委员会”于 1992 年通过了关于针对女性暴力的第 19 号一般建议，号召各国采取措施保护妇女免受性骚扰，并认为性骚扰是一种暴力。联合国 1993 年通过的《消除对妇女暴力行为宣言》第 2 条第 1 款明确将“在工作场所、教育机构和其他场所的性骚扰”列入对妇女的暴力行为。一些西欧国家和日本也在 20 世纪八九十年代界定了性骚扰的法律内涵，进行了相关立法和研究。德国于 1994 年制定了《工作场所性骚扰受雇人保护法》，其工作场所性骚扰定义很广，只要是受雇人人格尊严受屈辱就构成性骚扰。日本劳动省于 1998 年公布的指导方针，将工作场所性骚扰分为对价型与环境型两类，保护对象限为女性受雇者。2013 年 12 月 24 日，日本厚生劳动省颁布了经修改的《男女雇用均等法》准则，其中规定同性间的不当言行也属于性骚扰。在中国台湾，2002 年公布了两性工作平等法，分为敌意工作环境与交换式性骚扰，只适用于与工作密切相关的情况，行为人与受害者的性别不限。

1995 年第四次世界妇女大会在北京召开，将西方的“性骚扰”概念介绍到中国学界。

近年来,中国学者对性骚扰问题的研究成果十分丰富。学者们用中外比较、一国历史比较、法学理论和实证的方法,探讨了国内外性骚扰概念的流变、本土化,中国反性骚扰法律规制的现状、不足与改进(刘春华,2015)。中国学者对性骚扰定义主要分为社会性别、心理学和法学三个角度。社会性别学派遵循美国女性主义法学家的观点,坚持性骚扰的实质是一种性别歧视,尤其是对女性的歧视。心理学研究者认为性骚扰是"在组织环境中,施害人违背受害人意愿,使用威胁或伤害等手段,对受害人做出的与性相关的,并对受害人的身心健康造成损害的行为"(李永鑫等,2013)。法学专业学者认为性骚扰是通过语言、行为和环境设置等方式实施的,违反他人意愿且具有性本质内容的,侵犯他人人格尊严的行为(林建军,2007)。

21世纪初随着电视剧《女人不再沉默》的播出,性骚扰问题引发社会各界的热烈讨论。1998年、1999年、2002年,都有全国人大代表向人大提交"关于制定《中华人民共和国反性骚扰法》的议案"(耿殿磊,2010),2001年西安童女士起诉男上司的性骚扰案是我国第一件性骚扰诉讼,结果因为证据不足而败诉。此案使大众认识到性骚扰不仅是道德问题,更是一个法律问题,如何防范、规制性骚扰成为立法者面临的问题之一。在司法实践中不断有性骚扰案件诉讼,针对性专门立法明显不足以保护女性权益。2005年12月,《妇女权益保障法》规定了禁止"性骚扰","禁止对妇女实施性骚扰。"各省级人大常委会陆续制定或修改本省市的妇女权益保障法实施办法,都不同程度地制定了禁止性骚扰的相关条款,在一定程度上弥补了国家层面立法的缺失。2012年4月28日,国务院公布了《女职工劳动保护特别规定》,首次在国家立法层面规定用人单位预防和制止性骚扰的义务。2012年6月深圳市通过的《深圳经济特区性别平等促进条例》是全国首个促进性别平等的地方性专门立法。

从近年来法院受理的涉及性骚扰案件的案由来看,以侵犯身体权、名誉权、一般人格权为主。与此同时,中国在性骚扰的定义和立法方面,也努力尝试做出符合本国国情的界定,但目前尚未形成共识。综合学者的分析,结合国外立法上的定义,我们认为性骚扰大体包含如下含义:性骚扰是以性欲为出发点的骚扰;针对被骚扰对象通过语言、动作或设置环境的方式实施;妨碍受害者行为自由侵害了受害者的健康;性骚扰的行为关注受害人的心理感受,不管加害人是否故意。

性骚扰本质上是一种性别歧视,是基于性别的区别对待,它使得处于不利地位的另一个性别(主要是女性)的状况更加不利。性骚扰既是妇女在劳动力市场中受到隔离的原因,又是其结果。以交易性性骚扰为例,它实为一种性勒索,是骚扰者运用自身掌握的社会权力,对被骚扰者在性的层面上进行的剥削;骚扰者和被骚扰者地位的不平等和经济的不平等叠加起来,使得男性对女性的支配权、雇主对雇员的劳动支配权都趋于合法化(薛宁兰,2012)。女性在历史发展的各个时期都约占世界人口的一半,同是人类文明的创造者和历史前进的推动者,理应享有同等的人格尊严、同等的地位和权利。女性享有同男子平等的权利是一个国家文明进步的标志。但在人类历史发展的不同时期,女性在政治、经济、文化、婚姻家庭中面临着普遍的歧视,同一时期的不同国家,女性享有的人权也不均衡,地区差异十分明显。我国应该积极借鉴其他国家的立法经验,尽早制定符合我国国情的反对性骚扰的法律规范。

第四节

女性法制问题的女性学解释

20 世纪 60 年代起，女性学理论成为解构和重建法律的重要理论，先后经历了不同的女性主义学派，较为重要的有自由主义女性主义、激进女性主义、文化女性主义和后现代女性主义。不同流派的理论观点各不相同，对性别不平等原因的剖析及其所提出的解决问题的策略也不尽相同，但是她们有一个共同点，那就是都将社会性别理论应用于法学研究领域。本节介绍女性主义理论对典型的法律问题的解释，从理论上探讨传统法律是如何保护男性对女性压迫的，从宏观上揭示法律制度层面对女性的歧视现象，以及怎样认识和改变这种不合理的文化和制度。

一、女性学对法律意识的构建

在女性主义的视角下，人是一个相对独立的生物个体，是生活在社会关系中的一个有性别的人，女性应当作为独立主体参与法律生活。西方的知识传统将社会划分为公共领域和私人领域，其中公共领域专属于男性，女性处于政治之外的私人领域中。中国古代法制也严格区分内外尊卑，与“男主外、女主内”性别分工相一致。这种公私领域的划分，极大地限制了女性在法律领域内的能力，导致女性无法与男性一样能动地影响并主导法律的发展。

从法律主体角度看，在古代法律是由主流社会的男性所主宰的，所以长期以来，法律的创制者和操作者都是男性，只有男性具有公民身份，女性是依附于男性的，早期资产阶级所谓的“法律面前人人平等”只不过是法律面前有一定资格的男性人人平等。长期以来，绝大部分法律理论及其法律文本都是根据男性的标准而建构起来的，传统法律把人抽象为无性别的法律主体。一些女性主义法学学者表明，法律的“男性”属性表现为法律以男性看待和对待女性的方式看待和对待女性。法律的公平和正义在一定程度上是以中立的外表掩盖着男性中心主义的事实。

近代以来女性逐渐获得了法律上的平等主体地位，可是传统的法律理论框架和运行机制没有根本性改变，法律的平等往往只作机会平等和形式平等的理解，忽视了性别差异的存在，从而加重了妇女的不利处境。传统的法治模式虽然为女性提供了参与社会公共生活的可能性，但是这种可能性是以忽视女性的存在和行动特征为条件的，这就使得女性在传统的男性空间（如行政机构、法院和立法机构）中不得不呈现男性化的特质（张琼、聂芳，2012）。从女性视角出发，女性主义法学要求法律反映曾经被遗失的女性的经验和需求，将促使法学从一个“有性人”的角度对作为平等法律主体的男女作社会性别的法律分析，从而破除法律的抽象人的神话，使人还原到具有不同“性”身份的具体的人，从而也就促使人们认识到性别因素对法律的作用，以及抽象的法律对不同性别的具体影响。女性主义法学提出实质平等以及差别对待等理论，要求女性在政治、经济和社会福利保障等方面享有与男性同样的权利，它更要求在分配和界定上述权利的过程中，乃至在以法律为核心的整个现代法治结构中加入女性的视角和女性的生存体验与思维方式，要求立法体现社会性别意识，从而促进法律的性别公正。女性主义法学对女性主体身份的发掘有利于女性参与法律意识的构建，现代法律逐步增加了对女性的考量，女性的主体意识也逐步提升。

二、女性学对女性法律地位及其性别差异的解释

女性在法律职业中的比例和影响力直接决定女性的法律地位。赋权妇女符合世界潮流，《内罗毕提高妇女地位前瞻性战略》关于“平等”的“基本战略”要求各国政府和政党应该加强努力，以促进并确保妇女在立法、司法和行政部门担任高级职务方面取得平等。

但是当我们以“女律师”“女法官”“女检察官”作为主题词在网页上随机搜索时，我们发现很多内容是关于女性气质的表述、对女性业务能力的质疑和对女性生活作风个人形象的关注。在传统观念中，两性气质的二元对立导致女性与法律职业不容，这实质上是生物决定论的错误观点。生物决定论认为，女性的逻辑思维能力不如男性。女性思维总是表现为形象性、主观性、情感性、直觉性，其思维的特征总体倾向于非理性。而法律是理性的、严密的、抽象的、客观的、中立的。一个法律人必须摆脱主观情感的干扰，保持理性的头脑和客观的立场，必须以抽象的概念为思维的起点，运用判断与逻辑推理的能力做出独立的结论(周安平，2006)。男权社会下的刻板印象导致人们认为女性不适合法律职业。公、私法的划分将两性不平等完全合法化和固定化，法律职业思维的上述特点与男性理性、冷静的气质契合，与女性感性、主观的气质相互排斥，结果造成女性与法律职业分离的现象。

对于女性与法律职业分离的生物决定论，从一开始，其“科学性”就遭到人们的普遍质疑。从科学角度讲，两性气质是否对立没有科学证据，而性别气质的多元化正逐渐成为国际社会认可和倡导的理念。女性主义的文化构建论认为，性别气质是父权制文化构建的结果，同样，法律接受和固化了传统社会对女性的文化虚构。从主体角度而言，作为人的男人和女人也已经固化了对法律的虚构，我们重新解读性别气质的同时也在重新认识、构建法律理论。法律本身是否排斥感性也是值得重新认知的问题，法律是人际交往与合作之规则，在规则解释的基础上产生法律理论，法律推理也并非严格的三段论推理，法律的发现与案件的格式化处理始终是在理性与感性的交融中发生的。女性天然的去暴力性，适合于剔除司法程序中残存的暴力因素，将解决纠纷的司法程序改造为对话的而不是对抗的，是理解的而非压制的诉讼程序。女性的思维即使是感性的，也与法律推理并不对立。它可以弥补理性的不足，在价值判断与利益衡量中做出女性的选择(周安平，2006)。

我们应该将妇女与男子分享权利提高到实现男女平等的主要战略的高度，而不是停留在一般性措施上。当我们放弃传统刻板印象，并在现实层面上彻底清除女性与法律职业分离的藩篱时，女性与男性法律地位平等时代才会真正来临。

三、女性学对女性法律保护及其性别差异的解释

传统文化中的性别歧视和偏见、对男女的不同角色期待和双重标准是导致妇女在参政和参与社会管理上处于弱势地位的根本原因。从人类进入父系社会开始，到 20 世纪初，男权社会的统治已经有几千年。而男女平等和要求女性权利，只有 100 年左右的时间。100 年的努力与几千年的制度积淀相博弈，其结果可想而知，当代各国实行的法律制

度仍然是从男性角度出发而制定的(周翠彬,2008)。法律的父权制烙印使得女性在参与法制建设中处于不利地位。激进女权主义法学就认为,性别之间的压迫是最古老、最普遍、最典型的压迫形式。在她们看来,我们的社会仍然是一个父权社会,男人位于顶端的性别等级制度是社会的基本结构(刘明辉,2012)。女性合法的被统治的历史尽管已经过去,但是父权制社会的影响导致政策的制定、法律和制度的创设缺少女性意志,在实施中必然影响女性各方面利益。

我国女性的法律保护是在男权本位的理论框架下创设的,妇女平等权的设定是以男性标准为参照。在很多法律文本中有很多这样的表达:“我国妇女同男子一样,有……的权利。”这是我国在立法中对男女平等基本原则认识模糊的一种具体表现,以男性为模板来设定女性权利,是缺乏性别敏感的一个具体表现(丁小平,2007)。这实际上等于承认女性是低于男性的弱势群体,法条中的保护性平等条款都一定程度上体现了父权制的“男强女弱”观念。法律试图通过对于弱势群体的相关倾斜,来乞求男性主体对女性加以怜悯和保护,这导致女性的各种权利不是天然的直接被确认,而是因为男性赐予而获得。事实上,法律虽然承认女性应该与男性一样,独立地成为法律中的权利主体,但是对性别差异的男权化理解导致法律对女性权利保护的错位。某些貌似中立的规定,忽视了男女两性的客观差异,以刑法为例,现行刑法中关于正当防卫的规定,当初完全是根据两个体力上势均力敌的男人在酒馆斗殴的情势制定的(刘明辉,2012),没有充分考虑男女在体力和身高上的差异,一律要求必须是针对正在发生的暴力行为。对受虐妇女来说,长期受虐的经历以及由此产生的对施暴者的极度恐惧心理,使她们很难认知正当防卫的时机和力度,一旦造成严重后果就成为刑事责任重大的故意犯罪。

法律处理两性权利的冲突倾向于无视或者轻视女性的价值与需求,在价值选择上,法律权衡表现出性别的非正义性。比如生育权问题,女性在“生”的问题上选择权不足,比如是否生,什么时间以何种方式生产,生几个孩子,常常被以各种名义强求;但是在“育”的问题上,我国普遍存在父亲缺位的“丧偶式”育儿现象。再如婚姻法中关于夫妻财产的规定、离婚析产的规定等等,都忽视家务劳动和照料抚育的价值,事实上都损害了女性利益。再如离婚救济制度,反而是在依靠传统的家庭制度剥削女性劳动后,再以高高在上的姿态对婚姻中弱势一方给予少得可怜的补偿。这本质上是对性别差异的歧视,法律没有从社会性别的角度重新认识女性自身所具有的优势,女性对于家庭、社会甚至人类发展的影响。

从法律体系看,我国与女性权利相关的法律是以《宪法》为最高原则,以《妇女权益保障法》为主,以《母婴保健法》《女职工劳动保护规定》《女职工保健工作规定》等专门的法律法规,也包括《宪法》《刑法》《婚姻法》《人口与计划生育法》《劳动法》《公务员法》《农村土地承包法》《全国人大及地方人大选举法》《村民委员会组织法》等法律法规中的相关规定加以补充的法律体系。这些法律存在一个共同的问题,即在保护妇女权利方面的相关法律规定存在原则性强,可诉性较差,难以司法化的问题。比如现行《妇女权益保障法》关于法律责任的规定却显得过于笼统,不够完善,存在适用法律困难的问题。现行《婚姻法》及其司法解释关于夫妻财产关系的规定大多过于原则、粗略,且没有相应的保障措施。而且这种对法律规范只是宣言式的抽象的权利表达,而没有通过具体的可操作性强的法律规则加以细化。规则缺位使男女平等的法律原则虚化。比如,就业歧视的惩罚性规定不足,某些企业或单位在招收员工时表面上没有明确拒绝女性应聘者，但对女性的年龄、婚姻状况、是否生育甚至外貌形象等方面都进行严格限制，把女性应聘者无形地挡在了门外。这些都极大地增加了女性就业的难度，从事实上侵害了妇女的劳动就业权。

妇女享有与男子同等的地位与权利是实现两性平等以及妇女自身充分发展的必要条件。女性的权利只有通过法律的确认和保护，才具有完全实现的基础。将妇女平等权纳入宪法及法律已经成为世界发展的潮流和趋势。正如波斯纳所描述的："我所推荐的混合制度真的是一种男性和女性特点的混合吗？或者我的建议是基于男人与逻辑、抽象和严厉，而女人则与自觉和温柔这样一种僵硬的联系？如果是前者，这将意味着女性在一般法律职业中特别在司法部门中逐渐扮演更大的作用，我们法律的特点将发生变化；我们将看见一个更少一些规则和更多的标准，较少谈论逻辑而更多谈论实践理性，较少一些期望保持法律的客观性和非个人性"。(波斯纳，1994)

四、女性学对性别歧视的解释

在《消除一切针对妇女歧视公约》里，"对妇女的歧视"一词指基于性别而作的任何区别、排斥或限制，其影响或其目的均足以妨碍或否认妇女不论已婚未婚在男女平等的基础上认识，享有或行使在政治、经济、社会、文化、公民或任何其他方面的人权和基本自由。

女性主义理论揭示了法律平等外衣下性别歧视的内容，在法律建构过程中男权文化不断强化性别社会化的实质。人类经历了漫长的父权制社会，由原始社会的习惯法框架下基本平等的两性关系，到奴隶制社会、封建社会传统法律制度规范的男尊女卑，法律逐步将性别等级模式合法化、制度化。社会性别研究的基本观点认为，社会性别的产生在于社会对性别的建构，性别关系是一种基本的社会关系，其核心内容是男女权利义务关系。在人类社会进化的过程中，性别关系主要体现在社会和家庭两个层面。两性生物意义上不同的生理特点决定了男女两性在某些职业分工上具有不同的适用性。在父权制社会，女性被归于家庭等私人领域，而政治、经济、法律以及文化等公共领域则被视为男性的领地，女性是男性的附庸。传统父权制文化关于两性角色的定位，"三从四德"的行为准则和价值观，被推向更加广泛的社会经济领域，成为性别歧视存在的社会文化原因。

当今的社会组织结构和社会性别文化依旧显示出不利于女性的性别倾向。就世界范围来看，尽管女性在政治、经济、文化、教育、体育等各个领域表现出前所未有的活跃，但是与男性相比，在各种社会组织结构中，女性还是往往处于各种权力结构的较低层次，她们多居于被领导、被管理的从属位置，而男性的职位通常比女性高，薪酬比女性丰厚，根据第三次中国妇女社会地位的调查，女性收入约占男性收入的 80%。在传统的父权文化统治下，女性权利受到弱化和限制，女性的人权无法得到实现。受传统的性别角色定型观念的影响，女性被界定为顺从、被动、受男性支配的角色，而男性则是主动、支配、控制和侵略性的。在这种复杂的权力关系下，男性作为强势者往往通过充斥着以性为内容的凌辱展现对弱势者的支配和控制，表达对女性的歧视、排斥和所谓的性别优势，而不只是为了性利益本身(李莹，2012)。强奸、性骚扰、拐卖妇女等，无不暗合了将女性物化和对女性的控制。

法律作为一种上层建筑，总是倾向于反映一定社会的权力结构。一方面法律的制定就是各种力量博弈的结果，另一方面法律的执行又进一步强化了现有的权力分配格局。

对性别关系的界定从法律的表现方式来考察，实质上都在显示着某种性别权力的分配模式。比如家庭暴力和性骚扰，由于在侵犯人身权情节、手段及后果上难以构成犯罪，所以如何界定这些行为很具挑战性，也经历了一个较为漫长的立法过程。

家庭暴力、性骚扰等概念的提出，改变了世界各国法律在制定妇女法时的走向。麦金农教授在分析美国性骚扰罪时指出“性骚扰是从妇女的角度和经历提出的第一个法律要求”(王恒，2011)。近年来女性主义者对强奸罪定罪标准的质疑，对性别暴力的关注等充满性别视角的研究和讨论，将深化法律领域的变革。

五、女性学对性别差异和性别平等的解释

性别差异是一个客观的自然事实，性别平等则是当今人类社会法律制度所追求的重要价值之一。只有对性别差异进行保护，才能实现真正的性别平等。

所谓性别差异，是指男女之间的生理差异以及以生理差异为基础而形成的心理差异和行为差异等的总和。在人类历史上的古代时期，性别差异曾被负面化、功利化评估且以法律歧视化的形式确定下来；在近现代时期，两性被认为可以完全“相同 ”，性别差异被法律淡化和抑制；在后现代思潮兴起之后，法律开始关注和保护性别差异(周翠彬，2008)。平等是人们社会关系的一种状况，所谓性别平等，通常是指男女两性在社会生活中的地位的对等状态，在权利义务上的同等对待关系。从法律特征上看，平等是人与生俱来的权利，是实现个人其他权利的基础，它是法律调整的重要价值目标之一。

在男女平等这个问题的讨论上，历来都充满了关于性别差异的思辨。“如何在平等语境中讨论男女相同或者不同，如何把性别差异放入平等分析的框架之中，是女权主义法学产生后最先面临的难题”，并且始终贯穿女性主义法学发展的过程中(刘小楠，2005)。对此，自由女权主义法学持男女同一论，认为女性实际上应该同男性一样，享有法律的平等对待和平等地位，应该有自由选择生活方式的权利。文化女权主义法学以差异为起点，强调男女的差异，颂扬女性独有的特质。20 世纪 90 年代中期兴起的后现代主义反对普遍性和同一性，追求多元性。后现代女权主义法学认为，女性具有男性无法替代的自身价值，女性与男性之间的性别差异的价值应当被肯定，性别差异也应该保护。在人类自身的生产上，在对国家和社会的管理方面，在维护世界和平方面，女性能在保留自己性别特征的同时，实现自身的价值。他们认为在男女平等的问题上，平等不应依赖于单一，而应在更为广泛而复杂的领域通过对现有法律的质疑，重新审视各种社会关系，重新概念化各种法律规范和标准。注重考虑女性在现实中的差异，更为全面妥善地解决女性群体在平等权领域的问题(杜亚东、蒋振，2015)。20 世纪 80 年代影响深远的激进女性主义法学指出，女性被认为既不比男性优越，也不比男性低劣，男女之间的性别差异客观存在，这种差异是合理的和有价值的，应该充分弘扬女性的性别特征，保护性别差异。

美国对于妇女权利的解释较好的融合了性别差异与性别平等的关系。在美国，妇女权利被认为是一种宪法权利，据有的学者解释，“妇女权利”一词实际上有以下三种含义：其一，指妇女应有与男人同样待遇的权利；其二，指妇女可以有与男人不同待遇，即受法律优待或保护的权利；其三，指美国所有公民都享有的，但由于生理而非法律上原因特别强烈影响妇女，或仅仅影响妇女的权利(L.F.戈尔茨坦，1998)。

追求性别平等,需要理清形式平等和实质平等的区别,二者基于对性别差异的不同理解,形成不同的法律路径。形式平等认为平等就是在法律权利和义务上给以相同的对待,禁止差别待遇。它否认男女之间的性别差异,要求法律为每个成员提供平等的机会和条件,它主张女性应当像男性一样参与竞争,反对法律给予女性特殊保护,否则会妨碍公平的原则,造成女性不如男性的结果,反而对女性更加不利。形式平等的缺陷在于掩盖了男女之间的性别差异,仍旧以男性的规范为标准去要求女性,主观假设女性与男性处于相同的起点。但现实情况是,女性与男性并不是处在相同的境遇。形式平等忽略了男性的主导地位和女性的特殊情况,对现实中的男性特权和女性所处的劣势视而不见,因此,它不可能实现真正的性别平等。实质平等承认男女两性存在差异,两者的起点不同,实现实质上的平等必须依赖于法律的调整。女性的生理特征决定了在很多方面与男性不同,在生理机制上,女性不仅承担着社会物质生产,还肩负着人类自身生产的重任。给予弱势和强势同等的权利并不能实现真正的平等,需要对弱势一方给予倾斜。不能简单地对男性和女性一视同仁,法律和各种规则应当向女性倾斜,应当注重平等的内涵而不是形式,正如女性主义法学者指出的,女性面临的最大法律压迫就是"平等",艾莉森·贾格在《性别差异与男女平等》中指出:"当这些差异在两性形式上的平等的名义下被忽略时,男女之间持续的、实际的不平等便会被掩盖、被合理化。至少在当前的社会背景下,形式上的男女平等常常可能结果上保证了而不是消灭了男女不平等。"(王政、杜芳琴,1998)性别平等的真正实现不能只依赖于法律文本上的抽象平等,更加要求落实实质平等,因而必须对具体平等的实施措施反复权衡,尽量减少导致不平等的实际因素。在实质平等中,如何公平地界定女性"需要特别保护"的类别是一个值得深入研究的课题,如若把握不当,可能会使女性某些真正需要保护的领域反而得不到应有的保护。

我们认为,法律只有关注性别差异,关注男女两性的历史经验和现实状况,性别平等才能得以真正实现。

第五节 ■ ■ ■

依法治国的女性学思考

1997 年党的十五大首次将依法治国确定为党领导人民治理国家的基本方略,十六大提出形成中国特色社会主义法律体系和"实行依法治国与以德治国相结合"主张,十七大提出依法治国是社会主义民主政治的根本要求,强调要全面落实依法治国的基本方略,加快建设社会主义法治国家。2012 年党的十八大提出全面推进依法治国,党的十九大报告进一步要求"坚持全面依法治国"。所谓依法治国,就是广大人民群众在党的领导下,依照宪法和法律规定,通过各种途径和形式管理国家事务,管理经济文化事业,管理社会事务,保证国家各项工作都依法进行,逐步实现社会主义民主的制度化、法律化。全面依法治国涉及立法、执法、司法、守法,在这些环节中如何呈现社会性别主流化,提升女性的影响力,是当下值得思考的问题。

一、立法问题

(一)从立法理念上,应当对性别差异与实质平等做出回应

法律面前人人平等,并不是抽象的形式的平等,我们应该认同性别差异,给予妇女群体区别对待。我们已经看到这一差异既是文化的也是生理的。并且法律针对特殊群体制定出形式上一些例外或特别规定时,应建立在实质公平的基础之上,对社会弱势群体给予适当的帮助与补救,赋权女性,减少现行法律中“禁止性”条款,打破性别刻板印象在法律中形成的壁垒,以实现真正的社会平等。

(二)法律价值性别冲突的处理应当有性别敏感

法律作为社会关系的调节器,是各种社会力量、各种价值观念博弈的结果。性别冲突在法律发展的历史进程中始终存在但是很少被提及,从本质上讲性别冲突的解决也必然是一个经历反复交流、撞击、修正、补充的民主化过程,社会性别主流化业已成为当代具有兼容性的价值理念,可以为多数立法者认同与接纳,以避免男权思想专断。“在积累、评定和选择有关价值并进行制度安排时,形成的整套理论与技术,法律人的参与是平衡各种价值取舍时不可或缺的因素,如立法者、法官、律师或法学家等”(邓喜莲、彭云飞,2015)。因此,提高立法者的女性比例十分必要。由于男女两性在权力占有上的现实差异较大,我们应该加大赋权女性的力度,真正赋予女性应有的政治权力。而且在赋予女性政治权力的同时,要制定保证这种权力能够得到真正实现的结果平等条款。“比如在北欧的5个国家中,法律都明确规定,政治选举的结果中,两性所占的比例都不得少于40%”(周翠彬,2008)。结果平等条款的制定真正使女性进入到国家政治和社会的各个领域,尤其是促进妇女进入立法、司法以及法律服务的更高层面,并保证占有一定的比例,这样女性的诉求才可能以法律的形式得以表达和满足。从立法环节来看,法案的制定、提出审议和通过无一不是立法者的活动,立法者的性别比例和性别意识直接影响法律的性别价值取向,妇女的参与应该是民主立法的核心要素,妇女群体参与的性质和程度直接影响到其在社会权力系统中的利益诉求和现实地位。

(三)立法应关注女性利益

要积极推动立法,立良法,使广大妇女能够“有法可依”。立法是知法的前提,法律存在是法律意识形成的前提,也是法律意识的来源和基础。鉴于目前我国《妇女权益保护法》的实施效果并不理想,《宪法》《婚姻法》《劳动法》等法律中关于女性权益保护的部分并不完善等原因,需要立法者深入社会实际,在广泛调研的基础上,本着男女平等的基本国策和理念制定并不断完善各项法律。国家应逐渐扩大广大女性的立法参与权,倾听广大妇女的心声,健全立法程序,加强舆论和网络监督,增强相关立法的可操作性,以达到法律与广大妇女的社会需求高度契合的目的。“中国女性权利的相关法律制度的制定已经取得了很大的成绩,然而,这些法律制度在实施上缺乏基础性与结构性的推动力,这也是为什么中国当前保护女性权利的法律难以达到实效的原因之一”(周翠彬,2008)。因此,应该进一步完善《妇女权益保障法》,使之能够统领和协调其他法律法规中保护女性权益的相关规则,增强我国的法律责任制度,增强保护妇女权益法律体系的统一性和合理性。

首先,确立《妇女权益保障法》的优先适用地位。其次,《妇女权益保障法》的法律责任

部分在立法时应有意识地运用一些准用性规范，这些准用性规范将为《妇女权益保障法》和其他法律法规之间架起一道相互沟通的桥梁，其结果也必然会大大地增强妇女权益保障法的可操作性。再次，在强制违法者承担法律责任的过程中，应适量加大相应行政机关的职责。目前，行政机关对我国妇女权益的保障起着举足轻重的作用，而且更确切地说，当前我国妇女的地位也是由政府通过强制的行政手段，以自上而下的方式实现的。最后，进一步协调违反《妇女权益保障法》和其他保护妇女相关法律时的刑事责任、民事责任和行政责任之间的关系也是这一工作中的关键一环（袁锦绣，2007）。

（四）推动促进男女平等的专门立法

在性别立法中，有一类积极的立法措施，即针对妇女群体制定专门性法律，加强对妇女的保护。很多国家已经制定专门的《男女平等法》或者《性别平等促进法》，以及一些专门的反歧视立法，这些法律在推进女性权利平等和保护方面取得了显著成效。比如瑞典的《男女机会均等法》，挪威的《男女机会平等地位法》，都在有力地推动女性地位的提高，使这些国家男女平等实现程度位居世界前列。美国各州也有关于妇女平等保护的规定，至今有 16 州宪法规定了平等保护。我国的《妇女权益保障法》《反家庭暴力法》的制定也是一个很好的尝试，我们完全可以立足本国实际，吸收国外经验，早日制定其他领域的专门性别立法。

二、司法问题

司法也是法律运行的重要环节，公正是法治的灵魂，是司法的终极目标，从某种意义而言，司法公正的核心就是诉讼公正，因此，公正的司法判决直接决定了司法公正的实现。在司法过程中，审判人员的性别意识对于宣传性别平等，保证法律适用的正确适用并以此实现个案性别公平具有重要意义。我们建议我国政府及其有关部门，应加强宏观调控力度，扩大男女平等原则在司法实践中的使用，借鉴其他国家的司法经验，尽快推动在中央和地方设立落实男女平等原则的专门机构，建立专门处理两性关系事务的行政执法机构。

美国的女性主义法学发展较早，并且积极致力于从理论到司法实践的推进。20 世纪 70 年代开始，女性主义法学者们致力于扭转生物决定论的旧识，在司法领域倡建兼具社会性别意识和方法双重属性的社会性别论。伴随着女性主义的进一步深化和女性主义法学的成长，社会性别的视角及方法渐渐被运用到女性诉讼案里，法院对待性别案件的态度有所改观，性别案件的数量和胜诉率有所提高，女性法官的数量亦逐步增长。至 80 年代末，有 30 个以上的州组建了类似的专项组，90 年代，这项运动蔓延至各联邦法院。到 90 年代，社会性别的视角逐渐被运用于美国等西方国家的司法场域，补增了审判中的社会性别意识。纵观美国的经验，我们看到以下几个方面值得借鉴和学习：一是女性法律职业者数量的增多以及法律职业者社会性别意识的提高对促进司法性别公正具有决定性推动作用。二是提倡和推动社会性别论的核心方法在案件中的适用，推动"女性判决方式"改革传统的司法系统。倾听女性的声音、了解女性的经历和感受能够为法院开启识别女性和男性社会性别角色的交替视角，推动司法系统将更多的重心置于尝试改善纷争各方的关系。三是与女性主义专项立法相呼应，在司法系统成立社会性别专项组，致力于分析和矫正法院系统中的社会性别偏见（曹智，2016）。

我国司法系统在性别平等问题上有较好的基础。首先男女平等是我国普遍认可的理念，女性在社会中独立性较强，社会地位较高，女性法律职业者比例较高，更有利于推动和促进司法性别公正的改革。在全面建设法治社会的方略中，推动社会性别论在司法精神层面的培育及宣扬十分必要，同时也要继续致力于提高女法官数量和影响力，推动涉及性别身份的诉讼案例公正解决，比如在立法缺乏的情况下增加对某些法律规则的使用，在审理有关性别案件时，法官根据自身的法律素养、法律知识和法律经验，考量当事人双方不平等地位，给弱势一方提供必要的法律技术或法律援助，在行使自由裁量权时关注弱势一方的感受和权益。在法律全球化背景下越来越重视社会性别差异的当今，各国尤其是我国司法系统皆应推进必要的革新，培养促进性别平等的司法精神和氛围。

三、执法问题

公正执法与规范执法是提升法律意识，促成积极法律态度的重要手段。司法机关要用公正的司法树立法律权威，支撑公民的正义感，营造良好的法律环境。由于历史影响和现实因素制约，我国执法过程中存在明显的男权思想。在实践中许多合法判决因为男尊女卑的习惯势力的影响而得不到执行，比如继承问题、农村土地权益问题，导致妇女的权益受到侵害。执法过程存在不尊重和歧视女性的现象。郑州警方曾公布一张照片，照片中，一位民警揪住赤身裸体的小姐的头发，往上抬脸，这张照片在网上引起巨大争议。警方拍摄小姐裸照并公之于众的行为显然侵犯了女性的基本人权，是赤裸裸的男权思想指导下的执法行为（汤坚强，2012）。对此，政府各有关行政部门和司法部门要严格依据法律法规的具体规定，认真研究妇女生存、发展和权益保护中存在的障碍和实际问题，加大执法监察力度，对于违反《劳动法》《妇女权益保障法》等有关法律法规的行为，要依法予以纠正和惩处，切实将妇女权益保护的各项规定落到实处。通过公正执法，摒弃残留在部分妇女头脑中“权大于法、权力至上”等旧思想、旧观念，拒绝社会生活中流行的各种“潜规则”，逐步养成崇尚法律、自觉守法的好习惯。

有专家学者认为非常有必要设立性别平等机构。事实上许多国家都设有性别平等机构。只有立法而没有专门执行法律的专业机构，无法有效执行法律，“徒法不能自行”。从中国的国情和体制来看，我国人民普遍认可专业性、权威性、独立性的政府机构，因而设立专门的机构和级别主导工作，有利于打开局面，推动改革。性别平等机构对执法加以监督和指导，逐渐在社会上形成尊重女性、平等对待女性的执法秩序。

四、守法问题

古人云，家有常业，虽饥不饿；国有常法，虽危不乱。立法者制定法的目的，就是要使法在社会生活中得到实施。如果法律不能在社会生活中得到遵守和执行，那必将远离立法的目的，也失去了法的权威和尊严。所谓守法，是指一切国家机关及其工作人员、政党、社会团体、企事业单位和全体公民，自觉遵守法律的规定，将法律的要求转化为自己的行为，从而使法律得以实现的活动。守法意味着一个国家和社会主体严格依法办事的活动和状态，而依法办事就自然包含着两层含义：一是依法享有权利并行使权利；二是依法承担义务并履行义务。

全民性是守法在主体方面的特征，在守法研究和守法实践活动中，女性从逐步进入守法体系到成为越来越重要的守法主体，也开拓了守法的性别视野。在当代各种普及性的学法守法活动中，妇女群体起到突出的作用。在妇联组织的推动下，妇女群众积极参与学习和宣传法律的活动，特别关注有关妇女儿童的相关法律法规，引导人们摒弃日常生活中一些传统、错误的歧视妇女行为，尊重妇女，珍爱家庭，增强法律观念，有效推动全社会共同形成尊崇法律、学习法律、遵守法律、维护法律、运用法律的良好氛围。同时我们也看到，由于女性承担着较多的家庭生活上的负累，在基层实际参政中比例大大低于男性，女性的守法主体性价值的发挥受到约束和限制。这实质上是传统性别角色对女性的束缚，因此，要反对传统性别价值观，在赋权女性的同时，提高妇女参与公共生活的能力。

综上所述，依法治国的主体是广大人民群众，女性占人口的一半，是依法治国的重要主体。从世界范围看，许多民主国家对性别平等的承诺在理论与实践之间都存在一定差距。著名的妇女选举权活动家 Susan B.Anthony 说，"如果妇女不能帮助制定法律和选举立法者，那么就永远不会有彻底的平等"。因此，我们必须从女性学的立场出发，在立法、执法、司法和守法过程中全面推行性别主流化策略，使代表一半人口的女性的声音具有合法性、权威性和影响力。

思考题

1.谈谈你对法律性别意识的认识。

2.结合生活中的现象谈谈你对性别歧视的理解。

3.在性别社会化的过程中，法律对性别秩序的构建表现在哪些层面？法律构建性别秩序的方式有哪些？

4.简述女性法律地位的发展历史。

5.在依法治国的大背景下，如何通过法律途径推动性别平等？

6.如何看待男女之间的平等与差异？

参考文献

[1]于丽芬，牟海晶：《"规范法律意识"与中国特色社会主义法治建设的完善》，《大连海事大学学报(社会科学版)》，2015 年 4 月第 14 卷第 2 期

[2]陈丽影：《法律・法制・法治——公民的法律意识与法治认同》，《法治论坛》，2017 年 7 月(中)

[3]张文显：《法的一般理论》，辽宁大学出版社，1998 年版，第 233 页

[4]《中国大百科全书・法学》，中国大百科全书出版社，2006 年版，"法律意识"条目

[5]李银河：《妇女：最漫长的革命》，三联书店，1997 年版，第 122 页

[6]《马克思恩格斯选集》(第 4 卷)，人民出版社，1995 年版，第 54 页

[7]孙文恺：《法律的性别分析》，法律出版社，2009 年版，第 41 页。

[8]刘洪旺：《法律意识之结构分析》，《江苏社会科学》，2001 年第 6 期。

[9]宋灵珊、刘方权：《法律职业中的女性：从法学院到法院》，《法律和社会科学》第 15 卷第 2 辑，第 166-192 页

[10]2005 年妇联全国法律需求调查：《妇女法律素质和法律需求调查结果公布》，新华网，http://www.sina.com.cn，2005 年 3 月 8 日

[11]国家统计局：《第二期中国妇女社会地位抽样调查主要数据报告》，http://www.stats.gov.cn/

tjsj/tjgb/qttjgb/qgqttjgb/200203/t20020331_30606.html

[12]丛梅:《法治城市建设中女性居民法律意识现状分析——基于天津市的实证研究》,《南方论丛》,2016 年第 3 期

[13]林晓露、吕思颖、李晓静:《功能主义视角下女性流动人口的法律意识研究——女性流动人口的法律意识现状》,《经济研究导刊》,2009 年第 25 期

[14]马红霞:《土族女性法律意识的现状与发展——以青海村为例》,《兰州教育学院学报》2014 年 3 月

[15]赵颂平、龚惠香、沈立:《女大学生的权利意识及基于性别差异的思想政治工作》,《黑龙江高教研》2005 年第 7 期

[16]孙文凯:《法律的性别分析》,法律出版社,2009 年版,第 50 页

[17]蒲坚主编:《新编中国法制史教程》(第三版),高等教育出版社,2015 年版,第 152 页

[18]骆晓戈:《女性学》,湖南大学出版社,2009 年第 2 版,第 30 页

[19]王丹宏:《女性主义与女性政治参与:从社会思潮到政治实践》,吉林大学博士论文,2016

[20]李傲:《法律领域中的性别意识及其影响》,光明日报,2010 年 06 月 29 日 11 版

[21]郭慧敏、李姣:《试论妇女立法参与》,《学习与探索》2011 年第 2 期

[22]贺燕蓉、林丹燕、张婧文:《新一届两会代表委员中女性比例再创新高》,三秦巾帼 2018-02-25,http://www.sohu.com/a/223976701_348947

[23] 国家统计局:《2016 年〈中国妇女发展纲要 2011—2020 年〉统计监测报告》,国家统计局官网,http://www.stats.gov.cn/tjsj/zxfb/201611/t20161103_1423701.html

[24]常红、张海燕:《中国女法官协会会长:全国女法官 45000 余名》中国网,http://www.china.com.cn/news/law/2010-01/12/content_19223708.htm

[25]陈菲:《中国女检察官人数已达 23000 余名》嘉峪关广播电视台,https://news.sina.cn/2019-07-21/detail-ihytcitm3596103.d.html? pos=3&vt=4

[26]林戈:《分析了上海 1571 家律所 128754 名律师后,我们发现了十个秘密》,智合法律新媒体,http://www.360doc.com/content/18/0328/14/12472948_740883251.shtml

[27]王敏:《浅谈女律师执业现状及发展前景》,从众法务网,https://www.10law.cn/lvshimen/2001300.html

[28]查君、王煜:《2017 年中国最顶级的 23 位女律师》,智合法律新媒体,http://www.xuefa.com/article-10464-1.html

[29]康冲:《女律师的生存现状》,康冲律师的博客,2015-6-2 http://blog.sina.com.cn/s/blog_a0e526300102vsin.html

[30]马忆南:《男女平等的法律辨析》,《中华女子学院学报》2004 年第 5 期

[31]张导、唐时华:《妇女权益保护的现状和存在的突出问题——从〈妇女权益保障法〉实施完善的视角》,法律图书馆网站,http://www.law-lib.com/lw/lw_view.asp? no=9006

[32]韩良良:《女权主义视角下的妇女权益保障》,《郑州大学学报(哲学社会科学版)》,2010 年第 6 期

[33]刘明辉,《社会性别与法律》,高等教育出版社,2012 年版,第 264 页

[34]黄宇:《论家庭暴力和女权主义批判》,《西华师范大学学报》,2007 年第 4 期

[35]耿殿磊:《性骚扰概念的产生和流变——国际视角的分析》,《妇女研究论丛》,2010 年第 1 期

[36]刘春华:《我国性骚扰研究综述及探讨(上)——以 1989 至 2015 年知网期刊论文为资料》,《法制博览》,2015 年 12 月

[37]李永鑫、祝庆、张玉洁:《职场性骚扰研究综述》,《中国心理卫生杂志》,2013 年第 27 期

[38]林建军:《性骚扰的法律界定》[J],法学杂志,2007 第 5 期,第 115 页

[39]薛宁兰:《防治职场性骚扰法律的性别分析》,《中华女子学院学报》,2012 年 12 月

[40]张琼、聂芳:《小议女性法律职业化——观〈永不妥协〉有感》, 江西法院网,http://jxfy.chinacourt.gov.cn/index.shtml

[41]周安平:《法律职业中的性别问题研究》,《贵州师范大学学报:社会科学版》2006 年第 1 期

[42]周翠彬:《论性别差异的法律保护》,《法学评论》, 2008 年第 4 期(总第 150 期)

[43]丁小平:《从形式平等走向实质平等——我国妇女法的社会性别分析》,《浙江学刊》,2007 年第 3 期

[44][美]波斯纳:《法理学问题》,苏力译,中国政法大学出版社,1994 年版,第 509 页

[45]李莹:《防治职场性骚扰——意义与实施》,《妇女研究论丛》,2012 年第 4 期

[46]王恒:《从"亚当的诱惑"谈起——看美国社会的女权发展》,北京法院网,http://bjgy.chinacourt.gov.cn/article/detail/2011/03/id/880928.shtml。

[47]刘小楠:《美国女权主义法学平等与差异观研究》,吉林大学博士论文,2005 年

[48]杜亚东 蒋振:《论我国女性群体的人权保障》,《法制与社会》,2015 年 11 月(上)

[49]L.F.戈尔茨坦:《妇女的宪法权利》,转引自沈宗灵《女权主义法学评述》,蒲公英文摘,https://www.zhaoqt.net/duanwenzhaichao/313877.html

[50]王政、杜芳琴:《社会性别研究选择》,三联书店,1998 版,第 194 页

[51]邓喜莲、彭云飞:《法治理论与社会性别平等路径建构探》,《法制与社会》,2015 年 8 月(下)

[52]周翠彬:《论性别差异的法律保护》,《法学评论》,2008 年第 4 期(总第 150 期)

[53]袁锦绣:《我国妇女权益保护法律制度比较研究》,《中南林业科技大学学报》,2007 年第 2 期

[54]曹智:《女性主义法学社会性别论的司法适用探究——围绕美国和中国展开》,《社会科学研究》,2016 年第 3 期

[55]汤坚强:《男女平等原则与我国法制建设》,《华章》,2012 年第 6 期

第十二章

女性文化地位

新中国成立70年的伟大成就已经证明，先进性别文化的发展和妇女文化地位的提升，都能有效地推动妇女和经济社会同步发展，发挥好妇女社会参与和家庭建设的“两个独特作用”，同时还能更有力地保障女性在各个文化领域中的合法权益，带动全社会实现全面的男女平等。这些年的妇女研究成就也表明，运用女性学理论和方法研究女性文化的相关面向，如关注不同女性群体内部的文化差异、两性文化上的性别差异以及批判性地思考这些差异的成因，男性中心主义视阈下的文化观念与文化现象中存在的性别不平等问题，并在这些基础上探讨女性文化发展之路——如何构建具有先进性的、和谐包容的女性文化体系；关注并尊重文化表达上的性别差异，在不同文化领域梳理女性文化的审美价值，绘制具有时代特征的亮丽的女性文化风景线；同时，不论在运用女性学相关理论重塑大众文化视野中女性形象，凸显女性文化在社会文化建设中的张力，还是在促进男女平等的性别观念发展等方面，也都越发显示出这个学科非同一般的意义和政策价值。

本章将依次从女性性别观念、女性人生价值观、女性宗教信仰等多个维度探讨当代女性的文化现状、文化地位以及存在的问题，从社会性别视角发现和分析不同文化现象中的性别差异，并运用女性学的核心理论去链接其他领域的部分理论共同构建女性文化的女性学解释框架，对文化政策和立法进行相关的性别对策思考。本章还在所有小节的内容中展示新中国成立70年以来女性文化发展上取得的进步和成就，以揭示女性文化地位提升的现实意义和社会效应，突出加快推进先进性别文化建设的重要性与必要性。

第一节

女性性别观念

文化女性学这一女性学的分支所涉及的文化维度极其丰富，厘清相关的核心概念、梳理文化女性学的理论脉络是构建文化女性学的理论体系的关键与重要的步骤。马克思(1972)认为：“人们的观念、观点和概念，一句话，人们的意识，随着人们的生活条件、人们的社会关系、人们的社会存在的改变而改变。”形成文化中性别立场基础的是性别观念，不论是历时性还是共时性分析文化的各个领域，性别观念都贯穿于其中，并最终通过语言形式及媒介形成了所有涉及性别经纬的文化传统，成为人们在文化的性别无意识状态下个体行动的思想路径。当下，构建尊重和谐、男女平等为核心的社会主义新时代文化，特别是以女性的文化为文化女性学主要研究对象的文化研究，则是打破这种文化的性别无意识状态，树立性别意识鲜明的文化发展思路，揭示与批判以男性中心主义构建的文化观念以及有碍女性发展的、歧视女性的落后性别观念。本节将从对女性性别观念的概念界定出发，逐一阐述不同层次与维度的女性性别观念所包含的内容，从而对不同文化侧面进行横向、纵向的性别差异比较分析，揭示女性文化中存在的主要问题，最后提出解决的政策建议与措施。

一、女性性别观念的概念界定

在现实生活中，性别观念或性别意识形态(gender ideology)很少被直接单独提及，通常是融合在文化、习俗或在具体情境中呈现，会以在常见的具体社会情境中的认知来作为性别观念观测点或者测量指标对其现状进行评价。如传统的“男主外，女主内”的性别分工模式便是基于男性中心主义的性别观念下的家庭分工模式，对这种分工模式的认同或者实际上以这种模式进行的具体的家庭事务分工，体现的都是传统的性别观念。在社会学范畴，性别观念，全称为性别角色观念(gender-role attitude)，它是人们对与性别相关的社会规范和社会角色分工的态度与看法，也是反映一个社会性别平等程度的重要指标之一(许琪，2000)。性别观念也并不是始终一致的，社会历史的不断变迁也影响着性别观念的变革。在传统社会中，性别观念相对统一，男女两性均认同男性在公共领域中的主要地位，且男性主要职责在工作与事业上，而女性则从属于男性，主要活动空间是在私领域的家中，其职责是确保家庭生活的服务和质量。

新中国成立以来，社会经历了70年的巨大变迁，且在年龄、民族、职业、地域空间等多元因素的交织影响下，人们的性别观念呈现出多样化的特征。一方面，仍然存在较多的传统性别观念持有者，甚至某些具有先进性别观念的人在遇到生活中的问题时出现了向传统性别观念回归的现象；另一方面一部分具有平等性别观念的人，实际行动上却处于两头摇摆的状态，虽然支持两性在追求事业上的平等，但在家庭责任和家庭事务方面却仍然认为应该主要由女性来承担。对于女性来说，她们的性别观念是始于传统，走向现代的，即从家庭走向社会。因此，承担了社会工作责任的女性实则是“在传统赋予的家庭角色之上又增加了工作角色”(张春泥、史海钧，2019)。平等的性别观念是针对女性“就业和家庭角色兼顾”给予的思想支持，然而对男性而言，平等意味着回归到家庭中并分担一部分家庭责任，显而易见，这在实践上和观念上增加了男性负担，降低了女性负担。此时，持有摇摆不定的性别观念的群体恰恰忽略了男性分担责任的一面，认为只要支持女性就业就是平等，如此使得女性在工作—家庭冲突的矛盾中越陷越深。实际上这并不是现代社会所提倡的两性平等、尊重和谐的性别观念的全部内涵。

因此，当前社会，需要基于女性学的理论基础，对女性性别观念予以重新界定；使用马克思主义女性主义、社会性别理论为理论指导，运用女性学学科的基本原则和研究方法分析女性性别观念所涉及的社会现象；同时，根据我国不同女性群体面临的实际问题，构建中国特色的女性性别观念的话语体系。学者刘晓辉在阐述性别平等价值观的过程中指出，新时代的女性学是中国特色社会主义妇女发展道路，实施促进女性全面发展的战略举措，其中一个重要的方面就是努力构建和谐包容的社会文化与先进的性别文化，有效推动妇女和经济社会同步发展，从而进一步积极保障女性在各个领域中的合法权益，实现整个社会的全面的男女平等的。男女平等价值观，是不同于男尊女卑、男主女从、男强女弱、男外女内等落后陈腐性别观念的一种具有平等理念的性别观(刘晓辉,2017)。

在当前对女性问题的各种讨论中,诸多热门话题都涉及性别观念,且有不少研究以女性的“性别观念”作为研究对象。其实,要厘清女性性别观念的概念,首先需要区分“性别观念”与“女性性别观念”的不同之处:两者所属的学科范畴不同。性别观念是一个在社会学学科范畴关于两性角色、权利和责任的概念,而女性性别观念是基于女性学学科范畴的关于女性对自我性别角色、权利和责任以及两性关系的概念。

其次,两个概念不同源且发展轨迹不同。性别观念作为一种价值判断,一直以来都赋予了传统与现代的分野,它是一个受时空变迁影响的、动态的、发展变化的概念。性别观念的建构常被认作是单向的,从传统型、保守型、反女权主义型,到平等型、自由型或女性主义型的演进(杨菊华,2017)。传统性别观念是指传统中国社会中的儒家妇女观、人伦关系、性别观、贞洁观以及两性价值观等(顾辉,2013)。因而强调两性截然对立的角色,男刚女柔、男强女弱、男外女内(社会分工)、男尊女卑、男主女从、男内女外(承继规制)。而现代性别观念支持两性平等,共同分担养家糊口、照料家庭以及参与社会建设的责任(杨菊华,2017)。近年来,有诸多关于性别观念“回潮”的讨论与反思,发现性别观念发展路径并非单向的,而是迂回前进的,不同的具体观念面向之间的发展水平也并非均衡的。而女性性别观念是以女性主义为理论基础构建的女性作为认知主体的观念指示标,它突显的是女性性别观念构建的基础,即在现代性别观念支持的两性平等、性别和谐框架下,天然以女性立场为出发点讨论性别问题和两性关系。与它直接相链接的是现代性别观念,但其从起点开始已经站在了女性主义的前端,在发展脉络上它是脱胎于以男性为中心,突出男性优越性的父权制度下的性别观念,而长于女性主义发展进程的土壤之中的,因此,只有传统的性别观念或女性的传统性别观念,而并不存在传统的女性性别观念。

最后,概念的含义与内涵不同。性别观念本身是一个多维度、内涵丰富的概念,其核心内容是关于性别观念本身如何,而非观念持有者之间因性别不同而导致的观念上的性别差异。对于学者们常探讨的性别观念的变迁,即性别观念因时因地而形成的差异,不仅受到学者们对性别观念概念界定的差异的影响,同时还受到学者研究过程中所使用资料的信度、时间跨度、参照系以及研究方法选择等诸多因素的影响(贾云竹、马冬玲,2000)。性别观念的含义是“对自然性别差异的观念”,其内涵是在一个社会中,基于性别差异形成的男女两性对于“合适的”角色、权利、责任的态度和认知;既可泛指女性群体对两性的普遍认识,亦可指某一领域的态度,还可指社会上普遍认可的、使性别不公得以合法化的社会理念(Lorber, Judith, 1984)。而女性性别观念指涉的是“社会性别观念”的含义,内涵是女性群体应秉承的两性关系的主观认知,思想核心是两性平等、性别和谐。性别和谐是一种新型的男女相互依存、和睦相处、共同发展的性别关系,性别尊重、性别公平、性别友爱和性别均衡是性别和谐的基本内涵(叶文振,2008)。因而女性性别观念也是一种新型的女性特有的关于男女两性对于各自角色、权利、责任的态度和认知,且女性性别观念的内容不仅是女性性别观念呈现出的形态本身,还包含了两性性别观念上存在的异同。同时,女性性别观念旨在推动两性性别观念的共同发展与进步,最终形成两性在性别观念上平等互重、和谐包容的共生状态。

综上所述,女性性别观念不仅仅是指女性这一群体当下的性别观念的现状和包含的内容,更是指涉两性平等的性别观念,是当代女性应该持有的,具有马克思主义女性主义特质的性别观念，是先进的和谐包容的有利于两性共同发展的性别观念——在承认两性自然属性差异的基础上，认为男性与女性社会地位是平等的，两性没有优劣之分，对具体的社会规范以及社会角色分工秉承共同承担责任，彼此尊重，给予平等的发展机会的观念。女性性别观念可以从生育维度、家庭维度、两性性别角色维度和个体发展维度等维度出发构建具体的测量指标。简言之，女性性别观念是指女性对男女性别角色的总的看法，是女性关于性别角色的一整套价值观。

女性性别观念受社会经济和文化环境的制约，不仅反映了妇女的社会与家庭地位（啻昭印，2003），也是反映一个社会文化中性别平等与和谐发展的重要指标之一，更是长期处于从属地位的女性自我性别意识觉醒的重要指标。女性只有真正树立了女性性别观念，才能从传统的男权文化与思想中彻底解放出来，清醒意识到自己所有的权益与应享有的社会地位，并且以拥有女性性别意识为荣，树立职场榜样，建设良好的家风，主动创造两性和谐包容共同成长的社会与文化环境，进而促进整个社会的全面的性别平等。女性性别观念是实现性别平等的有效保障，在女性文化体系中发挥重要的思想引领作用。

二、女性性别观念的现状、变迁及其性别差异

近年来，性别观念变迁逐渐成为社会热点探讨的问题，多个学者都对社会性别观念的变迁及发展态势从不同侧面进行了回顾与探究。但专门针对女性性别观念变迁的研究则较少。女性性别观念同样受到来自社会经济、文化环境、科技发展、媒介等多元因素的影响。新中国成立70年来，尤其是改革开放的40多年来，越来越多的女性从家庭走向社会，对国家的社会主义建设与现代化建设贡献了自己的力量与智慧。女性的地位已经发生了翻天覆地的变化，女性性别观念也随着女性自我意识的发展从个别的女性主义萌芽成长到集体的觉醒。女性自我意识是一个女性对自我社会性别角色进行肯定性观察和认知的过程，是女性对自我独立人格、自我价值、自我权利和义务的自觉意识，是女性获得本真性自我，获得解放，实现自身全面而自由发展的关键（蒋颖荣，2019）。各行各业的女性都体现出了“自尊、自信、自立、自强”的精神（啻昭印，2003），这成为她们所崇尚的重要的女性人格特征。考察女性性别观念的现状、变迁与两性差异，需要借助相应的测量指标，且资料对应的指标之间具有可比性，通过对比，将不同时期反映性别观念的测量指标进行比对后归纳出在三次中国妇女地位调查中均有涉及的七个指标（杨菊华，2017）（见表12-1）。

表12-1 性别观念测量指标

1990	2000	2010
男性能力天生比女性强	男性能力天生比女性强	女人的能力不比男人差
丈夫的成功就是妻子的成功，妻子要全力支持丈夫	干得好不如嫁得好	干得好不如嫁得好
男性理应负责家庭事务的外部交往	男性应承担一半家务	男人也应该主动承担家务劳动
男人以社会为主，女人以家庭为主	男性以社会为主，女性以家庭为主	男人应该以社会为主，女人应以家庭为主

续表

1990	2000	2010
女性应避免在社会地位上超过她的丈夫	女性应避免在社会地位上超过她的丈夫	丈夫的发展比妻子的发展更重要
让您的孩子随母亲的姓	如果让您的孩子随母亲的姓，您是否愿意？	如果让您的孩子随母亲的姓，您是否愿意？不愿意的原因
您认为已出嫁的女儿应该怎样继承家里的财产	您认为已出嫁的女儿应该怎样继承家里的财产？	如果儿女都尽到了赡养义务，您认为他们应该怎样继承父母的财产？

而对第三期中国妇女地位调查中设计的题目进行指标的信度和效度检验后，效度分析显示性别观念可分为性别角色分工观念、性别角色期待与性别平等意愿三个方面。但从信度分析显示，最为有效和可信的是关于性别角色分工观念的测量，并将测量指标设定为三个核心问题：男人应该以社会为主，女人应该以家庭为主；挣钱养家主要是男人的事情；丈夫的发展比妻子的发展更重要（刘爱玉、佟新，2014）。因此本节中所涉及的测量指标主要是围绕这三个问题来进行比较和分析，部分涉及表 12-1 中的其他测量指标。下面将从不同女性群体性别观念比较与两性性别观念比较这两个方面来说明女性性别观念现状与发展变迁。

在 20 世纪 90 年代，一项对中国社科院女性研究者性别观念的调查数据显示了不同女性群体之间性别观念的差异（李春玲，1996）（见表 12-2，内容有删减）。

表 12-2　社科院女性对传统性别角色观念认同程度与全国妇女的比较

单位：%

	男人以社会为主女人以家庭为主		丈夫的成功就是妻子的成功，妻子要全力支持丈夫		男性能力天生比女人强	
	非常同意	同意	非常同意	同意	非常同意	同意
全国妇女	6.6	44.8	9.1	63.1	2.6	25.9
城镇妇女	3.7	29.0	11.6	63.9	2.1	21.8
社科院女职工	4.9	21.3	2.8	13.9	1.5	4.7

＊全国和城镇妇女的数据引自陶春芳、蒋永萍主编的《中国妇女社会地位概观》，中国妇女出版社 1993 年版，第 462-464 页。

＊＊表格中测量指标为中国妇女地位调查问卷中的表述。

（一）不同女性群体的性别观念比较

对于女性群体内部的横向比较而言，虽然女性性别观念随着社会的发展也在不断变迁，女性普遍逐渐意识到现代性别观念对自我成长发展的必要性与重要性，以及性别不平等观念导致女性发展受限，但往往忽略不同的女性群体之间也存在着性别观念的差异。

这些数据显示，在中国社科院工作的知识女性对于传统的性别角色模式的认同率远远低于全国平均水平，非常明显地对中国传统的性别角色分工模式持否定态度，说明社科院女性在性别角色观念上的现代化程度比较高。但社科院女性职工并不都是高级知识分子，也存在着不同学历程度的女性群体，研究数据也同样明确地显示出了文化水平越低对传统性别角色观念的认同率越高，文化水平越高则性别角色观念越趋向于现代。类似的研究还有2003年的一项对某高校女性高级知识分子的调查数据也详细地显示了职称、学历越高对传统的性别角色分工越不认同（裔昭印，2003）（见表12-3）。

表12-3　不同女性群体对传统性别角色观念的看法

单位：%

传统观点	同意程度	职称		学历		
	—	讲师及以下	副教授及以上	本科及以下	硕士	博士
男人以社会为主，女人以家庭为主	很不同意	14.1	18.6	16.2	15.2	21.7
	不太同意	41.4	43.6	40.9	45.9	44.6
	说不清	14.6	18.0	14.0	19.4	20.5
	比较同意	25.0	16.6	24.2	17.0	12.0
	非常同意	4.9	3.2	4.7	2.5	1.2
男性能力天生比女性强	很不同意	25.2	23.8	22.1	29.6	35.7
	不太同意	38.2	43.3	40.2	41.2	41.6
	说不清	20.8	19.0	19.8	20.4	15.5
	比较同意	13.0	12.7	15.4	8.1	6.0
	非常同意	2.8	1.2	2.5	0.7	1.2

从女性性别观念的群体内部差异来看，女性仍然受到传统性别不平等观念的影响，教育是决定女性科研参与和发展水平的重要因素，然而，“由传统社会文化派生出来的沉重心理负担，是知识女性在科研活动中参与和发展的内在障碍”（李春玲，1996），可见，虽然个体性别观念与社会制度的进步使女性有了个体发展的机会，但在心理层面上仍然还留有传统性别文化的后遗症，影响着女性的全面解放和更进一步的发展。特别是婚后，在面临家务劳动和育儿的性别分工时总是不自觉地滑向传统的性别角色分工。“繁重的家务负担是妨碍知识女性在科研活动中参与和发展的重要因素”（李春玲，1996），本质上直指传统性别观念在家庭内性别角色分工上的隐性影响。

中国知识女性个体的性别意识与其发展之间的关系仍然受到传统性别观念的影响，同时也受到性别评价体系和性别刻板印象的制约，使其在使用与男性同一晋升或发展标准时导致了对女性研究与管理能力的质疑，从而限制了女性个人的职业发展和性别群体的整体发展，于是形成一种性别文化观念的断层：教育空间中个体性别观念趋向平等和谐包容的女性，在职场空间与家庭私人空间中遭遇传统的性别刻板印象，并对女性的成就动机和进取行为形成了对冲，进而成为女性职业发展的障碍。这也佐证了中国的现代性别观念的发展路径仅仅停留在单一性别维度影响轨道上，即只影响了两性中的女性摒弃传统性别文化中的不平等观念，而男性由于并未能直接获益于现代性别平等观念，反而由于性别平等而失去了表面上资源获取的“性别优势”和性别霸权，特别是对于资源不足的群体中的男性更是如此。因此，性别观念教育与高等教育对于女性的性别意识的积极培养极为有效，对男性作用微弱，造成了在文化层次越高的环境中两性性别观念差距越大这一状况。且由于男性在社会组织的领导层中仍处于主导地位，其性别观念或多或少、或明或暗地影响着女性的提拔和培养（王金玲，2000）。

（二）两性性别观念的比较

虽然第三期中国妇女地位调查结果显示，总体上性别观念是进步的，但从性别角色分工的角度来看，则出现向传统回归的态势，且两性之间的观念差距还是比较大。首先在第二期（1990—2000 年）妇女地位调查数据中，两性均有超过半数（53.9%的男性，50.4%的女性）的被访者对“男人以社会为主，女人以家庭为主”的传统性别分工模式表示赞同，并且支持这一分工模式的男性比率比 1990 年高了 2.1 个百分点，而对“干得好不如嫁得好”的说法，两性均有超过 1/3 的人表示赞同（男性为 34.1%，女性为 37.3%）。而在第三期中国妇女社会地位调查数据[①]中依然显示出女性与男性观念的较大差异（刘爱玉、佟新，2014）（见表 12-4）。

表 12-4　2010 年我国性别角色分工两性观念比较

单位：%

	性　别	非常同意	比较同意	不太同意	很不同意	说不清	检　验
男人应该以社会为主，女人应该以家庭为主	男	18.7	42.4	3.9	6.5	1.5	Z=－10.840，显著性=0.000
	女	16.2	38.7	34.2	9.4	1.6	
挣钱养家主要是男人的事情	男	21.4	38.1	32.9	6.5	1.1	Z=－10.651，显著性=0.000
	女	18.7	34.1	37.5	8.6	1.2	
丈夫的发展比妻子的发展更重要	男	18.8	38.0	34.1	6.2	2.9	Z=－1.104，显著性=0.000
	女	19.2	38.7	32.2	7.0	2.9	

表 12-4 数据显示，从性别角色分工观念看，在问题一“男人应该以社会为主，女人应该以家庭为主”观念上，有 61.1%的男性表示认同，比女性认同这一观念的比例高了 6.2%；有 59.5%的男性同意问题二“挣钱养家主要是男人的事情”的表述，比女性高了 6.7%。说明全国数据显示出的两性性别观念差异并不是特别大，女性性别观念稍微更趋向于具有现代特征的性别观念。但对部分群体而言，如前述关于中国社科院职工的性别观念的调查显示，社科院的男职工与女职工的性别差异远远高于全国水平。在“男人以事业（或社会）为主，女人以家庭为主”这一性别观念的认同上，社科院女性肯定这一观点的比例远远低于全国水平，但社科院的男职工与全国男性的差距却不明显，且比女职工高出了 15～17 个百分点。事实上，社科院男职工对按照性别角色分工的传统性别观念的肯定远高于城镇的男性（李春玲，1996）（见表 12-5）。

---

① “中国妇女社会地位调查”，每间隔十年进行一次（1990 年，2000 年和 2010 年，目前正准备进行的是第四期 2010—2020 年全国妇女地位调查）对人们的性别观念进行了较为全面的考察。

表 12-5 中国社科院男女职工性别角色观念差异

单位：%

	非常同意		同意		不太同意		非常不同意	
	女	男	女	男	女	男	女	男
男人以事业（社会）为主，女人以家庭为主	4.9	14.7	21.3	26.8	42.1	40.1	25.9	10.1
男人生来比女人强	1.5	7.4	4.7	14.3	37.7	49.3	49.2	14.3

中国社科院男女职工在性别角色观念上的巨大差异更加佐证了通过教育而获得事业上更好的发展可以促进女性性别观念上更现代、更平等开放；但对具有较高文化程度与处于较高社会地位的男性而言，并不必然使其否定传统性别观念，甚至反而更强烈地需要具有传统性别观念的女性服务于他。这也是将在下一节内容中具体阐述的内容因为两性性别观念发展变迁的不同频，导致两性性别观念差异在某一层面的加剧，从而影响了女性性别观念持续发展和女性在事业发展、职业晋升上获得更加的公开、公平和公正的机会，以及阻碍了在更深层次上的平等和谐包容的两性关系与女性文化的建立。

三、当前女性性别观念存在的问题

根据 2010 年的第三期中国妇女社会地位调查的 26166 份有效分析的样本，研究有以下几点发现（刘爱玉、佟新，2014），一是中国人的性别观念在那个时期仍处于从传统向现代转型的阶段；二是女性的自致地位，如通过教育、职业经历、党团员身份等个人努力因素获得的地位，比先赋地位对其性别观念建构的影响更重要，甚至大于夫妻地位实践的影响；三是与女性不同的是，男性的性别观念建构的影响因素更多是来自夫妻间性别地位实践，且大于男性自致地位的作用。这说明，要构建男性的性别平等观念，相较于个人因素而言，更重要的且有直接关联的途径是在婚姻中通过改变传统的夫妻之间的性别分工，使分工以更加性别平等化的方式来进行。

总之，在现代化进程的影响下，女性性别观念的转型表现更明显突出，男性则更多仰仗家庭内部夫妻平等的互动关系。因此，随着女性性别观念越趋向现代，越有可能通过婚姻中夫妻的性别角色分工平等化来促进男性性别观念从传统向现代化转型，进而推动两性共同认同新时代的新型女性性别观念，推动性别文化向更平等更和谐包容的方向发展。厘清当前女性性别观念中存在的问题，不仅有利于个体从日常生活关照中深入思考性别平等的问题，更有利于国家出台相应的政策，缓解女性在家庭与职场中遭遇的双重不平等，促进社会性别主流化的发展，推动女性参与社会劳动，男性参与家庭育儿，共同迈步在女性性别观念的现代化发展过程中。

（一）女性性别观念的回潮

三次全国性的妇女地位调查呈现出清晰的性别观念变迁的历史脉络，指出曾经出现过几次性别观念回潮，引发了对女性性别角色定位的讨论。第一次是在 20 世纪 80 年代初至90年代初,中国曾开展过“妇女回家”的大讨论,这一场直接焦点为妇女双重角色冲突的论争,分别表现为1980年至1984年的“家庭与事业的矛盾”、1986年至1988年的“妇女出路问题”,以及1988年至1993年的“职业妇女角色问题”。无论是支持“妇女回家”,还是反对“妇女回家”,或提出家务劳动社会化、发展第三产业、阶段性就业、丈夫多帮助妻子承担家务等方法来缓解职业妇女的角色冲突,研究者或更多地将视角限定在妇女,或拘泥于传统角色规范对两性的约束。第二次是在2010年,国家实施全面二孩生育政策之后,政策的效果明显遇挫,且对妇女生育意愿的调查也显示了女性在面临双重角色冲突时遭遇的困境与障碍。且研究者在对性别观念变迁的研究中发现,相较于男性,女性性别观念向传统回归的速度更快(许琪,2016)。

(二)传统性别观念对女性仍有较大影响

新中国成立70年以来,我国政府在倡导男女平等上取得了举世瞩目的成就,其体现之一就在性别观念变迁的横向维度上的中国社会性别观念的进步。但在性别观念变迁的纵向维度上,第一期、第二期、第三期妇女地位调查数据均显示出传统性别观念仍存在较大影响,且两性在性别观念上存在着吊诡一般的异同,包括女性性别观念本身所包含的传统与现代的两极,存在着既矛盾又统一的乌比斯环现象。这表明两性平等的性别观念的发展仍然存在一定的问题和社会障碍,这也正是女性性别观念在发展过程中所面临的问题和困难之处。

如果将女性遭遇的不平等放置在性别—文化的框架中考察,则性别(Gender)在社会文化情境下被建构,形成性别刻板印象,从而成为男女不平等的逻辑起点,或者说,“男女不平等是基于性别而被社会作出的区分、排斥、或限制”(沙莲香,1995)。同时,这一逻辑起点转化为观念上对女人的性别偏见或性别歧视,使女性在实际生活中始终处于社会资源匮乏的状态,这一状态又反过来再生产了人们对女性的刻板印象,错认为“女人不如男人强”。纵观新中国成立后70年里的女性性别观念变迁,女性的个体发展意识往往都受到来自他人甚至女性自己的性别观念的影响,常常将因社会资源上对女性的相对剥夺所造成的社会事实,作为衡量自己能力大小的出发点(沙莲香,1995)。

(三)涉及家务分工的性别观念,两性仍是以生理性别作为性别角色分工的主要依据

当下绝大多数研究的结果均显示了在女性不同的生命周期,其性别观念与生理性别的联系强弱也呈现出不同的特征,且女性性别观念的传统回潮并非局限于某一特定的年龄或地域或学历群体中的特殊现象,“而是适用于所有人群的普遍现象”(许琪,2016)。特别值得注意的是不论女性持有何种性别观念,结婚生育虽不是唯一因素,但“是导致年轻世代的性别观念快速转向传统的重要因素”(许琪,2016)。女性主义者指出,所有男性都从执行家务劳动的女性中得到利益,性别意识形态下的性别角色分工实则帮助男性得到更多利益,工作的男性不仅从工作中获得收入,还从妻子(母亲)那里享受个人服务,所付出的代价比从劳动市场购买服务要低得多,甚至还不用付费。马克思女性主义者指出,从女性无酬的家务劳动中获利的是资本主义体系——“女性的家务劳动不仅再生产了生产关系,还有助于男性维持他们的生活标准”。女性在“成为贤妻良母的女性形象”的鼓励下被期望要投注非常多的精力来符合这个标准,因而无暇顾及自身的职业发展;同时,用人单位也基于这一性别意识的假设认为女性应聘者会将一部分精力投入到家庭照顾中而影响工作。要改变家务的劳动性别分工的本质将是一个缓慢的过程，特别是我国的家庭文化中一直都有子女赡养老人的传统文化，老人与子女同住，实则子女从老人（主要是母亲）的家务育儿辅助中获利；在计划生育政策影响下，虽然家庭结构以核心家庭为主，但隐性的四二一联合家庭仍在短期内会发挥作用，表面上缓解了双职工家庭中女性家庭与工作的冲突，一旦因老人生病或去世无法提供辅助时，矛盾和冲突则加剧冲击家庭中的女性职业发展——女性此时不仅要承担家务育儿还需要照顾生病的老人。

（四）处于领导地位的男性性别观念比女性性别观念对女性发展的影响更大

正因为在整个性别观念链条的前序环节——家务劳动的性别分工——导致全体女性在劳动力市场上与男性的竞争之中处于劣势地位，女性遭遇的职场玻璃天花板一方面来自人们认为妻子与母亲才是女性的主要角色，而同处于职场的男性则没有这样的顾虑，工业化进程无疑是使得劳动力市场变得高度化的性别区隔，就算是男性与女性同工却不同酬，同工却获得不同的评价也会导致晋升机会的不平等。任何行业中男性领导的比例都超过女性，只有当男性领导者持有平等的两性性别观念，才有可能在职业发展的评估上给予女性与男性平等的机会。但是，需要注意的是即使如此，性别观念是一个拥有多维度的性别意识体，在微观层面具体操作上是基于性别平等的观念来进行的，但并不能因此就得出此领域已经性别平等的结论。目前而言，因决策层几乎都是由男性组成，导致工作绩效在评价标准的制定上对女性也是“一视同仁”，所以在家务劳动改变当下的劳动性别分工之前，相同的职业标准自然增加了女性职业发展的困境。

（五）教育对女性性别观念的影响大于对男性的影响

在前面列举的性别观念变迁的例子中，非常明显的一点就是在现代性别观念教育中，青年女性性别观念更具有现代特征，但受过教育的男性当中仍持有传统性别观念的仍占很大比重。作为传统性别文化背景下获益的性别群体，即使因受过高等教育而意识到两性的不平等事实，但其童年时期的家庭教育以及从事高度技术性与训练的工作都会影响其在日常生活的具体情境中倾向自己更能获得薪资报酬的传统性别观念。而追求事业的成功与当代青年的金钱观、人生观等均受到来自各种媒介或同伴群体等的影响，事业有成金钱至上的人生理想被推崇，很少在青年男性的价值体系中体现参与家庭生活的重要性，而是将创建美好家庭的责任全盘交付给女性，同时又在成功话语言说下进一步加固了女性发展受限的牢笼。两性在性别观念教育中的不同结果则在某些程度上加剧了家庭中两性的矛盾和冲突——现代性别观念与传统性别观念的冲突。当然，精英和中产女性从无偿劳动中的解脱有时是建立在对中下层女性的剥削和上一代（主要是母亲）对家务的承担上（Shani Orgad，2019）。

前述存在的五个相互链接的问题引申出一个关键性环节的问题，也是当下构建平等和谐的女性性别观念的重要问题——如何有效地对男性进行现代性别观念的教育及如何通过构建相关的政策体系实现两性平等的性别观念，这也是女性学学科需要进一步深入探讨研究的议题。另外，通过梳理当下女性性别观念的问题时发现，每一个问题之间都存在着明显的逻辑连接点，像是链条一样环环相扣，而每一个问题都凸显了两性在不同领域的权利与文化交织而成的冲突与博弈。因此在本章最后提出的治理对策也应遵循同样的逻辑连接，意识到女性性别观念不平等是如何在日常生活中被生产以及再生产的，才能从根本上让不同群体都意识到平等的性别文化构建的必要性，而不是将自身当作整个社会的代表而忽略其他群体的利益诉求。

第二节

女性人生价值

对人生价值的探讨和研究一直以来都被不同学科领域关注。哲学范畴中的人生价值是指一个人的人生或人生的所作所为对于主体需要满足的现实效应(陈新汉，2010)，是人所独有的认识与改造客观世界的能力，人的价值最显著的特点是人具有创造价值的价值——人通过劳动为社会创造物质产品和精神产品，来实现自己的价值(祖嘉合，2000)。在社会学领域中，人生价值是指个人的实践活动或一生的所作所为对社会、他人需要的满足关系以及对自身需要的满足关系。心理学则认为，一个人的人生价值观是人们对自身的社会地位、人生目的、意义、态度、生活准则等与人生终极目标、理想相关的现象做出的价值判断与选择，是对个人与社会、与集体、与他人之间的关系等进行认识和评价时所持的基本观念(黄希庭，2005)。由于一个人其个体的人生价值观念对其自身的生活方式、奋斗目标与生命意义都产生着决定性的作用，人生价值观还会受到现实环境、文化观念、社会发展阶段的复杂影响。因此，对于个体或者群体在不同社会文化背景、不同历史时期以及不同生命周期中的人生价值观始终是社会学和心理学的研究热点。以往的研究较少专门关注女性群体的人生价值，而常将"人的人生价值"放置于性别框架下，基于性别角色分工来设置两性的人生价值标准，却鲜有听到女性群体自己的发声，同时也缺少对传统社会性别文化框架下构建的"人生价值 "的社会性别反思。因此，从女性学视角来审视不同性别群体的人生价值及其之间的差异，突出女性自身的人生价值，树立现代女性应具有的人生价值观，引导女性从儿童时期到中老年，在不同的生命周期都能确立先进的人生价值观，实现自己内心追求的人生价值，也是女性学的一个重要议题。

一、女性人生价值的概念界定

(一)女性人生价值的定义

女性在其一生的人生舞台上，不同阶段都扮演了不同的角色，当其成年后步入社会，成为社会主义建设者中的一员的同时，她们也可能还是母亲、妻子和女儿。女性面临着在家庭与社会这两个人生价值方面的矛盾和冲突，而现代社会在促进男女平等的过程中也遭遇家庭空间与社会空间的矛盾和阻力，这在历史上始终是一个棘手的问题。学者王学珍(2015)曾指出，基于女性学视角，对女性人生价值的概念界定应在包含家庭与社会两个面向的同时，充分体现女性个体自主的人生追求，并在实现独立、可持续发展过程中，发挥自身的能动性、创造性和积极性，既尊重社会和谐发展的规律性，又能在有限的环境、资源条件下体现自己的才能，同时构建个体自尊、自强、自爱与自信的人格与精神。

女性人生价值的实现也同样会像男性一样受到社会关于"成功""有价值"和"意义"等标准的引导、影响和制约。因此，结合多学科对人生价值的概念，同时融合社会性别视角，女性学对女性人生价值的概念界定侧重突出其对社会创造的价值与做出的贡献方面，而弱化家庭中的价值，尊重女性作为独立的个体，女性应享有自由设置自己人生价值方向的权利。综上所述，女性学理论框架下的女性人生价值，是指女性在为社会利益服务的过程中所有具有创造力的劳动价值，是新时期女性在建设社会主义美好生活和建设社会主义社会中所实现的全部自我价值与社会价值，是女性在工作、生活中所树立的自尊、自信、自立、自强的独立人格以及对自我、家庭和社会的责任感。

人生价值也有大小之分，有的女性创造了辉煌的成就，为人类做出了重要的贡献；而有的女性一生比较朴实平淡；有的女性培养了出色的儿女，而有的女性以事业为重错过了最佳婚恋期最后选择单身或丁克的生活方式。因此，社会评价女性的人生价值时不能不顾个人的潜力和现实条件，不能要求每一个女性都能成为事业有成又养育了出色的儿女，而应尊重客观的条件和事实。不论是哪一个方面的，只要是女性自主的选择，只要女性努力发挥了自己的内在潜力，努力为社会建设做出了贡献，就应该得到认可和肯定。同时，社会的发展也离不开男女两性的合作，女性人生价值的实现也不是孤立存在的；阻碍女性实现人生价值，将女性的职场发展与家庭生活对立起来，也同样是缺乏长远发展思考的体现；任何只注重单一性别的人生价值都会阻碍人类整体社会的繁衍、发展和进步。新时期的女性有能力承担社会角色，并在这个过程中充分发挥女性的智慧，提高自身素质，发现和培养自己的才华能力，实现自我人生价值的同时收获幸福感，推动社会经济、政治与文化的建设与发展。

(二)女性人生价值的三个层次与七个取向

人生价值的确立通常是在青少年时期从开始形成，到波动发展，最后完全稳定的一个形成过程，国内从改革开放以来便有大量针对青年人群体的人生价值观调查与研究，主要都是以大学生群体为研究对象。根据目前对青年群体人生价值的相关研究与调查(徐华春等，2008)，女性学将女性人生价值的实现分为三个层次七个取向。

1.女性人生价值的三个层次

女性人生价值的三个层次分别是：个人价值、生命价值与社会价值。首先，个人价值是女性人生价值的最基础部分，也是其他价值的出发点，同时又是实现其他价值的目标和终点。个人价值是通过自我的修身实现的，是个体独立性、独特性以及与他人人格平等的体现，如果缺失个人价值则其他的价值都无从谈起。其次，生命价值是指女性为生命的延续所做出的贡献，既包含精神价值、情感价值，又包含劳动价值。孕育生命需要爱、责任与能力，体现女性的奉献价值，同时也与社会价值相链接，如果没有女性的生育，那人类这一物种也就无法延续下去。女性在实现生命价值的同时，并不需要放弃个人价值，相反，通过女性发挥自身主体能动性，可以在保持个人价值的同时去实践生命价值，进而在多方面发展、完善人生价值，丰富人生价值。最后，社会价值是女性在改造客观世界中智力劳动与身体劳动的综合体现，个人价值也需要通过社会价值来实现，在自我满足的同时为社会发展做出贡献，提升个人价值和生命价值的层次，更是女性在前两个层次价值实践中应该提升与坚持的，也是激发女性内在潜力和素质的推动力。这三个层次是相互依存的，人生价值也是三个层次的有机整合，需要避免三个层次价值之间的冲突，理解在不同的生命历程阶段，构成人生价值的不同层次价值的比例会有所不同，且需要与女性个体的具体情境相关联，避免绝对化女性人生价值，不论哪一个层次，都需要女性在实践中塑造自信、自尊、自立、自强的人格。

2.女性人生价值的七个取向

女性人生价值的七个取向分别是:(1)社会地位与声望取向,包含对个人职业名誉、社会地位以及政治权力的追求;(2)自我实现取向,包含对个性爱好培养、个人能力提升以及自我奉献的公益服务;(3)经济物质取向,包含经济独立与美好生活的追求;(4)情感与人际关系取向,包含对高品质亲情、友情和爱情的追求以及和谐共同发展的人际关系;(5)信仰与自由取向,包含对宗教信仰、婚恋等的选择自由和追求;(6)休闲享乐取向,包含满足于现状,崇尚轻松平静的生活,拒绝目标和压力等;(7)审美取向,包含对身体、自然物、心智与品格等的外在内在美的追求。

二、女性人生价值及其性别差异

对于生活在现代社会中的男女两性,虽然都同样承担社会与家庭双重责任,但根据社会建构论的观点,由于女性传统性别角色和现代职业女性身份的双重标准,女性遭遇了比男性更加尖锐的角色冲突。女性学在分析女性的人生价值时,不可避免要涉及人生价值的性别差异问题,因此可以从以下几个方面的基本问题来厘清人生价值性别差异是什么以及产生的根源。

(一)对人生价值的不同维度与取向的重视存在较大的性别差异

一项对重庆、山东的青年群体人生价值的研究显示,女性青年在人生价值取向中最重视的是情感与人际关系,其次是自我实现;女青年对人际家庭的重视程度略高于男青年,而男青年对名誉地位的重视程度都远远高于女青年。

(二)衡量人生价值的社会评价标准存在较大两性差异

不仅需要明确与肯定女性对人类社会的贡献不是单向度的,而是多维度的,还需要明确,对女性价值贡献大小的评价不因以其生理性别而有所偏倚。由于家庭分工仍以生理性别为依据,导致对女性价值的评价标准更倾向于家庭层面,忽略了其对社会的贡献,这也导致了人生价值的两性差异——社会评价标准的倾向有所不同。若职业女性获得事业成功,家庭生活却不美满幸福,社会对她成功的认同也会折半;甚至有的人在极端的父权中心主义影响下只认可女性的生育价值,而将女性对社会经济的贡献予以完全否定。社会评价标准的不公正与性别不平等,不仅影响了女性持续发展事业的动力,而且增加了女性渴望家庭事业双向发展的阻碍。而身负双重角色的女性一旦面临职业发展与家庭育儿照顾发生冲突时,深感平衡被打破的痛苦,可能因家庭原因而遗憾搁置职业发展或者只能牺牲自己的事业发展成为全职主妇。因此,社会在制定女性人生价值的评价标准时如不增加其社会价值的比重,则必然会导致两者的失重状态,而不是进入平衡发展或选择自由的状态。反观男性即使是在家庭中承担较多的责任和家务事务,社会也并未充分认可其人生价值。这也就揭示出了社会对人生价值评价标准上的性别分化,进而影响两性对自我人生价值的设定与可能遭遇的矛盾冲突。

(三)当男女都面临同样的双重角色转换时,不同面向上的价值认定标准也呈现出明显的差异性

女性在职业发展过程中仍然被要求与男性同样的标准,并不会考虑其生理性别而给予标准打折;相反,社会对男性履行家庭角色时的要求则并不与女性保持一致水准,只要男性能参与、稍微关心体贴妻子并且分担一小部分家庭事务便成了人们眼中的“模范先生”。在家庭领域中的不同标准要求职业女性在发展事业的同时兼顾家庭,仍按照以往传统的观点和贤妻良母的角色要求女性,正如华裔学者王玲珍描述的,“对女性提出的矛盾的要求,使她们肩负双重责任和负担,而对知识女性来说,她们除了体能上的疲惫和透支还在情感和精神上产生了极大的困惑”(王玲珍,2015)。而男性的低标准也并未能促进男性更多地参与家庭事务。

(四)人生价值不同取向的重视程度体现出人格等级的性别差异

有学者对中国传统的人生价值的分析指出,人们通常通过追求人格差异优势来实现自己的人生价值。由于受传统文化中落后的性别观念的影响,女性长期处于一种人格自卑心理状态;同时家庭中的等级制也长期使得男性对子女与妻子享有权威,在家中享有绝对的人格优势,甚至这种优势成为他们在社会中价值失意的补偿。女性进入婚姻时,便会自我降低人生价值的维度,更倾向只追求个体内在与小家岁月静好的幸福感和相夫教子的生活目标,从而逐渐放弃通过追求事业发展来实现人生价值;这与男性结婚前后其人生价值始终延续着传统的发展路径并没有多大差异是截然不同的。从传统家国情怀下的性别文化来看,正是在家庭权力结构秩序影响下,男性更多地将婚姻看成自己事业发展前进的中继站,是实现人生价值的后方保障,而且自己还是家庭的管理者;相反,女性则将婚姻看成终点和归宿,她是具体家庭事务的执行者。这也就使得婚姻成为男女两性人生价值不同发展向度的一个分水岭,而已进入婚姻家庭关系的女性在人生价值的追求上与男性的差异性增加,更容易出现不同取向之间的矛盾与冲突。

三、当下女性人生价值观存在的问题

中国社会正处在复杂的转型期,不仅仅是制度转型,更是性别文化从传统向现代的转型,是人文精神与人生价值观念的转型。人生价值是人生观的核心内容,为了拓展女性人生观价值的宽幅与纵深,树立新时期女性形象,建设新时期女性风貌,对人生价值有正确的认识,辅助女性群体在人生历程中找到正确的发展方向,积极用自己的劳动创造对自我、家庭和社会都有价值的人生,首先需要做的是认清当前社会女性人生价值存在的一些基本问题。

(一)女性人生价值的单一性和社会评价的不公正

中国传统文化中影响深远的男尊女卑的观念,是对女性人生价值评价不公正、人格上与男性不平等的体现。经过五四运动的思想解放,到新中国的成立,以及改革开放带来的社会发展的巨变,在政府长期坚持男女平等基本国策的倡导下,女性纷纷投入到各行各业的社会建设实践中,女性地位得到了较大提高,男女平等也逐渐被社会广泛认知。但是,西方个人主义思潮的兴起,加上大众传媒中影视与网络娱乐中对传统两性关系的再诠释,女性人生价值观念回归到传统的发展路径,更影响当代青年女性群体单一地将生育价值和人际家庭关系放在了人生价值的首要地位，还有的追求消费主义的生活方式，陷入拜金主义的泥潭之中，更在婚恋关系中物化自己，将生育作为一种婚姻关系的交易筹码。这种人生价值的单一性与物质性一方面增加了婚姻中女性对男性的依赖性，另一方面也异化了女性作为个体可能发挥的社会价值，增加了女性生存的风险。

(二)女性人生价值面临较大的角色冲突

女性人生价值面临的冲突有两个方面：一是历时性的不同生命周期的动态冲突，二是共时性的代际之间价值观念的冲突。前者是个体成长发展的必经过程，后者则是社会发展影响的非均衡性的体现。女性从青春期到成熟期再到走进婚姻家庭，由于经历不同的生命周期，女性也遭遇了社会性别角色的变化。当女性不能很好地定位自己，缺乏独立成熟的心智模式时，一旦以纯粹的社会评价标准作为衡量人生价值的标尺时，便会导致不同价值取向上的冲突与矛盾。同时，不同代际之间人生价值观的代差也使得青年女性群体独立自主的价值观与事业家庭并重的人生观都不能被那些传统观念根深蒂固的长辈所认同，加剧家庭内部的矛盾与冲突，也影响了婚姻关系的稳定。

(三)女性人生价值的实现缺乏广泛的两性平等文化与秩序结构的支撑

现代化的发展推动了两性平等的发展，也为两性平等实现人生价值创造了一定的社会文化条件。然而受消费主义与泛娱乐化趋势的影响，有一些青年女性以追求轻松快乐的生活为人生价值。几千年来家庭内部以生理性别分工的性别文化传统，对男女家庭地位的错误解读，都将女性管家、女性管钱作为女性地位高的体现。事实上，对女性创造的社会价值与家庭幸福进行捆绑，不仅不是两性平等的实践手段，更加剧了女性内在角色矛盾和冲突感。女性人生价值实现在缺乏一种更加广泛意义的性别平等文化的支撑的同时，也缺少家庭内部性别秩序上从男尊女卑、男主外女主内过渡到男女共同经营家庭与携手发展的文化价值取向。即使在中小学课本中，也较难看到女性在社会价值服务中的贡献，而仅有的女性形象都是以“母亲”角色出现；日常照顾中，女性也都自动承担了整个家庭的事务，这种角色安排如同设置好的一样，从未遭受到质疑。很多女性即使婚前或生育前事业发展顺利，但婚后都会重新考量自己的人生价值取向。当然，也有一部分思想进步的女性在生育后重新回归职场，却常常遭遇家庭事业平衡问题的困扰，缺乏文化与精神上的支持。

(四)实现人生价值需要更坚实的制度保障

国家出台了诸多政策促进良性平等发展的政策、规范与法律法规，包括《义务教育法》提高贫困地区女童上学的比例、禁止就业过程中的性别歧视促进女性就业的政策法规；各地的妇联组织也不断开展各种扶贫工作，如促进进城务工的农村妇女的扶持工作，为失业女性再就业提供免费的职业技能培训等。但这些制度政策的对象仅是部分处于边缘地位的女性群体，要更广泛地让女性各个年龄阶段、不同社会阶层的女性都充分实现自身的人生价值则需要更完善、更深入的、更系统化的政策和制度体系来保障，这也是目前在真实社会生活中两性平等发展成效还不理想的原因。

第三节 ■ ■ ■

女性宗教信仰

在人类女性学的理论视阈中，文化价值主宰了中国社会的两性关系，是来自父系、父居、父权的亲属宗法，以及围绕这些法则衍生出的社会文化规范与性别文化规范。在谈论两性问题时，无法回避文化层面对两性地位的影响。因此，追根溯源，父系亲属宗法的背后，还有宗教信仰进一步巩固这一套规范体系，其中的祖先崇拜正是父系意识形态下产生的一种信仰文化。即使不信奉任何宗教，却难以摈弃父系观念的影响。宗教、民俗均蕴含着深层次的两性关系，据不完全统计，我国现有各种宗教信徒超过1亿人，女信徒占比超过男性，且在有的地区可达80%以上。在宗教的起源与发展过程中，女性始终与宗教关系密切。

一、不同宗教的妇女观与女性宗教信仰

美国女权主义宗教学学者邓尼斯·卡莫迪(1989)在其著作《妇女和世界宗教》的导言中阐述了对宗教的基本看法：宗教的核心是神秘......如果宗教的核心是神秘，而神秘又超越了性别，那么宗教体验也就是超越性别的。但是，一切宗教体验的确也是属于不同性别的人们的，因而其体验的表现也就具有性别的色彩(孙亦平，2002)。

20世纪70年代末，伴随着改革开放，国内对宗教与女性的研究成为学界关注的重要议题。到80年代初，主要的研究聚焦于宗教妇女观和妇女地位问题，之后从90年代至今开启了社会性别视阈下的宗教与女性研究的学术转型(马亚萍，2015)。但妇女研究在宗教学领域中仍然是一个薄弱的环节。长期以来，女性始终作为附属的研究角色。国内学界对主要三大宗教——道教、佛教与基督教与女性的研究，还有少数民族宗教与女性的研究都是宗教与女性研究的重要部分。从女性学的理论框架解释女性的宗教信仰，首先需要了解主要几大宗教的妇女观。

(一)道教的妇女观

儒释道是中国封建社会的三大思想支柱。作为三大思想支柱之一的道教在女性问题上比较开明，这与道教中"'道'是万物之源，而道生混沌之元气，元气又分为阴阳二气"的思想有较大关系，老子认为"阴阳二气缺一不可，同等重要"(王宜峨，2002)，道教经典读本《太平经》中猛烈抨击了封建社会对妇女的残害，所以应该保护母亲和妇女，这也就决定了道教的女性信徒获得了与男性较为平等的待遇，流传下来的女性修炼的经书也超过几十种。道教还继承了上古时代母系社会的信仰内容，体现在道教中女神众多，且各司其职，独主一方，并不依附于更高层级的男神，比如传说故事集《说文》中关于女娲造人、女娲补天的传说。

(二)佛教的妇女观

佛教与基督教同为传入我国的宗教，其自形成以来，认为众生同一本体，并无分别，众生皆有佛性，因此男女在生理上的差异是次要的，心性觉悟才是最重要的。佛教认为人的起源本无性别之分，之后产生男女两性是因为道德蜕化，但是男女在人类繁衍过程中具有

同样的作用,也有同样的地位。在大乘佛法核心思想中,众生的佛性是不轻视任何一个性别,完美的道德是超越性别界限的。同时,佛教重视女性在家庭教育中的作用,对社会负有重要责任。当社会向现代化、全球化迈进时,女性不仅要发挥对家庭的性别作用,更重要的是成为社会的中坚力量,在自强自尊自立的同时,也要发挥慈爱和坚韧的美德,努力克服自卑、脆弱的弱点,通过教育与自身的努力学习,提高自身的素质和修养(释大智,2002)。

(三)基督教的妇女观

基督教自唐开始传入中国,在中西方文化发展交流中占有十分重要的地位。基督教是西方文明的核心内容和精神支柱,与中国封建思想的三大支柱不同,西方传教士传教是希望用宗教征服中国。正是由于传教的需要,加上基督教男女平等思想的影响,传教士重视妇女教育,不仅发表大量文章宣传女性教育的重要性,还在中国开办了教会学校。据统计,19 世纪 40 年代,中国只有 3 所教会女校,到 19 世纪 70 年代后期,教会在华开设的各类女校就有 121 所,学生人数超过 2 万余名(裔昭印,2000)。20 世纪初,教会又开办了教会女子大学,“北京华北女子协和大学”是第一所教会女子大学,也是中国历史上第一所女子高等教育机构。以至于 20 世纪上半期,受过高等教育的中国女性将近 1/3 是出自教会大学,同期留洋女学生,来自教会大学的更是过了半数。

学者范若兰(1992)在《基督教与妇女》和王美秀(1995)在《基督教妇女观的演变》中都指出,基督教的创始人耶稣对妇女并不歧视。在基督教《圣经》开篇中,明确提出“女性与男性的平等地位以及上帝赋予他们在管理世界中所担负的共同的责任。男女地位平等,女性与男性一样有作为人的价值与尊严”(王芃,2002)。在家庭生活中,基督教认为女性不仅仅是执行者,更是经营者。女性不仅操持家务,还经营理财,直接参与商业经济活动,因此基督教对“贤”的定义是需要德才兼备的。在社会服务中,基督教中所记载的女性在民族危难关头,因其睿智、胆识、正义感而挺身而出,如女先知底波拉的故事,她在外敌入侵时,率领以色列人英勇抗敌。福音书中也记载了耶稣对男性和女性完全一视同仁,对她们的要求和教训,认为她们的责任和义务都与男性是一样的,包括与男性一样享有受教育权。虽然基督教是从西方传入中国的,但随着中国基督教信徒人数的增加,中国基督教于 1993 年年底成立了妇女事工委员会,此后全国各省、市、自治区也纷纷成立地方的妇女事工委员会。中国基督教鼓励基督徒妇女从神学、释经学等角度研读圣经,充分发挥女性对宗教文化建构的社会贡献,走出家庭,服务社会。

(四)女性宗教信仰

上述宗教的妇女观都体现出宗教男女平等思想的一个侧面,但是一旦深入探究与分析宗教背后的文化根源,立刻可见其两性不平等的性别观念,也正如卡莫迪(1989)在其书中所阐述的那样,个人如何对待这种接触又常常会受到其文化传统的制约。传统的关于男女两性的看法,在很大程度上对人们体验神秘产生了重要的影响(马燕,2009)。卡莫迪(1989)特别指出,由于妇女的体验受到其社会地位低下的感觉的影响,因此她们通向神秘者的平等的道路也受到了损害(孙亦平,2002)。特别是当外来的宗教传入中国之后,在历经的千年历史与中国本土化、儒化的过程中,在与中国文化融合过程中,也会受到两千多年中国社会主导意识形态中男尊女卑的性别观念的影响。正如台湾学者张珣在对台湾的宗教与性别研究中指出的,“用文化相对论与文化比较法来破除某一文化中牢不可破的价值观。在人类学来说，文化主宰力高于宗教与性别意识形态。宗教与性别等意识形态都是受到（不同民族的）文化制约的”（张珣，2013）。范若兰（1999）在对宗教妇女观与妇女地位的研究综述中也同样指出了学者对早期宗教与后来宗教进一步发展后的妇女观的分野：早期宗教较为平等的妇女观实际上反映了父权制确立初期妇女仍享有较高地位的事实和早期宗教的平民色彩，但需要指出的是，早期宗教确立了男女关系最基本的原则，即男尊女卑，这为后来宗教学家进一步发展歧视妇女的思想打下了基础。

1.女性宗教信仰的几个特征

女性是宗教信仰队伍的重要成员，无论是历史上还是现实社会生活中，女性是对参与民间信仰活动充满热情的群体，往往比男性更倾心于宗教。不同的民族、地域女性信仰宗教有不同的特征，少数民族女性与汉族女性的宗教信仰在民族、城乡空间的交织作用下既有特性也有一致性。学者屠文淑与姚蕾（2003）通过对我国新时期妇女信教的现状研究发现以下几个特点：

（1）女性信徒自20世纪90年代后期开始人数明显增长。在落实宗教信仰自由政策之后，女性信徒人数不断增加，且占比大大超过男性。

（2）宗教信徒的年龄结构、受教育程度以及职业分布也发生了显著变化。近年来新教徒跨越了各个年龄段，其中年轻人占比较高，且与年轻化相关联的信徒受教育程度也有较大提高。如1996年对福建省某市的基督教的调查显示，大专以上学历占了20.3%；之前多以农村妇女为主要信徒的，现在学生、科技工作者还有一些高层次知识分子也成为了信徒，高层次职业的信徒主要集中在基督教的信徒中。

（3）传统农村妇女信教多是处于“贫、老、病”，城市妇女的宗教信仰动机呈现出多元化的态势，有的是出于对宗教的理解，有的是在宗教中追求真理的目标，有的是将其作为慰藉心灵的良方，还有一部分女性是出于好奇，或者求财求子等功利目的。

学术界从历史与现实两个层面考察女性宗教信仰的动因以及宗教信仰对女性世俗生活的影响，考察女信徒的性别意识以及在宗教组织中的地位等议题。刘文娜（2016）考察了近30年关于中国女性与基督教的研究，指出基督教教会中“泛女性化”这一显著特征，是近年来中国女基督徒研究的现实依据。女性加入基督教的动因主要是受惠于教会所创办的社会事业抑或是世俗的需要。基督教信仰不仅从思想观念上影响了女基督徒的世俗生活，而且也推动了一部分女性积极参与社会事业。同时，罗苏文（1996）在《女性与近代中国社会》中也佐证了女基督徒的宗教信仰成为她们脱离传统生活轨道的起点，甚至成为部分女基督徒走出家门走向社会公共领域的精神支撑。还有研究集中在对佛教与基督教女信徒的皈信原因以及宗教信仰对女信徒社会生活的影响的探讨，指出基督教在华传播的广泛影响以及佛教在现代化发展过程中的不足之处（郑永福，吕美颐，1996）。

2.少数民族女性的宗教信仰

少数民族女性的宗教信仰更多体现在其本族宗教文化与中国传统文化结合之后形成的一种价值文化。如马燕（2009）对回族文化的研究发现，回族文化就是伊斯兰文化与中国传统文化结合的产物，其性别观念受中国传统文化的性别观念影响极为深刻，回族女性的价值观念体系同样是根植于中国封建的文化泥沼之中，而其民族形成时期正值宋明理学将“男尊女卑”观念发展到高峰的时期。明末清初以来，回族学者把儒家的纲常名教纳入宗教实践之中，把“忠”“孝”“节”的封建礼教观深植于回族女性文化中，使得以男性为中心的封建宗法制社会中的回族女性长期处于服从地位，回族女性的价值观、意识和经验是被整体社会淹没与深理的(骆桂花，2009)。

从刘东旭(2010)对贵州群乐人宗教实践研究所绘制的图景中可看出，在祖先信仰、冲傩和神庙信仰三种宗教实践领域都体现出明显的性别差异，这种差异与当地的历史传统和社会结构紧密相关。20世纪50年代以前的乡村社会是以父系家族为基础的，而之后20多年的集体化时代使得家族结构和意识都趋于消解，并极大地改变了家庭之中男女两性的角色地位，而这样一种改变在宗教信仰领域的反映便是男女两性对不同的信仰活动表现出不同兴趣。20世纪80年代的改革实际上是中国社会从集体化重新向个体化转变的过程，乡村社会也面临着“再秩序化”。正是在这个再秩序化的过程中，民间宗教实践领域的性别差异现象被放大，并广泛地呈现出来。概括起来有三点：(1)女性宗教信仰活动中的地位受父系家族结构中的女性地位低与边缘化的影响，最终演化成各种宗教上的社会性别差异；(2)改革开放之后家族结构的瓦解，个体家庭的出现，女性地位的大大提高，导致宗教实践的分化，神庙信仰取代祖先信仰而迅速发展；(3)由于新中国成立之前男性受教育程度普遍高于女性，男性更容易接受无神论意识形态，因此两性的宗教观的理解是不同维度的面向，差异也更加明显。庙宇则由原来的公共性活动空间转变成为女人们热衷的神庙信仰活动场所，并且呈现蒸蒸日上的势头。

学者杨国才、张桔(2007)对西南地区佤族妇女的宗教信仰进行了相关的研究，认为在佤族原始宗教信仰中男女基本是平等的。新中国成立之前的佤族因各地环境条件的差异导致其社会发展水平不均衡，致使其社会性别制度建构方式也不同，但佤族妇女在宗教信仰中享有信仰自由，且在不同的信仰活动中的不同角色使其充分体现了自己的价值。受佤族女性生殖崇拜文化的影响，女性在其民族历史上享有崇高的地位与权威。然而生产力的发展，农业的重要性突显，男女分工导致了两性地位随之转换，带来了女性地位的下降，女性承担的社会分工从最初的由生理性别划分向按社会性别角色分工转变，完成了佤族社会中的社会性别结构的差异化(男主女次，男强女弱)，再加上其他制度(婚姻制度、继承制度)进一步强化了两性的社会性别角色，传统的性别文化不断被建构、被生产和再生产。

同样是西南民族的白族，本主崇拜是其特有的宗教信仰，具有鲜明的民族和地方色彩，更是白族文化的重要组成部分，也是其社会性别建构的一个特点。学者金少萍(2008)指出，与生育、健康有关的女性神灵，是白族本主文化系统中最具有女性文化特质的重要内容。祈子孙兴旺、人口繁衍是白族本主崇拜的重要内容。白族民间的各种祭祀活动均不排斥妇女的参与，且民间用于贡献本主的祭品全靠妇女制作和准备，中老年妇女还是当今祭祀本主的主体。同时，在文化传承与文化建构上，离不开白族妇女的作用，她们既是文化的创造者，也是传承者和实践者。尽管如此，儒家传统的男尊女卑、男外女内等女性价值标准和风俗礼教等主要性别观念仍然也沉淀其中。女性主神的数量远不及男性，且女性多为配神；另外一些关键的、最重要、隆重的祭祀活动中仍然是由男性来主导的。

从社会性别的视角对民间宗教文化或少数民族女性宗教信仰的研究，一方面指出宗教文化与社会性别建构过程相互交织，如女性对生育以及家庭各项事务所负担的责任是其精神压力的来源，而通过宗教信仰，向“神”的祈求都围绕着生育，另一方面女性不仅仅是单纯地信仰宗教,而实际已是上主动参与到宗教活动的组织中,自觉“篡改”了宗教活动的社会意义,进而使得宗教文化成为消解女性社会性别建构的武器(侯艳娜,李凤缓,孙鑫煜,2011)。同时,因为借助宗教信仰活动,得以拓宽女性的活动空间,打破传统性别观念女性的互动只能局限在家庭空间中,也恰恰因此让女性得以在家庭以外的社会活动中实践自己的主体意识,借由民间宗教活动不仅丰富了日常悦乐活动,也有机会得以实现自己更多的社会价值。

总之,对女性宗教信仰如同乌比斯环一般,既将女性拉入并拴在传统的性别文化建构之中,使其再生产了社会性别内涵和家庭内性别角色的分工,但同时又成为女性打破封建性别观念的结构洞,通过将自己的智慧运用到宗教信仰活动之中,包括民间和民族的各种宗教文化建构,利用活动空间的拓展填补了常规的现实生活中的缺失,由此获得的短暂的自由和解放,使女性内心的矛盾冲突得以舒展,寄托了对未来生活的憧憬和希望。

随着社会的进步,女性走出家庭,参与社会劳动,但传统性别文化残留作用根植在社会的集体意识形态之中。此时,随着城市化进程的推进,市场经济作用下带动农村妇女提高劳动参与率,并且越来越多妇女挣钱养家,提高了妇女在家族中的地位以及与男性对话的资本和发言权,宗教信仰活动也同样遭受到重塑的女性角色的影响,进而推动民族社区的文化结构的改变,改变少数民族对女性性别角色的认知不再拘泥于家庭事务,形成了文化、性别观念与角色认同之间的相互作用,也让女性越来越重视受教育的平等机会与其在人生发展中的重要性,从而拓展了宗教信仰的文化内涵和社会功能,祈求内容不再仅仅局限于生育和家庭生活。

二、当代宗教信仰的性别差异

纵观我国宗教信仰与女性的研究不难发现,鲜有直接以宗教信仰的性别差异为主要关注对象的研究,然而一旦涉及宗教信仰主题,却无法脱离两性与宗教或脱离性别文化来谈宗教信仰。大部分对女性宗教信仰的研究都发现我国目前的几大宗教或者大部分的民间宗教信仰中女性信徒人数都多于男性信徒,但在重要的宗教信仰活动中组织者或实践者却都是男性为主。随着中国实施宗教信仰自由,不同年龄段的信徒都有所增加,但是在性别比上仍然是女性占大多数。通过对目前宗教信仰研究中涉及性别差异的汇总与分析,当代宗教信仰的性别差异主要体现在以下几个方面:

(一)宗教信仰信徒的男女人数比重不同且信仰的心理也不同

有研究指出,由于男性更早接受马克思主义的无神论教育,因而更早形成了对神鬼之说的去魅认知,也更早认同无神论的意识形态;但同时,受父系宗族思想的影响,对祭祖或者婚丧嫁娶等民间风俗与庙会活动,男性仍然热衷参与,且作为主要参与者,这也突显了传统儒家性别观念中对父系祖宗的崇拜与对生育文化中传宗接代思想的认同与传承。相反,新中国成立之前,女性难有接受教育的机会,加上受到民族、阶层与地域文化的影响,宗教信仰是女性精神上唯一的依赖,同时其人生价值也是以婚育为自己全部价值,并在人格上视为男性的附属品。即使在当代,女性信徒的人数仍然超过了男性。一项对大学生宗教信仰的性别差异研究指出,女大学生比男性大学生更倾向认同宗教,女生把宗教看成是一种文化现象,且认为宗教与马列信仰并不矛盾;同时,女大学生较男生更容易受父母或家庭成员劝说，或认为宗教为其提供人生意义及归属感以及受周围环境影响而信教，男大学生则体现出更多的主体性特征，主要是因为主观好奇或比较功利性地希望有所回报。

(二)男女两性在宗教信仰活动中的地位与扮演的角色不同

如前所述，多数研究都指出了宗教活动有浓厚的宗族或家族文化的传统，男女两性在宗教信仰活动中承担了相应的角色。在祭祀祖先这一最为重要的宗教实践，是“一条严格围绕男性继嗣形成的连续体”，而女性则对于父系家族成员来说具有“陌生人属性”，不能完全被任一父系家族所接纳，如祖先信仰这个象征体系之中处于结构性的边缘地位(刘东旭，2010)。另外，妇女虽然活跃于宗教生活，但仍在这类宗教活动中处于从属、次要地位，通常在男性长者指挥下完成各项宗教活动。

(三)宗教信仰对男女两性的文化功能不同

对男性而言，宗教信仰满足其对神秘文化的好奇心，民间祭祖或宗教活动是其社会地位的体现与对传统宗族文化的认同、维护与传承。但是宗教信仰对女性的作用是多方面的，有积极的一面，也有消极的作用。积极的文化功能是不仅开启了女性的智慧与接受其他文化教育的机会，而且也变革了其生活方式，克服了一些陋习，比如信教后需要遵守教义禁酒，禁祭祀鬼神，以及生活中注意个人与公共卫生等。消极的作用体现在宗教信仰活动中以“生育”作为主要内容，而生育行为成为女性获得身份和地位的工具，只有生育才认可其社会价值和给予一个社会位置。这无疑是将女性与生育捆绑，女性的价值就是生育，借由宗教信仰将这种传统的性别文化观念传承下去。

(四)宗教信仰代际传承上男女两性存在差异

由于家庭养育责任主要由女性承担，因此宗教信仰代际传承上女性承担了文化传承中的口述部分，而男性后代则通过参与男性成人的宗教信仰活动，从实践中传承了父系的宗族文化。

综上，即便是在中国传统女性地位卑微的主流文化影响下，由于女人对宗教的虔诚程度，以及对宗教文化的保护作用甚至超过男性，而女性信徒性别意识的觉醒，是她们在教会组织中地位提高的重要原因。

三、当代女性宗教信仰问题

西方传入的宗教在传教的同时，由于提倡男女平等的思想，创办学校，提高女性的受教育程度，进而提高了女性的地位，也因此影响了女性的日常生活内容与空间，促进了女性积极参与社会劳动的可能。中国宗教文化的多元化特征，伴随着博大精深的中华文化发展过程，形成了以儒家传统思想文化为主体，道家和佛家文化为补充，并广泛吸收诸子百家文化的早期形态，随着西方宗教的传入，继而发展出中国化的基督教和中国化的伊斯兰教的某些成分。但中国文化的核心仍然是儒家文化框架下的三纲五常伦理体系以及宗法父权制度，其在女性角色的塑造与建构中，型塑和秉承了“男尊女卑”的性别文化，并成为传承千年的中国社会主导性别意识形态。这种性别文化定位根深蒂固，与各宗教信仰相互融合发展，使得当代女性宗教信仰面临多重问题：

(1)女性形象在某些宗教中既是女神又是女巫，一旦女性行为不符合传统的规范就容易陷入被污名化的境地，特别是体现在缺乏科学知识，盲目借用宗教信仰解决日常生活中的问题,尤其体现在当女性无法生育或者没生育男孩时。

(2)宗教信仰本身并不否定男女平等,从各个宗教的妇女观都可以看出初期的宗教都具有男女平等的思想,但随着宗教传入并与当地文化逐渐融合之后,不可避免本土化发展,继而成为维系当地文化结构体系的工具。在各种宗教信仰活动中隐藏着不同程度的性别歧视现象,如在宗教信仰活动中限制弱化了女性在重要宗教活动中发挥作用,女性没有发言权,更没有参与决策或决定权;同时,对生育的崇拜和看重,使女性承担生育的所有社会责任和义务,将其角色限制在“家庭”内,不鼓励女性追求更高更有社会价值的人生目标。

(3)由于两性存在着宗教信仰的性别差异,特别是对在校大学生而言,女大学生的成就动机明显小于男大学生,男生也比女生拥有更广泛的兴趣爱好,更加独立的人格,而女大学生在长期的性别文化影响下,多顺从,依赖性较强,情感比较敏感和脆弱;加上高校培养大学生正确的性别观念、宗教观和人生价值观的教育依然不足,年轻女性一旦生活中遇到困境,无法分辨邪教与宗教的区别,容易成为非法宗教传播的对象;又因在宗教信仰活动中体现出的不自信、依赖心理以及心灵较敏感脆弱,使部分非法宗教有机可乘,利用宗教名义对年轻女信徒骗财劫色。

第四节 ■ ■ ■

女性文化问题的女性学解释

改革开放40多年来,我国经历了以市场经济为导向的社会转型,这个过程深刻地影响了中国女性的社会地位、社会性别观念和文化结构。一方面随着国家的干预,妇女从家庭走向劳动市场,男女平等使女性活得更有尊严与独立。20世纪80年代女性主义实践开始向文化层面转向,学者王玲珍(2015)认为,新时期的女性主义实践具有很强的文化学术特性,这是同当时政治经济体制的转变,同中国向市场经济转型,同西方思潮接轨直接相关的。而正值80年代全球化影响的另一面——中国女性主义研究批评实践在历史上生成的复杂多质性,造成带有多元并相互矛盾的观念和立场无法简单地用全球化来涵盖。经济改革加上宽松的文化政策推动了文化运动与女性主义运动,王玲珍(2015)将其概括为“中国女性特别是知识女性能够以自己的方式参与了主流思潮的形成:女作家为传达个体的声音和知识女性的经验开辟了新的文学空间,女导演为电影语言的个体化和主体性开创了实验性电影先河,而女学者则发起了妇女研究运动,第一次在社会主义中国创立了妇女学学科并建立了妇女学术主体,相对独立于官方妇女机构。”

然而对女性性别观念、女性文化价值以及女性宗教信仰等女性文化的研究都揭示了公共生活与私人生活之间对女性社会角色设置的矛盾。公共空间因男女平等话语所构建的女性独立、智慧与家庭里对传统女性顺从温柔的角色之间的冲突,双重的责任和负担,让广大劳动女性透支了体力,也产生了困惑与迷茫。如此矛盾冲突和文化迷雾阻碍了两性和谐、共荣的发展,也对我国社会性别主流化的战略实施造成困境。前述各小节对文化相关议题的探讨已发现,以往对文化的研究之所以忽略了占据人类总数一半的女性群体,缺乏对文化性别不平等的更深层次的原因分析,关键在于这些研究基本上都是在“男造环境”和“男性中心主义话语”基础上展开的。因此，基于女性学理论框架构建对女性文化问题提出新的解释显得非常重要。本节将在肯定女性在人类文化中的价值和地位的基础上，修正以男性为主流文化的价值偏向，批判男性中心文化主义，同时也唤醒更多研究者关注女性在文化中的重要支柱作用，对女性文化在传承过程中存在的问题给予女性学的学科阐释。

一、对女性文化问题的理论解释

本章前三节关于女性性别观念、女性人生价值与女性宗教信仰的讨论均揭示了文化中所存在的性别差异，虽然三个内容所涉及的主旨不同，但反映出的核心问题都指向了共同的文化内容——中国传统文化中的性别文化观念、性别秩序结构以及父系宗族制度，这些传统的性别文化观念经由日常生活安排、日常行为规范话语以及宗教信仰活动的组织参与等形式不断被言说、被实践和再生产。即使到了当代，在当下女性普遍接受教育的时代背景下，这些男性中心主义思想与父系中心文化链条仍然没有消失，反而隐藏得更深更不易被察觉。女性在解放之后的公共空间与传统的家庭空间之间被无声挤压。概括而言，文化的性别差异主要表现在以下四个方面：

首先，受教育程度(现代教育)对女性性别观念、女性人生价值观的树立以及宗教信仰活动的选择与参与等文化范畴的影响作用要大于男性；基督教在中国传播发展过程中，推动了女性受教育水平的提高，通过教育手段促进了女性思想的觉醒；在传统儒家文化为根基的教育机制下，女性无法在其内部获得思想独立和解放，直到新中国成立之后，国家建设的需要，加上改革开放的政策契机，才进一步推动了女性接受现代教育。

其次，家庭内的分工仍然是以社会性别角色的分工为主，且女性人生价值目标的实现受其影响的程度要大于男性。

再次，婚姻(家庭)是女性人生价值、宗教信仰活动的主要取向和核心内容，相比男性而言，要显得单一、狭隘与边缘化。

最后，父权父系文化、传统性别文化使男性获得的群体收益要多于女性，因此文化的书写、传承以及各种文化活动中男性都处于中心地位，扮演策划者与组织者的主导角色；女性则扮演边缘角色，多为从属者和参与者，甚至在部分重要文化意义象征的宗教信仰活动中，如宗族祭祀等活动中女性还不能参与。

以上这四个方面构成了女性文化中独特的更深层次的性别不平等，也使人得以一窥文化背后支撑其不断持续再生产的父权文化生产机制。

社会学在对性别观念回潮等现象进行解释时将社会转型背景放置在了文化影响框架之中，认为国家的干预和庇护作用减弱使妇女必须接受市场的挑战，且家庭作为经济共同体和精神寄托的作用增加，使妇女在面临家庭—工作冲突时更倾向滑向家庭一端，且将传统的“男主外女主内”的社会性别角色分工作为其选择合理化的工具。同时，女性择偶观也更加务实与市场化，男女平等观念被市场化消解了，女性经济依附性增强。而个别女性在这样的模式下家庭和谐稳定更成了有力的佐证材料。由此，对于改革开放尤其是20世纪90年代以来市场经济对国家在性别平等建设中的颠覆性作用，将国家、市场、社会和家庭交织的多元模式——“市场主导，多元影响”模式来解释性别观念的塑造。社会学深刻的洞见使性别观念的形成在此思维分析框架中得到了较为充分有力的解释(顾辉,2014)(见图 12-1)。

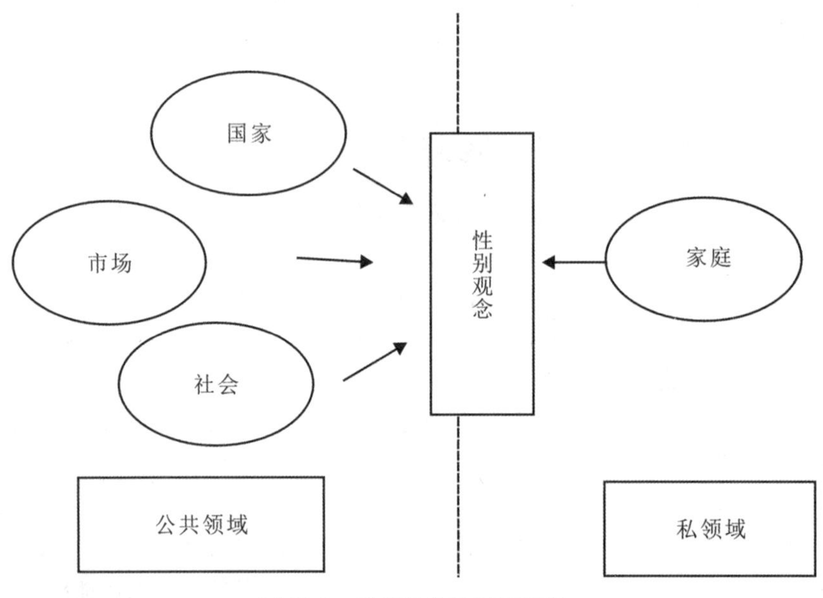

图 12-1　性别观念的影响因素

值得特别指出的是,在社会学解释框架下,认为国家、市场、社会和家庭交织作用下的"传统性别观念"已非通常意义下所指涉的"传统性别观念"。传统性别观念的基础是父权制,它是建立在土地、财产私有和父系继承基础上的,其存在的基础是家庭、家族、宗族和地方社会。当前性别观念的基础已经较传统性别观念发生了根本性改变,尤其是市场因素的加入,破坏了传统社会的自然秩序,在利用传统文化实现其逐利目的的同时,又启迪了女性追求自尊、自强、自立、自信的新形象。与此同时,国家一方面迎合了市场对性别观念的改造,弱化了家庭在社会建设中的作用;另一方面又通过制度建设纠正市场对女性的侵害,在改革开放之后加强了家庭抚养和照料,而市场化加剧了家庭经济生活的不确定性,凸显了家庭为女性提供生活保障与精神慰藉的重要性。至此,女性家庭—事业双重角色冲突加剧且强化了家庭内部的性别分工的固化,可以看作是国家性别制度建设的超前性与实践的滞后性之间的矛盾,也正是这种矛盾带来了现代性别观念与传统性别观念的激烈冲突,也让女性各种观念与文化活动遭遇两头摇摆的可能。随着女性主体意识逐渐增强,婚姻家庭成了女性性别观念与文化方向的掌舵者。

人类学对文化的研究以结构功能派的角度与做法为主,尤其集中在以父系宗族结构与政治官僚体系为主轴。如此,所有与儒家文化中父系宗族的理论架构相符合的文化便处于了文化中心位置,而与女性文化相关的脉络、人物、活动则无法在理论架构中找到位置(张珣,2013)。文化结构反映的是社会结构,不是被动的反映,实则是对政治社会结构进行补偿、改变和重塑的一种文化力量。特别是人类学对宗教文化、民俗的研究中的洞见使人恍然意识到在父系亲属法则下,女性绝对不可以不结婚不生子嗣,否则就成为社会乱源。由此便解释了既然婚姻家庭使得现代女性性别观念回到传统路径上,为何女性无力对此进行抗争的深层次的文化渊源。宗教民俗方面是大众习以为常而并没有过多在意的，因此性别平等思想影响多个文化领域都有显著效果，但是宗教民俗不被学者重视，成为性别研究的洼地，改善缓慢。

自由主义女性主义认为女性受压迫，在文化上始终处于边缘或者附属角色的原因是女性比男性缺少理性的曲解，个人和群体缺乏公平竞争机会和受教育的机会。长期的社会压迫和错误观念教育让男性位于女性之上（官晓菲，2008）。这与马克思主义妇女观的区别在于自由主义女性主义者诉诸人的本质和理性，主要从天赋人权、生而平等、公平理性等角度阐释妇女受压迫、产生性别差异的根源，具有一定的阶级狭隘性；而马克思主义妇女观则认为"人的本质是一切生产关系的总和"（马克思、恩格斯，2012）。因此从资本主义私有制、阶级压迫等深层次的角度揭示资本主义事实上的不平等，私有制是问题的根源所在，提倡妇女走出家庭回归社会劳动，而要实现女性社会劳动价值，就要将其从家务劳动束缚中解放出来，提出家务劳动社会化。而在资本主义制度下，想要彻底实现家务劳动社会化是很难的，只有消灭阶级和两极分化实现共产主义社会才能达到更彻底的人类解放包括妇女的解放。其次，马克思主义妇女观所提供的解放途径强调妇女应该回到公共领域中劳动，家务劳动社会化，但中国遭遇的实际情况却是妇女参与劳动，家务社会化程度并不普及，而是转嫁给了家庭中地位更低更边缘的其他女性——老人，同时职业女性并没有因此就获得更多的价值认同，相反却增加了其在家庭—工作之间的矛盾与冲突。

这也正说明了马克思主义妇女解放理论存在着进一步拓展的张力，在强调社会经济生产时还要重视人类再生产，还要对世界各地的社会主义实践在性别平等问题的复杂性的认知上扩大思想洞见，对家庭等级序列中的性别秩序结构给出与时俱进的理论解释。中国20世纪五六十年代妇女在政治、经济和社会地位上的巨变是社会主义女性主义实践[①]带来的成果。而文化领域则推动了妇女尤其是中国底层的妇女成为社会的模范和榜样（Chen，Tina Mai，2003）。但同时自由主义女性主义在追求两性平等时忽略了两性生理差异，坚持去男女差异，如同中国大革命时期"铁姑娘"现象，改革开放前的"男女都一样"的性别话语，使得女性在当时社会发展条件下只能一味追求在体力劳动形式上与男性一致相当，丧失女性魅力地去性别化，而不是追求自我独立，反而只是一种形式上公平而非真正的平等与正义。

二、女性文化问题女性学理论解释框架的再构建

上述不同学科与理论范式从不同的角度、不同的横纵面剖析了女性文化问题及其性别差异的原因，但是单一学科的解释力度以及分析维度都只是一个侧影，女性学学科理论优势便体现出了其价值所在。需要强调的是在微观个体层面可以获得更高的地位、更多的尊重并不意味着在宏观角度已经颠覆或者削弱男尊女卑的秩序和男权的统治，相反，由于女性的文化内置并同化于男权统治内部，在实践中反而加强了女性的从属地位。因此，

---

① 关于"社会主义女性主义"概念及其在中国现代历史上的体制化实践，见王玲珍：《国社会主义女性主义实践再思考：兼论美国冷战思潮、自由/本质女性主义对社会主义妇女研究的持续影响》，《妇女研究论丛》2005年第3期。

需要立足于现实的日常生活，修正传统学科的理论逻辑，从以下几个理论核心点与分析范式来提升女性学对女性文化问题及其性别差异的学科解释能力。

(一)现代教育的单性向度、家庭向度与社会向度

性别观念的回潮在三个时期的中国妇女社会地位调查中均有所体现，即使是出生在20世纪70年代到90年代的女性群体在现代教育体系下仍然滑向了传统的性别文化窠臼之中，但第三期妇女社会地位调查中却发现城乡女性的性别观念差异在缩小，其原因是城乡流动中农村妇女进城务工带来的思想和价值观念的变化。同时，伴随着国家推行男女平等基本国策以及九年义务教育，女童入学率提高，受教育程度的提升，但这些改变并没有实际改变中国大众的性别观念，甚至两性性别观念差异还因此增加。

20世纪40年代(包括30年后期)和50年代的女性在世界上高度性别平等体制和公共语境中成长起来，她们通过现代教育的思想启蒙，自我认知、平等的主体意识以及社会责任感和奉献精神都达到历史的空前高度(王玲珍，2015)。然后，由于现代教育教材编写、教育模式的二分化(文理分科)以及父母、教师传统性别意识的影响，导致女性的社会价值不被体现，部分学科、专业呈现出性别化特征。女性在现代教育中得到了思想的启蒙和性别平等意识的影响，但是大部分性别教育都是针对女性进行的，是女性思想进步的推力，却始终没有针对男性的相关性别观念教育，形成了现代教育的性别单向度。女性成为男性中心主义教育体系内置的部分，被教育者与教育者之间的权力关系中渗透了性别权力关系的蛛网结构，在结构的张力下当女性再次进入同样父权中心结构框架时——如家庭，如职场，男性仍然处于领导者地位，女性处于从属地位。即使部分个体得以在结构中突出重围，如成为女性领导，或者因其社会劳动贡献较大而给家庭带来更多的经济收入时，仍然无法彻底地消除身处其他社会结构的性别不平等框架，在更宏观或者更深层的结构体系中仍然会遭遇性别歧视。如大龄单身女性为“剩女”或女博士是“灭绝师太”，便是对此类成功女性的一种污名化。而污名化背后的逻辑则是通过评价其婚恋市场价值的大小来评价其个人价值，再一次佐证现代教育中的社会向度——通过教育社会化成为社会的合格个体，当且仅当结婚成家后你才是合格的，而在婚姻家庭之外的女性是被歧视的。进入婚姻的两性又在传统的父系孝道文化“无后”的推力下生育，而无法生育的女性便在这样的父系宗族结构中遭遇歧视。这些虽然并没有在现代教育中宣扬，但是对家庭概念的型构寓于以家庭为单位的各项活动之中。

相较于基督教传入中国后的发展路径，其开办的教会学校因有更高层次的教育取向，且直击传统文化的深根与封建礼俗中性别不平等的阿喀琉斯之踵，对两性的教育是双向的，是个体向度的，是宗教向度的，因此得以推动女性受教育与社会地位的双重提高。但受时代局限，中国社会的制度发展方向与西方价值体系下的教会并不是最佳搭档，且基督教不可避免地中国化，因此后期教会学校转为公有制学校之后，西方体系的教育模式既没有延续又没有创新，而是直接进入了革命模式和市场化模式，对(女性)情感生活和需求的忽视和简单化造成知识女性职业女性遭遇个人价值的两难境地与文化价值观念上的两性差异。

(二)家庭内部父权宗族权力结构与性别秩序结构的重合

20世纪50年代中国经历了前所未有的翻天覆地的变化，推翻了封建体制和性别固

有等级秩序，女性获得了空前的解放，但家庭男性中心的人格秩序理念和习俗并没能因此彻底根除。家庭内部父权宗族权力结构因在经济和技术方面的发展缓慢和局限导致家务工具自动化程度较低而家务劳动市场化程度未启动，于是在80年代改革开放之前也增加了中国妇女在社会生产和家庭生活方面的双重压力。公共空间的性别文化观念受到来自政治权利影响而被抑制，舆论与各种文化媒介对父权制的批判与对性别平等的宣扬，却忽略了固有的传统"父权"和"夫权"意识和习俗已经积淀了几千年，更需要长时间制度性(经济和社会)和文化性的推动才能推倒重构，也没有意识到新习俗和多元审美建构的必要性。这种文化制度结构上的空白让性别秩序结构迅速与家庭内部父权结构结盟，助长了传统习俗在家庭空间的回归。当从未体验过性别不平等的女性步入婚姻，组建家庭之后，她们中的一部分必须承担起传统性别的责任和义务，特别是需要以牺牲职业女性事业发展为代价时，体验到了无法释怀的冲突和心理落差。虽然不同空间中的两套性别价值评价标准的错位只是在知识女性阶层的妇女才有倍感深刻的体验，但却足以代表那个时代的特征，也揭示了一种独特文化观念的性别差异。

(三)反男性中心的女性文化与女性文化保障制度的缺失

虽然不能说女性文化从未走上历史舞台的中央，但从未有过一种反男性中心主义的文化受到两性双方的认同与大力推介，女性文化传承舞台上传承的也是男性中心文化。一方面，从国家利益到个体利益，在中国改革开放的市场化语境下，更多发展起来的，用来发展市场和社会等级的文化仍然是男性中心，女性阳刚气质的培养与推崇，是一种反向通过"去性别"而营造两性平等错觉的策略。后期女性意识到生理性别差异与本质审美主义，力图回归"女性气质"时又遭受非议，成为消费市场上的性别化商品。这种多重矛盾下缺失的不仅仅是反男性中心的女性文化，同时也缺失女性文化的保障制度。制度层面的不重视，自然只能依靠大众的文化实践去传播和传承，性别差异明显不言而喻。需要强调的是反男性中心的女性文化并非反男性的女性文化，且反男性中心的女性文化是融入了女性群体的智慧与劳动的文化，是以男女两性为主体创造者的文化，是兼容两性发展、促进两性平等和谐的文化。

(四)市场经济语境下的女性价值体系的矛盾化

在市场经济语境下的启蒙现代性、个人主体性和经济现代化，被更多地用来发展市场和市场经济下的男性中心价值文化体系，并没有发展女性主义人文主义，反而在市场、个体与家庭三者的博弈中促使女性选择了市场与家庭，唯独放弃了自我。这被认为是异化的女性价值体系。结果自然是不但没有提升改善女性的社会地位，而是更多地降低了中国妇女的地位。市场经济语境对个体经济能力发挥出最大化的条件是牺牲家庭中女性的社会价值创造机会，换取家庭中男性更多地创造价值的时间。源于男性群体的异质性特征与群体的自尊想象，即使能力不强的男性也会寻求更多外出的机会，但家庭空间之外公共空间的多元化并非只为劳动服务，同时还兼有娱乐空间、休闲空间等，而这些都被外出工作的男性计入了工作范畴。中国妇女整体在社会主义阶段享有的制度性男女平等以及妇女在经济、政治和社会方面享有的权益随着市场经济的迅速发展而开始明显滑落，女性价值体系出现重重矛盾，且性别差异更加明显地表现为，位居较高政治、经济、文化地位的男性领导者多少都持有传统的性别观念，女性人生价值的讨论不断在家庭与工作的拉锯战中各占一端，一旦婚姻家庭出现风险，女性的心理和精神都将遭受巨大创伤。

第五节 ■ ■ ■

文化政策与立法的女性学思考

文化建设也需要政策与立法的制度推动和保障。本节将从女性学的学科视角分别对文化政策和立法的现状进行思考，提出相应的完善思路和举措。

一、文化政策的女性学思考

文化政策要服务于先进女性文化的构建，要服务于女性树立正确的人生价值，更要服务于改变家庭空间中父系男权的性别结构秩序。

(一)文化政策的教育层面

其一，在教育资源方面，要广泛拓展、创造、构建有利于推动女性文化发展的各种资源库，从国家层面制定社会性别主流化的实施战略；通过已经成立的妇女/性别研究基地，向下辐射，为中小学的性别文化与性别观念教育提供支持。其二，在教育主体方面，建立女性学专家智库，扩充专家团队中的男性专家数量，汇集各文化领域中支持女性文化传播、实践女性文化、传承女性精神的专家学者，对女性文化发展的各项活动提供智力支持。其三，在教育平台方面，线上线下都是女性文化传播的有力平台，也是提供性别平等教育的重要基地。其四，在教育手段方面，要通过链接资源和专家，积极开展性别平等与社会性别主流化进校园，通过组织专家编写从幼儿园到高中的各种教辅阅读材料，通过生动形象的小说、故事或剧本，结合参与式教育方法，在开展主题讲座的同时，组织实事讨论与分析，并且分享个人经历。其五，在教育内容方面，构建反男性中心主义的女性文化体系与女性在文化创造中体现的社会价值、生命价值与个体价值，重塑女性人生价值社会评价标准。其六，在教育对象方面，以往女性学的受众绝大多数是女性群体，在无特定教育对象时，男性对女性文化的认知程度较低，虽然也承认女性的社会价值，但即使受教育程度较高的男性，一旦进入家庭空间，话语则向传统性别文化倾斜，因此，针对男性的先进性别文化教育、性别平等教育的相关文化政策制定和实施应有所加强和创新。

(二)文化政策的政治层面

文化政策的落实需要制度的支持，应建立以发展女性文化为核心内容的制度体系，在性别平等这一长期的基本国策基础上，进一步从各个文化领域推动文化制度建设成为没有性别歧视与压迫，价值多元化发展，社会价值评价标准体现性别平等、公正和正义的新时期社会主义女性文化体系；在制度建设过程中应提高女性领导、女性专家学者的参与；在制定各类文化政策时都应立足社会性别视角和社会性别分析框架，检验政策的实际效果。

(三)文化政策的经济层面

由于市场化导向，男性在男权文化下从公共各领域获得了权力、金钱和物质、知识和社会关系三种资源，而女性成了家庭发展策略的付出者和奉献者。虽然应对女性在家庭中的付出给予肯定，但这样的分工无疑造成女性与社会的隔绝，男女经济权力的不平等。

特别是越具有经济实力的男性，越在社会中成功的男性，对伴侣的需求越偏向传统的女性。使得很多年轻女性为了通过婚姻关系获得更好的经济生活而以“贤妻良母”“温柔体贴”等标签迎合男性的需求。随着女性在各行各业崭露头角，成为中流砥柱，女性不但经济收入增加，也会进一步促进性别文化的平等。因此，单一地提倡女性参与社会劳动的文化政策还不够，需要通过提高女性在权力、金钱和物质、知识和社会关系三种资源上促进文化政策制定和实施的效果。同时，对于在家庭内做出贡献的男性也给予价值的认同。不计报酬的家务劳动对两性任一方来说都是人生价值的一部分。即使女性在分工中负责家庭内事务，也应运用智慧与文化知识成为家庭经营的主体，促进男性在参与家庭事务的同时，积极参与社会交往和社区服务，并在性别平等的文化传承方面发挥一定的作用。

(四)文化政策的文化层面

改革开放以前，家庭中的性别角色是由国家建构的，即以治家的方式治国，在治国中整合家庭，实现家国一体化。国家在塑造家庭中夫妻的性别角色关系时，根据国家的需要策略地默认“男人以社会为主，女人以家庭为主”的性别分工，同时又强调女性与男性一样应投身国家社会的现代化建设实践。当下，要进一步推动文化建构上的性别平等，则需要重新定义家庭、家风建设中的性别文化导向。两性平等的女性文化建设并不是一项短期的工程，文化政策的制定也需要通过长期的战略步骤，面向不同年龄群体、不同职业群体以及不同地区的、不同民族的群体。在尊重风俗民俗文化的基础上，开展性别平等教育，剔除落后的带有性别歧视的民俗活动；同时，对乡间民间的女性文化要挖掘，通过不同文化媒介让人认识到女性文化在社会文化建构中的重要作用。

二、文化立法的女性学思考

任何文化政策都需要制度保障，从解放初期的50年代政府即推行了婚姻自由、男女同工同酬、妇女选举与参政等一系列主张男女平等的政策和法规，在宪法的意义上规定了“妇女在政治的、经济的、文化教育的、社会的生活各方面均有与男子平等的权利”。在婚姻、社会劳动领域的政策法规包括婚姻法、土地法、选举法、劳动保护条例、劳动就业制度和退休政策等。体现在意识形态方面，就是国家通过各种途径宣传和营造一种男女平等、妇女解放的价值理念和舆论氛围。但是随着社会主义发展到新时期，顺应时代发展的复杂性，符合当代个体发展的多样化，必须有相应的新的立法思路和内容，通过立法的手段保障女性文化的传承与发展，保障女性文化与其他所有文化一样拥有积极的性别效应、社会效应、经济效应和文化效应。

首先，从立法上加大对女性知识产权的保护力度，充分保障女性文化创造的社会价值与经济价值。

其次，在婚姻法的立法上肯定家务劳动的价值，参照劳动法中的行业标准的时间价值来计算报酬；在离婚时，对承担了较多家务劳动的一方，在分割共同财产时给予考量；或直接按照现行家政或婴幼儿照护行业标准，或是推出一个家务劳动工资化报酬化的特别立法，专门计算全职太太的劳动价值，并给予等值补偿，使其在司法层面具有操作性。

再次，生育文化是与父系文化联系最紧密最深层的一环，在立法上应对以下两点进行具体考量：(1)子女姓名权。现在公民已经具有了随父姓随母姓的自由，但对于离异夫妻，获得监护权的一方为子女更名仍需要另一方签名，因此在立法上应提高离异后的拥有子女监护权的一方（多为母亲），在子女未成年时，有单方更名权，另一方不能干涉；待子女成年后，则由子女本人决定随父姓或随母姓，另一方不得干涉。这样既保护未成年儿童家庭特殊情况的隐私，又为拥有监护权一方的父或母在独立抚养子女过程中减少被歧视。（2）单身女性生育权。应加强加大男性捐精立法的力度，为单身女性的生育意愿提供法律条件；应对单身女性冻卵行为进行立法允许与保护。许多职业女性在生育的黄金年龄不愿意放弃自己的事业过早地进入婚姻或由于事业过于繁忙而无暇婚恋，错过最佳生育时期。对于单身职业女性同意其合法地在黄金生命周期予以冻卵，可以保障女性作为个体的生育权，促进生育文化、性别观念上的两性平等。当前法律上只允许已婚夫妇冻卵，这对单身女性是一种性别身份的歧视，因此，应立法在保障将来单亲子女的合法权益的基础上允许单身女性合法冻卵，或通过精子库合法获得生育机会。

最后，在未成年儿童保护法上，应融入“儿童至上”“儿童优先”和“女童性别差异”的先进文化理念，加大未成年儿童的全面保护和女童的差异化保护，特别是对单亲家庭儿童隐私权的保护以及保护未成年儿童因家庭结构而遭到的社会歧视。各类教育、公共健康卫生服务、文化机构在申请或者登记时，儿童父亲与母亲信息应更改为监护人信息，提倡只填写一位监护人（父或母），如需更多信息，可设置紧急联络人一栏，根据其个人意愿填写另一位监护人或者直系亲属联络方式。

思考题

1.如何区分性别观念与女性性别观念这两个概念？

2.性别观念的性别差异有哪些？请你谈谈对女性性别观念的认识。

3.简述女性人生价值是什么及其主要的性别差异。

4.你认为，目前女性宗教信仰存在哪些问题？讨论这些问题可能造成的性别后果。

5.简述如何使用女性学理论框架解释女性文化问题。

6.你认为作为一名女大学生，什么样的女性性别观念与人生价值才有助于自己的成长成才？

参考文献

[1]马克思、恩格斯：《马克思恩格斯选集》（第1卷），人民出版社，1972年版，第270页

[2]许琪：《中国人性别观念的变迁趋势、来源和异质性——以“男主外，女主内”和“干得好不如嫁得好”两个指标为例》，《妇女研究论丛》，2016年第3期

[3]张春泥、史海钧：《性别观念、性别情境与两性的工作—家庭冲突——来自跨国数据的经验证据》，《妇女研究论丛》，2019年第3期

[4]刘晓辉：《男女平等价值观的理论内涵解析》，《山东女子学院学报》，2017年第5期

[5]杨菊华：《近20年中国人性别观念的延续与变迁》，《山东社会科学》，2017年第11期

[6]顾辉：《国家、市场与传统社会性别观念回潮》，《学术界》，2013年第6期

[7]杨菊华：《近20年中国人性别观念的延续与变迁》，《山东社会科学》，2017年第11期

[8]贾云竹、马冬玲：《性别观念变迁的多视角考量：以“男主外，女主内”为例》，《妇女研究论丛》，2000年第3期

[9]Lorber, Judith, *Women Physicians: Careers, Status and Power*, New York: Tavistock, 1984

[10]叶文振：《论性别和谐》，《中华女子学院学报》，2008年第6期

[11]裔昭印:《我国高校女知识分子性别观念研究》,《上海师范大学学报(哲学社会科学版)》,2003年第1期

[12]蒋颖荣:《少数民族女性在社会发展进程中的性别作用》,《山东女子学院学报》,2019年第5期

[13]裔昭印:《我国高校女知识分子性别观念研究》,《上海师范大学学报(哲学社会科学版》,2003年第1期

[14]刘爱玉、佟新:《性别观念现状及其影响因素——基于第三期全国妇女地位调查》,《中国社会科学》,2014年第2期

[15]李春玲:《性别观念与中国社会科学院女性的职业发展》,《社会学研究》,1996年第2期

[16]李春玲:《性别观念与中国社会科学院女性的职业发展》,《社会学研究》,1996年第2期

[17]王金玲:《社会学视野下的女性研究:十五年来的建构与发展》,《社会学研究》,2000年第1期

[18]刘爱玉、佟新:《性别观念现状及其影响因素——基于第三期全国妇女地位调查》,《中国社会科学》,2014年第2期

[19]许琪:《中国人性别观念的变迁趋势、来源和异质性——以"男主外,女主内"和"干得好不如嫁得好两个指标"为例》,《妇女研究论丛》,2016年第3期

[20]沙莲香:《中国女性角色发展与角色冲突》,民族出版社,1995年版

[21]沙莲香:《中国女性角色发展与角色冲突》,民族出版社,1995年版

[22]许琪:《中国人性别观念的变迁趋势、来源和异质性——以"男主外,女主内"和"干得好不如嫁得好两个指标"为例》,《妇女研究论丛》,2016年第3期

[23]许琪:《中国人性别观念的变迁趋势、来源和异质性——以"男主外,女主内"和"干得好不如嫁得好两个指标"为例》,《妇女研究论丛》,2016年第3期

[24] Shani Orgad, Heading Home, *Motherhood, Work and Failed Promise of Equality*, New York: Columbia University Press, 2019.

[25]陈新汉:《论人生价值》,《山东社会科学》,2010年第11期

[26]祖嘉合:《关于女性人生价值的几点思考》,《河北师范大学学报(哲学社会科学版)》,2000年第10期

[27]黄希庭、郑涌:《当代中国青年价值观研究》,人民教育出版社,2005年版

[28]徐华春、郑涌、黄希庭:《中国青年人生价值观初探》,《西南大学学报(社会科学报)》,2008年第9期

[29][美]王玲珍:《重新审视新时期中国女性主义实践和性/别差异话语——以李小江为例》,《南开学报(哲学社会科学版)》,2015年第6期

[30]徐华春、郑涌、黄希庭:《中国青年人生价值观初探》,《西南大学学报(社会科学报)》,2008年第9期

[31][美]王玲珍:《重新审视新时期中国女性主义实践和性/别差异话语——以李小江为例》,《南开学报(哲学社会科学版)》,2015年第6期

[32][美]邓尼斯·卡莫迪:《妇女与世界宗教》,徐均尧等译,四川人民出版社,1989年版

[33]孙亦平:《西方宗教学名著提要》,江西人民出版社,2002年版,第809页

[34]马亚萍:《社会性别视域下的国内宗教与女性研究》,《山东女子学院学报》,2015年第8期

[35]王宜峨:《道教的妇女观》,《中国宗教》,2002年第3期

[36]释大智:《佛教的妇女观》,《中国宗教》,2002年第3期

[37]裔昭印:《基督教和近代中国妇女运动》,《上海师范大学学报》,2000年第4期

[38]范若兰:《基督教与妇女》,《妇女研究》,1992年第4期

[39]王秀美:《基督教妇女观的演变》,《世界宗教文化》,1995年第3期

[40]王芃:《基督教的妇女观》,《中国宗教》,2002 年第 34 期

[41][美]邓尼斯·卡莫迪:《妇女与世界宗教》,徐均尧等译,四川人民出版社,1989 年版

[41]马燕:《女性宗教文化的中国化——清真女学与清末民初基督教会女校之比较》,《回族研究》,2009 年第 4 期

[42]孙亦平:《西方宗教学名著提要》,江西人民出版社,2002 年版,第 809 页

[43]张珣:《人类学视野下的台湾宗教与性别研究》,《世界宗教文化》,2013 年第 2 期

[44]范若兰:《近年我国关于宗教妇女观与妇女地位研究述评》,《世界历史》,1999 年第 3 期

[45]屠文淑、姚蕾:《浅谈新时期妇女与宗教问题》,《浙江工商职业技术学院学报》,2003 年第 3 期

[46]刘文娜:《近 30 年来有关中国女性与基督教研究述评》,《妇女研究论丛》, 2016 年第 2 期

[47]罗苏文:《女性与近代中国社会》,上海人民出版社,1996 年版

[48]郑永福、吕美颐:《佛教与基督教在近代中国女性中影响之比较》,《佛学研究》,1996 年第 1 期

[49]马燕:《女性宗教文化的中国化——清真女学与清末民初基督教会女校之比较》,《回族研究》,2009 年第 4 期

[50]骆桂花:《民族社会学视野下的回族妇女》,《青海民族研究》,2004 年第 4 期

[51]刘东旭:《男人的祖先,女人的神——贵州群乐人宗教实践的性别差异》,《世界宗教文化》,2010 年第 6 期

[52]杨国才、张桔:《社会性别视野下的佤族妇女宗教信仰》,《中央民族大学学报(哲学社会科学版)》,2007 年第 1 期

[53]金少萍:《宗教文化中的社会性别建构——白族女性与本主崇拜》,《中央民族大学学报(哲学社会科学版)》,2008 年第 1 期

[54]侯艳娜、李凤缓、孙鑫煜:《民间宗教文化与女性社会性别的建构——以河北涉县女娲信仰为例》,《河北学刊》, 2011 年第 6 期

[55]刘东旭:《男人的祖先,女人的神——贵州群乐人宗教实践的性别差异》,《世界宗教文化》,2010 年第 6 期

[56][美]王玲珍:《重新审视新时期中国女性主义实践和性/ 别差异话语——以李小江为例》,《南开学报(哲学社会科学版)》,2015 年第 6 期

[57][美]王玲珍:《重新审视新时期中国女性主义实践和性/ 别差异话语——以李小江为例》,《南开学报(哲学社会科学版)》,2015 年第 6 期

[58]官晓菲:《妇女受压迫的根源问题——基于马克思主义妇女观与自由主义女性主义的比较》,《学理论》,2008 年第 6 期

[59]马克思、恩格斯:《马克思恩格斯选集:第 1 卷》,人民出版社,2012 年版

[60]官晓菲:《妇女受压迫的根源问题——基于马克思主义妇女观与自由主义女性主义的比较》,《学理论》,2008 年第 6 期

[61]Chen,Tina Mai,"Female Icons,Feminist Iconography? Socialist Rhetoric and Women's Agency in 1950s China",*Gender and History*,2003,15(2),pp.268-295.

[62]顾辉:《国家、市场、社会和家庭交织影响下性别观念的回归》,《社会科学辑刊》,2014 年第 3 期

[63]张珣:《人类学视野下的台湾宗教与性别研究》,《世界宗教文化》,2013 年第 2 期

[64][美]王玲珍:《重新审视新时期中国女性主义实践和性/ 别差异话语——以李小江为例》,《南开学报(哲学社会科学版)》,2015 年第 6 期

后记

记得是 2019 年 5 月 5 日，承蒙郭翠芬书记和盛国军校长的信任，我从有福之州北上泉城济南，以特聘教授的身份，成为山东女子学院这个温馨大家庭中的一员。这本《女性学概论》就是从这时开始策划和组织编写的。

在郭翠芬书记亲自指导下，我们分别于 2019 年 5 月 6 日、5 月 29 日、6 月 5 日在校部和社法学院召开三次论证会，形成一个非常重要的共识，那就是女子高校的办学特色一定体现在女性学学科的全面发展及其对其他学科专业的有效融合，而女性学知识体系的建设应当适度先行。在这样的背景下，我们提出编写女性学教材和专著的设想。

在这个设想的基础上，我们于 2019 年 6 月 7 日提出《女性学概论》的编写计划，正式进入对设想实施的阶段。我们对新的女性学概论是这样定位的，“一是专业性与学科性相结合，专业性是提供能够满足本科教学需要的系统化专业知识，学科性是展示有别于其他学科的学科要素与研究范式，以供专业硕士培养用书；二是学科自立和融合相结合，创立具有内在逻辑的学科知识体系，同时又具备独树一帜的学科能力和价值，进入其他学科研究领域以实现学科之间的融合”。在编写要求方面，除了强调写作规范以外，我们主要着力于以下两点：

一方面要立足学科创新。在过去十年，不论是女性的性别赋权和发展，还是女性作为主体的研究深入与收获，以及女性学与其他传统学科融合的探索和发现，都是十分丰盛的，同时还出现一些新的时代性女性问题，其成因也是以往理论不容易给出解释的。所以新的女性学概论，不能只梳理、整合 10 年前的知识产出，更应该把篇幅让给这十年的学科知识增长，让给对这十年出现的女性问题的解释和治理。所以阅读、了解和吸收这十年的女性学学科建设进程、学术研究收获和调查最新数据、关注和分析女性发展的新收获和新问题，应该成为这次编写的重点。

另一方面要彰显学科张力。女性学的生命力所在，除了创新以外，那就是张力，她不排斥其他学科进入女性研究领域，而且还会在批判和改造基础上吸收其他学科的长处，与此同时，她还进入其他学科的疆界，发出女性学的学科声音，用更科学的学科表现，让其他学科止停对女性学的排斥，以形成尊重和接纳的态度，甚至借助女性学对本学科进行反思和变革。所以这次的写作，一定要注意显示出女性学的学科张力，既有理有据地批判已有的其他学科的分析，又能提出更加科学的女性学解释。

在编写队伍的组成上，我们尽可能挖掘本校的力量，旨在培养和拓展女性学这个教学和科研骨干集体，另外还借助校外其他高校和妇女研究机构的女性学编写资源，最后组建的是校内外相结合的编写班子，给校内这支队伍提供了非常难得的学习和借鉴的机会。

在随后整整一年的时间里，所有的编写人员都努力按照既定的写作要求，精诚合作，精益求精，付出了非常辛勤的劳动，表现出深厚的女性学学科情怀和对性别平等事业的时代使命感。大家负责的每一章基本上都是几易其稿，在临时组建的写作群里，还经常互相交流借鉴，分享写作经验和重要文献，力求概论的个体章节和整体书稿的尽善尽美。可以说这是一次非常愉快的合作，给我们带来的不仅有对女性学的学科敬意和对同行的学术敬佩，而且有对中国女性学明天的发展前瞻和责任担当。

尽管我们志同道合、竭尽全力了，但在编写过程中留下的不足还是难免的，总体上对女性学知识的学科建构水平还要提升，尤其在对妇女生存与发展主要问题的女性学理论解释上还要下更多的工夫，在与其他学科横向比较中更加全面地展示女性学学科的理论建构与研究范式的优越性和科学性。

过几天就要把12章内容布局、50万余字篇幅的《女性学概论》书稿交付出版社了，在这分享喜悦的美好之际，我要特别感谢山东女子学院郭翠芬书记、盛国军校长对我的信任邀约，能够有这份荣幸参与女院的特色发展，尤其是担负起《女性学概论》的主编责任。回望编写的过往，我以为，没有郭书记、盛校长一路引领和鼓励，多次在百忙中腾出时间亲临编写会议听取意见、给予指导，也就没有这本书稿按既定要求适时写成，每每想起这些情景，我们都感到很亲切很温暖，也很幸运是在这样宽松美好的氛围里去追随女性学学科建设的时代步伐。我们要把崇高的敬意献给郭书记和盛校长！

我要代表编写组的合作伙伴，由衷地感谢所有提供大力支持和友好服务的山东女子学院的同仁，我们已经在心里记住了：妇女研究与发展中心的刘中文主任、张守华副主任、陈业强教授、李文娴副教授朝夕相处中传递的关心与帮助；李缨处长领军的科研处对本书编写的一直关注和热情相伴；闫小红院长带领下的社会与法学院的全方位全过程的介入和鼎力相帮，林存秀副教授、程春梅副教授以大局为重，为早日成书所做出的努力；还有发展规划处、教务处和各个二级学院召开的十多场调研座谈会给我们带来的女性学学科发展的重要启示和鼓舞，所有这些都转化为我们编写过程的学科示范和精神激励，变成我们这次编著非常珍贵的产出与收获。借此机会，我们还要向女性学的学界同仁表示敬意，向被引用的文献作者表达真诚的感谢，从你们对女性学学科建设所做出的贡献中，我们既被你们的学科使命感所呼唤，又对中国女性学未来充满着更加乐观的期待。

这次编写一共邀请了11位年轻学者，分享了大约一年的书稿编著经历。我设计了本书的基本思路、总体架构和内容体系，在此基础上，我们做了以下写作分工：

叶文振（山东女子学院特聘教授，美国犹他大学社会学博士）撰写第一章，

庄渝霞（上海社会科学院副研究员，厦门大学经济学博士）撰写第二章，

李桂燕（山东女子学院副教授）撰写第三、四章，

王慧（山东女子学院教授，厦门大学社会学博士）撰写第五章，

高丽娟（山东女子学院副教授）撰写第六章，

池上新（厦门大学副教授，厦门大学社会学博士）撰写第七章，

张银（济南大学副教授，南开大学人口学博士）撰写第八章，

严静(福建师范大学副教授,厦门大学社会学博士)撰写第九章,

闵杰(黑龙江省妇女研究所、妇女干部学院副研究员)撰写第十章,

朱广花(山东女子学院副教授)撰写第十一章,

张文馨(湖南文理学院讲师、厦门大学社会学博士)撰写第十二章。

非常感谢大家在百忙中,在特别时期的时光里,用自己良好的治学态度和激情,也用自己所有的学科经验和能力,支持中国女性学的学科建设,支持山东女子学院的特色发展。虽然对各章都有书面修改意见和随后的进一步沟通,但难免会出现疏漏或者解释上的不到位,可能给大家造成时间和精力上的多投入,在这里谨向大家表示歉意。在最后通稿和定稿的时候,还做了一些修改和调整,特别感谢大家的随时协助和配合。我非常珍惜这次的合作,以及在合作中建立的学术友谊和信任,希望我们还有机会光荣集结,为中国女性学的学科发展续写新篇。

最后让我们把诚挚的谢意送给厦门大学出版社宋文艳总编辑,谢谢提供难得的机会,能够在贵社出版《女性学概论》,谢谢安排熟悉的许红兵同志出任本书的责任编辑,厦门大学的美丽与女性研究的地位都给我们的合作注入更多的快乐和美好!

让我们继续携手,一起前行在女性学学科发展的路上!

叶文振

2020年6月6日于有福之州